U0505819

法律、商业与社会

LAW, BUSINESS & SOCIETY

马忠法 等 编著

上海人民出版社

本书撰写分工

导言：马忠法

第一章至第八章：马忠法　马明远

第九章：赵建福

第十章至第十二章：程瑞瑞　戴鹏高　刘淼

第十三章：马忠法　彭亚媛

目　录

目　录

目　录

目　录

导　言

　　现代社会融商业与法律于一体:商业促进了我们社会的发展与繁荣,法律为社会、商业的发展提供了保障。可以说当代社会已经一时一刻也离不开商业与法律了。本书写作的宗旨不只在于阐释法律、商业与社会的各自的主要内容,更多地在于论述商业与社会发展中所形成的一系列行为规范(包括商业职业道德规范及与商业活动密切相关的法律规范)①对当下商业发展所起到的巨大作用,当然着重在谈法律为商业、社会发展所带来的积极意义。其读者群主要为现在是或将来会成为从事商业活动的人。不过,作为现代社会的人,或多或少也会涉及或卷入相关的商业活动中,如作为消费者,我们肯定会与商人②们打交道,到超市里购买物品,乘航空公司的飞机、铁路运输公司的火车或汽车运输公司的汽车等交通工具,到外地出差住酒店等,都需要与特定的商人们打交道。因此,该书也可以为他们所用。考虑到这样的读者群,本书尽量用平实的语言准确地传达出涉及商业活动的法律规范与商业道德的最重要的内容,以实现本书用较有限的篇幅满足读者的现实需求,为他们的经营活动或相关交易提供有价值的帮助。为体现这种风格,让我们从一则众所周知的寓言来开启本书的内容。

一、"扁鹊是最差的医生"之启示③

　　一日,扁鹊去见魏王。魏王说:"听说你们家兄弟三个都擅长医术,你能否谈

---

　　① 康德的墓志铭:"有两种东西,我对它们的思考越是深沉和持久,它们在我心灵中唤起的惊奇和敬畏就会日新月异,不断增长,这就是我头上的星空和心中的道德定律"看上去是针对他个人,其实,在我们的商业活动中,这句名言有着更为深刻的意义:来自外在的法律及市场主体自身内在的道德等的双重约束,才能保障市场经济的健康发展及最大程度地维护消费者权益。

　　② 商人主要指以营利为目的的主体,包括商自然人、商事合伙及商法人,详细内容参见本书第四章。

　　③ 该寓言出自《魏文王问扁鹊》。原文如下:魏文王问扁鹊曰:"子昆弟三人其孰最善为医?"扁鹊曰:"长兄最善,中兄次之,扁鹊最为下。"魏文侯曰:"可得闻邪?"扁鹊曰:"长兄于病视神,未有形而除之,故名不出于家。中兄治病,其在毫毛,故名不出于闾。若扁鹊者,镵血脉,投毒药,副肌肤,闲而名出闻于诸侯。"其译文如下:扁鹊是尽人皆知的神医,但很多人并(转下页)

谈谁的医术最高明。"扁鹊回答说:"我们三人中,大哥的医术是最高的,二哥的医术其次,我的医术最差。"魏王十分惊讶地问道:"那为什么你天下闻名,而他们两个人却默默无闻呢?"扁鹊解释道:"因为大哥给人治病,总能做到防患于未然。人得病,但尚未显出征兆,他便可由表及里,透过外在的表现看到病源,然后用简单的治疗方法把病根给消除了;于是该人就像没得病一样。故无人知道,他给别人去除的是预先的病。二哥治病,水平比大哥略微差一些,他是在疾病露出一些初步的征兆时,才能看出来,于是对症下药,一用药就把病给治好了。如此,大家认为他能治的只是小病,不知这个病如果发展下去,会是一场要命的大病。我的医术最差,因为病处于前两个阶段我根本看不出来,我只能在人已经生命垂危的时候才出手治病,但往往能够让病人起死回生。"

扁鹊总结道:行医治病,防患于未然者最高,但天下无名;病初起而手到病除次之,但被认为是治小病,只能名传乡里;病人垂死时才挽救人,虽然保住了生命,但其早已元气大伤,还会留有后遗症,实际上这个人已经受到严重伤害了,而这却让我能名传天下。

这个故事在坊间也常被说成"三个医生"的故事,但想说明的道理都是一样的,即医生给人治病的最高境界是"**防患于未然**"。就这一点而言,小到个人日常工作、生活的风险管理,中到企业经营过程中的风险防范,大到国家治理,与医生给病人看病在原理上有相通之处,即它们的最高境界均是做到防患于未然。企业步入商业活动之后,在招收员工、决定投资领域、确定交易对象等方面步步需要谨慎、需要有风险防范意识,否则就可能在一些为了无限膨胀私人之利欲而置法律、道德于不顾之人设置的陷阱下遇到无穷无尽的麻烦,直至自己的财产或投入血本无归。因此,了解商业、社会与法律之间的关系,注重商业道德规范及法律规范的遵守,利用法律、职业道德来合理减少乃至规避风险是非常有必要的。

(接上页)不知道扁鹊的两个哥哥也颇懂医理。一天,魏文王问扁鹊:"你们家兄弟3人,都精于医术,到底哪一位最好呢?"扁鹊答:"我的大哥医术最好,二哥次之,我最差。"文王再问:"那么为什么你最出名呢?"扁鹊答道:"我大哥治病,是治病于病情发作之前的时候,由于一般人不知道他能事先铲除病因,反而觉得他的治疗没什么明显的效果,所以他的名气无法传出去,只有我们家的人才知道。我二哥治病,是治病于病情初起的时候,看上去以为他只能治轻微的小病,所以他的名气只能在我们乡里流传。而我扁鹊治病,是治病于病情已经严重的时候。一般人看到我在经脉上穿针放血,在皮肤上敷药,用麻药让人昏迷,做的都是些不可思议的大手术,自然以为我的医术高明,因此名气响遍全国,远远大于我的两位哥哥。"文王叹道:"你说得好极了。"著者对寓言做了一点修改。

这个寓言想表达的一个核心思想是:最好的医生不治病,最差的医生病严重了才去治病,似乎有点道家的"无为"思想。然而,实际上,最好医生的"无为"建立在高超的医术上:他能由表及里,入木三分,看到病根或病源,在病尚未发作或露出苗头时,并能用一点点药,就将其遏制住。这样做,对病人损害最小,成本最低,然而却往往不被看作高手。而最差的医生,往往不能做到入木三分,只能就事论事,看表面,把本来很小的病延误成大病,然后治愈,反而给人造成妙手回春的感觉:实际上,尽管把人病治好了,却让人付出很大的代价。对职业经理人管理企业而言,从获得市场主体资格、企业对内管理与经营到对外交易等都需要风险防范意识;对管理人员自身而言,需有法律意识,把握法律界限,保证经营行为在法律规定的限度内;管理人员管理员工中,要做到遵守劳动法和劳动合同法等。在我们的商事活动中,合法与非法之间往往就一步之遥;有人认为法律有漏洞可钻,某些行为可能一时得逞,但长远看,非为正道,如果不及时规范,终会酿祸。由此,我们想到我们的祖先留给我们的一些金玉良言——君子爱财,取之有"道"。作为商人,其经营活动的主要目的在于盈利,但营利的行为必须要符合"道",而"道"就是指公平正义合理之路径,在当下就是要符合商业道德和相关的法律规定。商人要实现其经营目标,就要防微杜渐,尽到自己应该尽到的道德和法律义务,使自己的营利行为一直在合法正当的路径上进行,竭力做到"勿以恶小而为之。"古人的"千里之堤毁于蚁穴"及民间谚语"小洞不补大洞二尺五"等均在说明一个类似的道理。

上述寓言及寓意对我们的董事长、企业高管及一般的管理人员等而言,同样适用:"防患于未然"何尝不是经营管理中规避风险、实现经营目标等最为高明的行为呢?

二、一个日常生活中的平常案例折射出民商事活动中最根本的内容:法律关系

对于两个从事交易或商业活动的当事人而言,确定相互之间的权利、义务是最为基本的。现实中,很多纠纷都是因为当事人之间权利义务关系不明,特别是一方当事人不履行自己的义务而导致。而权利义务的分配主要是通过法律中最为基础的法律关系来体现的。为了利于我们理解何为法律关系,我们先来分析一个案例。

(一)吴先生诉花旗银行案件简况及涉及的法律问题

2002 年 4 月 8 日,上海市某律师事务所的吴先生来到位于中山东一路的花

旗银行浦西分行,准备将 800 美元存入该行。银行工作人员告诉他,凡是存款总额低于 5 000 美元的客户,每月需缴纳 6 美元或者 50 元人民币的理财服务费;吴先生认为这是捆绑销售,违反《消费者权益保护法》的有关规定,为此与工作人员发生冲突。后大堂经理介入澄清说,工作人员的说法有误,低于 5 000 美元以下所收费用不是理财服务费,而仅仅是服务费。该银行对存款 5 000 美元以上 100 000 美元以下的客户免收服务费,这类客户可以与一般中国国内的银行一样获取利息,但享受服务时,要按号排队;对 100 000 美元以上的客户,可以享受大客户待遇,随到随时提供服务。吴先生认为,这种根据客户存钱的多寡让客户享受不同待遇之做法是对小储户的歧视,也是一种法律所不允许的限制消费行为。他还认为:"花旗银行作为在中国经营公众储蓄业务的金融机构,理应遵守《商业银行法》《储蓄管理条例》《消费者权益保护法》及相关的法规,吸收社会公众存款既是法律赋予银行的权利,同时也是其应当承担的法定义务。花旗银行的'捆绑'收费事实上是将小储户排除在自己的服务范围之外,是对商业银行法定义务的逃避,也是对社会公众的侵权。"①4 月 9 日,吴先生将花旗银行告上法庭。6 月 5 日下午 3 时 45 分,在长达 2 小时 15 分钟的法庭审理后,原告和花旗银行上海分行的代理人在浦东新区法院民事审判庭法官例行的询问下,均表示愿意调解结案。

本案涉及的问题:

(1)储户与花旗银行间建立的是一种什么法律关系?

(2)本案涉及哪些法律?

(3)花旗银行的做法违反中国法律规定吗?

(4)银行提供服务收费是国际惯例吗?

(二)简要解析

当我们碰到任何一个有争议的法律案件时,我们首先想到的是争议由何引起,而这背后就涉及一个基本的法学概念——法律关系,即要解决一个争议案件,第一步就是要判定该争议可以归属于哪一类法律关系,然后根据法律关系来界定双方之间的权利义务关系。实际上,绝大部分的争议都是由一方当事人没有履行自己的义务而导致的。所以,该问题十分关键。

---

① 参见《存款少要收服务费上海一市民告花旗银行"乱收费"》,《中国青年报》2002 年 4 月 11 日。

导　　言

何为法律关系？它是指法律规范在调整人们行为过程中所形成的特定的权利与义务关系。它通常含有主体（法律关系的当事人）、客体（法律关系所指向的对象，如物、行为和知识产权等）和内容（权利与义务）三个基本要素。本案中的主体一方是储户，另一方是花旗银行；客体是花旗银行提供的服务（行为）及吴先生的存款行为；而内容就是双方应该享有的权利与承担的义务。那么，本案中两个当事人之间到底是一种什么样的法律关系呢？

按照储户的观点，他要求银行提供服务，而银行因为其存款数额少而拒绝提供，侵犯了他根据《商业银行法》和《消费者权益保护法》所规定的、赋予消费者的权利，属于侵权法律关系，进而要求花旗银行承担法律责任（赔礼道歉和偿付34元的交通费等①）。问题是本案争议可以归为侵权法律关系吗？我们认为是否定的。该储户主张花旗银行的这一行为是侵犯了社会公众权利（依此逻辑，他是社会公众一分子，也在被侵权之列）基本上是站不住脚的。

银行是一个以盈利为目的的商业性机构而非慈善实体或行政机关，盈利是其目标，它不可能做亏本生意；其传统业务主要靠储户存款所带来的贷款利息（储户钱存入银行后，银行可以进行自由处分，贷给他人获取贷款利息）与存款利息（付给存款人）之间的差额来获取收益。根据《商业银行法》以及《储蓄管理条例》的规定，"存款有息"是它们的一个基本原则，但银行向储户的存款行为收取费用并未违反该原则。银行向储户支付利息是银行在储户将资金所有权转让给其并由其使用和支配处理所应付出的对价，而银行向储户收费，是其需要补偿其提供储蓄存取款等服务所支出的成本。因为银行向客户提供的是有偿服务，多数客户没有收取费用是因为他们的存款被银行贷出去后获得的利息高于银行服务所产生的成本及支付给储户的存款利息，这也是花旗银行为何在存款超过5 000美元以上不需支付费用而正常支付利息的重要原因。

由于银行不是行政机关，故其收取费用的性质是一种商业行为。《商业银行法》明确规定："商业银行办理业务，提供服务，按照规定收取手续费。收费项目和标准由国务院银行业监督管理机构、中国人民银行根据职责分工，分别会同国务院价格主管部门制定。"②这里的"业务"、"服务"等显然包括客户的存取款等。客户向银行缴费是客户接受银行服务（如存款取款服务、结算服务、理财服务和

---

①　参见任淑霞：《存钱要付费？市民告花旗"赔我路费34元"》，《劳动报》2002年4月12日。

②　《商业银行法》（2015）第50条。

中间业务等)所应付出的代价。在"法无明文禁止皆可为"的民商事活动原则下，只要法律没有对存款服务收费作出禁止规定的情况下，商业银行在合理的范围内收取费用应该是允许的。还有，就银行而言，每一个客户不论其存款额是多少，它所提供的储蓄服务的内容基本相同，支出的成本也基本上相同；显然客户在账户中存入较大的资金额，银行除了赚取存贷款利息之间的差额外，还可通过对资金除贷款给他人外的其他利用方式获取较大的经济收益，来抵消有关的成本支出；而对于小储户，为弥补在他们持有的小额账户上所支出的成本，银行只能通过另外收取一定的费用来补偿。

银行拒绝给吴先生提供服务，是否违反了国家法律规定的"法定义务"呢？从相关规定来看并没有。理由如下：《商业银行法》规定其所称的商业银行是指依照其和《中华人民共和国公司法》设立的吸收公众存款、发放贷款、办理结算等业务的企业法人。①商业银行可以经营下列部分或者全部业务：吸收公众存款；发放短期、中期和长期贷款等十三项具体内容和一项弹性规定"经国务院银行业监督管理机构批准的其他业务"②。这里用的词是"可以"并非"必须"，也就是说，作为一个商业机构，它可以根据自己设立的目标从事相关的服务，而且还规定"商业银行以安全性、流动性、效益性为经营原则，实行自主经营，自担风险，自负盈亏，自我约束。商业银行依法开展业务，不受任何单位和个人的干涉"③。显然，"效益性"是银行规划收费类型与标准的重要指标。从《外资金融机构管理条例》的规定来看，也仅仅规定外资银行可以从事公众存款业务，并没有对外资金融机构提供何种具体的存款服务提出要求。

存款收费更谈不上是强行的"捆绑销售或服务"。《消费者权益保护法》规定："消费者享有自主选择商品或者服务的权利。消费者有权自主选择提供商品或者服务的经营者，自主选择商品品种或者服务方式，自主决定购买或者不购买任何一种商品、接受或者不接受任何一项服务。"④捆绑销售或服务意指经营者将本来没有必要联系在一起的商品或者服务合并在一起提供给消费者，而在本案中，"收费"根本不是一种要客户付出对价的服务或产品。针对小客户存款收费是否违反《消费者权益保护法》规定的"经营者与消费者进行交易，应当遵循自愿、平等、公平、诚实信用的原则"之内容呢？即是否构成对小客户的歧视呢？我

---

① 《商业银行法》(2015)第 2 条。
② 《商业银行法》(2015)第 3 条。
③ 《商业银行法》(2015)第 4 条。
④ 《消费者权益保护法》(2015)第 9 条。

们认为没有。"歧视"是指在同等条件下对不同的人采取不公平的待遇,其核心在于"不公平"。比如,在本案中,如果另外一位客户存款 800 美元花旗银行没有收 6 美元而吴先生倒被要求支付,就是在同等条件下没有做到一致,违反公平原则。简言之,要证明花旗银行违反法定义务是困难的,由此证明该行为是侵权行为也是不可能的。

我们认为两个当事人之间是一种合同上法律关系。由此我们可以界定两者在平等自愿的基础上来分配各自的权利和义务。基于上述分析,我们认为本案涉及的四个问题可以简要回答如下:(1)储户与花旗银行间建立的是一种合同法律关系;(2)本案涉及《合同法》《商业银行法》《消费者权益保护法》《公司法》《侵权行为责任法》《储蓄管理条例》《外资金融机构管理条例》等法律法规;(3)花旗银行的做法没有违反中国法律规定;(4)银行提供服务收费不是国际惯例,而是依据其经营性质由有关国家国内法作出的相应规定。当然,本案还涉及一个相关联的问题,即客户存入银行的钱的所有权属于谁的?从性质上看,储户钱存入银行后该笔钱款的所有权应该属于银行,而储户基于其手中的存折与银行建立了一种债权债务关系。①

三、中国商事活动的法治环境

中国改革开放后三十多年是个诞生和制造着大量企业界"魔术师"的时代;恰如狄更斯所说,这是个最好的时代,也是个最坏的时代:在法治逐渐完善的过程中,风险与机会并存,胆大妄为者,钻法律的漏洞,可能一夜暴富;而遵守法律的人,在法律制度不够完善的情形下,加上自己的疏忽,有可能一场交易下来,让自己变得一贫如洗。在这样的一种环境下,经营者的风险防范更显重要。

中国当下法治建设环境最缺少的是三个基本条件的成就:诚信、平等、规则意识。

(一)诚信方面

为形象一点,先看一则笑话。两个人打赌。甲说,"我能用我的牙齿咬住我的左眼"。乙不信,于是赌中午的酒钱。甲笑了笑,轻松地把自己的假牙拿下来放到左眼上。乙后悔上当,但又不能不认输。甲又说,"我还可以用我的牙齿咬住我的右眼,要不要再赌?"乙说,"你那是假牙,有什么好赌的。"甲说,"我这回保

---

① 具体分析,参见马忠法:《略论银行存折和银行卡上的钱的归属——由两则案例引发的思考》,《江西金融职工大学学报》2010 年第 1 期。

证不用假牙"。乙又不信,又与他赌。然而,让他没有想到的是,这次甲笑了笑,轻松地把自己的假右眼拿下来用牙齿咬住。

正常情况下,人的牙齿是不可能咬到自己的眼睛的。正是基于这种常识,乙不相信甲可以用牙齿咬住自己的左眼。但没有想到这个笑话中的甲用自己的假牙咬住左眼;而双方又没有提到不能用假牙。乙只好认输。后面当甲说还可以用牙齿咬住自己的右眼,乙认为没有什么好赌的,用假牙咬有什么好赌的?没有想到甲说不用假牙,乙又不信,认为不可能,而这次甲又利用了乙的常识,结果将自己的假的右眼拿下放在假牙上咬了咬,乙又输了。这种情况反映在现实中就是:当交易者提供的信息一时这个是假的,一时那个是假的,真真假假难以弄清楚;当基于假的信息做出决定时,无疑会造成巨大损失;而对所有的信息进行甄别,又会浪费大量的时间成本和其他成本,增加整个社会运行的负担,降低社会效益。市场经济是法治经济、信用经济、诚实经济,已被西方市场经济几百年的发展历史所证实。

(二)平等意识方面

中国企业经营不太充分的另一个条件是"平等"意识还未完全建立,交易中由于主体性质的不同而可能带来一些不公平的做法。如企业到银行贷款,在同等条件下,对私营企业而言,贷款的条件就较国有企业苛刻。实际上我国现行《宪法》明确规定的"法律面前,人人平等"①与中国法制传统文化中的"王子犯法与庶民同罪",是有区别的,前者是在任何情况下,有关主体的法律权利、义务等在法律之下是平等的,而后者只是在"犯法"的情况下"王子"与"庶民"要受到同样的处罚,但在不违法的情况下呢?在现实中,往往不同的主体可能会享受到不同的待遇。此外,还有在商事投资领域,中国自然人与外国自然人在设立中外合资、合作企业时,法律规定也是不同的,如《宪法》规定的"中华人民共和国允许外国的企业和其他经济组织或者个人依照中华人民共和国法律的规定在中国投资,同中国的企业或者其他经济组织进行各种形式的经济合作",显然把中国的自然人(个人)同外国的企业、其他组织或个人在投资方面进行各种形式的经济合作的机会没有与外国的自然人(个人)放在平等的位置,我们认为这也是有违平等原则的,外国的个人在中国在投资方面享有超国民待遇②。

① 《宪法》规定"中华人民共和国公民在法律面前一律平等"(参见《宪法》第33.2款),虽然规定的是"公民",其原则可以延伸至一切民商事活动中。
② 国民待遇指让外国人在民商事等领域与本国人享有一样的待遇,或让外国人享有不低于本国国民的待遇。

平等意识的培养和形成实际上是与"契约"精神相伴生的。平等是契约得以形成和履行的前提,没有平等,契约关系建立的基础"自愿(或意思自治)"就无法得到真正的体现。中国封建文化中的"特权"思想在我们企业经营中不时地沉渣泛起,对我国的商业经营活动带来很多消极的影响。后文中列举出的一些企业高管违法案例几乎都会出现官商勾结的现象,就是特权思想的反映。

(三)规则意识方面

"规则意识"的缺乏同中国过去长期存在的"法不责众"的错误理念有着密切联系。在中国出现的多次"哄抢"事件就是典型。①有人认为"哄抢"不是中国特有的行为,其他国家也有。②我们不否认这一点,法国、美国等都发生过,但在中国是太频繁了,这与一个正在发展中的、优秀文明传承五千多年的大国形象实在不符。如果不培养规则意识,中国的社会、经济等发展仍会付出很多不该付出的代价。

没有规则意识或规则意识不强,害人害己(如 2016 年 7 月和 2017 年 1 月先后在北京八达岭动物园和宁波雅戈尔动物园发生的老虎伤人事件就是例子)③,也容易造成群体性事件。在一些人的行为中,没有对错,只有利益,只要大家都去做了,自己不做,似乎吃亏了。这种现象如果长期、广泛存在,会对执法等带来严重的不利影响。中国当下法治环境面对的最大挑战就是做不到严格执法与全民守法,"有法不依、执法不严、违法不究"阻碍中国的法治进程。比如,环境保护方面的法律制度,中国立法方面已经有较好的法律体系,但很长一段时间由于唯GDP 为导向,其带来的消极影响不可谓不大;环境污染相当严重,不同区域出现了多个癌症村;气候变化方面,中国在国际社会面对着巨大压力等。这些在一定

---

①　关于哄抢方面的报道,每年都有。2015 年 9—10 月间,中央电视台《新闻1+1》节目组曾经就 2012—2015 年三年间在全国发生的哄抢事件进行了统计,至少有 18 个省份发生过。参见《央视制作中国哄抢事件地图涉及 18 个省份》,腾讯新闻, at http://news.qq.com/a/20151001/021177.htm。具体个案也可以参见崔恒清:《哄抢事故货物敲响普法警钟》,《人民公安报》2016 年 3 月 31 日;边车:《哄抢撒落货物,德不齿法难容》,《广西日报》2016 年 4 月22 日。

②　管键:《哄抢,别简单扣上"中国式"帽子》,《解放日报》2015 年 9 月 9 日。

③　如 2016 年 7 月发生在北京八达岭动物园老虎伤人事件及 2017 年 1 月在宁波雅戈尔动物园发生人、虎俱亡事件,不仅给违规者家人带来伤害,也给动物园带来损失。参见朱浩然:《八达岭野生动物园老虎伤人事件的法律分析——从野生动物园安全保障义务角度》,《上海政法学院学报(法治论丛)》2016 年第 5 期及郝诚:《宁波老虎伤人动物园十年前曾发生相似事件》,《中国经营报》2017 年 1 月 29 日。

的角度也折射出法律追求的公平正义没有实现。中国在改革开放后的30多年中,一部分先富起来的人利用法律制度上的漏洞和不足,获取过多的社会财富,而将环境保护等社会责任转嫁于他人;这部分人获得过多的收益,而受到环境污染损害的公民及我们的后代却在为他们收益带来的副作用买单。

上述三种意识的缺乏反映到中国经济在市场转型建设中,很多问题就会应运而生,由此也对法律与道德规范的实施造成严峻的挑战,其带来的环境污染、制假、贩假等严重的社会问题,已经威胁到中国社会的良性生存。

诚信、平等、规则意识的缺乏及片面强调发展压倒一切带来的负面影响就是对法律权威的漠视,由此就会影响商业活动的正常进行及经济发展的良性运转。下面我们可以分析一些在中国当下广阔背景下的经典案例,来说明在商业社会中法律的制定重要,法律的遵守更重要,正所谓"徒法不足以自行"。这一点不论对商事主体,还是对一般社会公众都一样。

[案例] **2008—2010年黄光裕案。**黄光裕,广东汕头人,1969年5月生,企业家,中国家电零售业连锁模式的创始人,现代潮商代表人物之一。1987年1月1日,与其兄黄俊钦共同成立"国美电器店",此后经过连锁店经营方式在中国大陆家电销售业取得巨大成功。2004年、2005年、2008年三度问鼎胡润百富榜之大陆首富,在2006年福布斯中国富豪榜亦排名第一,其个人资产已近400亿元,然而他并不满足,贪欲膨胀之下,利用法律制度上的不足及他人人性的弱点,拉拢、腐蚀一些高官,最终也葬送了自己。黄光裕还涉嫌"操纵市场",具体指对其兄黄俊钦控股的*ST金泰股价进行操纵,该股票2007年曾创出30多个涨停记录。经过北京市公安局羁押、取证及检察院的起诉,2010年5月18日,法院认定黄光裕犯非法经营罪、内幕交易罪、单位行贿罪,三罪并罚,决定执行有期徒刑14年,罚金6亿元,没收财产2亿元。其在港16亿元资产被冻结。[①]后来大量证据表明,该案与陈绍基(广东省政协主席)、黄松有(原最高院副院长)、郑少东等都存在一定的关联。[②]

没有法律或道德约束,人类被追求一己私利的本性裹挟将会走向灾难的深渊;然而即使有了法律或道德规范,人们不去遵守或践行,同样会给他们带来不利的前程。很多人铤而走险,置法律或道德规范于不顾,多是贪婪所致。贪婪是人类一切罪恶的根源;印度的圣雄甘地说过:"这个世界能够满足人类的需求,但

---

① 《15名省部级高官落马创纪录 三分之一涉黄光裕案》,《东方早报》2010年1月8日。

② 参见韩永:《黄光裕案背后的制度风险》,《中国新闻周刊》2009年第16期。

永远满足不了人类的贪欲。"正是一些人在贪婪的驱使下无视法律或道德规范的要求，而最终将自己送进了监狱。黄光裕案说明了这种现象。抵御贪欲，自我约束是最大的保障。上述案例中黄光裕践踏法律并付出代价，但在社会慈善方面，他也颇有付出，仅以媒体公开部分统计，有现金捐款逾亿元人民币。然而，法不容情，违法犯罪就必须要付出代价。

[案例] **2008年三鹿奶粉事件。** 因为经营管理有漏洞，最终导致一家优良企业瞬间轰然倒地，董事长等高管承担法律责任。从法治的角度看，某些行业特别是涉及公共健康的行业，免检产品是不应该有的；如果法律规定不科学或没有完善的制度约束，违法事件的发生会难以避免。三鹿奶粉案带来的直接后果是催生了我国2009年的《食品安全法》的出台。

石家庄三鹿集团股份有限公司，简称三鹿，1956年是集奶牛饲养、乳品加工、科研开发于一体的大型企业集团，早期发展良好，曾获得国家科学技术进步奖。后期利欲熏心，在奶粉中掺加三聚氰胺，导致全国爆发婴儿肾结石，最终于2009年2月12日宣布破产。2009年3月4日，三元集团以6.1650亿元成功拍得三鹿资产。

2008年9月8日甘肃岷县14名婴儿同时患有肾结石病症，引起外界关注。①至2008年9月11日甘肃全省共发现59例肾结石患儿，部分患儿已发展为肾功能不全，同时已死亡1人，这些婴儿均食用了三鹿18元左右价位的奶粉。而且人们发现两个月来，中国多省已相继有类似事件发生（其实，2008年5月医院曾爆发过幼儿结石现象）。中国卫生部高度怀疑三鹿牌婴幼儿配方奶粉受到三聚氰胺污染。三聚氰胺是一种化工原料，可以提高蛋白质检测值，人如果长期摄入会导致人体泌尿系统膀胱、肾产生结石，并可诱发膀胱癌。该事件于2008年9月11日被曝光。②当日上午10时40分，新民网连线三鹿集团传媒部，该部负责人表示，无证据显示这些婴儿是因为吃了三鹿奶粉而致病。同年9月12日

---

① 具体内容参见《三鹿奶粉事件的前前后后——三鹿毒奶粉事件全记录》，《北方牧业》2008年第18期。

② 早在2004年的阜阳劣质奶粉事故中，公布的不合格奶粉企业和伪劣奶粉中，三鹿奶粉亦在列，但随后经过一系列的公关行为，被证实为疾控中心工作人员失误所致，把三鹿撤出"黑名单"（参见欧阳梦云：《三鹿：十七天转危为安》，《经济日报》2004年6月13日第5版。在2008年9月11日被曝光前，其奶粉不断出现问题，但均被公司的所谓公共部门一一化解，没有将问题早日揭露出来，直至后来全国大范围的婴幼儿受到伤害，在媒体和相关部门的努力下，终于揭开这起震动国人和世界的案子。

三鹿集团声称,此事件是由于不法奶农为获取更多的利润向鲜牛奶中掺入三聚氰胺。9月13日,国务院启动国家安全事故Ⅰ级响应机制①处置三鹿奶粉污染事件。患病婴幼儿实行免费救治,所需费用由财政承担。②

后查明:原奶供应商所供奶源中存在问题,耿金珠、耿金平等在原奶中加入三聚氰胺,此类行为让人防不胜防。河北省所谓的免检产品,让负责人失去应有警觉,酿成社会悲剧。2009年1月22日,三鹿系列刑事案件,分别在河北省石家庄市中级人民法院和无极县人民法院等4个基层法院一审宣判。三鹿集团原董事长田文华(董事长兼总经理、党委书记,生产销售伪劣产品罪)一审被判无期徒刑,剥夺政治权利终身,并处罚金人民币2 468.741 1万元;张玉军和张彦章(制造和销售含有三聚氰胺的"蛋白粉")分别被判处死刑和无期徒刑,耿金平(购买"蛋白粉"加入原奶中)被判处死刑;高俊杰(生产)被判死缓。③

此后,三鹿事件引发了究责风暴。河北24名官员因三鹿事件受到处分;责任人涉及5部门8名官员;李长江辞去国家质检总局局长职务,王勇继任;石家庄市委书记被免,车俊兼任石家庄市委书记;石家庄市长、副市长被免,另有3名局长落马。④

三鹿奶粉在国际上的影响:2008年9月19日,联合国儿童基金会要求中国当局,在四名婴儿因饮用含有三聚氰胺的奶粉而丧生后,对此问题"展开全面调查"。世界卫生组织也严厉谴责中国没做好食品卫生的管控,而且还刻意隐匿消息。欧盟委员会高度关注。香港禁止由三鹿奶粉制造的台湾尚效牌饮料进口,海协会道歉。日本、韩国、新加坡、印度、印尼、巴西、菲律宾、美国、欧盟等禁止相关产品进口。在这之后,中国乳业发展进入寒冬季节。

[案例] 2009—2010年力拓间谍案(后改为"侵犯商业秘密罪、非国家工作人员受贿罪")。 上海市第一中级人民法院2010年3月29日下午对被告人胡士泰等非国家工作人员受贿、侵犯商业秘密案做出一审判决,分别以非国家工作人员受贿罪、侵犯商业秘密罪,判处被告人胡士泰有期徒刑十年;另外三人判处14

---

① "Ⅰ级"为最高级:指特别重大食品安全事故。

② 由于企业自身管理意识淡漠、风险防范和管控措施不当等带来的严重不利的后果,由政府财政来承担,是否合理,很值得研究。

③ 几位主犯均提起上诉,后经河北省高级人民法院审判,维持原判。参见王帝、王俊秀:《三鹿案件田文华二审仍判无期徒刑》,《中国青年报》2009年3月27日。

④ 在三鹿集团将有关其生产的有毒奶粉汇报到石家庄市有关部门后,部分领导没有及时进行处理,加强监管,致使有毒奶粉进一步蔓延,扩大损害范围,反映部分官员关心本地经济发展和利益远胜于人民健康和安全,对于渎职官员,他们理应受到严惩。参见《中央严肃处理三鹿奶粉事件责任人,三鹿集团公司主要负责人涉嫌犯罪》,《新华日报》2008年9月23日。

年到 7 年不等。力拓案四名案犯的犯罪行为,导致 2009 年有逾 20 家中国钢铁企业为铁矿石进口多支付了 10.2 亿元人民币。除胡士泰外,其他三被告不服,提起上诉,后于当年 5 月 17 日上海市高级人民法院作出终审判决,维持原判。①据调查,在 2003—2009 年的近 6 年里,力拓的商业间谍"迫使中国钢企在近乎讹诈的进口铁矿石价格上多付出 7 000 多亿元人民币的沉重代价",而这相当于"澳洲 10％的 GDP",即该案给中国造成损失 7 000 亿元左右。②这一案件中的最大问题是我国企业在铁矿石谈判中的要价策略基本上被力拓所控制,导致谈判中十分被动,表明企业保护自己商业秘密的重要性。③该案应该引起高度关注的另一个问题是那些行贿的企业负责人(向胡士泰等行贿以获得较好竞争地位)几乎无一被追究刑事责任。

　　[案例] **"8·12"天津滨海新区危化品爆炸案**。2015 年 8 月 12 日 23 点,天津滨海新区港务集团瑞海物流危化品堆放场的危险品仓库爆炸,带来巨大的损失。165 人死亡,另有 8 位失联,798 人受伤,304 幢建筑物、12 428 辆商品汽车、7 533 个集装箱受损,造成直接经济损失 68.66 亿元的严重后果。该事故堪称新中国建立以来安全生产事故之最,特别是事故又发生在天津这样一个人口密集、紧邻首都的直辖市,社会影响尤其重大。④这与有关当事人违法行为有着密切关系;其中最典型的是:根据规定,在工矿企业、商品房等 1 000 米以内不允许堆放危险物品⑤,但涉案企业的危化品存储仓库却建在离商品房 500—600 米的范围之内,且商品房建设在先而仓库建设在后。该事件是一次系统性违法事件,应当全方位汲取教训。

　　民营企业家的保护及他们对自身行为的约束在中国一直是一个较为引人关注的问题。我们看看以下两个案例。

　　[案例] **李途纯案**。2010 年 6 月 12 日晚,太子奶创始人李途纯被株洲市公安局刑事拘留。据称,李途纯可能涉嫌非法吸收公共存款。2012 年 1 月,被

---

①　陈静:《上海高院驳回"力拓案"上诉维持原判》,参见"中国法院网"(2010 年 5 月 17 日),http://old.chinacourt.org/html/article/201005/17/409415.shtml。

②　《力拓案让中国损失 7 000 亿?》,《武汉晨报》2009 年 8 月 13 日。

③　有关分析参见屈丽丽:《力拓案终审定音　严惩违规者却难改既有机制》,《中国经营报》2010 年 5 月 29 日。

④　叶泉:《天津爆炸案判决凸显一个"严"字》,《法制日报》2016 年 11 月 11 日。

⑤　国家质量技术监督局:危险化学品经营企业开业条件和技术要求(标准号:GB18265-2000,2000 年 10 月 2 日)第 6.1.1(c)项规定:大中型危险化学品仓库应与周围公共建筑物、交通干线(公路、铁路、水路)、工矿企业等距离至少保持 1 000 米。

证明是冤案。①2012 年 8 月 7 日,有报道说,李途纯实名举报该案系前副市长肖文伟一手制造。②另一当事人文迪波(曾任株洲高新区管委会副主任,太子奶托管公司高科集团董事长等)于 2011 年 7 月被双规,后被逮捕。2012 年年底郴州市苏仙区人民法院做出(2012)郴苏刑初字第 135 号刑事判决书,2013 年 4 月 16 日,郴州市中级人民法院终审判决:文迪波因犯受贿罪,判处有期徒刑八年六个月;因签订、履行合同失职被骗罪,判处有期徒刑一年六个月;合并执行有期徒刑九年,并处没收财产 5 万元。③该案被看作是:低素质的官员滥用职权,侵吞民营企业家的经营成果的典范。该案说明,民营企业家在经营企业过程中,其合法权益等容易受到一部分人利用公共权力加以伤害。

[案例] 孙大午案。2003 年孙大午非法吸收公众存款罪。2003 年 5 月 29 日,孙大午被指向三千多户农民借款达一亿八千多万元,以涉嫌非法集资的罪名被徐水县公安局收押,有关部门曾指控其非法持有弹药,两位弟弟(大午集团副董事长孙志华与总经理孙德华)和集团的财务处长也都被扣留。7 月 4 日,经徐水县人民检察院批准,孙大午被执行逮捕,其两个弟兄也因涉嫌偷税罪被逮捕,引起社会各界广泛关注。9 月 10 日,徐水县检察院向徐水县法院提起公诉,指控大午集团涉嫌非法吸收公众存款,孙大午涉嫌非法吸收公众存款罪、非法持有弹药罪。然而很快,徐水县检察院就撤回了起诉,9 月 30 日,徐水县检察院再次向徐水县法院提起公诉。在这份新起诉书中,徐水县检察院首先取消了对孙大午涉嫌非法持有弹药的指控,而检察院所指控的"非法吸收公众存款"金额和储户数也有了重大变化。新起诉书确认的存款数额为 14 385 418 元,涉及储户523 人,均比原起诉书中的数额大大减少。10 月 30 日上午 8 时 30 分,孙大午案准时在徐水县法院开庭。数百人围在法院门前等待判决结果。控辩双方的焦点集中在大午集团的"借款"行为到底是属于民事法律中的民间借贷行为还是刑法中的非法吸收公众存款。孙大午的辩护人认为,所谓"存款"是一个金融概念,对应的是贷款,而大午集团并没有放贷的行为,所以不属于刑法规定的"非法吸收公众存款或变相吸收公众存款"的范畴。孙大午辩护人还提出了所谓"僵法"的

① 具体内容参见凌雨:《无罪获释,悲情李途纯命运跌宕》,《民主与法制时报》2012 年 2 月 20 日;张丽华、林向:《翻盘! 太子奶创始人李途纯无罪获释》,《第一财经日报》2012 年 2 月 14 日。

② 怀若谷等:《湖南株洲原副市长肖文伟被举报制造"太子奶冤案"》,《京华时报》2013 年 8 月 8 日。

③ 张旭:《"太子奶重组主导者原是'蛀虫':文迪波获刑 9 年被指量刑过轻"》,《21 世纪经济报道》2013 年 5 月 16 日。

概念,认为《非法金融机构和非法金融业务活动取缔办法》属于比较典型的僵化的法律,在当今市场经济的发展道路上可能已起到了阻碍民营企业良性发展的反作用,需要适时更新。2 时 30 分,徐水县法院对孙大午案作出了一审判决:以非法吸收公众存款罪①,判处孙大午有期徒刑 3 年,缓刑 4 年,并处罚金 10 万元;河北大午农牧集团有限公司也因违法变相吸收公众存款活动,被法院处罚金 30 万元。尽管获得媒体、农民、学者与网友的支持,但他选择不再上诉,并于同年 11 月 1 日父亲生日时出狱回家,跟他的企业与农民走在一起,继续奋斗。②

　　另外引起高度关注的是 2013 年曾成杰"非法集资案"。曾成杰,曾用名曾维亮,1958 年 11 月出生,湖南新邵县人,湖南三馆房地产开发集团有限公司原总裁。2003 年 11 月至 2008 年 8 月,曾成杰非法集资总额达 34.52 亿余元,因兑付不能(从 2003 年 11 月至 2008 年 8 月,将集资利率从月息 1.67% 逐渐提高至 10%。2007 年 9 月开始,曾成杰又决定按集资款存期不同给予集资户奖励,并支付奖励金额累计 11 522.36 万元),造成万余名群众围堵铁路及火车站、数千名集资群众围堵湘西自治州人民政府,并有一名群众用汽油当众自焚造成七级伤残。2008 年 12 月,曾成杰因涉嫌集资诈骗罪被逮捕。2011 年 5 月,长沙市中级人民法院一审判决曾成杰死刑。2011 年 12 月,湖南省高级人民法院二审判决曾成杰死刑。2013 年 6 月 14 日,最高人民法院依法核准曾成杰死刑。7 月 12 日,长沙市中级人民法院依法对曾成杰执行死刑。③

　　案例说明,民营企业在经营过程中如果不受到有效的监督与制约,有关部门对其经营中的违法违规行为不及时进行查处(如本案中月息高达 10% 就是严重违反国家法律规定的现象),可能会引起极其严重的、难以预料的后果。2017 年

---

　　①　非法吸收公众存款罪是指非法吸收公众存款或者变相吸收公众存款,扰乱金融秩序的行为,一般处三年以下有期徒刑或者拘役,并处或者单处二万元以上二十万元以下罚金;数额巨大或者有其他严重情节的,处三年以上十年以下有期徒刑,并处五万元以上五十万元以下罚金[《中华人民共和国刑法》(2015 年修正)第 176 条]。与此罪名相关的罪是"集资诈骗罪",即以非法占有为目的,使用诈骗方法非法集资,数额较大的行为,一般处五年以下有期徒刑或者拘役,并处二万元以上二十万元以下罚金;数额巨大或者有其他严重情节的,处五年以上十年以下有期徒刑,并处五万元以上五十万元以下罚金;数额特别巨大或者有其他特别严重情节的,处十年以上有期徒刑或者无期徒刑,并处五万元以上五十万元以下罚金或者没收财产[《中华人民共和国刑法》(2015 年修正)第 192 条]。

　　②　《孙大午案尘埃落定》,《钱江晚报》2003 年 11 月 1 日。

　　③　新华社记者:《湖南高法详解曾成杰死刑案焦点》,《新华每日电讯》2013 年 7 月 15 日;《最高法:曾成杰案罪与害都比吴英案严重》,《新华每日电讯》2013 年 11 月 26 日。

2月在全国引起高度关注的另一个与民营企业有关的"于欢辱母杀人案"是又一个典型的案例。①

・ 企业经营涉及的知识产权方面的典型案例。在经济全球化下,企业经营在世界范围内进行,知识产权是企业经营绕不过的话题,而知识产权的地域性、无形性等又为企业经营等带来一定的风险。下文以王致和商标案等两个案子为例。

[案例] **王致和商标案。** 2006年7月,王致和集团(以下简称王致和)拟在30多个国家进行商标注册时,发现王致和腐乳、调味品、销售服务三类商标,已被一家名叫欧凯的德籍公司于2006年3月在德国注册。而欧凯公司申请的商标标识与王致和集团产品使用的商标标识一模一样。欧凯公司是柏林一家主要经营中国商品的超市,其员工全部是华人。调查发现,欧凯公司还曾抢注过"白象"、"洽洽"、"老干妈"、"今麦郎"等众多知名商标。同年8月,王致和的代理律师向欧凯公司发出律师函。随后,王致和公司接到欧凯公司运营商中咨货运公司的电话称,想要拿回商标,必须付出一定代价。双方协商解决不成,2007年初,王致和向慕尼黑地方法院提起诉讼,要求法院撤销欧凯百货公司所获的商标并予以赔偿。一审阶段,双方争议的焦点主要集中在:(1)王致和主张对方是恶意抢注,而欧凯强调是合法注册;(2)王致和主张对"王致和"商标拥有著作权(自己的图文结合商标标识是王致和集团请中央工艺美术学院的黄伟教授设计的,王致和通过合同的方式获得了此标识在中国的著作权,也就是版权),欧凯则提出其标识是通用的"中国古代士兵头像";(3)王致和提出,对方违反德国的反不正当竞争法,欧凯则辩称其注册"王致和"商标是对自己的保护。2007年11月14日,慕尼黑地方法院对此案做出了一审判决,裁定欧凯公司因侵犯他人在先权利(在先获得的著作权)获得的商标专用权无效,禁止其在德国擅自使用王致和商标。欧凯公司不服,随即提出上诉。2009年4月23日,慕尼黑高等法院对王致和诉欧凯商标侵权及不正当竞争一案作出终审判决:欧凯公司不得擅自使用王致和商标,否则将对其处以25万欧元的罚款或对主要负责人处以六个月监禁;欧凯公司应注销其抢注的"王致和"商标。至此,备受关注的王致和诉德国欧凯恶意抢注商标案,经过两年零三个月的讼争,最终以"王致和"商标物归原主而画上了圆满的句号。②此案号称"中国知识产权跨国维权第一案"。这是中国加

---

① 佚名:《"辱母杀人案"细节还原:于欢被"杵"后反击》,《中国青年报》2017年3月27日。

② 具体案情和分析参见:《"王致和"海外遭抢注 老字号海外维权路——中华老字号企业海外维权第一案启示》,at http://3y.uu456.com/bp_4q9u09yvbw9sc9l3qd3z_1.html.《王致和诉德公司恶意抢注案升级》,《北京商报》2008年4月16日。

入世贸组织后第一起中国企业在国外以原告身份进行的商标诉讼案,也是国内企业在海外胜诉的第一个知识产权官司。

[**案例**]　**深圳唯冠与苹果"iPad"商标案。**2000 年,作为唯冠国际旗下子公司的唯冠台北公司在多个国家与地区分别注册了 iPad 商标。2001 年,唯冠国际旗下深圳唯冠公司又在中国内地注册了 iPad 商标。根据苹果公司的诉讼,2009 年 12 月 23 日,唯冠国际 CEO 兼主席杨荣山授权员工麦世宏签署相关协议,将 10 个商标的全部权益转让给英国 IP 公司,其中包括中国内地的商标转让协议。英国 IP 公司向唯冠台北公司支付了 3.5 万英镑购买所有的 iPad 商标,然后英国 IP 公司以 10 英镑的价格,将 iPad 商标的所有权益转让给了"苹果"。此前深圳市中级人民法院已于 2011 年 12 月 5 日作出一审判决驳回苹果公司"关于'iPad'商标权归苹果公司所有"的诉讼请求,而苹果公司随即于 2012 年 1 月 5 日向深圳中院提交了上诉状。2012 年以来备受外界关注的 iPad 大陆商标纠纷于当年 6 月份和解结束,广东省高级人民法院表示,在 iPad 商标一案中,因苹果与唯冠双方均有调解意愿,双方确认以 6 000 万美元一揽子解决有关 iPad 商标权属纠纷,并签署了协调协议,本案调解协议于 6 月 25 日生效。苹果向广东高院指定账户汇入 6 000 万美元,并于 6 月 28 日向该案的一审法院深圳市中级人民法院申请强制执行上述民事调解书。①

企业在经营过程中要深刻认识到商标的价值,商标知名度的大小代表着对市场占有的状况及在消费者心目中的地位;商标的地域性为商标的价值及其影响带来很多意想不到的结果。一般而言,在特定区域(国家或独立关税区)不注册的商标原则上是不受法律保护(驰名商标或特定情况下使用的商标除外②)的③,将来自己的产品要进入到哪些国家或地区的市场中,就要到相应的国家或

---

①　具体案情和审判判决的理由等参见李诗悦:《美国苹果公司诉深圳唯冠 iPad 商标侵权案例分析》,湖南大学 2014 年硕士学位论文,第 4—7 页。

②　参见《商标法》(2013 年修订)第 13 条规定:"为相关公众所熟知的商标,持有人认为其权利受到侵害时,可以依照本法(商标法)规定请求驰名商标保护。"(显然,它没有明确要求注册为驰名商标保护的前提条件)。第 32 条规定:申请商标注册不得损害他人现有的在先权利,也不得以不正当手段抢先注册他人已经使用并有一定影响的商标。

③　绝大部分国家都有与我国《商标法》相似的规定,注册商标受法律保护。参见我国《商标法》(2013 年修订)规定:经商标局核准注册的商标为注册商标,包括商品商标、服务商标和集体商标、证明商标;商标注册人享有商标专用权,受法律保护(第 3 条)。自然人、法人或者其他组织在生产经营活动中,对其商品或者服务需要取得商标专用权的,应当向商标局申请商标注册(第 4 条)。

地区进行注册。此外,在商标许可使用中,被许可人对于所使用商标通过自己的营销宣传活动可能引致商标价值有巨大的提升,但由于所有权仍归商标权人,将来在商标被收回后,就商标的增值部分可否主张权利,在许可协议中也应该有所约定,否则就有可能"为他人作嫁衣裳"。这方面最典型的案子就是 2012 年起至今诉讼不断的加多宝与广药集团的王老吉系列案。2012 年 5 月,当广药集团收回价值 1 080 亿元的"王老吉"品牌①之时,谁都不会想到,后面两家公司打了一系列的官司,虽然诉因各异,但与"加多宝因为为王老吉商标付出了诸多努力使商标急剧增值后,自己却任何回报都没有"的心理失衡有一定的联系。因此,商标的价值及其与许可后的增值有什么样的联系及增值之后要不要进行合理分配等问题,颇值探讨。

在我国企业实施"一带一路"倡议和"走出去"战略中,企业也需要关注有关国家的政治环境和相关政策,提防目标国的竞争对手利用国家公权力影响竞争结果。如 2012 年 8 月,美国众议院特别情报委员会(U.S. House Permanent Select Committee on Intelligence)宣布华为、中兴产品"涉嫌为中国间谍活动提供便利",就是一个例子。华为、中兴通讯等在美国的竞争对手思科公司推动美国众议院发起调查并借调查结果排挤中国企业。该委员会提出了 5 条建议,告诫美国的个人、企业乃至政府机构不要购买华为中兴的产品。②国际贸易中的私人部门对国家政策或法律法规制定的影响在发达国家是十分明显的,我国企业走出去之后应对此有深刻的认识并寻求有效对策。

此外,2013 年底特律破产案也给我国企业带来启示:资源型城市必须有后续产业,走多元化发展之路,否则难以为继。中国河北涞源铜矿破产案③或部分"煤城"等面对的问题均是例子。依靠不可再生资源发展的城市必须要发展可持续产业,否则城市会很快衰落。还有 2013 年刘志军案中,刘志军被控涉嫌收受 11 人贿赂款共计 6 460.54 万元;涉嫌滥用职权,帮助山西女商人丁书苗及其亲属获利 39.76 亿元。与黄光裕案一样,任何一个腐败案均会与企业的运营或非法牟利有密切联系。

上述诸多案例告知我们,企业在经营过程中涉及法律是方方面面的,这些法

---

① 1997 年被许可之前,"王老吉"是一个在南方较为有名的商标,但尚未在中国大陆构成驰名商标,评估价值为 50 亿人民币左右。

② 具体分析参见马忠法:《应对气候变化的国际技术转让法律制度研究》,法律出版社 2014 年版,第 43—44 页。

③ 具体内容参见宋雪莲:《涞源铜矿的四年破产路》,《中国经济周刊》2006 年第 36 期。

律包括：宪法、民商法(民法总则、物权法、侵权法、公司法、物权法、票据法、保险法、合同法、破产法、证券法)、经济法(竞争法、宏观调控法金融法、价格法、资源保护法、环境法、会计法、审计法、产品质量法、消费者权益保护法等)、劳动法、诉讼法、仲裁法、刑法等。其中与企业经营活动关系最密切的是民商法、经济法及劳动法等。

四、企业经营中的常见的法律风险

法律法规等规范性文件及企业运营中的相关文件如合同、公司章程等均是借助于文字来表达的,而任何文字都不是完美无缺的;如果考虑不周,就会带来风险和麻烦。事先做好充分准备,形成尽量周密、严谨、语言表达清晰的法律文件,可以在风险防范方面做到事半功倍。下面我们先来看各种不同的案例。

(一)语义模糊潜含的一般风险

[案例]　上海某酒店甲鱼价格案:甲鱼30元/只。"甲鱼30元/只"这句话源于2006年1月28日除夕一位王先生带家人在上海某酒店吃年夜饭时店家的菜单中。王先生点了菜单中一道优惠菜"甲鱼30元/只,汤锅或红烧"中的"汤锅";饭后因酒店要求支付200元引起纷争。其实,酒店菜单表达中存在的问题有:(1)甲鱼等不适宜用"只"来表达,因为"只"的分量可能不同;5克是一只,50克、500克也可以是一只,这样的表述不够严谨。(2)本案中,最终端上桌子的是一盆甲鱼汤,其中有一只甲鱼;酒店说汤中的甲鱼是30元(活的甲鱼价格,从水产市场买来时价值100元每500克因为优惠作价30元),但该甲鱼需要宰杀、烹调和提供其他相关服务等,一盆汤价格是200元(平时300元,因年夜饭有优惠故只收200元)。由此引起纠纷,如何处理?

此外,我们也常能够看到一些洗脚店为招揽客户,推出诸如"洗脚一次10元"等广告语,对于该句中的"一次"如何界定?是整个洗脚活动的完成算一次还是服务人员把客户的脚揉搓一次就算一次?这样表达也会引起歧义。

[案例]　青岛"善德活海鲜烧烤家常菜"海捕大虾事件:青岛大排档被曝宰客天价虾38元一只。菜单上的海捕虾——38元,没有单位,那么是一份、一盘、一斤还是一只?

2015年10月5日,有网友爆料称,在青岛市乐陵路92号的"善德活海鲜烧烤家常菜"吃饭时遇到宰客事件,该网友在微博上称"点菜时就问清楚虾是不是38元一份,老板说是,结账时居然告诉我们38元一只"。"青岛大排档天价大虾事件"在微博上引发网友热议。图为该店价目单显示,"海捕大虾38元",旁边没有标明计价方式是按"一个"还是"一份",但在价目单的最下方,有"以上海鲜单个计价"的说明。另一位有相同遭遇的朱先生提供的手写账单中可见,"蒜蓉大虾"的价格共计 1 520 元,加上其他菜的消费,共计 2 175 元。店家表示,该店大虾是海捕大虾,且是活的大虾,营养价值很高,38 元一只已经很便宜,并称,"一只大虾 300 多元的也有,一般人吃不起"。①

10 月 5 日,接到游客投诉后,市、区两级物价部门第一时间赶到位于乐陵路 92 号的"善德海鲜烧烤家常菜"大排档进行调查。现场检查发现该烧烤店提供的菜品虽已明码标价,但是极不规范,涉嫌误导消费者消费。鉴于此,将根据《价格法》有关规定,责令其退还非法所得,并按照涉嫌价格欺诈、违反明码标价及侵害消费者权益的规定,依法进行立案查处。

所谓宰客,就是让顾客购买商品或服务时支付远远超过其真实价值的价格。此种交易有明显的不公平性,甚至为逼迫顾客"就范"往往同时伴随着暴力或暴力威胁。宰客行为不仅破坏了市场秩序,还涉嫌侵犯顾客的人身及财产权利,必须为法律所规制。从刑法的犯罪构成析之,其符合敲诈勒索的构成要件。《刑法》规定:敲诈勒索公私财物,数额较大或者多次敲诈勒索的,处三年以下有期徒刑、拘役或者管制,并处或者单处罚金。②根据相关司法解释,敲诈勒索 2 000 元以上属于"数额较大"。③

据此,如果宰客行为数额超过了 2 000 元,那涉事派出所不仅要查处,且应将其作为刑事案件立案侦查。如果数额未超过 2 000 元呢?《治安管理处罚法》规定:"盗窃、诈骗、哄抢、抢夺、敲诈勒索或者故意损毁公私财物的,处五日以上十日以下拘留,可以并处五百元以下罚款;情节较重的,处十日以上十五日以下拘留,可以并处一千元以下罚款。"④

可见,对于宰客行为,无论是一般性治安违法,还是情节严重的犯罪,法律都要求公安机关依法进行查处。

[案例] 字条"还欠款 5 万元"歧义案。 李某 2010 年 6 月 30 日从周某处借了 10 万元钱,约定同年 9 月 30 日还款。结果到了 9 月 30 日那天,李某只能还

---

① 陈之焕:《一只虾 38 元! 青岛"善德活海鲜烧烤家常菜"现"天价菜单"》,《齐鲁晚报》2015 年 10 月 6 日。

② 《中华人民共和国刑法》(2015 年)第 274 条。

③ 参见《最高人民法院、最高人民检察院关于办理敲诈勒索刑事案件适用法律若干问题的解释》(法释[2013]10 号)。

④ 《治安管理处罚法》(2015)第 49 条。

清5万元。于是双方约定先还5万元，剩下的5万元到11月30日前还清。在双方约定的地点，李某将5万元交给周某要求周某将借条上的10万元换成5万元时，周某说忘记带了原先写好的10万元的借条，为了证明李某还了5万元，周某要求李某写下"还欠款5万元"的字据，说等到下次还清剩余的5万元时，会将原来的借条与这张条子一道给李某，证明双方债权债务关系清偿完毕。11月30日周某收到李某的5万元还款后，只把原先的借条给了李某，但"还欠款5万元"的条子没有给李某，李某也没有索要。2011年2月3日，周某凭着"还欠款5万元"的条子说李某还（hái）欠他5万元，要求李某还钱。李某先是愕然后是拒绝，因为该条明明是证明自己已经归还（huán）欠款5万元。双方争执不下，于是李某被周某告上法院。

该案如何处理？该案关键是"还"读"huán"还是读"hái"。读前者意思指"已经偿付了"，读后者意为"依然，仍然"，这两者的意思截然相反。那到底以哪一种解释为准？这时往往就需要凭借其他证据组成完整的证据链条来证明这里的"还"字之含义。事实上，为了规避此类风险，通常可以将"还"说成"归还"或"已还"等。①

类似的案子：李某借了武某50 000元，向武某出具借条一份。两个月后李某归还5 000元，遂要求武某把原借条撕毁，其重新为武某出具借条一份："李某借武某现金50 000元，现还欠款5 000元"。这里的"还"字既可以理解为"归还"，又可以解释为"尚欠"。《民事诉讼法》相关规定"谁主张，谁举证"，武某不能举出其他证据证实李某仍欠其45 000元，因而其权利无法得到保护。②

借条怎么写：

一份基本的规范借条需要具备以下几大要素：

写清楚出借人（即债主）、借款人的全名（最好注明身份证号并附身份证复印件）；将借款金额、款项是否已实际交付/交付方式、借款利息、借款期限/还款日期、担保方式等明确约定清楚；还要注意签名清晰并保存原件，一旦出现纠纷时借条就是最为重要的证据。

---

① 参见《借条上出现这三个字千万要警惕，否则你可能一毛钱也要不回来》，《半岛晨报》，2017年7月1日。

② 《借钱那点事，依法理清这笔账》，《嘉定报》2013年12月10日。

借　　条

今借到×××(身份证号:×××)人民币×××元(大写:×××元),所有款项已收到。借款期限自×年×月×日至×年×月×日,利息为月息/年息×%,到期一次性还本付息。特立此据为凭。

借款人(签字):×××

身份证号:×××

××年×月×日

此外,还有,如果借条中的大小写不一致,如何办? 请看下面的案例:

张某经营生猪养殖生意,李某则从事饲料经销。自 2013 年 1 月起,张某多次向李某购买猪饲料。2014 年 9 月双方进行结算,张某在李某书写的欠条上签名确认。后经多次催要,张某未还款,李某遂诉至法院。庭审中,李某向法庭提交了欠条原件一张,载明:"欠料款 1567.0,壹万伍仟陆佰柒拾元整,2014 年 9 月 16 日,张某(签字)",主张张某欠其饲料款 15 670 元。张某则主张,李某提供的欠条大小写不一致,其只欠李某 1567 元。法院经审理认为,欠条中欠款金额大小写不一致,应根据双方提供的证据及日常生活经验和书写习惯来认定。李某提供的欠条虽然大小写不一致,但其亦提供了饲料出货单据一宗予以佐证,饲料出货单据记载的数额与欠条大写数额一致,而张某未提供充分有效的证据推翻欠条及饲料出货单据;从日常生活经验看,在书写欠条时,因小写金额稳定性较差,容易被添加或更改,一般会在小写金额前或者后书写大写金额;从书写习惯看,大写数字的笔画较多,书写难度较大,写错的可能性不大,而小写数字笔画简单,尤其在小写金额"0"或小数点时,写错的可能性较大,故大写金额比小写金额更规范、更严谨。法院认为应以大写的数字为准,最终判令张某偿还李某饲料款 15 670 元。

该案提醒我们:如果由于自己疏忽大意,出现欠条上大小写数字不一致的现象(如少一个零多一个零,少一个小数点多一个小数点等),就会给权利人带来麻烦。因此在书写欠条时,对双方的姓名、金额(大小写一致)、时间等一定要书写清楚,以避免不必要的风险。①

[案例]　秦赵条约解释案。春秋时期,秦赵相与约。约曰:自今以来,秦之所欲为,赵助之;赵之所欲为,秦助之,居无几何,秦兴兵攻魏,赵欲救之,秦王不

───────────────

① 胡科刚、李晓艳:《欠条金额大小写不一致法院最终确认大写效力》,www.sdcourt. gov.cn/sdfy/346593/346846/1613758/index.html。

说,使人让赵王曰:约曰,秦之所欲为,赵助之;赵之所欲为,秦助之。今秦欲攻魏,而赵因欲救之,此非约也。赵王以告平原君,平原君以告公孙龙。公孙龙曰:亦可发使而让秦王曰,赵欲救之,今秦王独不助赵,此非约也。①

　　这个案子中最重要的是没有约定任何先决条件,也没有对"为"进行界定,只是说双方在条约签订后,彼此之间建立了一种友好互助关系:秦国做事赵国帮助,赵国做事秦国帮助。没有想到的是秦国攻打的魏国与赵国之间关系密切,魏王向赵王求救,赵王准备派兵,结果秦王知道后,马上派使臣去责问赵王为何违反条约的规定:秦国想打魏国,根据条约,赵王应当帮助秦国一道攻打魏国,现你不但不帮助我们打魏国,反而帮助魏国打我们,这种行为不是公然地违反条约的背信弃义的行为吗? 后来在公孙龙的指点下,赵王也以"赵之所欲为秦助之"为由,请秦国不要攻打魏国,如此则两国均遵守了条约。具有虎狼之心的秦国不可能停止进攻的脚步,战争不可避免地爆发了。最终说明,这个条约是一纸废文。该条约中最关键的是"为"该如何解释:"秦之所欲为"的"为"如果是符合公平正义的事情,帮它是有积极意义的,但如果是坏事,那帮它岂不是助纣为虐?

　　[案例]　古希腊著名的"半费之讼"。爱瓦特尔是普罗塔哥拉的学生,他跟老师学习诉讼,条件是先付一半学费,另一半等他结业后第一次打赢官司后付清。后学生一直不付,老师将之告上法庭。老师认为,此次诉讼如果自己输了,学生则赢了第一次官司,自然应该付学费;而学生却认为,如果自己输了,正好违反了约定的学费支付条件,所以可以不支付学费。

　　这个案子是历史上有名的二难推理,我们认为二人均违反了逻辑学中的同一律、矛盾律与排中律。②在法庭判决和当事人合同约定之中只能选择一个,不能二者并用,根据对自己有有利与否来选择。

　　[案例]　吐鲁番房屋租赁纠纷案。吐鲁番市城乡建设局市容环境卫生管理处(以下称甲方)同个体户包新堂(以下称乙方)于 1998 年 9 月 15 日签订了一份房屋租赁合同。合同第一条规定:"甲方将一幢临街楼房租给乙方使用,租期 5 年,租金第 1 年为 113 000 元,后 4 年 130 000 元。"合同签订后,乙方将第 1 年租金一次交清。2001 年初,甲方找到乙方说:"房屋出租合同中后 4 年租金 130 000 元,这句话少了一个'年'字,应改为后 4 年年交 130 000 元。"乙方则

---

　　①　《吕氏春秋·淫辞》。
　　②　其他相关分析可参见杨六省:《"半费之讼"问题如何解》,《毕节学院学报》2011 年第 6 期。

坚决不同意加"年"字，2001 年 6 月 5 日，甲方将乙方告上法庭。吐鲁番市人民法院一审判决："合同中后 4 年租金 130 000 元，遗漏了'年'字。本院确认属漏字，被告坚决按合同第一条交纳租金，而拒绝向原告按每年 130 000 元交纳房租，显然合同第一条最后一句失去了真实性，原告胜诉。"乙方不服判决，于 2001 年 9 月 22 日向吐鲁番地区中级人民法院上诉。吐鲁番地区中级人民法院经审理，于 2001 年 12 月做出终审判决："上诉人与被上诉人之间的房屋租赁合同是在双方协商一致的基础上签订的，内容合法，确认为有效合同。被上诉人认为合同约定的后 4 年承担租赁费 130 000 元，漏掉一个'年'，若不加上就是失去了公平的合同，但又未在法定期限 1 年内提起诉讼，请求撤销或变更合同，其撤销和变更权已失效，本院故不支持吐鲁番市市容环境卫生管理处要求按每年支付130 000 元租金的请求。"

因漏掉一个字，损失 39 万元，这个案件令人深思：一个单位或个人在签订合同时，一定要咬文嚼字，一丝不苟，一个字不能多，一个字不能少，一个字不能错，"一字值千金"的古训要铭记在心。另外还要不断学习法律知识，才能有效维护自己的合法权益，即使甲方在合同中少写一个"年"字，如能早发现，在法定期限内向法院提出撤销或变更，也不会导致损失 39 万元的结局。①

[案例] **败在一撇上的战争**。1930 年 4 月，阎锡山、冯玉祥结成反蒋联盟，发动了讨蒋的中原大战。阎、冯两部预定在豫、晋交界处的沁阳会师，以求一举聚歼驻河南的蒋军。谁料想，冯的参谋在拟制命令时，误将"沁阳"写成"泌阳"，正巧河南南部的泌阳一地，与沁阳相隔百里。结果冯部误入泌阳，贻误了聚歼蒋军的有利时机，使阎、冯联军处处陷入被动，导致联合作战的失败。后人戏称这场中原混战是败在一撇上的战争。若不是这一撇，或许中国历史部分章节就要改写。②

（二）用词过于精细带来的风险

在某些场合需注意针对不同的交易标的物，需要用较为适合、灵活的语言来表达，以避免让自己处于被动境地。有时语言过于绝对或准确也会带来风险，特别是对于那些通过语言可以准确表达出来，然而在实际行动中难以通过行为实现的事情。

---

① 张杰声：《签合同粗心大意　漏掉一字招致损失 39 万》，《法制日报》2002 年 5 月 11 日。

② 《"一点一撇重千斤"》，载于陈乘程：《高手支招：初中生议论文论点论据论证大全》，北京邮电大学出版社 2012 年版。

　　[案例]　**大米买卖合同数量歧义案。**2007年4月,香港一粮油食品公司的采购人员受公司委托先从广东购进1 000吨大米,每袋50公斤;后在朋友的游说下擅自又从黑龙江购进1 000吨大米,每袋50公斤。但其老板只授权他买1 000吨。回公司向公司老板汇报后,公司老板十分不悦,说:由于香港在春夏之际气温高、湿气大,大米存储时间久容易发霉,只需要1 000吨,多余的1 000吨大米不是公司所需的,不能以公司名义履行义务,要采购员自己处理,损失等由其承担。采购员如何从合同文本中实现自己的目的:既不履行义务,又不承担违约责任?

　　[案例]　**房屋买卖合同履约时间纠纷案。**香港一房屋买卖合同因约定时间过于绝对,买方迟到10分钟,损失42万港元定金。香港一位买房者与房屋销售方于1995年3月20日签订房屋买卖合同,买方支付定金42万港元,余款约定在1995年8月29日下午17:00之前买方支付完毕;否则,卖方有权不将房屋交付买方同时不返还定金。后由于买方在约定时间之前没有支付,在卖方提醒下在约定时间的10分钟后要支付款项,但卖方拒绝接受和卖房。双方由此进行了长达8年的诉讼,最终香港高等法院以衡平法为由,没有支持买方的诉讼请求。

　　(三)中文表达习惯带来的风险

　　[案例]　**张先生借条瑕疵案。**中国人日常的表达习惯也会给我们带来风险。这里仅举一例。

　　张先生手中握有李先生于2011年9月26日向他借款15万元人民币时留下的借条,内容如下:

　　今借到人民币15万元,三个月后按中国人民银行规定的利息还本付息。李某某,2011年12月26日。

　　三个月过后,张先生向李先生主张还本付息。令张先生没有想到的是,李先生一口拒绝,说:张先生无权向其主张还款,因为借条上根本没有张先生的名字;这张借条是自己准备向自己的大哥借钱事先写好,但后来遗失了,可能被张先生捡到了;因为自己从来没有向张先生借过钱。此举让张先生既愤怒又无奈。

　　该借条存在的三个典型的法律问题:(1)没有债权人的名字,即没有表明李先生向谁借的钱;(2)还款时间非常不确定,"三个月后"是一个无法确定的履行义务的时间(当然,根据合同法规定,在时间不够明确时,债权人随时可以主张债权,但应该给债务人一定的准备时间),只要在3个月后,哪怕40年、50年后,都是可以的;(3)中国人民银行规定的利息有多种,大类上有存款利息和贷款利息之分,而每一类利息根据存款、贷款的期限不同,利息率也不一样,如存款利息至少有十多种计算方法,存款利息也有多种计算方法,确定的标准如何?

有人认为司法审判实践中,债权凭证持有人被推定为债权人。这一点与事实不符。2015 年 6 月 23 日由最高人民法院通过的《关于审理民间借贷案件适用法律若干问题的规定》规定:出借人向人民法院起诉时,应当提供借据、收据、欠条等债权凭证以及其他能够证明借贷法律关系存在的证据。当事人持有的借据、收据、欠条等债权凭证没有载明债权人,持有债权凭证的当事人提起民间借贷诉讼的,人民法院应予受理。被告对原告的债权人资格提出有事实依据的抗辩,人民法院经审理认为原告不具有债权人资格的,裁定驳回起诉。①也就是说,原告如果在被告能够提供证据证明(有事实依据)的情况下,其主张可能会被驳回;当然,如果不能证明,则推定原告是债权人;故在此类案件中,举证责任更多地被分配给被告,如果原告无法推翻被告的抗辩,则承担败诉的后果。实践中,多数案件最终因被告无法举证抗辩事实被裁定败诉②,但也有一些案件,因为被告举出事实依据而原告无法推翻,被裁定胜诉。③不论如何,作为债权人如果能够写出规范的借条,将会避免很多风险,没有必要将精力、时间花在无谓的争议之中。至于期间、利息问题虽然最终诉到法院,法官可以根据事实和相关法律规定利用自由裁量权作出公正判决,但同样债权人也付出了很多不必要的时间和精力了。

(四)虽规定明确,但理解不同或适用不当会产生的不同后果

[案例] **捕获狐狸案。**日本北海道地区一猎户于 1996 年 2 月 29 日(狩猎期内)在山上打猎,碰到了一只红尾巴的狐狸,为了保证皮毛的完整性,他舍不得用枪把狐狸打死,只是在后面猛追。后来,狐狸被赶进了一个只有进口没有出口的山洞。他于是将洞口堵住,打算过两天来取狐狸。根据他的经验,到那时狐狸既饿不死但也跑不动了,而且会躺在洞口。3 月 2 日(禁猎期)他去取狐狸,没有想到被巡山的警察给抓住了,因为他的行为违反了日本的动物保护法。根据规定:狐狸是一种受保护的动物,每年只有 12 月、1 月和 2 月这三个月是狩猎期,其他时间是禁猎期;在禁猎期捕获这种受保护的动物,视情节轻重要被判有期徒刑 6 个月到 18 个月的徒刑。结果日本的一审二审法院均判其有罪,判有期徒刑

---

① 最高人民法院:《关于审理民间借贷案件适用法律若干问题的规定》(2015 年 6 月 23 日,法释〔2015〕18 号)第 2 条。

② 李保朋:《欠条未注明债权人,谁拿着算谁的?》,《聊城晚报》2010 年 4 月 26 日。

③ 参见"王玉明与山东凯声实业有限公司、寿光市凯德华贸易有限公司等民间借贷纠纷二审民事判决书"[山东省高级人民法院(2015)鲁民一终字第 356 号]。

6 个月。但该猎户一直不服,上诉到三审法院——日本最高院的刑事法庭,后在其律师的辩护下,该猎户被判无罪,当庭释放。

该案三审辩护律师抓住法律条文中最为关键的"捕获"一词大做文章,最终说服法官作出了无罪的判决。实际上,法律条文或关键词语的解释是成文法不可避免的现象,因为文字表达可能产生歧义,难以对任何现象都作出极其精确、意思唯一的描述或界定,针对不同的背景、现象或环境,同样的一个词语可能有着不同的意义。

[案例]　河北辛集市房管局打输"一个字"官司。2002 年 8 月 24 日,打了两年官司的张某某与辛集市房产管理局再次对簿公堂。因为发出的决定书写错了一个字,辛集市房管局在当天的庭审中输掉了这场官司。2002 年 4 月,张某某的一个朋友因无力归还借款,便把一套房子抵给他。张某某顺利地在辛集市房管局办理了房产证。当年 9 月,房管局向他发出一份注销房产证的决定书,原因是在张某某办证之前,由于这套房产涉案,已经被法院查封,房管局没有及时发现,错发给他证书。张某某对注销决定不服,于是把房管局告上法庭。2003 年元月,辛集市法院判决,因为缺乏证据,撤销房产局的决定书。然而,一年后张某某又接到一份一模一样的注销房产证决定书。张某某再次把房管局诉至法院。由于涉及案件管辖问题,近日,石家庄市中院指定栾城县法院审理此案。在 24 日的庭审中,焦点集中在决定书引用的一个法律条文上:"根据《城市房屋权属登记管理办法》第 25 条第 1 款第 4 款规定……注销并收回张某某的房屋所有权证。"张某某认为房管局的注销行为无效,并指出第 25 条中根本没有第 4 款。①房管局辩称,张某某所买的房子属于法院已经查封的涉案房产,房产证依法应当注销。至于"第 4 款",那是笔误,正确表述是"第 4 项"。对于这个笔误,辛集市房管局代理人称,"当时有关人员对法律条文中'条款项目'的专业称谓不太清楚。"仅用了 40 分钟,法庭就对这起案件审理清楚,并当庭作出判决:因为一字之差,房管局作出的注销决定适用法律错误,判决撤销这个决定。

---

①　2001 年 8 月 15 日起施行的《城市房屋权属登记管理办法》是根据《中华人民共和国城市房地产管理法》制定的,自 2008 年 7 月 1 日起被中华人民共和国建设部令第 168 号《房屋登记办法》废止。当时该办法的第 25 条只有两款:第一款是"有下列情形之一的,登记机关有权注销房屋权属证书:(一)申报不实的;(二)涂改房屋权属证书的;(三)房屋权利灭失,而权利人未在规定期限内办理房屋权属注销登记的;(四)因登记机关的工作人员工作失误造成房屋权属登记不实的。"第二款:"注销房屋权属证书,登记机关应当作出书面决定,送达当事人,并收回原发放的房屋权属证书或者公告原房屋权属证书作废。"

主审法官告诉记者,在去年和前年的行政诉讼中,行政机关败诉率占近70%,大部分是因为在一些细节问题上出现了失误。随着行政许可法的实施,行政机关的行政行为受到更多的限制和约束。与其他的行为不同,行政行为一旦进入行政诉讼阶段一般不能再进行补正,所以,任何一点小错误,也许就会导致败诉的后果。①

（五）标点符号的作用

[案例]　将写入国史:宪法修正案里一个逗号的删改②。2004年宪法修正案草案中涉及对土地和私有财产征收、征用及补偿问题的条文,删除了一个小小的逗号却带来了显著不同的后果。为了删改这个逗号,大会主席团向代表们提交了长达450余字的解释和说明。宪法修正案原草案中的相关表述为:"国家为了公共利益的需要,可以依照法律规定对土地实行征收或者征用,并给予补偿。"在审议时,点在"并给予补偿"前面的一个逗号引起了有些代表的疑虑。有代表提出,以上两处规定中的"依照法律规定",是只规范征收、征用行为,还是也规范补偿行为,应予明确。由于对此有不同理解,有些代表建议将"补偿"明确为"公正补偿"、"合理补偿"、"充分补偿"、"相应补偿",等等。大会主席团经研究认为,宪法修正案草案上述两处规定的本意是:"依照法律规定"既规范征收、征用行为,包括征收、征用的主体和程序,也规范补偿行为,包括补偿的项目和标准。为了避免理解上的歧义,建议在最终的定稿中将上述两处规定中"并给予补偿"前面的逗号删去,修改为:"国家为了公共利益的需要,可以依照法律规定对土地实行征收或者征用并给予补偿。""这不是一个单纯语法上的问题,而是强调要清晰地表达立法原意。一个逗号之差,直接关系到公民、集体财产能否得到有力保护的问题。"全国人大代表、中国政法大学校长徐显明指出。

"这个逗号删得非常好。"全国人大代表、全国人大常委会内务司法委员会委员应松年同样给予高度赞赏。他说:"删除逗号,等于廓清了立法本意,强调对于补偿不仅要依法保障,而且怎么补、补多少,还要依法进行规范,增强了依法补偿的法律力度。"通过的宪法修正案,删去一个逗号,更清楚地表明了对征收、征用的补偿必须依法进行。"今后如果再有打着公共利益的旗号,侵犯老百姓合法权益的行为,我们就可以堂堂正正地寻求宪法保护了。"

---

① 吴艳霞:《辛集市房管局打输"一个字"官司事》,《燕赵都市报》2004年8月25日。

② 崔丽、程刚、万兴亚:《将写入国史:宪法修正案里一个逗号的删改》,《中国青年报》2004年3月15日。

[**案例**]　**欠款标点符号不明纠纷案。**陈某手中握有一张如下的欠条:王某欠陈某水产货款 3 万元已付 5 000 元余款年底还清。这一句话有两种解释:(1)王某欠陈某水产货款 3 万元,已付 5 000 元,余款年底还清;或(2)王某欠陈某水产货款 3 万元已付,5 000 元余款年底还清。这两种解释显然会引起分歧与纠纷。

（六）合法合同或协议中潜在的风险

[**案例**]　**公司并购"50％＋1"案。**某知名企业在国内十分成功,2001 年元月某跨国公司欲与其合资,并建议:出于双赢,双方按 50％＋1(外方)与 50％－1(中方)股本结构方式合资并购成立股份有限公司,这样做便于财务上可将合资公司的财务状况与跨国公司在全球的财务报表并表处理,扩大跨国公司的影响及在全球的市场占有率,管理上大家权力平均分配,不分伯仲;作为交换,跨国公司在全球的技术资源库向合资公司开放。几经谈判后,双方签下协议并于 2003 年元月成立新公司。但公司在运作后与中方预料的有很大不同,带来不少问题。

五、法律风险管理:防患于未然

风险是指人类无法把握的、不确定的事故或事件的发生或人们的过错或过失等所导致的损失的不确定性(损失的机会),与概率相关。**法律风险**就是企业在设立、运营和交易中由于不确定事件的发生而带来不利法律后果的不确定性。不利后果有民事责任、行政责任和刑事责任等。**管理,**即对组织资源进行有效整合以达成组织既定目标与责任的动态创造性活动;计划、组织、指挥、协调和控制是有效整合资源的手段或方式。管理即决策。因此,**法律风险管理**就是法律主体在生产经营过程中对各种法律风险进行识别、衡量和分析并设计或选择减少或避免损失的处理方案,整合公司内外的各种资源,以最小成本达到最大安全保障的有组织、有计划的管理活动。

成文法国家在民商事领域信奉"法律未禁止皆可行"之理念;但其法律(不同于英美法系国家)不可能规定的滴水不漏;就算有规定,若模糊或有歧义,也会有不同的理解,产生不同的法律后果。以上为企业各种法律风险存在准备了条件。而企业要减少甚或消灭风险,就要做好各种防范与应对措施,其中最关键的是要做到**"防患于未然"。**

企业的经营管理人员要有法律意识,明确法律界限,使经营行为在法律规定的限度内。如前文所言,君子爱财,取之有"道";这里的"道"的最基本含义就是指取财的方式、路径等要符合法律规范和起码的道德要求。对企业一般员工、管理人员特别是高管而言,防患于未然何尝不是一种最为高明的行为。

六、本书框架结构

为给读者在生活、工作或企业运营中做到"防患于未然"提供帮助,本书基本结构除了"导言"之外,其他部分的内容如下:

第一章"商业、社会和法律概述",界定商业、社会与法律的含义,简述市场经济和相关主体的角色、公司和公共政策及商业道德等,论证政府对市场经济的作用等。

第二章"法律的基本功能、价值和中国主要法律部门"主要论及法的功能、运行与价值、中国主要法律部门等基本内容。

第三章"商法基本原理"阐释商法的基本内涵、商法与相关学科的关系、商事法律关系、商事法律的发展史及其发展趋势以及商事法律原则及当今商法的法律体系等。

第四章"商事主体法概述"主要简述商事主体法的一般知识、商自然人、合伙企业和商法人等方面的内容。

第五章"公司法"论及公司的基本理论、公司法中主要的有限责任公司和股份有限公司制度等。

第六章"合同法律制度"主要包括合同法概述、合同的订立、合同效力、合同的履行、合同的变更和转让、合同的权利义务终止和违约责任等。

第七章"证券法律制度"主要涉及证券、证券市场与证券法的基本概念、证券法的宗旨和基本原则、证券发行、交易和服务的机构、信息公开制度等。

第八章"保险法律制度"主要内容有保险概述、保险法及其主要原则、保险公司的设立、保险代理、保险合同等。

第九章"贸易规制法和反垄断法"主要涉及对外贸易法、贸易救济法和反垄断法等。

第十、十一章"政府与商业关系法"主要介绍消费者权益保护法、产品质量法、环境保护法和自然资源法等。

第十二章"劳动法律制度"主要介绍劳动关系与劳动法律关系、劳动者的基本权利与劳动合同制度、劳动合同的解除与终止、职业安全卫生等。

第十三章"争端解决法律制度"主要介绍中国的诉讼制度、仲裁制度及中国自贸区多元化纠纷解决机制等。

第一章

商业、社会和法律概述

第一节　商业、社会与法律的界定

一、何为商业

何为商业？为弄清楚其含义，首先要界定"商"的含义。商意指一种有组织地提供顾客所需的物品与服务的行为，交易、买卖、以货易货等。①在该定义基础上的商业是指"以买卖、交易等方式使商品流通的经济活动，或组织商品流通的国民经济部门"②。本书主要指前者，即在当代它是以货币为媒介进行交换从而实现商品的流通的经济活动。它有广义与狭义之分。"商"在法律上是指营利性的行为。③广义上它是指所有以营利为目的的事业，而狭义上它仅指专门从事商品交换活动的营利性事业。大多数的商业行为是通过以成本以上的价格卖出商品或服务来营利，如微软、索尼、IBM、联想、通用都是营利性的商业组织典型的代表。

一般认为，商业源于原始社会以物易物的交换行为，它的本质是交换，而且是基于人们对价值的认识的等价交换。就通常意义而言，城市是商业发展的关键，而货物流通的便利是商业发展的前提，城以道而兴，人类史上的商业中心要

---

① See Bryan A. Garner, *Black's Law Dictionary*, Thomson and West, 2004，pp.1529-1530.

② 中国社会科学院语言研究所词典编辑室：《现代汉语词典》，商务印书馆 2013 年版，第1136 页。

③ 对于法律上的"商"或"商事"的定义有很多，如有学者认为商法学上的商或商事泛指一切以营利为目的的经营活动的总称（参见赵旭东主编：《商法学》第三版，高等教育出版社2015 年版，第 3 页）；也有学者认为法律意义上的商或商事是指一切营利性活动和事业的总称（参见赵中孚主编：《商法总论》，中国人民大学出版社 1999 年版，第 2 页）。本书倾向于第一种，故如此定义。

么处于水路畅通的江河之滨的城镇,要么处于陆路交通的咽喉要道。商业活动作为现代社会运作的一部分,对推动社会发展、创造社会财富等起到巨大作用。①

(一)中外商业发展简述

在中国商业活动自神农时代就已经出现了②,但在中国建立封建社会后很长一段时间采取"重农抑商"政策③,商人多有钱没有地位。传统文化将商人描述为"奸商","投机倒把",逐利、冒险、剥削、奸黠狡诈,不事生产而徒分其利。认为商业本身不创造价值。儒家核心思想之义利观就是"君子趋于义,小人趋于利"。汉朝第一个打击游侠,其次是打击商贾。当然也不是所有人都认为商业及商人不好,也有对商业活动有客观见解的,如司马迁《史记》中的《货殖列传》④,就对商业活动有较为理性的认识。该文中写道"仓廪实而知礼节,衣食足而知荣辱"、"礼生于有而废于无"及"天下熙熙皆为利来,天下攘攘皆为利往"⑤等就很有道理。

商业活动以交易为核心、以货币作为一般等价物以确保商品流通。因此,商业发展与这两个现象密切相关。商朝人使用的货币是贝类,其中,铜贝的出现,说明商代已经有了金属铸造的货币。⑥西周时,商业成了不可缺少的社会经济部门。在"工商食官"的制度下,商业由国家垄断。在商业交换中,主要的货币仍然是贝,但铜也被用作交换手段。铜本身是一种重要的商品,同时也担负着货币的职能,后来就发展为铸造铜币。⑦春秋战国时期,官府控制商业的局面被打破,各地出现许多商品市场和大商人。春秋时期著名大商人有郑国弦高、孔子的弟子子贡和范蠡、战国时期著名商人有魏国的白圭、吕不韦等。

---

① 我国台湾地区学者王孝通认为:凡政治修明者,商业必盛,政治窳败者,商业必衰;反之亦然,商业盛者其国罔不兴,商业衰者其国罔不亡。以之证于外国,丝毫不爽;以之证于中国,亦靡不相应。参见王孝通:《中国商业史》,上海书店1984年版,"序言"部分。

② 同上书,第4页。

③ 其实商周时期还比较重视商业发展,后可能出现商业与农业争夺劳动力情形,影响农业生产等危及政权统治等问题,出现重农抑商思想。随着东周末年列国纷争、王权衰落,春秋时期残酷的兼并战争使许多政治家开始认识农业经济发达对战争胜利具有决定性意义。战国时期竞争日趋激烈,商业的松散、潜在的自由、平等等意识不利于集权统治的建立,而强调耕战,将社会人员固着在土地上,利于社会稳定和统治,也利于军事力量的强大,而这需要加强中央集权。商鞅在秦国实现变法时,首倡"重农抑商"。可以说法家倡导的中央集权思想是"重农抑商"政策的根源。

④ 指利用货物的生产与交换,进行商业活动,从中生财求利。

⑤ 李史峰主编:《史记》,上海辞书出版社2006年版,第898页。

⑥ 王孝通:《中国商业史》,上海书店出版1984年版,第8—9页。

⑦ 同上书,第22—24页。

战国时期各国铸造流通的铜币种类繁多。秦始皇统一中国后，为改变货币、度（长短）量（容积）衡（轻重）等不一的现状，决定统一货币和度量衡。其中把原来秦国圆形方孔钱作为全国流通的标准货币，同时修建驰道。这些均利于商业的发展。统一货币对后世影响深远，以后各封建王朝大都掌握铸币权，钱的形制也保持着类似的圆形方孔模式。

西汉初，经过长期战乱，民生凋敝，商人却囤积牟利。汉高祖"乃令贾人不得衣丝乘车，重租税以困辱之"，并严禁商人购置土地，这些政策有效地避免了因商人非法牟利对恢复经济发展造成阻碍。①汉武帝推行货币官铸、盐铁酒专卖、官营贩运、物价管理以及向工商业者加重征税等措施，在一定程度上抑制了富商大贾的势力。但总的来说，两汉时期，统一局面的形成、巩固和农业、畜牧业、手工业的发展，政府实行"开关梁，弛山泽之禁"的政策，商业出现了初步的发展。当时的都城长安和洛阳，以及邯郸、临淄、宛（南阳）、成都等大城市都发展成为著名的商业中心。每个城市都设有专供贸易的"市"，长安城东、西有市，后来发展为九个市，当时官府对城市的商业活动采取严格限制的政策。市内设有出售商品的店铺、官府设有专职官员市令或市长进行管理。市内的物价也由官员统一管理。

隋唐之时，京杭大运河的开通，水路便利商业发展。唐代还出现了柜坊和飞钱。柜坊专营货币的存放和借贷，是中国最早的银行雏形，比欧洲地中海沿岸出现金融机构要早六七百年。飞钱类似于后世的汇票。柜坊和飞钱的出现是商品经济发展的结果，它们的出现又促进了商业的便利与发展。

隋唐时期商业发达的城市，除长安、洛阳外，长江流域的扬州、益州也成为繁荣的商业城市。唐朝政府允许外商在境内自由贸易，胡商遍布各大都会。西市就有西域，以及波斯、大食商人，"胡风"、"胡俗"流行。隋唐时期对外贸易不断发展。唐朝前期陆上丝绸之路畅通无阻，出现商旅不绝的繁忙景象。"安史之乱"后，对外商业交通的重点，由西北陆路转移到东南海道。广州是南方最大的对外贸易港口，是外国商船的聚集之地。唐政府在这里设有市舶使，专管对外贸易。

从唐代后期起，市坊严格分开的制度被打破，不再限制商品交易的时间。两宋的商业繁荣是全方位的，不仅商品的种类繁多，而且国内贸易、边境贸易和对外贸易都很繁华。繁荣原因是北宋消除分裂割据的局面，社会经济得以正常发展，农业、手工业的高度发展，为商业的兴盛提供了坚实的物质基础。此外，政府还逐渐放松对商品交易的限制。

---

①　王孝通：《中国商业史》，上海书店出版 1984 年版，第 51 页。

宋代市场上虽然仍然使用金属货币，但在北宋时，四川益州富商开始发行纸币"交子"，这是世界上最早的纸币。后来，官府在益州设立交子务，印制和发行交子。南宋时，纸币使用的地区广、发行量也大大增加。纸币的发行使用便利了商业活动的进行，促进了商业的繁荣。两宋时水陆交通便利，特别是海上丝绸之路畅通，有利于对外贸易的发展。

宋代的城市贸易十分发达。繁荣的大都会首推北宋的都城开封和南宋的都城临安。开封自五代开始日益繁华兴盛，到北宋时已发展成为当时世界上超过百万人口的特大城市，商业也空前繁荣。城内既有繁华的商业街区，又有专业交易场所。北宋画家张择端的《清明上河图》形象地反映了开封城内商业的繁华景象。临安全盛时期的人口也达百万，取代开封成为当时世界上最大的都市。城内店铺林立，贸易兴隆，早市、夜市昼夜相连，酒楼、茶馆、瓦子等错落有致。商品种类增多，各种类型的集市出现。许多农副产品和手工业品开始转向市场，成为重要的商品。

宋代边境贸易亦极为繁荣。北宋与辽、西夏对峙，南宋与金对峙。两宋在与辽、西夏、金相邻的边境地区设榷场，进行双边贸易，互通有无，获利甚丰。

宋代海外贸易也不容忽视。宋代海上丝绸之路畅通无阻，政府还特别重视海外贸易。这样，海外贸易发达起来。北宋时，东南亚、南亚、阿拉伯半岛以至于非洲，有几十个国家与中国进行贸易。南宋时，海外贸易更加发展，外贸税收成为国库财富重要来源之一。

元代重新疏浚了大运河，疏浚后的大运河从杭州直达大都；开辟了海运，海运从长江口的刘家港出发，经黄海、渤海抵达直沽（天津）。元政府还在各地遍设驿站，横跨欧亚的陆上丝绸之路也重新繁荣起来，这些都促使元代商业继续繁荣。

元代的大都是政治文化中心，也是繁华的国际商业大都会。从东欧、中亚，从非洲海岸，从日本、朝鲜，从南洋各地，都有商队来到大都。城内各种集市三十多处，居民不下十万户。"百物输入之众，有如百川之不息"。杭州是南方最大的商业和手工业中心，"贸易之巨，无人能言其数"。泉州是元代对外贸易的重要港口，经常有百艘以上的海船在此停泊，外国旅行家誉之为世界第一大港。元政府在这里设有市舶司，严密控制对外贸易。

明清小农经济与市场的联系日益密切，农产品商品化得到了发展。城镇经济空前地繁荣和发展。其中北京和南京是全国性的商贸城市，汇集了四面八方的特产。在全国各地，涌现出许多地域性的商人群体，叫做商帮，其中人数最多、实力最强的是徽商和晋商。

徽州多山，难以从事农业生产，因此自古有经商传统。相传，徽州男孩长到十五岁,匆匆结婚,同房一月,即离家经商。若混不出名堂,便客死于他乡。徽州人很团结,注重互相帮助,并且还崇尚节俭。几百年的经营。徽商几乎"无货不居",经营范围很广,其兴起就是从经营食盐开始的。明代食盐的生产由官府垄断。①为了解决边疆守军粮饷不足的问题,明政府允许商人将粮食运到指定的边防地点交纳,然后给予他们贩卖食盐的权利。到明中期以后,明政府将纳粮改为纳银,徽商纷纷投资盐业而暴富。徽商经营盐业积累起商业资本之后,又扩大经营范围,经营茶叶、木材、粮食等行业,活动范围遍及全国各地,民间俗谚有"无徽不成镇"的说法。②在海外诸国也留下他们的足迹,有"遍地徽商"之说。徽商凭借雄厚的商业资本,经营大宗商品交易和长途贩运;插手生产领域,支配某些手工业者的生产活动;还经营典当等金融行业。徽商从明初至清末兴盛了数百年。

晋商是和徽商齐名的中国又一大商帮,他们兴起和发展的经过与徽商如出一辙。晋商的兴起也是经营盐业。晋商在明初利用地接北部边防之便,为官府运送军粮,获取贩盐权利,经营盐业致富,成为富有大盐商。他们积累起巨额商业资本之后,逐渐扩大经营范围,贩卖丝绸、铁器、茶叶、棉花、木材等。到清代乾隆年间,晋商开始兴办金融机构票号,经营存款、放贷、汇兑,也可以为官府代理钱粮。③晋商的活动范围极为广泛,许多人甚至走出国门,到日本、东南亚、俄罗斯等地去做生意。

但是在两千余年封建历史中,"农本商末"观念是中国传统经济思想主调,由此形成"重农抑商"政治方针是古代统治者惯行的基本治国之策。自战国时形成"奖耕战"、"抑商贾"政策始,秦汉后"重农抑商"、"崇本抑末"渐成国策,到宋元"专卖法"乃至明清"海禁",均是重农抑商政策之表现。"重农抑商"、"农本商末"政策深深制约和影响中国商业的发展。虽然中唐以后,重农抑商的政策有了某种松动。朝廷对海外贸易的鼓励以及官商分利政策的实行,使商人地位得以提高。明清时期,商品货币经济空前活跃,国家财政收入也从商业税收中得到了很大的补充。但统治者认为商品交换不能够创造新的财富,对商业发展并不采取鼓励政策,还经常以各种方式对商人进行盘剥,破坏了工商业的正当经营,以至于影响了资本主义萌芽的发展,中国本土自身难以自发形成商品经济。商人终究没有形成独立的社会阶层或阶级,对整个封建王朝的统治构成不了任何影响;

---

① 李嶷:《徽商的盛衰》,《安徽经济报》2004年12月1日。
② 吴潮海:《晋徽商兴衰对浙商的启示》,《中华合作时报》2004年8月13日。
③ 张正明:《明清晋商与徽商的比较》,《山西日报》2004年11月2日。

相反,获取利益后又被当时主流的文化与制度所同化,培养成封建社会的统治人才。它们对中国商品经济的形成和发展没能发挥出颠覆性的作用。

(二) 西方主要国家的商品经济的发展

西方商品经济的发展,古代从雅典开始,然后是古罗马。中世纪末期欧洲商业中心是地中海沿岸,也就是意大利一些城邦国。近代,奥斯曼帝国的强大,阻碍陆路交通,迫使欧洲国家另辟蹊径,最终导致海上航道的开辟。葡萄牙与西班牙因之崛起。之后是荷兰,主要依靠贸易,但无实业,很快衰落。英国通过工业革命,发展强大的实业,并击败荷兰,建立日不落帝国,成为世界霸主达 150 年之久。两次世界大战带来欧洲衰落的同时,美国借机发展,并成为世界新的强权。

西方世界为何能出现如此发达的商品经济? 总结起来原因有三:一是自然科学与技术的发展,日心说、地球是圆形的、地理大发现带来环球航行;二是宗教改革、文艺复兴,为商品经济发展及资本主义制度形成开辟道路。商品经济及市场机制开始在西方国家形成,推动西方国家的发达;三是特定阶层的形成,即通过革命或立宪等在制度上为商人阶层提供保障和话语权。

二、什么是社会

社会,本意是指由于共同物质条件(含特定的土地、水流等构成的自然环境及人类经济发展所形成基础设施、房屋等)有着共同的文化、传统或利益等而相互联系起来的人群或人的集合。[①]现代意义上社会是指为了共同利益、价值观和目标的人的联盟,或是共同生活的人们通过各种各样社会关系联合起来的集合。其中形成社会最主要的社会关系包括家庭关系、共同文化以及传统习俗。社会的外在表现,在微观上,社会强调同伴的意味,并且延伸到为了共同利益而形成的自愿联盟。在宏观上,社会就是由长期合作的社会成员通过发展组织关系形成的团体,并形成了机构、国家等组织形式。

社会的特征主要有六个方面:一是有文化、有组织的系统,是由人群组成有一定文化特征或模式的组织;二是生产活动是一切社会活动的基础,任何一个社会都必须进行生产;三是任何特定的历史时期,都是人类共同生活的最大社会群体;四是具体社会有明确的区域界限,存在于一定空间范围之内;五是有连续性和非连续性,任何一个具体社会都是从前人继承下来的一份遗产;同时又和周围

---

① 中国社会科学院语言研究所词典编辑室:《现代汉语词典》,商务印书馆 2013 年版,第 1148 页;Bryan A. Garner, *Black's Law Dictionary*, Thomson and West, 2004, p.1425。

的社会发生横向联系,具有自己的特点,表现出明显的非连续性;六是有一套自我调节的机制,是一个具有主动性、创造性和改造能力的"活的有机体",能够主动地调整自身与环境的关系,创造自身生存与发展的条件。

社会的主要功能有四个方面:一是整合的功能。社会将无数单个的人组织起来,形成一股合力,调整矛盾、冲突与对立,并将其控制在一定范围内,维持统一的局面。所谓整合主要包括文化整合、规范整合、意见整合和功能整合。二是交流的功能。社会创造了语言、文字、符号等人类交往的工具,为人类交往提供了必要的场所,从而保持和发展人们的相互关系。三是导向的功能。社会有一整套行为规范,用以维持正常的社会秩序,调整人们之间的关系,规定和指导人们的思想、行为的方向。导向可以是有形的,如通过法律等强制手段或舆论等非强制手段进行;也可以是无形的,如通过习惯等潜移默化地进行。四是继承和发展的功能。人的生命短暂,人类一代代更替频繁,而社会则是长存的。人类创造的物质和精神文化通过社会而积累和发展。

社会类型,马克思将其分为原始社会、奴隶社会、封建社会、资本主义社会、共产主义社会。其他学者从社会赖以生存的方式角度将社会分为五种:一是狩猎与采集的社会(最早和最简单的)。特征是靠狩猎和采集果实生存,社会群体较小,生活区域变动不居,几乎没有专门的劳动分工,建立在血缘和亲属联系的基础之上。二是畜牧社会。通常出现于不适于耕作而适于放牧、饲养牲畜的地区。特征是开始出现剩余产品、私有财产,以及等级、阶级、群体间的冲突和战争,政治、经济、宗教、文化制度开始形成。三是初民社会,是在适于耕作的地区,随着人们初步掌握耕作方法而出现的。特征是种植农作物上升为主要生产方式,狩猎与采集果实降为次要方式,出现了较大规模定居的社会群体,与畜牧社会一样,不平等和阶级分化开始出现。四是农业社会,又称前工业社会。是随着犁的发明而发展起来的。犁的发明,铁具的使用,畜力、风力、水力的应用,为较发达的农业生产和小作坊手工业生产奠定了基础。社会剩余产品大量出现,社会阶级体系和分层体系更加巩固,官僚制度、官僚阶层有很大发展。五是工业社会,又称现代社会。是自17～18世纪的工业革命以来产生和发展起来的。蒸汽机、电力等机械动力代替人力、自然力之后,大规模的工业体系开始形成。出现了人口向城市集中的城市化和劳动分工体系的专业化,形成了现代的官僚制度,以及教育、医疗、保险、服务等现代化社会机构与制度。同时,不具人格的社会关系逐渐取代了血缘的、亲属的社会关系。

20世纪80年代以来,一些社会学家提出后工业社会的概念。认为在这种社会中自动化、信息技术将得到普及和发展。其特征是从生产产品性经济转变为服务性经济；专业与技术人员居于主导地位；理论知识处在中心地位，并且是社会革新与制订政策的源泉；控制技术迅速发展，对技术进行鉴定，以及创造出新的"智能技术"；社会发展不仅仅依赖技术发明，更多地依赖创意；创新更多地源于基础理论研究成果等。①

三、什么是法律

法是一种人性的制度，其历史是人类抉择的过程。法的抽象规则涉及人类的关键问题：生存、财产保护、人身自由、创造知识的方式以及稀缺资源的分配等、法的所有冲突均是人性冲突与私人利益冲突。其历史是一部涉及政府分配责任、阻止犯罪、惩罚不法行为和鼓励有价值的社会活动的人的历史。②本书所说法律是针对植根于现代社会的商业活动所涉及的主要法律，而非一切法律。这些法律总体上分为：商业主体法、商业行为法和一定范围内的国家对商事活动干涉的法律。

（一）何为法、律及法律？

1. 法

法古字为灋。许慎在《说文解字》十部上"廌"部说："灋，刑也。平之如水，从水。廌所以触不直者去之，从［廌］去。""廌"（独角兽）古代传说中的神兽，据说它能辨别曲直，在审理案件时，它会用角去触理曲的人。③它是中国古代最早明文记载表示法律含义的字之一，同刑、律（刑法、刑罚）。战国之前，使用频率高于"律"；诸子百家的一家——法家。古汉语"法"的含义是复杂多样，其中最为主要的意义有三：一是象征着公正、正直、普遍、统一，是一种规范、规则、常规、模范、秩序；二是具有公平的意义，是公平断讼的标准和基础；三就是刑，是惩罚性的，是以刑罚为后盾的。

2. 律

律，《说文解字》说："律，均布也。"段玉裁注疏说："律者，所以范天下之不一而归于一，故曰均布。"管子说："律也，定分止争也。"律原为音乐之音律，音乐只有遵守音律，才能和谐，否则杂乱无章。均布是古代调整音律的工具，以正六音，木制，长七尺。律后引申为规则、有序，成为规范所有人及其行为的准则，即规范

① 刘士文：《后科学社会的特征》，《学习时报》2008年4月7日。

② Kermit L. Hall, *The Magic Mirror: Law in American History*, Oxford University Press, 1980, p.4.

③ 顾建平：《汉字图解字典》，中国出版集团2008年版，第978页。

天下千差万别的所有人所有事而趋于整齐划一（统一、协调）。①《史记·律书》说："王者制事立法，物度有轨，壹于六律，六律为万事之根本焉。"始皇统一中国后，"律"字广泛使用，其频率高于法，中国古代法典大都称为律，如秦律、汉律、魏律、晋律、隋律、唐律、明律、清律，惟宋、元分别称刑统、典章。

3. 法律

中国最早把"法"、"律"两字联在一起使用的是春秋时期的管仲，他说："法律政令者，吏民规矩绳墨也。"据《史记》记载，秦始皇灭六国，"法令由一统"，二世用赵高，早法令，"更为法律"。汉代晁错曾经说："今法律贱商人，商人已富贵矣；尊农夫，农夫已贫贱矣。"《后汉书》有"皋陶造法律"等说法。但总的说来，"法"、"律"两字是分开使用的，直到清末民初才被广泛使用。皋陶(gāo yáo)，生活在大约公元前2280—前2170年，是中国法律鼻祖，神话中公正的法官，与尧、舜、禹同为"上古四圣"，是舜帝执政时期的士师，相当于国家司法长官。"皋陶造狱，划地为牢"正式流传下来，而造狱的先驱皋陶，则被尊为狱神。

4. 中国当代意义上的法律

法律是国家机关追究有关当事人不利后果的强制性行为规范，或调整特定社会关系的其他强制性行为规范。中国古代法律特点是，引礼入法，礼法结合（德主刑辅，以礼入法使道德法律化，法止恶而兼劝善；以法附礼使法律道德化，出礼而入刑；礼与法的结合可以有效地推动国家机器的运转，构成了中华法系最本质的特征和特有的中华法制文明）；家庭本位，伦理法制；法为治世之具，缘法断罪；无讼是求，调处息争；法典体例上的"诸法合体，民刑不分"与法律体系上的"诸法并存，民刑有分"；其价值追求：公平、正义、有序、和谐。

现代法治的前提是平等，中国古代"王子犯法与庶民同罪"是这种平等思想的朴素反映，但中国司法实务几乎难以做到，只是一种理想。中国古代德主刑辅、诸法合一等特点，影响近代法治思想的形成。中国封建王朝更新换代通过暴力革命形式进行，本质上就是对法治的蔑视。

从语源来说，西方的"法"一词都来自拉丁文。拉丁文的 jus 和 lex，德文的 recht 和 gesetz，法文的 droit 和 loi，等等，其中 jus、recht、droit 均可翻译为法，同时又有权利、正义、公平或规律、规则等内涵。英语有 law、norm、rule、act 等词，其中 law 有规则、规律双重含义，加定冠词又有不同含义，a law 指单个法律，the law 指整体法。总的来说，西方法的词意的核心是正义（公平、公正），是正义

---

① 　顾建平：《汉字图解字典》，中国出版集团、东方出版中心2008年版，第939页。

的化身,其次是权利,再次是规则,人的权利之规则。西方法律的含义大致有三:一是法律既保护人们正当权利,同时也惩治人的不正当行为的。法律及其行使与暴力有关,但很显然,暴力本身不是法,暴力必须受制于法。二是作为文化符号的语言,法律富有民族性。中外法的词意的大异其趣,是不同的法律理念、精神、价值的体现,反映了中西民族精神的差异,反映了不同的法律文化及其传统。三是法律通过政治性组织起来的社会之力量系统适用,或在这样的社会中通过有强制力支撑的社会压力,而调整人们行为或关系的制度。①

西方将法学分为不同的流派,它们阐释着不同的法律观点。如自然法学派认为:人类生存的理想状态源于人类的本性或自然资源,自然法通过推理和对善恶的理解而形成;道德是法律具有权威性的渊源。②分析法学派考察各部法典和案例的结构及主题,对其进行逻辑分析,总结其中的内在原则,形成法律推理的基础。现实主义法学派把法律实用主义与经验主义结合起来,认为法律是生活经验的总结。经济法学派根据经济原理来评估法律——个人是理性的,个人利益最大化。美国的各种法律重述便是揭示特定法律的历史、发展以及推理方法等。

经典马克思主义观点认为公平、正义等过于抽象,评判标准难以统一。法律(law)是统治阶级意志的体现,是由国家制定或认可的,并由国家强制力保证实施的一系列行为规范的总和,它以规定当事人权利和义务为内容。③广义的法律是指法的整体,包括法律、有法律效力的解释及行政机关为执行法律而制定的规范性文件(如规章)。狭义的法律是专指拥有立法权的国家权力机关依照立法程序制定的规范性文件。中国目前主流的认识是将法律体系分为以下十个主要部门法,即宪法、行政法、民商法、刑法、经济法、诉讼法、劳动法、自然资源与环境法、军事法、科教文卫法。

根据规定内容的不同,法律可分为实体法和程序法(功利主义大师边沁提出)。前者是规定和确认权利和义务以及职权和责任为主要内容的法律,如宪法、行政法、民法、商法、刑法等;后者是规定以保证权利和职权得以实现或行使、义务和责任得以履行的有关程序为主要内容的法律,如行政诉讼法、行政程序法、民事诉讼法、刑事诉讼法、立法程序法等等。④

---

① See "Commerce" in Bryan A. Garner, *Black's Law Dictionary* (8th edition), West Group Publishing 2004, p.900.

② [美]Herbert M. Bohlman 等:《商法:企业的法律、道德和国际环境》,张丹等译,清华大学出版社 2004 年版,第 27 页。

③ 现在国内多数法学基础理论或法学概论教材多将此定义作为法律的通用表达。

④ 后文相关章节会作简要介绍。

四、法律与商业、社会的关系

（一）法律与商业的关系

1. 法律与商业关系概述

一方面，商业世界离不开法律。从人类开始有商业活动之时，法律或交易规则就已经出现了。法律为商业发展提供保障，并促进其发展。在古希腊，体现为民主制；在古罗马，体现为商品经济及罗马法，对大陆法系产生深远影响。葡萄牙、西班牙、荷兰促进了近现代国际法的形成与发展。英国是现代意义上的知识产权法、金融法、航运法、国际贸易惯例、公司法的发源地。美国主导了当今国际社会的国际贸易规则，对他国法律产生影响。在当下，商业活动更是离不开法律：从一个商事主体的设立到其商事活动及运营，自始至终都有法律相伴。比如，成立企业，需要有相关的法律：针对不同的企业组织形态，我们会有不同的法律，如设立公司要根据公司法的相关规定来设立，设立合伙企业，要依据合伙企业法，等等；企业运营需要有相应的法律，如企业交易需要合同法、消费者权益保护法等，企业生产制造需要遵循产品质量法、环境保护法等；企业在运营中遇到法律纠纷更需要法律。另一方面，法律的发展也与商业活动有着密切联系；商业活动能够推动法律的发展；而且由于商业活动的内在规律性，该领域的法律发展及在全球的共性表现特别明显。

2. 法律与商业关系的主要体现

首先，法律为商业发展提供保障，并促进其发展。在古希腊有民主制，在古罗马有罗马法，它们都有利于古代商品经济和商业的发展：古希腊早期的商业繁荣与其先进的法律制度有着密切联系；[1]古罗马的商业繁荣无疑与其发达的罗马法须臾不可分离。[2]人类进入 15 世纪以后，葡萄牙、西班牙、荷兰等早期的海洋大国的崛起及海上贸易的强大都与其法律制度的构建和完善有很大的关系，而发展后的贸易又都促进近现代海商法和国际法的形成与发展。在前述国家之

---

[1] 如希腊雅典公元前 6—前 5 世纪的梭伦改革为其商业经济发展创造了积极条件[参见[美]杰里·本特利等著：《新全球史——公元 1000 年之前》(第五版)，魏凤莲译，北京大学出版社 2014 年版，第 282—283 页]。

[2] 古罗马早在公元前 5 世纪就颁布了《十二铜表法》作为罗马共和国公民早期的基本法律，后来随着商业活动的繁荣与平凡，《罗马法》不断得到发展和完善，为商业活动提供充分的保障。参见[美]杰里·本特利等著：《新全球史——公元 1000 年之前》(第五版)，魏凤莲译，北京大学出版社 2014 年版，第 323 页。

后强大起来的英国,早期的宪政制度为其经济贸易发展创造了有利条件,而不断丰富的经济与贸易活动促使英国为世界贡献了现代意义上的知识产权法、金融法、航运法、国际贸易惯例、公司法等一系列与商业活动密切相关的法律制度。二战后的美国能够在经济贸易领域长期盘踞世界第一的位置与其建国以来强调依照法律治理国家的理念密不可分,其宪法、贸易法、知识产权法、反垄断法等为美国的商业发展奠定基础,以至于今天它仍在主导当今国际社会的国际贸易规则,对他国法律产生影响。

其次,商业由于其广泛性和强大的生命力,也为法律的形成和发展提供重要动力或带来新的挑战。商业活动的发展促使许多新的法律的诞生,如各种商业组织法(含合伙企业法、公司法、银行法、个人独资企业法等)、商事活动法(如票据法、证券法、合同法等);电子商务、网上交易的出现又催生了电子商务法、电子签名法等法律。早期,商人之间主要依赖的交易惯例,很多部分慢慢地演变成法律。而在当代,没有演变成法律,仍在发挥作用,可称之为"软法":如调整跟单信用证的 UCP500、600 号、调整贸易术语的 INCOTERM2000 等。商业社会基于人性本恶理念,通过法律制度约束人们的行为、为国际贸易提供便利,而在争端解决中,仲裁法使得合作、交易可以继续下去。

最后,由于商业活动的内在规律性,法律全球化最容易实现的领域正是商业领域的法律,因为共性和技术性使其相对容易实现。例如刑事诉讼法中,严格的疑罪从无原则,往往会放走罪犯。很多国家因其文化,对这一点就很难接受。但是在商法中,商人本来就以逐利为天性,中国的商人和美国的商人,其实也没什么本质的区别。因此,全球商法有种越来越相似的趋向。

简言之,在市场经济条件下,没有法律,商业活动将寸步难行。市场经济就是法治经济,这已经被历史和现实所反复证明。

(二) 法律与社会的关系

古罗马法谚云:"有社会就有法律。"[1]马克思认为法律是阶级社会特有的现象,它会随着阶级的消亡而消亡。不过在人类漫长的阶级社会中,法律与社会有着千丝万缕的联系。这种关系首先体现在法律的规范功能方面:一是指引功能,即法律明确规定人们在一定条件下可以做什么,应当做什么或不应当做什么,从而指导人们做出自己的行为选择。二是评价功能,即法律作为一种行为标准和尺度,具有判断、衡量人们的行为的功能,从而达到指引人们的行为的效果。三是教育功

---

[1]　冯建鹏:《有社会就有法律》,《人民法院报》2007 年 1 月 22 日。

能,指通过法律的实施对一般人今后的行为所发生的影响,如对违法犯罪行为的制裁,也是对一般人的教育和警告。四是预测功能,是指根据法律规定,人们可以预先知晓或估计到人们相互间将如何行为,进而根据这种预知来做出行动安排和计划。五是强制功能,主要是制裁惩罚违法犯罪行为,以及预防违法犯罪行为。

法律与社会的关系还体现在法律的社会功能上:一是政治功能,指统治阶级运用法律调整各种政治关系(统治阶级与被统治阶级、同盟阶级的关系,统治阶级内部的关系),以确认和维护其经济和政治上的统治地位,维护其整体的统治秩序。二是执行社会公共事务的功能,即维护社会秩序、促进改革、文明、民主与社会、经济的可持续发展。①

法律与社会的关系还体现在:根据一定价值准则进行利益分配,确定和维护个人在法律上的权利与义务;为国家机关及其公职人员的公务行为提供法律上的根据以及对他们滥用权力的行为进行制约;法律预防和解决社会成员之间的争端;预防和制裁违法、犯罪行为;为法律本身运行和可持续发展提供制度和程序。

马克思曾言:法律是阶级社会的产物,原始社会与共产主义社会没有法律。而在当代社会,制度、法律、条约、合同等契约都是试图建立道德场来制约社会中的每个人的价值矢量,从而制约人的行为,这是目前人类社会管理方式的本质。虽然法律不是万能的,法律应与道德等其他社会规范共同调整人们的行为。但是法律在当代社会的作用是十分巨大的,法治国家效率更高。当然,法制和法治是不同的概念。法治者,rule of law(法律的统治),即依法之治、治自法出,法律之上,更无他物,是一种实质上的概念;而法制者,rule by law 则是强调法律只是一种统治的手段,是一种中性的、形式上的概念。

第二节　市场经济和相关主体的角色

一、引言

本章基于现代商业活动是在市场经济机制下完成的,而市场经济是法治经济,除了商业活动的主体——商人之外,政府在其中起到重要作用,自由经济时代政府扮演着"灯塔"作用是远远不够的。尽管现代市场经济活动以市场为基

---

① 这一部分在后文中会有详细论述。

础,市场机制起到基础性作用,但政府对经济活动进行适当的干预是必不可少的。本章的主题是商业、社会与法律概述,重点是谈三大主体的角色,即公司(商人的典型代表)、消费者(社会的代表)和政府(商业活动的主要调控者)在商事活动中地位和作用。

现代商品经济不是突然出现的,它是人类经济活动发展的必然产物。为更好地了解现代商业活动的境况和规律,我们有必要将其放在历史的长河中进行分析。因此,本节简要分析人类社会经历过的几种形态,从中找出商品经济的特征与规律,以为后文分析提供基础。

二、人类经济发展的三种主要形态

人类社会的经济活动通常包括生产、交换、分配和消费等,但最为根本的是生产(取广义上的含义,不仅包括农业生产、工业生产,还包括服务业、知识产权等领域的生产),因为它是一切财富的源头。而生产依赖于劳动。劳动是人与动物的根本区别,劳动是有目的的行为,也是创造财富的行为。根据人类社会所处的不同技术发展水平和历史阶段,人类社会的经济发展也大体上经历了自然经济、商品经济和产品经济等阶段,与此相应,调整经济发展的机制也就相应地有自给自足(无须通过交换完成)、市场经济(通过市场交换完成)和计划经济(通过行政指令完成)等形式。三种不同形态的经济及相应的机制在不同时代不同背景和不同的国家都发挥过积极作用。自然经济就是封建社会的小农经济,商品经济的形式是市场经济,产品经济的形式是计划经济。

(一)自然经济与自给自足

自然经济(Natural Economy)①,指生产是为了直接满足生产者个人或特定

---

① 自然经济与小农经济、自耕农经济等是区别的。一般认为自然经济是相对于商品经济而言的,就是自给自足的经济,即为满足生存而生产,不是为市场的需要而生产;而小农经济是在铁制农具、牛耕技术的出现和土地私有制的确立之后的产物,是以家庭为基本单位(不同于奴隶社会的集体劳动),农业和手工业相结合,生产目的主要是满足自家基本生活的需要和交纳赋税。如果从这一点看,两者是一致的。但两者的区别如下:原始社会和奴隶社会的经济不是小农经济而是自然经济;因为,原始社会和奴隶社会生产力极其低下,实行集体劳动,不是以个体家庭为单位,所以不是小农经济。但由于他们的生产主要是自给自足,所以是自然经济。自耕农经济是指自己拥有土地自己耕种的形态,其范围小于小农经济,因为小农经济以家庭为基本单位除了自耕农以外,还包括以租种地主土地为主的佃农。因此,可以说自然经济范围大于小农经济,小农经济的范围大于自耕农经济,三者都是生产力水平低下的产物。自然经济的最本质属性是物质生产的自给自足,和商品经济相对立;小农经济的最本质属性是家庭经营,经营规模狭小。自耕农经济又是小农经济的重要组成部分。

的经济单位的需要,并非为了交换的经济形式。人类社会早期,认为只要合乎人类和事物的本性,就是自然的,自然经济形态在生产力不够发达时就是符合当时规律的反映。它是私有制经济的一种表现,与商品经济对立。它是社会生产力发展水平低下和社会分工不发达的产物,是存在于市场交换需求很小或几乎没有的社会中的一种经济形态。其占主导地位的持续时间涵盖原始社会、奴隶社会、封建社会、资本主义社会前期与类似于中国 1840 年至 1949 年的半殖民地、半封建社会。自然经济以与家庭手工业的结合为基础,原始商品经济居于从属地位。自然经济最本质的特征是以使用价值为目的的生产而非以增值或扩大再生产为目的的生产,其还内含以获取使用价值为目的的交换(交换双方都是为了获取使用价值的交换)。

自然经济基本特征是以家庭(其他时期也包括氏族公社、封建庄园等)为主要基本生产单位,生产规模相当小。大多数情况下产品的原料采集、生产乃至消费都是为了满足劳动者自身需要(而不是为了进行资本积累并扩大再生产),只有在生产产品过剩的情况下才会将产品拿到市场上交换。分工简单,男耕女织。自然经济中农业生产同家庭手工业制造相结合,即农产品以及一部分手工业品都是自主生产并使用的,很少进行商贸交流。土地是最主要的生产资料或财富。自然经济的封闭性,生产技术落后,生产规模小。自然经济的守旧性,因循守旧,忽视技术革新和创造。自然经济是简单的再生产。在封建社会中的自然经济与商品经济是互相制约、互相排斥的。自然经济由于它的固有特征天然地排斥社会分工,排斥商品经济,从而限制社会生产力的发展。同时,不管自然经济多么强大,商品经济却具有导向性,具有主导作用,它总是通过不断分解自然经济,引导社会经济向前发展。资本主义经济(包括殖民经济)发展将导致市场上的供应商品在品种、数量上出现空前的提升。这种现象将不断促使以家庭为生产单位的自然经济因没有足够的竞争力而开始解体,沦为无产阶级,为资本主义的发展提供雇佣劳动力。

在中国,经过 2 000 余年的发展,自然经济在清朝中期依然具有绝对的统治优势,但它排斥除此之外的其他经济形态的发展,成为制约生产力发展的因素。这种现象直接体现为中国的资本主义经济(商品经济)萌芽发展极为缓慢,而中国的商人对取得的利润并不愿采取扩大再生产的方式,反而购田置地,直接制约商品经济的扩大,令中国的资本主义萌芽最终被殖民经济强大的商品倾销所扼杀。随着商品经济的不断发展,自然经济将逐步解体,但很难完全退出历史舞台,在中国等发展中国家的农村,自然经济依然具有相当的发展,这也是农村地区出现农业、农民、农村之间相互制约致使经济不发达现象的根源之一。如中国在农村采取的联产责任制,分田到户包干,基本上还是以家庭为单位的自然经济,只不过在现代社会,其进行交易的范围大大拓展。随着中国城镇化的发展,农村开始实行机械化、工业化和现代化,自然经济生产方式的规模在日渐缩小。

自然经济不需要相应的调整交换的法律,主要以静态的确权、保护等方面的法律为主,调整不同主体之间的法律关系;法律的主要功能限于"定分止争"。它与较低的社会生产力发展水平相适应,生产规模狭小,社会分工水平低下,生产者之间很少发生经济联系,因而其发展比较缓慢。每个家庭(作为一个生产单位)都直接生产自己需要的绝大部分消费品,因而他们的生活资料的取得,多半是靠与自然交换,而不是靠与社会交往。一小块土地、一个农民和一个家庭,旁边是另一小块土地、另一个农民和另一个家庭。一批这样的单位就形成一个村子,一批这样的村子就形成一个地方,有人比喻,这就"好像一袋马铃薯是由袋中的一个个马铃薯所集成的那样",相互间除了简单的地域联系之外,"再没有任何丰富的社会关系"与经济交往。在经济交往层面,这个比喻可以成立,但是自然经济条件下的风俗文化上的交往比商品经济条件下丰富得多。自然经济条件下,的确不会在交换问题上存在大范围的、剧烈的利益分化与利害冲突,也不会因为在交换问题上频繁出现利益冲突而感到不自由、不平等。不会造成巨大的自然资源的浪费和自然环境的破坏,犯罪率也不高。法律反映的是自然经济时期的等级制度和人身控制关系,只要压迫和强制没有达到被压迫者无法忍受的程度即"造反是死不造反也是死"的状况,被压迫者一般不会铤而走险,社会相对较为稳定。

在自给自足的自然经济条件下,由于各个小农彼此间只存在地域的联系,由于他们利益的同一性并不使他们彼此间形成任何的共同关系,形成任何的全国性的联系,形成任何一种政治组织。因此,他们不能以自己的名义来保护自己的阶级利益,无论是通过议会或是通过国民公会,他们不能代表自己,一定要别人来代表他们。他们的代表一定要同时是他们的主宰,是高高站在他们上面的权威,是不受限制的政府权力,这种权力保护他们不受其他阶级侵犯,并从上面赐给他们雨露和阳光。

所以,归根到底,小农的政治影响表现为行政权力支配社会,表现为极端的专制主义。

(二)产品经济与计划经济

产品经济是相对于自然经济、商品经济的一种经济形式,也是马克思设想的在商品经济消亡以后的未来社会的交换方式。这种交换与商品交换的最大区别：人与人之间的关系不再通过以货币为媒介的等价交换来表现，而是通过直接的产品交换来体现。虽然不是自给自足，但取得自己需要的东西不是通过交换，而是通过社会中心机构集中的、统一的分配来取得，这种经济运行形态称为产品经济。产品经济是以生产力高度发达为基础的，并以全社会经济利益的一致性为前提，它是马克思对未来的共产主义社会的设想。这种经济形态是完全建立在社会生产力高度发达、人们的道德水平达到较高水平、劳动成为第一需要时才可以实现。目前人类社会还没有任何一个国家采用这种形态。当然，当人类达到这一阶段时，按照马克思的观点，国家已经消亡，而作为国家的工具或机器之一的、反映统治阶级的法律也就不可能存在，也即这种经济形态是不需要任何法律的。

计划经济（Command economy），或计划经济体制，又称指令型经济，是一种经济体系，而这种体系下，国家在生产、资源分配以及产品消费各方面，都是由政府或财团事先进行计划。由于几乎所有计划经济体制都依赖政府的指令性计划，因此计划经济也被称为"指令性经济"。

计划经济相对于市场经济，是指一种建立在市场经济基础上的新型科学的社会经济体系。计划经济，顾名思义就是有规划、有计划地发展经济。从而避免了市场经济发展的盲目性、不确定性等问题给社会经济发展造成的危害，如重复建设、企业恶性竞争、工厂倒闭、工人失业、地域经济发展不平衡、产生社会经济危机等问题。

计划经济，或计划经济体制，又称指令型经济，是对生产、资源分配以及产品消费事先进行计划的经济体制。由于几乎所有计划经济体制都依赖于指令性计划，因此计划经济也被称为指令性经济。解决三个基本经济问题的是政府，所谓的三个基本经济问题是指：生产什么、怎样生产和为谁生产。而其中大部分的资源是由政府所拥有的，并且由政府所指令而分配资源的，不受市场影响。其余的三种经济体系是市场经济体系、传统经济体系、混合经济体系。

计划经济是社会主义制度的本质特征，是社会主义经济理论的一个基本原理。这种观点的逻辑推理：社会化大生产把国民经济各部门连结成为一个有机的整体，因而客观上要求它们之间保持一定的比例关系。这种经济形态是不需要相应法律的。

计划经济有其优势，如决策效率高、集中资源干大事、科学的宏观调控可以做到综合平衡。但其弊端十分明显：

第一,计划经济体制把企业置于行政部门附属物的地位,企业既不能自主经营,又不能自负盈亏。企业的生产数量、生产品种、价格以及企业的生产要素供给与生产成果的销售都处于政府计划部门和有关行政主管机构的控制之下,企业如果想自行决定生产和经营,稍稍摆脱一下计划的安排,稍稍违背一下行政主管机构的意愿,就会受到制裁,直到把企业领导人撤职或给予其他处分。行政权力支撑着整个计划经济体制的运转。因此,一个企业想背离计划经济的轨道,是十分困难的。同样的道理,在计划经济体制之下,居民个人实际上也处于行政部门附属物的地位。个人作为劳动者,在什么工作岗位上就业和担任什么工作,都由劳动人事机构按计划安排好,流动难以如愿,抵制这种安排等于自己断送了继续工作的机会。

第二,计划经济体制是由若干个次一级的体制组成的。它们彼此紧密地结合在一起,这个次一级的体制依存于另一个次一级的体制,而另一个次一级的体制又依存于第三个次一级的体制,盘根错节,难解难分,此存则彼存,此损则彼损。于是,要想冲破计划经济体制的束缚,对任何单个的企业或单个的居民个人来说,简直是不可思议的事情。在这种情况下,绝大多数企业或单个居民都只好对计划经济体制下的安排采取默认和顺从的态度,企业和个人都感觉到自己的力量同强大的计划经济体制相比是太微不足道了,无法挣脱计划经济体制的束缚。

第三,计划经济体制有一种被认为是正确无误、不容怀疑的计划经济理论体系作为支柱,这种经济理论为计划经济体制进行辩护,把计划经济体制的建立说成是社会主义社会的唯一选择,把任何背离计划经济体制的经济行为都说成是修正主义的。

这种经济形态已经不能适应现代经济发展的要求。

(三)商品经济与市场经济

用自己所生产的劳动产品同别人所生产的、不同的劳动产品相交换,从而取得自己所需要的东西,这种经济运行形态称为商品经济。商品经济是直接以市场交换为目的的经济形态,它包括商品生产和商品流通。在商品经济条件下,社会分工不断深化,生产者生产的目的就是为了直接的市场交换,不同的商品生产者在市场上通过商品交换联系在一起。商品经济的出现既是生产力发展的结果,同时它也极大地促进了社会生产力的发展。

商品经济的产生必须具备两个重要条件。第一个条件是社会分工;另外一个条件或称决定性的一个条件是生产资料和产品属于不同的所有者。市场经济

（又称为自由市场经济或自由企业经济）是一种经济体系，在这种体系下产品和服务的生产及销售完全由自由市场的自由价格机制所引导，而不是像计划经济一般由国家所引导。市场经济较为切合人追求自身利益的本性——"趋利避害"；市场经济在当下成为最有活力的一种经济形态。

计划和市场是资源配置的两种基本手段。在市场经济里并没有一个中央协调的体制来指引其运作，但是在理论上，市场将会透过产品和服务的供给和需求产生复杂的相互作用，进而达成自我组织的效果。人们所追求的私利其实是一个社会最好的利益。

理论上，市场经济是自由的经济、公平的经济、产权明晰的文明经济，但是在理论上这一切是通过市场交换规则根据市场需求状态作出强制性调整的经济形态，所以在实际操作过程中缺陷非常大。

美国、德国、日本市场经济体制①是迄今世界各国中比较成熟的市场经济模

---

① 美国模式，即"企业自主型"市场经济模式，十分强调保障企业作为微观经济活动主体的权利，政府"这只看得见的手"一般较少直接触碰企业，而是指向市场。其体制与运行特征主要有：（1）企业享有比较充分的自主权。美国市场经济体制的基石，是自由企业制度。企业作为市场活动的独立主体，微观决策都是由企业自行决定。企业的这种"自主性"是建立在较完备的法律基础上的。因此，企业经营中一般都很重视法律方面的工作，较小的公司聘有专职律师，较大的公司一般都设立法律部。（2）市场是经济运行的中心环节，政府宏观调控活动集中在市场上。其政府比较强调市场的合理性，注重限制垄断，保护竞争。通过系统的反托拉斯立法，以法律手段为企业创造公平竞争的社会环境；它1890年制定了人类史上最早的反垄断法《谢尔曼法》。另外，由于市场调节的有效与否取决于市场提供给企业的信号是否真实，美国政府把尽可能地使市场信号真实作为自己的一项重要职责，目标主要是反周期和反通货膨胀。（3）政府宏观调控手段偏重于财政政策与货币政策。美国政府对经济运行的介入和干预也是依法进行的，在法律授权的范围内，依据对市场总需求的分析，采用或松或紧的财政政策和货币金融政策。相对而言，美国政府宏观调控手段不那么强调具体功能以及经济计划和产业政策。（4）体制关系的透明度较高。美国模式中政府、市场和企业的相互关系以及各自地位，一般都有明确的法律作出规定。尤其是政府的行为，都要以立法为依据。政府的宏观干预和调节，也必须落实到法律上，通过立法来贯彻执行，具有较高的公开性。

德国模式，即社会市场经济模式；它实行的是宏观控制的社会市场经济，既反对经济上的自由放任，也反对把经济统紧管死，而是将个人自由创造和社会进步的原则结合起来，通过国家的有限干预实现"社会公正"。路德维希·艾哈德是社会市场经济的主要奠基者，他把社会市场经济概括为"自由加秩序"。其体制与经济运行特征主要有：（1）政府的首要职责是保证自由竞争，限制垄断。市场竞争是推进经济发展的最强大动力，也是社会最主要的支柱。政府干预的首要目标，就是建立和维护合理的市场竞争秩序，消除有碍市场机制发生作用的因素，政府应通过建立健全的市场竞争体制，合理引导企业而不必对企业进行"多余"的直接干预。在市场自由的基础上，企业也是自由的；企业的自主性又是市场机制有效作用的必要（转下页）

式,它们各有特点,各具风格。这种市场经济模式的多样性、差异性,既是各国市场经济体制的特殊内容,也是各国相关经济政策、国情和文化历史传统差异的折射。1991年,世界经济合作与发展组织在《转换到市场经济》的研究报告中提出了成功的市场经济的三种主要模式:美国的自由主义市场经济模式;德国和北欧一些国家的社会市场经济模式;法国、日本的行政管理导向型市场经济模式。

(接上页)条件。(2)宏观调控的核心目标是实现稳定与均衡。市场机制的有效性取决于经济环境的有序和经济运行的稳定,其中主要是指价格稳定、货币稳定、增长稳定以及收入稳定。为此,宏观调控的政策手段主要是制度政策、稳定政策和社会政策。制度政策即保证充分、有效的市场竞争政策;稳定政策包括物价、货币、就业和经济增长的稳定,具体手段有财政政策、货币政策、收入政策和结构政策等;社会政策包括收入再分配、社会保障等。(3)有比较发达的社会保障制度。德国市场经济力争经济高效率又兼顾社会公平。为维护社会公平,德国通过立法推行监督、影响之下的雇主与职工"共同决定"制度。有关工人就业和收入的一系列具体问题,工人都有参与决定的权力。另外,德国进一步扩展社会保障制度。通过政府(财政的转移支付)、企业和职工(认保缴费)的"三方付费"制度,建立起了比较完备、具有较高水平的医疗、失业、退休和事故等各种各样的保险,以及社会福利和社会救济制度。(4)体制关系的透明度很高。在德国社会市场经济体制中,法律保障占有相当重要的地位,通过各种立法建立和维护有序的、合理的和公平的竞争秩序。体制关系中透明度很高。

日本模式,即所谓政府指导型,又称"社团市场经济"。日本非常强调政府在经济发展中的作用,政府既调控市场,也直接引导企业,并且将重点放在后者之上。日本市场经济体制与运行的特点有:(1)比较突出地强调政企合作。日本"政府指导型"市场经济,并不是指企业的自主发展必须充分考虑来自政府的各种信号,而主要是寻求政府与企业之间的协调一致。在这种体制关系中,十分强调政府与企业之间的合作、共同参与决策。企业仍是独立的微观经济主体,但受到政府有关经济计划的明显约束,从这个意义上讲,其自主程度相对较低。(2)在社会资源的配置中把计划与市场有机结合起来。日本的市场经济模式在发挥市场调节的同时,重视政府宏观调控对社会资源配置的作用。日本的政企关系建立于市场与企业关系的基础之上,政府宏观调控的作用不是取代市场调节,而是设法强化市场机制的作用,弥补市场调节之不足。(3)有一套官民结合的严密而有效的经济管理的组织体系。日本的"政府主导型"还表现在它的经济组织制度上。从政府机构到半官方的经济审议会,再到民间的行业团体和企业间内部的横向联系,是一个政府主导、民间经济界充分参与的多层次官民一体型体系。官与民相互联系,互通意见,有机结合。这样既便于政府制定的经济政策切合实际,平衡各方利益,又有利于经济政策得到企业和公众的响应和自觉执行。(4)政府宏观调控的手段侧重于经济计划和产业政策。从战后日本经济的发展来看,政府对经济活动的干预尤以经济计划和产业政策为佳。经济计划具有全局性、长期性和战略性等特点,主要任务是提出国民经济发展的长期趋势和总目标,以及实现目标的政策措施与手段。产业政策是由通产省主持制定的产业结构设想和产业组织政策,指明产业的发展目标,实行产业倾斜,并从税收、金融等方面给这些产业以一定的优惠,以推动实现产业结构、技术结构和出口结构的优化,提高企业的国际竞争力。(5)体制关系的透明度较低。日本市场经济模式强调政企合作,既有政府对企业大量的随机监督与指导,又存在着企业经常寻求政府指导和扶持的现象。由于这种密切的联系,不可能时时处处诉诸法律程序,因此,日本市场经济的公开性较差,透明度也较低。

世界各国经济的丰富实践,使得经济模式在多样化的基础上日益走向互相整合。现代市场经济存在着以下共同特点:

(1) 资源配置的市场化。资源配置是指为使经济行为达到最优和最适度的状态而对资源在社会经济的各个方面进行分配的手段和方法的总称。市场经济区别于计划经济的根本之处就在于不是以习俗、习惯或行政命令为主来配置资源,而是使市场成为整个社会经济联系的纽带,成为资源配置的主要方式。在经济运行中社会各种资源都直接或间接地进入市场,由市场供求形成价格,进而引导资源在各个部门和企业之间自由流动,使社会资源得到合理配置。

(2) 经济行为主体的权、责、利界定分明。经济行为主体如家庭、企业和政府的经济行为,均受市场竞争法则制约和相关法律保障,赋予相应的权、责、利,成为具有明确收益与风险意识的不同利益主体。如果经济行为主体的权责利不界定清楚,那么,主体特别是企业这一微观层次就很难成为真正的自主性市场竞争主体。

(3) 经济运行的基础是市场竞争。市场经济的理念上普遍强调竞争的有效性和公平性。为达到公平竞争的目的,政府从法律上创造出适宜的外部环境,为企业提供平等竞争的机会。如美国的反托拉斯法、德国的反对限制竞争法、日本的禁止垄断法等等。只有把各市场利益主体的活动都纳入到法律的框架内,才能维护市场竞争的有序性和正常运行。

(4) 实行必要的、有效的宏观调控。在自由竞争市场经济时期,国家的经济职能主要是保护经济发展的秩序,不直接干预经济运行。但是在现代市场经济条件下,国家对经济的干预和调控便成为经常的、稳定的体制要求,政府能够运用经济计划、经济手段、法律手段以及必要的行政手段,对经济实行干预和调控。其目的,一方面是为经济的正常运转提供保证条件;另一方面则是弥补和纠正市场的缺陷。

(5) 经济关系的国际化。现代市场经济是一种开放经济,它使各国经济本着互惠互利、扬长避短的原则进入国际大循环。经济活动的国际化不仅表现在国际进出口贸易、资金流动、技术转让和无形贸易的发展等方面,还表现为对协调国际利益的各种规则与惯例的普遍认同和参与。上述的所有市场经济的共同特征,对于发展中国家建立与完善市场经济体制都是值得借鉴的,同时发达国家市场经济的相异特点也应该借鉴。比如美国"企业自主型"市场经济强调对企业自主地位的确立和保障,政府对企业的关系真正的含义是服务;德国"社会市场经济"体制的以稳定求发展和实现经济发展与社会发展之间良性循环的做法,对于处理好发展与稳定、公平与效率的关系具有一定的参考意义;日本"政府指导型"市场经济强调市场与计划的有效结合,对于后发达国家发挥政府调节的优势,提高资源利用的时空效率也不乏参考价值。

市场经济条件下情况有所变化,虽然在商品交换过程中,从表面上来看,双方一开始就是作为自由的和平等的商品所有者出现的,他们通过自由竞争和等价交换,最后又确证了自身的平等和自由,然而市场经济的商品交换关系和雇佣关系注定人们必然依靠他人才能生存。平等和自由的实现并不是自然而然的,必须建立对交换价值和交换行为的合理原则,而建立对交换价值和交换行为的合理原则长期以来一直是非常棘手的问题。

市场经济时代最基本的特征是,工业取代农业占据了社会经济的决定性地位,市场营销成为最普遍的经营形式,由此导致社会经济各个方面发生了一系列深刻的变化。市场营销要求根据市场需求,广泛利用各种市场资源,在极其广阔的时空范围内进行生产,市场营销强调"广泛利用市场资源"。

市场经济对人类社会文明发展带来的影响是促进工具的现代化、科学化。市场经济下企业面对巨大的市场需求,手工生产无法满足,必须大量使用机器生产;而市场经济逐渐使资本家拥有大量财力去支持用于生产的发明创造,这为机械化创造了条件。接下来便是动力来源,早期以煤炭、石油等化石能源为动力,后产生电气等能源,今天新能源、核能等的使用,不仅使机械化、电气化、自动化日渐实现,而且对科学技术的发展与创新提出了较高要求,推动了科技化的实现:凭经验靠估计的做法被科学的定量测试、计算和分析所取代;"科学化"并不简单地局限于科学技术成果在生产中的应用,而包括人们观察和分析问题时的思维方式的科学化。但是这种对科学性的要求往往被恶性竞争严重扭曲。

市场经济不可避免地带来了雇佣化、私有化、目的化、规范化、扩张化、资本化。雇佣化:市场经济下的工业、服务业,需要大量的自由劳动者,规模化的生产需要雇佣大量的劳动力;现代雇佣制度开始形成,当下主要是通过劳动合同确立劳资关系。专业化:分工越来越细,技术、管理、生产、营销等水平要求越来越高,整个社会经济呈现出专业化和社会化的特点,专业化特征日渐明显。私有化,厂商成为基本经济组织形式以后,私有制的范围就扩大了,虽然名义上仍然是私有制,但在实际经营和管理层面上,所有者已经不能完全随心所欲地支配和处分自己名下的财产了,它是一种"扩大的私有制",其内部正在孕育产生新兴公有制萌芽。目的化:由于在极其广阔的时空范围内组织市场经营,厂商生产的目的是以利润为直接生产目的,产品的生产变成了获取利润的手段。在这样的目的驱使下,产品质量难以保证,雇佣工人、消费者或者供应商的利益难以保证,我们赖以生存的环境常常被污染,我们的地球资源面临枯竭的威胁,一切都可以成为商品,野生动物也在这样的目的驱使下,面临灭绝的命运。规范化:人的社会性注定人天生愿意遵守信用、善待他人,但是在自由竞争的市场经济条件下容易出现恶性竞争的状态,市场经济是一个由千千万万的厂商和个人参与的过程,因此必然要求对人们的行为做出严格的规范,包括国家法律制度、厂商内部的管理制度、各种技术性操作规范以及产品和服务的质量标准等。规范化是市场化所面临的艰巨任务和挑战,没有市场化,人们就不会感到自由竞争的商品经济对社会规范的冲击。扩张化:市场经济的主体的最直接的目的是为了赚到更多的钱,但是工业的迅速发展,势必加剧国家内部的矛盾,他们必须迅速将产品卖出去,才能维持正常的社会生产、保证整个社会的稳定,否则他们将会负债累累、将会破产,这种压力使资产阶级殖民扩张成为他们唯一的出路,而殖民扩张的成功又会使他们进一步扩大生产规模,使自由竞争的商品经济条件下的工业生产在全球范围不断扩张,殖民战争结束后,所有的国家都希望走工业化的道路,因此市场经济的扩张性并没有因为殖民战争的结束而消失,反而从旧殖民主义顺利转化为新殖民主义。资本化:随着利润成为直接的生产目的,一切生产要素都相应地变成了赚取利润的手段,即通常所谓"资本"。整个社会经济从此都置于资本的支配之下,受资本统治。在整个社会管理失控的状态下,社会主义国家也走上工业化道路,它们同样面临社会管理失控的状态。冷战之后,自由竞争的商品经济几乎遍及世界每一个角落,而一旦资本能得到社会有效的管理,自由竞争的商品经济就会直接转化为接受社会管理的经济模式。

市场经济是一个由千千万万的厂商和个人自主参与交易形式,在市场经济中有一只看不见的手在指挥,这只看不见的手就是市场的价值规律。高利润通过价格信号刺激投资者,促使其将资源、劳动力、技术转入短缺部门,于是供给增多,使需求得到满足。当供给超过需求时,商品价格下跌,低利润及低价格信号促使投资者转移资源、劳动力和技术,减少生产,于是供求恢复平衡。市场竞争激烈化,进而自然淘汰低效益的投资者。

市场的局限性有:(1)自发性,即当某一商品涨价时,生产商会主动加大生产投入;当降价时,生产商会自发地减少生产投入。(2)盲目性,即市场准确、具体的需求难以把握,生产者常凭直觉随着价格的上涨而投入,当供过于求必然导致价格下跌;然后因价格下降后,生产厂商纷纷退出,又会导致供不应求,如此使得谁也无法客观地去分析观察,参与者们大多以价格的增幅程度来决定是否参与程度,具有较大的盲目性。(3)滞后性。参与者盲目自发地投入生产,而生产是一个相对于价格变动耗时较长的一个过程,所以我们常能看到一种商品降价后,它的供应量却在上升。(4)欺诈性。我们在购买时只能先付款后消费,由于商品种类繁多,我们并不是每次都能在购买时直接看到消费的效果,而事后使用法律武器维护自己的利益的代价很大,所以市场还具有第四个性质。由于市场机制的盲目性等局限性,市场必须与可以通过政府对经济作宏观干预的方法,补救市场机制的缺陷。市场调节经济在微观角度(对个别消费者)似乎是有效率的。在宏观角度(对全社会)往往是低效率的,并且必然发生供求失衡与周期性经济危机。

工业时代,市场经济导致世界的两极分化、殖民主义盛行,社会财富日益集中在少数富人手里,战争更为残酷,自然资源被无止境地攫取和利用,环境受到巨大破坏。在旧殖民主义体系中,列强通过武力违背价值规律,强行从殖民地国家或地区低价获得原材料,然后将工业品以不公平价格卖给殖民地的消费者,在获取不正当利润的同时,挤压殖民地国家工业发展空间,导致当地的企业破产,以期将后者变成永久的原材料供应地。在后殖民主义时代,殖民地国家虽然独立了,但由于技术、经济发展水平远落后于发达国家,殖民主义以新的形式出现,以国际贸易制度及知识产权的优势,实行新“殖民主义”政策:在貌似公平的制度下,继续进行不等价交换,不仅仅是高科技工业产品,发达国家的一切都具有更高的交换价值。

市场无形之手制造了公平的不平等,垄断企业制造了不公平的不平等,政府要制造公平的平等,因此市场经济政府的职能应该是打压垄断,保护市场无形之手,并弥补它的缺陷。价格政策、利率政策、税收政策以及补贴政策是政府的通常手段。市场经济政府的四大职能:打压垄断、鼓励竞争、规范市场以及激励生产。政府应该是理性的,社会应该是民主的,经济应该是自由的,公平和效率是必须的。

首先,市场经济对民主和法律制度的要求较高。在这里,“交换的主体生产各种不同的商品,以适应各种不同的需要,如果说每个人依赖于一切人的生产,那么一切人则依赖于每个人的生产,他们由此而互相补充”。这样一来,人与人之间的经济交往就不可避免了。与此同时,由于“交换过程的各主体表现为商品的所有者”,随之而来的就必然是各商品所有者之间在交换过程中不可避免的利害冲突,他们在这种利害冲突过程中对实现社会平等和个人自由的愿望会非常强烈。这种现象,用马克思的话来概括,便是:个人之间以及他们的商品之间的这种差别,既是使这些个人结合在一起的动因,亦是使他们作为交换者发生他们"被假定被证明为"平等的人与自由的人的那种社会关系的动因。

其次,自由原则和平等原则乃至法治原则的实现,只有在市场经济关系中才具有现实的可能性,然而这一切并不会自然实现。市场经济虽然不存在明文规定的超经济强制,但是交换关系本身注定人们必然依附他人而生存,所谓商品交换纯粹是各商品所有者之间的按照彼此的需求自愿按照协商价格交换,在协商的过程中极力在社会中树立自由原则和平等原则。

再次,民主政治是贯穿于市场经济关系始终的自由原则与平等原则在观念上层建筑与制度上层建筑之间的斗争冲突中的反映。革命限制王权或者推翻王位世袭的制度,建立了民主共和。这一切表现在上层建筑上,便是民主观念与民主制度的确立。作为民主的观念,"平等和自由仅仅是交换价值的交换的一种理想化的表现"。作为民主的制度,平等和自由仅仅是交换价值的交换"在法律的、政治的和社会的关系上发展了的东西":一方面,民主意味着自由,意味着为法律、政治和社会制度所保障的种种公民权利;另一方面,"民主意味着平等,意味着在形式上承认公民一律平等,承认大家都有决定国家制度和管理国家的平等权利"。虽然平等自由的民主政治被写入法律,但事实上自然经济时期的等级制度和人身控制关系只是以另外一些方式继续存在,不过只要在法律上明确自由平等的民主政治是公民的权利,这一切就有不断斗争和争取的合法依据,自由平等的实现并不是自然而然的,需要不断发现和解决人们面临的各种严峻的问题。

完善的市场经济是法治经济,需要针对市场的局限性,以法治的手段实施宏观调控,通过不断完善的立法,发挥市场机制的积极作用,同时避免其不利的一面,以最大程度促进社会健康、良性的发展。

三、市场经济中的主要角色

市场经济主要有三个角色:市场主体、市场目标群和市场服务者。市场主体也就是企业,市场服务者是政府。市场目标群,应当主要是消费者。消费者是产品和服务的最终使用者而不是生产者、经营者。也就是说,他或她购买商品的目的主要是用于个人或家庭需要而不是经营或销售,这是消费者最本质的一个特点。作为消费者,其消费活动的内容不仅包括为个人和家庭生活需要而购买和使用产品,而且包括为个人和家庭生活需要而接受他人提供的服务。但无论是购买和使用商品还是接受服务,其目的只是满足个人和家庭需要,而不是生产和经营的需要。因此,本书三者均会论及,但主要论述的还是市场主体法律制度及政府调整市场经济活动方面的部分法律制度(经济法法律制度),对于消费者的相关法律制度是体现在政府调整经济活动法律制度中。

第三节　公司和公共政策:扩张的责任

一、公司的影响

　　公司或企业①在市场经济中的主角是无可撼动的,它们是世界财富的主要创造者,特别是各国国内的股份有限公司及全球范围内的跨国公司,对社会的经济、文化等方面的发展十分关键。下面的一组数据说明了一定的问题。2009 年时,公司为全球 81% 的人口解决工作机会,构成了全球经济力量的 90%,制造了全球生产总值的 94%,90% 的高新技术来自公司。全球 100 大经济体中,51 个是公司,49 个是国家。世界上有 161 个国家的财政收入比不上沃尔玛公司。全球最大的 10 个公司的销售总额超过了世界上最小的 100 个国家国内生产总值的总和。②正是由于公司的重要,联合国从上世纪 70 年代开始关注公司在国际社会的地位和作用。联合国框架下的投资和企业部(the Division on Investment and Enterprise, DIAE)是一个研究和政策实践中心,其工作主要集中于与发展相关的投资和企业问题,而其首要任务是引导可持续发展及通过投资和企业发展,形成和提升生产力以及工业化和经济多样化等来实现包容性增长目标。其项目旨在为所有联合国成员服务,但特别侧重于最不发达国家和结构性脆弱经济体。在 20 世纪 70 年代,随着发展中国家的崛起及跨越国界投资活动的快速增长,为了打破发达国家的跨国公司对发展中国家的掠夺,置发展中国家于不利地位,在联合国框架下,1974 年成立了一个常设政府间论坛——联合国跨国公司委员会——处理跨国公司事宜(特别是其发展的影响),作为经社理事会的辅助机构(总部在美国纽约),其使命最初是遏制跨国公司的政治与经济影响,后来慢慢促使跨国公司对发展做出积极贡献,由此使该委员会的有关政策或战略开始帮助发展中国家制定吸引外资的战略以带动发展中国家的经济增长、就业和

---

　　①　在中国,企业与公司不同;企业是营利性的组织,不一定具有独立的法人地位;而公司是指依照公司法成立的营利性组织,一般具有独立的法人地位。企业包括个人独资企业、合伙企业和公司等。

　　②　张同道、郑富权:《公司的力量:纪录的力量》,《电视研究》2011 年第 1 期。

减少贫困等。世界贸易组织乌拉圭回合谈判中将知识产权、服务等纳入谈判中，使该委员会对发展中国家多了一些任务——帮助它们确定在谈判中的位置，1993 年经社理事会同意该委员会转到联合国贸易发展会议（UNCTAD），1994年 7 月，它转为联合国贸发会议贸易和发展理事会的辅助机构，并改名为联合国国际投资和跨国公司委员会，其使命扩至投资和企业的任何问题（总部移到日内瓦）。①有人认为联合国下的这个机构没有能够完成其维持世界公平和保护人权的使命，不论在国内、地区性还是全球层面。②公司对社会的影响几乎是无处不在。

二、公司的社会责任

公司社会责任（Corporate social responsibility，CSR）是指企业在创造利润、对股东承担法律责任的同时，还要承担对员工、消费者、社区和环境的责任，它也是国际投资和发展的一个重要维度。③它要求企业必须超越把利润作为唯一目标的传统理念。公司社会责任的范围包括对雇员、消费者、债权人、环境、所在社区经济社会发展、对社会福利和社会公益事业的责任；强调要在生产过程中对人的价值的关注，强调对消费者、对环境、对社会的贡献，在当下，要对整个人类社会的可持续发展做出积极贡献。一般含三个方面：一是生产的产品或提供的服务，要符合法律法规，满足市场需求，安全健康，利于环境；二是有助于企业的长远发展，包括维护消费者权益、维护职工权益，对供应商和销售商诚实守信，保证投资者利益，保护环境。三是道义层，是企业对社会的回馈，包括对资源的节约，对社区居民的责任以及投身慈善事业。

公司社会责任归结起来，分为四个方面、十大原则：一是人权：企业应在其所能影响的范围内支持并尊重对国际社会做出的维护人权的宣言；不袒护侵犯人权的行为。二是劳动：有效保证组建工会的自由与团体交涉的权利；消除任何形式的强制劳动；切实有效地废除童工；杜绝在用工与职业方面的差别歧

---

① About the Division on Investment and Enterprise, http://unctad. org/en/Pages/DIAE/About-DIAE.aspx.

② See Alejandro Teitelbaum, United Nations and Transnational Corporations: a deadly association, https://www. tni. org/en/article/united-nations-and-transnational-corporations-deadly-association.

③ Corporate Socia Responsibility, http://unctad. org/en/Pages/DIAE/Corporate-Social-Responsibility.aspx.

视。三是环保:企业应对环保问题未雨绸缪;主动承担环境保护责任;推进环保技术的开发与普及。四是反腐败:积极采取措施反对强取和贿赂等任何形式的腐败行为。

企业履行社会责任有助于解决就业问题。除通过增加投资,新增项目,扩大就业外,最重要的是提倡各企业科学安排劳动力,扩大就业门路,创造不减员而能增效的经验,尽量减少把人员推向社会而加大就业压力。这一标准明确规定了企业需保证工人工作的环境干净卫生,消除工作安全隐患,不得使用童工,等等,切实保障了工人的切身利益。现在众多企业积极履行社会责任,努力获得SA8000国际认证,不仅可以吸引劳动力资源,激励他们创造更多的价值,更重要的是通过这种管理可以树立良好的企业形象,获得美誉度和信任度从而实现企业长远的经营目标。

企业履行社会责任有助于保护资源和环境,实现可持续发展。企业作为社会公民对资源和环境的可持续发展负有不可推卸的责任,而企业履行社会责任,通过技术革新可首先减少生产活动各个环节对环境可能造成的污染,同时也可以减少能耗,节约资源,降低企业生产成本,从而使产品价格更具竞争力。企业还可通过公益事业与社区共同建设环保设施,以净化环境,保护社区及其他公民的利益。这将有助于缓解城市尤其是工业企业集中的城市经济发展与环境污染严重、人居环境恶化间的矛盾。

企业履行社会责任有助于缓解贫富差距,消除社会不安定的隐患。一方面,大中型企业可集中资本优势、管理优势和人力资源优势对贫困地区的资源进行开发,既可扩展自己的生产和经营,获得新的增长点,又可弥补贫困地区资金的不足,解决当地劳动力和资源闲置的问题,帮助当地脱贫致富。另一方面,企业也可通过慈善公益行为帮助落后地区的人民发展教育、社会保障和医疗卫生事业,既解决当地政府因资金困难而无力投资的问题,帮助落后地区逐步发展社会事业,又通过公益事业达到无与伦比的广告效应,提升企业的形象和消费者的认可程度,提高市场占有率。

企业承担社会责任,应当履行以下责任:

首先,企业应该承担并履行好经济责任,为极大丰富人民的物质生活,为国民经济的快速稳定发展发挥自己应有的作用。即盈利,尽可能扩大销售,降低成本,正确决策,保证利益相关者的合法权益。

其次,企业在遵纪守法方面做出表率,遵守所有的法律、法规,包括环境保护法、消费者权益法和劳动保护法。完成所有的合同义务,带头诚信经营,合法经营,承兑保修允诺。带动企业的雇员、企业所在的社区等共同遵纪守法,共建法治社会。

第三,伦理责任是社会对企业的期望,企业应努力使社会不遭受自己的运营活动、产品及服务的消极影响。加速产业技术升级和产业结构的优化,大力发展绿色企业,增大企业吸纳就业的能力,为环境保护和社会安定尽职尽责。

最后,是企业的慈善责任。现阶段构建和谐社会的一个重要任务是要大力发展社会事业,教育、医疗卫生、社会保障等事业的发展直接关系人民的最直接利益,也直接决定着社会安定与否,和谐与否。支援社区教育、支持健康、人文关怀、文化与艺术、城市建设等项目的发展,帮助社区改善公共环境,自愿为社区工作。

自然或生存环境、健康安全、慈善等。

公司、企业的第一要义是生存,第二要义才是利润;而生存必须考虑到社会长远利益:环境、健康、生态等,如果环境不再适合人类生存,则人类离死亡不远了,企业还能生存吗? 跨国公司的社会责任的政策有:可持续发展、人权保护、当地企业能力提升、就业与培训、健康税收等。①

三、公司社会责任管理

公司社会责任管理,一方面是指其社会责任管理的主体性内容,又包括三点:第一,转变观念,提升理念,用世界的眼光看待企业。第二,扎实做好企业社会责任管理的基础性工作。第三,把企业社会责任管理贯穿于企业文化建设的始终。

另一方面是企业责任管理的客观效果评价,即通过有效地实施公司社会责任管理,实现其预期的目标,在企业发展自己经济业务及实现目标的同时,也能较好地履行企业的社会责任。

四、公司社会责任案例

（一）正面案例:**宝洁公司和百事公司的社会责任承诺**

宝洁公司在美国俄亥俄州辛辛那提市（总部）成立于1837年10月31日,在全球大约70个国家和地区开展业务,员工11万左右,2016年在全球500强中

---

① OECD: OECD Guidelines for Multinational Enterprises, 2011 EDITION, https://www.oecd.org/corporate/mne/48004323.pdf.

排名第 86 位。①宝洁全球所经营的 65 个领先品牌在 180 多个国家和地区畅销，每天为全球 50 亿的消费者服务。销售额近 787.56 亿美元(2015 财政年度)；产品种类有美容美发、居家护理、家庭健康用品、健康护理、食品及饮料等十大品类。②宝洁公司履行其社会职责的主要形式是通过其每年的可持续发展报告来展现。其董事会主席雷富礼曾言："可持续发展的出发点，简单来说就是要保证我们及世世代代拥有更美好的生活。这是宝洁的核心宗旨，并促使我们每天为 30 亿消费者提供可持续性的、有意义的产品和服务。"至 2015 年宝洁发布了其第 17 份可持续发展报告，现任总裁大卫·泰勒说：在宝洁，环境与社会责任是每一位员工工作职责的一部分。它们有机地融入到我们的日常工作与企业经营中。其追求的目标：在生产消费者喜爱的产品的同时最大限度地节约资源、所有工厂 100％使用可再生能源、所有产品和包装均 100％使用可再生或回收材料，以及消费和生产废料零填埋。简单概括起来，我们的目标就是设计让消费者满意的产品，同时最大程度地保护资源。③它们在提供满足消费者需求的优质产品的同时，注重环境保护，尽量使用可再生能源，循环使用废料及积极参与多项社会公益活动，在发展自己的同时，尽到社会责任。宝洁公司的宗旨：为现在和未来的世世代代，提供优质超值的品牌产品和服务，在全世界更多的地方，更全面的，亲近和美化更多消费者的生活。作为回报，我们将会获得领先的市场销售地位、不断增长的利润和价值，从而令我们的员工、股东以及我们生活和工作所处的社会共同繁荣。④它们以美化人类生活为追求，而不仅仅是为了公司的利润。此外，宝洁公司在中国做了大量的社会公益事务，如自 1996 年起至 2015 年年底，它在中国累计捐资 6 100 万元人民币，办了 200 多所宝洁希望小学，有 15 万多孩子受到了资助，能够更好地生活、学习和成长。⑤

2010 年 3 月 22 日，百事公司在其投资者会议上宣布有关营养、环境和工作场所的全球企业社会责任新目标：以推动实现百事"可持续增长"的承诺。为了鼓励人们过上更健康的生活，同时满足消费者对更健康、美味产品的期望，百事公

---

① 《2016 年财富世界 500 强排行榜》，财富中文网，2016 年 7 月 20 日[引用日期 2017 年 2 月 25 日]。
② 宝洁全球，http://www.pg.com.cn/Company/Global.aspx。
③ 《宝洁公司可持续发展报告概览(2015)》，http://www.pg.com.cn/files/2015Sustainability_Report_Executive_Summary.pdf。
④ 《公司的宗旨、价值观和原则》，http://www.pg.com.cn/Company/Pvp.aspx。
⑤ 《宝洁支持希望工程历史展》，http://www.pg.com.cn/HopeSchool/History_2011.aspx。

司致力于达到行业领先的营养目标,包括提高以全谷类、水果、蔬菜、坚果、种子和低脂肪奶制品为原料的产品在产品组合中的比重——2015 年之前,在关键市场中,实现全球主要食品产品的平均单位钠含量降低 25%；2020 年之前,在关键市场中,实现全球主要食品产品的平均单位饱和脂肪含量降低 15%；2020 年之前,在关键市场中,实现全球主要饮料产品的平均单位添加糖含量降低 25%。

"我们相信,人类及地球更健康的未来意味着百事公司更成功的前景",百事公司董事长兼首席执行官卢英德说,"这些承诺贯穿于我们的所有业务,也反映出我们注重可盈利的长期增长。它们将引导我们继续为全球消费者推出更美味、健康的产品。"2008 年,十家全球主要食品饮料企业共同签署了《关于饮食、体育活动和健康的全球战略行动承诺》,并将其提交世界卫生组织。百事公司是这十家企业之一。①该公司负责人认为公司的社会责任不仅仅是捐款等,还更重要的是生产出符合消费者需求健康、安全等绿色标准的食品,保护环境、节能减排,同时也要加强对员工、消费者及社会等各方面在可持续发展方面的教育、宣传等,如 2014 年百事和清华大学的合作,百事捐赠了 300 万美元,在清华大学开设一门企业社会责任课程；其动机:因为清华的很多毕业生,将来都会是各个领域的领军者,企业担当什么样的社会责任应该从学生时代就抓,以将正确的社会责任理念尽早融入到这些未来的领导人的理念和血液当中。其实,这是一种更为深远的社会责任的承担。

(二)负面案例:**三星、苹果、星巴克等外企服务质量及在华定价偏高的报道**

2008 年 4 月,有关研究团队发布一个报告,指出当时的企业不履行社会责任的主要具体表现依次有:一是污染环境；二是不讲诚信,包括"制造销售假冒伪劣产品"、"偷税漏税"、"发布虚假广告欺骗消费者"、"拖欠货款"、"披露虚假信息"等；三是损害利益相关者的权益,如"拖欠或压低员工工资"、"不顾员工的安全和健康"、"不正当竞争"、"损害股东权益"等；四是不参与社会公益活动。②尽管将近 10 年过去了,有关方面已经有了很大的进步,但是企业的社会责任问题依然突出,比如对环境保护的关注、对产品质量的环保安全与健康的考虑、损害相关利益方利益及社会公益等参与的程度等,都有很多提升的空间。这期间继续发生了一系列骇人听闻的违反企业社会责任案件。如全国首例特大"地沟油

① 《百事公司宣布未来三年投资中国 25 亿美元坚定承诺走可持续发展之路》,百事(中国)投资有限公司,http://www.boraid.cn/company_news/read_391.html,2010 年 6 月 2 日。

② 《新使命　新素质　新期望——2008·中国企业家队伍成长与发展十五年调查综合报告》(上),第 33—34 页,http://www.docin.com/p-263505428.html。

案"。2012 年 8 月 22 日、23 日和 24 日,全国首例特大全环节生产销售"地沟油"系列案第一起案件在浙江宁海县人民法院开庭审理。7 名被告人是济南博汇生物科技有限公司和济南格林生物能源有限公司的主要负责人及员工,这两家公司也就是收购、生产、加工地沟油的企业。8 月 24 日,整个系列案的第二起案件在浙江省宁波市中级人民法院进行公开审理。此系列案系全国特大、全环节生产、销售"地沟油"犯罪案件,被列入公安部"打四黑除四害"专项行动第一批督办案件。公诉机关以被告人柳某等 20 人涉嫌以生产、销售伪劣产品罪和生产、销售有毒、有害食品罪向宁波中院提起公诉。根据公诉机关指控,自 2007 年 12 月起,被告人柳某等 7 人将餐厨废弃油提炼成仍含有有毒、有害物质的非食用油销售,以正常豆油名义销售给河南省惠康油脂有限公司、河南庆隆商贸有限公司等单位和袁某等人,至案发销售额达 9 920 余万元。其中,仅河南省惠康油脂有限公司、河南庆隆商贸有限公司用该非食用油与正常豆油勾兑后对外销售,销售额就达 3.5 亿余元。①地沟油中含有黄曲霉素、各种病菌、重金属等有毒有害成分,对人体健康有害。其中虽然黄曲霉素的毒性是砒霜的 100 倍;如果通过各种渠道进入饭店、普通消费者的餐桌上,其后果不堪设想。除了上述涉诉企业外,还有多家企业涉嫌地沟油事务。这些现象说明这些企业的非法活动既严重违反了法律,也是对其社会责任的公然漠视和违背。②

经商不单是为了个人,而且是为了社会,这不仅同理想人格没有矛盾,而且还是实现理想人格的途径,正所谓公益即私利,私利能生公益。日本现代企业之父涩泽荣一是世界上第一位看清经营的本质只在于"责任"的人。③这里的责任包括很多,其中社会责任是其最为根本的内容。

针对苹果、三星、星巴克等公司在中国销售产品所采取的态度和所定价格不同于其他国家时,我国媒体的正当报道和批评是应该的,因为它们没有尽到一个企业特别是全球性的企业应当尽到的社会责任。这些媒体在遭受到指责时,外交部发言人沈丹阳表示:"这类报道和批评是媒体履行社会责任的体现,并非仅仅针对外商投资企业。相关企业是不是涉嫌违反中国法律法规,相信有关执法部门会依法做出认定。我们希望相关企业认真对待消费者诉求和媒体监督,维护好在中国消费者心目中的品牌形象。"

---

① 仲和文:《全国特大地沟油系列案正式公审》,《粮油市场报》2012 年 8 月 23 日。

② 田雄:《全国特大地沟油案余波震荡》,《民主与法制时报》2012 年 10 月 10 日。

③ 《彼得·德鲁克论世界新市场》,尹红义译,施景柯校,《世界经济科技》1992(21):23—26。

2013 年 10 月 20 日,央视新闻频道播出《星巴克咖啡全球市场调查》,指出星巴克咖啡在我国的售价比在美国、欧洲都高出很多,因此质疑星巴克在我国定价不合理、攫取高额利润,并称这有违"公平贸易原则","不应对任何国家的消费者进行歧视对待"。①

第四节 商 业 道 德

公司或企业的道德或社会责任是公司作为特定组织形态出现之后由于其影响力和社会性而日渐引起人们关注的话题。作为商人最重要组织形式的企业,其早期目的主要是为了营利,但是由于公司在发展过程中,尤其是在殖民过程中对殖民地人民带来的环境破坏和健康威胁,它们罪恶滔天,随着殖民地国家人民的觉醒,公司的社会责任及商人的道德成为全社会普遍关注的议题。公司政策应该为所有利害关系人设定一个道德行为准则,这些人包括顾客、员工、工会、政府、竞争对手、供应商及广大公众等。公司保证其行为符合道德要求的第一个措施就是采纳一个正式的道德规范。从企业长远利益的角度考虑发展和盈利,会增加企业的道德因素和社会责任。②每个人不考虑他人的权利而任意行事,这个社会将不复存在。③采用道德准则的 Levi Strauss & Co.在发展中国家实行非剥削劳动政策,为其在全球范围内赢得了良好声誉。商业领域和整个社会都鼓励合乎道德的思维方式。④任何企业在经营决策时都应当考虑不同利害关系人的利益,如股东、员工、包括客户和供应商在内的整个商品或服务产业链系统的各个环节以及政府与社会等各个方面的利益⑤,要特别反对那些将自己的收益、幸福建立在牺牲他人利益或快乐基础上的行为或理念。这个世界并非完全由你死我活、非此即彼的残酷竞争构成,人类在遵循规律下、控制不当欲望后完全能够做到双赢或多赢局面。在宣传公司或企业商业道德过程中,高级管理人员、法律工作者(包括律师、公司内部法律顾问等)在制定、宣传和传播道德标准方面起到

---

① http://newspaper.jcrb.com/html/2013-10/25/content_144274.htm.

② [美]Herbert M. Bohlman 等:《商法:企业的法律、道德和国际环境》,张丹等译,清华大学出版社 2004 年版,第 40 页。

③ 同上书,第 6 页。

④ 同上书,第 4 页。

⑤ 同上书,第 69 页。

至关重要的作用。"我宁愿光明正大而输，也不愿弄虚作假而赢"（索福克勒斯语）。"为了私利而行恶的人永不可赦"（西奥多·罗斯福语）。这些话都彰显出职业道德在企业经营中的重大意义。

一、商业道德简介

商业是一个营利性行为所构成的行业，而道德是指对行为对错的评价①，商业道德就可以直接理解为对商业活动、行为的对错的评价，着重点是社会对商人行为对错的价值评判：对社会、他人有益还是有害；有益者符合商业道德，有害者，就是违背了商业道德。它在实务中的表现形式就是指在企业内部和外部按照伦理规范指导决策和行为的准则。好的商业道德是好的企业竞争战略的前提。有什么样的商业道德观，就有什么样的企业竞争战略。商业道德从分析商业的本质、商务活动的前期行为入手，为人们提供了判断商务活动是否符合道德规范的商业道德行为准则。商业道德是一个历史范畴，不是由于法律的强制，而是社会规则的自然演化。作为一种意识形态，不仅为一定的社会经济和文化所决定，而且也反作用于一定的社会经济，对商业活动具有重要的指导意义。商业发展曾经出现或者正在出现商法与商业道德的背离，商业道德的缺失比商法的缺失更加损害商业的发展，商法的实质精神追求是商业道德。

一个有道德的企业应当重视人性，不与社会发生冲突与摩擦，积极采取对社会有益的行为。商业的内容依据主题可以分为对内和对外两部分。内部包括劳资伦理、工作伦理、经营伦理；外部包括客户伦理、社会伦理、社会公益。

企业与员工间的劳资伦理主要是关于劳资双方如何互信、劳资双方如何拥有和谐关系、伦理领导与管理、职业训练（员工素质的提升，包括职前训练与在职训练）。企业与客户间的客户伦理最主要是服务伦理，其特质包括无形性、不可分割性、异质性与易逝性。客户伦理的核心精神是满足顾客的需求才是企业生存的基础。顾客是企业经营的主角，是企业存在的重要价值。企业与同业间的竞争伦理包括不削价竞争（恶性竞争）、散播不实谣言（黑函、恶意中伤）、恶性挖角、窃取商业机密等等。企业与股东间的股东伦理是指企业最根本的责任是追求利润，因此企业必须积极经营、谋求更多的利润，借以创造股东更多的权益。

企业与社会间的社会责任，应当是取之于社会、用之于社会；重视社会公益，

---

① ［美］Herbert M. Bohlman 等：《商法：企业的法律、道德和国际环境》，张丹等译，清华大学出版社 2004 年版，第 41 页。

提升企业形象；谋求企业发展与环境保护之间的平衡；企业与政府间的政商伦理：政府的政策需要企业界的配合与支持；企业必须不但要遵守政府相关的法规，更要响应与配合政府的政策；古代就有经商要合义取利、价实量足等要求。

在社会主义条件下，商业道德的基本内容：为人民服务，对人民负责；文明经商，礼貌待客；遵纪守法，货真价实；买卖公平，诚实无欺等，反对假冒仿制、欺诈行骗、商业贿赂、行业垄断等不正当竞争行为。

从事商业活动的商业主体应当讲究商业道德，具备良好的商业信誉，树立正确的商业道德价值观，才能使他们在商业经济大潮中健康、长远的发展下去。还应当加强商业道德建设，提高商业主体的道德水准，树立正确的商业道德价值取向，找寻现代商业道德建设的新思路。

一个企业的商业道德会直接影响员工的敬业度，一旦员工认为所就职的企业没有商业道德，员工的敬业度会降低得很严重。因此提升企业的商业道德，或者在员工中宣传企业的商业道德，特别是高层领导的商业道德，会对提升员工的敬业度有不错的正面影响。

员工应当做到诚实、敬业、创新。有才无德危害更大，例如 1995 年，28 岁的尼克·莱森(Nick Lesson)三年之内，通过偷天换日的不当交易，让 232 年的英国巴林银行倒闭。好的道德还是无法量化的竞争力。"Good ethics is good business"。领导者的人品、商业道德更重要。

假定你在一家大批量生产或储存、处理高危化学物品的公司工作，但你发现公司的直接主管或其他管理人员违法将某些危化物品未经处理排到下水道、周边河流或倾倒在人迹罕至的陆地上，它们将对环境和周围的人影响上百年，显然这是严重违法和违反商业道德的行为。你知道这种行为不好，不仅仅是出于道德感、正义感和责任感，还有可能将来被追究知情不报等法律责任（民事或刑事的），但公司给予你的工资很高，足以支付你的日常开支及较高水平的生活。你会如何办？道德两难境地。符合道德的决策方式是弄清事实、明了利害关系人、正确的价值评估、可选措施、措施优先排序、最终可能采取的措施等。①

二、经理人的道德：例证与分析

（一）忠诚度：**国美控股权之争**

2006 年在国美周年股东大会上，当时持有国美电器约 70% 股权的黄光裕对

①　［美］Herbert M. Bohlman 等：《商法：企业的法律、道德和国际环境》，张丹等译，清华大学出版社 2004 年版，第 70—71 页。

国美电器"公司章程"进行了修改，授予国美电器董事会如下权利："国美电器董事会可以随时任命董事而不必受制于股东大会设置的董事人数限制；国美电器董事会可以以各种方式增发、回购股份，包括供股、发型可转换债、实施对管理层的股权激励，以及回购已发行股份。"至此，国美董事会具有了凌驾于股东之上的权利。

2008年黄光裕因犯罪被判有期徒刑14年后，作为职业经理人的陈晓担任国美董事局主席，利用了上面的规定，不断摊薄黄光裕的股权。黄光裕入狱后，陈晓全面接管国美，先是引入贝恩资本，摊薄黄光裕股权，后是推出股权激励措施，拉拢管理层。黄光裕作为大股东，他的权益显然已无法保证。陈晓掌舵国美后，引入贝恩资本，对国美是否有利是一未知数，但对他而言，在短期内是有利的。利益驱使带来的急功近利的短期行为在很大程度上伤害了大股东的利益。造成这一局面的根源是国美内部不合理的董事会权力安排。但在道德层面，陈晓作为职业经理人对大股东的背叛，挑战了民众心目中的道德准则，大众在舆论上普遍支持作为大股东的黄光裕。企业的所有者希望所聘请的经理人能够有较高的忠诚度和自我道德约束力，尤其在公司治理结构尚不完善，委托代理问题较为严重的背景下，道德约束显得更为重要。[①]尽管陈晓的行为在各个行业各层次人员褒贬不一，但网上投票却表明85%的投票者支持作为大股东的黄光裕，只有15%的投票者支持陈晓。[②]这说明，多数网民对职业经理人忠于大股东这一既是法律要求又是道德约束的重视。2009年6月，国美电器控制权争夺战爆发，至2011年3月，以原大中电器创始人张大中出任国美电器董事会主席、非执行董事，而职业经理人陈晓以私人理由辞去国美电器董事会主席及执行董事而告终。

（二）诚信度：**李开复闪电跳槽、火线加盟**

2005年7月20日，44岁的李开复仅用一天时间，就完成了从老牌软件巨头微软公司高管到互联网新霸主Google领军人物的跨越。微软指控李开复违反了其与微软签订的竞业禁止协议，规定离职一年之内，不可以任职直接竞争的公司。7月22日，Google反诉微软的协议条款违反了加州法律赋予员工变更工作

---

① 连英祺等：《制度约束与道德规范：从国美之争看我国职业经理人行为的制衡机制》，《人力资源管理》2011年第3期。

② 陈东华：《职业经理人的两难困境：忠实于大股东还是企业？——基于国美电器控制权之争的思考》，《财会通讯》2016年第2期；高闯、郭斌：《创始股东控制权威与经理人职业操守——基于社会资本的"国美电器控制权争夺"研究》，《中国工业经济》2012年第7期。

的权利。9月14日,美国金县高等法院做出裁决:李开复可以立即为 Google 工作,但工作范围将受到限制,禁止李开复从事搜索或语音等方面的技术性工作。另外李开复也不能参与制定 Google 在中国的预算、员工工资,以及有关 Google 在中国的研究方向的决策。①这份竞业禁止协议在法律上存在不平等,侵害员工的某些权利,但是从公司和双方契约角度来看,这样的要求也是合理的。既然李开复已经签署协议,出于道德层面的诚信要求,他应当遵守协议。

该案主要涉及的是员工对企业的竞业禁止义务,即职工和单位(或雇主)经合法协商达成的关于掌握商业秘密的劳动者在职期间以及终止劳动关系后,在一定时间和职业范围内不得从事与原单位(或雇主)有竞争性的职业活动的条款,包括不得自营、不得受雇于与原单位(或雇主)有竞争性的业务活动。

(三) 2008 年中国奶制品污染事件

这起事件又称"2008 年中国奶粉污染事件"、"2008 年中国毒奶制品事件"、"2008 年中国毒奶粉事件",是中国的一起食品安全事件。事件起因是很多食用三鹿集团生产的奶粉的婴儿被发现患有肾结石,随后在其奶粉中被发现化工原料三聚氰胺。根据公布数字,截至同年 9 月 21 日,因使用婴幼儿奶粉而接受门诊治疗咨询且已康复的婴幼儿累计 39 965 人,正在住院的有 12 892 人,此前已治愈出院 1 579 人,死亡 4 人;到 9 月 25 日,香港有 5 个人、澳门有 1 人确诊患病。事件引起各国的高度关注和对乳制品安全的担忧。中国国家质检总局公布对国内的乳制品厂家生产的婴幼儿奶粉的三聚氰胺检验报告后,事件迅速恶化,包括伊利、蒙牛、光明、圣元及雅士利在内的多个厂家的奶粉都检出三聚氰胺。

该事件重创中国制造商品信誉,多个国家禁止了中国乳制品进口。9 月 24 日,中国国家质检总局表示,牛奶事件已得到控制,9 月 14 日以后新生产的酸乳、巴氏杀菌乳、灭菌乳等主要品种的液态奶样本的三聚氰胺抽样检测中均未检出三聚氰胺。2010 年 9 月,中国多地政府下达最后通牒:若在 2010 年 9 月 30 日前上缴 2008 年的问题奶粉,不处罚。2011 年中国中央电视台《每周质量报告》调查发现,仍有 7 成中国民众不敢买国产奶。

(四) 惠普高管因个人丑闻离职

2010 年 8 月,惠普公司董事长兼首席执行长马克·赫德因"性骚扰"宣布辞职,辞任立即生效。赫德与某女子"有染",并向她送礼物,而后把礼物等费用当业务支出报销。

---

① 《自由择业的底线》,《中国妇女报》2005 年 11 月 15 日。

虽然有关部门在对性骚扰指控展开调查后,并未发现赫德有性骚扰行为,但却发现赫德提交的费用支出报告存在失实,惠普认为这些报告掩盖了他跟性骚扰对象费舍尔之间的关系,后者曾经协助由惠普赞助举办的活动。此外又如,被称为"2号执行官"考夫林已为沃尔玛效力28年,2005年,因对其滥用报销账目且伪造发票获取总计50万美元报销款的指控而辞去沃尔玛公司副董事长的职位。2006年,考夫林对美国联邦法院提出的通信欺诈和逃税两项指控认罪。作为"精英人群"的高管们,最好应该学会"以身作则",不要贪小便宜,吃大亏最终落个身败名裂的下场。

(五)中国:互害型社会?

假种子、假酒、假药? 有毒大米、粉丝、奶粉、馒头、地沟油? 打死不吃自己做的馒头、包子,种的蔬菜,养的鸡、猪? 农村人用着城里人生产的问题家用电器,城里人吃着农村人残留着过多农药的蔬菜;城里人给农民生产假冒伪劣产品,农村人给城市人生产污染农产品。做黑心馒头的吃着黑心商人做的面包,做黑心面包的吃着黑心商人做的馒头。你用假酒毒我,我用假药害你,伤害不是线性的、一对一的,而是非线性的、网状的报复关系。在整体的道德溃败上,阻止和修复这种溃败,需要良法,需要好制度,也需要好人,就是公民的良善和美德的拯救与救赎。

美国等发达国家在市场经济发展初期曾经也发生过违法、违反社会道德等严重事宜①,但历史不应该重演,人类史上曾经发生过的事情应当避免。

三、商业道德实践

道德应当植入三方面:第一,决策制定;第二,推动管理实践的理念;第三,管理者本人的道德示范作用。还应当确立三个基本价值观:公正、坦诚、关爱。合法与符合道德并不完全相同。为了一部分股东的利益还是为了多数员工的利益和其他社会利益? 福特汽车公司早期不把所有利润分给股东,用于扩大再生产,提高员工福利待遇,遭到小股东起诉。法院支持福特。②

公司的商业道德很大程度上取决于公司管理团队对该问题的认识,而团队的每个成员自身的商业道德素质和水平,尤其是最主要的掌舵人的道德水准决

---

① 《"镀金时代"的食品卫生斗争之路》,http://www.15yan.com/story/bnpMGSh4Vvv;刘仰:《美国历史上的食品药品安全乱象》,《中国经济周刊》2007年第31期。

② [美]Herbert M. Bohlman等:《商法:企业的法律、道德和国际环境》,张丹等译,清华大学出版社2004年版,第45—46页。

定着公司能够走多远。可以说,一个成功的企业家往往也是成功的道德楷模。人类利益分为长远利益与短期利益,只注重眼前小利的人,企业注定做不大、做不强。这已经被企业或公司发展史所证明。长期置于全球 500 强的创新型企业中有很多企业是一百年以上的大公司,它们除了技术创新、经营水平和能力之外,很大的部分是取决于由商业道德构成的企业文化使它们成为企业经营史上的常青树。如美国杜邦公司成立于 1802 年,通用电气成立于 1879 年,通用汽车于 1908 年建立,福特汽车于 1903 年设立①,荷兰壳牌皇家石油公司成立于 1907 年;1847 年 10 月 1 日,维尔纳·冯·西门子在其发明的使用指针来指出字母顺序而不是摩尔斯电码的电报技术基础上建立了公司;荷兰飞利浦公司成立于 1891 年。这些公司的生存、发展和壮大,与其一代又一代职业经理人的商业道德操守有着密切联系。在"用脚投票"的时代,更有生命力的企业往往都是那些技术创新能够跟上时代同时又坚决地恪守商业道德规范的公司或企业。

日本商人沼泽荣一从儒学传统中找到更为高尚的动机:经商不单是为了个人,而且是为了社会,这不仅同理想人格没有矛盾,而且还是实现理想人格的最佳途径,正所谓公益即私利,私利能生公益。这一解释赋予了商业活动新的意义,进而改变了日本社会的价值观。1930 年,全球性的经济危机来到日本,松下幸之助拒不解雇一个员工,结果松下公司创造了历年来最高的销售额,道义和情感转化成生产力,实现了沼泽荣一所倡导的私利变公益的思想。②

第五节　政府对市场经济的作用

一、政府在现代商业、社会中的作用

不同时期,人们对政府作用的期望是不同的。现代商业社会中政府的职能应该包括为所有人提供基础生活、工作条件(如提供基础设施等公共产品);规范

---

①　该公司首任总裁在决定公司盈利是否用于股东利益分配时将盈余 1.12 亿美元用在扩大产量上,却引起持股 10% 的主要股东道奇兄弟不满,道奇兄弟认为企业盈余应先分配给股东,当时持股达 80% 的亨利·福特反对,道奇兄弟因此告上法院。1919 年密歇根州最高法院判决道奇兄弟胜诉,判决指出企业设立的目的在为股东谋利,企业董事也不可改变这项基本目的。此判决日后成为企业是否要负社会责任等其他目的之争论焦点。

②　张同道、郑富权:《〈公司的力量〉:纪录的力量》,《电视研究》2011 年第 1 期。

各种行业的行为;给社会成员提供保障作用(收入分配、教育、退休养老、服务体系、生态、环境保护)等。在经济方面,政府应当履行三种职能:一是宏观调控职能。即政府通过制定和运用财政税收政策和货币政策,对整个国民经济运行进行间接的、宏观的调控。二是提供公共产品和服务职能。政府通过政府管理、制定产业政策、计划指导、就业规划等方式对整个国民经济实行间接控制;同时,还要发挥社会中介组织和企业的力量,与政府一道共同承担提供公共产品的任务。三是市场监管职能。即政府为确保市场运行畅通、保证公平竞争和公平交易、维护企业合法权益而对企业和市场所进行的管理和监督。

二、政府在市场经济发展中的作用

从亚当·斯密《国富论》、萨伊《政治经济学概论》所代表的古典自由主义经济学到马歇尔、哈耶克所代表的经济自由主义或新古典经济学的传统,即强调市场的决定性作用,政府是配角。他们认为资本主义市场经济是内在完满、具备自我均衡机制的完善体系,市场机制在本质上是没有缺陷的,市场本身的均衡调整机制足以保证经济长期均衡运行(无形之手——价格),并可以导致资源的最佳配置。周期性危机是非必然的,是可以避免的。

亚当·斯密强调理性经济人概念,"萨伊定律"则强调生产和消费、供给和需求(经济学术语称为"一般均衡")的相互影响决定了市场容量和产品价格。

凯恩斯写过《就业、利息和货币通论》。他最早信奉马歇尔新古典经济学,但20世纪30年代大萧条,使他转向对自由市场经济危机机制的分析;认为通过政府对经济作宏观干预的方法,可补救市场机制的缺陷。宏观经济学认为政府应该,而且也能够通过运用财政政策、货币政策等手段,对总需求进行调节,平抑周期性经济波动,既克服经济衰退,又避免通货膨胀,以实现"充分就业均衡"或"没有通货膨胀的充分就业"。最好的例子就是美国罗斯福新政。而走向极端,就变成了以苏联为代表的计划经济。计划(指令型)经济中,国家在生产、资源分配以及产品消费各方面,都是由政府或财团事先进行计划。

聪明的人并不介入经济进步应归功于政府还是应归功于个人积极性的争论,他们知道,经济进步应归功于这两者,他们所关心的仅仅是指出每一方确切的角色是什么样的问题。市场经济政府的职能,早期是"守夜人"。当代应该是打压垄断,保护市场无形之手,并弥补它的缺陷。政府常用的手段包括价格政策、利率政策、税收政策以及补贴政策。

政府在市场经济中,应当是一种"有限政府"、"小政府"。

市场经济作为一种基本的资源配置方式,虽然遵循着一定的市场规律,但其始终处在不断发展变化之中,人们对其认识也在不断发展和深化。亚当·斯密认为资本主义的发展"受着一只看不见的手的指导",这只手就是市场的自发作用使每个人为追求自己的目标而努力的同时也在实现公共利益。故政府应放任经济自由发展,依靠市场自发调节,政府的经济职能无非是充当一个"守夜人"的角色,被动地去适应经济发展。在自由资本主义时期,市场机制广泛地发挥作用,促进了资本主义经济的繁荣与发展。然而,随着资本主义向高级阶段推进时,自由市场经济的盲目性和滞后性也带来灾难深重的经济危机,这些危机是市场本身无法克服的。在"市场失灵"的状况下,政府的积极干预是非常必要的,如1933年美国罗斯福新政下的一系列法律及政策就是为解决那场骇人听闻的经济危机而制定的,此后美国经济日渐好转。因此,完善的市场经济,既要遵循市场经济自身的发展规律,也要有政府的适当干预。但这种干预必须是能够保障市场经济规律的正当运行并进而促进经济的发展;它不是全方位干预,只是起到引导、矫正等功能,确保市场自主调节等基础性作用的发挥。政府在经济中职能就是我们通常所说"小政府"在"大社会"中作用,它不是万能的;如果盲目夸大政府的作用,反而会对经济发展起到阻碍作用。

政府干预经济发展必须遵循法治化路径。我们可以从三个维度来解析这种路径。

（一）政府对市场的干预要以法律手段为主

通常认为政府干预市场的手段包括法律、经济和行政等三种手段。法律手段通过立法、执法、司法等来行使,经济手段通过制定财政、货币、税收、对外贸易等政策来调整和引导,行政手段则以具体的行政措施履行政府的经济管理职能。然而,后两者往往又以法律手段作为其保障。因此,可以说,法律手段（特别是立法干预）是政府干预经济发展的基本方式,通过建立较为完善的市场法律体系及干预市场的法律机制,能确保政府干预市场的有效性和可预见性及政府干预经济的常态化、合理化和合法化。发达的资本主义国家不论是大陆法系国家（如德国、法国、日本等）还是英美法系国家（如美国、英国、澳大利亚等）均有一套适应各自市场经济发展要求的法律制度。这里仅以美国的反垄断法为例。19世纪80年代,针对市场垄断日益突出,合理的市场结构受到破坏等情形,美国于1890年颁布制约垄断行为的《谢尔曼法》;1914年,在总结《谢尔曼法》实施经验的基础上,又制定了《克莱顿法》和《联邦贸易委员会法》,对企业联合限制竞争行为、滥用经济优势行为、垄断行为及其他不公平竞争的行为作了系统规定。它们构成了美国竞争法律制度,是政府干预市场经济活动的重要依据,通过这种干预,维护了市场竞争的正常有效地进行。

（二）宏观调控法律为主,微观调控为辅

政府为实现充分就业、稳定物价、促进经济平衡增长的目的,对市场依法进行干预,主要通过宏观调控方面的立法来调整,而在企业等微观主体活动方面,调节仅起次要作用。宏观调控法主要有计划法、价格法、财税法、金融法、环境法等方面。其制定时遵循的基本原则有:(1)总量平衡与结构优化原则,即社会总供给与社会总需求的价值总量平衡,国民经济各组成要素相互作用的方式达到最优化。(2)法定原则,即政府的宏观调控应在法律允许的范围之内(主体资格法定、权力法定、调控方式与程序法定)。(3)适度原则,即调控不得冲击和削弱市场机制作用的发挥,调控必须尊重客观经济规律依法进行,调控一般不得直接干预经济组织的具体生产经营活动。(4)注重调控效益原则,即宏观调控目的就是要激励、促进和保护宏观经济利益的提高。其调控方法从对经济行为影响的力度与方式角度看,主要有:(1)利益诱导方法,即采用法律确认的经济利益诱导方式,对宏观经济关系施加有影响力和法律后果的方法。(2)计划指导方法,即通过直接作用于经济活动的经济计划指标或长远规划来影响宏观调控关系的方法,其影响力要比经济参数作用直接得多。(3)强制控制方法,即政府依法对经济行为进行的某种限制或禁止,从而对宏观调控关系施加强制影响力的方法。

微观方面主要指在市场主体设立过程中政府设立一些条件或要求(如公司设立的条件及到工商行政管理部门登记注册等)以及市场主体在交易中受到限制的一些行为等(如证券交易的强制性规定等)。这些也是政府干预经济的一些表现,但往往是处于次要地位。

（三）干预程序法治化

即政府在干预市场经济时除了有实体法规定之外,还需遵循最起码的程序法,以通过正当法律程序控制行政权力,以保护公民的权利。这样既可以增加透明度,又可以加强对政府干预行为的监督。在我国,除了经济法之外,我们还有《行政许可法》《行政诉讼法》《税收征收管理法》《行政监察法》《行政复议法》及《国家赔偿法》等,来规范政府的行为。

第二章

法律的基本功能、价值和中国主要法律部门

第一节　法的功能、运行与价值

一、法律的功能

前文已述法律是统治阶级意志的体现,是由国家制定或认可的,并由国家强制力保证实施的一系列行为规范的总和,它以规定当事人权利和义务为内容。其本质是统治阶级意志的体现。根据其定义其特征有四:由国家制定或认可的;由国家强制力保证实施的;是一种行为规范;规定当事人权利和义务为内容。

根据法律的定义、本质和特征,我们探讨一下法律的功能。一般认为法律的功能包括其规范功能和社会功能。

（一）法律的规范功能

法律的规范功能是指法律的规范作用,即法律对人们的行为加以规范、指导、划一的作用,或因法律的规范性而具有的作用;该功能是法律基本功能。在法律思想史上各个流派都承认法律的规范作用,我国墨家就将法律比之规矩、绳墨;法家的核心观点是"缘法而治"、"不别亲疏,不殊贵贱,一断于法"①、"君臣上下贵贱皆从法"②、"法不阿贵,绳不挠曲"、"刑过不避大臣,赏善不遗匹夫"。③其作用就是"定分止争"。对此作出最大贡献的当属规范法学派,英国牛津大学研究员约瑟夫·拉兹（Joseph Raz）对各种规范作用进行了详细研究。④规范仅仅是对"小民"的规范,还是包括对"治者"的规范? 这历来有两种看法和做法。在专

---

① 《史记·太史公自序》。
② 《管子·任法》。
③ 《韩非子·有度》。
④ 沈宗灵:《现代西方法理学》,北京大学出版社 1992 年版,第十三章。

制国里,帝王、统治者拿规范去"规范"被统治者,自己则超越于规范之上;在法治国里,天下一体受"规范",特别是统治者必须依规范取得地位,依规范进行统治。我国古代占主导地位的思想是前者,如法家所主张的"法律法规"是由君王制定,平民百姓要去遵守,被统治者没有资格或权利参与到法律的制定中。所以,中国历史上是没有真正现代意义上的"法治"经验,它是一种单向的"法治",即百姓只有守法的份,而无制定法律的份。而西方近代规范法学派的所谓规范,多是指后者:被统治者有权利参与法律的制定,而不仅仅是守法。套用美国独立战争期间的革命者潘恩的话说就是:在专制的国家里,国王就是法律;而在法治的国家里,法律就是国王。

一般认为法律的规范功能主要包括指引功能、评价功能、预测功能、强制功能、教育功能。

1. 指引功能

指引功能,即法律明确规定人们在一定条件下可以做什么,应当做什么或不应当做什么,以及如何从事相应行为等,从而指导人们做出相关行为的内容及方式的选择等。法律告诉人们何者可为,何者应为,何者禁为,告诉人们的可能行为的法律后果,从而对决策过程产生影响,进而影响人们的行为。法律指引的方式有两种:第一种是确定性指引,即通过规定可能行为的不良后果,要求人们必为某种行为或抑制某种行为,其内容是确定的;它往往通过设定义务或职权的方式来予以指引。第二种是选择性指引,即指法律规定可以选择的行为方式,可能行为的有利后果,由行为人自主选择对自己有利的行为方式,此即通过授予权利的方式予以指引。

2. 评价功能

评价功能,即法律作为一种行为标准和尺度,具有判断、衡量人们的行为的功能,从而达到指引人们的行为的效果。评价作用即法律作为规矩、绳墨、权衡尺度给人们提供评判、衡量行为的是非、善恶的标准的作用。由于价值标准的差异和自身利益的干扰,人们区别是非、善恶的标准相差悬殊,法律超越于个体差异之上,提供一个共同的标准。这些标准有些是原则的,有些则是具体的。前者如法律原则,后者如各种法定技术性指标:大气污染指标、噪音标准、核污染标准、食品卫生标准、饮用水卫生标准等等。

3. 预测功能

预测功能,是指根据法律规定,人们可以预先知晓或估计到人们相互间将如何行为,进而根据这种预知来做出行动安排和计划。预测作用指法律有预知行为的可能结果的作用。法律作为规范,它确定了行为与后果之间的联系,成为人们预测社会后果的工具。这种预测一般包括:(1)某种行为在法律上能否成立的预测;(2)关于对方可能反应的预测;(3)对法官可能判决的预测。法律的预测作用是建立在法律的可预测性之上的。法律的可预测性是指法律所规定的一定的事实与结果之间的联系作为主观的要求转变为客观的联系,而这一转化过程是人的选择的过程。因此,这一转化不是必然的,而是盖然的。也就是说,法律的预测作用是建立在盖然性之上的,这决定了法律的预测作用是有限的,而法律没有预测作用则表明法律失效。

4. 强制功能

强制功能,主要是制裁惩罚违法犯罪行为,以及预防违法犯罪行为。强制作用指法律以物质暴力制止恶行、强制作为,并迫使不法行为人作出赔偿、补偿或予以惩罚以维护法律秩序的作用。法律的强制作用是法律生存的最后屏障。法律的强制作用通常包括:(1)强制社会主体作出某行为或抑制某行为。强制作为是法律规定强制性义务,义务人必须完成,如不作为则强令为之,例如强制服兵役、强制纳税、强制履行契约。强制不作为是法律规定了一般禁止性义务,社会主体不履行,则法律确定的公权力可以强制制止某作为,例如,制止正在实施中的犯罪、制止闯红灯、制止扰乱社会治安的行为等。(2)强令对他人或社会遭受的损失予以赔偿或补偿。(3)对违法者予以制裁。

5. 教育功能

教育作用是法律通过其本身的存在以及运作产生广泛的社会影响,教育人们弃恶从善,实施正当行为的作用。我国先贤所谓"明刑弼教"、"以法为教"、"刑期无刑"、"禁一奸之恶而止境内之邪"都是指法的教育作用。法的教育作用可分为静态法现象的教育作用和动态法现象的教育作用两大类。静态法现象的教育作用即法作为原则,规范所包含的价值本身所具有的教育作用,此时法如教科书。例如,法律中所包含的忠、孝、节、义、平等、民主等观念对社会有教育作用。这是历代统治者都十分重视的。明代朱元璋将大诰广为印发,家藏大诰一册成为减刑之条件。当代广为开展"普法教育",学校开设"法律基础",就是为了充分发挥法的教科书作用。动态法现象的教育作用指法律运作过程对社会的影响。这种影响主要指:一般人群的守法行为对个体的感染作用,法律运作机构对违法者的处罚和对受害者的补救产生的惩戒、威慑和感化作用。①

----

① 周永坤:《法理学——全球视野》(第四版),法律出版社 2016 年版,第 122—123 页。

（二）法律的社会功能

法律的社会功能包括：政治功能，指统治阶级运用法律调整各种政治关系（统治阶级与被统治阶级、同盟阶级的关系，统治阶级内部的关系），以确认和维护其经济和政治上的统治地位，维护其整体的统治秩序；执行社会公共事务的功能；维护社会秩序、促进改革、文明、民主与社会、经济的可持续发展；根据一定价值准则进行利益分配，确定和维护个人在法律上的权利与义务；为国家机关及其公职人员的公务行为提供法律上的根据以及对他们滥用权力的行为进行制约；预防和解决社会成员之间的争端；预防和制裁违法、犯罪行为；为法律本身运行和可持续发展提供制度和程序。

法律的社会作用是相对于法律的规范作用而言的，指法律对社会和人的行为的实际影响。英国法学家拉兹对法的社会作用进行了深入的研究，他将法的社会作用又分为直接作用和间接作用。进而把法的直接作用归纳为预防和鼓励行为、为私人安排提供便利、提供服务和分配财富、处理未规定的争端四种。美国综合法学派学者 E.亚当森·霍贝尔（E. Adamson Hoebel）则将法的基本作用（功能）归之于维护秩序：安排人际关系、设定权力、处理案件、在生活条件变化时重新规定个人和集体间的关系等。国内法学界通常以法律社会作用的领域将其分为社会、政治、经济、文化四个方面。我们侧重从法律满足的主体的角度对法的社会作用进行分析，这样可将法的作用分为法对社会整体的作用、法对社会集团的作用、法对个人的作用，这三者相互联系但具有相对独立的内容，法对个人的作用核心就是权利保障，将在相关章节论述，这里略而不论。

1. 管理公共事务

任何社会要生存下去，都必须对社会公共事务进行管理，法律最初产生的原因之一就是维护社会秩序，使社会免受赤裸裸暴力的危害。我国古代的许多法律规定与管理公共事务有关。社会越进步，法律对社会整体的作用越重要；法律的科学化、民主化、理性化程度越高，其管理社会公共事务的作用越明显。法律发展的方向是要从维护一己统治的历史局限性中走出来，成为为全社会谋福利的工具。这方面的主要作用包括安排人际关系，解决纷争，发展生产、水利建设、交通运输、文教卫生，保护环境和资源，维护公共生活秩序，控制或发展人口等等。

现代法律对社会整体起着前所未有的重要作用，其任务主要包括：（1）维护社会整体利益和公共生活秩序，例如保护生态环境，保护自然资源，制止各种反社会行为，保障社会安宁，反对恐怖活动，制止侵略战争，维护人类整体利益等；

（2）对经济和社会整体发展予以规划和指引；（3）对经济和技术发展带来的不良后果予以控制，例如，对颓废文化的控制、制止吸毒等等；（4）对不测事件的受难者予以救济和各种形式的社会保险。例如，对自然灾害的受难者予以救济和各种形式的社会保险。

2. 阶级性作用

法律的阶级性作用长期被极端夸大了。在以阶级斗争为纲的时代，法律作用被极端化、单一化为阶级镇压。改革开放以来，"阶级镇压"逐渐演变为"阶级统治"、"调整阶级关系"，同时开始引入法律的社会作用，这是一大进步。我们认为强化法的阶级统治职能的观念是阶级意志法本质论的演绎结果，是以阶级斗争为纲时代的产物。作为一种观念，它与我国古代以法御民观念一脉相承。它是法方法论的"主客体思维"的产物，也与国人特别的法律经验有关。

将法的作用单纯归结为阶级斗争工具、阶级镇压工具在当今法学界已成苦涩的笑柄，然而在缺乏法学修养的法律匠人和民众中间似乎这还很有市场，在法学界，将阶级性作用作为主要作用、社会作用作为辅助作用的人还不在少数。在法治成为共识的今天，在全球化时代，我们认识法律的阶级性作用应当注意：（1）阶级性作用只与法律发展的一定历史阶段相联系，长达数千年的原始法和无阶级社会的法律都没有法的阶级性作用；（2）即使在阶级对抗时代，法的阶级性作用也只与部分法有关，并非与全部法律有关；（3）在法治社会里，法律的阶级性作用可能还会有遗留，但已经不具有合法性。因为维护阶级特权的法律有违法治的基本原则——法律面前人人平等原则，也违背我国《宪法》第33条的规定。同时，我国是联合国的五个常任理事国之一，应当尊重联合国宪章和《世界人权宣言》，我国也已经签署了《公民权利和政治权利国际公约》，应当接受这些世界人权法的规约。既然如此，人人具有平等的法律人格就应当是我国法律的精神所在，法律为某一阶级谋利的传统在当代中国已经不具备合法性。①

二、法律的运行

法律的运行包括立法、执法、司法和守法四大步骤。

立法通常指特定国家机关依照一定程序，制定或者认可反映统治阶级意志，并以国家强制力保证实施的行为规范的活动，或是由特定的主体，依据一定职权

① 周永坤：《法理学——全球视野》（第四版），法律出版社 2016 年版，第 123—124 页。

和程序,运用一定技术,制定、认可和变动法律这种特定规范的活动。在中国,从狭义的解释来看,根据我国现行宪法,立法是指全国人民代表大会及其常设机关制定和变动法律这种特定规范性文件的活动。从广义来看,立法是指从中央到地方一切国家机关制定和变动各种不同规范性文件的活动。

立法的特征有:立法是国家履行职能的主要方式之一,是国家的一项专门活动。立法既包括有立法权的专门国家机关进行的立法活动,也包括经授权的国家机关进行的立法活动。立法是依照法定程序进行的活动。立法是一项包括多种法律变动的专门活动。立法程序一般有四步:提出法案;审议法案;表决和通过法案;公布。

执法,亦称法律执行,是指国家行政机关依照法定职权和法定程序,行使行政管理职权、履行职责、贯彻和实施法律的活动。广义的执法或法的执行是指国家行政机关、司法机关及其公职人员依照法定程序实施法律的活动。狭义的执法是指法的执行,则专指国家行政机关的公职人员依法行使管理职权、履行职责、实施法律的活动。[①]人们把行政机关称为执法机关,就是狭义上使用执法的。本书所称的执法是指狭义的法的执行。公职人员或机关在法律规定的时间、地点、范围内依照特定的法律执行才叫执法。国家行政机关执行法律是法的实施的重要方面。现代社会,行政机关被称为国家立法机关的执行机关,后者制定的法律、法规主要由前者贯彻、执行、付诸实现。

执法特点:执法是以国家的名义对社会生活进行全面管理,具有国家权威性,但必须依法行政。执法的主体是国家行政机关公职人员。执法具有国家强制性,行政机关执行法律的过程同时是行使执法权的过程,行政机关根据法律的授权对社会进行管理,一定的行政机关是进行有效管理的前提。执法具有主动性和单方面性。执行法律既是国家行政机关进行社会管理的权力,也是它对社会、对民众承担的义务,既是权力也是职责。应当以积极的行动主动执行法律、履行职责,而不一定需要行政相对人的请求和同意;否则可能失职:行政不作为。

执法原则有三:

一是依法行政的原则。这是指行政机关必须根据法定权限、法定程序、法治精神进行管理,越权无效。这是现代法治国家行政活动的一条最基本原则。[②]

---

① 周永坤:《法理学——全球视野》(第四版),法律出版社 2016 年版,第 279 页。

② 张文显:《法理学》(第三版),法律出版社 2007 年版,第 235 页。

二是讲求效能的原则。这是指行政机关应当在依法行政的前提下，讲究效率，主动有效的行使其权能，以取得最大的行政执法效益。[①]

三是公平合理原则。这是指行政机关在执法时应当权衡多方面的利益因素和情况因素，在严格执行规则的前提下，做到公平、公正、合理、适度，避免由于滥用自由裁量权而形成执法轻重不一、标准失范的结果。[②]

司法(Justice)是指国家司法机关及其司法人员依照法定职权和法定程序，具体运用法律处理案件的专门活动。在西方资本主义国家，由于"三权分立"，司法与行政、立法之间有严格界限和区分。

司法特点有：

中立，即法官就要像排球裁判那样居中裁判，不偏不倚地、公正地对待原被告和控辩双方，力求不受立场限制地做出准确判断。司法是解决社会矛盾最后的防线，但不是唯一的手段，通常情况下通过谈判和解、调解等解决民事纠纷应是当事人的首选方式，这些方式解决不了问题时，可以动用国家的司法资源去解决民间纠纷（另一种方式是仲裁，特别在商事领域，其适用的频率更高）。司法机关不应该主动出击，而应被动地等待，一般来说就是实行不告不理原则，法官不能主动地挑起当事人去打官司。

独立，这是确保司法公正的必要。"法官除了法律，没有别的上司。""军人以服从命令为天职，法官以服从法律为天职。"美国司法机关不仅完全地独立于立法和行政机关，而且还享有违宪审查权，可以撤销违反宪法的法律和行政行为。[③]我国《宪法》第126条规定："人民法院依照法律独立行使审判权，不受行政机关、社会团体和个人的干涉。"我国法院无权对立法机关的行为，包括对违反宪法的法律法规进行司法审查。内部：审级独立；上下级是监督而非领导关系。

统一，所谓统一性有两个方面的内涵，其一是司法权由法定机关统一行使，其他机关不能分享；其二是用司法解释或指导性判例统一全国各级审判机关的裁判尺度，与地方保护主义做斗争。

专业，专业性作为司法权和司法机关的特点是理所当然的。美国法院的法官不仅都受过严格的法学教育和训练，而且有丰富的司法实践经验。初审法院的法官大都是从优秀的律师中产生，上级法院的法官也要从下级法院的优秀法

---

① 张文显：《法理学》（第三版），法律出版社2007年版，第236页。

② 同上书，第235页。

③ 周永坤：《法理学——全球视野》（第四版），法律出版社2016年版，第285页。

官中选拔,从而保证了法官队伍的高度专业性。①

公开,司法权的公开性也可以称为民主性;中国有人民陪审员制度;接受社会和新闻媒体监督。

权威,最重要的一个特点,是其前面几个特点所决定的。司法权的中立性、独立性、统一性、专业性和公开性决定了它必然具有权威性。

守法,又称法的遵守,是指各国家机关、社会组织和公民依照法律的规定去行使权利和履行义务的活动。②守法是法的实施的基本要求,也是法的实施的最基本最普遍的形式。守法的主体是全方位的、广泛的。首先,它包括一切国家机关、武装力量、政党、社会团体、企事业组织。守法的范围是遵守特定国家机关制定的所有规范性法律文件和非规范性法律文件。在我国,守法的范围包括宪法、法律、行政法规、地方性法规、民族区域自治地区法规、特别行政区的法律,以及我国参加或同外国缔结的国际条约和我国承认的国际惯例,等等。守法的内容简而言之就是依照法律办事。其包含两层含义:一是依照法律享有权利并行使权利;二是依照法律承担义务并履行义务。

三、法的价值目标与排序

法的价值是指法律满足人类生存和需要的基本性能,即法律对人的有用性。法的价值是以法与人的关系作为基础的,是法对人所具有的意义。法的价值的主体是人,其客体是法。法的价值是法对人的意义,其含义包括两个方面:第一,是法对于人的需要的满足。人的需要是多元、多层次的,法的价值也是多元、多层次的,并且以人的多元、多层次的需要为依据。第二,是人对法的期望、追求、信仰。法的价值是一种总是高于现实状态的法的理想状态,是人的相关思想与行为的目标。法的价值在指导人类的同时,又评价着人类关注的法与自己之间的关系及人类的相关思想与行为。法的价值体系包括了法的各种价值目标,如秩序、安全、效益、公平、自由、正义等,它指导着法的具体功能和作用的实现。"法学家必须从目的论的角度出发研究法律;法学家必须观察各种法律要素是如何在其各自的运作过程中证明自身的:它们的运作将会导致有用的结果还是会导致有害结果、将会导致与文化相一致的结果还是会导致与文化相反的结果,以及将会导致使价值据以得到公正评价的结果还是会导致使价值得不到公平评价

---

① 周永坤:《法理学——全球视野》(第四版),法律出版社 2016 年版,第 282 页。
② 郑成良:《法理学》,清华大学出版社 2008 年版,第 258 页。

的结果"。①

从部门法的角度看：宪法的目标是限制权力保障权利；刑法的目标是惩罚犯罪和让犯罪人回归社会，成为正常的社会人；合同法的目标在于维护交易的秩序与安全；国际法的目标在于维护国际秩序，促进人类社会的共同进步与发展。

那么，法律的一般目标是什么？

"有关法律的目的——亦即有关社会控制的目的以及作为社会控制之一种形式的法律秩序的目的——以及从这种法律目的来看法律律令应当是什么的哲学观、政治观、经济观和伦理观，乃是法官、法学家和法律制定者工作中的一个具有头等重要意义的要素。""正义，亦即法律的目的，……"②庞德认为法律的目的就是社会控制的目的，就是能够实现对社会利益的保护，就是法律秩序的目的，就是正义。"法律"的目的是尽可能地合理地构建社会结构，以最小的阻力和浪费最大限度地满足社会成员的利益。

法的价值是法律所具有的、对人们有意义的、可以满足人们需要的功能与属性。法的工具性价值是法律与其他社会规范或者调整社会关系的手段相比有什么样的比较独特的优点，例如较强的稳定性、可预测性等。法的实质性价值是法律处在其实际内容方面秉持什么样的价值准则，即法律应根据哪些准则来制定和实施，应当有助于保护哪些利益。

关于法的基本价值，不同的学者有不同的归纳和认识。张文显教授将其总结为人权、秩序、自由、正义和效率。③卓泽渊教授将其总结为秩序、效益、平等、人权和自由。博登海默总结为正义和秩序，正义包括自由、平等、安全和共同福利。总和前人的观点，本书将法的基本价值总结为：正义、自由、平等、秩序、人权、效益。

（一）正义

正义是法律的先导。首先，从执法上讲，执法者的执法活动以统治者熔铸于法律规范中的正义观念为指导，以实现立法原意为目标；执法活动也要受执法者本人的正义观念的左右。其次，法律能否被良好的遵守的因素，必须考虑法律本身是否具有正义性，具有多大的正义性；社会民众的正义观念；法律所包含的正

---

① Kohler, Introduction to Rogge's Methodologische Vorstudienzueiner Kritik des Rechts(1911) viii.

② 参见[美]罗斯科·庞德：《法理学》（第一卷），邓正来译，中国政法大学出版社2004年版。

③ 张文显：《法理学》（第三版），法律出版社2007年版，第二十三章到第二十六章。

义观念与社会民众的正义观念是否吻合。法律对正义的意义包括：分配权利义务以确立正义、惩罚违法犯罪以保障正义、补偿受害损失以恢复正义。

正义是人类社会普遍认为的崇高的价值①，在法律上是指具有公正性、合理性的观点、行为、活动、思想和制度等。它是一个相对的概念，不同的社会、不同的阶级有不同的正义观。衡量正义的客观标准是该正义的观点、行为、思想是否促进社会进步，是否符合社会发展的规律，是否满足社会中绝大多数人最大利益的需要。正义最低的内容是，它要求分配社会利益和承担社会义务不是任意的而是遵循一定的规范和标准；其普遍性是要求按照一定的标准进行平等或是量的均等，或是按人的贡献平等或身份平等分配社会利益和义务；而分配社会利益和义务者要保持一定的中立。总而言之正义是彰显符合事实、规律、道理或某种公认标准的行为。柏拉图认为，人们按自己的等级做应当做的事就是正义，或一个人得到他应该得到的（即权利和义务的分配等）就是正义。整体看来大多数的观点认为公平即是正义，简言之就是同样的人在同样的条件下得到同样的对待。

柏拉图认为："各尽其职就是正义"，乌尔比安认为："正义就是给每个人以应有权利的稳定的永恒的意义"，凯尔森认为："正义是一种主观的价值判断。"罗尔斯指出了可表示如下的更一般的正义观："所有社会价值——自由和机会、收入和财富、自尊和基础——都要平等的分配，除非对其中一种价值或所有价值的一种不平等分配合乎每一个人的利益。"法律与正义是相互联系，相互促进的，正义对法律发展起了一定的推动作用。正义作为法律追求的最高目标，是作为区别良法恶法的标准，始终是法律进化的精神驱动力。同时，法律也是实现正义的重要手段，正义的最低要求是限制任意暴力。法律运用国家强制性，保护社会主体的合法利益，通过裁决纠纷，惩治非正义的违法行为，以实现社会正义。

（二）自由

自由，是指一定社会中人们受到法律保障或得到法律认可的按照自己的意志进行活动的人的权利。古罗马法学家西塞罗有一句名言：为了得到自由，我们才是法律的臣仆。具体的说：从法律权利和法律义务来看，法律权利是为自由而设定的，法律义务也是为自由而设定的；从法律的授权，禁止和义务规定来看，法律上的授权固然是对自由的确认，法律上的禁止和义务也应是为了确保自由而设立的；从法律的制定和法律实施来看，法律的制定要以自由为出发点和归宿，以自由为核心；法律的实施必须以自由为宗旨。

---

① 公丕祥：《法理学》（第二版），复旦出大学版社 2008 年版，第 67 页。

法律对自由具有很好的保障作用。首先,自由需要法律的保障,用法律保障自由是保证自由免受侵犯的需要,用法律保障自由是保证自由不被滥用的需要,法律保障自由,是宪法的使命,是其他法律,法规的重要追求。其次,法律确定自由的范围。最后,法律保证自由的实现。法律为自由的享有者提供实现自由的法律方式、方法。法律为自由的享有者提供法律保护。法律对侵犯自由的违法犯罪进行法律制裁,以保证自由的彻底实现。

自由(freedom/liberty)是一个政治哲学概念,原指一个人可以自我支配,凭借自由意志而行动,并对自身的行为负责的现象。自由的最基本含义是不受限制和阻碍(束缚、控制、强迫或强制),或限制或阻碍的不存在。在中国古文里"自由"等于"由于自己",即不由于外力而是自己做主。在欧洲文字里,"自由"含有"解放"之意,是从外力制裁之下解放出来,才能自己做主。"自由"的精辟解释是:没有外在障碍而能够按照自己的意志进行的行为。据约翰·埃默里克·爱德华·达尔贝格·阿克顿勋爵(John Emerich Edward Dalberg Acton)统计,众多思想家对"自由"的界定竟有200余种之多。所以,乔万尼·萨托利(Giovanni Sartori)说"自由是一个变色龙似的词语"。自由广义的来说是动植物在法律范围内一切不受约束的行为。

孟德斯鸠指出:自由是在法律许可的范围内任意行事的权利。①英国哲学家、经济学家约翰·穆勒曾言:"个人的自由,以不侵犯他人的自由为自由。"《法国国民公会宣言》宣称:"一个公民的自由是以另一个公民的自由为界限的。"这些名言表明自由都是有限度的,即自由都是相对的,一个人的自由的边界是以不影响他人的自由为限;而他人自由的边界往往都是通过良法加以规定的,良法就是符合规律和反映绝大多数人意志的法律。

对于自由,有多种含义,它可以指:(1)由宪法或根本法所保障的一种权利或自由权,能够确保人民免于遭受某一专制政权的奴役、监禁或控制,或是确保人民能获得解放。(2)任性意义的自由。想说什么就说什么,想做什么就做什么,即自由放任。(3)按规律办事意义下的自由,所谓对必然的认识和改造。(4)自律意义下的自由。康德在此意义上使用自由一词。显然,第二种意义上的自由是被法律所否认的。法国大革命纲领性文件《人权宣言》中,对自由的定义为:"自由即有权做一切无害于他人的任何事情。"②与上述第一种含义接近,也多是

①　[法]孟德斯鸠:《论法的精神》上册,张雁深译,商务印书馆1959年版,第154页。
②　《人权宣言》(1789年)第4条。

法律常采用的含义。

自由是政治哲学的核心概念,也是一种社会概念,但最终落实到法律制度层面,即自由是社会人的权利,与其相对的是奴役。其具体内涵在第二次世界大战中,美国总统罗斯福提出了著名的"四大自由"颇具代表性,即:表达自由、信仰自由、免于匮乏的自由和免于恐惧的自由。联合国世界人权宣言重申了这四大自由的精神。①

(三) 平等

平等并非指任何条件下的同样、等同、相等、均等或平均,而是指世俗世界中大家机会均等,起跑线一样;在精神世界中,大家的人格是一样的,没有高下之分。平等即人与人的对等对待的社会关系。平等是现代法治社会的前提和基本特点。

法律所追求的平等涉及人身、政治、经济、文化等各个方面。平等和法律的价值关系体现有二:一是平等对法律的价值意义。平等作为价值目标,与自由、人权、正义、理性等价值准则一样是法律必不可少的价值追求。平等指导着法律对权利义务的公正分配。法律把对平等的确认、维护、实现作为自己的重要任务。平等引导着法律的进步。二是法律对平等的价值意义。法律是平等的重要依据,法律是平等的重要保障。法律对平等的保障意义表现在:(1)法律为平等设立了标准,法律为平等提供了重要的依据;(2)法律为平等设定了措施,以保证平等得以顺利实现;(3)法律为平等设置了保障,凡是破坏平等的法律行为都可能受到法律的制裁。

平等是人和人之间的一种关系,是人对人的一种态度,它是人类的终极理想之一。由于人之差异,绝对的公平不存在,只有相对的平等,现代社会的进步就是人和人之间从不平等走向平等过程,是平等逐渐实现的过程,遇到不道德之处一定要坚决消灭;人和人之间的平等,不是指人之差异所致的"相等"或"平均",而是在精神上互相理解、互相尊重的不区别对待的平等享有的社会权利与义务;它与政治、文化、社会、生态或经济地位处于同一水平,没有或否认世袭的阶级差别或专断的特权。在程度、价值、质量、性质、能力或状况上与他人或他物相同的或相等的——法律面前人人平等,特指在享受待遇或特权方面与他人等同的——所有的人生来是平等的。

---

① 1948 年的《世界人权宣言》第 3、4、5、18、19、25 等条款是具体体现了这四大自由的条款,其他条款也主要是围绕这四大自由进行规范的。

没有人是天生的奴隶,生来就低他人一等,没有人任由他人指使却生来没有自己的思想,但也没有任何人生下来都是一样的。人在社会或阶级中肯定不会完全平等。从生物遗传的角度看,天赋不平等是不能否认的;而杰斐逊所说的"人人生而平等",主要是从法律、政治及社会地位而言的。

平等是人权的本质属性。由于在同属人类这一点上人与人之间无别,换言之,在信息量上完全一致,故人人享有的权利也是平等的、一样的。"人权是平等的权利,否则它们就不存在"。人权意味着严格的平等权利。人权运动的历史,不仅是人权内容的扩张史,而且也是追求权利平等的历史。

人权平等意味着政治自由权利与经济社会权利的绝对平等,但并不意味着社会财富再分配以及社会成员经济地位的绝对平等。换言之,人权平等并不排斥社会公正。公正(正义)是人类社会永恒的核心理念与行为准则。古往今来,公正理念在人们的诠释与解读中呈现出各种各样的形态与面貌——从报复公正到平等分配,从遵循法律到恪守契约。而社会公正则是人们在社会财富再分配中坚守的一项基本原则,其核心的价值诉求是每一个人都应得到他(她)所应得的那个份额。

国家应保障人人享有的平等人权,同时也应保障每个人基于其社会贡献所要求得到的权利、利益与尊重。正如罗纳德·M.德沃金(Ronald M.Dworkin)所言:所有的人都应作为平等者来对待,而不是讲所有的人都应同等地对待。

我国宪法明确规定的"法律面前人人平等"与我国历史上常说的"王子犯法与庶民同罪"在诸多方面都有很大的区别,后者只是说在"犯法"时,大家一样,但在不违法的情况下,可能各种特权就会破坏平等原则。比如,中国公民的就业机会,就存在一些不平等,拥有权势人的子女总可以通过一个合法的方式安排就业,而失业人群中一般都是普通老百姓;此外,在性别、身高等方面对就业人员的限制,把一部分人挡在竞争之外。再如,中国农民的养老问题,多数地方农民60岁之后,不能与城镇人员一样有退休养老金等,就体现了一定程度的不平等。

法律平等原则,主要指适用法律平等。它是社会主义法治社会比较理想的生存状态,也是区别人治与法治社会的标志之一,更是当今社会人们经常议论的焦点问题。我国法律规定了平等保护人权,是人权平等保证书。平等保护人权业已成为当代世界政治发展的主题,也是社会主义民主政治建设的目标。

早在17世纪,资本主义许多国家法律就规定了民主的政治制度,普遍确认了"主权在民"的法律原则,承认国家主权属于全国人民。美国《独立宣言》宣称:人们成立政府的目的是为了保障自己的某些不可剥夺的权利,如果政府变成损害这些目的的,人民就有权利来改变或废除它,以建立一个新政府,使人民认为唯有这样才可能获得他们的安全和幸福。而其确立的法治和"三权制衡"原则,则是对封建集权专横政治的否定。法国的《人权宣言》宣布:凡权利无保障和分权未确立的社会,就没有法律。法治社会贯穿最基本的原则就是人人平等。适用法律平等,是人们生存权中合情合理的基本请求。《世界人权宣言》指出:"人人生而自由,在尊严和权利上一律平等,人人有资格享受本宣言所载的一切权利和自由,不分种族、肤色、性别、语言、宗教、政治或其他见解、国籍或社会出身、财产、出生或其他身份等任何区别。"我国《民法》在平等保护人权方面已经具有明确规定,但在内容和司法实际操作中,还有待于进一步具体完善和监督实施。

平等是指人们平等享有社会权益,平等履行社会义务,追求经济、政治、文化、社会、生态权利的平等享有。平等指的是公民在法律面前一律平等,其价值取向是不断实现实质平等,它要求尊重和保障人权,人人依法享有平等参与、平等发展的权利。平等是通过平等的社会机制和价值引导,既保障公民个人享有平等的权利,也保障每个人基于社会贡献所要求得到的权利、利益和尊重。平等是要求社会有这样一个平台,让人人都有机会通过自己的努力来取得成功。坚持法律面前人人平等,任何组织和个人都没有超越宪法和法律的特权。

(四) 秩序

秩序是人和事物存在和运转中具有一定一致性、连续性和确定性的结构、过程和模式。①

首先,任何社会统治的建立都意味着一定统治秩序的形成。没有秩序的统治,根本就不是统治。秩序对于法律来说,无疑是基本的价值。

其次,秩序本身的性质决定了秩序是法的基本价值。任何时代的社会,人们都期望着行为安全与行为的相互调适,这就要求通过法律确立惯常的行为规则模式,正是从这个意义上,法律、规则、秩序可以成为同义词。

再次,秩序是法的其他价值的基础。诸如自由、平等、效率等法的价值表现,同样也需要以秩序为基础。没有秩序,这些价值的存在就会受到威胁或缺乏必要的保障,其存在也就没有现实意义了。

最后,秩序虽然是法的基础价值,但秩序本身又必须以合乎人性、符合常理作为其目标。如果秩序是以牺牲人们的自由、平等为代价的,那么这种秩序就不是可行的秩序。现代社会所言的"秩序"还必须接受"正义"的规制。

---

① 公丕祥:《法理学》(第二版),复旦大学出版社 2008 年版,第 65 页。

此外,相对来说,秩序主要关系到社会生活的形式方面,而难以涉及社会生活的实质方面。

秩序是法律最基础的价值之一;法律未必能够做到公平、公正,但一定要求做到有秩序,这样这个社会才会维持运转下去,否则就意味着一个社会即将崩溃。①一般来说,革命带来的结果就是对原有秩序的破坏或颠覆。法律在一个稳定的人类社会发展过程中的基本路径:先帮助或设法建立一个有序的社会,然后再去追求这个社会的效益、公平、正义等,以造福于绝大多数人。

(五)人权

人权是一定时代作为人所应当具有的,以人的自然属性为基础,社会属性为本质的人的权利。人权(基本人权或自然权利)是指"人,因其为人而应享有的权利"②,或是每个人在其生活的社会中应当能够主张作为权利的自由、豁免和利益等。③对于那些无需法律化的人权,如果勉强法律化就会出现这样的情况:首先,由于人权的内容,范围过于广泛,无法实现对人权的全面法律化,良好的愿望成为泡影;其次,有的人权法律化与不法律化并无任何实际意义,人权法律化的努力成为多余和徒劳,最后,有的人权法律化后反而不如不法律化,它不仅无益于人权,而且还会有害于人权。

而与此相反,应当法律化的人权不法律化带来的问题是:首先,可能使人权的主体忽视甚至不知道自己的人权,当然也就不能主动行使和享受人权;其次,可能使人权的义务主体不履行人权义务,不尊重,不保障他人的人权,推卸应有的人权保护之责,侵犯他人的人权;最后,可能使有的人权因缺乏国家强制力保障而无法实现或遭到损害。

人权法律化范围适中,必须具备以下基本条件:(1)法律化的人权应为社会物质生活条件所允许,具有法律化的物质可能性;(2)法律化的人权应为社会精神生活条件,尤其是思想文化的发展所允许,具有法律化的社会文化可能性;(3)法律化的人权应为人们普遍具有,是一般主体的权利而非个别主体的权利,具有法律化的主体普遍性;(4)法律化的人权需要法律保障,没有法律保障就难以成立,具有法律化的现实必要性;(5)法律化的人权应在立法上可以表现为法律权利,在实施上可以依法实现,具有法律的可操作性。

---

① 郑成良:《法理学》,清华大学出版社 2008 年版,第 143 页。

② 《国际公法学》编写组:《国际公法学》,高等教育出版社 2016 年版,第 253 页。

③ See Bryan A. Garner, *Black's Law Dictionary*, Thomson and West, 2004, p.758.

法律人权的基本内容应当包括人身权、政治权、经济权、文化权。

（六）效益

效益是指有效产出减去投入后的结果。它表现为以较少的投入获得较大的产出。①法的效益价值是指法能够使社会或人们以较少的或较小的投入以获得较大的产出，以满足人们对效益的需要的意义。法的效益价值包括资源利用上的效益价值与资源分配上的效益价值。资源包括自然资源和社会资源两部分。法律的效益价值包括经济效益价值和社会效益价值。

法对效益的价值意义有三：一是达到实际效果的优化。二是减少社会代价。在实体法上，法律为人们设定最经济的行为模式，减少不必要的资源耗费。在程序法上，法律为人们设定最经济的程序模式，保证人们最简便的手续，最少的时间消耗，达到预期的法律目的。三是确保效率优先与兼顾公平。法律确认效率优先，坚持发展才是硬道理；法律必须兼顾公平，以自己特别的方式保证和维护社会公平，使社会既有效率，又有公平。

（七）法的价值冲突及平衡

法的价值冲突是指法的每一种价值都有自身相对的独特性，多重价值之间经常会发生的冲突。即在一个社会中法律可能同时在追求多种价值，但这些价值中，通常都会有一个排序，即哪一种价值应该排在首位，然后其他价值依序进行排列。由于立法不可能穷尽社会生活的一切形态，在个案中更可能因为特殊情形的存在而使得价值冲突难以避免，因而必须形成相关的平衡价值冲突的规则。比如，在国际社会，通常做到有秩序比其他价值更为重要。

[案例] **自由与秩序**。当一个国家遭遇紧急状态时，政府往往需要牺牲部分自由来保障法律的秩序价值。我国在 2003 年遭遇"非典"时，政府为了有效遏制疫情的蔓延和社会秩序的稳定，就采取了严格的隔离措施来限制公民的部分自由。

[案例] **平等与效率**。在某些国家，政府为了促进平等的价值，改善弱势群体的待遇，往往需要向富人群体多征收税款，但却使企业用于生产和扩大再生产的资金不足，导致国民经济发展缓慢，甚至停滞，损害法律的效率价值。

[案例] **隐私与秩序**。某市为加强道路交通管理，规范交通秩序，决定出台新举措。交通管理部门向市民发布通告，凡自行录下机动车辆违章行驶、停放的照片录像资料，经交管部门确认后，被采用并在当地电视台播出的，一律奖励200—300 元。此举使许多市民踊跃参与，积极举报，当地的交通秩序一时明显

---

① 张文显：《法理学》（第三版），法律出版社 2007 年版，第 355 页。

好转,市民满意。新闻报道后,省内甚至外省不少城市都来学习。与此同时,也发生了一些意想不到的事:有违章驾车者去往不愿被别人知道的地方,电视台播出后,引起家庭关系、同事关系紧张,甚至影响当事人正常生活的;有乘车人以肖像权、名誉权受到侵害,把电视台、交管部门告上法庭的;有违章司机被单位开除,认为是交管部门超越范围行使权力引起的;有抢拍者被违章车辆故意撞伤后,向交管部门索赔的;甚至有利用偷拍照片向驾车人索要高额"保密费"的;等等。报刊将上述新闻披露后,此举措引起社会不同看法和争议。

请分析上述案例反映的法的价值有哪些,是否有价值冲突,应当如何解决?

第二节　中国主要法律部门

一、法律的分类

法律的分类的意义在于确定法律的不同性质与功能。人们经常根据一定的标准或从一定的角度对法律进行分类:根据法律的制定和实施主体不同:国际法与国内法;根据法律的内容、效力和制定程序不同:根本法与普通法;根据法律规定的内容和实施方式不同:实体法与程序法;根据法律的渊源及其表现形式不同:成文法与不成文法;根据调整范围的不同:一般法与特别法;法律的效力高低:上位法与下位法;民法法系国家通常的分类方法:公法与私法。

(一) 国际法与国内法

这种分类依据的主体是法律的制定和实施主体不同。国际法是若干国家参与制定或者国际公认的、调整国家之间关系的法律;国内法是一个主权国家制定的、实施于本国的法律。在当今全球化时代,国内法与国际法的关系越来越紧密。传统国际法的主体是国家,现在则呈现出国际法主体多元化的趋势。

关于国内法和国际法的法律适用的效力问题,有三种不同的学说:国内法优先说、国际法优先说和国内法与国际法平行说。我国宪法虽然未作明确规定,但一般理解只要是我国批准的条约具有和国内法相同的法律效力。也有一些法律,主要是民事和商事领域的法律,规定国内法与国际条约冲突时,国际公约优先[1],如《民事诉讼法》第238条。

①　王铁崖:《国际法》,法律出版社1995年版,第一章第四节。

（二）根本法与普通法

根本法即宪法，指在一个国家中，规定最基本、最重要的问题，具有最高法律效力，制定和修改需要特别严格的程序的法律。普通法指宪法以外的其他法律，调整社会关系某一个领域的问题，其产生的依据和效力源于宪法，内容不得与宪法相抵触。

这种分法适用于成文宪法制的国家，不适于不成文宪法制的国家，在不成文宪法制的国家，规定宪法性问题的法律与其他法律在效力上是相同的。

（三）实体法与程序法

分类依据是法律规定的内容和实施方式不同。实体法指规定实质权利和义务或者权力和责任的法律。程序法是规定权利和义务或者权力和责任实施程序的法律。例如，民法、刑法是实体法，民事诉讼法、刑事诉讼法是程序法。两者的关系是内容和形式的关系。实体法规定的权利和义务或者权力和责任只有通过适当的程序才能实现。从立法形式上来看，实体法和程序法不一定是截然分开的。有些法律既规定实体权利和义务或者权力和责任，也规定其实施程序，如《行政许可法》。

（四）成文法与判例法

分类依据是法律的渊源及其表现形式不同。成文法是国家立法机关依照程序制定的法律，通常由体系化的条文所组成。我国是成文法传统的国家，早在春秋战国时期郑国铸刑鼎，把刑法刻在大鼎上公布于众。不成文法是法律由国家机关认可的习惯和判例等组成，不具有条文化的表现形式。不成文法国家以英国和美国为代表。当今世界各国，随着经济和科技的发展，社会现象、社会关系和社会矛盾空前复杂，为了对社会实施有效管理，成文法和不成文法的交融和互补已成为各国法律发展的一个共同趋势。

（五）一般法与特别法

两者调整范围不同。一般法是对一般人、一般事，或者在不特别限定的地区和期间内适用的法律。特别法是对于特定的人群和事项，或者在特定的地区、时间内适用的法律。一般法和特别法是相对而言的。例如，对于《民法通则》，《合同法》是特别法，而对于《担保法》，《合同法》又成了一般法。这种分类的意义，从立法方面看，基于法律的统一性和原则性，或者在法律的初创阶段，立法活动侧重于较原则和抽象的一般法是十分必要的。随着法治水平的提高，同时也为了更好地贯彻立法者的意图，就需要因时、因事、因人制定更为具体，更具有实用性的特别法。从司法方面看，一般法和特别法的划分，为我们提供了"特别法优于一般法"的法律适用原则。

（六）上位法与下位法

分类依据是法律的效力高低。上位法是法律效力较高的法律，而下位法则是法律效力较低的法律。上位法与下位法相对而言的，例如国务院规定的行政法规，相对于全国人民代表大会常务委员会制定的法律来说，是下位法；相对于地方国家机关制定的地方性法规来说是上位法。下位法不能与上位法相抵触。

（七）公法与私法：民法法系国家通常的分类方法

古罗马法学家乌尔比安说："公法是关于罗马国家的法律，私法是关于个人利益的法律。"一般认为，公法是调整国家与公民、组织之间关系以及国家机关及其组成人员之间关系的法律，私法主要是调整公民、组织之间关系的法律。宪法、行政法、刑法以及与之相关的诉讼法属于公法，民法、商法以及民事诉讼法属于私法。

19世纪末20世纪初，伴随着所谓法的社会化运动，出现了介于公法和私法之间，以经济法、劳动法和社会保障法为代表的社会法这一新的类别，社会法是以"公法的私法化，私法的公法化"为标志的。它的出现使由公法和私法构成的法律体系的基本结构受到挑战，公法与私法的界限日益模糊，呈现出相互渗透融合的趋势。

二、主要法律部门

中国主要法律部门有宪法及宪法相关法、民法、商法、行政法、经济法、社会法、刑法、诉讼与非诉讼程序法（如仲裁法、调解法）等。

（一）宪法及宪法相关部门法

"宪法"一词，中国古代先秦时期就已出现，意指一般的法律、法令和规则。如《尚书》中的"监于先王而成宪"，《国语·晋语》中的"赏善罚奸，国之宪法"。在外国，"宪法"一词来源于拉丁语 Costitutio，本是组织、确立的意思。英语是 Constitution，原意是组织、确立、规定、敕令等。17、18世纪欧洲文艺复兴时期人文主义思潮盛行，特别是随着近代资产阶级革命的发展，宪法的意义才发生了质的飞跃。从英国1688年光荣革命到美国7年独立战争再到1789年法国资产阶级革命，以及在它们影响下相继爆发的资产阶级革命，各国都普遍制定了宪法，用以规定国家制度和社会制度。给近现代意义上的宪法下个定义，就是指规定民主制国家的根本制度和根本任务、集中表现各种政治力量对比关系、保障公民基本权利和自由的根本大法。

1949 年 10 月中华人民共和国成立后,第一届、第四届和第五届全国人民代表大会分别于 1954 年 9 月、1975 年 1 月、1978 年 3 月和 1982 年 12 月先后制定、颁布了四部《宪法》。现行宪法是 1982 年颁布的,后经过四次修改,共 138条。其内容包括:序言、第一章总纲、第二章公民的基本权利和义务、第三章国家机构、第四章国旗、国歌、国徽、首都。

为了适应中国经济和社会的发展变化,全国人大分别于 1988 年 4 月、1993年 3 月、1999 年 3 月、2004 年 3 月对现行宪法逐步进行了修改、完善,共形成 31条修正案。历次修改的内容大体如下:

(1) 1988 年对宪法作出了两处修改和补充,一是对私营经济的地位、作用和国家对私营经济政策作了明确规定;二是对土地使用、转让和出租的问题作了补充规定。第一点,修改使社会经济活动的主体向多元化迈出了关键一步,是社会主义初级阶段理论在法治建设方面的一个具体体现。第二点,将我国十分庞大的国有和集体资源盘活起来,为后来的市场经济建设及相应的法律制度的完善,打下了宪法性基础。这次修改是中国第一次采用宪法修正案的形式修改宪法。

(2) 1993 年,将"社会主义初级阶段"、"建设有中国特色的社会主义的理论"、"坚持改革开放"及"中国共产党领导的多党合作和政治协商制度"等写入了宪法;将"国营经济"修改为"国有经济";将"国家在社会主义公有制基础上实行计划经济"修改为"国家实行社会主义市场经济"。修正案内容还涉及政协制度、县市级人民代表大会任期等。这次修改让人印象最为深刻的是将"国营企业"改为"国有企业",为国有资产的所有权与经营权相分离奠定了宪法基础,同时也为我国工商管理硕士学位教育的发展提供了无限的发展空间。其次是将"计划经济"改为"市场经济",为我们今天的经济发展和取得的成就在发展机制上提供了保障。

(3) 1999 年,把邓小平理论的指导思想地位、依法治国的基本方略、国家现阶段的基本经济制度和分配制度以及非公有制经济的重要作用等写进了宪法。这次修改,为我们今天的依法治国、建设社会主义法治国家提供宪法基础;同时多种所有制并存、多种分配方式并行也取得了宪法的肯定,为社会主义经济充满活力地发展创造了条件。

(4) 2004 年,确立"三个代表"重要思想在国家政治和社会生活中的指导地位,增加推动物质文明、政治文明和精神文明协调发展的内容,在统一战线的表述中增加社会主义事业的建设者,完善土地征用制度,进一步明确国家对发展非公有制经济的方针,完善对私有财产保护的规定,增加建立健全社会保障制度的规定,增加尊重和保障人权的规定,完善全国人民代表大会组成的规定,做出关于紧急状态的规定,规定国家主席进行国事活动的职权,修改乡镇政权任期的规定,增加对国歌的规定等。

四次修正是根据中国的国情不断作出调整,使修改后的宪法越来越符合经济发展规律,对社会生产力发展、人民生活水平提高起到了积极作用;使依法治国理念日渐增强,最终在党的十八大报告中确定了新时期的法治建设新的十六字方针:"科学立法、严格执法、公正司法、全民守法。"

我国宪法的基本制度有人民民主专政制度、人民代表大会制度、多党合作和政治协商制度、单一制下的地方制度、经济制度、文化制度。人民民主专政制度是我国的国家性质,即国体。指社会各阶级和利益集团在国家中的地位。人民代表大会制度是我国的政权组织形式,即政体。指一个国家的权力划分及行使的体制结构。多党合作和政治协商制度是中国的政党制度,既不是多党通过竞选轮流执政制,也不是一党制,而是中国共产党领导的多党合作和政治协商制度。单一制下的地方制度是我国的国家结构形式,即国家整体与其各部分之间的关系。社会主义经济制度的基础是生产资料的社会主义公有制。①

我国宪法第二章专章规定了我国公民的基本权利和义务。公民指具有某个国家国籍的人。"凡具有中华人民共和国国籍的人都是中华人民共和国公民。"②我国公民基本权利有平等权,政治权利和自由,宗教信仰自由权,人身自由权,批评建议权,控告检举权,申诉和取得赔偿的权利,社会经济权利,文化教育的权利和自由。基本义务有维护国家统一和全国各民族团结,遵守宪法和法律,尊重社会公德,维护祖国安全、荣誉和利益,依法服兵役和参加民兵组织,依法纳税等。

我国的国家机构包括国家权力机关,即全国人民代表大会和地方各级人民代表大会;国家主席;国家行政机关,即国务院和地方各级人民政府;国家军事领导机关,即中央军事委员会;国家审判机关,即最高人民法院、地方各级人民法院和专门人民法院;国家检察机关,即最高人民检察院、地方各级人民检察院和专门人民检察院。③

简言之,宪法是党和人民共同意志的表达,是全社会的最大公约数,是通过

---

① 参见《宪法》(2004 年修订)第一章。

② 《宪法》(2004 年修订)第 33 条。

③ 参见《宪法》(2004 年修订)第三章。

科学民主程序和方式制定的根本法;它是党和人民之间的一个共识,或是一种社会契约或庄严承诺,是人民当家作主的规范性文件,其核心解决两大问题:如何有效限制公共权力及如何保障公民的正当合法权益,而前一问题的解决是完全服务于后一问题的。归根结底,公民正当权益的合法有效保护是宪法的出发点和最终归宿。

[案例] 深圳大运会期间清理治安高危人群。2011 年 4 月 10 日上午,深圳警方召开新闻发布会,公布大运会安保"治安高危人员排查清理百日行动"战果。据深圳市公安局副局长、新闻发言人申少保介绍,在过去的 100 天里,共有 8 万余名"治安高危人员"被清出深圳。深圳市公安局副局长申少保就警方对"治安高危人员"的界定做出解释。他表示,这七类人员是指在深圳对社会治安秩序和公共安全有现存或潜在危害的人群。第一类,同时满足"有前科、长期滞留深圳、又没有正当职业"等条件的;第二类,同时满足"在应当就业的年龄无正当职业、昼伏夜出、群众举报有现实危险的";第三类,涉嫌吸毒、零星贩毒、涉嫌销赃的;第四类,使用假身份证入住旅馆酒店、租房的;第五类,长期滞留深圳、明显靠非法收入生活的,比如涉嫌卖淫的失足妇女;第六类,肇事、肇祸的精神病人员,对他人有危害的;第七类,扬言报复社会,有可能产生极端行为的;以及其他一些未列举的,对群众安居乐业有现在或潜在危险的。

深圳警方的"清出"行动剥夺他人的权利是 7 类人员在深圳管辖区域居住、工作、学习、生活等与人身自由有关的一切权利。宪法规定禁止非法剥夺公民人身自由,但有法律依据是可以剥夺的。深圳的措施没有法律依据,否则就可以直接予以羁押或监禁。宪法规定公民基本权利的本质在于赋予其对抗公权力的权利,因而对公权力限制(包括剥夺)公民基本权利有严格的限制。大运会安保的目的是确保各项赛事正常进行的秩序,完全可以通过认真落实各项内外安保措施实现。"清出"行动却剥夺了他人的人身自由,使其无法行使劳动权获得应有的收入,进而极大影响了其生存权。"深圳大运会期间清理治安高危人群"是一起公权力以公共利益为名限制、侵害公民宪法基本权利的事件。它表明我国包括宪法在内的法律缺少应有的权威,国家机关及其工作人员法治意识非常淡漠。

[案例] 金山诉 360 引发微博言论自由之争。金山和 360 是存在竞争关系的两家电脑安全厂商,两家公司的争执起源于 2010 年 5 月 21 日,金山公司称:当天有大量金山网盾用户向金山软件客服控诉 360 安全卫士恶意卸载金山网盾。5 月 25 日,周鸿祎相继在新浪、搜狐、网易、腾讯等网站,通过微博发表"揭开金山公司面皮"的系列文章,4 个小时内发布微博 42 条,对金山网盾进行点名

批评。金山公司在 2010 年 5 月底决定向法院提起诉讼,要求判令周鸿祎停止侵权,公开致歉,索赔 1 200 万元,并要求周在搜狐、网易、腾讯的微博首页连续 7 天发表致歉声明。

此案是首例因微博言论引发的诉讼案,原被告双方知名度高,索赔数额巨大,因而被称为"微博第一案"。

一审法院判决要求周鸿祎停止侵权,并删除其中 20 条内容侵权的微博,同时,判令周鸿祎在新浪、搜狐、网易的微博首页发表致歉声明,并赔偿 8 万元。

一审判决后,原告金山安全公司与被告周鸿祎均提起上诉。北京市一中院终审判决认定,金山安全公司成立于 2009 年,而周鸿祎炮轰金山的许多微博所涉及的事件发生在 2005 年,与金山公司没有任何关系。法院认为,通观周鸿祎微博前后文,不排除其借助对金山公司技术上的指责而获得自己利益的可能性,而且部分微博中使用了明确带有侮辱性质的用语,应当予以删除。据此法院对原审部分判决进行改判,删除微博数量由一审的 20 条改为 2 条,赔偿数额也由 8 万元减为 5 万元。

一审判决书中,法院对于微博的特点首次进行了司法意义上的定性:个人微博的特点是分享自我的感性平台而非追求理性公正的官方媒体,因此相比正式场合的言论,微博上的言论随意性更强,主观色彩更加浓厚,相应地对其言论自由的把握尺度也更宽。

终审判决中,一中院认定微博作为一个自由发表言论的空间,可以以个人视角通过只言片语,表达对人和事的所感所想,为实现宪法所保障的言论自由提供了一个平台。

请问你如何看待公民言论自由权的界限? 微博等社交网络平台的出现对个人言论自由权有什么影响?

[案例]　**清华女生起诉国土资源部等部委要求信息公开。**清华大学法学院研究生李燕称,自己在准备一篇关于研究各部委副部长分工的论文,从 2011 年 5 月开始,李燕陆续向 24 个国务院部委提出申请,申请公开各部委副部长的职责权限,包括分管部门、负责联系单位及兼职状况等信息。其中教育部拒绝公开该项信息;科技部公开的内容为:"目前,科技部有 5 位副部长,在部长领导下,各位副部长的分工是机关内部工作协调机制,工作分工随工作的发展和领导职务的变化不断调整";国土资源部的回复是:"我部门门户网站已经公开了我部的职责职能及部领导相关信息,请您在国土资源部门户网站上查询。"收到回复后,李燕登录网站,但并未找到相关信息。李燕说:"我觉得自己作为一个学习行政法

的学生,应当做点什么,于是,对于没有公开相关信息和公开内容不符合自己申请的部委,我提起了行政诉讼。"

在向国土资源部、教育部及科技部申请公开副部长分工职责等相关信息遭拒后,李燕将三部委告上了法院。尔后不久,李燕告诉记者,三部委已经公开了副职信息。李燕表示将不再起诉。同时,李燕在微博中表示,"尽管获取了政府信息,但法律之门却没有向我敞开,一中院没有受理,也没有驳回本案起诉。"

谈及起诉三部委的意义,李燕在自己的博客中写道:"我的导师跟我说过一句话,政府信息公开像是一口大钟,要有人去撞它才会响,我想制度的推动也是如此,我不奢望自己的行为会推进制度的发展,只是想在自己的能力范围内做点什么。"

(二)民法

民法一词来源于古罗马的市民法,古罗马早期,把调整本国的公民相互之间关系的法律叫做"市民法",而把调整本国公民与外国公民,及外国公民之间关系的法律称为"万民法"。在中国,民法是指调整平等主体之间人身关系和财产关系的法律规范体系的总称。①大陆法系国家民法一般有民法典,其内容包括总则、物权法、债权法、亲属法和继承法等;英美法系国家传统上以判例法为主,后来虽然也有成文法,但它们一般没有民法典,也不分物权、债权等,只是有财产法、合同法、侵权法等。我国法律受大陆法系影响较重,以成文法为主,但到目前为止还没有一部完整、系统的民法典。《民法通则》与《民法总则》是我国现行的民事基本法律依据。民法这个法律部门主要由一系列的调整民事关系的规范性法律文件组成:民法通(总)则、物权法、合同法、侵权责任法、婚姻法和继承法等。

1. 民法总则部分

1986 年全国人大通过的《民法通则》共有 156 条,含第一章基本原则、第二章公民——自然人(民事权利能力和民事行为能力、监护、宣告失踪和宣告死亡、个体工商户、农村承包经营户、个人合伙)、第三章法人(一般规定、企业法人、机关、事业单位和社会团体法人、联营)、第四章民事法律行为和代理(民事法律行为、代理)、第五章民事权利(财产所有权和与财产所有权有关的财产权、债权、知识产权、人身权)、第六章民事责任(一般规定、违反合同的民事责任、侵权的民事责任、承担民事责任的方式)、第七章诉讼时效、第八章涉外民事关系的法律适用

---

① 王利明:《民法学》(第二版),复旦大学出版社 2015 年版,第 3 页。

及第九章附则等,共九章。该通则将在实施(1987 年 1 月 1 日实施)约 31 年后,其规定与于 2017 年 10 月 1 日生效的《民法总则》有冲突的部分,将自动失效(遵从后法优于前法原则),没有冲突的,将继续实施:即《民法总则》生效后,《民法通则》并不废止,但是有冲突的规定,以前者为准。①

2017 年十二届全国人大五次会议 15 日表决通过了《民法总则》,国家主席习近平签署第 66 号主席令予以公布。它共分基本规定、自然人、法人、非法人组织、民事权利、民事法律行为、代理、民事责任、诉讼时效、期间计算和附则 11 章、206 条。

民法的调整对象是平等主体之间的人身关系和财产关系。②人身关系是指与人身不可分离而又不具有直接财产内容的社会关系。它包括人格关系和身份关系。人格关系是基于做人的资格产生的,身份关系是基于特定的身份而产生的,在民法上分别表现为生命健康、姓名、荣誉以及亲属、监护等权利。③财产关系是指在物质资料生产、分配、交换和消费过程中形成的以财产为直接内容的经济关系,它分为财产的所有关系和流通关系。财产的所有关系是一种静态的财产关系,在民法中反映的就是占有权、使用权、知识产权、所有权等制度。财产的流通关系是一种动态的财产关系,它在民法中的反映就是债权、合同制度、继承权等。④

民法的基本原则是平等,自愿,公平,诚实信用,等价有偿,禁止权利滥用,保护民事主体合法权益。⑤

民事法律关系是由民事法律规范调整的,在主体间形成以民事权利义务为内容的社会关系。⑥当这种生活层面的社会关系经民法调整,赋予民事权利义务内容后,就转化为民事法律关系。民事法律关系的主体指民事法律关系中享受权利或承担义务的人。包括自然人、法人和其他组织。民事法律关系的内容是民事法律关系主体间的权利和义务。例如,甲与乙订立一房屋买卖合同,甲向乙交付房屋价款,取得房屋所有权,乙取得房屋价款,同时交付房屋,甲、乙之间

---

① 宋立山、范洪雷:《民法总则草案通过后,现行民法通则暂不废止》,参见《齐鲁晚报》2017 年 3 月 9 日。

② 王利明:《民法学》(第二版),复旦大学出版社 2015 年版,第 3 页。

③ 同上书,第 8 页。

④ 同上书,第 9 页。

⑤ 同上书,第一章第五节。

⑥ 同上书,第 22 页。

的权利义务便成为这一买卖法律关系的内容。民事法律关系的客体是民事权利和义务共同指向的对象。如前例，房子便是双方权利义务关系指向的对象，即客体。

民法的主要内容：民事主体制度，包括民事主体的权利能力和行为能力，法人的分类与特征等基本制度。物权和所有权制度，包括物权的概念与特征、物权的分类、物权制度的意义、所有权的本质与权能等主要内容。债与合同制度：债是按照合同的约定或者依照法律的规定，在当事人之间产生的特定的权利和义务关系。合同是产生债最普遍的依据。知识产权制度：知识产权是人们从事脑力劳动取得成果后依法享有的权利，它包括著作权、专利权、商标权等主要内容。继承制度：财产继承权实际上是财产所有权的自然延伸。既解决公民个人财产所有权在其死亡后的归属问题，又是公民个人行使财产所有权的一种方式。人身权制度：人身关系是民法调整的两大社会关系之一，人身权制度是区别于财产制度的一项独立的民法制度。民事法律行为与代理制度：它是民法中的一项基本的理论制度，主要涉及法律行为的分类、特征、成立、要件、表现形式、无效民事行为及其后果等具体行为。代理则是一种最具典型意义的民事法律行为。民事责任制度：民事责任是公民和法人违反民事义务所应承担的法律责任，即民法对违反民事法律规范的行为给予制裁。

2. 物权法

中国《物权法》于 2007 年颁布，共 5 编 19 章加一个附则，247 条。物权法是规范财产关系的民事基本法律，调整因物的归属和利用而产生的民事关系，包括明确国家、集体、私人和其他权利人的物权以及对物权的保护。物权法的调整对象是物的归属关系、物的利用关系、占有关系。物权法的体系分为总则部分、所有权制度、用益物权、担保物权、占有制度。物权法的总则部分，包括物权法的基本原则；物权的设立、变更、转让和消灭；不动产登记；动产交付；其他规定和物权的保护。所有权制度包括所有权制度的一般规定；国家所有权和集体所有权、私人所有权；业主的建筑物区分所有权；相邻关系；共有和所有权取得的特别规定。①《担保法》共 7 章 96 条，其规定的内容中除了"定金"和"保证"部分外，多数内容与物权发生直接联系：如抵押、质押和留置等。②

---

① 具体内容参见《物权法》(2007 年)各章节。

② 具体内容参见《担保法》(1995 年)及 2000 年的最高人民法院《关于适用〈中华人民共和国担保法〉若干问题的解释》之规定。

3. 债法

中国没有单独的债法,它由《合同法》《侵权责任法》及《民法通则》(关于无因管理、不当得利的规定)、《担保法》(关于保证、定金的规定)等中关于债权的规定共同构成。债是按照合同的约定或者依照法律的规定,在当事人之间产生的特定的权利和义务关系。①债的要素包括:(1)主体,即债权人与债务人、双方主体特定。(2)客体,即给付。(3)内容,即债权(权利人得请求债务人为或不为一定行为的权利)与债务(债务人依约或依法为或不为一定行为的义务)。②债的类型(根据)包括契约之债、侵权行为之债、不当得利之债、无因管理之债、缔约过失及单方允诺。债法是指关于债权债务的基本规定,原则上适用于所有的民事债权债务法律关系。

合同,又称为契约,是当事人之间设立、变更、终止某种权利义务关系的协议。我国《合同法》中所指的合同,是平等主体的自然人、法人、其他组织之间设立、变更、终止民事权利、义务关系的协议。③同属民事法律领域的婚姻、收养、监护等有关身份关系的协议,以及其他法律性质的协议,适用其他法律的规定。我国合同法体系包括:1986 年 4 月 12 日颁布的《民法通则》中关于合同的规定,1999 年 10 月 1 日实施的《合同法》及 1999 年 12 月 1 日,2009 年 5 月,2012 年 3 月和 2014 年分别由最高人民法院颁布的《关于适用〈中华人民共和国合同法〉若干问题的解释》一、二、三、四等;我国《合同法》结构:总则(129 条)、分则(15 个有名合同,130—427 条)和附则(428 条)。

侵权方面,我国《侵权责任法》于 2009 年 12 月,人大常委会通过,共 12 章 92 条。其框架下内容如下:一般规定、责任构成和责任方式、不承担责任和减轻责任的情形、关于责任主体的特殊规定、产品责任、机动车交通事故责任、医疗损害责任、环境污染责任、高度危险责任、饲养动物损害责任、物件损害责任和附则等十二章内容构成。④

[案例]　悬挂物坠落致人受伤。蒋某因公出差到某市一家旅馆住宿,夜晚在房间休息时,天花板上的吊灯突然脱落,正好砸到蒋某身上,致使蒋某身上多处受伤,为此,蒋某花去医疗费 2 093 元。于是,蒋某要求旅馆赔偿损失,但旅馆老板不同意,理由是吊灯属于某装修队安装的,旅馆本身没有过错。蒋某只得又

---

①　赵秀梅:《民法学》(第二版),法律出版社 2015 年版,第 251 页。

②　王利明:《民法学》(第二版),复旦大学出版社 2015 年版,第 406 页。

③　见《合同法》(1999 年)第 2 条。

④　具体内容参见《侵权责任法》(2009 年)。

去找某装修队,但该装修队认为,吊灯脱落是由于吊灯经多年使用螺丝磨损严重造成的,装修队不承担责任。两家相互推诿,蒋某于是诉至法院。请问:(1)本案的归责原则是什么?有何法律依据?(2)本案中旅馆、装修队的责任如何认定?

首先,本案是一起特殊的民事侵权案件。《民法通则》第126条规定:"建筑物或者其他设施以及建筑物上的搁置物、悬挂物发生倒塌、脱落、坠落造成他人损害的,它的所有人或者管理人应当承担民事责任,但能够证明自己没有过错的除外。"本案中的归责原则应是过错推定责任原则。

其次,本案中,旅馆作为吊灯的所有人和管理人,对于吊灯脱落致人损害应当依法承担民事赔偿责任。如果主张这一损害结果是由装修队造成的,举证责任在于旅馆方。即使在这种情况下,也应由旅馆首先负责赔偿,然后再向真正过错方——装修队追偿。如果旅馆不能证明自己无过错,则推定其有过错,并承担蒋某的损失赔偿责任。

[案例]　遗赠扶养协议效力的法律分析。叶老汉为某村村民,老伴去世早,独自将两个儿子扶养成人。大儿子高中毕业后,去南方打工并在当地结婚,与家中甚少来往。小儿子在家务农,结婚后与年事已高的父亲同住。考虑到大儿子经济条件较好,小儿子夫妇又如此孝顺,叶老汉于1995年写下一份遗嘱,自己的三间瓦房及存款5 000元,于其死后全部由小儿子继承。到1997年,小儿子夫妻经朋友介绍去省城当临时工,并暂定居省城。叶老汉在一次中风后因无力照料自己的起居,遂与村委会签订协议:由村里负责叶老汉的生养死葬,叶老汉死后,其所有的三间瓦房归村委会所有。此后,村里专门派人照顾直至他两年后病故,并为其办理了后事。在办理后事时发现了叶老汉的1万元的存折。后村委会依约定占有了他的三间房屋。叶老汉的两个儿子对此提出异议。请问:(1)叶老汉生前所立遗嘱是否有效?叶老汉的三间房屋应归谁所有?(2)叶老汉的1万元存款应如何处理?

首先,叶老汉生前所立的遗嘱部分有效。《继承法》第5条规定,继承开始后,按法定继承办理;有遗嘱的,按照遗嘱继承或者遗赠办理;有遗赠扶养协议的,按照协议办理。因此,遗赠扶养协议的效力高于遗嘱,叶老汉对其所有的三间房屋的前后两次处分行为,应以其与村委会所签订的遗赠扶养协议为准,其生前遗嘱中由小儿子继承其三间房屋的部分无效,但并不影响其他部分的法律效力,其他部分仍然有效。

其次,叶老汉的1万元存款应由大儿子继承2 500元,小儿子继承7 500元。因为叶老汉生前遗嘱中关于5 000元存款由小儿子继承的部分仍然有效,因此这 5 000 元应按遗嘱继承办理,由小儿子继承。对遗嘱及遗赠扶养协议均没有涉及的 5 000 元,按法定继承办理,大儿子和小儿子作为叶老汉的法定继承人,应平均分配。

（三）商法

商法虽源于古罗马时代的商事规约,但我们今天所理解的意义上的近代商法却是始于中世纪欧洲地中海沿岸自治城市的商人法,正式确立于 1807 年的法国商法典。中国古代"重农抑商",商法极不发达,20 世纪初以来的百年商事立法,主要是引进借鉴西方商法,主要是大陆法系的商法,但新中国改革开放后的商事立法也有不少是借鉴了英美法等的商事立法。商法是调整商事组织和商业活动的法律规范的总称。在中国,一些学者认为存在着独立的商法部门,但是大多数人认为,商法是民法的组成部分,服从民法的一般原理。主要的规范性法律文件有《公司法》《证券法》《海商法》《破产法》等。形式意义上的商法是指奉行民商分立立法原则的国家在民法典之外制定的以"商法"命名的法典。实质意义上的商法是指一切调整商事关系的法律规范的总称。我国目前尚不存在形式意义上的商法,实质意义上的商法已经大量存在。

商法的调整对象是商事关系。商事关系指一定社会中通过市场经营活动而形成的社会关系,主要包括商事组织关系和商事交易关系。[1]商事关系的主要标志是商人和商行为。商人,是以自己名义实施商行为并以此为常业的人[2],在我国,商人主要包括:(1)个体工商户和个人独资企业;(2)合伙企业;(3)公司和其他形式的企业法人;(4)联营企业;(5)外商投资企业。商行为,大陆法系学者一般认为是指以营利性营业为目的而从事的各种表意行为。

商法与民法的关系是商法和民法同属于私法的范畴,两者有着十分密切的关系。民法是对私人法律关系做出规定的一般法,商法是对私人法律关系中特定部分即商事关系做出规定的特别法,两者是一般法和特别法的关系。民法的基本原则适用于商法,商法的适用和效力优于民法。

我国在立法上采用民商合一的制度,商事法律规范除编入民法通则的以外,均采取单行法律的形式,主要有公司法、证券法、保险法、票据法、破产法等法规,形成了实质意义上的商法体系。

---

[1]　顾功耘:《商法教程(第二版)》,上海人民出版社、北京大学出版社,第 10 页。

[2]　同上书,第 34 页。

（四）行政法

行政是国家行政机关对国家事务和社会事务所作的决策、组织、管理和调控等活动的总称。行政法是调整因行政主体行使职权而产生的特定法律关系的法律规范的总称。行政法的调整对象包括行政管理关系、行政法制监督关系、行政救济关系、内部行政关系。

行政法尚没有统一完整的实体行政法典，这是因为行政法涉及的社会领域十分广泛，内容纷繁丰富，行政关系复杂多变，因而难以制定一部全面而又完整的统一法典。行政法散见于层次不同、名目繁多、种类不一、数量可观的各类法律、行政法规、地方性法规、规章以及其他规范性文件之中。

行政法基本原则有二：一是合法性原则，即国家行政管理活动既要符合实体法又要符合行政程序法。[①]二是合理性原则，即行政主体的设立、拥有、行使行政职权，追究违法行为和实施行政救济都必须正当、客观和适度。[②]

行政法律规范是用以调整在现实社会生活中落实和展开相关规定所形成的行政法律关系。行政主体是能以自己名义行使国家行政职权，做出影响行政相对人权利义务的行政行为，并能对外承担行政法律责任，在行政诉讼中能作为被告应诉的行政机关或法律、法规授权的组织。[③]行政主体的特征是享有并行使行政管理职权；能够以自己的名义实施行政管理职权并独立承担由此而产生的法律责任；在形式上是一定的组织。行政相对人是在行政管理法律关系中与行政主体相对应的一方当事人，处于被管理和被支配地位的机关、组织或个人。行政法律关系客体是行政行为。广义的行政行为是指行政组织实施的所有产生行政法律效力的行为。狭义的行政行为是指行政主体及其工作人员行使行政职权对行政相对人做出的法律行为。根据行政行为规范对象的特点，可分为抽象行政行为，即国家行政机关制定法规、规章和其他有普遍约束力的行为规则的行为；具体行政行为，即国家行政机关依法对特定的公民、法人和其他组织就特定事项作出的能产生行政法律后果的单方职权行为。

（五）经济法

当主张放任自由、反对政府干预的经济理论占主导地位时，政府必然采取经济自由和国家不介入市民经济生活的经济政策，此时的立法主要表现为民商立

---

① 胡建淼：《行政法学（第三版）》，法律出版社 2010 年版，第 45 页。
② 同上书，第 51 页。
③ 同上书，第 62 页。

法。民商法的发达与行政法的兴起并没有为经济法的出现留下足够的空间。当"国家干预理论"占主导地位时,其经济政策必然是主张国家积极干预经济生活,此时经济立法不仅是在民商法领域,更多的是加强市场规制和宏观调控的经济法。

产品分配(平均主义)→经济秩序(市场调节和政府干预)→经济法。经济法这一名词首先出现在 1775 年,由著名的法国空想共产主义者摩莱里在他的专著《自然法典》中提出的,他把经济法看成是分配法。经济法是调整国家在调控经济运行过程中所发生的经济关系的法律规范的总称。

经济法调整对象,是指国家在调控经济运行过程中所发生的经济关系[1],包括:(1)市场主体的组织管理体系:指市场主体的设立、变更、终止和市场主体内部组织机构在管理过程中发生的经济关系。(2)市场管理关系:指国家为了建立社会主义市场经济秩序,维护国家、生产经营者和消费者的合法权益而干预市场所发生的经济关系。(3)宏观经济调控关系:指政府代表国家从长远利益和公共利益出发,对国民经济全局所进行的组织、监督和协调过程中所发生的经济关系。

经济法的内容:(1)国家管理、规范经济秩序过程中发生的经济关系,包括反垄断法、反不正当竞争法、消费者权益保障法和产品质量法;(2)国家干预市场经济运行过程中发生的经济关系,包括证券法、票据法、破产法、金融法、保险法、房地产法、环境法、自然资源法等;(3)国家在经济调控中发生的经济关系,其特点是国家对市场经济运行实行宏观调控,使经济各部门运行协调,使整个国家经济运行平稳,包括财政法、税法、计划法、产业政策法、价格法、会计法和审计法等。

经济法律关系指经济法主体在国家调控经济运行过程中所形成的经济权利和经济义务关系。[2]国家机关、企事业单位和其他社会组织相互之间,它们的内部机构以及它们与个体经营者、公民之间,按照经济法律规范进行经济活动,依法产生的权利与义务关系。其主体很广泛,包括国家经济管理机关、企事业单位、社会团体、社会经济组织的内部机构和生产单位、自然人及外国人、外国企业等。其客体是经济干预行为时最重要和最普遍的客体。其内容即为经济权利义务。当经济法主体为社会组织时,其经济权利不能随意抛弃或放弃,义务不能任意转让。国家机关依法享有的经济权利体现着国家意志的强制力。

---

[1]　漆多俊:《经济法学》,武汉大学出版社 2000 年版,第 11 页。
[2]　同上书,第 81 页。

（六）社会法

社会法是调整因维护劳动权利，救助待业者而产生的各种社会关系的法律规范的总称。它的法律性质介于公法与私法之间，其目的在于从社会整体利益出发，保护劳动者，维护社会安定，保障社会健康发展。社会法是由现代大陆法系的国家首先提出来的。狭义的劳动法，专指劳动法和社会保障法。中义的劳动法，指规范劳动关系、社会保障、社会福利和特殊群体权益保障方面的法律规范的总和，除前述外，还包括妇女权益保障法、未成年人保护法等。广义的劳动法，除上述法律外还包括义务教育法、环境保护法等。

劳动法是公法、私法相互交融的领域，个人权利保护与社会整体利益保护相一致。主要法律制度：(1)劳动法是调整劳动关系以及与劳动关系密切联系的其他社会关系的法律规范的总称，包括劳动者的基本权利和义务，工作时间和休息休假制度，工资，劳动保护、职业培训制度。(2)劳动合同法是关于用人单位与劳动者建立劳动关系，订立、履行、变更、解除或终止劳动合同的法律规范的总称。(3)劳动争议解决：协商、调解、仲裁、诉讼。(4)社会保障是指公民因年老、疾病、残疾、失业等原因发生生活困难时，由国家、社会或有关部门给予一定物质帮助，维持其基本生活需要的保障制度。社会保障法是调整社会保障关系的法律规范的总称。我国目前尚无统一的社会保障法。

（七）刑法

刑法是规定哪些行为是犯罪和对犯罪人进行何种刑罚处罚的法律规范的总称。狭义的刑法是指规定犯罪与刑罚的一般原则和各种具体犯罪与刑罚的法律规范的刑法典。广义的刑法是指一切刑法规范的总和，除了刑法典外还包括单行刑事法律以及非刑事法律中的刑法规范。[①]

我国的刑法体系包括：《中华人民共和国刑法》及其修正案，目前最新的是第九修正案，于 2015 年 8 月 29 日第十二届全国人民代表大会常务委员会第十六次会议通过；单行刑法，如《全国人大常会关于维护互联网安全的决定》；立法解释，如全国人民代表大会常务委员会关于《中华人民共和国刑法》第九十三条第二款的解释；司法解释，如最高人民法院关于审理未成年人刑事案件具体应用法律若干问题的解释。

我国《刑法》于 1979 年 7 月 1 日通过，1997 年 3 月 14 日修订。1999 年、2001 年、2001 年、2002 年、2005 年、2006 年、2009 年、2011 年、2015 年分别通过

---

① 陈兴良：《刑法学》(第三版)，复旦大学出版社 2016 年版，第 3 页。

一至九次修正。《刑法》分两编（总则、分则）及附则。总则分五章，任务、原则和适用范围，犯罪，刑罚，量刑的具体运用及其他。分则共十章，包括危害国家安全罪，危害公共安全罪，破坏社会主义市场经济秩序罪，侵犯公民人身权利、民主权利罪，侵犯财产罪，妨害社会管理秩序罪，危害国防利益罪，贪污贿赂罪，渎职罪，军人违反职责罪。

我国刑法基本原则有三：一是罪刑法定原则，即法无明文规定不为罪，法无明文规定不处罚；二是适用法律平等原则，即对任何人犯罪，在适用法律上一律平等。不允许任何人有超越法律的特权；三是罪责刑相适应原则，即刑罚的轻重，应当与犯罪分子所犯罪行和承担的刑事责任相适应。①

我国刑法适用范围问题分为空间效力和时间效力。空间效力包括：（1）属地原则：凡在我国领域内犯罪的，除法律有特别规定的以外，都适用本法；凡在我国船舶或者航空器内犯罪的，也适用本法；犯罪的行为或者结果有一项发生在我国领域内的，就认为是在中华人民共和国领域内犯罪。（2）属人原则：我国公民在我国领域外犯本法规定之罪的，适用本法，但是按本法规定的最高刑为三年以下有期徒刑的，可以不予追究；国家工作人员和军人在我国领域外犯本法规定之罪的，适用本法。时间效力适用从旧兼从轻原则。②

犯罪，是刑法所规定的，危害统治阶级利益和社会秩序而应受刑罚处罚的行为。③严重危害社会的行为；触犯刑事法律的行为；应当受到刑罚处罚的行为。犯罪构成，是我国刑法规定的，决定某一行为的社会危害性，并为成立犯罪所必须具备的客观要件和主观要件的有机统一。任何一种犯罪的成立都必须同时具备以下四个要件：一是犯罪客体，说明某种犯罪危害了什么样利益；二是犯罪客观方面，说明犯罪是在什么样的客观条件下，用什么样的行为，使客体受到什么样危害；三是犯罪主体，说明犯罪是由什么样的人所实施；四是犯罪主观方面，说明犯罪主体实施犯罪时主观心理状态。

排除犯罪性的行为，指某些行为在外观上似乎具有严重的社会危害性，而实际上确实为了保护国家、公共利益、本人或者他人的权益而实施的对社会有益的行为或者虽对社会有危害却不具有犯罪构成的行为。④我国刑法规定的有：正当防卫、紧急避险、意外事件。

---

① 参见陈兴良：《刑法学》（第三版），复旦大学出版社2016年版，第一章第二节。
② 同上书，第一章第三节。
③ 同上书，第19页。
④ 同上书，第66页。

正当防卫,是为了使国家、公共利益、本人或者他人的人身、财产和其他权利免受正在进行的不法侵害,而采取的制止不法侵害的行为,对不法侵害人造成损害的,属于正当防卫,不负刑事责任。①

紧急避险,是为了使国家、公共利益、本人或者他人的人身、财产和其他权利免受正在发生的危险,不得已采取的紧急避险行为,造成损害的,不负刑事责任。

意外事件,是行为在客观上虽然造成了损害结果,但是不是出于故意或者过失,而是由于不能抗拒或者不能预见的原因所引起的,不是犯罪。

故意犯罪的实施,大都要经过犯罪的准备、实行、完成的过程,但是在其发展的过程中,由于主客观条件的影响,而使犯罪在某一阶段停止下来,呈现出不同的形态,出现和形成了犯罪的预备、未遂、中止和既遂。

犯罪既遂是行为人故意实施的犯罪行为已经具备了刑法分则所规定的某种犯罪的全部构成要件。犯罪预备是为实行犯罪准备工具、制造条件,由于行为人意志以外的原因而未能着手实行犯罪行为的犯罪停止形态。犯罪未遂是已经着手实施犯罪,但由于犯罪分子意志以外的原因而未完成犯罪的一种犯罪停止形态。犯罪中止是在犯罪的过程中,自动放弃犯罪或者自动有效地防止犯罪结果发生的一种犯罪停止形态。②

共同犯罪指两人以上共同故意犯罪。③共同犯罪人有两类:主犯和从犯。主犯是在共同犯罪中起主要作用的犯罪分子以及组织领导犯罪集团进行活动的犯罪分子和在犯罪活动中起组织策划指挥作用的犯罪分子。从犯是在共同犯罪中起次要或者辅助作用的犯罪分子。应当从轻、减轻或者免除处罚。胁从犯是被胁迫参加犯罪的人。应当按照他的犯罪情节减轻或者免除处罚。教唆犯是引起他人实行犯罪意图的人。

刑罚是人民法院按照法律的规定,对犯罪分子实行惩罚的一种最严厉的强制措施④,分为主刑和附加刑。主刑是能独立适用的主要刑罚方法。主刑不能附加适用。我国刑法规定的主刑有:管制(3—24个月)、拘役(1—6个月)、有期徒刑(6个月—15年)、无期徒刑与死刑。附加刑即补充主刑适用的刑罚方法。附加刑既可以附加主刑适用,也可以独立适用。附加刑包括:罚金、剥夺政治权利、没收财产、驱逐出境。

---

① 《中华人民共和国刑法》第20条。
② 参见陈兴良:《刑法学》(第三版),复旦大学出版社2016年版,第六章未完成罪。
③ 《中华人民共和国刑法》第25条第1款。
④ 陈兴良:《刑法学》(第三版),复旦大学出版社2016年版,第170页。

犯罪的种类有危害国家安全罪,如背叛国家罪、分裂国家罪等;危害公共安全罪,如放火罪、失火罪等;破坏社会主义市场经济秩序罪,如走私罪、生产销售伪劣商品罪等;侵犯公民人身权利、民主权利罪,如故意杀人罪、强奸罪等;侵犯财产罪,如抢劫罪、诈骗罪等;妨害社会管理秩序罪,如组织强迫引诱容留介绍卖淫罪、走私贩卖运输制造毒品罪;危害国防利益罪,如冒充军人招摇撞骗罪等;贪污贿赂罪,如贪污罪、挪用公款罪等;渎职罪,如滥用职权罪、玩忽职守罪等;军人违反职责罪,如战时违抗命令罪、投降罪。

[**案例**]　**许霆案**。2006 年 4 月 21 日晚 10 时,许霆来到广州市天河区黄埔大道某银行的 ATM 取款机取款。结果取出 1 000 元后,他惊讶地发现银行卡账户里只被扣了 1 元,狂喜之下,许霆连续取款 5.4 万元。当晚,许霆回到住处,将此事告诉了同伴郭安山。两人随即再次前往提款,之后反复操作多次。后经警方查实,许霆先后取款 171 笔,合计 17.5 万元;郭安山则取款 1.8 万元。事后,两人各携赃款潜逃。同年 11 月 7 日,郭安山向公安机关投案自首,并全额退还赃款 1.8 万元。经天河区法院审理后,法院认定其构成盗窃罪,但考虑到其自首并主动退赃,故对其判处有期徒刑一年,并处罚金 1 000 元。而潜逃一年的许霆,17.5 万元赃款因投资失败而挥霍一空,今年 5 月在陕西宝鸡火车站被警方抓获。日前,广州市中院审理后认为,被告许霆以非法侵占为目的,伙同同案人采用秘密手段,盗窃金融机构,数额特别巨大,行为已构成盗窃罪,遂判处无期徒刑,剥夺政治权利终身,并处没收个人全部财产。许霆随后提出上诉。2008 年 3 月,广州中院认定许霆犯盗窃罪,判处有期徒刑 5 年。许霆再度上诉,2008 年 5 月,广东省高院二审驳回上诉,维持原判。

[**案例**]　**药家鑫案**。2010 年 10 月 20 日 22 时 30 分许,药家鑫驾驶陕 A419N0 号红色雪弗兰小轿车从西安外国语大学长安校区返回市区途中,将前方在非机动车道上骑电动车同方向行驶的被害人张妙撞倒。药家鑫恐张妙记住车牌号找其麻烦,即持尖刀在张妙胸、腹、背等处捅刺数刀,将张妙杀死。逃跑途中又撞伤二人。同月 22 日,公安机关找其询问被害人张妙被害案是否系其所为,药家鑫矢口否认。同月 23 日,药家鑫在其父母陪同下到公安机关投案。

经最高人民法院核准,故意杀人罪犯药家鑫于 2011 年 6 月 7 日在陕西省西安市被依法执行死刑。

最高人民法院经复核认为,第一审判决、第二审裁定认定的事实清楚,证据确实、充分,定罪准确,量刑适当,审判程序合法,故依法做出核准死刑的裁定。

（八）程序法：诉讼制度与非诉讼制度

争端是百姓日常生活中不可避免的现象。争端是由多人引起的争论，具体指对某件事或物有着不同的见解，意见不一致导致的。其解决路径主要有诉讼与非讼两种方式，其中后者更为常见，但由于其影响力和强制力没有诉讼方式给人的印象深刻，人们往往更多关注诉讼方式。非讼主要有双方协商解决（和解）、第三方参与的调解及各种形式的仲裁等，其中仲裁之外的争端解决方式又被称为替代争议解决方式（Alternative Dispute Resolution，ADR），它可称选择性的争议解决方式，是非诉讼、非仲裁的选择性争议解决方式的概括性的统称。它指可以被法律程序接受的，通过协议而非强制性的有约束力的裁定解决争议的任何方法。ADR 是一组程序群，主要包括：调解或调停、中立听者协议、小型审理、简易陪审团审判、租借法官、事实发现法，此外，还有特别主事人、法院附属仲裁、监察专员制度及少年庭等方式。ADR 是对诉讼和仲裁的辅助手段，是社会有机体自我完善机制的表现，目前已成为民商事争议解决方式体系中的重要形式。它具有非正式性、非强制性、广泛性、灵活性的特点，是一种可以广泛地适用于解决争议的纯粹自愿的程序。

诉讼，古称"斗讼""决讼""断狱"等，俗称"打官司"。从词义上说，"诉，告也"，"讼，争也"。诉讼就是原告对被告提出告诉，由争议解决机关解决双方的争议。法学上的诉讼是指国家专门机关在当事人及其他诉讼参与人的参加下，依照法定程序，解决具体争议的专门活动。诉讼可分为刑事诉讼、民事诉讼、行政诉讼。由于各种诉讼要解决的纠纷的性质不同，适用的实体法不同，采用的法律制裁方法不同，因而在程序上各有特点。

诉讼法是国家专门机关和当事人以及其他诉讼参与人进行诉讼活动的行为规则的总成，它是规定诉讼程序的法律，亦称程序法。实体法是诉讼法存在的前提，诉讼法又是实体法实施的保障。两者是内容与形式的关系，相辅相成，缺一不可。中国的诉讼是二审终审制，上下级法院之间是监督而非领导关系。

中国诉讼法主要有三部：刑事诉讼法、民事诉讼法、行政诉讼法。刑事诉讼法是公安、司法机关和刑事诉讼参与人进行刑事诉讼活动必须遵守的行为规范的总称。[①]刑事诉讼是指公安机关、人民检察院和人民法院在当事人及其他诉讼参与人的参加下，依法追究犯罪人刑事责任的活动。刑事诉讼的基本程序：立案→侦查→起诉→审判→执行。民事诉讼法是人民法院和民事诉讼参加人进行

---

① 樊崇义：《刑事诉讼法学》（第四版），法律出版社 2016 年版，第 4 页。

民事诉讼活动所必须遵守的行为规范的总称。①规定诉讼主体的诉讼权利和诉讼义务,调整法院与诉讼参与人法律关系。行政诉讼法是规定人民法院和行政诉讼参加人进行行政诉讼活动必须遵守的行为规范的总称。②行政诉讼指公民、法人或者其他组织因不服行政机关的具体行政行为,向人民法院提起诉讼,人民法院依法审理的活动。

此外,还有非诉讼程序法。当事人发生了权益争议,解决的渠道是多样的,既可以由双方当事人自行协商解决——和解,也可以共同请求第三方从中主持说和调解,还可以请求仲裁机构做出公断——仲裁,当然,也可以请求司法保护,即诉讼。仲裁作为一种纠纷解决方式,所处理的是民商事案件,以当事人自愿为前提,仲裁裁决具有法律约束力且是终局的。仲裁程序依据有关的仲裁法。调解作为一种解决纠纷的方式,所处理的是民商事纠纷以及行政诉讼中有关赔偿数额的纠纷。调解以当事人自愿为前提,具有居间性质,帮助当事人作出决定。作为调解结果的调解协议书具有一定的法律效力。在中国,调解主要有四种形式:诉讼调解、行政调解、仲裁调解、人民调解。不同的调解形式依据不同的法律。

三、结论

本章试图对中国现有的法律制度做一个概要式的介绍,以使读者对中国总体的法律框架有点了解,为后文的论述做点铺垫。

当代中国经过长时间的努力已经基本构建起适合中国国情的法律制度,从立法、司法、执法到守法各个环节已经建立了相对完善的体系。虽然我们的法律制度体系受到了西方法律制度(主要是大陆法系国家)及其思想的影响,但其是在马克思主义指导下并结合中国传统法律思想和制度以及适应全球化趋势而建立的法律制度,是符合规律特性的中国特色的法律制度,它必将促进中国现代化建设的完成,对我国社会、经济、科技等方面发展起到积极作用。分析中国法律制度成长的历程,我们可以将其归纳为以下几个方面:

一是自清朝末年变法修律以来,中国法律制度在不断地吸纳西方法律制度的成分。由于整个世界经济、社会等发展趋势朝着市场经济方向发展,西方在自己独特历史发展过程中所形成的适合市场经济发展的一系列法律制度彰显出其

---

①　谭兵、李浩:《民事诉讼法学》(第二版),法律出版社 2016 年版,第 12 页。
②　胡建淼:《行政诉讼法学》,法律出版社 2004 年版,第 17 页。

强大的生命力和影响力,中国法律在形式与实质方面都从西方的法律体系中学习和借鉴大量的内容,如有关的制度、概念、体系、术语等。先是从学习西方较为成功的日本学习大陆法系的那一套内容,后来随着留学人员的增加,直接从大陆法系及英美法系国家引进或学习。改革开放之后,特别是在 2001 年 12 月 11 日中国加入世界贸易组织(WTO)之后,经济全球化下一系列的法律制度对中国的影响更为明显,特别是英美法系的成分在不断增加。

二是马克思主义理论指导下的中国社会主义法律实践特征较为明显。马克思主义的历史唯物主义观点在指导着中国的法律实践。马克思将法的本质归结为统治阶级意志的体现,并认为其内容是由统治阶级的物质生活条件所决定的。由于马克思主义是一门不断发展的学说,随着时代的发展,有关法律方面的思想也在不断地丰富和发展,如互联网时代的法律问题及知识经济下的法律现象,是传统马克思主义教材中所没有的包含的,我们的法律体系也需将其纳入。

三是中国传统法律思想和制度中的积极元素被吸纳至我们的制度中。中国传统的法律思想主要来自儒家、法家和墨家。儒家主张以德治国,认为人治优于法治,礼教纲常优于强制性法律。在现代语境下,法律与道德之间的界限有时难以划分,而且只靠法律并不能解决一切问题,儒家思想中一些观念如"感化"、"教育"等在法治建设中的作用不能低估。现代法治国家依法治国与以德治国必须进行结合。法家主张以严刑峻法为手段治理社会,其目的是为了建立君主制下的富强的国家,但缺少道德手段的治理是不完善的治理。中国的法治必须要将历史的合理元素吸收到现代国家的治理中。萨维尼所谓的法律就是一个国家民族精神的反映,是有一定道理的。

中国当下的法治问题主要不是立法问题,而是执法(包括司法)、守法问题,特别是法治理念尚未深入人心。立法较为容易,但制定出符合规律的法律即良法要艰辛一些;制定出符合规律和人民意志的法律后,关键是如何将这些法律变为我们生活的一部分。因此,当下中国最迫切的任务是在人们心中树立法律信仰,以使法律得到真正的遵守。为此,新时代下,我们要认真履行中国共产党提出的新的十六字法治方针,即"科学立法,严格执法,公正司法与全民守法"。

第三章

商法基本原理

第一节　商　法　概　述

商法基本理论是商事法律制度的基础，主要涉及商事法律的概念、特征、价值、演变、与商事活动相关的其他法律之间的关系、原理、基本原则和基本法律框架或体系等内容。

一、商

（一）商之含义

讨论和研究商法，我们首先要弄清楚"商"的含义。可以说，"商"在今天时代已经成为一个十分受人关注的字，它往往与交易、拥有财富等密切相关。在当代社会，人的一切活动都离不开"商"：我们的一切生活用品通过生产和流通链条到达我们手上，商人则参与了该链条的每一个环节；商人也往往是我们这个社会拥有财富和创造财富的最重要的主体。

在中国，最早的时候，"商"是计时单位，即"商，刻也"；稍后，其含义延伸为"估量、推测"，"由外知内也"；再到后来为"商量、协商"。①其意为不同人之间要完成一定的行为，需通过讨论、协谈方可。经济学上指生意、买卖或做买卖、交易；也可指做买卖的人，如建筑商。例如中国古代不少典籍中说"通财鬻货曰商"、"商其远近，度其有无，通四方之物，故谓商"、"商欲农则草必垦矣"、"重农抑商"等中皆指此意。英文中，商对应的词为"trade"或"commerce"；前者被释为买

---

① 中国社会科学院语言研究所词典编辑室编：《现代汉语词典》（第 6 版），商务印书馆2012 年版，第 1135 页。

卖物品的经营行为或货物或服务的贸易行为；①后者指货物或服务的交换行为，特别是涉及大规模的不同城市、州和国家间运输的行为。②两者的共同含义是物或服务的交换行为，与中文含义基本一致；这种交换行为涵盖产品从生产者或服务者手中到消费者手中所涉及的一切交换行为。

从法律的角度看，"商"是广义的营利——谋求利润③（与"盈利"、"赢利"不同，后两者几乎同义，意指扣除成本后获得的利润④，是一种结果，而"营利"是一种行为过程，要注意不同场合使用不同的词）——行为，以目的来衡量产品或货物生产和流通活动，不同于经济学中的商行为，后者几乎等同于流通行为，即产品从生产者手中流转到消费者手中的渠道、桥梁或中介⑤，这是一种狭义的解释，被学者称为"固有商"。法律上，除它们之外，还有"间接以媒介货物交易为目的行为，如运输、仓储保管、居间、行纪、包装"等，从事与商品交易有关的资金融通（如银行、信托、保险等）或与交易媒介行为密切相关的活动，如生产、制造、出版等，以及提供各种服务的行为等。⑥现在人们普遍把"用以交换的产品"称为商品，这种以"目的"而非"过程"来判断产品属性的做法，使我们对"商"行为做出了广义上的解释。

（二）商法中"商"的类别

商法中的"商"通常包括两个类别，一是商人或商事主体⑦，二是商事行为。

在法律语境下，我们使用"商人"，意指从事营利性行为的人，而不仅仅指"贩卖商品从中获取利润的人"⑧，后者只是法律上"商人"的一部分，是流通领域的一部分主体。我们的"商人"除了这部分主体外，还包括从事生产、提供各种其他服务以盈利为目的的主体。有学者认为它是商法特有的主体概念，意指依照商

---

① Bryan A. Garner, etc., *Black's Law Dictionary*（8ᵗʰ edition），Thomson and West，2004，p.1529.

② Ibid.，p.285.

③ 中国社会科学院语言研究所词典编辑室编：《现代汉语词典》（第 6 版），商务印书馆2012 年版，第 1562 页。

④ 同上书，第 1561 页。

⑤ 苏慧祥主编：《中国商事法概论》，吉林人民出版社 1996 年版，第 3 页。

⑥ 参见覃有土主编：《商法学》，高等教育出版社 2012 年版，第 1 页。

⑦ 本书不作特别说明时，两者指同一含义，可以互换使用。

⑧ 中国社会科学院语言研究所词典编辑室编：《现代汉语词典》（第 6 版），商务印书馆2012 年版，第 1136 页。

法规定,取得营业资格的人,或参加商事法律关系并以商为业的一方当事人。①这些商人,要想在市场上从事合法经营活动,就必须依法进行登记、取得市场主体经营资格,并具有商事能力(从事营业的行为能力②),否则为非法经营。所以,现代市场经济国家概莫能外地建立商事主体法律体系,如公司法、合伙企业法、个人独资企业法、商自然人方面的法律规范、商业登记法及破产法等等。

商行为主要是指营利性的活动,但也包括营业上实施的行为(含营业实施行为,如采用经营组织、运用营业财产进行活动等,与为了营业实施的行为,如营业准备等)。③前文已述,它在广义上使用,并不仅仅限于直接的交换行为,包括为了交换、盈利之目的的任何生产、服务(如提供酒店、运输、中介、咨询、打印、投资、理财等)等行为。商行为具有反复性、常规性、连续性、计划性和目的性等特征。不少国家针对商行为也有专门的立法(虽然其中也会涉及商事主体,但规定主体的目的是服务于"商行为"),如证券法、基金投资法、保险法、海商法、票据法、商事合同法等。有学者将其分为绝对商行为和相对商行为两类。绝对商行为是指依照行为的客观性质,由法律直接规定的商行为。无论行为人是否为商人,也不论是否以营业的方式去进行,如多数国家内,票据行为、证券交易、融资租赁、保险、海商等。相对商行为指仅由商人实施或仅基于营利性营业目的实施的商行为。④本书主要指相对商行为。

二、商法

(一)商法的定义及其调整的对象

依据上文对"商"的解释,商法意指调整商事交易主体在其行为中所形成的法律关系⑤,即商事关系的法律规范的总称⑥或总和⑦。它是关于特殊主体——商人及其行为——的法律规范,是随着法律实践而产生的特殊的法律分支,其历史源远流长,有商业活动开始,就有了这方面的规范,只是早期以商业习惯的方

---

① 王保树主编:《商法》,北京大学出版社 2011 年版,第 39 页。
② 我们认为法人的权利能力和行为能力完全可以合二为一的为"行为能力"。同上书,第 39 页。
③ 同上书,第 41 页。
④ 参见邹海林等:《商法基础理论研究的新发展》,中国社会科学出版社 2013 年版,第 166 页。
⑤ 范健主编:《商法》(第二版),高等教育出版社、北京大学出版社 2002 年版,第 3 页。
⑥ 覃有土主编:《商法学》,高等教育出版社 2012 年版,第 2 页。
⑦ 王保树主编:《中国商事法》,人民法院出版社 1996 年版,第 1—3 页。

式在商人间流行,后来随着近代资本主义国家的建立,日渐成为商品经济活动国家法律的重要内容。有关商法的研究随之也发展起来,并形成了特定领域的专门知识,即商法学;这种研究反过来又促进商法的发展和完善。一般而言,商法涉及商事主体的组织、管理和商事行为两方面的法律规范,故它包括商事主体法律规范和商事行为法律规范。我国是民商合一国家,通常在广义上将商事行为看作是民事行为的一种,其实,随着时代的发展,具有特殊属性的商人及商行为应当从民法中分离出来,避免大而全的法律规范体系在调整商行为或商主体时缺少针对性。

传统的商法缘起于海上运输法、海上保险法等,扩展至 18 世纪,它形成了包括公司法、票据法、保险法、海商法、破产法等在内的法律体系,但时至今日,商法不仅包括前述内容,还包括证券法、信托法、合伙企业法、商事合同法及商事仲裁法等。

商法调整的对象是商事关系,是一定社会中通过市场经营活动而形成的关系,主要包括两个部分:商事组织关系、商事交易关系。这种商事关系是平等的商事主体之间的社会经济关系,是商人和其他依商法从事商行为者基于盈利动机而建立的,且大多发生在持续的营业之中。

商事关系是发生在平等主体之间,以盈利为目的财产关系。

(二)商法的特征

由于调整的是商人及商行为,这为其特征描述定下了基调。一般认为商法的特征如下:

1. 商法调整行为的营利性

商事主体设立的目的是通过经营行为而获取利益,这是商法调整商行为的基本前提,因此商法调整的行为无疑要涉及经营而获取经济利益的活动,即其调整的行为具有营利性,涉及经济利益。围绕这一特征,商法规定诸多相关内容,如商业注册登记制度、账簿制度、公司财务制度、代理、票据、证券、交易等制度。①

2. 商法调整对象的特定性

特定性,即仅适用于履行了商事登记而具有商主体资格且持续经营的人,或者仅适用于商行为。非商人不在商法调整的范围之内;对于商人内部的组织、管理关系,商法也会做出规定,如对于总公司与分公司、股东和公司等之间的关系,公司内部的治理结构等。其调整的行为仅涉及营利性行为,对于非营利性行为

---

① 有关内容参见王保树主编:《商法》,北京大学出版社 2011 年版,第 22—27 页。

如具体纳税行为、捐赠慈善行为或文体活动等,尽管是在商人内部发生,商法也不调整。商法调整的营利主体在经营活动中所形成的关系,既包括企业的对外关系,也包括企业的对内关系,既包括国家对企业行为的监管所形成的关系,如工商登记,也包括企业与企业间在交易过程中所形成的经济关系,还包括企业与权利人如出资股东以及企业与员工之间形成的权利义务与财产关系。

3. 商法规范具有较强的技术性和易变性①

商法是一门实践性较强、发展较快的法,它对商行为中的行为方式、行为环节、行为规则都作了具体、翔实的规定。这些规定涉及专门知识和技术,如商业账簿中的技术知识、公司登记程序、股票债券发行手续、公司法人治理结构及相关会议议事方式方法等,破产法中很强的技术与专业知识,票据法中的出票、背书等票据行为,保险法中的损害赔偿确定、保险金的确定等,海商法中的船舶碰撞、共同海损及理算规则等具有可操作性和技术性。此外,系统商事活动涉及的不同规则之间的协调也需要一定的技术。商事活动变化快,特别是公司法、保险法、合同法、破产法等领域,商法规范本身必须及时反映现实商事交易活动之需求,商事交易的内容和形式都是发展变化的,需要随时代发展做出相应的修改。故各国对商法的修订相对而言较为频繁。

4. 商法的公法性特征

商法本质上属于私法领域,但里面含有大量的公法性条款,如国家通过立法形式干预商事交易活动的规范,要求商人成立必须符合法律规定标准并注册登记,运行遵循一定的强行法;股票、债券、票据的要式性等规定也必须遵守。但由于这些公法性的条款始终处于为私法交易服务的地位,因此它还不能从根本上改变商法的私法属性。

5. 商法的国际性②

商法最初起源于商事交易习惯,而商事交易本身是一种跨国界的活动。因此,在人类社会早期阶段,商法主要是一种跨国商事交易习惯和惯例,这种状况一直延续到中世纪。当今全球化下,商事活动已经不可能只限于一国之内,跨国性已经成为历史的必然,由此使商法的内容不可避免地具有国际性。某一具体法律皆是某个特定领域发展规律的反映。商事领域由于与经济活动最为紧密,其领域中的规律较为客观,民族性、国家特色较为少见,因此该领域的法律最容

----

① 参见赵旭东主编:《商法学》(第三版),高等教育出版社 2015 年版,第 6 页。
② 同上书,第 7 页。

易国际化。这些都在已有的立法中有所表现。具体来说,商法国际性体现主要有:(1)国际商事立法得到加强,出现了大量的国际商事条约、惯例等;(2)各国不断修改本国的商法规则,使其彼此之间以及与国际商事法律、惯例之间更为协调,故当今各国的商法都有较强的国际性色彩。

6. 组织法与行为法相结合①

这一点由商法调整的两大任务所决定。组织法主要规定商人建立的条件、程序或要求,以便于它们获得市场主体资格,如公司法、合伙企业法、个人独资企业法等主要是组织法;它们常采取严格主义原则,商人组织的类型及其构成等是法定的;组织法除了涉及商人利益之外,还可能涉及第三人(如商业辅助人、投资者等)利益或公共利益。行为法主要涉及商人的经营活动或交易,如运输、投资、买卖、中介等活动,它遵循意思自治原则,在行为过程中一般较少涉及第三人,但也有,如保险合同关系中的第三人等。

三、商法的价值和目标

价值(value)是值得希求的或美好的事物的概念,或是值得希求的或美好的事物的本身。具体来说,价值可以分为三个不同层次的内涵:(1)价值反映的是每个人所追求的东西:目标、爱好、希求的最终地位,或者反映人们心中关于美好的和正确事物的观念,以及人们"应该"做什么而不是"想要"做什么的观念。(2)价值是内在主观的概念,其所提出的是道德的、伦理的、美学的和个人喜好的标准。②(3)价值是用以表示事物所具有的对主体的有意义的、可以满足主体需要的功能和属性。③法的价值是法律作为客体对主体的人的意义,是法律对于人的需要的满足。作为商法的价值,无疑在其发展与成熟的过程中,也具备以上三个不同层次的含义。

中世纪,随着商品市场的逐渐成熟,农村经济和城市经济,特别是海外贸易不断发展。商人逐渐成为了一个新的社会阶层。"由于商人已成为众多独立阶层中的一个独立阶层,他们迫切需要对其利益给以法律上的保护,以实现商业发展和商事交易的自由"。④因此,商法最早的价值在于追求自由。古罗马的西赛

---

① 参见赵旭东主编:《商法学》(第三版),高等教育出版社 2015 年版,第 7 页。

② [美]杰克·普拉诺等编:《政治学分析词典》,胡杰译,中国社会科学出版社 1986 年版,第 187 页。

③ 张文显主编:《法理学》,高等教育出版社、北京大学出版社 2012 年版,第 208 页。

④ 王保树主编:《中国商事法》,人民法院出版社 2001 年版,第 29 页。

罗有一句名言："法律是自由的科学（the science of liberty），为了保障自由，我们才是法律的奴仆。"商法基于这样一个信念，即商事主体均为理性经济人，其个人理性、最大化的个人利益能够合成集体理性、社会利益的最大化。美国法学家庞德曾说："法律在本质上不是力量，而是对力量的限制。"英国哲学家约翰·洛克也称："法律按其真正的含义而言与其说是限制自由，还不如说是指导一个有智慧的人去追求他的正当利益……法律的目的不是废除和限制自由，而是保护和扩大自由。"后来随着时代的发展，平等、正义、安全、秩序、效率、社会福利、共同幸福在商法的精神与价值中，均得到了充分的体现，可是其内部价值的效力问题，却一直以来在学界存在着争论。交易主体的多元性导致市场交易的多元性，由此商法这种调节主体与行为关系的制度的价值取向也应当具有其多元性的特征。作为一种法律，商法理所应当具有公平与正义的最基本的价值；作为私法之中的重要组成部分，其必定受到意思自治这一私法核心原则的影响，体现出自由之价值；商法之发展进程中，经历了由商人法到商行为法的过程，在此过程中，商法不仅规范商事主体的行为，保障商事交易的安全，而且规范了商业活动中的交易秩序。可是在这一切价值中，笔者认为最能体现商法价值特点的还应是商法的平等价值、效益价值。商法只有适应了以上的各种价值，并在具体的商事活动中将这些价值予以体现，才真正符合了商法价值论在哲学意义上矛盾的普遍性与特殊性的对立统一。以公平正义为其普遍价值，以平等自由安全秩序作为其基础价值，以效益作为目标价值，从而构建商法价值体系的和谐与均衡。

四、形式意义上的商法、实质意义上的商法与商法渊源

（一）形式意义上的商法

形式意义上的商法是指商法典及其附属规范或以商法为名称制定的法典，它着眼于规范的表现形式、法律的编纂结构及逻辑关系。[①]在没有商法典的国家，常以商事法律的单行法为表现形式，如中国的《公司法》（2013 年修订）、《票据法》（2004 年修订）等，出现的法律，常被视为形式意义上的商法的组成部分。法典化在资本主义社会早期是一种趋势，因为比较明了、简单、高效，然而，随着商品经济的日益复杂和技术的日新月异，依赖一部法典来调整纷繁复杂的商品经济活动已经显得力不从心，所以从 20 世纪 80 年代起，不少国家开始出现去法

---

① 有关分析参见王保树主编：《商法》，北京大学出版社 2011 年版，第 1—2 页。

典化现象,即针对特定领域的商事活动或商事主体,将法典中相关内容分离出来,进行详细规定,以满足现实发展的需求。笔者认为,这是比较合理的:因为修改法典是一个浩大的工程,而商品经济发展的突飞猛进,对商事领域法律的修改提出了迫切要求,去法典化能够使立法效率提高。

关于商法典,根据法典编纂的不同原则或着重调整的对象,法典可以分为以下三大类:一是以主观主义原则为基础,即以商主体为调整重点来构建商法典,其特征是以商人法/商业法主义原则为基点,以商人为核心,并以其为基础来表述商行为;这种商法典构建在商人概念的基础上。其代表者为德国商法典,它分为商事、商事公司及隐名合伙、商行为、海商等,其核心是商事主体(即公司、合伙等),商行为之规范围绕商主体而展开。二是以客观主义原则为基础,即以商行为为调整重点来构建商法典,其特征是以商事法/商行为法主义为基点,以商行为概念为核心,以商行为为基础来表述商人概念,这种法典是以规范商行为为基调,有关商人的规范围绕其展开。该方面的代表者为早期的法国商法典,它分为通则、海商、破产、商事法院等。三是折衷主义,即同时以商人概念和商行为为基础构建商法典,日本及修改后的法国商法典是代表。英美法系多无统一的商法典,但它们不乏具体的单行法,如英国有自己的公司法、美国有自己的证券法和证券交易法等。①美国虽有一个《统一商法典》,但它不是由美国联邦层面的立法机关通过的,只是统一州法全国委员会和美国法学会的共同努力下所取得的最成功和最重要的成果,也是最为著名的一部"标准法典",目的在于促进各州商法领域的统一;它既不以商行为为中心,也不以商事主体为中心,而是以商行为(主要是买卖)涉及的客体为中心构建其规范体系,它共有十篇:总则、买卖、商业票据、银行存款和收款、信用证、大宗转让、仓库提单和其他有权凭证、投资证券、担保交易和生效日期及失去效力等。该法典的强制执行力与大陆法系国家的商法典不可同日而语,根据 1912 年的版本规定:(1)该法典允许当事人之间通过惯例、习惯和协议表现的商业实践来继续发展;(2)其条文的效力可以通过协议变更,除非本法另有规定或者本法要求的善意、勤勉、合理和谨慎的义务不能用协议排斥。②2012 年版本继续保留了第一点,但第二点已经没有③,但仍可以通过

---

① 有关分析参见王保树主编:《商法》,北京大学出版社 2011 年版,第 16—18 页。

② 参见《美国统一商法典》(1912)第 102 条。

③ 至于该点在哪一个版本(1978 年以来就经过了 1978 年、1987 年、1988 年、1990 年、1991 年、1992 年、1994 年、1995 年、1998 年、2001 年、2004 年、2010 年、2011 年、2012 年共十四次修正)中被修改,笔者没有进行查找。

其相关规定发现该法典的执行力与立法机关通过的法律是有区别的,如它规定:该法典的任何条、款或适用于个人或具体情境被判无效的话,该无效并不影响其他条款或适用的效力(但该无效导致其他条款或适用无效的除外)。①

（二）实质意义上的商法

实质意义上的商法,是指一切调整商事关系的法律规范的总和;其概念的理论着眼点为商事法律规范的性质、作用、构成、实施的方式等在理念上的有机统一。②它不以商法典作为商法概念定义的界线,其形式包括各种涉及商事规范的法律,不仅存在于商法典及商事领域的单行法中,也存在于其他有关商事的法律法规中,如宪法、刑法、民事诉讼法等中。

实际上,形式意义上的商法与实质意义上的商法在本质上是统一的,不过商法典是最为集中的体现。我国虽无商法典,但我国已有商事关系具体领域的法律法规,还有许多广义上的商事法律规范分散于不同的法律之中,它们共同构成我国的商法体系。

（三）商事法律渊源

本书所说的商事法律渊源意指商事法律的创制方式和外部表现形式,指那些来源不同(制定法与非制定法、立法机关制定与政府制定等等)、因而具有法的不同效力意义和作用的法的外在表现形式。它包括四层含义:法律规范创制机关的性质及级别、法律规范的外部表现形式、法律规范的效力等级及法律规范的地域效力。我国商事法律的正式渊源有以下几类:宪法(商事法律制定的总根源和依据,效力等级最高,由全国人民代表大会制定);法律(由全国人民代表大会及其常务委员会制定,狭义上的法律就是指这类法律,含合同法、公司法、合伙企业法、票据法、证券法、保险法、海商法、破产法等,法律效力低于宪法,高于行政法规);行政法规(由国务院制定,主要是实施宪法和法律,效力等级低于法律,高于部门规章和地方性法规等);地方性法规(地方立法机关制定或认可的,其效力不能及于全国,而只能在地方区域内发生法律效力的规范性法律文件,省、自治区人民政府所在地的市和经国务院批准的设区的市的人民代表大会及其常务委员会制定);部门规章(国家最高行政机关所属的各部门、委员会在自己的职权范围内发布的调整部门管理事项的规范性文件是部门规章);地方政府规章(省、自治区、直辖市和设区的市、自治州的人民政府,根据法律、行政法规和本省、自治

---

① Article 1-105 of Uniform Commercial Code(2012).

② 王保树主编:《商法》,北京大学出版社 2011 年版,第 2 页。

区、直辖市的地方性法规制定的规范性文件）；涉及商事活动的国际条约和国际惯例等。

五、商事法的地位

商法是否是一个独立的法律部门在今天应该不是一个问题，毫无疑问，它应该在法律体系中拥有独立的法律地位，是一个独立的法律分支。但在中国大陆，长期以来，由于没有独立的商法典，商事领域的基本原则多规范在民法通则等法律中，相关的法律体系视为民商合一，实际上是商法被包含在民法之中。我们认为在改革开放之初，民商合一有其合理性，但随着中国市场经济的进一步发展和完善，还坚守"民商合一"原则，已经无法满足时代发展的需求。商法领域的一些内容甚至法律原则已经不能被民法的内容与原则所覆盖。基于以下原因，我们认为商法应该是一个独立的法律部门。

1. 商法是以商事关系为调整对象的法律部门①

商事关系不同于民事关系，它主要基于商业活动而形成，对象特定，以盈利为目的，不同于一般的民事活动。

2. 商法是一个重要的私法领域②

这一点与民法类似，但是其所涉及的私人主体主是营利性的主体，范围远远小于民法调整的范围。这些主体在进行商业活动中遵循的原则与民法有共通之处，如诚实信用、公平、平等及意思自治等，但等价有偿原则在民法中并非是普遍原则；而且即使是前面提及的共通原则，它们也主要是围绕商人从事商事活动以实现赢利目的而展开，商事主体所承担的义务与所享有的权利显然不同于一般的民事活动。

3. 商法是一个渗透着较强公法因素的私法领域③

如公司登记、法人治理结构、证券票据的要式性、相关程序的合法性等是民法所不能调整的。这一点也反映了商法的局限性。当然，法律做出一些强行规定，主要是因为商事主体活动的结果不仅与他们自己相关，还会直接涉及社会公众，如上市公司股票的发行等，甚或会影响到一个国家政局的稳定等，这方面最

---

① 王保树主编：《商法》，北京大学出版社 2011 年版，第 5 页；赵旭东主编：《商法学》（第三版），高等教育出版社 2015 年版，第 3—4 页。

② 王保树主编：《商法》，北京大学出版社 2011 年版，第 6 页。

③ 同上书，第 6—7 页。

典型的就是俄罗斯 MMM 投资公司之行为①,商法作出公法性的规定有其合理因素。

六、规范意义上的商事法与学科意义上的商事法

规范意义上的商事法是法律规定或条文本身,它主要从规范的形式、规范的构成及描述上来反映商事法内容;简单地说,它就是商事法律本身。我们研究和运用的主要是法律条文本身;在分析具体案件时,尽管可能法律规范有不足之处,但在修改之前也只能按照法律规范来调整。

学科意义上的商事法更多地倾向于理论探讨和分析,运用法学原理等对现有规定进行诠释、研究和剖析,以肯定或固化符合规律的规定,修改不合规律或过时的法条,以为法律制度的完善提供理论基础或实证证据等。其实质就是商事法学,即以商事法(实证法)为研究对象的一门学科。作为法学分支的商事法学,其研究对象商事法,任务是研究商事法的各种学说及其产生、发展、变化的规律等。商事法学的特点包括:首先,其研究对象主要是作为一种社会现象的商事法律,特别是文艺复兴以来西方商品经济形成与发展过程中商法的诞生、形成与完善以及在我国的发展、完善过程等,其中中国的现象是其分析研究的重点。其次,它研究的是具有商事内容的法律现象。再次,它研究商事法的产生、发展、变化规律,并将其视为根本任务,以为法律的完善创造条件。

第二节　商法与相关学科的关系

商法与多个学科会发生联系,其中联系最为紧密的首先是民法,其次是经济法、劳动法和行政法。本章主要就这四个方面做简单分析。

---

①　该公司由马夫罗季三兄弟创办。他们利用国家政策法律上的漏洞,趁叶利钦 1992 年 8 月 21 日向俄民众宣布每人发一张面值达 1 万卢布的私有化证券之机,在电台、报纸、电视等上大肆制作虚假广告,展开心理攻势,用不当手段进行集资宣传。公司在专营股票发行的同时,也发行自己的股票,进行疯狂投机,结果使公司由只有十万卢布的合作社成为俄最大的投资公司。经济上的暴富迅速膨胀了马夫罗季的政治野心,他开始同俄政府和叶利钦较量,并一再煽动股民和政府作对,因用经济利益联结起来的统一战线往往具有超常的坚固性,最后政府不得不动用警方力量来平息事件。详见洪晓斌主编:《世界股市风云鉴》,经济管理出版社 1997 年版。

一、商法与民法的关系

通常认为商法与民法两者之间是特殊与一般的关系①,因为商法最早是源于民法,其很多法律原则与民法相同。从历史发展来看,商法也是在人类社会商品经济发展到一定阶段后从民法中脱胎而出;但商法中有些内容是民法所不涵盖的,如商号、商业账簿、海商法等是民法所没有的特殊体制。根据一般的法律原则,特殊法优于一般法,在民法与商法发生冲突时,优先适用商法;在商法没有规定时,民法的规定可以补充适用于商事活动,如就交易而言,商事法律没有规定的,民法的债权方面的规定可以适用于商事领域。

它们的共同特点:都属于私法范畴,即以调整平等主体之间的法律规范为主、构成其体系;民、商事行为遵循的原则、规范的表达方式及逻辑基本相同,承担的法律责任以民事责任为主。所以,不难理解至今仍有些国家将民法与商法合在一部法典里("民商合一"),即使在"民商分立"的国家,其商法的基本原则和一般规定均来自民法,或与民法共享。

然而,两者的区别也是显而易见的,具体说来有如下四点:

民法调整的主体范围远大于商法,后者仅限于商人,而前者只要是平等主体,就不论其属性如何;民法调整各种民事活动,而后者只调整商事活动即营利性的活动。

民法调整的客体范围不仅包括财产关系,还包括人身关系如婚姻、家庭及基于人身关系产生的继承关系;而后者仅限于财产关系,且这些财产关系都和交易有着联系。

民法调整的财产关系主要反映的是商品交换关系,重点是财产的支配权;后者调整的不仅包含商品交换关系,还包括商品的生产和经营关系;不仅涉及财产的支配权,更多涉及的是财产的管理权、经营权。

民事法律关系强调的重点是主体的平等权利,而商事法律关系不仅强调私法上的平等权,还强调公法上的国家对商事主体及行为的管理权,强调因国家管理形成的不同关系。

当然从民法与商法的源头来看,商法的很多规定源于早期的商业习惯与商事领域,由其特定技术性规范发展而成,其民族特色等较不突出,而民法虽然也含有习惯成分,但立法通过的规范较多,且这些规范带有一定的文化、民族特色,

---

① 王保树主编:《商法》,北京大学出版社 2011 年版,第 8—9 页。

伦理性特征明显。①

二、商法与经济法的关系②

经济法是以"反垄断法""反不正当竞争法""国家宏观调控法""税法""自然资源保护法""会计法""审计法""消费者权益保护法"等为中心,体现国家公共权力对经济贸易行为予以干预的法律规范的总称;有人直接称之为"国家对经济干预之法"。③其主要目的在于维持相对公平的竞争环境、克服市场机制本身所存在的不足。

经济法的特征:(1)经济法是政府积极干预经济发展的调节机制;(2)经济法是确认社会整体经济关系的调节机制;(3)经济法是国家以全社会的名义对国民经济整体进行调节,侧重维护社会整体利益,旨在建立公平的竞争秩序,为所有商事主体创造平等进入市场和公平竞争的条件,维护社会公共利益。(4)经济法实现其目标的手段是经济手段。

商法与经济法的主要区别如下:在调整对象上,前者调整的平等主体之间的交易活动,对行政机关的调整也主要限于商事管理机关的商事管理行为;后者不仅调整经济活动的主体即经营主体的行为,而且调整国家及其代表机构参与经济活动或运用国家权力干预经济活动的行为;在调整方法上前者以"意思自治原则"为轴心,后者则信守"国家管理之原则";在法律属性上,前者属私法性质,以任意性规范为主,而后者为公法性质,以强制性规范为主;在体系结构上,前者以商主体、行为、公司法、破产法、票据法、证券法、保险法、海商法等为内容,而后者以价格、金融、税收、投资、公平交易、反垄断和贸易管制等为内容;商法着眼于私人合法利益的调整,而经济法注重社会公共利益。④

三、商法与劳动法的关系⑤

劳动法主要调整劳动关系,通常主要体现为商人(用人单位)与劳动者(商业辅助人)之间的关系,方式主要是在遵循劳动法、劳动合同法等前提下,通过劳动合同来加以描述或确定。两者的界限较为清楚,但也有联系,都涉及企业。我们

---

①　覃有土主编:《商法学》,高等教育出版社 2012 年版,第 27 页。
②　参见赵旭东主编:《商法学》(第三版),高等教育出版社 2015 年版,第 8—9 页。
③　[金泽良雄]:《经济法概论》,甘肃人民出版社 1985 年版,第 24 页。
④　参阅覃有土主编:《商法学》,高等教育出版社 2012 年版,第 28—29 页。
⑤　王保树主编:《商法》,北京大学出版社 2011 年版,第 11—12 页。

可以从以下四个角度来认识两者的关系。

1. 投资者和企业的关系

企业因投资者投资而设立,投资者是企业的最终所有者,对企业的经营享有处置权。对于较为完善的企业形态——公司而言,投资者和企业间是股东和公司关系,股东享有自益权和公益权,他们常通过委托经营者来经营公司,自己可以直接参与经营管理,也可以间接发挥作用。合伙企业中,投资人常常就是合伙人,他们的关系是合伙人和合伙企业之关系。个人独资企业中就是个人出资者和企业的关系。

2. 经营者和投资者的关系

经营者是向消费者提供其生产、销售的商品或者提供服务的个人、法人或者其他经济组织,它是以营利为目的从事生产经营活动并与消费者相对应的另一方当事人,即经营者是指从事商品生产、经营或者提供服务的自然人、法人和其他组织。[①]它和投资者的关系,在不同的企业形态中,会有所区别:在公司企业中,投资者通过股东会或股东大会来选举产生董事会对公司进行经营(公司规模不大的,也可以只聘任一名执行董事来经营)。这种情况充分体现了所有者与经营者相分离的原则,由职业经理人来经营公司,体现出更为有效的社会分工。合伙企业中,经营者往往就是投资者,即合伙人自身;但对于有限合伙而言,有限合伙人往往并不参与经营。个人独资企业中,经营者常常是投资者,但也有通过聘任关系委托他人经营的。

3. 经营者和企业的关系

由于个人独资企业和合伙企业的人格未完全脱离于投资者,且在多数场合下,投资者就是经营者,因此,经营者往往就是企业的所有者,他们对企业是一种直接的拥有、经营关系。但对于具有法人地位的公司而言,情况有所区别:投资者通过法人治理结构管理、经营公司,多数情况下,投资者并不直接经营公司,经营者往往通过聘任、委托关系经营企业,故他们对公司要尽勤勉、忠实等义务。

4. 一般雇员和企业的关系

一般雇员通常就是商业辅助人,即企业雇佣的劳动者,包括高级雇员。他们往往通过劳动合同与企业发生联系;有些雇员同时是董事会或监事会成员,则他们同时要有聘任关系和劳动合同关系,受劳动法和公司法的调整。公司总经理也是公司雇员,通常情况下董事会给其出聘书,但也会要求其与公司签劳动

---

① 《反垄断法》(2007 年)第 12 条。

合同。

四、商法与行政法的关系①

行政法是调整行政活动的法律规范的总称,主要规定国家行政权力的组织、行政权力的活动以及对行政活动后果的救济。商法是私法与公法相兼容并以私法为主要特征的法律体系,其公法性规定主要为行政法律规范,反映一定的行政管理关系,与行政法有一定的联系,如企业登记制度、股权转让登记制度及船舶登记制度等和对违法行为的行政处罚等。

行政法与商法的区别如下:

第一,行政法调整的对象为行政关系,而行政关系是依国家意志产生的,是国家权力运作的结果;商事关系的基本特征是基于商事主体的自由意志产生的,是其自愿行为的结果。

第二,行政关系中至少有一方主体必定是国家行政管理机关,而商事关系中的双方主体一般皆为自然人、法人或其他经济组织,即使行政机关等成为其主体,也需以平等主体的商主体身份出现,如政府采购、发行国债等。国家对商事主体行使管理权时,这种关系不属于商事关系。

第三,行政关系具有隶属性,非平等关系,而商事关系具有平等性,是平权关系。

第四,行政法以强制性规范为主,其调整方法是强制性的;而商事法律以任意性规范为主,其调整方法是任意性的。

第五,行政关系主体权力的获得是国家授予的,它是职权与职责的结合,其权力与特定的主体密切联系,不能随意放弃或转让;而商事主体的权利与其个人意志及利益相联系,可由主体依照自己的意志合法处置。

第三节　商事法律关系

一、商事法律关系的定义

商事关系是商法调整的对象,是一定社会中通过市场经营活动而形成的特

---

① 王保树主编:《商法》,北京大学出版社 2011 年版,第 12—13 页。

定关系,但并非所有的商事关系都需要或能够得到法律的规范;那些受法律规范调整的商事关系,我们称之为商事法律关系,即商事法律在调整商主体(商人)从事商行为过程中所形成的特定商事权利和商事义务的关系;它是一种经营性的关系。商事法律关系包括商事财产法律关系和商事人身法律关系两大类。前者包括内部商事财产经营法律关系(如合伙经营法律关系、投资股份法律关系)和外部财产交易法律关系(如商事买卖合同法律关系、股票交易法律关系);后者包括商事营业主体内部组织管理法律关系(如公司内部的组织管理法律关系,分支公司与本公司的法律关系)和商事营业主体之间的人身权法律关系(如商业名称法律关系、商誉权法律关系)。

商事法律关系与一般法律关系一样,含主体(指参与法律关系享受权利和负担义务的人)、客体(法律关系中的权利和义务共同指向的对象)和内容(主体之间的权利和义务)三个要素,即它由商事主体、商事客体与商事法律关系的内容三个要素构成。其主体必须至少有一方是商人,即双方都是商人或有一方是商人而另一方是非商人;其客体仅限于商行为,而行为标的物是具有商品属性的财产(有形或无形)或服务;其内容即商事权利和商事义务,均具有营利的性质,即表现为经营性商事权利和经营性商事义务。①

二、商事法律关系的特点

商事法律关系的特点不同学者可能有不同的分析,本书作如下分析:

1. 商事法律关系的主体只涉及基于赢利动机而建立的主体

营利主体,即各种企业组织或商个人,如公司、合伙企业或个体工商户等。对于非商人之间发生交易关系,如自然人甲将 10 万元人民币无利息地借给自然人乙并要求乙在三个月内归还,消费者到商场购买物品的行为,尽管它们都是交易行为,但由于双方或一方(消费者)不以盈利为目的,他们不是商人。我们不能将此类交易行为归属到商事法律关系中。如果将来发生有关纠纷等,常通过其他法律(如民事法律关系)来调整(当然,如果借款人乙或商家违反了合同约定,承担违约责任,需按合同法来承担责任,但这不是我们商法上所说的商事合同责任,而是一般的民事合同责任)。此外,商事主体之间的地位平等;不平等主体(如税务机关和纳税人、公司管理层与员工等)之间的关系,尽管涉及商事主体,也不属于商事法律关系。

---

① 覃有土主编:《商法学》,高等教育出版社 2012 年版,第 36 页。

2. 商事法律关系的客体是商行为

商行为，只涉及主体的营利行为，商人从事的与商事活动无关的行为，不在商事法律关系讨论之列，如企业的捐赠行为（在中国最典型的就是江苏黄埔再生资源利用有限公司董事长陈光标代表公司 10 年多时间里 9 亿多元的捐款行为①）、文体活动等。

3. 商事法律关系涉及的营利主体的活动必须发生在持续的营业之中

偶尔发生的营利性行为不在商事法律关系讨论的范围之内。如企业自身购置的办公用品后来发现不适合自己，结果以稍高价格卖给另外的一家企业，从中获得了一定收益，这种行为不属于商事法律关系；但是，如果该企业从这种偶然的营利行为中发现了商机，经向工商行政机关申请变更经营范围，从事家具的代理销售行为，则其后发生的行为要受商法调整，进而可以归属于商事法律关系。

三、从法律关系结构图看商事法律关系在商法学中的地位

法律关系是法律规范在调整人们行为过程中所形成的特定的权利和义务关系；它通常由法律关系主体、法律关系内容（权利和义务）和法律关系客体三要素构成。前文已述，商事法律关系是指一定社会中通过市场经营活动而形成的社会关系，主要包括商事组织关系和商事交易关系。

一般法律关系图：

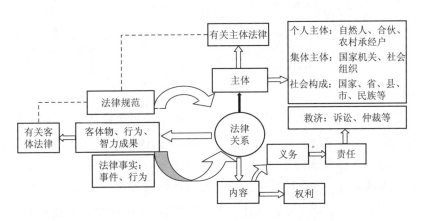

从上图中可以看出，法律关系在法学中至关重要的地位，其三要素可以说将整个法律体系构建起来：(1)法律关系的主体需要有主体方面的规范，而主体有

---

① 具体内容可参见"陈光标"，http://baike.baidu.com/view/875193.htm。

自然人、法人(企业法人、社团法人等)、其他组织等;对此,我们要有相应的法律规范,于是我们有了宪法(界定国家机关、政府、一般主体的权利义务等)、政府机关组织法、民法通则、民法总则、公司法、合伙企业法、外商投资企业法①、个人独资企业法等。(2)法律关系的客体需要有客体方面的法律规范,而客体主要有物、行为和知识产权,于是我们有物权法、专利法、商标法和著作权法等知识产权法、海商法和合同法等。(3)法律关系的内容主要涉及主体的权利和义务。权利是指一个人可以为、可以不为一定行为的尺度,而义务是一个人必须为或必须不为一个行为的尺度(含法定和约定义务);权利是可以放弃的,但义务必须履行,不履行义务,将要承担不利的法律后果,由此就产生法律责任。而对于是否承担法律责任及承担什么样的法律责任,当事人之间经常有纠纷,由此争端解决法律就需要制定;因此,我们有了诉讼法、仲裁法乃至调解法等。而上述几方面的法律规范几乎将我们法律体系所涉及的内容全部纳入其中。

商事法律关系图:

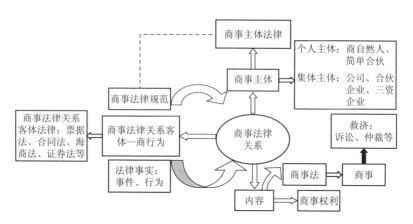

上述图标给我们展示了商事法律关系所构成的整个商法体系架构图,即商事主体法(公司法、合伙企业法、个人独资企业法、三资企业法和商个人方面的法律规范)、商事客体方面的法律(含合同法、证券法、票据法、海商法、保险法等及涉及商事主体不履行义务所带来的纠纷解决法律制度诉讼及商事仲裁等)。这些内容构成了本书后面讨论的主体框架。可以说,商事法律关系在整个商法体

---

① 主要指《合资经营企业法》(1979 年 7 月全国人大制定,分别于 2001 年 3 月、2016 年 9 月修订)、《合作经营企业法》(1988 年 4 月全国人大通过,分别于 2000 年 10 月及 2016 年 9 月修订)、《外资企业法》(1986 年 4 月全国人大通过,分别于 2000 年 10 月、1996 年 9 月修订)及《台胞投资企业法》(1994 年全国人大常委会通过,2016 年 9 月修改)。

系中处于核心地位,所有商事领域的活动都可以通过其来分析和展开,掌握了商事法律关系的本质及其含义,就等于掌握了学习商法体系的核心。

第四节　商事法律的发展史及其发展趋势

一、商法的历史发展

自有商品经济以来,商事活动就存在于人类社会的不同时期,古代有商品经济,但不够发达,是近现代商品经济的萌芽。商品经济是文艺复兴前后首先在地中海沿岸得以快速发展,后随着地理大发现和海上贸易的出现,发展中心由地中海转向以大西洋为中心;可以理解,为什么海商法在早期商法中具有很重要的地位。在商事活动发展过程中,商法经历了由早期的习惯法到成文法、由商人内部的行为规范到一国或地区整体商事活动规范再到跨国或地区直至全球性规范的发展历程。中国封建社会长期奉行"重农抑商""以农为本"的政策,以及儒家文化中"重义轻利""小人趋于利、君子重于义"等观念的影响,商品经济在中国几千年的历史上没有得到充分的发展;中华人民共和国建立之后很长时期以计划经济为主体,经历了"割资本主义尾巴"等遏制商业经济发展时代,直到 1978 年改革开放后,商品经济才开始日渐登上中国的舞台,其完全发展要到 1992 年年初邓小平南方讲话之后才算开始。因此,真正意义上的当代商品经济在中国发展不过 20 多年。

（一）古代

中世纪以前(约 476 年之前)虽有商品交易和从事交易的商人,但由于经济发展的水平、各国所处的奴隶社会或封建社会前期阶段、商法理论欠缺及立法因素等所决定,不可能有独立的商人阶层及相应的法律,也不可能专门针对商行为进行立法,故当时没有今天所谓的商法典或商事特别法。各国的法律体系均为诸法合一,调整商事交易的法律规范常为普通民事法律规范的一部分。如商品经济较为发达的古罗马,其法律中就有性质上属于商事法的规范,其私法中有关银钱业、旅店业、运送人及海上借贷契约的规定等。①此外,就是商品经济相对较为发达的地中海沿岸诸国,商人之间形成了大量的商事习惯,在调整商人之间交易时起到规范性的作用,但它们不能算是真正意义上的商法。

---

① 王保树主编:《商法》,北京大学出版社 2011 年版,第 30 页。

（二）中世纪（公元 476—1500 年左右）

近代商法起源于欧洲中世纪的商人习惯法，已为国内外商法学界的一种通说。①中世纪，整体上的欧洲还是一个农业社会，但其具有特定自治权的城市②的兴起为商人及商业发展创造了有利条件。意大利、德意志和尼德兰在商业上比大西洋各国更为发达，城市也更为集中，从而形成两大国际贸易区。③一是传统的地中海贸易区，由意大利商人控制，主要进行东西方中介贸易；二是北海、波罗的海贸易区，由佛兰德尔和德国的商人控制，主要经营各国的土特产，如罗斯的皮毛、蜂蜜，英国的羊毛，佛兰德尔的呢绒，德意志的粮食等。

这些城市的发展，为产生特定商业组织及大量以商业交易为生的阶层创造了条件。如地中海沿岸的城市，到 11 世纪产生了商会，商人日渐成为一个独立的阶层，在商人之间由于商业活动的需要而日渐产生约束相互之间行为的一些规则。但由于这些规则是特定人群之间，且商人在当时的社会地位及影响，还尚难促使各国或城邦的统治者将它们制定成有普遍强制执行力的法律法规。受世俗世界封建统治和精神世界宗教支配的各国、城邦的法规也不太可能主动制定商事方面的规定。这就使得他们的行为和规则自成系统：在主流的法律法规之外，商人日渐将一些习惯视为彼此之间的法律，订立自治规约，在商会内适用，商人自治日渐形成一种趋势；同时，商会也日渐发展形成解决彼此之间纠纷的机制，即仲裁制度，商会对商人之间的纷争有裁判权。从 11 世纪到 14 世纪经过数百年的发展，上述规则形成了商人习惯法，主要有：商人资格及公示规则、诚信原

---

① 王保树主编：《商法》，北京大学出版社 2011 年版，第 30 页。

② 与东方城市相比，西欧城市的特点就是其从产生起，即展开了与封建主的斗争，并取得一定程度的自治权，拥有独立的行政、司法、财政等职能。中国城市一般首先是政治统治中心，城市与专制统治同心，而西欧城市对封建制度起离心作用。西欧城市特点的形成，有多方面的原因：(1)西欧政治分裂，法律不统一，大小封建主割据独立，各封建主都是拥有行政司法职能的独立实体，城市援引此例，就像某一领地取得特恩权一样。这种状况不会在大一统的帝国结构中出现，所以，它既不会出现在东方，也不会出现在罗马帝国时期。(2)城市往往与王权结盟，取得特许状，以对付当地封建主。(3)农村公社的传统，市民组成公社，成为团结斗争的现成组织形式。古希腊、罗马城市文明的遗产：城市公民群体和公民权的观念，公民大会制度和市议会制度。参见"西欧中世纪"，http://baike.baidu.com/link?url=82LtFmnVyVPJ-400VJhuMgYPFmr-OZh6aijwFQ8J7CXmKU_6gJK-TWQ4oX4T1g02Cgt-PUIEpCJn9KAn0GMZ26Ja#4_4。

③ 这两大国际贸易区先后有两条通路：12—13 世纪主要走陆路，即翻过阿尔卑斯山，经法国香槟伯爵的领地，到达佛兰德尔；13 世纪以后（由于奥斯曼帝国的兴起，封建关税及战争等使陆路交通变得艰难和成本高昂）主要走海路，从地中海出直布罗陀海峡，到英国和北海各港口。

则、商业合伙、票据制度、保险制度、商事代理、海商、对善意第三人的保护以及解决纠纷的制度等。①但它们是自发形成的，没有经过立法程序的认可，且不成体系。通过商人之间习惯法形成的过程可以看出：平等和诚信对于商事交易活动的重大意义。由于商会在自身发展过程中形成了自治权和裁断权，有条件运用其商事生活习惯订立自治规约，并实施于本商会内。②

　　在这个过程中，意大利商人由于商事实践活动的丰富发展与多种多样，他们对商事习惯法的发展贡献较大。如商业组织方面，起初，他们创造了合伙制。合伙一般由两方组成，一方是坐商③，提供资本；一方是行商④，押运货物，回来分配利润后即散伙。13 世纪以后，意大利出现运输业，行商也逐渐变成坐商（莎士比亚剧本《威尼斯商人》中的安东尼奥便是一例）。商人组织也由合伙制转变为商行、公司，其主体是一个家族的成员，并以该家族命名。14—15 世纪意大利有200 余家公司或商行，在各主要城市都设分号，远至巴黎、伦敦、布鲁日，这是近代资本主义公司的前身。随着国际贸易的发展，货币汇兑和信贷业务也发展起来，从而促进了银行业的出现。这也是意大利商人的贡献，他们发明了借贷记账法、结算办法等。全欧第一家银行是 1346 年在热那亚成立的，最初贷款利息很高，从 60％到 100％不等。佛罗伦萨的银行家曾一度代教廷征收西欧一些国家的什一税，可见其势力之大。

　　该阶段的商事习惯法具有地域性（地中海沿岸、波罗的海地区）和国际性（来自不同地区或国家的商人）特征，它们促进了当时当地的商业发展。形成这种现象的原因：商事交易领域的共通性、规律性，市场交易的相对集中及在此基础上形成习惯的近似性和统一，海上运输（海事）惯例的普遍性、处理商事纠纷的专门法院——行商法院及公证人的积极活动等。⑤

　　（三）近现代商法

　　商事规则具有规律性和传承性，尽管近现代商法由于产生的历史背景（如资产阶级革命后的商法典的制定等）及过程不同，但规律性的内容不因时代变

---

　　①　王保树主编：《商法》，北京大学出版社 2011 年版，第 30 页。

　　②　王保树主编：《中国商事法》，人民法院出版社 2001 年版，第 29 页。

　　③　坐商或称"坐贾"，开设店肆、销售货物的商人。英文是 tradesman，指拥有一定数额的资本，具有一定的字号，在固定地址经营商业的商人。坐商的特征就是具有一定规模的店面，一般长期经营。

　　④　行商：外出经营的流动商人；英文词 itinerant merchant。

　　⑤　王保树主编：《商法》，北京大学出版社 2011 年版，第 31—32 页。

化而消失,可以说,近现代商法是在中世纪商人习惯法基础上发展而来。封建制度被资本主义制度所取代,商人们取得了合法地位,商人行会或团体虽然仍存在但已经失去原先的价值;国家制度的进步,使商人们的立法需求在很大程度上得到立法机关的承认,各国立法对原先习惯法的传承或借鉴还是较好地体现出来。

1. 法国

在早期商事习惯法的基础上,法国路易十四时期于 1673 年 3 月,颁布了《陆上商事条例》(计 12 编 112 条,采取中世纪的商人主义立法例,按照中世纪商人行会的组织方式来规定商人之间的权利、义务与责任,含商人、票据、破产、商事审判的管辖等内容);它以成文法的形式取代了自由贸易时代的商业惯例和商事习惯。1681 年 8 月,法国又颁布《海事条例》(共 5 编,含海事法院、海员及船员、海商契约、港湾警察、海上渔猎等);尽管这些早期的商事立法缺乏很大的权威性,但为商法法典化奠定了最基本的制度基础。①法国大革命后,许多立法者是纯粹的个人主义者,他们关心小商业和手工业,而对大工业的发展却了无兴趣,又加上缺乏周密的理论准备,仅为制止武器供应商的投资行为,克服经济困难而仓促于 1807 年颁布实施《法国商法典》,包括通则(公司、商行为、票据),海商、破产、商事法院,共四编 648 条。该法典多照搬 1673 年《陆上商事条例》,对资合公司、营业资产、有价证券、商事租约、保险契约(海上保险除外)等基本商法规范都未能得到应有体现,但其把商人法变为商行为法的特征较为明显,被视为采取客观主义原则,以商行为观念为立法基础。②由于 1807 年《法国商法典》存在严重的先天缺陷,无法有效调整日益复杂的商事法律关系,目前其绝大多数条款都已被废除或修改,继续有效的条款仅有 140 条,而完全保留了最初行文的仅 30 个条款。③法国在商法典颁布后,随着时代发展,一方面不断修改,另一方面增加单行法以弥补法典的不足,如 1867 年《股份公司法》,1909 年《商业财产买卖设质法》、1919 年《商业登记法》等。法国的立法实践开创了法国体系,为多数国家效仿,尤其是其殖民地国家。时代发展到 21 世纪,随着技术的发展,特别是网络技术的发展,商事关系的日益复杂,法典化已经难以适应商业经济发展的需求,近段时间,去法典化趋势在不断加强。

---

① ③ 王建文:《法国商法:法典化、去法典化与再法典化》,《西部法学评论》2008 年第 2 期。

② 王保树主编:《商法》,北京大学出版社 2011 年版,第 31—32 页。

2. 德国

德国统一前,在 1794 年颁布了普通法,包括民商法规范;1848 年制定普通票据条例,1861 年颁布普通商法法典(总则、商事公司、隐名合伙及共算商事合伙、商行为、海商等 5 编共 911 条),该法主要借鉴法国的做法,采取客观主义原则。德国统一后(1871 年),国会被授权立法,1897 年德国商法典的编纂工作完成,包括商事、商事公司及隐名合伙、商行为、海商等四编 905 条。1900 年法典正式公布,称为新商法,以商人为基础,主观主义原则。该法典今天继续在发挥作用,尽管经过了多次修改。德国在商法典之外,还先后制定多部单行法,如1892 年首创有限公司法(使中小企业的投资者可以享受有限责任的便利)、1901年保险业法、1908 年保险契约法和支票法等。德国这种实践形成了德国体系,后来被瑞士等国纷纷效仿。为了适应市场经济发展的总体规律,到 20 世纪 90年代末,德国于 1998 年修改该法典,彻底改变了以商人为核心的法律体系,而变为商人和商行为基础的法律体系①,迎合了市场经济发展内在规律的要求。

3. 日本

日本在明治维新之前也是一个封闭性的封建国家,其本土不可能产生现代商事规则。在明治维新之后,商事领域,它重在从法律制度角度向欧洲的法国、德国学习。1870 年,日本颁布了《商船规则》,1882 年分别制定了《国有银行条例》(日本银行立法的开端及法律上承认公司的开始)和《汇票、本票条例》。1874年、1875 年分别公布了《股份交易条例》和《谷物交易公司规则》,上述法律均为单行法律法规。1881 年,它全面开始了商事立法,1890 年公布了"旧商法典",它分为"商通则"、"海商"、"破产"三编 1 064 条,依法国法系起草,但其内容主要属于德国商法法系。1893 年 7 月 1 日,该法典的公司、票据及破产部分开始施行,其全部实施推迟到 1897 年,实际开始时间为 1898 年。1893 年,开始新商法典的起草工作,1899 年 3 月 9 日通过同年 6 月 16 日施行,它包括总则、公司、商行为、票据、海商五编 689 条,继受了德国商法,同时将旧法中的许多民法、公法和程序法的规定大部分删去。该法于 1911 年进行了大幅度修改,涉及条目达 200余条,并在海商部分增加了海难救助。②日本的商事立法对民国时期中国的立法影响很大。

4. 英美法系国家

英国商事法开始以习惯法和判例法为渊源,17 世纪为普通法所吸收;18 世

---

①②　王保树主编:《商法》,北京大学出版社 2011 年版,第 34 页。

纪中叶,开始有商事单行的制定法出现,如在"南海泡沫事件"之后,英国议会于 1720 年颁布的"泡沫公司条例",随着交易支付的需要而于 1882 年通过的票据法,满足海上运输需要而于 1885 年颁布的货运证券法及 1889 年的行纪法、1890 年的合伙法、1893 年的商品买卖法、1894 年的商船法与破产法、1906 年的海上保险法和 1907 年的有限合伙法及后来制定的海运法、空运法和公司法等等。这些都是成文法方面的规定。

美国以英国的普通法为基础,但依其宪法规定:宪法未授予联邦或未禁止各州行使的权力,均属于各州。根据《美国宪法》第一条第八款的规定,海商、破产和证券等立法属于联邦机构的立法,而商事领域的公司、合同、票据、保险等立法属于州层面的事宜,各州可以自行制定,这样使得各州立法内容不统一,不利于商事活动。1892 年起,美国通过其统一州法全国委员会①开始谋求各州商事法的统一,在 1896 年、1906 年、1909 年分别通过了统一流票据法、统一买卖法和统一仓库收据法及统一货运证券法和统一提单法;1918 年颁布《统一附条件销售法》及后来的《统一信托收据法》等。②上述建议性文件经整理在 1952 年被编纂为《统一商法典》,并予公布。但它并不是真正意义上的商法典,只是为各州立法提供示范,各州是否采纳、采纳多少、是否可以补充修正等完全由各州自行决定。

5. 中国

中国古代由于商品经济极不发达,商法规范也就十分落后,虽然有不少散见于律令中关于买卖、钱庄、银票、手工作坊及店铺牌匾的规定,但很大程度上带有行政法和刑法的属性。在清光绪皇帝之前,皆为诸法合一体例;光绪帝把商法典看作是振兴工商业的治国大策之一;1903 年派载振、伍廷芳等人起草商法,于

---

① 美国统一州法全国委员会英文全称是 The National Conference of Commissioners on Uniform State Laws,是一个非营利性的法人机构,它由每个州、哥伦比亚特区、波多黎各邦联和美属维尔京群岛的州统一法委员会构成,每一个地区自己决定指定委员会的名额和指定方法(多数通过成文法来规定);对于其 300 多个委员而言只有一个基本要求:即他们必须是自己所在地区律师协会的成员,虽然有一些委员是立法者,多数是法律实务人员、法官和法学教授;他们有特定具体的任期,对其工作没有任何报酬。他们研究或评估哪些可以变为各州可以统一规定的,而且他们只提建议,是否成为各州的法律,由各州自己通过立法机关来决定。See The National Conference of Commissioners on Uniform State Laws lectlaw.com/files/org04. htm.19 世纪末为推动法律统一运动,它于 1892 年"促进美国法律统一性的各州委员会会议"上成立。该委员会设立的目的在于向各州推荐其拟制的示范法律文本;它起草了 100 多项统一标准法案,供各州选用,或按此制定相应的法律。

② 王保树主编:《商法》,北京大学出版社 2011 年版,第 35 页。

1904 年公布了《公司律》《商人通律》,1906 年公布了《破产律》,1908 年 10 月聘请日本志田钾太郎起草《大清商律草案》,其中有公司法六编、海船法六编及票据法三编共 1 008 条。但这些未及颁行,清王朝就覆灭了。北洋军阀时期,颁布了《中华民国商律》《公司条例》及《商人通例》等,1923 年起草了一部《商法》,但未正式出台。国民党时期,采取民商合一的立法体例,在 1929 年制定的民法典中规定了商法的基本内容,将《商法》中的总则、商人、经理人、代办商、商行为、行纪仓库、运输等规则并入了民法债编。此外,制定了一批商事单行法规,主要有《公司法》《票据法》《保险法》《海商法》《商业登记法》等。这些法律中的多数经过修改后在今天的我国台湾继续有效。

新中国成立后至 1978 年,由于实行计划经济,商品经济没有太大的发展空间,商事立法几乎处于停滞阶段。1978 年后,改革开放及有计划商品经济的发展需求,推动了商事立法的起草活动。1992 年 1 月邓小平南方讲话之后,中国从 1992 年开始陆续颁布和完善多部商事法律,如 1992 年颁布的《海商法》、1993 年的《公司法》、1994 年的《仲裁法》、1995 年颁布的《票据法》《保险法》、1998 年版本《证券法》、1999 年的《合同法》和 2007 年的《破产法》等。这些单行法与民法通则、民法总则等共同构成了较为我国完整的商事法律体系。

二、现代商事法律的发展趋势

经济全球化下的商事法律在市场经济规律的作用下,使得其体系和内容不断丰富,随着人类探知商品经济发展规律的深入及遵循最一般的规律之下,法律制度的修改、完善也在不断进行。总体上,现代商事法律制度发展有以下几大趋势。

1. 商法的国际化与各国商事法律统一的趋势日渐明显[1]

商业活动的本质在于交易,区域性和国际性在早期的商品经济中已经有所萌芽和发展,到 15 世纪末 16 世纪初,其国际化随着新航路的开辟在全球大规模地进行,由此使商事习惯在不同国家的商人之间因商事交往而开始形成和发展,进而被有关国家的立法所接受。国际性是商法与生俱来的品格。[2]全球现代市场经济发展的内在规律,对商法的统一化提出了客观要求,所以有关商法的国际

---

[1]　参见王保树主编:《商法》,北京大学出版社 2011 年版,第 29—30 页。

[2]　[英]施米托夫:《国际贸易法文选》,赵秀文译,中国大百科出版社 1993 年版,第 4—5 页。

化运动在 19 世纪末就已经开始,如 1873 年 10 月在布鲁塞尔成立的国际法协会
(1875 年正式改名 International Law Association,此前为国际法革新和编纂协
会)宗旨之一就是研究、诠释和促进国际公法和国际私法的发展,提出解决法律
冲突的办法,统一法律并促进国际理解和善意,1877 年制定《约克—安特卫普共
同海损规则》。成立于 1926 年的国际统一私法协会,是一个专门从事私法统一
的政府间国际组织,宗旨是统一和协调不同国家和国际区域之间的私法规则,并
促进这些私法规则的逐渐采用;其中含有大量的商事规则。1920 年成立的国际
联盟在 1930 年和 1931 年分别通过了《统一汇票本票法公约》。该公约和 1930
年的《统一支票法公约》。1945 年联合国成立之后,在推进商事法律国际化中也
做出了积极努力,如联合国于 1966 年由大会设立的国际贸易法委员会(贸易法
委员会)时承认,各国的国际贸易法律存在差异,给贸易流通造成了障碍,因此,
大会把贸易法委员会视作联合国可藉此对减少或消除这些障碍发挥更积极作用
的工具;大会赋予贸易法委员会促进国际贸易法逐步协调和统一的总任务,它设
立了六个工作组(采购、国际仲裁和调解、运输法、电子商务、破产法和担保权
益),就商事贸易专题进行实质性工作,并形成不同的条约或示范条约(目前在国
际商事仲裁和调解、国际货物销售、破产、国际支付、国际货物运输、电子商务、采
购和基础设施发展、罚款和约定损害赔偿金等方面制定了条约或示范法条约,
1980 年的《联合国国际货物销售合同公约》、1985 年的《国际商事仲裁示范法》、
1996 年的《电子商务示范法》、2002 年的《国际商事调解示范法》、2008 年的《联
合国全程或部分海上国际货物运输合同公约》等),供国际社会参考。①1995 年
成立的世界贸易组织(WTO)对商法的发展和协调起到了巨大的推动作用,为商
事交易的统一规范在各成员方国内法得以体现提供了国际法基础。WTO 组织
及其规则是全球市场经济和各国商务活动发展的必然产物。其规则表面上看主
要是调整各成员政府的活动,即在涉及贸易方面减少对微观企业商事活动的干

---

① 联合国国际贸易法委员会是国际贸易法领域联合国系统核心法律机构,40 多年来专
门从事全世界商法改革的拥有广泛成员的法律机构。贸易法委员会的业务是协调各种国际商
业规则并使之现代化。贸易意味着通过商业活动取得更快速增长、提高生活水平和获得新
的机会。为在全世界范围增加这些机会,贸易法委员会正在制订有关商业交易的公平而协
调统一的现代规则,其中包括:世界各国可接受的公约、示范法和规则,具有巨大实际价值的
法律和立法指南与建议,判例法和统一商法法规的最新资料,对法律改革项目的技术援助及关
于统一商法的区域和国家研讨会等。See the Website of United Nations Commission on Inter-
national Trade Law, at http://www.uncitral.org/uncitral/zh/about_us.html, and http://
www.uncitral.org/uncitral/en/commission/working_groups.html.

预,让市场规律和商事活动主体决定人们的选择,承担相应的后果。但是,国际贸易领域中的私法行为公法化的趋向使企业活动必然要直接或间接地受到WTO规则的影响。①

20世纪下半叶以来,各国商法的趋同更为明显,如公司法的缓缴资本制取代实缴资本、注册资本不断减少甚至取消为创业者提供更好的制度等,已为多数国家所接受。在商事合同领域、运输(含航运、海运和陆路等)、票据领域、保险领域各国相应的法律规范相同点越来越多。国际商会制定的多数国际商事惯例开始被各国法律所吸纳和接受。成立于1919年国际商会(The International Chamber of Commerce,ICC),发展至今已拥有来自100多个国家的600多万成员(主要是公司和各种商会)的非政府组织,是全球唯一的代表所有企业的权威代言机构,以贸易为促进和平、繁荣的强大力量,推行一种开放的国际贸易、投资体系和市场经济。②由于国际商会的成员公司和协会本身从事国际商业活动,因此它所制定用以规范国际商业合作的规章,如:《托收统一规则》《跟单信用证统一惯例》《国际商会2010国际贸易术语解释通则》等被广泛地应用于国际贸易中,并成为国际贸易不可缺少的一部分。③

经济全球化几乎使每一个国家的经济活动都打上了国际化的色彩,商事领域法律的国际化是一种必然。中国1978年改革开放后,开始融入国际商事活动,不断构建商事法律制度。2001年加入世界贸易组织后,我国的经济贸易活动与国际社会联系更为紧密,我国的商法也在完善和发展之中。

2. 动态化趋向

商法规范偏重于技术性,反映了现代经济讲求效率和便于国际贸易交往的要求,带有很强的通用性和创新性。④技术发展、商事活动形式的变化多样使得商法的发展一直呈现出动态化趋向,与之相应的就是国内商法的修改与表现形式的日趋多样化。前者如各国商事法律的修改频率在不断加快,如日本2001年、2002年对商法、公司法的大规模修法活动;韩国1961年的商法典分别在1984年、1985年、1998年、1999年、2001年、2009年、2012年进行了多次修改。

---

① 参见马忠法著:《应对气候变化的国际技术转让法律制度研究》,法律出版社2014年版,第71—89页。

② See *Who We Are*, at https://iccwbo.org/about-us/who-we-are/.

③ See Resources for Business, at https://iccwbo.org/resources-for-business/.

④ 顾耕耘:《关于商法基础理论的几个问题》,载于徐学鹿主编:《商法研究》第三辑,人民法院出版社2001年版。

我国 1993 年的《公司法》在 1999 年、2004 年、2005 年、2012 年、2013 年分别进行了修正或修订,其中修正内容较大的是 1999 年、2005 年、2013 年。动态化的另一种情况是为了应对技术、经济等的快速发展,商事领域去法典化的趋势在加强,对特定事项通过单行法来加以调整的做法越来越多,因为这种做法既能适应具体商事领域发展的需求,又能够适应变化,适时作出修改;单行法修改程序简洁、针对性强、效率高,符合市场经济发展规律的需求。

3. 两大法系相互渗透

在资本主义世界,两大法系商事实体法领域之间的区别在不断减少。实际上,自商品经济活动一开始,两大法系都较为重视制定法的作用,只不过区别在于大陆法系国家偏向于通过商法典来调整商事活动,而英美法系国家通过商事单行法来规范。至于通过判例形成的实体商事法规范,英美法系表现明显,而大陆法系几乎很少承认案例创制法律。然而 20 世纪 90 年代以来,随着商品经济发展的复杂和商事活动的丰富多样,通过成文法来规范一切商事活动已经变得不太可能,英美法系的判例创制法律的优势凸显出来,现在大陆法系的不少国家试图通过判例来引导司法审判。在内容方面,英美法系与大陆法系也有相互借鉴之处,如大陆法系接受英美法系的授权资本制,以取代早期的法定资本制,这种做法更能适合创业需求。①中国 2013 年的《公司法》修改后采取的缓缴或认缴资本制正是这一体现。

第五节　商事法律原则及当今商法的法律体系

一、市场经济与商事法律制度

市场经济是一种以价值规律为基础的经济发展和存在的模式。在这种模式下,将一切生产要素和交换活动推向市场,市场在社会资源的配置中起基础作用。市场经济体制的特征:经济关系市场化,即除了涉及国计民生的重大经济活动外,一切私人之间的经济交易关系均通过市场来完成;政府的间接宏观调控,由于自由市场经济(无形之手)的盲目性及滞后性,市场经济的发展需要在政府的宏观调控(有形之手)下才能健康发展;企业行为自主化,指企业作为市场主

① 　其他具体分析可以参见王保树主编:《商法》,北京大学出版社 2011 年版,第 35 页。

体,其一切经营活动皆由其根据市场状况及经济发展规律自身决定;经营管理法治化,即企业经营活动要在遵守国家法律法规规章及公司章程等条件下进行。

市场经济是法治经济。要实现市场在资源配置中的决定性作用,其重要的前提条件就是产权明晰、市场主体财产受法律保护、其行为受法律约束和保障。完善的市场经济应能公平、公正、公开地配置各种资源,公平地实现利益分配和再分配,由此就要求制定较为完善的市场经济法律体系,来保证市场的公平竞争,维护市场经济的健康运行,保障市场主体充满活力。市场主体的自主行为需要法律规范、引导,而政府宏观调控作用的发挥更需要法律规范。政府的主要职能是根据市场经济发展规律适时制定公平的市场规则。私人逐利之目的,易诱发各种违反道德、损害社会公众利益之行为;自由经济容易导致垄断,不正当垄断会损害消费者权益。因此,没有法律约束和保护的市场经济必然走向混乱。法律不配套、不健全以及有法不依、执法不严,市场经济就建立不起来。市场经济的本质就是法治经济,它要求市场主体遵循市场经济规律,外在的约束就是将这些规律变为法律去约束商人的行为;它要求政府用法律来保护平等的市场主体之间进行公平竞争以实现资源配置效率的帕累托最优,要求用法律手段来处置市场运行过程中产生的各种矛盾和冲突,要求政府在法律框架下调控国民经济运行,要求严格保护市场主体的财产权利不受侵犯。

由于受市场规律支配,商事活动的共同特征决定了各国商法的共通性,商事领域立法的民族特色不像其他法律浓厚;再有,许多国家(特别是发展中国家)的商法均模仿或参考西方发达国家的立法模式,所以商法的国际化(如国际条约、国际商事惯例)成为各国商法的主要特征。

二、商事法律原则

商法基本原则,是指集中体现商事立法的宗旨和价值追求,对各种商事关系具有普遍的适用意义,在商品具体规则不甚完善的国家对于司法实践亦起到重要的司法指导作用,对统一的商法规则体系具有统领作用的商事法律原则;是统帅商事立法、商法研究和商事审判活动的最高准则,商法价值观的具体表现及商法取得独立地位的关键理论架构。①现代各国商法理论均对其予以特别的关注,并将其作为构建商事法规范体系的基础。当前我国法学界关于商法与民法、经

---

① 徐学鹿:《论现代商法的基本原则》,《法学》2003 年第 1 期,第 15 页;冯静:《商法基本原则的选择与司法运用》,华东政法大学 2015 年博士学位论文。

济法关系问题仍存在较大争议,本书力图从商法基本原则的研究角度出发探讨商法原则与民法、经济法原则之间的互动关系,以期对我国社会主义市场经济法律体系中商法、民法与经济法的准确定位有所助益。

1. 商事主体法定及各主体地位平等原则

商事主体具有法定性,针对不同类型的主体,法律有不同的条件。因此,它们获得市场主体资格需要严格按照法律规定进行,符合法律规定的条件才可以设立,然后从事市场交易活动。在我国,获得市场主体资格,一般需要到工商行政管理部门登记、注册,获得营业执照后,即取得商事主体资格。

交易平等原则,即商事交易主体间的法律地位平等。按照商品经济的一般逻辑,商品交换关系产生的决定性因素,在于生产者是生产资料和劳动产品的独立所有人或经营权人,只有实现等量劳动的交换,才能收回生产过程中所作的耗费并获利润,使简单再生产和扩大再生产能得以进行。这就要求参加交换的主体彼此承认对方是商品所有者,与自己处于平等地位。"参加交易的个人已经默认彼此是平等的个人,是他们用来交换的财物的所有者。"商品交换的这一特性,使马克思把商品称作"天生的平等派"。这一特性的法律要求在于,商事主体具有法律上的独立人格,都是独立的商事主体,能够在平等的基础上从事商事活动。在商事交易中"互相对应的仅仅是权利平等的商品所有者;占有别人的商品的手段只能是让渡自己的商品",因此,地位平等是互惠性的首要前提和基础,体现着商品交换的客观要求,是市场化商品经济所必不可少的基本规则。如各国公司法中关于股权平等、按股表决,商业登记法中的准则主义和财产责任的规定等都体现了平等原则。

2. 自愿公平、等价有偿交易原则(即促进交易自由、维护交易公平原则)①

自愿性原则即指商事主体在商法规范之下得依其自由意志进行其所愿之商事活动的原则。由于社会分工及不同所有者的存在,商品生产者必须借助于市场完成自己的经济活动。为达到经济行为的合理化,商事主体必须选择最有利的价格成交以最大限度地实现自己的经济利益,只有在排除了对商事主体意志自由限制的前提下,他们才能以相当于或低于社会必要劳动时间的价格获取利润,以及意志自由的合理化选择。不适当地限制商事主体的意志自由,会导致限制竞争,扭曲交换关系,破坏互惠性。因此,商品交换是"自愿交易,任何一方都不使用暴力","要使这种物能当作商品来相互发生关系,商品监护人必须当作使自己的意志存在这种物内的人,来相互发生关系,以至一方必须取得他方同意,

---

① 参见赵旭东主编:《商法学》(第三版),高等教育出版社 2015 年版,第 10—11 页。

从而依对方意志,才能让渡自己的商品时,占有他方的商品"。传统私法理论有"私法自治"原则,即当事人依照自己的理性判断,在设计自己经济利益实现的方式和模式后,自主参与相应的商事活动,并自己对该活动的后果承担责任。自愿性强调商事活动是主体生存利益实现的过程,自愿便以意思自治贯穿整个商事活动。商事行为之前的准备是主体依其意思进行参与商事活动的机会选择。

公平原则,即以道德色彩浓郁的公平观念作为判断商事活动是否公允、衡平标准的原则。商事活动的公正性原则要求对商事财产利益的衡平性与协调性,即商事主体应以公正为宗,对财产利益的获得与失去,应以对待给付为手段,使商事活动表现出利益互惠性。在亚当·斯密那里,与公平相联系的"同情心"和"利己心"被视为是人类心灵深处的两种基本观念。"同情心"这个词是用来说明人做出判断、克制自私的能力,或者是一种设身处地地为别人着想的能力。"利己心与同情心是人类心灵这块硬币的正反两面。"而依新古典微观经济学"理性经济人"假定,经济人除具有追求私利和理性的特征外,暗含的另一个特征是他是守法的,但并非是公正的。公平是以利益均衡作为价值判断标准来规范商事主体之间的物质利益关系的法律要求。它意味着理性经济人为商事主体之间的利益均衡或互惠利益的实现,必须放弃一些理性的营利追求。这不仅是市场经济伦理规范的要求,更是关系人类社会稳定、协调、持续发展的重大问题。商法上的公平性要求主要表现在情事变更原则方面。情事变更即作为商事法律关系存在前提的情事,因不可归责于当事人的事由、发生事先不可预料的变更,从而导致原来的商事法律关系显失公平,应当变更原商事法律关系的原则。情事变更原则是商品交换经济互惠性一般要求的法律反映。而从经济的角度看,商事法律关系是在社会分工的前提下,各社会成员相互利用彼此的劳动成果,相互依存,以求共同发展的关系的反映。因而商事法律关系主体以一个既保障自己利益,同时也保障对方利益的共同体从事商事活动。主体之间并非完全对立,而是一方当事人利益的满足,必须以满足对方利益为前提。由于生产的分工性,商品生产者必须依赖于交换与协作才能生存和发展,他方生存的丧失也就意味着自身的生存危机,遑论发展。因此,情事变更原则要求在商事法律关系存续期间,如发生特殊情况使对方当事人的利益严重失衡时,处于优越地位的一方不得利用对自己有利的客观情况强迫对方,而应当通过协商对商事法律关系的内容进行调整,以求得双方利益的重新均衡。为维护社会经济秩序的稳定,根据普遍私法和特别商法的一般规定,如有不公平可在维持原有商事法律关系的基础之上调整当事人之间的利益配置使之趋于均衡;若以上措施仍不足以消除因情事变更造成的不公平后果，则可依法解除商事法律关系。如《联合国国际货物销售合同公约》规定，当事人对不履行义务不负责任，如果他能证明此种不履行义务是由于某种非他所能控制的障碍，而且对于这种障碍，没有理由使他在订立合同时能考虑到或能避免克服它或它的后果。

3. 交易简便、迅捷原则（提高交易效率），如短期时效、定型化交易形式等是其体现①

商事交易以营利为目的。学者皮特指出："商品—货币—商品"顺序组成的循环圈属于普通私法行为范畴；而"货币—商品—货币"顺序组成的循环圈属于商事行为范畴。现代商事实践中，交易速度或商品流转速度对于营利性实现的程度，具有至关重要的意义。因此，商法确认交易简易、迅捷原则是商法营利性原则的又一体现和要求。一般来说，商法中的保障交易迅捷原则主要表现为交易简便性原则、短期时效原则和定型化交易原则。

（1）商事交易的简便性原则。按照世界各国商事法的规定，相当一部分商事法律行为采取文义行为方式和要式行为方式，使得此类法律行为中的大部分内容通过强行法或推定法预先加以确定，将少部分特殊内容留待交易当事人约定，由此形成法律行为文件的标准化和证券化，也是商事交易简便性的要求。如现代各国商法实践中广泛采用的票据、提单、保险单、流通证券等均是此种法律行为文件标准化的典型。在实践活动中，对于许多非证券化的商事合同而言，其大部分内容也已由商法中的推定条款和交易习惯所预先确定，从而形成商事合同的简便性特征。

（2）短期时效主义。即商法对于各类商事请求权普遍采取不同于普通私法上时效期间的短期时效。如各国商法对于商事合同的违约求偿权大多适用2年以内的短期消灭时效，对于票据请求权大多适用6个月、4个月，甚至60日的短期消灭时效，海商法上对于船舶债权人的先取得权多适用1年以内的短期消灭时效，保险法上对于保留补偿请求权通常也适用短于普通私法时效期限的短期时效。商法上的短期时效主义旨在推动商事交易纠纷的迅速解决，以牺牲债权人的时效利益为代价换取了交易迅捷的社会效益，体现了现代商事法的价值取向。

（3）商事交易定型化原则。所谓商事交易定型化包涵了交易形态与交易客体的定型化两方面的具体内容。前者是指商法通过强行法规则预先规定若干类型的典型交易方式，使商事交易的方式定型化。它使得任何个人或组织，无论何

---

① 参见王保树主编：《商法》，北京大学出版社2011年版，第24—27页。

时从事商事交易均可获得同样的法律效果。如销售商陈列货物标明其价格,使买受人得以迅速决定承诺与否,促进了交易的迅捷。后者则是指交易对象的证券化。当交易客体为无形财产或权利财产的,商法通过权利证券化简化了权利转让程序。如公司法上的股票、票据法上的票据、保险法上的保险单。

4. 诚实信用、鼓励交易原则

德国学者鲁道夫·施塔姆勒(Rudolph Stammler)认为,法律的标准应当是社会的理想——爱人如己的人类最高理想,行为符合这种理想即符合诚信原则。这种理想处在高于法律和契约的地位,诚信原则即这种最高理想的体现。诚信宗旨在于以一定可供依赖的道德基础上形成的一定均衡利益的秩序。一切法律关系都应根据其具体情况按正义衡平的原则进行调整,从而达到具体的社会公正。法律关系的内容及其实现方式依当事人之间的具体情况而有差异。在许多情况下,依据法律的具体规定无法实现充分公正的,这就需要有弹性的法律原则加以补充,而诚信原则不过是掌握在法官手中的衡平法。诚信原则的宗旨在于实现当事人之间、当事人与社会之间利益关系的均衡。在当事人之间的利益关系中,诚信原则要求尊重他人利益,以对待自己事务的注意来对待他人利益,保证法律当事人都能得到自己应得的利益。在当事人与社会之间的利益关系中,诚信原则要求当事人不得通过自己的活动损害第三人和社会的利益而必须在法定范围内以符合其社会经济目的的方式行使权利。诚信原则调整后一种利益关系时集中体现在禁止权利滥用方面。禁止权利滥用原则的要旨在于要求商事主体在实现自身利益满足个人利益需求过程中实现个人利益与社会利益的均衡。如以社会利益为参照系,某一特定主体的权益则是独立存在的一个整体,由此导致两类利益在商事活动中必然出现冲突。禁止权利滥用的适用范围主要在对绝对权利的行使方面,将绝对权利的行使限制在社会利益所允许的范围内。而依理性经济人的假定,权利禁止滥用也意味着现实社会中许多获利机会未被开发。之所以出现这种情况是由于开发这类机会存在着巨大的成本,而即使人们遵守权利禁止滥用原则,实质上也是他们追求最大化理性行为的一种表现形式。总之,禁止权利滥用原则强调个人利益与社会利益的协调增长和发展,对于当前人类面临的社会的可持续发展具有重大的实践意义。

5. 交易安全原则

法律多种价值追求的矛盾集中表现为安全与效率的矛盾。商事活动虽要求灵活、迅捷,但如果离开了交易的安全性,营利仍无法实现,此种灵活与迅捷即丧失意义。德国商法学家德恩指出:"商法是一切法律中最为自由的,同时又是最为严格的。"因此,维护交易安全是商法营利性原则的又一基本要求。商法上对于交易安全之维护集中表现在商事交易条件的强制主义、公示主义、外观主义及严格责任诸方面。

（1）强制主义或要式主义。即国家通过商法公法化手段对商事关系施以强行法规制,使商事交易形式依照法律的严格规定,任何交易当事人均不得任意加以改变。强制主义表明:一方面充分尊重商事主体的自主权,经营自由、契约缔结自由、契约方式自由、契约内容自由,对于交易事项允许当事人自由约定;另一方面促进当事人之间建立起巩固的交易基础,确保交易安全,实行某些合同与文书规定事项的法定化、强制化。具体来讲,要式主义的实现主要表现在三个方面:第一,现代各国商法多通过公法性规范直接调控商事关系。如各国商法中有关商业税收、商业登记、消费者保护、禁止不正当竞争、限制商业垄断等一系列规则和制度直接体现了国家的干预与管理职能。第二,现代各国商法日益偏重于使用强行法规则对商事活动加以控制。如各国法中对公司设立条件的强制性规定,对于公司章程内容的强行法和任意法推定,对于票据、提单、保函、证券越来越广泛的文义性要求和要式性规定等。但此类强行法规范是传统民商法固有的内容,而现代商法的发展使得这部分规范的作用日益重要,体现了商法营利性追求所要求的社会交易安全保护。第三,现代商法除传统私法责任制度外,确立起多种法律现任制的并存的调整机制。如各国票据法、公司法、保险法等规定,违反规定法律,可能导致经济赔偿责任乃至行政责任,严重的可导致刑事责任。

（2）公示主义。指交易当事人对于有关利害关系人利益的营业上的事实,负有公示告知义务的法律要求。这一规定目的在于保护社会交易人或不特定的第三人。按照现代大多国家公司法规定,有限公司解散时,清算组应当自其成立之日起10日内通知债权人,并于60日内至少公告三次。公司法上关于设立登记、变更登记、注销登记等规定都为达到公示目的。票据法上的票据作为一种文义证券,其权利与义务以票据所载内容为准。在票据上签名者,即应对票据上文义负责。

（3）外观主义。指交易行为的效果以交易当事人的外观为准。法律现象中本质与外观不一致的现象经常存在,而依外观主义,法律行为完成之后,出于对交易安全的保护,原则上不得撤销,如各国商法中关于不实登记的责任,字号借用的责任、表见经理人、表见代表董事、自称股东或类似股东代表的责任等。外观主义在票据法上表现为对票据行为的解释应遵循外观解释原则。票据作为一种文义证券,一切票据行为的意思表示都是通过证券上的记载反映出来的,因此,通过票据证券解释票据行为人的意思表示的内容时,只能就票上记载的文字解释。即票据行为如果具备法律要求的形式要件,就不问其记载事项是否与事实相符,即使不符也只能遵循票据上的文义,而不影响票据行为的效力。

(4) 严格责任。即商法为从事商事交易的主体规定了更为严格的责任。这种严格责任是保障交易安全的一个方面。如公司法上的无限公司及两合公司的无限责任股东对于公司的债务负连带责任。公司负责人在执行业务时违反法律造成他人损害的,与公司对受害人负连带责任等。我国台湾地区"保险法"规定:保险人对于由不可预料或不可抗力事故所致的损害,对于因履行道德上义务所致的损害,或对于投保人,被保险人之雇佣人,或其所有动物,或动物所致损害,均应负赔偿责任。

可以说,商事交易的公示主义(如上市公司信息披露、公司登记、公告、债券募集办法、船舶登记等)、要式主义、外观主义(以当事人外观行为为准认定其行为所产生的法律后果)及严格责任主义(债务人无论有无过错均应承担义务)及法的确实主义(事实尊重主义)都意在增强当事人交易安全、保护有关交易主体的正当合法权益。

三、商法体系

对于实证的商法法律体系,不同的学者有不同的看法。多数观念认为,商法主要有公司法、破产法、证券法、票据法和海商法等主要涉及商主体和商行为的几个单行法,如王保树主编的《商法》(北京大学出版社 2011 年版)和赵万一主编的《商法》(第三版,中国人民大学出版社 2010 年版)等教材所构成的体系,而徐学鹿主编的《商法学》(修订版,中国人民大学出版社 2008 年版)、覃有土主编的《商法学》(第三版,高等教育出版社 2012 年版)等没有包含海商法的内容。[①]

我们认为较为完整的商法体系应当围绕"商"来构建,除了前面五个单行法之外,还应当包括商自然人和商事合伙方面的法律、商事合同方面的法律以及商事纠纷解决方面的法律等。当然,如果扩展至更广范围的,还应该包括知识产权法、银行法和信托法等。根据本书所理解的商法体系,从商法学的角度,我们将商法分为以下几部分:商事基本理论(即本章)、商事主体法(含一般制度如基本理论、分类及公司法、合伙企业法、个人独资企业法和破产法等)、商事行为法(主要含商事合同法、证券法律制度、票据法律制度、保险法律制度、海商法律制度等)和商事争端解决法律制度等。因此,本书中涉及的商法体系比国内多数的商法教材范围较广,但又比实质的商法内容窄。

---

① 具体内容分别参见各教材。

第四章

商事主体法概述

第一节　商事主体法的一般知识

一、商事主体概念

（一）商事主体

商事主体即商事法律关系的主体，通常就是指商人。有学者认为广义上的商事主体是指商事法律主体，即依照商事法律规定，具有商事权利能力和商事行为能力，能够以自己的名义参加商事法律关系并在其中享有商事权利、承担商事义务的公民和组织；[①]它包括商人、商会、商事主管机关（如登记主管机关，在中国是工商行政管理部门、证券主管机关等）。[②]我们认为这种解释有扩张商事主体含义的趋向。其实主管机关、行业协会等并不直接参加到商事法律活动中，它们只是提供必要的公共行政服务或行业服务活动，作为商事主体，有冲淡商事主体天然职能的可能。本书所说的商事主体就是指商人，即具有商法上的资格或能力，能够以自己的名义从事营业性商行为并独立享有商法上权利，承担商法上义务的组织和个人。[③]

商事主体是商法规范或调整的重要对象，其主要目的在于营利；通常商事主体包括商法人、商自然人及商事合伙等其他商事组织。各国商事主体法律体系主要规范的就是商事主体的设立及其运行，其中设立的规定是商事主体市场准入的条件等；而有关运行的规定主要涉及主体成立后在法律框架下的自主运营

---

① 王保树：《商法》（第二版），北京大学出版社 2011 年版，第 39 页。
② 雷兴虎：《商法学教程》，中国政法大学出版社 1999 年版，第 27—29 页。
③ 林刚主编：《商法学论点要览》，法律出版社 2004 年版，第 21 页；官欣荣主编：《商法原理》，中国检察出版社 2004 年版，第 66 页。

等,如治理结构、责任承担等。比如多数国家制定的《合伙(企业)法》《公司法》就是最主要的商事主体法。

(二)商业辅助人

与商事主体相关的另外一个重要概念是商业辅助人。有学者将其分为两类:一类是"独立型辅助人",即不参加某商事主体的营业组织而辅助其从事营业的自然人或组织;一般而言它们本身就是一个独立的企业,只是其营业内容为辅助他人营业的一种活动而已。比如汽车制造商的"4S 店",它们多是某一汽车制造商的代理销售商、售后服务商等。此外还有居间商、行纪商、承揽运送商,甚至银行、保险、信托等企业也在这类辅助人之列。①另一类是指"非独立商业辅助人",即通过聘请和雇佣关系,从属于特定营业主或法定代表人,在企业组织内部服从营业主或法定代表人的指挥和命令,在外部商事业务上以代理人身份辅助其与第三人进行交易的人。②本书认为,将第一类辅助人也看做"商业辅助人"有商榷之处。从法律上说,其作为一个独立的商事主体,基于法律上市场主体平等原则,就不该有主要与辅助之分。本书的商业辅助人主要指后一类,他们与商人不同,他们是协助商人实现经营目标,其在工作期间的行为并不是为了自己,而是为了公司的目标。一般情况下,其在合法授权的情形下从事行为的最终后果,由委托或授权其从事事务的商人来承担。

依国际惯例,公司中一般从业人员——经理、高级雇员、经营管理人员、其他雇用人员等与公司的关系多通过民法或劳动法来调整,调整商人与商业辅助人之间的关系最常见的法律文件是双方签订的劳动合同。一般而言,他们根据法律或商人内部规章制度的规定,享有代理权,对外行为结果归营业主或法定代表人。至于勤杂人员等常无代理权。

(三)商事主体的特征

通常认为商事主体具有以下主要特征:

1. 商事主体行为的经营特征

商事主体行为的经营特征,即商事主体必须从事特定的商行为。该特征是一些学者所讲的商人必须具有的商事能力,即商主体在商法上的权利能力和行为能力。它除了有资格参加商事活动外,还必须将自己的经营活动限制在一定的范围内,即登记时所言明的经营范围。简言之,商人必须在登记机关所核准的经营

---

① 官欣荣主编:《商法原理》,中国检察出版社 2004 年版,第 84—86 页。
② 同上书,第 85 页。

范围内独立从事特定的商行为并对此享有相应的权利和承担相应的义务。①

2. 商事主体的职业特征

商事主体的职业特征为从事特定的营利性活动,即商事主体需以实施某个或某些特定领域的营利性的商事交易作为其生存和发展的基础,即它要经常从事营利性行为并以此为生,以实施商业交易为其职业。②商事主体的经营方式特征,即其营业行为除了营利性、连续性外,还有同一性、公开性和正当性等特征。简言之,营利性、持续性的交易或商事活动是其生存之本。

3. 商事主体的产权特征

商事主体的产权特征,即任何一个商事主体必须要有相对明显的产权界限。只有商事主体对经营的财产具有相对明确的权属,才有可能运营或处理相关财产,进而参与到相关商事活动中。对于商自然人,财产归其个人所有。他享有相应权益,但在承担债务时,也需要以其个人财产承担无限责任。对于普通合伙,合伙人可以就共同出资为合伙企业的财产进行运营和处理,但对于合伙企业所欠债务,由于合伙人的个人人格与企业没有独立,普通合伙人相互之间要承担无限连带责任。对于相对独立的企业法人,由于出资者将其财产从个人财产中隔离开来并融入到法人的财产中,出资人不能随意处置其出资额,只能通过法人治理机构来运营处理,但由此带来的结果是如果企业法人对外所欠债务与出资者个人的其他财产没有任何关系。因此,明确商事主体的财产所有权人是商事主体可以遵循市场规律参与市场活动的基本前提和依赖。

4. 商事主体的组织特征与注册特征

商事主体的组织特征与注册特征,即商事主体通常要具备法定的组织形式,由相关的法律规定其设立的条件并由相关政府部门予以登记以确认和体现其相对独立的法律地位,然后才有相应的商事权利能力和行为能力。商事主体不能随意设立,要完成一定的程序并经商业登记方可取得合法的经营地位。③这一点是其不同于一般民事主体的一个重要方面。

5. 商事主体必须是商事法律关系的当事人

商事主体必须是商事法律关系的当事人,是商法上商事权利的享有者和商事义务的承担者。商事主体必须以自己的名义从事商事活动并最终承担经营活

---

① 覃有土主编:《商法学》,高等教育出版社 2012 年版,第 38 页。
② 周林彬等:《比较商法导论》,北京大学出版社 2000 年版,第 216—217 页。
③ 赵万一主编:《商法学》,中国法制出版社 2006 年版,第 32 页。

动所带来的一切后果:盈利或亏损。这一点使其不同于商事主体内部的管理或治理结构,也不同于一般的民事主体如民事合伙等。①

（四）资格的取得和终止

商人主体资格的取得一般由不同的主体法加以规定。一般情况下,商人资格从正式注册登记、领取营业执照时取得,并成为外在公示手段。而商人资格的终止针对不同的商主体由不同的法律来规定。对于商自然人而言,自其自动终止营业,注销登记时,即为终止。对于合伙或法人,一般终止有以下几种情形:完成目标、自行解散,或破产,被撤销。不论是何种情况都要进行清算,清算完后,办理注销登记,在收缴营业执照后资格消灭。

二、商事主体的类型

1949 年以来,我国经历过计划经济、转型时期经济到市场经济等几个不同的发展阶段。在计划经济时代,由于不讲所谓的商品经济,故市场主体无以存在;在"一大二公"的环境下,企业主要以公有制形式存在,且主要以行政计划方式进行生产、经营,几乎没有交换和贸易。故企业建立的标准主要按所有制的方式进行,企业主要有国营企业和集体企业两种形式。转型时期即有计划的商品经济时期,一定范围内的非公有制经济可以存在,且出现了个体经济和私营经济等。但仍是以所有制方式来划分企业种类,且不同身份的企业享有的地位不同,非公有制经济是公有制经济的补充。②到 1999 年之后,企业组织形态的标准基本按照出资人出资的方式及责任承担形式等来判定,而日渐淡化所有制的影响。下文主要根据市场经济规律要求的组织形态来划分企业类型(即商自然人、商合伙和商法人)并依此进行简要论述。

（一）商自然人

商自然人即个体商人、商个人,即依法取得商事主体资格从事商事活动、享

---

①　参见覃有土主编:《商法学》,高等教育出版社 2012 年版,第 39 页。

②　1982 年《宪法》第 11 条规定:"在法律规定范围内的城乡劳动者个体经,是社会主义公有制经济的补充。国家保护个体经济的合法的权利和利益。""国家通过行政管理,指导、帮助和监督个体经济。"1988 年《宪法》修正案增加一款,即:"国家允许私营经济在法律规定的范围内存在和发展。私营经济是社会主义公有制经济的补充。国家保护私营经济的合法的权利和利益,对私营经济实行引导、监督和管理。"这些规定到 1999 年第三次宪法修正时才改为:"在法律规定范围内的个体经济、私营经济等非公有制经济,是社会主义市场经济的重要组成部分。""国家保护个体经济、私营经济的合法的权利和利益。国家对个体经济、私营经济实行引导、监督和管理。"

有商事权利和承担商事义务的自然人个体。①它可以表现为一个自然人、"户"或自然人设立的独资企业。它包括个体工商户、农林牧渔贩运户、手工业者、个体修理户、独资企业、私人营业主等。

商自然人的特征:以自身个体劳动经营为主或以家庭成员的特长进行劳动组合;独立的经营者;在我国须经过核准登记程序;承担无限责任。②

在我国,对于个体工商户、农村承包经营户等的规定主要体现在《民法总则》中。它规定:自然人从事工商业经营,经依法登记,为个体工商户。农村集体经济组织的成员,依法取得农村土地承包经营权,从事家庭承包经营的,为农村承包经营户。个体工商户的债务,个人经营的,以个人财产承担;家庭经营的,以家庭财产承担;无法区分的,以家庭财产承担。③这是就商自然人目前最为权威的规定。此外,最高人民法院的司法解释对商自然人有一些补充规定。例如起字号的个体工商户,在民事诉讼中,应以营业执照登记的户主(业主)为诉讼当事人,在诉讼文书中注明系某字号的户主。以公民个人名义申请登记的个体工商户和个人承包的农村承包经营户,用家庭共有财产投资,或者收益的主要部分供家庭成员享用的,其债务应以家庭共有财产清偿。在夫妻关系存续期间,一方从事个体经营或者承包经营的,其收入为夫妻共有财产,债务亦应以夫妻共有财产清偿。个体工商户、农村承包经营户的债务,如以其家庭共有财产承担责任时,应当保留家庭成员的生活必需品和必要的生产工具。④

对于独资企业,我国在 1999 年 8 月通过了《个人独资企业法》(2000 年 1 月 1 日实施)。该法共六章四十八条,由第一章总则(7 条)、第二章个人独资企业的设立(8 条)、第三章个人独资企业的投资人及事务管理(10 条)、第四章个人独资企业的解散和清算(7 条)、第五章法律责任(14 条)及第六章附则(2 条)构成。

个人独资企业是指依照《个人独资企业法》在中国境内设立,由一个自然人投资,资产为投资人个人所有,投资人以其个人全部财产对企业债务承担无限责任的经营实体。⑤个人独资企业的特征:投资者只有一人且限于自然人,该企业依附于企业主的人格,不具有独立的法律地位;是独立的经营者,其存在以盈利

---

① 王保树主编:《中国商事法》,人民法院出版社 1997 年版,第 40 页。
② 周林彬等:《比较商法导论》,北京大学出版社 2000 年版,第 224 页。
③ 参见《民法总则》(2017 年)第 54—56 条。
④ 《最高人民法院关于贯彻执行〈中华人民共和国民法通则〉若干问题的意见》(试行)(1988 年)第 41—44 条。
⑤ 《个人独资企业法》(1999 年)第 2 条。

为目的；以自身个体劳动经营为主或以家庭成员的特长进行的劳动组合；在我国需经过核准登记；企业对债务承担无限责任。①该企业类型设立较为容易，经营较为灵活，规模可大可小，适合各种小规模经营者。所以，它广泛存在，且形式丰富多彩，包括各种手工业者、修理业者、农林牧副渔等贩运户等。

一个自然人可以经营无数个独资企业，这些企业可以都在法律上是一体，都属于出资人。有的国家法律规定，某些营业不能由个人独自经营。例如日本的银行法、信托业法、保险业法都规定银行、保险业、信托业只能由股份公司经营，因而在这些企业里，不可能有个人企业。个人企业在各国从数量上说，占企业总数的大多数，但在国民经济中作用不大。个人企业的优点在于经营上具有灵活性，可以充分保持营业上的秘密。但是缺点也很多。首先，个人出资力有限，只能由出资人以个人借贷方式筹集资金。这种方式有很大不便，一方面，即使营业失败，也要付给约定利息；另一方面，即使营业非常顺利，贷款人也只能取得约定利息。前一点对借用人不利，后一点对出借人——借贷资本家不利。其次，个人能力有限。虽然可以雇用他人，但被雇用人位于受雇用地位，对企业的经营没有主人翁的责任感，不能尽心；第三，独资企业的出资人负无限责任，所担风险太大。

（二）商事合伙

合伙是指由两个或两个以上的合伙人（含自然人、法人和其他经济组织）为了共同的经济目的，通过自愿签订的合伙协议约定共同出资，合伙经营，共享收益，共担风险并对合伙债务承担无限连带责任的联合体/营利性组织，它是一种以协议关系为基础的企业组织形式。参加合伙的人称合伙人。合伙企业通常不具备法人资格，各合伙人一般为权利与义务的主体，既是合伙企业财产的共同所有者和经营者，又都对合伙企业债务承担无限连带责任。

合伙企业在法律上有一些特点：（1）合伙企业的主人（出资人）是多数自然人，法人也可为合伙人。合伙人的人数在大多数国家无限制，英国限制在 20 人以内。（2）合伙人必须出资，不过出资的方式无限制，可以以金钱、实物、各种财产（如专利权）、劳务（包括技术）、信用为出资。②合伙人的出资总和与合伙企业在营利中取得的财产组成合伙企业的财产（合伙财产）。合伙财产为合伙人共有。合伙财产虽然属合伙人共有，但具有相对独立性（见下文）。（3）合伙人均有

---

① 周林彬等：《比较商法导论》，北京大学出版社 2000 年版，第 224 页。

② 《合伙企业法》（2006 年）第 16 条第 1 款。

执行业务的权利与义务,即均参与合伙企业的经营管理。在一般情况下,不得辞任,不得请求报酬,且非得其他合伙人同意不得经营同类的事业。在执行业务中,每一合伙人为其他合伙人的代理人,对外为合伙人的代表(此所谓代表与法人代表有异)。(4)合伙人对于合伙企业的营利分享利益并分担损失,其比例在无约定时均为平均分配。对于合伙债务,各合伙人负无限连带责任。(5)合伙是合伙人间的"人的集合",其基础建立在相互信任之上。英国法称合伙为一种"忠诚合同"(因此才能互相代理)。合伙人有一人死亡时,合伙即解散。合伙人退伙或其他人入伙均需得其他合伙人全体同意。退伙人在退伙后,对于合伙原来所负的责任仍应负责,入伙人对于合伙原有的债务亦应负责(与其他合伙人同)。

合伙只是合伙人的集合,而不是独立于合伙人以外的另一实体(即法人)。不过合伙人又不是一个简单的"人的集合",而是具有其特点。这种特点表现在两点,一为合伙的团体性,一为合伙财产的相对独立性。合伙是介乎独资企业与法人性的共同企业(公司)之间的一种企业形态。

合伙可以分为普通合伙和有限合伙。有限合伙是由普通合伙发展而来的一种合伙形式。两者的主要区别:普通合伙的全体合伙人(普通合伙人)负责合伙的经营管理,并对合伙债务承担无限连带责任。有限合伙由两种合伙人组成,一是普通合伙人,负责合伙的经营管理,并对合伙债务承担无限连带责任;二是有限合伙人,通常不负责合伙的经营管理,仅以其出资额为限对合伙债务承担有限责任。①有限合伙融合了普通合伙和公司的优点。与公司相比,普通合伙人直接从事合伙的经营管理,使合伙的组织结构简单,节省管理费用和运营成本;普通合伙人对合伙要承担无限责任,可以促使其对合伙的管理尽职尽责。同时,对有限合伙本身不征所得税,直接对合伙人征收所得税,避免了公司的双重税负。与普通合伙相比,允许投资者以承担有限责任的方式参加合伙成为有限合伙人,消除了投资者承担无限责任的后顾之忧,有利于吸引投资。由于有限合伙的上述特点,实践中为资本与智力的结合提供了一种便利的组织形式,即拥有财力者作为有限合伙人,拥有专业知识和技能者作为普通合伙人,两者共同组成以有限合伙为组织形式的风险投资机构,从事高科技项目的投资。

合伙一般不征收企业所得税,只征收个人所得税。

(三)商法人

商法人是指依法成立,能独立具有权利能力和行为能力,独立享有民事权利

---

① 《合伙企业法》(2006 年)第 2 条第 3 款。

和承担民事义务并从事商事经营活动的各种营利性组织,它为一种集体商人,主要是营利性社团法人。

特征:特定的人格体,是独立的权利主体;营利性;经营的自主性(与公法人相区别);商法人,管理体制复杂,财产权经过多次分离;承担有限责任。

公司是现代企业发展的最高形态,是以营利为目的的社团法人。关于公司的详细论述,留在公司法中论述。作为现代企业的最高形式,公司具有以下的优点:(1)可以无限制地积聚人力和物力。(2)投资者可以得到最大利益而负担最小的风险。(3)有法人资格,有永续性,可以经营长期性的事业。(4)企业所有与企业经营分开,又有劳动者参与制,可以利用人才。但是公司的设立程序复杂,公司的营业完全分开,公司受国家的严格干预,这也是现代资本主义国家的某些资本家不愿采用公司形式而采取合伙或隐名合伙的形式经营企业,尤其在有些垄断组织有这种情况。

我国目前有国有商法人、集体商法人、私营商法人、联营商法人、股份制商法人、外国投资商法人及港澳台投资商法人等。

三、商号

(一) 商号的意义

商号是企业或企业主用以在营业上表示自己与其他企业相区别的名称。[①]对商号应注意以下几点:(1)商号是企业的名称,企业的任何单位的名称不是商号。(2)商号是营业上的名称,只用于营业。商人的姓名、雅号等不是商号。(3)商号与商标不同,商标是商品的标志。(4)商号应由文字组成,由图形或记号组成的营业标志不是商号。

(二) 商号的使用

选定商号而使用之,原则上是自由的。但有下列例外:(1)公司企业必须在其商号中表明"公司"以及公司种类。非公司的企业不得在其名称中使用公司字样。银行、保险公司、信托公司等亦同。(2)有的国家不许可在商号中使用某些文字。(3)禁止以不正当的目的而使用可以使人误认为他人营业的商号。例如擅自在商号中使用他人的姓名或他人的商号文字。(4)公司名称只能有一个,即使一公司从事数种业务也只能有一个名称;个人企业如经营同样业务,也只能用一个商号。个人独立经营不同业务的数个企业可以适用不同的

---

① 王保树:《商法》(第二版),北京大学出版社 2011 年版,第 62 页。

商号。一人企业有多数分支企业或营业所时,也只能用一个商号加上地名和分支机构名称。

(三)商号的登记

为使企业的名称得到公众的信任,各国规定商号登记制度。对于公司,商号登记就包括在法人设立登记之中,无需有另外的商号登记。对于其他企业,实行登记自由主义,由企业主体申请登记。登记的效力有两个方面。一方面,商号登记后,他人不得用同一商号在一定地区内经营同类业务。另一方面,商号登记人,对于以不正当竞争的目的使用同一或类似商号的人可以请求其停止使用,并可请求损害赔偿。商号登记或有废止、变更时,也应登记。不登记时,其他人可以请求撤销登记而自行申请登记该商号。

(四)商号权

商号与姓名相似,受法律的保护。商号的所有人有不许他人妨碍其使用商号的权利,这是商号的使用权;又有不许他人使用同一或类似的商号的权利,这是商号专用权。这两种权利合称为商号权。商号权在性质上是一种人格权兼财产权(无体财产权),可以继承、可以转让,不过商号只能与企业一并转让。商号不以登记为必要条件,就是未经登记,实际上使用商号的人也享有上述使用权和商号专用权。不过商号经登记后,商号专用权得到更强的保护。

(五)允许他人使用自己商号的人的责任

一个商号的所有人如果允许他人在营业中使用自己的商号(或姓名),使第三人误认该他人(使用商号的人)即为真正的商号所有人而与之进行交易时,真正的商号所有人应与使用商号的人就因此发生的债务负连带责任。

四、商业登记

"商事登记法"主要涉及商事主体设立必经的审批程序和登记公告程序。[①] 至今我国在商事主体登记程序性方面的立法还没有全国人大制定的法律,现有的法规位阶比较低,有些还是部门规章,且呈现多极化和多样性的特点。建立统一的商事主体设立登记制度已迫在眉睫,我国应当加快出台统一的"商事登记法"。我国现行的商业登记制度过于分散;过于强调交易安全,忽视了效率;过于强调登记机关的职权性,对于商业登记价值的实现有重大的影响。因此,应建立新的体系完整的,适应当前国情的商业登记制度。

---

① 范建、王建文:《商法总论》,法律出版社 2011 年版,第 243 页。

（一）概述

商业登记：行政机关为实现一定的行政管理目的，根据法律法规和规章的规定，依当事人的申请，对符合法定条件的涉及当事人的以营利为目的的经营资格或法人等商事主体资格方面的法律事实给予书面确认的行为。商业登记是指依商法和商事登记管理法规有关商业登记规定，当事人将要进行的应登记商业事项，向登记主管机关提出申请，登记主管机关审核合于规定即予以登记注册，使所申请事项发生一定效力的活动。

商业登记的特征：

公法性。企业登记是行政机关依法实施行政管理的职能行为，没有法律的规定，行政机关不得作为，因而放宽或"附加"登记条件都不是依法行政行为。

强制性。企业登记是由有关当事人提起，属于被动行使职权的行为，没有当事人的申请，就没有登记行为发生。值得注意的是，到目前为止，我国涉及企业登记的实体法和程序法对需要登记的经营单位采用了列举式，因此，从逻辑上说，并不是一切经营单位都需要去登记。这种情况就为一些经营单位不去做企业登记留下了借口。

企业登记是羁束行政行为，也就是说，是否给予登记，登记机关无自由裁量权。对符合法定条件的登记申请，登记机关必须依法受理并给予登记，反之应当拒绝登记。

程序性。企业登记的内容为法定内容，依据的是法律事实。法律事实是一种能用证据证明的事实。这意味着法律事实不仅是客观事实，而且它还应是能用证据证明的客观事实。法律事实可能不符合或不完全符合客观事实。企业登记的"证据"应当是指企业登记所提交的、证明企业登记申请符合法定条件的法定文件。至于企业获得的"证据"是否合法，证据是否符合客观事实不应在审查范围内。保证证据合法和符合客观事实应明确为申请人的责任。对此，《刑法》和有关法律法规有明确规定。

（二）商业登记的原则和种类

商业登记的强制、全面审查和公开原则及其法律要求，商业登记的主管机关，商业登记的种类：开业登记、变更登记和注销登记。

（三）商业登记的程序和效力

从商业登记的价值功能来考察。商业登记制度开始是作为一种准入制度出现的，也就是说要进行某种行业从事某类商事营业，就必须在某类行会的名簿上进行登记，发展到现在，商业登记更多的是为商事交易制度服务。为了维护第三人的利益,可以看出商业登记制度从一开始就是作为一种维护快捷、安全商事交易关系的辅助性制度。

商事主体不主动申请,登记行为是不会发生的。除了法律明文规定的强制登记外,登记机关不应主动登记。在登记过程中,登记机关更多的不是在行使职权,而是在履行职责、义务,只要商事主体申请的事项符合法律规定,登记机关就应予以登记,此时登记只是一种义务。然而在现实生活中,往往过于强调登记行为的公的性质,使登记机关错误地摆放自己的地位,把自己放在高高在上的位置,形成了一系列乱收费、登记难的问题。所以商业登记中的登记机关应更多地注意商事的私的性质,更何况,历史上商业登记是由商业行会这一非国家机关进行的。

从商业登记行为的效力考察。商业主体进行商业登记,并没有从登记中取得新的利益,登记行为只是使已有的商业活动发生私法的效力或得以对抗第三人。无论自然人或法人,只要从事商营业就是商人。登记是一种义务,但不是取得商人资格的前提条件。

在考虑商业登记,如设立登记、变更登记、消灭登记时,应放入设立、变更、消灭的整个过程中考虑。以商事主体的设立登记为例,设立行为是指依照有关法律规定创设商事人格的一系列有目的的、连续进行的过程。在这一过程中,更多的反应是:主体是否为商主体,以何种方式成为商主体,成为何种商主体。这些是私法上的意思自由,而在整个过程中,设立登记行为仅是使以上一系列意思发生效力的手段,是设立行为终结目标。

(四) 价值

首先,商业登记制度有助于促成交易的安全实现,各国的商业登记制度均坚持公示主义,维护交易安全。所谓公示主义是指交易当事人应当将与营业有关,且与利害关系人有重大关系的事实加以公告通知,才能发生法律上的效力。各国商业登记制度要求商业登记必须公告,否则不得对抗善意第三人。

其次,商业登记制度有利于增进效率。虽然商业登记要求商事主体在从事商事活动前需登记,并应在实体上达到登记内容的要求,这在某种程度上增进了商事主体,以及商业登记机关的成本支出,但经过登记和公告的商事主体的各项信息,对交易相对人而言则意味着交易成本的降低。交易成本高就是因为信息不完全造成的,其中有关交易对方的各种信息,如资信能力等都是极为重要的。有时由于市场主体的有力的特性,他们可能不择手段地实现交易,故意隐瞒相关信息,或欺骗对方当事人。这样,或是增加了交易对方了解相关信息的成本,或是增加了整个社会的成本。而商业登记制度要求商事主体将设立、出资履行、组织变更、合并、增减出资、解散等信息进行登记,显然有助于相关交易主体获取信息,大大降低了相关主体为调查这些信息而支付的成本,也为商事主体迅速地作出交易决策,降低风险创造了条件。

登记过程的申请、审查、登记和公告程序,从消极效力、积极效力、特殊效力、情况不实的登记效力和创设公示效力等方面全面分析商业登记的效力问题。

五、商事代理

(一) 概念

商事代理是随着商业经营实践的发展而发展的,一个人能力再强,在特定的时间内不可能从事一切商事行为,由他人在自己的授权范围内从事特定的活动便不可避免。商业活动的日趋丰富和发达使商事代理人成为独立的商人类型而随之产生,在工商业高度发达的现代社会,商事代理已经成为企业经营必不可少的方式。虽然作为商事经营方式和商事法律制度的商事代理已经通行于世界,并在中国勃然兴起,但是要给它下一个大家公认的定义较为困难。

大陆法系国家中,代理是指在代理权限范围内,代理人以被代理人的名义或自己的名义独立于他人为民事或商事行为(含各种交易、提供服务等)并从中获取报酬,由此产生的法律效果直接或间接归属于被代理人的活动。它们采取区别论,严格区别委托和受权、内部关系和外部关系(即代理人和本人是内部,代理人和第三人的关系是外部)等,区别的目的是为了保护第三人。商事代理一般是基于委托关系而产生。然而,在行为人未经委托、无代理权之情形下,由于本人(被代理人)的行为,造成了足以使善意第三人相信其有代理权的表象而使善意第三人与其进行的行为,该行为的法律后果应由本人承担。这种行为大陆法系称之为"表见代理",其实质上是无权代理,是广义无权代理的一种。在表见代理的情形之下,规定由被代理人承担该类行为的法律后果,更有利于保护善意第三人的利益,维护交易安全,并以此加强代理制度的可信度。

在英美法系国家中,代理是指代理人与双方当事人之间的关系,是双方同意一个人代表另一人的制度。它采取等同论,代理人的行为视为本人的行为,只要是本人所知道的代理人,就已经以本人获得某种权利,并且是在代理权范围内活动。它简化了代理的三方关系,强调代理权的内部特征。若代理人无权代理,责任不应由被代理人承担。但为了保护善意第三人的利益,英国代理法以"不容否认的代理"说①,要求本人对由于其行为让人误认为代理人有权代理的行为之后果不能否认,应当承担相应的责任。这一点与大陆法系的"表见代理"相似。

商事代理具有独立性,即代理商基本上可以自由决定自己的活动和支配自己的时间。商事代理主要适用于两类活动:一是代理各种商事行为,如代理买卖、租赁、借贷、承揽、运输等;二是代理特定的专业服务行为,如为法人的成立、变更、撤销代理进行登记,代理专利申请、商标注册、代缴税金、专利维持费、商标注册费、代理股票、债券、保险等交易行为。

商事代理的基本特征:(1)商人性,商事代理人必须先取得商人资格才能从事商事代理;(2)营业性,以盈利为目的,以代理为职业;(3)独立性,商事代理人在代理关系中的法律地位是独立的;(4)代理形式的灵活性,商事代理人从事代理业务,既可以被代理人的名义进行代理,也可以自己的名义进行代理。商事代理并不以直接代理为限,同时也承认间接代理;(5)获得法人资格的主体进行的商事代理不以从事具体代理行为人的死亡而使代理权终止。

与民事代理比较,商事代理有以下特点:(1)非显名主义或间接代理特征明显。英美法系的商事代理以是否披露本人身份可以分为三类:一是披露本人姓名或者名称的代理,称为显名代理(Agency of named principal),这类似于大陆法系的直接代理。二是披露代理关系的存在,不披露本人姓名或者名称的代理,此为隐名代理(Agency of unnamed principal)或部分披露本人的代理(Agency of partially disclosed principal)。三是未披露本人的代理,即既未披露本人的姓名或者名称,也未披露代理关系的存在。后两者属于非显名代理,类似于大陆法系的间接代理,即行为人在代理权限内,以自己的名义同相对人进行商事交易活动,其法律后果间接由被代理人承担的商事代理。在间接代理的情况下,由于商事代理人实施的代理行为是以自己的名义而非被代理人的名义进行的,故该代理行为的法律后果仅间接地归于被代理人,第三人并不能直接同被代理人发生权利义务关系,只能在代理人将该代理行为所形成的法律后果移交给被代理人后,第三人与被代理人才能发生权利义务关系。民事代理一般就是直接代理或显名代理。(2)商事代理中,代理人通常是商人(公司、合伙企业和商自然人等),而民事代理中,代理人可以是商人、一般民事主体,如公民或非商业机构等。

---

① "不容否认的代理"(Agency by Estoppel)理论认为:表面授权应作为代理权产生的原因之一,当代理人或许拥有或许不拥有本人(被代理人)行事的实际代理权,但因为本人的行为,使第三人基于善良的信用而认为该代理人拥有代理权时,代理权便因此产生。

(3)商事代理人的权限要比民事代理的权限宽,商事行为的代理人,在不违背被代理人授权本意的范围内,可以实施未被直接代理的行为。(4)商事代理通常只能来自委托授权①,而民事代理可以来自委托授权,也可以来自法定原由(法定代理——指代理人的代理权是根据法律的直接规定而产生的一种代理关系,如无民事行为能力人、限制民事行为能力人的监护人是其法定代理人。②)和特定机关的指定(指定代理——按照人民法院或有关单位的指定发生代理权的代理,对担任无民事行为能力人或限制民事行为能力人的监护人有争议的,应当由未成年人的父、母所在单位或精神病人所在单位在近亲属中指定)。(5)商事代理中,代理人的行为以盈利为目的,而民事代理中,代理并不都以盈利为目的。民事代理仅限于民事活动,涉及财产或人身关系,而商事代理多涉及商业经营活动。

（二）我国的商事代理

我国立法上目前没有对民事代理与商事代理作出明确的区分,也无专门的"商事代理"之立法概念,但原则上是将《民法总则》中的委托代理视为商事代理的基础性规范。我国关于代理的概念、要件、理论基础均直接来自大陆法,且以直接代理为主要规范对象,要求公开代理、被代理人的名称,强调对第三人的保护。代理的主要规定体现于《民法总则》的第七章代理中。其规定都适用于商事代理。我国合同法对表见代理也做了明确规定,即行为人没有代理权、超越代理权或者代理权终止后以被代理人名义订立合同,相对人有理由相信行为人有代理权的,该代理行为有效。③

第二节　商 自 然 人

一、商自然人的概念

商自然人,又叫商个人,意指具有商事权利能力和商事行为能力,以盈利为目的独立从事商行为,依法履行商法上的权利和承担商法上的义务的自然人;它包括个体工商户和个人独资企业等。

---

① 这不等于说商法上没有法定代理,商法上也有,如股份有限公司的董事对于公司取得法定代理权;但这些不是本书所讨论的范围。

② 《民法总则》(2017)第23条。

③ 《合同法》(1999)第49条。

商自然人的特点：(1)个人直接拥有生产资料，无论是个体工商户还是个人独资企业，其用于生产经营的投资均属其个人所有或家庭所有。拥有生产资料的个人通常被称为"业主"。商自然人的财产与企业或经营实体的财产部分，即在人格上个人与经营体合为一体，互不独立。这一点决定了投资人与经营实体的人格具有重合性，或说经营实体不具有独立的人格，需承担无限责任。(2)经营者以自己的名义或实体名义实施商行为，本质上是一样的。(3)须经核准登记。按我国法律规定，个体工商户和个人独资企业从事经营活动均须登记。未履行登记手续的个人不得从事营利性活动。履行登记手续的，其经营活动应限制在营业执照核准的经营范围内。经登记取得商人资格的，要接受工商、税务、环保卫生等部门的监督和管理。(4)对债务承担无限责任。个体工商户、个人独资企业开展生产经营活动，如果形成负债，应以个人或家庭投入经营的资产承担还债义务，如果投入经营的资产不能清偿债务，则应以个人或家庭的财产来清偿。

商自然人的优缺点：第一，经营灵活，包括经营时间、组织机构、经营范围与规模等，由经营者自主决定。第二，进入市场门槛较低，法律限制较少。商自然人进行经营，不需要注册资本或现金投入等要求，经营者的劳务或一技之长可以作为出资对象，完成合法程序，即可成为市场主体。第三，可以充分保持商业秘密。由于企业规模较小、雇佣员工较少，对于经营者拥有的商业秘密等，只要其采取适当的保密措施，就可以保证不外泄。但其缺点也很明显，如资金规模较小且由于承担无限责任其筹资融资等受到限制；某些特定的行业不允许它们经营，如金融领域的业务，多数国家法律规定禁止商自然人经营；由于出资人与经营实体人格不分离，商自然人承担无限责任，其风险较大。

二、商自然人的分类

在我国，商个人又可以分为个体工商户、农村承包经营户、个人独资企业三种类型。

（一）个体工商户

个体工商户是指有经营能力并依照《个体工商户条例》的规定经工商行政管理部门登记，从事工商业经营的公民。①《民法总则》规定："自然人从事工商业经营，经依法登记，为个体工商户。个体工商户可以起字号。"②综合以上规定，可

---

① 《个体工商户条例》(2016 年修订)第 2 条。
② 《民法总则》(2017 年)第 54 条。

知:"个体工商户是指公民以个人或家庭财产作为经营资本,依法经核准登记并在法定范围内从事经营活动的个人或家庭。"

(二) 农村承包经营户

农村承包经营户,是指农村集体经济组织的成员,在法律允许的范围内按照承包合同规定从事商品经营。《民法总则》规定,农村集体经济组织的成员,依法取得农村土地承包经营权,从事家庭承包经营的,为农村承包经营户。[①]其特征:农村劳动群众集体经济组织的成员,在法律允许的范围内,依照承包合同承包经营集体所有或者国家所有而由集体使用的土地或者集体的其他财产的家庭或个人。

农村承包经营户是农村集体经济的一个经营层次,所以,农村承包经营户一般为农村集体经济组织的成员。农村承包经营户是由作为农村集体经济组织的成员的一人或多人所组成的农户。但它和以往的农户不同,农村承包经营户是在推行联产承包责任制中,通过承包合同的形式,把农民家庭由生活单位变成了生产和生活相结合的单位所产生的。在承包合同中,一方总是集体经济组织,另一方是承包经营户,他们或者是本组织的内部成员,或者是非本组织的内部成员,但他们都是农村集体经济组织的成员。

农村承包合同是农村集体经济组织与农村承包经营户之间,为完成某项农业生产任务所签订的协议,包括书面合同、口头合同、任务下达书以及其他能够证明承包关系的事实和文件。

农村承包经营户是通过承包合同产生的,其所利用的是集体的资源。根据承包合同,集体经济组织的大部或全部生产资料要转归承包经营户占有、使用和收益,承包经营户享有合法的经营权。在合同规定的范围内,承包经营户自主地安排生产计划、作物布局、增产措施,并统一支配户内劳动力,组织生产协作,独立或相对独立地完成生产任务。承包经营户也要承担经营风险,若违反了承包合同,要承担财产责任。承包经营户依据合同享有权利,也应依据合同承担义务。其以个人承包经营也可以以家庭为单位承包经营,但须以户的名义进行经营活动。

承担责任方面,应该是无限责任,即以个人经营的,以个人财产承担;以家庭经营的,以家庭财产承担。《民法通则若干问题意见》第42、43、44条规定,对农村承包经营户的债务,如以其家庭共有财产承担责任时,应当保留家庭成员的生活必需品和必要的生产工具。其性质一般属于合同责任。

------

① 《民法总则》(1999 年)第 55 条。

（三）个人独资企业

1. 个人独资企业的定义

个人独资企业（sole proprietorship），即个人（一个自然人）出资经营、归个人所有和控制、由个人承担经营风险和享有全部经营收益的企业。它是最古老、最简单的一种企业组织形式，其最基本的存在形式就是家庭作坊等。《个人独资企业法》规定，个人独资企业，是指由一个自然人单独投资设立，财产为投资人个人所有，投资者以其个人财产对企业债务承担无限责任的经营实体①，即个人以独资经营方式经营企业，收益归个人所有，投资人与企业不分离，但一旦破产，则债权人可以要求投资者（通常是企业主）除了以企业资产承担责任外还必须以其个人财产来偿还企业对外所欠的债务。在中国，个人独资企业主要盛行于零售业、手工业、农业、林业、渔业、服务业等无须投资太多且经营方式比较灵活的行业。

个人独资企业在世界上的很多地区不需要在政府主管部门注册。但在中国，根据法律规定，为了确保交易相对人的安全及个人独资企业经营活动的有效监督，注册登记是必要的，但手续较为简单。独资企业的法律地位集中表现是其不具有独立的法律人格，不具有法人地位，是典型的非法人企业。在商事主体分类中，通常把市场主体分为商个人、商事合伙和商法人。独资企业属于其中的商个人，它是自然人从事商业经营的一种组织形式。

2. 我国《个人独资企业法》及其主要规定

我国《个人独资企业法》于 1999 年 8 月 30 日公布，自 2000 年 1 月 1 日起施行，共有 6 章 48 条：含总则（有七条，主要规定立法依据与宗旨、个人独资企业定义、活动原则——守法、守信、不损害公共利益，依法纳税及聘用职工与建立工会等）、个人独资企业的设立（共八条，主要有设立的条件、申请企业成立提交的文件、成立日期等）、个人独资企业的投资人及事务管理（共十条）、个人独资企业的解散和清算（共七条）、法律责任（共十四条）、附则（共两条）等内容。②其根据宪法制定，目的在于规范个人独资企业的行为，保护个人独资企业投资人和债权人的合法权益，维护社会经济秩序，促进社会主义市场经济的发展。

根据规定，设立个人独资企业应当具备下列条件：投资人为一个自然人、有合法的企业名称、有投资人申报的出资、有固定的生产经营场所和必要的生产经营条件及有必要的从业人员。申请设立个人独资企业，应当由投资人或者其委

---

① 《个人独资企业法》（1999 年）第 2 条。

② 参见《个人独资企业法》（1999 年）。

托的代理人向个人独资企业所在地的登记机关提交设立申请书、投资人身份证明、生产经营场所使用证明等文件。个人独资企业不得从事法律、行政法规禁止经营的业务；从事法律、行政法规规定须报经有关部门审批的业务，应当在申请设立登记时提交有关部门的批准文件。①显然，在无须报有关部门批准的行业内，从事经营的，成立个人独资企业相对容易，无具体出资要求，如快递、简单修理及家政服务等行业的类似企业设立就比较方便。但涉及公共健康、安全等方面事务的，必要的行政审批或许可是必须要有的，如餐饮业卫生许可等。注册便于监督。

申请设立个人独资企业，应当由投资人或者其委托的代理人向个人独资企业所在地的登记机关提交设立申请书、投资人身份证明、生产经营场所使用证明等文件。委托代理人申请设立登记时，应当出具投资人的委托书和代理人的合法证明。登记机关应当在收到设立申请文件之日起十五日内，对符合本法规定条件的，予以登记，发给营业执照；对不符合本法规定条件的，不予登记，并应当给予书面答复，说明理由。个人独资企业的营业执照的签发日期，为个人独资企业成立日期。在领取个人独资企业营业执照前，投资人不得以个人独资企业名义从事经营活动。②

在个人独资企业的投资人及事务管理方面，投资人对本企业的财产依法享有所有权，其有关权利可以依法进行转让或继承。投资人在申请企业设立登记时明确以其家庭共有财产作为个人出资的，应当依法以家庭共有财产对企业债务承担无限责任。投资人可以自行管理企业事务，也可以委托或者聘用其他具有民事行为能力的人负责企业的事务管理。投资人委托或者聘用他人管理个人独资企业事务，应当与受托人或者被聘用的人签订书面合同，明确委托的具体内容和授予的权利范围；受托人或者被聘用的人员应当履行诚信、勤勉义务，按照与投资人签订的合同负责个人独资企业的事务管理；投资人对受托人或者被聘用的人员职权的限制，不得对抗善意第三人。③

个人独资企业应当依法设置会计账簿，进行会计核算。个人独资企业招用职工的，应当依法与职工签订劳动合同，保障职工的劳动安全，按时、足额发放职工工资。个人独资企业应当按照国家规定参加社会保险，为职工缴纳社会保险

---

① 《个人独资企业法》(1999 年)第 8—9 条。

② 《个人独资企业法》(1999 年)第 16—19 条。

③ 《个人独资企业法》(1999 年)第 9、12、13 条。

费。个人独资企业可以依法申请贷款、取得土地使用权,并享有法律、行政法规规定的其他权利。任何单位和个人不得违反法律、行政法规的规定,以任何方式强制个人独资企业提供财力、物力、人力;对于违法强制提供财力、物力、人力的行为,个人独资企业有权拒绝。①

此外,企业需要有自己的品牌和商号,以与同行业的其他类似企业区别开来,因此企业主可以申请商标及商号,以防止将来市场竞争中不正当现象的出现,减少相关方面的争议。法律规定,个人独资企业的名称应当与其责任形式及从事的营业相符合,即个人独资企业不得因名称使他人误解其承担责任方式,必须让人明了其承担的无限责任。

个人独资企业的解散和清算。解散事由:(1)投资人决定解散;(2)投资人死亡或者被宣告死亡,无继承人或者继承人决定放弃继承;(3)被依法吊销营业执照;(4)法律规定的其他情形。②对于清算,投资人可以自行清算或者由债权人申请人民法院指定清算人进行清算。债权申报期限:债权人应当在接到通知之日起 30 日内,未接到通知的债权人应当在公告之日起 60 日内,向投资人申报债权。③个人独资企业解散后,原投资人对个人独资企业存续期间的债务仍应承担偿还责任,但债权人在 5 年内未向债务人提出偿债要求的,该责任消灭。④

注销登记。个人独资企业清算结束后,投资人或者人民法院指定的清算人应当编制清算报告,并于清算结束之日起 15 日内到原登记机关办理注销登记。⑤

3. 个人独资企业的优点与劣势

(1) 个人独资企业的优点

独资企业是企业制度序列中最初始和最古典的形态,也是民营企业主要的企业组织形式。其主要优点为:

第一,企业资产所有权、控制权、经营权、收益权高度统一。这有利于保守与企业经营和发展有关的秘密,有利于业主个人创业精神的发扬。

第二,企业业主自负盈亏和对企业的债务负无限责任成为了强硬的预算约束。企业经营好坏同业主个人的经济利益乃至身家性命紧密相连,因而,业主会尽心竭力地把企业经营好。

---

① 《个人独资企业法》(1999 年)第 21—25 条。
② 《个人独资企业法》(1999 年)第 26 条。
③ 《个人独资企业法》(1999 年)第 27 条。
④ 《个人独资企业法》(1999 年)第 28 条。
⑤ 《个人独资企业法》(1999 年)第 32 条。

第三,企业的外部法律法规等对企业的经营管理、决策、进入与退出、设立与破产的制约较小。

第四,个人独资企业按照现行税法规定不交企业所得税,而交个人所得税,适用5%—35%的超额累进税率。这与法人企业要交企业所得税、个人所得税(所雇佣员工收入超过国家法定最低纳税额的部分要交个人所得税)及投资者分红所得部分的税不同。

(2) 独资企业的劣势

虽然独资企业有如上的优点,但它也有比较明显的缺点:

第一,难以筹集大量资金。因为一个人的资金终归有限,以个人名义借贷款难度也较大。因此,独资企业限制了企业的扩展和大规模经营。

第二,投资者风险巨大。企业业主对企业负无限责任,在硬化了企业预算约束的同时,也带来了业主承担风险过大的问题,从而限制了业主向风险较大的部门或领域进行投资的活动。这对新兴产业的形成和发展极为不利。

第三,企业连续性差。企业所有权和经营权高度统一的产权结构,虽然使企业拥有充分的自主权,但这也意味着企业是自然人的企业,业主的病、死,他个人及家属知识和能力的缺乏,都可能导致企业破产。

第四,企业内部的基本关系是雇佣劳动关系,劳资双方利益目标的差异,构成企业内部组织效率的潜在危险。

4. 个人独资企业与个体工商户的相同点与区别

(1) 相同点

第一,两者的投资主体基本相同。两者的投资主体只能是自然人(公民),而不能是法人或其他组织。

第二,个人独资企业与个体工商户对投入的资产都实行申报制,不需要经过法定的验资机构验资。由于两者都承担无限责任,因此也不强调对作为出资的实物、工业产权、非专利技术和土地使用权的实际缴付。

第三,两者承担法律责任的形式相同,都必须以个人或家庭财产承担无限责任。如果以出资方式分,个体工商户可分为个人经营和家庭经营两种形式;而个人独资企业也可以分为以个人财产出资的个人独资企业和以家庭财产出资的个人独资企业。在责任承担上,以个人财产出资的个人独资企业或个体工商户都以个人财产承担无限责任。以家庭财产出资的个人独资企业或个体工商户都以家庭财产承担无限责任。[1]

---

[1] 参见《个人独资企业法》(1999年)第18条。

第四，作为一种经济组织，个人独资企业与个体工商户均须有必要的资金、场所、从业人员及生产经营条件。①这也是个体工商户与个人独资企业作为市场主体进入市场的必要条件。

此外，个人独资企业与个体工商户在商标使用主体及广告宣传策略等方面也具有很多的相同点。

（2）个人独资企业与个体工商户的区别

第一，个人独资企业必须要有固定的生产经营场所和合法的企业名称，而个体工商户可以不起字号名称，也可以没有固定的生产经营场所而流动经营。换句话说，合法的企业名称和固定的生产经营场所是个人独资企业的成立要件，但不是个体工商户的成立要件。

第二，个体工商户的投资者与经营者是同一人，都必须是投资设立个体工商户的自然人。而个人独资企业的投资者与经营者可以是不同的人，投资人可以委托或聘用他人管理个人独资企业事务。也就是说，个人独资企业的所有权与经营权是可以分离的，这就决定了个人独资企业更符合现代企业制度的特征。而个体工商户的所有权与经营权是集于投资者一身的，已不能适应现代企业制度发展的要求，所以它只能适用于小规模的经营主体。

第三，个人独资企业可以设立分支机构，也可以委派他人作为个人独资企业分支机构负责人。这一规定，说明了个人独资企业不但可以在登记管理机关辖区内设立分支机构，也可以在异地设立分支机构，由设立该分支机构的个人独资企业承担责任。而个体工商户根据规定不能设立分支机构。另一方面，个体工商户虽然可以异地经营，但随着各地近几年相继简化了外来人员的登记手续，从而使个体工商户的异地经营这一规定逐渐淡化。由此可以看出，个人独资企业的总体规模一般大于个体工商户。

第四，个人独资企业与个体工商户的法律地位不尽相同。在民事、行政、经济法律制度中个人独资企业是其他组织或其他经济组织的一种形式，能以企业自身的名义进行法律活动。而个体工商户是否能够作为其他组织或其他经济组织的一种形式，一直是国内民法学家的争论对象。在日常法律活动中，个体工商户的法律行为能力往往受到一定的限制，更多的时候，个体工商户是以公民个人名义进行法律活动。事实上，国内就有许多法律专家提出个体工商户不是法律意义上的企业。另外，个人独资企业与个体工商户作为市场主体参与市场经济

---

① 参见《个人独资企业法》（1999 年）第 8 条。

其他活动的能力不同,如个人独资企业可以成为公司的股东,从而以企业名义享有公司股东的权利和义务,而个体工商户一般不能以企业名义作为公司股东,只能以个人投资者(自然人)身份成为公司股东。

第五,个人独资企业与个体工商户在财务制度和税收政策上的要求也不尽相同。事实上,这也是投资者较关心的问题。根据《个人独资企业法》的规定,个人独资企业必须建立财务制度,以进行会计核算。[1]值得一提的是,个人独资企业的财务制度是个人独资企业的必备条件,不以任何部门的要求而改变。而个体工商户由于情况复杂,是否要建立会计制度争论较多,《会计法》中也只作了原则规定。按照执法情况看,个体工商户可以按照税务机关的要求建立账簿,如税务部门不作要求的,也可以不进行会计核算。另外,在税收政策方面,由于我国的税收法律制度是一个相对独立的体系,它与市场主体法律制度之间没有统一的联系。税务部门认定一般纳税人和小规模纳税人的标准并不是以企业的市场主体地位不同而划分的。一般来说,个体工商户较难认定为一般纳税人,而个人独资企业如符合条件则可以认定为一般纳税人。此外,我国《企业所得税法》主要是针对法人型企业的所得征税,对于个人独资企业和合伙企业不适用。《个人独资企业法》规定:个人独资企业应当依法履行纳税义务[2],显然主要是针对经营中产生的税,如增值税等。如何把市场主体立法与税收立法有机地统一起来,是颇值得探讨的问题。

从一定意义上讲,商个人是传统商人,商个人在法律中是否具有独立性,是不是一个独立的商主体,商个人与其投资者或者业主之间的关系是什么,决定了商个人的法律地位。

从传统商人的概念分析,商个人与其投资者或者业主在法律人格上重合,商个人不具有法律人格的特征。从这个意义上讲,商人实质上是民事主体——自然人从事营利性活动的形式,法律对商人的特别控制和调整,是对自然人从事营利性活动中的行为进行特别控制和调整,此种情形下的商个人并不具有法律人格的特征。如果涉及法律主体问题,那只是传统民法中的自然人法律主体,商法没有必要,也没有理由对自然人从法律主体的角度进行特别规制和调整,只是当自然人从事营利性活动时,商法才会对自然人的营利性行为进行特别的控制。中世纪和近代商法时期对商个人没有特别的法律规定,对商个人的法律规定完

---

[1]　《个人独资企业法》(1999年)第21条。
[2]　《个人独资企业法》(1999年)第4.2款。

全适用对自然人的规定,只是对自然人从事商事活动的本身存在特别的规定。

商法发展到今天,尤其是我国相关法律的规定,对于自然人从事商事活动均有直接的干预。这种干预在我国表现为两种形式:一种是基于商事登记而取得商个人主体资格;一种是不必进行商事登记,但其经营活动必须符合法律或者行政法规的规定。现代商法下,商事主体资格包括两个部分:一是一般私法的主体资格,是一种抽象的法律主体资格;二是经营资格或者营业资格,这种资格是区别于其他法律主体类型的标志。具备前一种主体资格者,是商事主体能够与其他法律主体发生法律关系的基础,而后一种资格是商事主体成为法律主体的条件。

按照我国相关法律的规定,国家对后一种资格的取得采取积极的干预方式,不符合法律规定的条件和程序所进行的营业活动或者经营活动,因其主体不适格,而被认定为违法活动。这种国家干预性,在自然人的营利性活动与企业的形式结合后,表现尤为明显。我国的《个人独资企业法》就是这种干预的集中体现。分析个人独资企业法的内容,可以看出,个人独资企业法在企业的经营、管理、组织等方面的规定,大多采用任意性规范,在个人独资企业设立的具体条件方面,法律也没有做出太多强行性规定。但个人独资企业法对个人独资企业的设立、变更、终止却是采取了积极的干预手段,即商事登记:未经登记者,不具有个人独资企业主体资格;不经登记者,不产生变动的法律效力或者公示效力;不经登记者,不会发生个人独资企业主体资格消灭的法律后果。

综上所述,商个人作为一种抽象概念来讲,其商事法律主体特征并不鲜明,当企业的形式与商个人结合在一起的时候,商个人才具有了商主体的法律特征。

三、商自然人规制的立法选择

基于上述对商个人法律地位的讨论,对商个人规制的立法选择可以有两种:一是由民法典和商法双重调整;二是由商法调整。

（一）民法典和商法的双重调整模式

商个人的实质为以盈利为目的而进行一定活动或行为的自然人,是典型的商事主体之一,在人类社会早期,它是主要的甚至是唯一的商事主体。商个人的概念只是强调对自然人从事商事活动的特殊调整。因此,商个人作为典型民事主体——自然人的本质并没有发生异变,商法之所以对自然人进行调整,是因为自然人营利性的活动。因此,商法调整的自然人的核心不在于建立一个有别于自然人的商个人法律主体,而是在于对自然人的营利性行为的调整。从这个角度,民法规定了什么是自然人、自然人具有怎样的权利能力和行为能力(包括商事能力),而商法规范的只是自然人的营利性行为或者经营行为。

（二）商法的调整模式

商法从法律主体的角度对商个人规范,主要从两个方面进行:一是对小商人商事能力的规定。自然人达到什么样的条件后,才具有经营资格,成为小商人,小商人具有怎样的特殊责任能力。二是对企业形态的商个人的规范和调整。如前所述,自然人以企业的形式从事营利性活动时,商个人才具有了有别于自然人投资者或者业主的,相对独立的商事法律人格。对企业形态的商个人进行规范,要按照企业的基本要求进行设计,包括企业的设立条件和程序、企业的名称、企业的财产、企业的权力及其运行规则、企业的责任能力等。同时,在法律中应当明确企业作为法律主体与自然人投资者或者业主之间的关系。

我国现行法律对商个人根据不同的形态,采取了不同的调整方式。我国法律对小商人没有做特别的规定,对农村生产经营承包户采取合同的法律形式进行规定,而对个体工商户和个人独资企业我国法律采取单独调整的方法,个体工商户和个人独资企业都应当依法登记后,才能取得商个人的主体资格。

商个人商事能力的特殊性:商个人作为自然人在商法上的延伸,其自然人属性影响着商个人的属性,所以说商个人的商事能力与民事能力的联系还是十分密切的,商个人的民事能力是商事能力的基础,其商事能力的取得以具备民事能力为前提。具备商事能力必须具备民事能力,但具备民事能力并不必然具备商事能力。从这个意义上说,商个人实际上同时具备民事能力和商事能力双重资格。

对商个人而言,作为其投资人的自然人当然应具有民事能力,但并非所有的自然人都可以成为商事主体,也就是并非所有自然人都可以获得商事能力。其特殊性表现在:

第一,未成年人和精神病人因不具有完全民事行为能力而不具有商事能力。因为商事经营活动具有固有的风险,对于智力、发育还不健全的未成年人而言,还难以预见与承担因经营风险而带来的各种责任。为了保护未成年人的合法权益,也为了维护第三人商事交易的安全和有效,应限制未成年人的商事能力。如《深圳经济特区商事条例》第 7 条规定:"未满十六周岁的未成年人不得设立商人,不得从事商行为。"《法国商法典》第 488 条第 1 款也规定:"年满 18 周岁的人是成年人,并且可以成为商人。而对于未成年人,则不能成为商人。"精神病人因为不具有认知和判断能力,无法正常进行商事活动,其行为会对第三人的交易安全造成影响,也会对精神病人自身的利益带来极大的风险。因此认为,其因不具有完全民事行为能力而不具有商事能力。

第二，与商人身份不兼容的自然人因法律的限制而不具有商事能力。为了防止官商不分，滋生腐败，妨碍公平竞争，许多国家规定了因为其职责或职业与商人的职责或职业相冲突的自然人不具有商事能力，不能从事商事经营活动。例如我国现行的《法官法》《检察官法》《公务员法》等都明确规定，法官、检察官、人民警察、国家公务员、现役军人等都不能从事商事活动，还有一些以党或中央政府、地方政府的文件形式及行政措施的形式出现的规定明确表明政府机关中的有关人员不得经商。

第三，商个人的商事能力不以商业登记而确立。按我国目前的规定，商主体从事商事活动须办理工商登记手续，未经登记不得从事经营活动。商事主体于设立登记时取得商事能力，其商事能力因营业性质或经营范围的变更登记而变更，因商事主体的注销登记而消灭。这样的做法虽然保护了交易安全却降低了交易效率，限制了许多人从事商业活动的权利。对于商个人来说因为其特殊性，只要它具有完全的民事行为能力且不是与商人身份不兼容的自然人便取得了商事能力。登记只是对其营业资格的确认，作用在于排除由于身份等原因不得从事营业活动的人，向公众公示其经营信息，为社会公众提供最低限度的保护。

第三节　合伙企业法

一、合伙企业的概念

（一）合伙概述

合伙企业，是指自然人、法人和其他组织依照《中华人民共和国合伙企业法》在中国境内设立的，由两个或两个以上的自然人通过订立合伙协议，共同出资经营、共负盈亏、共担风险的企业组织形式。

合伙企业一般无法人资格，不缴纳企业所得税，合伙人应缴纳个人所得税。类型有普通合伙企业和有限合伙企业。其中普通合伙企业又包含特殊的普通合伙企业。

国有独资公司、国有企业、上市公司以及公益性事业单位、社会团体不得成为普通合伙人。

合伙企业可以由部分合伙人经营，其他合伙人仅出资并共负盈亏，也可以由所有合伙人共同经营。

合伙企业的特征:(1)合伙协议是合伙企业建立的基本法律文件。合伙企业比较容易设立和解散。合伙人签订了合伙协议,就宣告合伙企业的成立。新合伙人的加入,旧合伙人的退伙、死亡、自愿清算、破产清算等均可造成原合伙企业的解散以及新合伙企业的成立。(2)责任无限。合伙组织作为一个整体对债权人承担无限责任。按照合伙人对合伙企业的责任,合伙企业可分为普通合伙和有限合伙。普通合伙的合伙人均为普通合伙人,对合伙企业的债务承担无限连带责任。例如,甲、乙、丙三人成立的合伙企业破产时,当甲、乙已无个人资产抵偿企业所欠债务时,虽然丙已依约还清应分摊的债务,但仍有义务用其个人财产为甲、乙两人付清所欠的应分摊的合伙债务,当然此时丙对甲、乙拥有财产追索权。有限责任合伙企业由一个或几个普通合伙人和一个或几个责任有限的合伙人组成,即合伙人中至少有一个人要对企业的经营活动负无限责任,而其他合伙人只能以其出资额为限对债务承担偿债责任,因而这类合伙人一般不直接参与企业经营管理活动。(3)相互代理。合伙企业的经营活动,由合伙人共同决定,合伙人有执行和监督的权利。合伙人可以推举负责人。合伙负责人和其他人员的经营活动,由全体合伙人承担民事责任。换言之,每个合伙人代表合伙企业所发生的经济行为对所有合伙人均有约束力。因此,合伙人之间较易发生纠纷。(4)财产共有。合伙人投入的财产,由合伙人统一管理和使用,不经其他合伙人同意,任何一位合伙人不得将合伙财产移为他用。只提供劳务,不提供资本的合伙人仅有权分享一部分利润,而无权分享合伙财产。(5)利益共享。合伙企业在生产经营活动中所取得、积累的财产,归合伙人共有。如有亏损则亦由合伙人共同承担。损益分配的比例,应在合伙协议中明确规定;未经规定的可按合伙人出资比例分摊,或平均分摊。以劳务抵作资本的合伙人,除另有规定者外,一般不分摊损失。

合伙企业解散时,合伙企业财产的清偿顺序:合伙企业所欠职工工资和劳动保险费用;合伙企业所欠税款;合伙企业的债务;返还合伙人的出资。

合伙企业财产按上述顺序清偿后仍有剩余的,则按协议中约定比例向合伙人分配利润,如协议中没有约定的,则平均分配利润。

(二) 有限责任合伙

所谓有限责任合伙,在合伙企业法里称为特殊的普通合伙企业。这是20世纪90年代以后,国际上出现的一种新的责任形式。它主要适用于专业服务机构,比较典型的就是注册会计师事务所、律师事务所等。

有限责任合伙解决的一个主要问题就是在这些专业人员执业当中,如果某个或者几个合伙人，因为故意或重大过失给合伙企业造成债务时，这些责任人要承担无限连带责任，而其他没有责任的合伙人，仅以在合伙企业中的出资为限来承担责任。这样有助于这些采取合伙制的专业服务机构不断地扩大规模。这也是我国加入世贸组织后，为适应国际经济形式，从专业服务机构的发展需要上考虑，而采取的一个重要举措。

有限责任合伙与其他形式的比较：

（1）有限责任合伙不是普通合伙与有限合伙之外的一种独立的合伙形式（至少在目前的法律中不是的），而是普通合伙中的一种特殊形式，这个从其专业名称上也能看出来。

（2）有限责任合伙与有限合伙听起来好像很相似，而且在债务承担上面好像也有相同之处。但是，既然它们都不是一个合伙类别的（合伙就普通合伙与有限合伙两个类别），在法理上肯定有本质区别，一定要注意这中间的微妙差别。

现仅就债务承担一项作一详细解释。有限责任合伙的债务承担比有限合伙更加灵活、合理。具体来讲，有限合伙是有限合伙人承担有限责任，无限合伙人承担无限连带责任，这样一来，债务承担很固定，但不能很好地体现谁致错谁承担的责任理念，并且不区别是否是故意带来的债务；而在有限责任合伙中，是谁致错（强调故意致错）谁承担无限责任（如果是多人致错，就是无限连带责任），其他合伙人只承担有限责任，如果是非故意带来的债务，是由全体合伙人承担无限连带责任的。

（3）由于有限责任合伙债务承担的灵活性，也带来一个严重问题。如果一个合伙人故意致错给企业带来债务，现在法律规定是他一个人承担而非整个企业或者多人，这样的话对债权人的保护就不力。因此，法条中又指出，有限责任合伙要建立执业风险基金、办理职业保险，为的是在那一个合伙人不能偿债时，能够对债权人有所保护。

设立条件：有二个以上合伙人，并且都是依法承担无限责任者；有书面合伙协议；有各合伙人实际缴付的出资；有合伙企业的名称；有经营场所和从事合伙经营的必要条件。

二、合伙企业的优势与劣势

优势：

（1）与个人独资企业相比较，合伙企业可以从众多的合伙人处筹集资本，合伙人共同偿还债务，减少了银行贷款的风险，使企业的筹资能力有所提高。

（2）与个人独资企业相比较，合伙企业能够让更多投资者发挥优势互补的作用，比如技术、知识产权、土地和资本的合作，并且投资者更多，事关自己切身利益，大家共同出力谋划，集思广益，提升企业综合竞争力。

（3）与一般公司相比较，由于合伙企业中至少有一个负无限责任，使债权人的利益受到更大保护。理论上来讲，在这种无限责任的压力下，更能提升企业信誉。

（4）与一般公司相比较，理论上来讲，合伙企业盈利更多，因为合伙企业交的是个税而不是企业所得税，这也是其高风险成本的收益。

劣势：

（1）由于合伙企业的无限连带责任，对合伙人不是十分了解的人一般不敢入伙。就算以有限责任人的身份入伙，由于有限责任人不能参与事务管理，这就产生有限责任人对无限责任人的担心，怕他不全心全意地干。而无限责任人在分红时，觉得所有经营都是自己在做，有限责任人就凭一点资本投入就坐收盈利，又会感到委屈。因此，合伙企业是很难做大做强的。

（2）虽说连带责任在理论上来讲有利于保护债权人，但在现实生活中操作起来往往不然。如果一个合伙人有能力还清整个企业的债务，而其他合伙人连还清自己那份的能力都没有时，按连带责任来讲，这个有能力的合伙人应该还清企业所欠所有债务。但是，他如果这样做了，再去找其他合伙人要回自己垫付的债款就麻烦了。因此，他不会这样独立承担所有债款的，还有可能连自己的那一份都等大家一起还。

税务处理。根据国务院的规定，从 2000 年 1 月 1 日起，个人独资企业和合伙企业不再缴纳企业所得税，只对投资者个人取得的生产经营所得征收个人所得税。凡实行查账征税办法的，其税率比照"个体工商户的生产经营所得"应税项目，适用 5%—35% 的五级超额累进税率，计算征收个人所得税；实行核定应税所得率征收方式的，先按照应税所得率计算其应纳税所得额，再按其应纳税所得额的大小，适用 5%—35% 的五级超额累进税率计算征收个人所得税。投资者兴办两个或两个以上企业的（包括参与兴办），年度终了时，应汇总从所有企业取得的应纳税所得额，据此确定适用税率并计算缴纳个人所得税。其税收优惠为残疾人员投资兴办或参与投资兴办个人独资企业和合伙企业的，残疾人员取得的生产经营所得，符合各省、自治区、直辖市人民政府规定的减征个人所得税条件的，经本人申请、主管税务机关审核批准，可按各省、自治区、直辖市人民政府规定减征的范围和幅度，减征个人所得税。其申报缴纳期限，投资者应纳的个人所得税税款,按年计算,分月或者分季预缴,由投资者在每月或者每季度终了后 7 日内预缴,年度终了后 3 个月内汇算清缴,多退少补。①

三、合伙企业与注册公司制的区别

(1)注册公司为法人,有永久延续性。而合伙则不是法人,随合伙人丧亡而解散。

(2)注册公司与其成员属不同法律主体,两者权利义务不同。合伙企业与各合伙人唇齿相依,资产和义务互通。

(3)作为法人,注册公司有独立的财产,能独立承担责任;合伙不具有独立的财产,合伙的财产由合伙人共同所有。无限合伙的合伙人互负无限连带责任,有限合伙中的无限合伙人对合伙债务负无限责任。

(4)注册公司的行动准则是公司的章程大纲和章程细则,凡接受该大纲和细则的人,可通过持有股份而加入公司,成为公司的成员。但除董事、经理外,公司的成员并无经营权。各合伙人之间是通过合伙合约联接起来的,没有各合伙人的同意,第三人不能加入合伙。各合伙人(除有限合伙中的有限合伙人外)都能代表合伙和其他合伙人经营业务。

(5)注册公司成员的变动一般不会影响公司的存续,但无限合伙的成员或有限合伙中的无限合伙人的存亡、变动会导致合伙的解体。

(6)注册公司的股东并无保守商业秘密和负竞业禁止的义务,也无绝对信义责任,而合伙人之间则应相互忠诚不欺。

(7)注册公司所负责任的债务,只可向该公司追讨,其权利也只可由公司出面执行。合伙企业的各合伙人,可由合伙的债务被债主直接追讨。

(8)注册公司的成员或股东,不视为公司的代理人,不可使公司因其行为受束缚。合伙人可随时以合伙企业的名义与外人订约,向外借债。

(9)注册公司的商誉属该公司,公司成员不得侵占,也不能擅用。合伙企业的商誉属合伙人共有。合伙人在拆伙后,可各自用原合伙企业名称。

(10)注册公司包括一些并非以营利为目的的公司,而合伙则必须以营利为目的。不以营利为目的的数人之间可以形成另外一种非法人团体的联合,但不能组成合伙。

---

① 参见《国务院关于个人独资企业和合伙企业征收所得税问题的通知》(国发[2000]16号)及附件一。

（11）注册公司的组织形式，由《公司条例》详为规定，合伙的组织形式则相对灵活，只要不违反法律，可由合伙人以协议决定。

第四节　商　法　人

一、商法人概念

通常法人可分为公法人、私法人、社团法人与财团法人、营利法人与公益法人等。中国《民法总则》把法人分为营利法人、非营利法人和特殊法人三类。①商法人是依法成立，能独立具有权利能力和行为能力，独立享有民事权利和承担民事义务并从事商事经营活动的各种营利性组织，故它属于营利法人。此外，依法取得法人资格的农村集体经济组织和城镇农村的合作经济组织，也可以成为商法人。②

商法人为一种集合式的商人，由若干个自然人或法人通过特定形式而构成的集合体，通常情况主要指营利性的社团法人。在中国，商法人主要是企业法人，其中最主要的代表就是公司。在这里要特别提出，在一些发达国家公司可以是承担无限责任的组织体或个体。但在中国，根据现行公司法的规定，公司肯定是具有法人地位的组织。公司法规定其所称公司是指依照公司法在中国境内设立的有限责任公司和股份有限公司；公司是企业法人，有独立的法人财产，享有法人财产权，公司以其全部财产对公司的债务承担责任；有限责任公司的股东以其认缴的出资额为限对公司承担责任；股份有限公司的股东以其认购的股份为限对公司承担责任。③自从20世纪90年代企业改制以来，中国原先按照所有制方式设立的企业法人绝大多数改制为适合现代企业制度的公司形式；按照出资的方式及承担责任的方式来定性企业更为符合规律。有鉴于此，本节只是对商法人的一般特点进行界定和分析，而对于公司本书将有专章进行论述。

商法人是法人（法人是具有民事权利能力和民事行为能力，依法独立享有民事权利和承担民事义务的组织）④的一种，是法律上拟制的"人"。它是不同于自

---

① 《民法总则》(2017年)第76—101条。

② 《民法总则》(2017年)第99—100条。

③ 《中华人民共和国公司法》(2013年修订)第2、3条。

④ 《民法总则》(2017年)第57条。

然人的一个特定的人格体,是独立的权利主体;其设立和运营以营利为目的,这使其有别于其他法人,如机关法人、事业单位法人等;其经营具有较强的自主性(这使其与公法人相区别);商法人,管理体制复杂,财产权经过多次分离;承担有限责任。公司是现代企业发展的最高形态,是以营利为目的的商法人中的典型代表。作为现代企业的最高形式,公司具有以下的优点:(1)可以无限制地积聚人力和物力。(2)投资者可以得到最大利益而负担最小的风险。(3)有法人资格,有永续性,可以经营长期性的事业。(4)企业所有与企业经营分开,又有劳动者参与制,可以利用人才。

商法人是一个法理概念,是法人的一个组成部分。法人相对于自然人而言,指按照法定程序设立,享有独立财产权利,并能以自己的名义享有权利、承担义务的社会组织。如股份公司、有限责任企业等。中国《民法通则》中称之为"企业法人",但不包括消费者。在 2017 年通过的《民法总则》中,商法人其实就是其规定的"营利法人",即以取得利润并分配给股东等出资人为目的成立的法人,它包括有限责任公司、股份有限公司和其他企业法人等。

商法人与一般法人有一定的区别。商法人是商法赋予一定社会组织以法律上的人格。这种人格,使商法人成为商业法律关系的主体,使它具有了主体所有的权利能力和行为能力。具体地讲,商法人与一般法人相比,具有以下特点:依照法律不同,商法人是依照商法规定而成立的社会组织。依据法定程序不同,商法人是依据商业登记而成立的。依据活动的内容不同,商法人是仅限于以自己的名义从事以营利为目的的商业行为的集合体。在中国因没有公布商法典,现实中没有对商法人与一般法人加以区别。

按照大陆法各国的民商法,商法人必须具备以下条件:有自己的名称、人员和场所;有独立的财产或规定数额资金,能够独立承担经营责任;以营利为目的,依法取得特定的经营行为能力;依商事登记法成立,具有商法上的资格。[①]

依民商分立国家的法律,商法人适用商法的特别规定,无特别规定时,适用民法的一般规则;依民商合一国家的法律,商法人也适用不同于事业法人的某些特别法(如公司法)和特别规定(如登记规定)。

商法人为有限责任主体,其所有者仅以出资额为限对法人债务负责,这不同于商个人和商合伙。

西方各国民商法对公法人能否成立商法人有不同规定。德国法系各国多认

---

① 《民法通则》(1986 年)第 37 条。

为公法人团体或国家均可依法成立商法人,而法国和意大利等国法律则禁止公法人登记为商法人。

　　商法人作为法人的最基本形式,应具有以下几个特征:首先,它具有独立的人格。商法人经特殊登记程序而取得拟制主体资格,它具有登记核准的特殊权利能力,能够以自己的名义从事生产经营活动和诉讼活动,因而具有不同于法人成员的法律人格。其次,它具有独立的财产和财产权。法人财产独立是指财产分离于法人成员(所有权人)的其他财产;法人具有独立的财产权是指商法人能够依据其章程规定在经营范围内独立地占有、使用和处分其财产,这是法人经营行为的基础。再次,它具有统一的组织机构。商法人作为拟制主体,对外具有统一的法律资格;对内应具有统一的代表机构、执行机构和其他组织机构。这是形成统一的法人意思和法人行为的组织基础。最后,它为有限责任主体。法人有限责任原则意味着:一方面,法人能以其全部经营财产独立承担民事责任;另一方面,创设法人的所有权人仅就其出资额对法人债务承担有限责任。

　　商法人最突出的特点是其独立的财产权和独立的对外责任。不难理解,商法人不具有独立的财产自然谈不上财产权;商法人虽然取得了财产,但对该项财产无权独立支配仍不能说具有了独立财产;而法人能独立承担民事责任则进一步强调了企业法人须对其财产具有处分权或破产能力。

　　可见,构成商法人的核心条件是商法人对其财产具有独立的财产权。中国多数民商法学者认为,商法人的财产权并非必须采取所有权形式,而可以是某种限制物权或经营权,但它应当具备某种法定基本范围。尽管中国目前的企业法制度尚没有解决国有企业经营权的范围问题,但根据法人财产权独立原则,我们认为,商法人财产权的基本内容至少应当包括:基于正当经营目的对其财产的占有、使用和处分权,以及基于依法偿债目的对其财产的处分权。所谓基于正当经营目的对其财产的占有、使用、处分权,意味着商法人依照法律和企业章程负有一系列禁止性义务,其财产权可受到以下条件限制:商法人不得从事非经营性财产行为,无权将其财产捐赠、抛弃、私分或贬价让与;商法人不得在经营范围之外从事财产行为,其财产权受到特殊行为能力原则的限制;商法人不得违背所有权人的利益而从事财产行为,无权擅自以其财产与其他企业合并或者成立连带责任主体,此类财产处分行为将导致所有者变更及其无限责任,故只能由所有权人行使;商法人不得违反资金专用条件或其他法定禁止性义务从事财产行为。

　　此外,商法人在取得独立财产的同时还须负有利润交付义务和接受所有权人监督的义务等。由上可见,商法人能否具备独立的财产权实际上以其财产权限制条件是否影响其日常生产经营活动为基本标准。从理论上说,法律和章程对商法人财产经营权的限制只应采取禁止性规范形式;如果法律或章程指令商法人必须从事某种特定的经营活动,也就否定了其行为的自主性。

商法人具有独立的财产权与所有权人对法人债务承担有限责任具有密切的内在联系。所有权人的有限责任本质上意味着商法人能够独立承担民事责任,意味着商法人对其全部经营财产具有偿债处分权和破产能力;否认了商法人的此种财产处分权,也就谈不上所有权人的有限责任问题。大陆法学者通常认为:"在公司财产关系中,股东的股金给付义务与股东财产责任具有不可分离之关系。"其中,"该债务为应为给付之义务,而责任为此义务之财产的担保"。①故股东应负有限责任还是无限责任,本质上根源于股东与公司间权利义务相适应原则,它取决于公司是否具有独立的财产权。因此,法律有必要以强制性条款保障公司的基本财产权。如果法律允许公司章程任意扩大股东会的决策权,从而使公司处于单纯执行人的地位,那就破坏了作为公司基础的法人制度;在此种情况下就不应该存在股东的有限责任地位,而应构成无限公司。那种将股权、公司基本业务权和有限责任置股东于一身的所谓"章程",必然是不合理的,它不仅违反了各国的公司法,而且违反了民法的基本原则。

二、中国商法人的分类

从中国目前的法制状况来看,我国已有相对健全的商法人制度。公司法规定,我国设立的有限责任公司和股份有限公司获得法人地位,它们以自己相对独立的财产对外承担责任,而股东以其出资额为限对外承担责任。国有独资企业②或国有控股或参股企业中,国家作为一个投资者(股东)与自然人作为股东出资一样,仅以其出资额为限对外承担责任,国有资产管理部门作为国家的代表在商法人中行使投资者的权利,承担投资者义务。

我国 1986 年通过的民法通则对"企业法人"做出了规定,共九条。这些规定带有一定计划经济的色彩。它们基本上是按所有制的性质来规定的:全民所有制企业、集体所有制企业有符合国家规定的资金数额,有组织章程、组织机构和场所,能够独立承担民事责任,经主管机关核准登记,取得法人资格。在中华人民共和国领域内设立的中外合资经营企业、中外合作经营企业和外资企业,具备

---

① 史尚宽:《债法总论》,1954 年,第 3 页。
② 参见《公司法》(2013)对国有独资公司的相关规定。

法人条件的,依法经工商行政管理机关核准登记,取得中国法人资格。企业法人应当在核准登记的经营范围内从事经营。实际上,2013 年修改后的公司法对此已经作出了修改。企业法人对它的法定代表人和其他工作人员的经营活动,承担民事责任。2017 年通过的《民法总则》规定以取得利润并分配给股东等出资人为目的成立的法人,为营利法人。

根据法律规定,法人合并的,其权利和义务由合并后的法人享有和承担。法人分立的,其权利和义务由分立后的法人享有连带债权,承担连带债务,但是债权人和债务人另有约定的除外。企业法人由于下列原因之一终止:(1)法人解散;(2)法人被宣告破产;(3)法律规定的其他原因。清算结束并完成法人注销登记时,法人终止;依法不需要办理法人登记的,清算结束时,法人终止。法人解散的,除合并或者分立的情形外,清算义务人应当及时组成清算组进行清算。法人的董事、理事等执行机构或者决策机构的成员为清算义务人。法律、行政法规另有规定的,依照其规定。清算义务人未及时履行清算义务,造成损害的,应当承担民事责任;主管机关或者利害关系人可以申请人民法院指定有关人员组成清算组进行清算。

我国目前根据出资主体的不同,将商法人分为:国有商法人、集体商法人、私营商法人、联营商法人、股份制商法人、外国投资商法人及港澳台投资商法人等。这种划分方法显然与市场经济所要求的市场主体分类方法不相吻合,也是不科学的。实际上,很多国有企业作为上市公司,其股份持有的状况已经发生很多变化,多数是国有控股的股东多元化的公司;更主要的是,这种以所有制主体或以出资人身份来界定或划分市场主体本身与市场经济要求的主体地位平等也有不太合理的地方。根据中国有关法律的规定,商法人可以从所有制性质上分类。

(一)国有商法人

根据中国民法通则和企业法的规定,国家所有权和企业经营权分离。国有商业企业作为法人,具有商法上的权利能力和行为能力,经过国家工商行政管理部门核准登记注册,在经营范围内,可以依法从事各种商行为,是中国现阶段最重要的商主体,在国民经济发展中发挥着重要的作用。依照 1992 年《全民所有制工业企业转换经营机制条例》的规定,国有商法人根据市场的需要,自主做出生产经营决策,生产销售商品和为社会提供各项服务,国有商法人享有自主的产品销售权、物资采购权、进出口权以及资产处置权,完全是独立的法律人格,作为一种商主体,从事商业经营活动,并独立承担其实施的商行为的法律后果。

（二）集体商法人

集体商法人是指由公民或集体单位组合而成的集体商业组织。城镇普遍存在的生产、服务、销售等合作社和合作商店均属于集体商法人的范围，它们根据合作社章程的规定，经工商行政管理机关批准，可以成为独立的企业法人，从事商业经营活动，按照商法的规定享有权利和承担义务，实行独立经济核算。企业的利益由集体组织的成员共同享有，企业的债务由集体组织作为商法人对外独立承担有限清偿责任。集体商法人作为一种商事法律关系主体，在社会主义市场经济的发展中，起着举足轻重的作用。

（三）合营商法人

合营商法人是由两个以上的法人组织共同出资经工商登记注册而成立的商业企业组织。合营商法人是一个独立的经济实体，一经工商登记注册成立，即在法律上相对于出资的法人组织而独立存在，具有独立的法律人格。合营各方以其出资额为限承担民事责任；合营各方的意志只有通过合营商法人的组织机构才能得以表现，合营各方不能以自身商主体的名义直接作用于合营企业与任何第三人的商事法律关系；合营商法人独立实施商行为，并独立承担其商行为的法律后果。

（四）私营商法人

私营商法人是指由私人投资经营而取得法人资格并以其出资额为限承担债务责任的商业企业。①私营商法人以有限责任公司的形式出现，雇工八人以上②，私人投资者以其出资额对公司负责，公司以其全部资本对公司债务承担有限责任。私人商法人作为一种独立的商行为主体在核准登记的经营范围内依法独立从事商业活动，其依照商法享有的权利受法律保护。

（五）外商投资商法人

外商投资商法人即由外商投资并取得法人资格的商业企业组织。在中国现阶段，中外合资经营企业都具备法人资格（为有限责任公司）③，而中外合作经营企业、外商独资企业有部分是法人型企业，也有不是的，它们由投资者自行决定。④外商投资企业申请法人登记，需具备如下条件：（1）有符合规定的名称；

---

① 私营企业有三种形式：个人独资企业、合伙企业及有限责任公司等，前两者不符合法人要件。参见《私营企业暂行条例》（1988）第 6 条。

② 《私营企业暂行条例》（1988）第 2 条。

③ 《中外合资经营企业法》（2016）第 4 条。

④ 相关规定可以参见《中外合作经营企业法》（2016）和《外资企业法》（2016）的相关规定。

(2)有审批机关批准的合同章程;(3)有固定经营场所,必要的设施和从业人员;(4)有符合中国法律规定的注册资本;(5)有符合中国法律、法规和政策规定的经营范围;(6)有健全的财会制度,能够实行独立核算,自负盈亏,独立编制,资金平衡表或资产负债表。外商投资的企业,除受中国《中外合资经营企业法》的调整外,作为中国商法人,从事工商经营活动还必须受中国有关商事法律规范的调整。外商投资的商法人作为一种商主体,在其核准登记的经营范围国内所实施的商行为,同中国其他商法人一样受到法律保护。

第五章

公　司　法

第一节　公司的基本理论

公司是在商品经济发展到一定程度，资本主义生产关系形成之后，正式形成并且随着资本主义制度的发展而发展的。资本主义社会里的公司是资本主义制度的体现者。

对于公司可以从社会学、经济学、法学三方面去研究。

一、从社会学方面进行研究

从社会学方面看，公司是一种团体、一种社会组织，是多数的个人为一定目的而结合成的一种社会组织。

公司是个人结合而成的团体。团体是异于个人社会的实体。其特点在于：有组成人员，团体是组成人员的集体而不是偶然的集合；团体有团体意思、有团体的机关，团体对外有代表、以团体的名义进行活动；团体与成员有固定的、密切的关系，团体对其成员有拘束力等。

公司是个人自愿组成的团体。团体有两类，一类是自然结合的团体，例如血缘团体（古代的氏族、宗族、现代的家庭）、地域团体（古代的部落、现代的国家、村、区）；一类是若干个个人为了一定的目的而自愿结成的团体，如公司和各种学会就属于后者。

公司是一种利益团体、是营利组织。公司是以营利为目的而组成的团体，而且必须把所得利益分配于成员（主要指股东）。公司与家庭不同，后者不是利益团体。

基于以上各点，公司是多数个人为了图谋个人的利益而共同组成的一种团体。从这一点出发，意思自治原则、营利的原则适用于公司。

二、从经济学方面进行研究

公司是以营利为目的而组成的团体。个人也可以进行营利活动,但随着商品经济的发达,个人的力量有限,遂有组织起来的必要。合伙也不足于适应需要,又有组成公司的必要。公司在经济方面有特殊的机能。

公司是资本与劳动力的高度集合。公司可以无限地集聚资本与劳动力并使两者能很好地结合为一体(企业)。在公司的发展过程中,为了进一步的集聚资本与劳力,又建立一些特殊的制度。例如股份公司的募集设立,公司债的发行,股票的发行与上市。公司所有与公司经营的分离,劳动者参与制等。最后,持股公司制度的建立、公司参与制、跨国公司等都是资本与劳力的最高度的集合。

在公司中,个人(股东)风险的分散与减轻。多数个人分担风险,在合伙中已存在。但公司成立后,有限责任制度使个人责任大为减轻。公司法人制度确立后,个人(股东)责任到了最小程度。

公司的特点有利于企业维持制度。个人企业和合伙企业不仅随个人的生死、个人的任意而存废,而且国家对之不加以特别的关注,任其自生自灭。公司企业是法人,脱离个人(成员)而永续的存在,不受个人生死进退(加入公司、退出公司)的影响,而且现代国家对公司给予特殊的关注,用各种手段维持其存在。越是大规模的公司,越是受到国家的支持(当然也就能发挥更大的经济上的作用)。

三、从法律方面进行研究

公司是法人。公司是社团法人中重要的一类。法人制度在公司制度中得到最充分的表现。公司是社团法人中最为典型的。

公司是营利法人,是企业的最高形态。各国原来都只在商法典中规定公司,后来都全部或部分地把商法中的规定移出来扩充为单行法。现代公司逐渐演变为企业法,再进而公法化。

公司活动中的法律行为大多是共同行为,这与合同法中的法律行为主要是合同(双方法律行为),票据法中的行为主要是单方行为有所不同。对法律行为的这三种形式的研究,是与这些法律部门的发展相联系的。

破产制度最初(例如在法国商法典)是从公司开始的(法国商法典里的破产限于公司)。公司制度的发展促进了破产制度的发展。

私法的公法化从公司开始,并逐步发展。现在公私法两方面出现的经济法也主要与公司法有关。

四、公司组织在资本主义制度中的地位

公司是资本主义形成的产物,又转而促进了资本主义的发展。在现代市场经济中,公司是主导作用的力量。一方面,公司,特别是股份有限公司,是生产社会化的产物(大公司是大工业的产物),是人类史上至今企业发展中的最高的组织形态,公司制度的每一点都是适应生产社会化的需要而形成的。在生产社会化程度愈高的国家,公司制度愈为发达。反之,在生产社会化程度不高的国家,不需要公司这种制度。公司聚集了大量的人力与物力,进行现代化工业化社会中的最大的经济活动。从这一方面说,股份公司是巨大生产力的承担者。另一方面,公司是追求私人利益的组织,是资本主义竞争和资本主义无政府生产的积极参加者,它缘起于商品经济发展的需要,是符合市场经济较好的企业组织形态,但它并不仅仅存在于资本主义制度中;只要是市场经济,它都适合生存,因此,社会主义初级阶段进行市场经济建设,公司也是必不可少的。故在今天的资本主义或社会主义的市场经济中仍有巨大的活力,它适应商品经济的发展需求。

第二节 公司法概述

一、中国公司立法概况

公司法是规定各种公司的组织、活动与解散以及股东权利义务的法律规范的总称。

实质公司法与形式公司法。表现形式:编入民法典、商法典或单行法(我国单行法)。我国《公司法》于1993年12月29日第八届全国人民代表大会常务委员会第五次会议通过,至今与时俱进地经过了三次修改,即根据1999年12月25日第九届全国人民代表大会常务委员会第十三次会议《关于修改〈中华人民共和国公司法〉的决定》第一次修正,根据2004年8月28日第十届全国人民代表大会常务委员会第十一次会议《关于修改〈中华人民共和国公司法〉的决定》第二次修正,根据2005年10月27日第十届全国人民代表大会常务委员会第十八次会议进行了第三次修订,这次修订幅度比较大,将《公司法》原来的有些规定调整到证券法中,由修改前的230条减少到219条。①随着2013年9月中共中央、

---

① 参见《公司法》(2005年修正)。

国务院在上海建立第一家中国上海自由贸易实验园区的政策文件的出台,为促进中国的第二次改革开放,满足"大众创业、万众创新"战略下对创业人员创业提供便利条件等,全国人大常委会由进行了第三次修改《公司法》的活动,核心是该公司注册资本实缴资本制改为认缴资本制,删除实收资本验资及首次出资比例等要求,为公司设立大开方便之门,设立公司变得容易和快捷;《公司法》条款由219条减少到218条,修改了11条,主要涉及认缴资本这一内容,即将原来要求的实缴资本制改为认缴资本制,同时针对一般公司取消最低注册资本的要求(对于如银行、保险公司、证券公司等类型的公司按照相应的特别法规定)。①除了修正之外,最高人民法院还就《公司法》作出了四个司法解释,分别是:2006年、2008年、2011年和2014年分别有最高人民法院的四个司法解释,对《公司法》实施及立法方面有所模糊的地方进行了进一步的说明。前面三个基于人民法院审理公司案件的事实,就公司的民事纠纷、解散和清算、公司设立、出资、股权确认等案件适用法律问题作出了规定。②第四个司法解释就公司机关会议决议无效和撤销纠纷、股东知情权纠纷、有限责任公司新增资本认购纠纷、股份公司发行新股纠纷、利润分配请求权纠纷、股权转让纠纷、股东代表诉讼纠纷案件适用法律问题作出规定。

二、公司法的特点

从整体上看,公司法具有如下特点:

公司法是组织法。公司法是规定公司的设立和成立、公司与成员的关系、公司成员间的关系、公司与第三人的关系、公司组织的变更与消灭等。这些是关于公司的组织法,属于团体法的范围,而与之规定个人的权利和义务的个人法不同。个人法的原则是尊重个人意思,重视个人利益;而组织法的原则是尊重团体意思,重视团体利益。

公司法是营利活动的法。公司法规定其营利活动,但并不规定具体商事行为(如买卖、租贷等),只规定进行营利行为的形式和手段,如规定公司的财务、利益分配、公司债务等。

公司法属于私法、属于商法。公司是私人间基于私的利益而组成的营利组

---

① 参见《公司法》(2013年修正)。

② 具体内容参见《最高人民法院关于适用〈中华人民共和国公司法〉若干问题的规定》(一)、(二)、(三)及《最高人民法院关于修改关于适用〈中华人民共和国公司法〉若干问题的规定的决定》〔2014〕2号。

织,属于私法人、营利法人,所以规定公司的组织与活动的法是私法、商法。

在具体内容上看,其有如下特点:

强制规定多,使公司法具有公法性质。公司法本属于私法,但与民法大不相同,即其中大半为强制规定。首先,关于公司的种类与各种公司的设立程序(包括订立章程、登记)和组织,都有法律严格规定。当事人只能在公司法规定的范围内、以公司法规定的程序设立公司,不得设立公司法未规定的公司。其次,关于各种公司的对内对外关系,财务关系等均系强制规定。公司的有些行为必须经批准或向主管机关报告(例如发行新股票、发行公司债),公司的有些行为必须登记或应公告。违反公司法里的强制规定的后果不仅有私法上的后果(如行为无效的撤销和不得对抗善意第三人),有时还应受处罚(行政罚或刑罚),因此公司法带有浓厚的公法色彩。

修改频繁、单行法令多。公司制度随社会经济的发展而发展,所以公司法修改频繁成为一显著的特色。因而在公司法之外,随时制定单行的法令也是各国普遍实行的办法。

公司法的国际化。各国公司制度原来各有特色,互不相同,后来一方面因互相取长补短,一方面因国际商业交往的需要,不同国家公司法逐渐接近。现在虽然没有国际间统一的公司法(就此特点而言,公司法不如票据法),但各国公司法已无很大的差异。最显著的例子是有限公司、授权资本制、管理委员会制、劳动参与制等,这些制度原来只是某一国家的制度,现已为各国所采用。

三、公司概念及其种类

(一) 定义

公司是依照(各国的)公司法所组成并登记的以营利为目的的社团法人。英美法一直承认一人公司。我国法律规定,依照法律规定以营利为目的,由股东投资而设立的企业法人。

公司的特点:它们是以营利为目的的社团法人、企业法人;在我国语境下,它们均具备独立的法人资格,有独立的财产并独立地承担法律责任;它们是依公司法的规定而设立的;它们及其股东只承担有限责任(公司以其所有的净资产承担责任,股东仅以出资额为限对外承担责任)。但是,如果公司在设立和运营过程中发生公司法人人格否认的情形,则另当别论。

公司设立的原则,历史上不同时期曾经有过不同的规则,如自由放任设立主义、特许设立制、许可设立制等;今天主要以准则设立主义、严格准则设立主义等为主。

自由放任设立主义是指公司可以自由设立,国家不加任何限制。在历史上,在中世纪末公司兴起的初期以及法国大革命时期对无限公司等实行过这种办法,以后没有国家再实行过。特许设立制是指公司成立须经国家元首特许或由立法机关制定专门法律;英国于1720年制定"泡沫法",不许滥设公司,规定具有法人资格的公司须经国会许可始得成立;近代各国,除对某些特殊公司外,对一般公司,不采取此种办法。许可设立制是指公司设立除必须符合法律规定的条件外,还必须经行政机关批准。1807年的法国商法典对股份公司(股份公司和股份两合公司)采取这种办法。准则设立主义是指法律(公司法)规定各种要件,设立公司只要符合所定要件,无须行政机关或立法机关的事先批准,国家给予登记,赋予法人人格。严格准则设立主义意指严格限定公司设立的法定条件,加重设立人的法律责任和加强司法机关、行政主管机关对公司的监管。

中国当下主要采取的原则是,以严格准则设立主义为主、核准设立为辅的原则;即一般的公司设立遵循严格准则主义,而对于银行、证券公司、保险公司、信托公司等则要求根据核准主义(经过有关监管机关如银行监督管理委员会、证券监督管理委员会及保险监督管理委员会等批准)设立。我国公司法规定,设立公司,应当依法向公司登记机关申请设立登记。符合公司法规定的设立条件的,由公司登记机关分别登记为有限责任公司或者股份有限公司;不符合本法规定的设立条件的,不得登记为有限责任公司或者股份有限公司。法律、行政法规规定设立公司必须报经批准的,应当在公司登记前依法办理批准手续。①以募集方式设立股份有限公司公开发行股票的,还应当向公司登记机关报送国务院证券监督管理机构的核准文件。②

(二) 种类

1. 无限公司

个体和合伙公司都属于无限公司,即责任无限,其责任不局限于公司或生意本身的资产,如果公司本身的资产不够偿付债务,业主或合伙人的个人资产,有可能成为追究的目标。有限公司的责任就仅仅限于股东的资本投入。公司资产与股东个人资产是彻底分开的。关于三种公司的各自特点和注册方式,下面分别加以说明。

---

① 《公司法》(2013年修订)第6条。
② 《公司法》(2013年修订)第92条。

（1）个体公司及其注册特点：个体生意的所有者是一个人，用其个人的名字或另取一商号从事商业活动。个体公司属于无限公司，公司在不能够偿付债务时，其责任不局限于公司的本身的资产，业主个人其他资产都可能被用于赔偿。

个体生意注册很简单，花几十元钱在省工商部门填表即可。如果不另取生意的名称，而是业主用自己的个人名字从事活动，个体公司可以不用注册。但如果公司从事的行业要求有执照才能营业，则需另外申请。

（2）合伙公司及其注册特点：合伙公司属于无限公司。对于合伙人来说，责任无限的特点与个体公司大致相同，不相同的地方是合伙公司的业主和参与管理的是两个或两个以上的个人、合伙公司或者有限公司。只要各方存在着实际的合伙关系，即共同投入、共同管理、盈亏分摊等等，甚至生意不用注册就可以被确认为是合伙关系，条件是该生意没有自己独立的名字，即其名字与某一合伙人的名字完全一样。

合伙公司注册手续非常简单，在省工商部门填一张表就可以了，手续费几十元钱。

（3）两合公司及其注册特点：两合公司（KG），是以共同商号进行商业活动的公司，其股东的一人或数人以其一定的出资财产数额而对公司的债务负责任（有限责任股东），其他股东负无限责任。无限股东是法律上的经理，但并不排除有限股东按合同参与领导公司，与只计资本出资的有限股东相比，无限股东有权获得更多的利润分成。两合公司与隐名合伙有相似之处，其无限责任股东之间的责任是连带的。

2. 现代公司制度

我国《公司法》只规定了有限责任公司和股份有限公司两种公司形态。有限责任公司是指由定额的股东组成，股东只对公司负一定的出资义务而对公司债权人所负债务也仅仅以其出资额为限承担责任的公司。有限公司的股东的责任与股份有限公司一样，其个人财产与公司对外所欠债务无关，除非能够证明存在公司法人人格否认的状况。公司法人人格否认（disregard of corporate personality）又称"刺破公司的面纱"（piercing the corporation's veil）或"揭开公司面纱"（lifting the veil of the corporation），指为阻止承担有限责任的公司独立法人人格被不法之人滥用和保护公司债权人利益及社会公共利益，就具体法律关系中的特定事实，否认公司与其背后的股东各自独立的人格及股东的有限责任，要求公司的股东以其在公司投资之外的其他财产对公司债务或公共利益直接承担责任，以实现公平、正义目标之要求而设置的一种法律措施。我国《公司法》规定:公司股东应当遵守法律、行政法规和公司章程,依法行使股东权利,不得滥用股东权利损害公司或者其他股东的利益;不得滥用公司法人独立地位和股东有限责任损害公司债权人的利益。公司股东滥用公司法人独立地位和股东有限责任,逃避债务,严重损害公司债权人利益的,应当对公司债务承担连带责任。[①]如美国有一个商人拥有 50 辆轿车,想从事出租车业务,但他不是成立一个出租汽车有限公司,而是每 2 辆车开一个出租车服务公司,共 25 个。后来有一个公司出了交通事故,对外承担的赔偿责任远远超过该公司所有的净资产。该公司的财产不足以清偿,该商人的其他公司该不该承担赔偿责任? 后法院审理该案认为,该商人显然有逃避债务的嫌疑。对此,他不能仅以其投资出事的公司的金额为限,还必须以其他个人财产来偿还债务,即为维护债权人利益,法院判股东承担无限责任。下面的案例是公司法人人格否认典型案例,为最高人民法院第 15 号指导性案例。

[案例]　徐工集团工程机械股份有限公司诉成都川交工贸有限责任公司等买卖合同纠纷案[②]。

裁判要点:

1. 关联公司的人员、业务、财务等方面交叉或混同,导致各自财产无法区分,丧失独立人格的,构成人格混同。

2. 关联公司人格混同,严重损害债权人利益的,关联公司相互之间对外部债务承担连带责任。

原告徐工集团工程机械股份有限公司(以下简称徐工机械公司)诉称:成都川交工贸有限责任公司(以下简称川交工贸公司)拖欠其货款未付,而成都川交工程机械有限责任公司(以下简称川交机械公司)、四川瑞路建设工程有限公司(以下简称瑞路公司)与川交工贸公司人格混同,三个公司实际控制人王永礼以及川交工贸公司股东等人的个人资产与公司资产混同,均应承担连带清偿责任。请求判令:川交工贸公司支付所欠货款 10 916 405.71 元及利息;川交机械公司、瑞路公司及王永礼等个人对上述债务承担连带清偿责任。

被告川交工贸公司、川交机械公司、瑞路公司辩称:三个公司虽有关联,但并不混同,川交机械公司、瑞路公司不应对川交工贸公司的债务承担清偿责任。王

---

①　《公司法》(2013 年修订)第 20 条。

②　《徐工集团工程机械股份有限公司诉成都川交工贸有限责任公司等买卖合同纠纷案》,最高人民法院审判委员会 2013 年 1 月 31 日发布,《人民法院报》2013 年 2 月 7 日。

永礼等人辩称:王永礼等人的个人财产与川交工贸公司的财产并不混同,不应为川交工贸公司的债务承担清偿责任。

法院经审理查明:川交机械公司成立于1999年,股东为四川省公路桥梁工程总公司二公司、王永礼、倪刚、杨洪刚等。2001年,股东变更为王永礼、李智、倪刚。2008年,股东再次变更为王永礼、倪刚。瑞路公司成立于2004年,股东为王永礼、李智、倪刚。2007年,股东变更为王永礼、倪刚。川交工贸公司成立于2005年,股东为吴帆、张家蓉、凌欣、过胜利、汤维明、武竞、郭印,何万庆2007年入股。2008年,股东变更为张家蓉(占90%股份)、吴帆(占10%股份),其中张家蓉系王永礼之妻。在公司人员方面,三个公司经理均为王永礼,财务负责人均为凌欣,出纳会计均为卢鑫,工商手续经办人均为张梦;三个公司的管理人员存在交叉任职的情形,如过胜利兼任川交工贸公司副总经理和川交机械公司销售部经理的职务,且免去过胜利川交工贸公司副总经理职务的决定系由川交机械公司作出;吴帆既是川交工贸公司的法定代表人,又是川交机械公司的综合部行政经理。在公司业务方面,三个公司在工商行政管理部门登记的经营范围均涉及工程机械且部分重合,其中川交工贸公司的经营范围被川交机械公司的经营范围完全覆盖;川交机械公司系徐工机械公司在四川地区(攀枝花除外)的唯一经销商,但三个公司均从事相关业务,且相互之间存在共用统一格式的《销售部业务手册》《二级经销协议》、结算账户的情形;三个公司在对外宣传中区分不明,2008年12月4日重庆市公证处出具的《公证书》记载:通过因特网查询,川交工贸公司、瑞路公司在相关网站上共同招聘员工,所留电话号码、传真号码等联系方式相同;川交工贸公司、瑞路公司的招聘信息,包括大量关于川交机械公司的发展历程、主营业务、企业精神的宣传内容;部分川交工贸公司的招聘信息中,公司简介全部为对瑞路公司的介绍。在公司财务方面,三个公司共用结算账户,凌欣、卢鑫、汤维明、过胜利的银行卡中曾发生高达亿元的往来,资金的来源包括三个公司的款项,对外支付的依据仅为王永礼的签字;在川交工贸公司向其客户开具的收据中,有的加盖其财务专用章,有的则加盖瑞路公司财务专用章;在与徐工机械公司均签订合同、均有业务往来的情况下,三个公司于2005年8月共同向徐工机械公司出具《说明》,称因川交机械公司业务扩张而注册了另两个公司,要求所有债权债务、销售量均计算在川交工贸公司名下,并表示今后尽量以川交工贸公司名义进行业务往来;2006年12月,川交工贸公司、瑞路公司共同向徐工机械公司出具《申请》,以统一核算为由要求将2006年度的业绩、账务均计算至川交工贸公司名下。

另查明,2009 年 5 月 26 日,卢鑫在徐州市公安局经侦支队对其进行询问时陈述:川交工贸公司目前已经垮了,但未注销。又查明徐工机械公司未得到清偿的货款实为 10 511 710.71 元。

裁判结果:

江苏省徐州市中级人民法院于 2011 年 4 月 10 日作出(2009)徐民二初字第 0065 号民事判决:一、川交工贸公司于判决生效后 10 日内向徐工机械公司支付货款 10 511 710.71 元及逾期付款利息;二、川交机械公司、瑞路公司对川交工贸公司的上述债务承担连带清偿责任;三、驳回徐工机械公司对王永礼、吴帆、张家蓉、凌欣、过胜利、汤维明、郭印、何万庆、卢鑫的诉讼请求。宣判后,川交机械公司、瑞路公司提起上诉,认为一审判决认定三个公司人格混同,属认定事实不清;认定川交机械公司、瑞路公司对川交工贸公司的债务承担连带责任,缺乏法律依据。徐工机械公司答辩请求维持一审判决。江苏省高级人民法院于 2011 年 10 月 19 日作出(2011)苏商终字第 0107 号民事判决:驳回上诉,维持原判。

裁判理由:

法院生效裁判认为:针对上诉范围,二审争议焦点为川交机械公司、瑞路公司与川交工贸公司是否人格混同,应否对川交工贸公司的债务承担连带清偿责任。

川交工贸公司与川交机械公司、瑞路公司人格混同。一是三个公司人员混同。三个公司的经理、财务负责人、出纳会计、工商手续经办人均相同,其他管理人员亦存在交叉任职的情形,川交工贸公司的人事任免存在由川交机械公司决定的情形。二是三个公司业务混同。三个公司实际经营中均涉及工程机械相关业务,经销过程中存在共用销售手册、经销协议的情形;对外进行宣传时信息混同。三是三个公司财务混同。三个公司使用共同账户,以王永礼的签字作为具体用款依据,对其中的资金及支配无法证明已作区分;三个公司与徐工机械公司之间的债权债务、业绩、账务及返利均计算在川交工贸公司名下。因此,三个公司之间表征人格的因素(人员、业务、财务等)高度混同,导致各自财产无法区分,已丧失独立人格,构成人格混同。

川交机械公司、瑞路公司应当对川交工贸公司的债务承担连带清偿责任。公司人格独立是其作为法人独立承担责任的前提。《公司法》第三条第一款规定:"公司是企业法人,有独立的法人财产,享有法人财产权。公司以其全部财产对公司的债务承担责任。"公司的独立财产是公司独立承担责任的物质保证,公司的独立人格也突出地表现在财产的独立上。当关联公司的财产无法区分,丧失独立人格时,就丧失了独立承担责任的基础。《公司法》第二十条第三款规定:"公司股东滥用公司法人独立地位和股东有限责任,逃避债务,严重损害公司债权人利益的,应当对公司债务承担连带责任。"本案中,三个公司虽在工商登记部门登记为彼此独立的企业法人,但实际上相互之间界线模糊、人格混同,其中川交工贸公司承担所有关联公司的债务却无力清偿,又使其他关联公司逃避巨额债务,严重损害了债权人的利益。上述行为违背了法人制度设立的宗旨,违背了诚实信用原则,其行为本质和危害结果与《公司法》第二十条第三款规定的情形相当,故参照《公司法》第二十条第三款的规定,川交机械公司、瑞路公司对川交工贸公司的债务应当承担连带清偿责任。

有限公司有如下特点:企业所有与企业经营先分离,股东人数有限,股东大会的决议可以书面为之(通信表决),董事会中不一定再选执行董事,监事会是任意设置的机关,股东的股权不得任意转让。有限公司股东可以享受与股份公司股东同样的利益,有限公司的组织较股份公司为简易,是适合于中小企业的公司形式。

股份有限公司意指其全部资本由股份股东组成的公司。股份股东对于公司在其所认购股份价额的限度内负出资义务,对公司债权人不负任何责任。过去旧的公司法述说股东对公司债权人负间接有限责任。此种说法不科学,不宜继续采用。股份有限公司有时简称股份公司,即因一般常说股东负有限责任,所谓有限责任指股东对公司也只负有限的出资义务,以其所认购的股份为限。股份公司的股东(股份股东)的责任最轻,是适合于大企业的公司形式。股份公司有如下特点:股东在股东大会上行使表决权,公司的重大事项由股东大会以多数决形成公司意思决定之,股东不直接负责业务的执行,业务的执行交给由股东大会选任的董事会,董事会再选任执行董事(或经理),执行董事管理日常事务,并代表公司。此所谓企业所有与企业经营相分离。另外公司设置监事会,行使监督权。股东可以自由转让股权。

第三节　有限责任公司制度

一、概念与特征

有限责任公司是指股东以其出资额为限对公司承担责任,公司以其全部资产对公司的债务承担责任的企业组织形态。它主要以资本额作为信用基础,但同时对股东个人的信用等也有要求。有限责任公司的最大好处:股东仅仅以出资额为限对公司所欠债务承担责任,对于超过其投资限额的债务,他不承担,这种方式有效地将投资部分与个人财产隔离开来。

特点:以资合性(资本额作为信用)与人合性(个人的信用)为基础;封闭性,即股东人数受到限制,不能超过 50 人(包括自然人、法人或合伙企业);适应性强,规模可大可小;设立程序简单;组织机构设置灵活;股东参加管理。

二、公司设立的条件,公司设立的程序

(一) 有限责任公司具备的条件①

股东符合法定人数:50 人以下,包括 1 人。

有符合公司章程规定的全体股东认缴的出资额。2013 年修改后的《公司法》采纳了认缴资本制来设立公司,它符合世界潮流,降低了公司设立门槛,也符合市场经济发展的规律要求。过去要求采取实缴资本制,其带来的消极结果要么是资产闲置,要么是抽逃资金;对立法者所欲实现的立法目的意义不大。在中国当下,采用认缴资本制,带来的最大效果是利于国家提倡的"大众创业·万众创新"的双创战略落实有着积极意义。自新《公司法》实施以来,在全国经过上海自贸区的试验和实践,已经收到明显效果。

股东共同制定公司章程。章程应当载明下列八个事项:公司名称和住所;公司经营范围;公司注册资本;股东的姓名或者名称;股东的出资方式、出资额和出资时间;公司的机构及其产生办法、职权、议事规则;公司法定代表人;股东会会议认为需要规定的其他事项。股东应当在公司章程上签名、盖章。

有公司名称,建立符合有限责任公司要求的组织机构。通常就是公司的三会,即股东会、董事会和监事会。

有公司住所,即明确的办事机构所在地。主要办事机构所在地,通常是公司发出指令的业务中枢机构所在地。公司的住所是公司章程载明的地点,是公司章程的必要记载事项,具有公示效力。公司主要办事机构一般是指公司董事会等重要机构,因为董事会是公司的经营管理决策机构,对外代表公司的。公司可以建立多处生产、营业场所,但是经公司登记机关登记的公司住所只能有一个,并且这个公司住所应当是在为其登记的公司登记机关的辖区内。要规定公司住

---

① 参见《公司法》(2013 年修订)第 23—32 条。

所,最基本的理由就是在任何时候都能找到这家公司。从法律上来看,具有以下三方面的意义:一是作为法律文书的送达处所;二是作为诉讼管辖的根据;三是在一定意义上是公司享有权利和履行义务的法定场所。

(二)程序

设立有限责任公司的一般程序:发起人发起;草拟章程;必要的行政审批;认缴出资;申请设立登记;登记发照。

1. 发起人发起

有限责任公司只能由发起人发起设立。发起人首先要对设立有限责任公司进行可行性分析,确定设立公司的意向。发起人有数人时,应签订发起人协议或作成发起人会议决议。协议或决议是明确发起人各自在公司设立过程中权利义务的书面文件。其间,在工商局领取"企业(字号)名称预先核准申请表",填写拟成立的公司名称,由工商局在工商局内部网上检索是否有重名,没有重名的,工商局会核发一张"企业(字号)名称预先核准通知书"。自己提前多准备几个名字,因为现在注册公司的时候,名字特别容易重复。

2. 草拟章程

章程主要是规范公司成立后各方行为的,它与发起人协议不同。起草章程必须严格按照法律、法规的规定进行。一般工商局网站都有"公司章程"的模板,下载下来进行修改或者请专业的律师修改或起草。但我国法律要求章程须经全体股东同意并签名盖章,报登记主管机关批准后,才能正式生效。

3. 必要的行政审批

并不是所有有限责任公司的设立均要经过行政审批,大多数情况下,只要不涉及法律、法规的特别要求,直接注册登记就可。我国《公司法》第8条第2款规定:"法律、行政法规对设立公司规定必须报经审批的,在公司登记前依法办理审批手续。"例如,设立经营证券业务的有限责任公司,就应事先经有关证券主管机关批准,不经批准,就不得申请登记。

4. 确定各自认缴的出资

发起人在签署发起人协议或章程时,认缴出资。如果筹备工作顺利,应办理审查批准的手续也已办理,就应实际履行出资义务。发起人以货币出资的,应当将货币出资足额存入准备设立的有限责任公司在银行开设的临时账户;以实物、工业产权、非专利技术或者土地使用权出资的,应当依法办理其财产权的转移手续。

5. 申请设立登记

发起人认缴全部出资后,由全体发起人指定的代表或者共同委托的代理人向公司登记机关申请设立登记,办理营业执照。此时应提交公司登记申请书、公司章程、董事法人监事任免书、总经理任免书、全体股东法人身份证原件、名称预先核准通知书等文件,前四者都可以在当地工商局网站上下载。法律、行政法规规定需要经有关部门审批的,应当在申请设立登记时提交批准文件。

设立有限责任公司的同时设立分公司的,应当就所设分公司向公司登记机关申请登记。

6. 登记发照

公司登记机关对设立登记申请进行审查,对符合法律、法规规定条件的,予以核准登记,发给公司营业执照;对不符合法律、法规规定条件的,不予登记。公司营业执照签发之日,为有限责任公司成立之日。公司营业执照应当载明公司的名称、住所、注册资本、经营范围、法定代表人姓名等事项。公司营业执照记载的事项发生变更的,公司应当依法办理变更登记,由公司登记机关换发营业执照。①公司自成立之日起,取得法人资格,开始对外营业。

凭营业执照法人身份证到专业刻章店刻印公章、财务章,正规的章是到公安分局备案过有刻章卡的;凭营业执照、法人身份证、公章到市场监督管理局办理企业组织机构代码证;凭营业执照和组织机构代码证、法人身份证、公章到所在区的国税或地税分局办理税务登记证;带上公司章程、工商局发的核名通知、法人代表的私章、身份证、用于验资的钱、空白询征函表格,到银行去开立公司账户,告知银行是开验资户。到开验资户银行凭公司全套资料把验资户转成基本户。

(三)名称和住所

公司名称通常包括以下四个方面的内容。一是公司类型。根据《公司法》规定,依法设立的有限责任公司,必须在公司名称中标明有限责任公司或者有限公司字样;依法设立的股份有限公司,必须在公司名称中标明股份有限公司或者股份公司字样。②二是具体名称或商号。公司名称的这部分内容应最具个性,是让自己与其他公司区别开来的标记;它也应当依法确定,对于法律、行政法规禁止使用的名称,不得采用。如不得在公司名称中含有对国家、社会或者公共利益有损害的名称,外国国家(地区)名称,国际组织名称等。三是营业种类。公司名称中的营业种类,虽然法律并无强制性规定,但一般惯例要求与其营业规模或者营业种类相适应,如食品公司、医药公司或设备制造公司等。四是公司所在地域/

---

① 《公司法》(2013 年修订)第 7 条。
② 《公司法》(2013 年修订)第 8 条。

区域名称的标记,如上海市××食品公司等。依据国家有关规定,公司只能使用一个名称。

现举两个例子来说明。如"上海市德银物资回收利用有限公司"这一公司名称中,"上海市"标明区域范围,"德银"是其商号或最具个性的部分,"物资回收利用"标明该公司所属行业领域,"有限公司"表明公司类型是有限责任公司;该公司最为有效简洁的称呼是"上海德银"。再如,上市公司"上海普天邮通科技股份有限公司",其名称中"上海"表明区域,"普天"是最具特色的词,与其他公司区别开来,"邮通科技"表明的是行业范围,"股份有限公司"表明的是公司类型;其简称是"上海普天"。

(四)公司的资本制度

公司法规定,有限责任公司的注册资本为在公司登记机关登记的全体股东认缴的出资额。法律、行政法规以及国务院决定对有限责任公司注册资本实缴、注册资本最低限额另有规定的,从其规定。如成立商业银行,根据规定,设立全国性商业银行的注册资本最低限额为 10 亿元人民币;设立城市商业银行的注册资本最低限额为 1 亿元人民币,设立农村商业银行的注册资本最低限额为 5 000 万元人民币。注册资本应当是实缴资本。国务院银行业监督管理机构根据审慎监管的要求可以调整注册资本最低限额,但不得少于前款规定的限额。①证券公司经营证券经纪、证券投资咨询及与证券交易、证券投资活动有关的财务顾问等业务的,注册资本最低限额为人民币 5 000 万元;经营证券承销与保荐、证券自营、证券资产管理和其他证券业务等业务之一的,注册资本最低限额为人民币 1 亿元,经营前述四项业务中两项以上的,注册资本最低限额为人民币 5 亿元。证券公司的注册资本应当是实缴资本。②此外,还有保险公司、信托公司等设立的特别规定,要遵循相关法律的规定。

股东可以用货币出资,也可以用实物、知识产权、土地使用权等可以用货币估价并可以依法转让的非货币财产作价出资;但是,法律、行政法规规定不得作为出资的财产除外。对作为出资的非货币财产应当评估作价,核实财产,不得高估或者低估作价。法律、行政法规对评估作价有规定的,从其规定。

股东应当按期足额缴纳公司章程中规定的各自所认缴的出资额。股东以货币出资的,应当将货币出资足额存入有限责任公司在银行开设的账户;以非货币

---

① 《商业银行法》(2015 年修正)第 13 条。

② 《证券法》(2014 年修正)第 125/127 条。

财产出资的,应当依法办理其财产权的转移手续。股东不按照前款规定缴纳出资的,除应当向公司足额缴纳外,还应当向已按期足额缴纳出资的股东承担违约责任。股东认足公司章程规定的出资后,由全体股东指定的代表或者共同委托的代理人向公司登记机关报送公司登记申请书、公司章程等文件,申请设立登记。有限责任公司成立后,发现作为设立公司出资的非货币财产的实际价额显著低于公司章程所定价额的,应当由交付该出资的股东补足其差额;公司设立时的其他股东承担连带责任。有限责任公司成立后,应当向股东签发出资证明书,该证明书应当载明下列事项:公司名称;公司成立日期;公司注册资本;股东的姓名或者名称、缴纳的出资额和出资日期;出资证明书的编号和核发日期。出资证明书由公司盖章。有限责任公司应当置备股东名册,记载下列事项:股东的姓名或者名称及住所;股东的出资额;出资证明书编号。记载于股东名册的股东,可以依股东名册主张行使股东权利。公司应当将股东的姓名或者名称向公司登记机关登记;登记事项发生变更的,应当办理变更登记。未经登记或者变更登记的,不得对抗第三人。①

三、股东与其权利义务

股东即在公司章程上签名盖章且实际履行出资义务的发起人。公司存续期间依法继受取得股权的人。一般规定,股东就是向公司投入资金并依法享有权利、承担义务的人。

股东权利。股东的权利主要有:出席股东会,参与决策的权利(原则上以出资比例来行使表决权,但另有约定的除外);选举权和被选举权;按公司经营所得获取分红的权利;转让自己股权给他人的权利;优先购买权;查阅股东会记录、财务表(股东有权查阅、复制公司章程、股东会会议记录、董事会会议决议、监事会会议决议和财务会计报告);监督经营活动;解散时的权利;损害赔偿请求权以及其他权利。

[案例] **《公司法》的一人一票原则的变化问题。**1998 年,有一个大股东持股 58%,还有两个股东各持股 21%。大股东为了表现自己和小股东的合作诚意,与另外两名股东在公司章程里约定,股东开会做决议的时实行一人一票的原则,按股东人数多少作出决策。这样虽然解决了大股东基于股权比例高而可能损害小股东权益的情况,但小股东联合起来损害大股东权益可能性增加了。后

---

① 《公司法》(2013 年修订)第 32、33 条。

来，两个小股东提出一些股东会决议，尽管大股东反对，但是股东会也能做出决议。大股东忍无可忍诉到法院，要求确认通过的决议无效，理由是这个决议依据的是公司章程的一人一票原则，而一人一票原则违反公司法的规定。一审法院判决，认为公司章程条款是由股东基于意思自治原则达成的，应该有效，一人一票原则应该坚持，裁定大股东主张不予支持。但是到了二审法院，法院认为原判决适用法律错误，依法改判；它认为虽然公司章程一人一票，但公司法规定的不是一人一票，而是按出资比例行使表决权，约定不能违背公司法的强制性规定。

问题：有限责任公司投票是按股东人数还是按出资比例决定投票权？此案发生在 2006 年 1 月 1 日之后会如何？

旧《公司法》规定：股东会会议由股东按照出资比例行使表决权。新《公司法》规定：股东会会议由股东按照出资比例行使表决权；但是，公司章程另有规定的除外。

[案例] 股东侵害公司利益的法律解决途径。 2009 年上海张某与李某共同成立了一个有限责任公司，张某作为大股东持股 67%，李某作为小股东持股 33%，张某身兼董事长、总经理，其销售的款都入自己个人账户，李某的销售收入都入公司的账户。张某的做法让李某忍无可忍，诉到法院，要求张某把侵占的财产返还给公司。本案中公司是直接的受害者，公司应该是原告，应由公司的法定代表人代表公司来起诉；该公司的法定代表人是董事长张某，应该由张某来维护公司利益，而他恰恰又是损害公司的人。他怎么会起诉自己呢？问题是：李某具有原告的资格吗？

2005 年修改后的《公司法》规定：董事、高级管理人员有公司法第一百五十条规定的情形的①，有限责任公司的股东、股份有限公司连续一百八十日以上单独或者合计持有公司百分之一以上股份的股东，可以书面请求监事会或者不设监事会的有限责任公司的监事向人民法院提起诉讼；监事有本法第一百五十条规定的情形的②，前述股东可以书面请求董事会或者不设董事会的有限责任公司的执行董事向人民法院提起诉讼。监事会、不设监事会的有限责任公司的监事，或者董事会、执行董事收到前款规定的股东书面请求后拒绝提起诉讼，或者自收到请求之日起三十日内未提起诉讼，或者情况紧急、不立即提起诉讼将会使公司利益受到难以弥补的损害的，前款规定的股东有权为了公司的利益以自己

---

①② 现为《公司法》(2013 年修订) 的第 149 条，即董事、监事、高级管理人员执行公司职务时违反法律、行政法规或者公司章程的规定，给公司造成损失的，应当承担赔偿责任。

的名义直接向人民法院提起诉讼。他人侵犯公司合法权益,给公司造成损失的,本条第一款规定的股东可以依照前两款的规定向人民法院提起诉讼。①

股东可以要求查阅公司会计账簿。股东要求查阅公司会计账簿的,应当向公司提出书面请求,说明目的。公司有合理根据认为股东查阅会计账簿有不正当目的,可能损害公司合法利益的,可以拒绝提供查阅,并应当自股东提出书面请求之日起十五日内书面答复股东并说明理由。公司拒绝提供查阅的,股东可以请求人民法院要求公司提供查阅。股东按照实缴的出资比例分取红利;公司新增资本时,股东有权优先按照实缴的出资比例认缴出资。但是,全体股东约定不按照出资比例分取红利或者不按照出资比例优先认缴出资的除外。②

有限责任公司的股东之间可以相互转让其全部或者部分股权。股东向股东以外的人转让股权,应当经其他股东过半数同意。股东应就其股权转让事项书面通知其他股东征求同意,其他股东自接到书面通知之日起满三十日未答复的,视为同意转让。其他股东半数以上不同意转让的,不同意的股东应当购买该转让的股权;不购买的,视为同意转让。

经股东同意转让的股权,在同等条件下,其他股东有优先购买权。两个以上股东主张行使优先购买权的,协商确定各自的购买比例;协商不成的,按照转让时各自的出资比例行使优先购买权。公司章程对股权转让另有规定的,从其规定。③人民法院依照法律规定的强制执行程序转让股东的股权时,应当通知公司及全体股东,其他股东在同等条件下有优先购买权。其他股东自人民法院通知之日起满二十日不行使优先购买权的,视为放弃优先购买权。自然人股东死亡后,其合法继承人可以继承股东资格;但是,公司章程另有规定的除外。④

股东的义务。出资是股东的首要义务;股东应当按期足额缴纳公司章程中规定的各自所认缴的出资额。股东以货币出资的,应当将货币出资足额存入有限责任公司在银行开设的账户;以非货币财产出资的,应当依法办理其财产权的转移手续。股东不按照规定缴纳出资的,除应当向公司足额缴纳外,还应当向已按期足额缴纳出资的股东承担违约责任。⑤股东在公司登记后,不得抽回出资。⑥公

---

① 《公司法》(2013 年修订)第 152 条。1993 年公司法没有做出这样的规定,导致小股东权益受损的现象经常发生。
② 《公司法》(2013 年修订)第 33/34 条。
③ 《公司法》(2013 年修订)第 71 条。
④ 《公司法》(2013 年修订)第 72 条。
⑤ 《公司法》(2013 年修订)第 28 条。
⑥ 《公司法》(2013 年修订)第 35 条。

司股东应当遵守法律、行政法规和公司章程,依法行使股东权利;对公司和其他股东的诚信;其他,如公司对外所欠债务是由于股东不诚信等行为所致,可能会出现公司法人人格否认之现象,股东此时就要承担无限(连带)责任。

四、公司组织机构

(一)股东会

有限责任公司股东会由全体股东组成。股东会是公司的权力机构,依照公司法行使职权。[1]

股东会行使公司重大事务的决定权,如行使以下职权:决定公司的经营方针和投资计划;选举和更换非由职工代表担任的董事、监事,决定有关董事、监事的报酬事项;审议批准董事会的报告;审议批准监事会或者监事的报告;审议批准公司的年度财务预算方案、决算方案;审议批准公司的利润分配方案和弥补亏损方案;对公司增加或者减少注册资本作出决议;对发行公司债券作出决议;对公司合并、分立、解散、清算或者变更公司形式作出决议;修改公司章程;公司章程规定的其他职权。

对上述所列事项股东以书面形式一致表示同意的,可以不召开股东会会议,直接作出决定,并由全体股东在决定文件上签名、盖章。[2]

首次股东会会议由出资最多的股东召集和主持,依照《公司法》规定行使职权。股东会会议分为定期会议和临时会议。定期会议应当依照公司章程的规定按时召开。代表十分之一以上表决权的股东,三分之一以上的董事,监事会或者不设监事会的公司的监事提议召开临时会议的,应当召开临时会议。

有限责任公司设立董事会的,股东会会议由董事会召集,董事长主持;董事长不能履行职务或者不履行职务的,由副董事长主持;副董事长不能履行职务或者不履行职务的,由半数以上董事共同推举一名董事主持。有限责任公司不设董事会的,股东会会议由执行董事召集和主持。

董事会或者执行董事不能履行或者不履行召集股东会会议职责的,由监事会或者不设监事会的公司的监事召集和主持;监事会或者监事不召集和主持的,代表十分之一以上表决权的股东可以自行召集和主持。[3]

---

① 《公司法》(2013 年修订)第 36 条。
② 《公司法》(2013 年修订)第 37 条。
③ 《公司法》(2013 年修订)第 40 条。

股东会会议由股东按照出资比例行使表决权；但是，公司章程另有规定的除外。股东会会议作出修改公司章程、增加或者减少注册资本的决议，以及公司合并、分立、解散或者变更公司形式的决议，必须经代表三分之二以上表决权的股东通过。①

[案例]　有限责任公司的一人一票的法律涵义。2001 年 1 月 20 日，张某、李某某、王某某合意发起成立上海元启南科技咨询有限公司，其中张某作为大股东出资 60%，其他两人各出资 20%。张某为了表现自己和小股东的合作诚意，于是在公司章程里约定，股东开会做决议的时候实行一人一票的原则，最后采取人头多数决议，二比一就可以了。这样虽然大股东欺负小股东的威胁就消除了。可是小股东联合起来欺负大股东的威胁又产生了。后来经常两个小股东提出一些股东会决议，尽管大股东反对，但是股东会也能做出决议。大股东忍无可忍诉到法院，要求确认他不喜欢的这个决议无效，理由是这个决议依据的是公司章程的一人一票原则，而一人一票原则违反公司法的规定。诉到法院以后，法院就把这个决议给撤销了。但是法院一审判决就认为这个章程条款是有效的，一人一票，股东都自愿，而是到了二审法院被撤销，虽然公司章程一人一票，但公司法写的不是一人一票，而是按出资比例行使表决权的，这就使他们创设表决的关系有一些不必要的障碍。

问题：有限责任公司投票是按股东人数还是按出资比例决定投票权？

（二）董事会

董事会是依照有关法律、行政法规和政策规定，按公司或企业章程设立并由全体股东会或其他机构选举出的董事所组成的业务执行机关；它对内掌管公司事务，对外代表公司。有限责任公司设董事会，其成员为三人至十三人；但是，股东人数较少或者规模较小的有限责任公司，可以设一名执行董事，不设董事会。执行董事可以兼任公司经理。②两个以上的国有企业或者两个以上的其他国有投资主体投资设立的有限责任公司，其董事会成员中应当有公司职工代表；其他有限责任公司董事会成员中可以有公司职工代表。③董事会中的职工代表由公司职工通过职工代表大会、职工大会或者其他形式民主选举产生。

董事会设董事长一人，可以设副董事长。董事长、副董事长的产生办法由公

---

① 《公司法》(2013 年修订)第 42/43 条。
② 《公司法》(2013 年修订)第 50 条。
③ 《公司法》(2013 年修订)第 44 条。

司章程规定。董事任期由公司章程规定,但每届任期不得超过三年。董事任期届满,连选可以连任。①董事会对股东会负责,行使下列职权:召集股东会会议,并向股东会报告工作;执行股东会的决议;决定公司的经营计划和投资方案;制订公司的年度财务预算方案、决算方案;制订公司的利润分配方案和弥补亏损方案;制订公司增加或者减少注册资本以及发行公司债券的方案;制订公司合并、分立、解散或者变更公司形式的方案;决定公司内部管理机构的设置;决定聘任或者解聘公司经理及其报酬事项,并根据经理的提名决定聘任或者解聘公司副经理、财务负责人及其报酬事项;制定公司的基本管理制度;公司章程规定的其他职权。②

董事会会议由董事长召集和主持;董事长不能履行职务或者不履行职务的,由副董事长召集和主持;副董事长不能履行职务或者不履行职务的,由半数以上董事共同推举一名董事召集和主持。董事会决议的表决,实行一人一票。③

[案例] **股份有限公司董事长罢免问题。**2003 年 5 月,东方季华科技有限公司的董事长在董事会里面失去了多数董事的支持,副董事长召开董事会会议把他给选掉了,随后董事长向法院提起诉讼,主张该董事会决议无效,应予撤销。法院根据当时的公司法规定,支持了该董事长的请求,撤销了罢免该董事长的决议。理由何在?

分析:按照 1993 年《公司法》的规定(其第 48 条规定:董事会会议由董事长召集和主持;董事长因特殊原因不能履行职务时,由董事长指定副董事长或者其他董事召集和主持,三分之一以上董事可以提议召开董事会会议),董事会应该由董事长召集和主持,董事长不能召集和主持指定副董事长,副董事长没有得到董事长的授权,是不能开会把董事长给选掉。决议在程序上存在着缺陷。副董事长召集董事会没有提前通知全体董事,更没有通知董事长本人,所以这个程序也有瑕疵,法院予以撤销。该案说明 1993 年的《公司法》对董事会召开限制较严且不够严密,对灵活处理公司事务不利,会制造一些人为纠纷。该案如果发生在 2005 年以后,结果可能会有所不同。现行《公司法》的相关规定参见前文。④

经理是指公司的日常经营管理和行政事务的负责人,由董事会决定聘任或者解聘,他对董事会负责,可由董事和自然人股东充任,也可由非股东的职业经

---

① 《公司法》(2013 年修订)第 45 条。
② 《公司法》(2013 年修订)第 46 条。
③ 《公司法》(2013 年修订)第 48 条。
④ 《公司法》(2013 年修订)第 47 条。

理人充任。有限责任公司可以设经理,由董事会决定聘任或者解聘。经理对董事会负责,行使下列职权:(1)主持公司的生产经营管理工作,组织实施董事会决议;(2)组织实施公司年度经营计划和投资方案;(3)拟订公司内部管理机构设置方案;(4)拟订公司的基本管理制度;(5)制定公司的具体规章;(6)提请聘任或者解聘公司副经理、财务负责人;(7)决定聘任或者解聘除应由董事会决定聘任或者解聘以外的负责管理人员;(8)董事会授予的其他职权。公司章程对经理职权另有规定的,从其规定。经理列席董事会会议。①

(三) 监事会

监事会是由股东(大)会选举的监事以及由公司职工民主选举的监事组成的,对公司、公司董事及其高级管理人员的经营、业务等活动进行监督和检查的常设机构。它是股份有限公司法定的必备监督机关(有限责任公司未必,规模较小的,可以不设),是在股东(大)会领导下,与董事会并列设置,对董事会和总经理行政管理系统行使监督的内部组织。有限责任公司设监事会,其成员不得少于三人。股东人数较少或者规模较小的有限责任公司,可以设一至二名监事,不设监事会。②

监事会应当包括股东代表和适当比例的公司职工代表,其中职工代表的比例不得低于三分之一,具体比例由公司章程规定。监事会中的职工代表由公司职工通过职工代表大会、职工大会或者其他形式民主选举产生。

监事会设主席一人,由全体监事过半数选举产生。监事会主席召集和主持监事会会议;监事会主席不能履行职务或者不履行职务的,由半数以上监事共同推举一名监事召集和主持监事会会议。

董事、高级管理人员不得兼任监事。

监事的任期每届为三年。监事任期届满,连选可以连任。

监事会、不设监事会的公司的监事行使下列职权:检查公司财务;对董事、高级管理人员执行公司职务的行为进行监督,对违反法律、行政法规、公司章程或者股东会决议的董事、高级管理人员提出罢免的建议;当董事、高级管理人员的行为损害公司的利益时,要求董事、高级管理人员予以纠正;提议召开临时股东会会议,在董事会不履行本法规定的召集和主持股东会会议职责时召集和主持股东会会议;向股东会会议提出提案;依照本法第一百五十二条的规定,对董事、

---

① 《公司法》(2013 年修订)第 49 条。
② 《公司法》(2013 年修订)第 51 条。

高级管理人员提起诉讼；公司章程规定的其他职权。

监事会每年度至少召开一次会议，监事可以提议召开临时监事会会议。监事会的议事方式和表决程序，除本法有规定的外，由公司章程规定。监事会决议应当经半数以上监事通过。监事会应当对所议事项的决定作成会议记录，出席会议的监事应当在会议记录上签名。①

五、一人公司和国有独资公司

（一）一人公司

《公司法》中有专节规定，即"一人有限责任公司的特别规定"。它规定一人有限责任公司，是指只有一个自然人股东或者一个法人股东的有限责任公司。一个自然人只能投资设立一个一人有限责任公司。该一人有限责任公司不能投资设立新的一人有限责任公司。一人有限责任公司应当在公司登记中注明自然人独资或者法人独资，并在公司营业执照中载明。一人有限责任公司章程由股东制定。

一人有限责任公司不设股东会。股东如作出有关公司的经营方针和投资计划、选举和更换非由职工代表担任的董事、监事，决定有关董事、监事的报酬事项、审议批准董事会的报告、审议批准监事会或者监事的报告、审议批准公司的年度财务预算方案、决算方案、对公司增加或者减少注册资本作出决议、公司合并、分立、解散、清算或者变更公司形式作出决议及修改公司章程等决定时，应当采用书面形式，并由股东签名后置备于公司。一人有限责任公司应当在每一会计年度终了时编制财务会计报告，并经会计师事务所审计。一人有限责任公司的股东不能证明公司财产独立于股东自己的财产的，应当对公司债务承担连带责任。②至于公司的其他组织机构，参照有限责任公司的相关规定。

（二）国有独资公司

严格说来，国有独资公司应该是一人公司的一个特别类型，因为其股东也是一人，只不过这个人是"国家"，有国家通过其代表国有资产管理部门来投资设立而已。公司法有专节规定，即"国有独资公司的特别规定"③，共7条。根据规定，国有独资公司是指国家单独出资、由国务院或者地方人民政府授权本级人民政府国有资产监督管理机构履行出资人职责的有限责任公司。既然是国家出

---

① 《公司法》（2013年修订）第51—56条。

② 参见《公司法》（2013年修订）第三节（第57—63条）。

③ 参见《公司法》（2013年修订）第四节（第64—70条）。

资,国家是唯一的股东,其公司章程理应由国有资产监督管理机构制定。但《公司法》规定,由公司的董事会制订后报国有资产监督管理机构批准,也是可以的;这主要是由该类公司的董事会成立不同于一般有限责任公司所致。根据规定,国有独资公司不设股东会,由国有资产监督管理机构行使股东会职权。国有资产监督管理机构可以授权公司董事会行使股东会的部分职权,决定公司的重大事项,但公司的合并、分立、解散、增加或者减少注册资本和发行公司债券,必须由国有资产监督管理机构决定;其中,重要的国有独资公司合并、分立、解散、申请破产的,应当由国有资产监督管理机构审核后,报本级人民政府批准。国有独资公司设董事会成员由国有资产监督管理机构委派;但是,董事会成员中的职工代表由公司职工代表大会选举产生,依法行使《公司法》规定的职权。董事每届任期不得超过三年。董事会成员中应当有公司职工代表。董事会设董事长一人,可以设副董事长。董事长、副董事长由国有资产监督管理机构从董事会成员中指定而非选举。国有独资公司设经理,由董事会聘任或者解聘,经理依法行使《公司法》规定的职权;这一点与一般有限责任公司相同。经国有资产监督管理机构同意,董事会成员可以兼任经理。国有独资公司的董事长、副董事长、董事、高级管理人员①,未经国有资产监督管理机构同意,不得在其他有限责任公司、股份有限公司或者其他经济组织兼职。国有独资公司监事会成员不得少于五人,其中职工代表的比例不得低于三分之一,具体比例由公司章程规定。监事会成员由国有资产监督管理机构委派;但是,监事会成员中的职工代表由公司职工代表大会选举产生。监事会主席由国有资产监督管理机构从监事会成员中指定。监事会行使的职权:(1)检查公司财务;(2)对董事、高级管理人员执行公司职务的行为进行监督,对违反法律、行政法规、公司章程或者股东会决议的董事、高级管理人员提出罢免的建议;(3)当董事、高级管理人员的行为损害公司的利益时,要求董事、高级管理人员予以纠正;(4)国务院规定的其他职权。对于一般有限责任公司监事会享有的涉及对股东会的监督职权由于它不设股东会而无该方面的职权。对于设立、组织机构没有规定的其他方面,比照适用有限责任公司的规定。

国有独资公司具有以下特征:(1)投资者单一。投资者是国家这个唯一的主体。(2)资产全民性。国有独资公司的资产属于全体人民。(3)责任有限性。与其他公司一样,国有独资企业只以其所拥有的资产对外承担法律责任。

---

① 《公司法》规定的"高级管理人员"是指公司的经理、副经理、财务负责人,上市公司董事会秘书和公司章程规定的其他人员(2013年《公司法》第218条第1项)。

第四节　股份有限公司

一、概念与特征

股份有限公司,其全部资本分为等额股份,股东以其所持股份为限对公司承担责任,公司以其全部资产对公司的债务承担责任。股份有限公司最大的优点是能够迅速、广泛、大量地集中资金。

股份有限公司有以下特征:

(1)资合性,即它是建立在资本的信用上,只要出资即可成为其股东,而不论投资者信用,对投资者没有资格限制。

(2)资本股份性——等额股份,即股份有限公司的全部资本划分为等额的股份,每股金额相等。

(3)公司设立和解散有严格的法律程序,设立条件较严,程序的复杂性。

(4)股份有限公司是独立的经济法人,其股东对公司债务负有限责任,其限度是股东应交付的股金额。

(5)公司股份可以自由转让,公司账目须向社会公开,以便于投资人了解公司情况。

二、设立的条件、方式和程序

(一)条件

设立股份有限公司,应当具备下列条件:

(1)发起人符合法定人数(设立股份有限公司,应当有二人以上二百人以下为发起人,其中须有半数以上的发起人在中国境内有住所)。

(2)有符合公司章程规定的全体发起人认购的股本总额或者募集的实收股本总额。

(3)股份发行、筹办事项符合法律规定。

(4)发起人制订公司章程,采用募集方式设立的经创立大会通过。

(5)有公司名称,建立符合股份有限公司要求的组织机构。

(6)有公司住所。①

---

① 《公司法》(2013年修订)第76条。

（二）设立方式

股份有限公司的设立，可以采取发起设立或者募集设立的方式。

发起设立，是指由发起人认购公司应发行的全部股份而设立公司。股份有限公司采取发起设立方式设立的，注册资本为在公司登记机关登记的全体发起人认购的股本总额。在发起人认购的股份缴足前，不得向他人募集股份。

募集设立，是指由发起人认购公司应发行股份的一部分，其余股份向社会公开募集或者向特定对象募集而设立公司。以募集设立方式设立股份有限公司的，发起人认购的股份不得少于公司股份总数的 35%，其余股份应当向社会公开募集。股份有限公司采取募集方式设立的，注册资本为在公司登记机关登记的实收股本总额。法律、行政法规以及国务院决定对股份有限公司注册资本实缴、注册资本最低限额另有规定的，从其规定。以发起设立方式设立股份有限公司的，发起人应当书面认足公司章程规定其认购的股份，并按照公司章程规定缴纳出资。以非货币财产出资的，应当依法办理其财产权的转移手续。发起人不依照前款规定缴纳出资的，应当按照发起人协议承担违约责任。发起人认足公司章程规定的出资后，应当选举董事会和监事会，由董事会向公司登记机关报送公司章程以及法律、行政法规规定的其他文件，申请设立登记。①

发起人向社会公开募集股份，必须公告招股说明书，并制作认股书。认股书应当载明本法第八十七条所列事项，由认股人填写认购股数、金额、住所，并签名、盖章。认股人按照所认购股数缴纳股款。发起人向社会公开募集股份，应当由依法设立的证券公司承销，签订承销协议。

发行股份的股款缴足后，必须经依法设立的验资机构验资并出具证明。发起人应当自股款缴足之日起三十日内主持召开公司创立大会。创立大会由发起人、认股人组成。

发行的股份超过招股说明书规定的截止期限尚未募足的，或者发行股份的股款缴足后，发起人在三十日内未召开创立大会的，认股人可以按照所缴股款并加算银行同期存款利息，要求发起人返还。

发起人应当在创立大会召开十五日前将会议日期通知各认股人或者予以公告。创立大会应有代表股份总数过半数的发起人、认股人出席，方可举行。

创立大会行使下列职权：审议发起人关于公司筹办情况的报告；通过公司章程；选举董事会成员；选举监事会成员；对公司的设立费用进行审核；对发起人用

---

① 《公司法》（2013 年修订）第 77—85 条。

于抵作股款的财产的作价进行审核;发生不可抗力或者经营条件发生重大变化直接影响公司设立的,可以作出不设立公司的决议。

创立大会对前款所列事项作出决议,必须经出席会议的认股人所持表决权过半数通过。

发起人、认股人缴纳股款或者交付抵作股款的出资后,除未按期募足股份、发起人未按期召开创立大会或者创立大会决议不设立公司的情形外,不得抽回其股本。

董事会应于创立大会结束后三十日内,向公司登记机关报送下列文件,申请设立登记:公司登记申请书;创立大会的会议记录;公司章程;验资证明;法定代表人、董事、监事的任职文件及其身份证明;发起人的法人资格证明或者自然人身份证明;公司住所证明。

以募集方式设立股份有限公司公开发行股票的,还应当向公司登记机关报送国务院证券监督管理机构的核准文件。

股份有限公司成立后,发起人未按照公司章程的规定缴足出资的,应当补缴;其他发起人承担连带责任。

股份有限公司成立后,发现作为设立公司出资的非货币财产的实际价额显著低于公司章程所定价额的,应当由交付该出资的发起人补足其差额;其他发起人承担连带责任。①

股份有限公司的发起人应当承担下列责任:公司不能成立时,对设立行为所产生的债务和费用负连带责任;公司不能成立时,对认股人已缴纳的股款,负返还股款并加算银行同期存款利息的连带责任;在公司设立过程中,由于发起人的过失致使公司利益受到损害的,应当对公司承担赔偿责任。

有限责任公司变更为股份有限公司时,折合的实收股本总额不得高于公司净资产额。有限责任公司变更为股份有限公司,为增加资本公开发行股份时,应当依法办理。

股份有限公司应当将公司章程、股东名册、公司债券存根、股东大会会议记录、董事会会议记录、监事会会议记录、财务会计报告置备于本公司。股东有权查阅公司章程、股东名册、公司债券存根、股东大会会议记录、董事会会议决议、监事会会议决议、财务会计报告,对公司的经营提出建议或者质询。②

---

① 《公司法》(2013年修订)第89—93条。
② 《公司法》(2013年修订)第94—97条。

（三）程序

1. 申请名称预先核准

2. 申请登记

（1）申请人为董事会。

（2）需提交的文件。董事会应于创立大会结束后三十日内，向公司工商部门报送下列文件，申请设立登记：公司登记申请书；创立大会的会议记录；公司章程；验资证明；法定代表人、董事、监事的任职文件及其身份证明；发起人的法人资格证明或者自然人身份证明；公司住所证明。以募集方式设立股份有限公司公开发行股票的，还应当向公司登记机关报送国务院证券监督管理机构的核准文件。

3. 核准登记

工商管理部门自接到设立登记申请之日起 30 日内作出是否予以登记的决定。对符合公司法规定条件的，予以登记，发给公司营业执照；对不符合公司法规定条件的，不予登记。公司营业执照签发日期，为公司成立日期。

4. 公告

公司成立后，应当进行公告。股份有限公司经登记成立后，采取募集设立方式的，应当将募集股份情况报国务院证券管理部门备案。

三、公司章程

股份有限公司章程应当载明下列事项：公司名称和住所；公司经营范围；公司设立方式；公司股份总数、每股金额和注册资本；发起人的姓名或者名称、认购的股份数；股东的权利和义务；董事会的组成、职权、任期和议事规则；公司法定代表人；监事会的组成、职权、任期和议事规则；公司利润分配办法；公司的解散事由与清算办法；公司的通知和公告办法；股东大会认为需要规定的其他事项。①

四、资本的构成（股份和股票）与发行转让

（一）资本的构成形式

股份有限公司的资本划分为股份，每一股的金额相等。公司的股份采取股票的形式。股票是公司签发的证明股东所持股份的凭证。

---

① 《公司法》（2013 年修订）第 81 条。

股份：公司角度——公司资本的成分和公司资本的最小计算单位；股东角度——股东权存在的基础和计算股权比例的最小单位；股票角度——股票的价值内涵。

股份的特点如下：金额性，股份有限公司的资本划分为股份，每一股的金额相等，即股份是一定价值的反映，并可以用货币加以度量；平等性，即同种类的每一股份应当具有同等权利；不可分割性，即股份是公司资本最基本的构成单位，每个股份不可再分；责任有限性，即股东仅对股份所承载的金额对外承担有限责任；可转让性，即股东持有的股份可以依法转让；证券性，即证明股东对公司所拥有的权利。

股票（stock）是股份公司签发的证明股东权利的要式证券（可无纸化），是股份公司为筹集资金而发行给各个股东作为持股凭证并借以取得股息和红利的一种有价证券；它是证权证券而非创设证券。

股东持有股票意味着拥有以下两个权利：自益权（即凭借股票参加股份发行企业的利润分配，即分红）与共益权（参加股份公司的股东大会，对股份公司的经营发表意见等）。

（二）发行

（1）股份的发行，实行公平、公正的原则，同种类的每一股份应当具有同等权利。

（2）同次发行的股票，每股的发行条件和价格应当相同。任何单位或者个人所认购的股份，每股应当支付相同价额。

（3）股票发行价格可以按票面金额，也可以超过票面金额，但不得低于票面金额。

（4）股票采用纸面形式或者国务院证券管理部门规定的其他形式。

股票应当载明下列主要事项：公司名称；公司成立的日期；股票种类、票面金额及代表的股份数；股票的编号。

股票由法定代表人签名，公司盖章。发起人的股票，应当标明发起人股票字样。

（5）公司发行新股，股东大会应当对下列事项作出决议：新股种类及数额；新股发行价格；新股发行的起止日期；向原有股东发行新股的种类及数额。

公司发行的股票，可以为记名股票，也可以为无记名股票。

公司向发起人、法人发行的股票，应当为记名股票，并应当记载该发起人、法人的名称或者姓名，不得另立户名或者以代表人姓名记名。

公司发行记名股票的,应当置备股东名册,记载下列事项:股东的姓名或者名称及住所;各股东所持股份数;各股东所持股票的编号;各股东取得股份的日期。发行无记名股票的,公司应当记载其股票数量、编号及发行日期。①

股份有限公司成立后,即向股东正式交付股票。公司成立前不得向股东交付股票。

公司发行新股,股东大会应当对下列事项作出决议:新股种类及数额;新股发行价格;新股发行的起止日期;向原有股东发行新股的种类及数额。②

公司经国务院证券监督管理机构核准公开发行新股时,必须公告新股招股说明书和财务会计报告,并制作认股书。公司发行新股,可以根据公司经营情况和财务状况,确定其作价方案。公司发行新股募足股款后,必须向公司登记机关办理变更登记,并公告。

(三) 转让

股东持有的股份可以依法转让。股东转让其股份,应当在依法设立的证券交易场所进行或者按照国务院规定的其他方式进行。记名股票,由股东以背书方式或者法律、行政法规规定的其他方式转让;转让后由公司将受让人的姓名或者名称及住所记载于股东名册。股东大会召开前二十日内或者公司决定分配股利的基准日前五日内,不得进行前款规定的股东名册的变更登记。但是,法律对上市公司股东名册变更登记另有规定的,从其规定。

无记名股票的转让,由股东将该股票交付给受让人后即发生转让的效力。发起人持有的本公司股份,自公司成立之日起一年内不得转让。公司公开发行股份前已发行的股份,自公司股票在证券交易所上市交易之日起一年内不得转让。

公司董事、监事、高级管理人员应当向公司申报所持有的本公司的股份及其变动情况,在任职期间每年转让的股份不得超过其所持有本公司股份总数的百分之二十五;所持本公司股份自公司股票上市交易之日起一年内不得转让。上述人员离职后半年内,不得转让其所持有的本公司股份。公司章程可以对公司董事、监事、高级管理人员转让其所持有的本公司股份作出其他限制性规定。

公司不得收购本公司股份。但是,有下列情形之一的除外:(1)减少公司注册资本;(2)与持有本公司股份的其他公司合并;(3)将股份奖励给本公司职工;

①　《公司法》(2013 年修订)第 125—130 条。
②　《公司法》(2013 年修订)第 133 条。

(4)股东因对股东大会作出的公司合并、分立决议持异议,要求公司收购其股份的。

公司因前述第(1)项至第(3)项的原因收购本公司股份的,应当经股东大会决议。公司依照前款规定收购本公司股份后,属于第(1)项情形的,应当自收购之日起十日内注销;属于第(2)项、第(4)项情形的,应当在六个月内转让或者注销。公司依照第一款第(3)项规定收购的本公司股份,不得超过本公司已发行股份总额的百分之五;用于收购的资金应当从公司的税后利润中支出;所收购的股份应当在一年内转让给职工。

公司不得接受本公司的股票作为质押权的标的。

记名股票被盗、遗失或者灭失,股东可以依照《民事诉讼法》规定的公示催告程序,请求人民法院宣告该股票失效。人民法院宣告该股票失效后,股东可以向公司申请补发股票。

上市公司的股票,依照有关法律、行政法规及证券交易所交易规则上市交易。上市公司必须依照法律、行政法规的规定,公开其财务状况、经营情况及重大诉讼,在每会计年度内半年公布一次财务会计报告。

五、公司的组织机构:由股东大会、董事会和监事会等构成

(一) 股份有限公司由股东组成股东大会

股东大会是公司的权力机构,依照公司法行使职权。关于有限责任公司股东会职权的规定,适用于股份有限公司股东大会。

股东大会应当每年召开一次年会。有下列情形之一的,应当在两个月内召开临时股东大会:董事人数不足本法规定人数或者公司章程所定人数的三分之二时;公司未弥补的亏损达实收股本总额三分之一时;单独或者合计持有公司百分之十以上股份的股东请求时;董事会认为必要时;监事会提议召开时;公司章程规定的其他情形。①

股东大会会议由董事会召集,董事长主持;董事长不能履行职务或者不履行职务的,由副董事长主持;副董事长不能履行职务或者不履行职务的,由半数以上董事共同推举一名董事主持。

董事会不能履行或者不履行召集股东大会会议职责的,监事会应当及时召集和主持;监事会不召集和主持的,连续九十日以上单独或者合计持有公司百分

---

① 《公司法》(2013 年修订)第 100 条。

之十以上股份的股东可以自行召集和主持。股东出席股东大会会议,所持每一股份有一表决权。但是,公司持有的本公司股份没有表决权。

股东大会作出决议,必须经出席会议的股东所持表决权过半数通过。但是,股东大会作出修改公司章程、增加或者减少注册资本的决议,以及公司合并、分立、解散或者变更公司形式的决议,必须经出席会议的股东所持表决权的三分之二以上通过。①股东大会选举董事、监事,可以依照公司章程的规定或者股东大会的决议,实行累积投票制,即指股东大会选举董事或者监事时,每一股份拥有与应选董事或者监事人数相同的表决权,股东拥有的表决权可以集中使用。②这是一种更为科学的投票制度,有利于中小股东参与到公司治理中,维护自身利益。累积投票制的功能就在于保障中小股东有可能选出自己信任的董事或监事。

这里举一简单之例来说明:假定一个股份有限公司共有 100 股,股东甲拥有 15 股,股东乙拥有 85 股。每股具有平等的投票权。如果该公司要选 7 名董事,则股东甲总共有 105 个表决权,股东乙拥有 595 个表决权。在实行普通投票制的情况下,甲投给自己提出的 7 个候选人每人的表决权不会多于 15 个,远低于乙投给其提出的 7 个候选人每人 85 个的表决权。此时甲不可能选出自己提名的董事。如果实行累积投票制,则甲可以集中将他拥有的 105 个表决权投给自己提名的一名董事,而乙无论如何分配其总共拥有的 595 个表决权,也不可能使其提名的 7 个候选人每人的表决权多于 85 个,更不可能多于 105 个;如此股东甲必定能够选出一个董事,在董事会中能够代表自己的意志,维护其正当合法权益。

(二)董事会

股份有限公司设董事会董事成员为五人至十九人。董事任期由公司章程规定,但每届任期不得超过三年。董事任期届满,连选可以连任。董事会成员中可以有公司职工代表。董事会中的职工代表由公司职工通过职工代表大会、职工大会或者其他形式民主选举产生。公司法关于有限责任公司董事任期的规定,适用于股份有限公司董事;关于有限责任公司董事会职权的规定,适用于股份有限公司董事会。

董事会设董事长一人,可以设副董事长。董事长和副董事长由董事会以全体董事的过半数选举产生。

---

① 《公司法》(2013 年修订)第 101—104 条。
② 《公司法》(2013 年修订)第 105 条。

董事长召集和主持董事会会议,检查董事会决议的实施情况。副董事长协助董事长工作,董事长不能履行职务或者不履行职务的,由副董事长履行职务;副董事长不能履行职务或者不履行职务的,由半数以上董事共同推举一名董事履行职务。

董事会会议应有过半数的董事出席方可举行。董事会作出决议,必须经全体董事的过半数通过。

董事会决议的表决,实行一人一票。

董事应当对董事会的决议承担责任。董事会的决议违反法律、行政法规或者公司章程、股东大会决议,致使公司遭受严重损失的,参与决议的董事对公司负赔偿责任。但经证明在表决时曾表明异议并记载于会议记录的,该董事可以免除责任。①

股份有限公司设经理,由董事会聘任或者解聘。经理对董事会负责。

(三)监事会

股份有限公司设监事会,其成员不得少于三人。监事会应在其组成人员中推选一名召集人。监事会由股东代表和适当比例的公司职工代表组成,具体比例由公司章程规定。监事会中的职工代表由公司职工民主选举产生。董事、经理及财务负责人不得兼任监事。

监事的任期每届为三年。监事任期届满,连选可以连任。

《公司法》还规定了董事、监事、高级管理人员的资格和义务。董事、监事、高级管理人员执行公司职务时违反法律、行政法规或者公司章程的规定,给公司造成损失的,应当承担赔偿责任。②

第五节 公司法的其他问题

一、公司债券

公司债券,是指公司依照法定程序发行,约定在一定期限还本付息的有价证券。

---

① 《公司法》(2013 年修订)第 108—112 条。
② 《公司法》(2013 年修订)第 117—119 条。

公司发行公司债券应当符合《中华人民共和国证券法》规定的发行条件(具体内容参见本书第七章"证券法律制度")。

发行公司债券的申请经国务院授权的部门核准后,应当公告公司债券募集办法。公司债券募集办法中应当载明下列主要事项:(1)公司名称;(2)债券募集资金的用途;(3)债券总额和债券的票面金额;(4)债券利率的确定方式;(5)还本付息的期限和方式;(6)债券担保情况;(7)债券的发行价格、发行的起止日期;(8)公司净资产额;(9)已发行的尚未到期的公司债券总额;(10)公司债券的承销机构。

公司以实物券方式发行公司债券的,必须在债券上载明公司名称、债券票面金额、利率、偿还期限等事项,并由法定代表人签名,公司盖章。

公司债券,可以为记名债券,也可以为无记名债券。

公司发行公司债券应当置备公司债券存根簿。

发行记名公司债券的,应当在公司债券存根簿上载明下列事项:(1)债券持有人的姓名或者名称及住所;(2)债券持有人取得债券的日期及债券的编号;(3)债券总额,债券的票面金额、利率、还本付息的期限和方式;(4)债券的发行日期。

发行无记名公司债券的,应当在公司债券存根簿上载明债券总额、利率、偿还期限和方式、发行日期及债券的编号。记名公司债券的登记结算机构应当建立债券登记、存管、付息、兑付等相关制度。①

公司债券可以转让,转让价格由转让人与受让人约定。公司债券在证券交易所上市交易的,按照证券交易所的交易规则转让。记名公司债券,由债券持有人以背书方式或者法律、行政法规规定的其他方式转让;转让后由公司将受让人的姓名或者名称及住所记载于公司债券存根簿。

无记名公司债券的转让,由债券持有人将该债券交付给受让人后即发生转让的效力。上市公司经股东大会决议可以发行可转换为股票的公司债券,并在公司债券募集办法中规定具体的转换办法。上市公司发行可转换为股票的公司债券,应当报国务院证券监督管理机构核准。

发行可转换为股票的公司债券,应当在债券上标明可转换公司债券字样,并在公司债券存根簿上载明可转换公司债券的数额。发行可转换为股票的公司债券的,公司应当按照其转换办法向债券持有人换发股票,但债券持有人对转换股票或者不转换股票有选择权。②

---

① 《公司法》(2013 年修订)第 153—157 条。

② 《公司法》(2013 年修订)第 159—162 条。

二、公司的财务、会计制度及公司的利润分配①

（一）公司财务、会计

公司应当依照法律、行政法规和国务院财政部门的规定建立本公司的财务、会计制度。公司应当在每一会计年度终了时编制财务会计报告，并依法经会计师事务所审计。财务会计报告应当依照法律、行政法规和国务院财政部门的规定制作。

有限责任公司应当依照公司章程规定的期限将财务会计报告送交各股东。股份有限公司的财务会计报告应当在召开股东大会年会的二十日前置备于本公司，供股东查阅；公开发行股票的股份有限公司必须公告其财务会计报告。

（二）利润分配

公司分配当年税后利润时，应当提取利润的百分之十列入公司法定公积金。公司法定公积金累计额为公司注册资本的百分之五十以上的，可以不再提取。

公司的法定公积金不足以弥补以前年度亏损的，在依照前款规定提取法定公积金之前，应当先用当年利润弥补亏损。

公司从税后利润中提取法定公积金后，经股东会或者股东大会决议，还可以从税后利润中提取任意公积金。

公司弥补亏损和提取公积金后所余税后利润，有限责任公司依照本法第三十五条的规定分配；股份有限公司按照股东持有的股份比例分配，但股份有限公司章程规定不按持股比例分配的除外。

股东会、股东大会或者董事会违反前款规定，在公司弥补亏损和提取法定公积金之前向股东分配利润的，股东必须将违反规定分配的利润退还公司。

公司持有的本公司股份不得分配利润。

股份有限公司以超过股票票面金额的发行价格发行股份所得的溢价款以及国务院财政部门规定列入资本公积金的其他收入，应当列为公司资本公积金。

公司的公积金用于弥补公司的亏损、扩大公司生产经营或者转为增加公司资本。但是，资本公积金不得用于弥补公司的亏损。

法定公积金转为资本时，所留存的该项公积金不得少于转增前公司注册资本的 25%。

公司聘用、解聘承办公司审计业务的会计师事务所，依照公司章程的规定，

---

① 《公司法》（2013 年修订）第 163—171 条。

由股东会、股东大会或者董事会决定。公司股东会、股东大会或者董事会就解聘会计师事务所进行表决时,应当允许会计师事务所陈述意见。

公司应当向聘用的会计师事务所提供真实、完整的会计凭证、会计账簿、财务会计报告及其他会计资料,不得拒绝、隐匿、谎报。公司除法定的会计账簿外,不得另立会计账簿。对公司资产,不得以任何个人名义开立账户存储。

三、公司的合并、分立①、解散与清算②

(一) 公司合并

公司合并是指两个或两个以上的公司依照公司法规定的条件和程序,通过订立合并协议,共同组成一个公司的法律行为;它可以采取吸收合并或者新设合并两种方式。一个公司吸收其他公司为吸收合并,又称存续合并,被吸收的公司解散。它是指通过将一个或一个以上的公司并入另一个公司的方式而进行公司合并的一种法律行为。并入的公司解散,其法人资格消失。接受合并的公司继续存在,并办理变更登记手续。两个以上公司合并设立一个新的公司为新设合并,合并各方解散。显然它指两个或两个以上的公司以消灭各自的法人资格为前提而合并组成一个公司的法律行为。其合并结果,原有公司的法人资格均告消灭。新组建公司办理设立登记手续取得法人资格。吸收合并用公式可以形象地表达为:$A+B=A$,而新设合并为:$A+B=C$。

公司合并,应当由合并各方签订合并协议,并编制资产负债表及财产清单。公司应当自作出合并决议之日起十日内通知债权人,并于三十日内在报纸上公告。债权人自接到通知书之日起三十日内,未接到通知书的自公告之日起四十五日内,可以要求公司清偿债务或者提供相应的担保。公司合并时,合并各方的债权、债务,应当由合并后存续的公司或者新设的公司承继。

合并一般而言是利大于弊。主要是在规模效益上比较明显,另外人员整合后会更加精干,减少成本,还有财务上也有好处。至于不利的方面,那就是如何安置人员,还有如何对公司进行管理主要是内部管理架构如何搭建,以及与上级主管单位关系的处理等。

(二) 公司分立

公司分立是和公司合并相反的行为,它是指原有的一个公司分成两个或两

① 参见《公司法》(2013 年修订)第 172—179 条。
② 参见《公司法》(2013 年修订)第 180—190 条。

个以上独立公司的法律行为。它分为两种:一是派生分立(又叫存续分立);二是新设分立(又叫解散分立)。前者指一个公司分离成两个以上公司,本公司继续存在并设立一个以上新的公司,用公式表示为 A＝A＋B＋C……派生分立方式,本公司继续存在但注册资本可能减少。后者是指一个公司分散为两个以上公司,本公司解散并设立两个以上新的公司,用公式表示为 A＝B＋C＋D……

在实践中,总公司为了实现资产扩张,降低投资风险,往往把其分公司改组成具有法人资格的全资子公司。此时总公司亦转化为母公司。母公司仅以其投资额为限对新设子公司债务负有限责任。

公司分立,其财产作相应的分割。公司分立,应当编制资产负债表及财产清单。公司应当自作出分立决议之日起十日内通知债权人,并于三十日内在报纸上公告。公司分立前的债务由分立后的公司承担连带责任。但是,公司在分立前与债权人就债务清偿达成的书面协议另有约定的除外。

公司合并或者分立,登记事项发生变更的,应当依法向公司登记机关办理变更登记;公司解散的,应当依法办理公司注销登记;设立新公司的,应当依法办理公司设立登记。

(三) 解散与清算

公司解散是指已成立的公司基于一定的合法事由而使公司消失的法律行为。

公司因下列原因解散:(1)公司章程规定的营业期限届满或者公司章程规定的其他解散事由出现(当然,在此种情形下,可以通过修改公司章程而使公司继续存在,并不意味着公司必须解散。如果有限责任公司经持有 2/3 以上表决权的股东通过或者股份有限公司经出席股东大会会议的股东所持表决权的 2/3 以上通过修改公司章程的决议,公司可以继续存在);(2)股东会或者股东大会决议解散;(3)因公司合并或者分立需要解散;(4)依法被吊销营业执照、责令关闭或者被撤销;(5)人民法院依照本法第一百八十二条的规定(公司经营管理发生严重困难,继续存续会使股东利益受到重大损失,通过其他途径不能解决的,持有公司全部股东表决权百分之十以上的股东,可以请求人民法院解散公司)予以解散。①

其原因可以分为三类:第一类是一般解散的原因,即指只要出现了公司章程或法律规定的解散公司的事由,公司即可解散。如前面所列解散原因的第一项

---

① 《公司法》(2013 年修改)第 180 条。

至第三项。第二类是强制解散的原因,是指由于某种情况的出现,主管机关或人民法院命令公司解散,如前述第四种情况;国有独资公司主管机关做出解散决定的。国有独资公司由国家授权投资的机构或者国家授权的部门作出解散的决定,该国有独资公司应即解散。第三类是股东请求解散,如前述第五种情况。①

公司因前述第(1)项、第(2)项、第(4)项、第(5)项规定而解散的,应当在解散事由出现之日起十五日内成立清算组,开始清算。有限责任公司的清算组由股东组成,股份有限公司的清算组由董事或者股东大会确定的人员组成。逾期不成立清算组进行清算的,债权人可以申请人民法院指定有关人员组成清算组进行清算。人民法院应当受理该申请,并及时组织清算组进行清算。

清算组在清算期间行使下列职权:(1)清理公司财产,分别编制资产负债表和财产清单;(2)通知、公告债权人;(3)处理与清算有关的公司未了结的业务;(4)清缴所欠税款以及清算过程中产生的税款;(5)清理债权、债务;(6)处理公司清偿债务后的剩余财产;(7)代表公司参与民事诉讼活动。

清算组应当自成立之日起 10 日内通知债权人,并于 60 日内在报纸上公告。债权人应当自接到通知书之日起 30 日内,未接到通知书的自公告之日起 45 日内,向清算组申报其债权。

债权人申报债权,应当说明债权的有关事项,并提供证明材料。清算组应当对债权进行登记。在申报债权期间,清算组不得对债权人进行清偿。清算组在清理公司财产、编制资产负债表和财产清单后,应当制定清算方案,并报股东会、股东大会或者人民法院确认。公司财产在分别支付清算费用、职工的工资、社会保险费用和法定补偿金,缴纳所欠税款,清偿公司债务后的剩余财产,有限责任公司按照股东的出资比例分配,股份有限公司按照股东持有的股份比例分配。

清算期间,公司存续,但不得开展与清算无关的经营活动。公司财产在未依照前款规定清偿前,不得分配给股东。

清算组在清理公司财产、编制资产负债表和财产清单后,发现公司财产不足清偿债务的,应当依法向人民法院申请宣告破产。

公司经人民法院裁定宣告破产后,清算组应当将清算事务移交给人民法院。公司清算结束后,清算组应当制作清算报告,报股东会、股东大会或者人民法院确认,并报送公司登记机关,申请注销公司登记,公告公司终止。②

---

① 《公司法》(2013 年修改)第 182 条。
② 以上规定参见《公司法》(2013 年修订)第 183—188 条。

四、上市公司及其监管制度

（一）上市公司概述

《公司法》规定的上市公司，是指其股票在证券交易所上市交易的股份有限公司。上市公司在一年内购买、出售重大资产或者担保金额超过公司资产总额百分之三十的，应当由股东大会作出决议，并经出席会议的股东所持表决权的三分之二以上通过。①

上市公司设立独立董事，具体办法由国务院规定。②中国证券监督管理委员会 2001 年发布了《关于在上市公司建立独立董事制度的指导意见》一文，具体规定了设立独立董事的相关事宜，共有 7 条。③上市公司设董事会秘书，负责公司股东大会和董事会会议的筹备、文件保管以及公司股东资料的管理，办理信息披露事务等事宜。

上市公司董事与董事会会议决议事项所涉及的企业有关联关系的，不得对该项决议行使表决权，也不得代理其他董事行使表决权。该董事会会议由过半数的无关联关系董事出席即可举行，董事会会议所作决议须经无关联关系董事过半数通过。出席董事会的无关联关系董事人数不足三人的，应将该事项提交上市公司股东大会审议。④

（二）上市公司存在的问题

上市公司在运作和经营过程中容易存在以下问题：(1)信息披露不规范（不全面、及时或准确，不适法）；(2)不按招股说明书中规定的用途使用资金；(3)违规配股；(4)股东股利分配不平等；(5)上市公司董事、监事及其他高级管理人员违法买卖本公司股票；(6)公有股、内部职工股违规转让流通；(7)违规兼并收购、关联交易及回购股份等。

此外，上市公司还与下列证券市场违法违规行为相联系。证券市场违法违规行为是指证券市场的参与者、管理者违反法律、法规、规章的规定，在从事证券的发行、交易、管理或者其他相关活动中，扰乱证券市场秩序，侵害投资者合法权益的行为。其主要有以下几方面。

---

① 《公司法》(2013 年修订)第 120—121 条。
② 《公司法》(2013 年修订)第 122 条。
③ 中国证券监督管理委员会：《关于在上市公司建立独立董事制度的指导意见》的通知，证监发〔2001〕102 号,2001 年 8 月 16 日起施行。
④ 《公司法》(2013 年修订)第 122—124 条。

1. 证券欺诈行为

证券欺诈行为指在发行、交易、管理或者其他相关活动中发生的内幕交易、操纵市场、欺诈客户、虚假陈述等行为。在证券法中会有专门论述,这里简要介绍一下。

(1) 内幕交易。指内幕人员和以不正当手段获取内幕信息的其他人员违反法律、法规的规定,泄露内幕信息,根据内幕信息买卖证券或者向他人提出买卖证券的行为。

(2) 操纵市场。指以获取利益或者减少损失为目的,利用资金、信息等优势或者滥用职权,影响证券市场价格,制造证券市场假象,诱导投资者在不了解事实真相的情况下做出证券投资决定,扰乱证券市场秩序的行为。

(3) 欺诈客户。指证券经营机构,证券登记、清算机构及证券发行人或者发行代理人等在证券发行、交易及其相关活动中诱骗投资者买卖证券以及其他违背客户真实意愿、损害客户利益的行为。

(4) 虚假陈述。指行为人对证券发行、交易及其相关活动的事实、性质、前景、法律等事项做出不实、严重误导或者有重大遗漏的陈述或者诱导,致使投资者在不了解事实真相的情况下做出证券投资决定的行为。

2. 其他违规行为

证券市场违规行为还有其他多种表现形式。随着市场的不断发展,违规行为还会出现新形式,呈现新特点。目前,我国证券市场常见的其他违规行为主要有以下几种:

(1) 擅自发行证券。指未经国家有关主管部门批准,擅自发行股票或者公司、企业债券的行为。"未经批准"既包括根本未向主管部门提出申请;也包括虽提出申请,但由于不符合条件或者其他原因未经批准;还包括批准后发现不符合条件,又予以撤销的;以及不按照批准的方式、范围、额度等发行股票或公司、企业债券的行为。

(2) 为股票交易违规提供融资及透支交易,为股票交易违规提供融资是指证券经营等金融机构违反国家有关法规,为股票交易提供融资的行为。透支交易又称信用交易,是指证券经营机构以鼓励或默许的方式,允许投资者透支购买证券或延长交割时间,然后收取高额利息的行为。

(3) 上市公司违规买卖本公司股票。指上市公司违反《公司法》的有关规定,未经有关部门批准,擅自回购、买卖本公司股票的行为。

(4) 上市公司擅自改变募股资金用途。指上市公司根据招股说明书募集到资金后,未经法定程序,将所募资金改变用途,挪作他用的行为。

（5）银行资金违规入市。指银行为了追求高额利润，违反国家有关规定，为他人的股票申购、交易提供融资的行为。

（三）监管制度

我国目前对上市公司的监管主要采取政府集中统一管理模式，即以政府监管为主、自律监管为辅的证券监管模式。证监会占主导地位，政府的其他有关机构（如地方政府管理下的证券监督机构）证券交易所（经过证监会授权在某些事项方面的有监督职能）及自律性管理机构——证券业协会等也可以起到一定的监督作用。

监管机关主要对上市公司的证券发行、交易、托管、登记、结算等进行监管；监管内容主要涉及上市公司上市前的审核监管；信息披露的监管；上市公司是否满足持续上市要求的监管；对股票交易的监管等。

2001年4月2日中国证监会公布了《上市公司检查办法》和《上市公司董事长谈话制度实施办法》两项加强上市公司监管的规定，前一规定后被2010年《上市公司现场检查办法》所取代。①

《上市公司现场检查办法》制定目的是为了规范上市公司现场检查行为，加强对上市公司及相关各方的监督管理，保护投资者合法权益，维护证券市场秩序；其所称现场检查，是指中国证券监督管理委员会及其派出机构在上市公司及其所属企业和机构（以下统称检查对象）的生产、经营、管理场所以及其他相关场所，采取查阅、复制文件和资料、查看实物、谈话及询问等方式，对检查对象的信息披露、公司治理等规范运作情况进行监督检查的行为。中国证监会依法履行职责，进行现场检查，检查对象及其工作人员应当配合，保证提供的有关文件和资料真实、准确、完整、及时，不得拒绝、阻碍和隐瞒。现场检查应当重点关注下列内容：(1)信息披露的真实性、准确性、完整性、及时性和公平性；(2)公司治理的合规性；(3)控股股东、实际控制人行使股东权利或控制权的规范性；(4)会计核算和财务管理的合规性；(5)中国证监会认定的其他事项。根据现场检查内容，检查人员可以采取全面检查、专项检查、现场走访、列席会议、回访检查等方式对检查对象实施检查。全面检查是对公司规范运作情况实行的常规性检查。专项检查是针对公司存在的问题或者易发风险的重大事项进行的专门检查。中国证监会可以采取回访检查方式检查公司对监管工作中发现问题的整改落实情况。此外还详细规定了现场检查程序和监督管理的内容，此处不一一介绍。

---

① 参见中国证券监督管理委员会：《上市公司现场检查办法》，证监会公告［2010］12号。

《上市公司董事长谈话制度实施办法》中规定,上市公司存在下列情形之一的,应当约见上市公司董事长谈话:严重资不抵债或主要资产被查封、冻结、拍卖导致公司失去持续经营能力的;控制权发生重大变动的;未履行招股说明书承诺事项的;公司或其董事会成员存在不当行为,但不构成违反国家证券法律、法规及中国证监会有关规定的;中国证监会认为确有必要的。①

中国证监会认为必要时,可以要求上市公司其他有关人员、上市公司控股股东的高级管理人员、相关中介机构执业人员参加谈话。谈话对象不得无故拒绝、推托。

2001年之后通过的行政法规主要有2005年10月国务院批转中国证监会《关于提高上市公司质量的意见》等,通过或修改的部门规章有《上市公司重大资产重组管理办法》(2016年修订,2017年发布)、《上市公司股权激励管理办法》(2017年)、《上市公司重大资产重组管理办法》(2014年修订)、《上市公司收购管理办法》(2014年修订)、《上市公司信息披露管理办法》(2007年)等十多个;②通过的其他规范性文件更多③,不一一列举。

其他方面的监管内容可以参见证券法的相关部分。

五、外国公司的分支机构④

外国公司依照本法规定可以在中国境内设立分支机构,从事生产经营活动。外国公司是指依照外国法律在中国境外登记成立的公司。

(一)分支机构的法律地位

外国公司属于外国法人,其在中国境内设立的分支机构不具有中国法人资格。外国公司对其分支机构在中国境内进行经营活动承担民事责任。

(二)分支机构的设立

外国公司在中国境内设立分支机构,必须向中国主管机关提出申请,并提交其公司章程、所属国的公司登记证书等有关文件,经批准后,向公司登记机关依法办理登记,领取营业执照。外国公司在中国境内设立分支机构,必须在中国境内指定负责该分支机构的代表人或者代理人,并向该分支机构拨付与其所从事的经营

---

① 中国证券监督管理委员会:《上市公司董事长谈话制度实施办法》,证监发[2001]47号。

② 具体内容参见"上市公司类",http://www.csrc.gov.cn/pub/newsite/flb/flfg/bmgz/ssl/。

③ 具体内容参见"上市公司类",http://www.csrc.gov.cn/pub/newsite/flb/flfg/bmgf/ssgs/。

④ 《公司法》(2013年修订)第191—197条。

活动相适应的资金。外国公司的分支机构应当在其名称中标明该外国公司的国籍及责任形式。外国公司的分支机构应当在本机构中置备该外国公司章程。

（三）分支机构的义务

经批准设立的外国公司分支机构，在中国境内从事业务活动，必须遵守中国的法律，不得损害中国的社会公共利益，其合法权益受中国法律保护。外国公司撤销其在中国境内的分支机构时，必须依法清偿债务，按照本法有关公司清算程序的规定进行清算。未清偿债务之前，不得将其分支机构的财产移至中国境外。

有限责任公司与股份有限公司对照表

对照项目		有限责任公司	股份有限公司	备注
股东人数		50 人以下	发起人应有 2—200 人	
出资方式		股东共同出资	发起人认足首期全部股本（发起设立）	
			或发起人认缴一部分（35% 以上股份总数）其余可公开募集（募集设立）	
		不能公开募股，不得发行股票	可公开募股，发行股票，股票可依法自由转让	
		资本不分为等额股份	资本划分为等额股份，同股同权，同股同利	
资本形式		货币、实物、知识产权、土地使用权……	货币	
		实物、知识产权、土地使用权等应评估作价并依法办理产权转移手续。		
公司章程	制订方式	全体股东共同制订	全体发起人制订，由创立大会以决议形式通过	公司组织及活动的基本规则
	记载事项	绝对必要记载事项	绝对必要记载事项	
公司设立	原则	符合法定条件，向登记机关申请注册登记（严格的准则主义）	符合法定条件（准则主义）	
	设立方式	发起设立（公司的资本由全体股东全部认购）	发起设立（公司的资本由全体发起人全部认购）	
			募集设立	

(续表)

对照项目		有限责任公司	股份有限公司	备注
公司设立	设立程序	签订发起人协议；订立公司章程；必要的主管部门核准；缴纳出资；确立组织机构（包括权力机关、执行机关和监督机关）；申请设立登记	发起设立：与有限责任公司基本相同	
			募集设立：发起人认足部分股份；制作招股说明书；报国务院证券管理部门审批；公告招股说明书并发行股份（招募股份）；召开创立大会；申请设立登记	
股东会		全体股东组成	由股东组成股东大会	公司最高权力机关
		股东会的职权	股东会的职权	
		股东会会议及议决方式	股东会会议及议决方式	
董事会		职权	职权	公司业务执行机关
		董事 3—13 人组成（规模小的可只设 1 名执行董事）董事长为公司法定代表人。董事任期 3 年,可连选连任。	董事 5—19 人组成；董事长为公司法定代表人；董事任期 3 年,可连选连任	
		职工代表进入董事会的情况		
监事会		股东代表和适当比例的职工代表组成（规模小可设 1—2 名监事）	股东代表和适当比例的职工代表组成	监督检查机构
		监事会的职权	监事会的职权	
组织成员		董事监事经理的任职资格、义务和责任	董事、监事、经理的任职资格、义务和责任	略
		一人公司、国有独资公司（有专门规定）	上市公司（有专门规定）	

第六章

合同法律制度

法律追求的是正义(公正)和效益,在市场经济中,每个人在不违背法律和道德的前提下,都是自己利益的最佳判断者。合同制度是对当事人意志的尊重和对市场制度下分散决策权的确认,它体现了当事人通过自己的意思表示和行为创建法律上的权利义务自主权;因而,它是民事法律的精髓。我国《合同法》于1999年3月通过,当年10月1日生效,共有24章,428条,最高人民法院先后又颁布了有关《合同法》司法解释4个。除了合同法之外,在海商法、保险法、商业银行法、著作权法、商标法等单行法中也有商事合同方面的规范。本章主要就合同法进行分析,有关单行法涉及的合同会在不同章节中作简要分析。

在系统学习合同法之前,我们先来看一个司法考试中有趣的模拟练习题。

[案例] 卖牛案。甲与乙订立了一份卖牛合同,合同约定甲向乙交付5头牛,分别为牛1、牛2、牛3、牛4、牛5,总价款为1万元,每头牛的价格为2000元。乙向甲交付定金3000元,余下款项由乙在半年内付清。双方还约定,在乙向甲付清买牛款之前,甲保留该5头牛的所有权。甲向乙交付了该5头牛。

(1) 设在买牛款付清之前,牛1被雷电击死,该损失由谁承担? 为什么?

(2) 设在买牛款付清之前,牛2生下一头小牛,该小牛由谁享有所有权? 为什么?

(3) 设在买牛款付清之前,牛3踢伤丙,丙花去医药费和误工损失共计1000元,该损失应由谁承担? 为什么?

(4) 设在买牛款付清之前,乙与丁达成一项转让牛4的合同,在向丁交付牛4之前,该合同的效力如何? 为什么?

(5) 设在买牛款付清之前,丁不知甲保留了此牛的所有权,乙与丁达成一项转让牛4的合同,作价2000元将牛4交付丁。丁能否据此取得该牛的所有权? 为什么?

(6) 设在买牛款付清之前,乙将牛 5 租给戊,租期为 3 个月,租金 200 元。该租赁协议是否成效? 租金应如何处理?

(7) 合同中的定金条款效力如何? 为什么?

在我们多次授课中,问没有系统学过合同法的同学,多数对第一个、第二个、第六个问题给出错误的答案。他们认为所有权没有转移,所以牛 1 被雷电击死的风险应该由甲来承担;与此相应,牛 2 生下小牛之后,其收益也由甲来享有。法律规定的恰恰相反,在合同中没有特别约定时,风险或孳息收益恰恰自交付时起转移给买方。至于第四个问题,多数同学给出的是"有效"或"无效"的结论,而这里却是法律规定的"效力待定"情形之一。上面 7 个问题的简单分析如下:

(1) 由乙承担。因为根据《合同法》第 142 条的规定,标的物毁损灭失的风险,在标的物交付之前由出卖人承担,交付之后由买受人承担,但法律另有规定或当事人另有约定的除外。所以该题中因甲已将牛交付于乙,所以牛 1 的损失应由乙承担。

(2) 乙享有所有权。根据《合同法》第 163 条规定,标的物在交付之前产生的孳息,归出卖人所有;交付之后产生的孳息,归买受人所有。因此本题中牛 2 已经由甲交付给乙,牛 2 产生的孳息即小牛应归乙所有。

(3) 由乙负担。《民法通则》第 127 条规定:动物致损的侵权责任承担者为该动物的饲养人或管理人。在本案中,牛 3 已交付于乙,乙为现在的饲养人或管理人,牛 3 致人损害的民事责任应当由乙承担。

(4) 该合同属于效力未定的合同。《合同法》第 51 条规定:无处分权的人处分他人财产,经权利人追认或者无处分权的人订立合同后取得处分权的,该合同有效。在此之前即属效力未定。本题中甲与乙已经约定在乙未付清价款之前,由甲保留对牛的所有权,所以此时乙并不是牛 4 的所有权人,乙对牛 4 的处分属于无权处分,因此乙与丁签订的买卖合同属于效力未定。

(5) 丁能取得该牛的所有权。因为丁可基于善意取得而成为牛 4 的所有人。最高人民法院《关于贯彻执行〈中华人民共和国民法通则〉若干问题的意见(试行)》第 89 条指出:"第三人善意、有偿取得该项财产的,应当维护第三人的合法权益。"《物权法》第 106 条第 3 款规定:"《物权法》第 106 条 无处分权人将不动产或者动产转让给受让人的,所有权人有权追回;除法律另有规定外,符合下列情形的,受让人取得该不动产或者动产的所有权:(一)受让人受让该不动产或者动产时是善意的;(二)以合理的价格转让;(三)转让的不动产或者动产依照法律规定应当登记的已经登记,不需要登记的已经交付给受让人。受让人依照前款规定取得不动产或者动产的所有权的,原所有权人有权向无处分权人请求赔偿损失。当事人善意取得其他物权(质权、留置权、所有权、土地承包经营权、地役权、宅基地权、建设用地使用权)参照前面的规定,法律另有规定的除外。"

(6)该租赁协议有效。租金属孳息。根据《合同法》第 163 条规定(标的物在交付之前产生的孳息,归出卖人所有,交付之后产生的孳息,归买受人所有),应归乙所有。

(7)该定金条款超过的部分无效。《担保法》第 91 条规定:定金的数额由当事人约定,但不得超过主合同标的额的百分之二十。《担保法解释》第 121 条规定:当事人约定的定金数额超过主合同标的额百分之二十的,超过的部分,人民法院不予支持。

合同法还有很多内容,在我们没有系统学习时凭着感觉回答,学完之后我们就可以依据法律规定来分析案例、处理现实中的问题。

第一节 合同法概述

一、合同的定义

合同又称为契约,根据《民法通则》的规定它是指当事人之间设立、变更、终止某种权利义务关系的协议①,而我国合同法中所指的合同,是平等主体的自然人、法人、其他组织之间设立、变更、终止民事权利、义务关系的协议。②两个定义大同小异,本质都是一样的,只不过合同法规定的更为明确而已:前者虽然没有"平等"一词,但民法通则本来就是调整平等主体之间财产关系与人身关系的法律规范。合同法主要调整的是平等主体之间且涉及财产关系,而对于属民事法律领域的婚姻、收养、监护等有关身份关系的协议,以及其他法律性质(如劳动合同)的协议,适用其他法律的规定。从权利分类的角度看,合同是一种债权债务关系。债是指按照合同的约定或者依照法律的规定,在当事人之间产生的特定的权利和义务关系;合同是约定之债,不同于法定之债。合同法以债权实现为主要的立法取向,而债权是指债的一方当事人享有请求他方为一定行为或不为一

---

① 《民法通则》(1986 年)第 85 条。
② 《合同法》(1999 年)第 2 条。

定行为的权利。

合同精神(又叫契约精神),是市场经济和法治社会所赖以建立和发展的根本保障。法律追求的是公平、正义(公正)和效益,在市场经济中,每个人在不违背法律和道德的前提下,都是自己利益的最佳判断者。合同制度是对当事人意志的尊重和对市场制度下分散决策权的确认,它体现了当事人通过自己的意思表示和行为创建法律上的权利义务的自主权;因而,它是民商事法律的精髓。充分尊重合同意思自治原则,在 19 世纪是合同法贯彻始终的原则;20 世纪以来,维护社会利益和弱者利益的立法价值取向虽然使该原则受到一定的制约,但它仍是市场经济发展的基石之一。

合同作为债权产生的一种重要的根据,显然具有债权所具有的以下特征:

(1) 主体特定。债权与物权不同,其权利主体和义务主体均是特定的且多数场合其权利义务关系是相互的;而物权通常其权利主体是特定的,而义务主体是不特定的,即任何人负有不得侵害权利人权利的义务。和物权不同的是,债权是一种典型的相对权,只在债权人和债务人之间发生效力,原则上债权人和债务人之间的债之关系不能对抗第三人。

(2) 债权为财产上的请求权,即指权利人得请求他人为特定行为(作为、不作为)的权利,一般不得通过限制债务人的人身来实施。因而债权的平等性表现得特别明显,即同一标的物上可以成立内容相同的数个债权,并且其相互间是平等的。债权也无优先性(即相容性),指在效力上不存在排他性和优先性。

(3) 债权的标的直接指向的是行为,间接涉及物或财产等。

(4) 债权人只能向特定的债务人主张权利,不得向债务人以外的第三个人主张权利,它是相对权的典范,即仅仅相对于某个特定的人产生效力。

(5) 债权为有期限权利,不得设定无期限债权。

二、债产生的根据

债权债务关系产生的依据主要有合同、侵权、不当得利、无因管理、缔约过失及单方允诺等六种,其中第一种被称为约定之债,是债权产生最主要的原因,是本章讨论的重点,下文将进行详细论述;后面五种我们统称它们为法定之债,这里仅作简要介绍,因为在破产法等中也会有所涉及。

(一) 侵权行为

侵权行为,即侵害他人权益的行为。它可分为一般侵权行为和特殊侵权行为。在一般侵权行为中,当事人一方只有因自己的过错而给他人造成人身和财产损失时,才负赔偿的责任,如果没有过错,就不需负赔偿责任。而在特殊侵权行为中,只要造成了他人的损失,即使施害人不存在过错,多数情况下仍要负赔偿责任。例如同学李某骑自行车不小心将人行道上的行人王某撞到,使对方手机摔坏和腿部受伤;李某就是侵权人,他让王某在财产上受到损伤,在身体上受到伤害,他要因侵权行为对受害人王某造成的损害承担民事赔偿责任。

（二）不当得利

不当得利是指既没有法律上的依据,也没有合同上的约定,一方当事人获得利益而使他人受到损失的现象。在不当得利的情况下,受到损失的当事人有权要求另一方返还不当利益。如张某同学到光华超市购买 32 元的商品,他给收银员冯某一张 50 元的钞票,结果冯某误把 50 元当作 100 元,找给张某零钱 68 元,张某多获得的 50 元就是不当得利,应该返还给冯某;如果不返还,冯某起诉到法院,张某必定败诉。

（三）无因管理

无因管理是指,没有法定或者约定的义务,为避免他人的利益受损失而进行管理或提供服务的,进行管理或提供服务的一方有权要求他方支付因其管理或服务而产生的必要费用。如国庆长假期间,倪某一家人到海南三亚游玩,结果忘记让人托管其家饲养的宠物狗贝贝;其对门邻居曹某夜间回家发现贝贝可怜巴巴蜷缩在倪某家门口,瑟瑟发抖。曹某把狗带到自己家照顾,没有想到贝贝第二天感冒,曹某带宝贝前去看兽医,花费 600 元,五天后倪某一家回来,曹某可以基于无因管理就看兽医的 600 元及五天中喂养贝贝的花费向倪某提出支付要求。

（四）缔约过失

缔约过失是指在合同订立过程中,一方当事人因违背其依据诚实信用原则所应负有的义务而使另一方当事人基于对对方信赖造成利益受损的现象;对此,有过错一方应当承担民事责任,该民事责任被称为缔约过失责任,它既不是违约责任(因为合同尚未建立和生效),也难以归类为侵权责任。例如,安徽芜湖陈某有一沿街商铺想出租,在当地报纸《芜湖日报》广告栏中登载了寻租广告;覃某看到后有租的意向,并跟陈某联系,约定第三天双方签订租赁合同。王某跟覃某一直是竞争对手,了解到覃某要租的房子位置较好,担心抢了自己的生意,当天晚上就找陈某说,他想以 1.5 倍的租金租下其商铺,但要在筹到首笔租金即第五天后正式签合同。第二天,陈某就与覃某说商铺已经由其太太租给了他人,没有办法再出租给他。陈某等到第五天要求与王某签合同。结果王某看到自己阻止陈、覃二人签订合同的目的已经实现,就说自己因为筹不到首笔租金,也不能租下商铺,要陈某另找他人。这种情况下,王某的行为就构成缔约过失,陈某可以依据缔约过失要求王某承担赔偿责任。

（五）单方允诺

单方允诺是指表意人向相对人作出的为自己设定某种义务,使相对人取得某种权利的意思表示。它是表意人单方的意思表示,一般向社会上不特定的人发出。单方允诺的主要类型是悬赏广告、设立幸运奖和遗赠。

合同债权与前述五种债的产生的根据的最大不同:它是约定之债,具有任意性,遵循意思自治原则。后文将展开详细论述。

三、我国合同法的渊源

我国合同法的渊源主要来自成文法,即立法机关制定的法律,与最高司法机关(最高人民法院)的司法解释。此外,最高人民法院的指导性案例中列出的有关合同的案件判决,可以作为各级法院判案参考,但不能作为判案的依据,这一点与英美法系的判例不同;这是我们在学习时需要注意的。由于语言的模糊性和社会经济发展的快速性、复杂性,合同解释在司法实践中越来越重要。

1999年10月1日以前,我国有三部合同法,即《经济合同法》《涉外经济合同法》和《技术合同法》。当下,我国合同法体系主要由以下一些法律构成:(1)1986年4月12日颁布的《民法通则》关于合同的规定,主要有第85、88、89、90、91条。(2)1999年10月1日实施的《合同法》,共23章加一个附则,428条:总则(8章129条)与分则(15章298条)、附则(1条)。(3)2017年3月15日通过了的《民法总则》关于合同的规定。(4)其他相关法律的规定,如《保险法》中规定的保险合同、《海商法》中有关船舶租赁合同、《著作权法》中关于著作权转让或许可合同、《商业银行法》关于贷款合同等的规定。(5)最高人民法院的四个司法解释:1999年12月1日,最高人民法院颁布《关于适用〈中华人民共和国合同法〉若干问题的解释》,12月29日实施;2009年2月9日最高人民法院颁布《关于适用〈中华人民共和国合同法〉若干问题的解释(二)》,2009年5月13日起施行;2012年3月31日由最高人民法院审判委员会第1545次会议通过的《最高人民法院关于审理买卖合同纠纷案件适用法律问题的解释》,自2012年7月1日起施行;2014年最高人民法院关于审理融资租赁合同纠纷案件适用法律问题的解释法释[2014]3号。

这里简要介绍一下合同法的框架。1999年合同法的内容分为总则、分则与附则三大部分,其中总则部分就合同的一般原则、订立、效力、履行、违约责任等进行了规定,分则部分就实务中出现的十五类典型合同进行了规定,而附则只有1条,表明1999年之前的三大合同法即经济合同法、技术合同法、涉外经济合同法失效。合同法的总则与分则的具体章节如下:

总则含八章,分别是:第一章一般规定、第二章合同的订立、第三章合同的效力、第四章合同的履行、第五章合同的变更和转让、第六章合同的权利义务终止、第七章违约责任、第八章其他规定等,共129条;分则部分共15章共298条,分别是:第九章买卖合同、第十章供用电、水、气、热力合同、第十一章赠与合同、第十二章借款合同、第十三章租赁合同、第十四章融资租赁合同、第十五章承揽合同、第十六章建设工程合同、第十七章运输合同、第十八章技术合同、第十九章保管合同、第二十章仓储合同、第二十一章委托合同、第二十二章行纪合同及第二十三章居间合同。①

四、合同法的宗旨、调整范围与原则

(一) 合同法的宗旨

制定合同法的目的是为了什么? 各国合同法无不以保护合同当事人利益和促进商贸发展为要旨。我国合同法也不例外,它规定其宗旨是保护当事人合法权益,维护社会经济秩序,促进现代化建设。②这一规定凸显出保护当事人合法权益是其首要目的,其次是维护社会经济秩序。这样安排也符合市场经济发展需求和规律:保护了当事人的合法权益,必然会促进社会经济有序发展。

(二) 合同法调整范围

《合同法》规定,其调整的主要是平等主体的自然人、法人、其他组织之间设立、变更、终止民事权利义务关系的协议,关键词是"平等主体",对于不平等主体之间的协议等,它不予调整,涉及政府为一方当事人的合同,如国有土地使用权出让合同③、国有企业承包合同等,合同法不予调整;婚姻、收养、监护等有关身份关系的协议,适用其他法律的规定;对于劳动合同,合同法也不调整,它专门有自己的法律,即《劳动合同法》,因为就劳动者与雇佣单位而言,看似应该是平等协商的协议,但由于存在管理和被管理的关系,事实上难以做到真正的平等,因此,为了平衡劳动者与雇佣者之间的关系,劳动合同应该有专门的法律。不过,

---

① 具体内容参见《合同法》(1999年)。

② 《合同法》(1999年)第1条。

③ 一般认为其适用的法律是《物权法》《城市房地产管理法》等。

合同法的一些基本原则等也为劳动合同法加以吸纳:订立劳动合同,应当遵循合法、公平、平等自愿、协商一致、诚实信用的原则。①除了上述合同之外,有些部门法对合同也有相关规定,如《商业银行法》关于存储、贷款合同的规定(商业银行贷款,应当与借款人订立书面合同。合同应当约定贷款种类、借款用途、金额、利率、还款期限、还款方式、违约责任和双方认为需要约定的其他事项)②,《著作权法》关于出版合同的规定③,《保险法》关于保险合同的规定④,《海商法》关于船舶租赁、海上运输等合同的规定⑤以及《担保法》关于担保合同的规定⑥等。这些法律关于各自领域的规定遵循特别法优于一般法的规定,即合同法与它们的规定发生冲突时,以它们的规定为准,如果它们没有规定,则适用合同法。

(三) 合同法的基本原则

平等原则,即合同当事人各方的法律地位平等。它主要体现在以下几方面:公民的民事权利能力一律平等;不同的民事主体参与民事关系,适用同一法律,具有平等的地位;民事主体在产生、变更和消灭民事法律关系时必须平等协商;民事主体的合法权利平等受法律保护。马克思说,商品是天生的平等派;在市场经济中,它体现了商品经济规律的属性,是现代法制的基本原则。基于平等,法律规定,一方不得将自己的意志强加给另一方。⑦它更多地强调机会均等,但绝非平均主义、人人一样,它在历史上经历了从身份到契约的过程,是随着商品经济发展,将人从身份中解放出来的标志。平等是合同自愿原则的前提和基础。

1. 自愿原则

自愿原则又叫"意思自治"原则,就是通常所说的契约自由原则,它是合同法的根本和灵魂。当事人依法享有自愿订立合同的权利,任何单位和个人不得非法干预。⑧意思自治指当事人签订什么样的合同、与何人签合同等在法律允许的范围内完全由其自己决定,他人无权干预。不过,有些场合,合同当事人签订合同要收到一定的制约,但这必须要有法律规定。如国家根据需要下达指令性任务或者国家订货任务的,有关法人、其他组织之间应当依照有关法律、行政法规

---

① 参见《劳动合同法》(2007 年版)第 3 条。

② 《商业银行法》(2003 年)第 37 条。

③ 《著作权法》(2010)第 30 条。

④ 《保险法》(2015)第 10 条。

⑤ 《海商法》(1993)第 60 条。

⑥ 《担保法》(1995)第 5 条。

⑦ 《合同法》(1999 年)第 3 条。

⑧ 《合同法》(1999 年)第 4 条。

规定的权利和义务订立合同。①

2. 公平原则

公平原则即当事人在民事活动中应以正义、公平等观念指导自己的行为、平衡各方利益,法院等要以正义、公平的理念来处理当事人之间的纠纷;它实际上也为道德上的要求。当事人应当遵循公平原则确定各方的权利和义务。②它强调在市场经济中,对任何市场主体都只能以市场交易规则为准则,享受公平合理的对待,既不享有任何特权,也不履行任何额外的义务,做到权利与义务相平衡,做到当事人之间的权益与责任的均衡。其具体表现是:商事主体参与商事法律关系的机会平等,当事人权益、义务均衡、合理;在出现纠纷之后,相关当事人承担各自相应的民商事责任。它要求立法、裁判、执法等机构在立法、司法、执法过程中要维持相关主体之间的权益、义务的均衡;相关主体应依据公平观念从事商事活动,以维持它们之间的权益、义务、责任的均衡。但本质上说,公平原则较为模糊,在实际操作中,它授予法官自由裁量权,以补救商事法律规定的不足。③

3. 诚实信用原则

诚实信用原则,其基本含义是指当事人在市场活动中应当诚实不欺、讲信用,恪守诺言,以善意的方式履行其义务,在追求自己利益的同时不得滥用权利损害他人和社会利益,规避合同约定或法律规定的义务。④如果说意思自治原则是民商法的灵魂(把商人和其他私主体的主动性与积极性充分发挥,尊重当事人的意志及市场规律)的话,那么诚实信用原则与公序良俗等则是意思自治原则充分正当行使的制约,让意思自治不至于走向"自由"权利的反面,给社会带来负面影响,它们作为一种约束机制与意思自治原则的自由机制张弛结合,共同规范、约束和调控市场经济发展。在法律没有规定或规定不够明确时,法官可以依据该原则对案件进行自由裁量,以作出公平判决,因此,它也被学者称为"帝王条款"。⑤当然,最根本的是,当事人之间相互遵守该原则,高于一切。故合同法规定,当事人行使权利、履行义务应当遵循诚实信用原则。⑥

[案例] 借款合同中的诚实信用原则。李某欠周某 1 万元钱,屡次讨要,李某都说,张某欠他 3 万元,讨回来后还给周某。2015 年 3 月 23 日,李某为了应

---

① 《合同法》(1999 年)第 38 条。
② 《合同法》(1999 年)第 5 条。
③ 刘文华主编:《新合同法条文精解与典型案例》,世界图书出版社 1999 年版,第 5 页。
④⑤ 同上书,第 6 页。
⑥ 《合同法》(1999 年)第 6 条。

付周某的再次讨要,就说:你陪我一道,我们到郊区张某那把 3 万元取回,立刻还你。两人与其他乘客乘坐一辆中巴车前往郊区,没有想到的是,在快到郊区时,突遇四个大汉,手拿大砍刀,把车拦下,要求乘客将身上的钱全部留下,然后才能让车过去。李某见此情形,赶忙把从包里拿出 1 万元给周某说:这 1 万元钱,算我还你了,你自己看着办吧。后来,这 1 万元钱也被劫匪强行拿走。周某回去后继续找李某要,李某拒绝,说已经还了。李某的行为违反了合同法的什么原则?该案如何处理?

4. 公序良俗和合法性原则

该原则主要体现的是当事人对他人、社会所应尽的义务。公序良俗指公共秩序和善良风俗,合法性是指签订合同的主体、合同的标的、内容及合同的形式等均不得违反法律规定。它们与诚实信用原则最大的区别是,前者要求当事人对社会公众和他人的义务,而后者主要是对当事人相互之间的要求。当事人订立、履行合同,应当遵守法律、行政法规,尊重社会公德,不得扰乱社会经济秩序,损害社会公共利益。[①]

5. 合同效力强制性原则

《合同法》规定,依法成立的合同,对当事人具有法律约束力,受法律保护。当事人应当按照约定履行自己的义务,不得擅自变更或者解除合同。依法成立的合同,受法律保护。[②]实际上,合同是当事人之间缩小的法律,一经成立、生效,就当然地具有法律约束力;如果一方或双方不履行合同义务并经对方请求仍不履行时,可以请求法院等通过一定方式强制当事人履行合同义务。[③]

五、合同的特征、形式要件与提示性内容

(一) 合同的特征

根据合同的定义,合同具有以下四个特征:

合同是一种民商事法律行为,以意思表示为最核心的要素,并且按意思表示的内容被赋予了较明显的法律效果。但意思表示形式多样,并不仅以言语(书面或口头)为唯一形式,行为等也是表达的方式。

合同是两方以上当事人的意思表示一致的民商事法律行为,这是合同区别

[①] 《合同法》(1999 年)第 7 条。

[②] 《合同法》(1999 年)第 8 条。

[③] 参见胡鸿高主编:《合同法原理与应用》,复旦大学出版社 1999 年版,第 48—49 页。

于单方法律行为的重要标志。合同的当事人必须是两人以上。

合同是以设立、变更、终止民商事权利义务关系为目的的民事法律行为。如果不涉及当事人之间的权利、义务，则合同难以成立；在英美法系国家，权利、义务的约定通常被称作为"对价"，无对价则无合同。

合同是当事人各方在平等、自愿的基础上产生的民事法律行为。各方当事人在订立合同时的法律地位平等，而合同内容、形式等完全是当事人意志自由表达的结果。

（二）合同的形式要件

1. 一般情形下的合同形式

除非法律有特别规定，合同的形式多样，不拘一格。严格说来，只要双方守信用，没有任何形式上要求的合同也是一个好的合同，即只要双方各自履行了自己的义务，则该合同这就是一个得到履行的合同。如果遇到一位不守信用的当事人，则形式再完美，都有可能导致合同目的不能实现；只不过，这个时候，有一个较为完善、周密的书面约定或其他形式存在，有利于守约方尽最大限度地维护自己的合法利益。因此，合同交易，选准相对交易人至为关键，但形式也不可忽视。

我国《合同法》规定，当事人订立合同，有书面形式、口头形式和其他形式。法律、行政法规规定采用书面形式的，应当采用书面形式。当事人约定采用书面形式的，应当采用书面形式。①

书面形式是指合同书、信件和数据电文（包括电报、电传、传真、电子数据交换和电子邮件）等可以有形地表现所载内容的形式。②这是我国合同形式中最常见的形式。它在将来双方有争议时，可以起到很好的证据作用，有利于守约方维护自己的权益，所以当事人就重大事项形成协议时，均会采用书面形式，如房屋、土地的转让，大型设备的买卖，技术转让或许可等，莫不如此。

口头形式是指通过口头语言而形成的书面协议。口头合同在现实生活中，随处可见，比如到商店里购买商品是最典型的采取口头形式订立的合同。在技术不够发达时代，口头合同在双方没有第三方证明的情况下，一方反悔，往往会让另一方处于不利地位。但随着技术的发展，如录音、录像等技术在一定程度上有利于采取这些措施保护自己合法权益的人，因为录音、录像等在不违法的情况

---

① 《合同法》（1999 年）第 10 条。

② 《合同法》（1999 年）第 11 条。

下获取的,可以作为有效的证据。

其他:当事人未以书面形式或者口头形式订立合同,但从双方从事的民事行为能够推定双方有订立合同意愿的,人民法院可以认定是以《合同法》第十条第一款中的"其他形式"订立的合同,但法律另有规定的除外。最典型的行为,如扬招出租车、乘公交车等行为。当事人未以书面形式或者口头形式订立合同,但从双方从事的民事行为能够推定双方有订立合同意愿的,人民法院可以认定是以合同法第十条第一款中的"其他形式"订立的合同,但法律另有规定的除外

2. 法律规定必须采用书面形式的合同

我们进行了一下简单梳理,法律规定需要采用书面形式的合同大体有以下一些类型:

(1) 收养合同

根据我国《收养法》规定,收养应当由收养人、送养人依照收养法规定的收养、送养条件订立书面协议,并可以办理收养公证;收养人或者送养人要求办理收养公证的,应当办理收养公证。[1]外国人在中国收养子女,应提供收养人年龄、婚姻、职业、财产、健康、有无受过刑事处罚等状况的证明材料……收养人应与送养人订立书面协议,亲自向民政部门登记,并到指定的公证处办理收养公证。收养关系自公证证明之日起成立。[2]当事人解除收养关系应当达成书面协议。收养关系是经民政部门登记成立的,应当到民政部门办理解除收养关系的登记。收养关系是经公证证明的,应当到公证处办理解除收养关系的公证证明。[3]

我国对收养合同规定采取书面形式主要是为了保护被收养人的合法权益,因为他们多是无民事行为能力人或限制民事行为能力人,无权对自己的未来做出选择;通过书面合同在将来万一发生纠纷时,可以依据书面协议进行有效处理。其次,约束收养和送养双方当事人,要求他们慎重做出决定。

(2) 夫妻财产协议

《婚姻法》规定,夫妻可以约定婚姻关系存续期间所得的财产以及婚前财产归各自所有、共同所有或部分各自所有、部分共同所有。约定应当采用书面形式。[4]由于夫妻基于感情等抽象的、难以用客观量化的标准建立的,外人对夫妻之间的关系无法做出准确判断,恰如古语所言"清官难断家务事";而财产作为其中

---

① 《收养法》(1998 年)第 15 条。

② 《收养法》(1998 年)第 20 条。

③ 《收养法》(1998 年)第 27 条。

④ 《婚姻法》(2001 年修正)第 19 条。

最核心的内容之一,让双方通过书面协议确定,对将来发生争端的解决(如离婚时财产分割等)是一个较为有效的方法。由于中国传统文化的影响,夫妻之间签订财产协议的比例并不高,但随着人们的法律意识不断提升,比例在逐渐增加。

(3) 房地产合同

我国《房地产管理法》规定,土地使用权出让,应当签订书面出让合同;土地使用权出让合同由市、县人民政府土地管理部门与土地使用者签订。①房地产转让,应当签订书面转让合同,合同中应当载明土地使用权取得的方式。②房地产在当下中国是公民个人的最大财产,其转让需要有书面合同,也是确保相关当事人权益的必要方式。

(4) 知识产权转让合同

知识产权的三大类型——著作权、专利权和商标权的相关权利转让时,根据法律规定也需要采取书面合同形式。《著作权法》规定,转让著作权法规定的 13 项财产权权利时,应当订立书面合同。③《专利法》规定,转让专利申请权或者专利权的,当事人应当订立书面合同,并向国务院专利行政部门登记,由国务院专利行政部门予以公告。专利申请权或者专利权的转让自登记之日起生效。④《商标法》规定,转让注册商标的,转让人和受让人应当签订转让协议,并共同向商标局提出申请。受让人应当保证使用该注册商标的商品质量。⑤商标注册人可以通过签订商标使用许可合同,许可他人使用其注册商标。许可人应当监督被许可人使用其注册商标的商品质量。被许可人应当保证使用该注册商标的商品质量。⑥这两条规定中虽然没有使用"书面"二字,但当事人要向商标局申请核准或备案,没有书面形式是不可能的。

(5) 《合同法》规定需要采用书面形式的合同

从《合同法》规定的条款来看,至少以下几种合同需要采用书面形式:借款合同采用书面形式,但自然人之间借款另有约定的除外;⑦房屋租赁期限六个月以上的租赁合同,应当采用书面形式,如当事人未采用书面形式的,视为不定期租

---

① 《房地产管理法》(2007 年修正)第 15 条。
② 《房地产管理法》(2007 年修正)第 41 条。
③ 《著作权法》(2001 年)第 25 条。
④ 《专利法》(2008)第 10.3 款。
⑤ 《商标法》(2013)第 42 条。
⑥ 《商标法》(2013)第 43 条。
⑦ 《合同法》(1999 年)第 197 条。

赁；①融资租赁合同应当采用书面形式；②建设工程合同应当采用书面形式；③建设工程实行监理的,发包人应当与监理人采用书面形式订立委托监理合同；④技术开发合同应当采用书面形式,当事人之间就具有产业应用价值的科技成果实施转化订立的合同,参照技术开发合同；⑤技术转让合同应当采用书面形式,包括专利权转让、专利申请权转让、技术秘密转让、专利实施许可合同。⑥

（6）《担保法》规定的书面合同

《担保法》规定下面四种合同必须采用书面形式：保证人与债权人应当以书面形式订立保证合同；抵押人和抵押权人应当以书面形式订立抵押合同；出质人和质权人应当以书面形式订立质押合同；定金应当以书面形式约定,当事人在定金合同中应当约定交付定金的期限,定金合同从实际交付定金之日起生效。

（7）其他

根据相关法律规定,以下合同也需采取书面形式：农村土地承包合同、农村土地承包经营权流转合同；土地使用权出让合同；房地产抵押合同；信托合同；按照招标投标方式应当订立书面合同；委托拍卖合同；政府采购合同；以依法可以转让的股票出质的质押合同、以依法可以转让的商标专用权、专利权、著作权中的财产权出质的质押合同；船舶所有权转让合同、船舶抵押权合同、航次租船合同、船舶租用合同、海上拖航合同；民用航空器转让合同、民用航空器租赁合同、通用航空企业从事经营性通用航空活动合同。

（三）合同内容

从根本上来说,合同的内容应该由当事人根据合同类型的不同来自由协商决定,即内容由当事人约定。为了当事人有一定的参照,我国《合同法》给出了一个提示性条款,规定合同的内容一般包括：(1)当事人名称或姓名和住所。(2)标的。(3)数量。(4)质量。(5)价款或报酬。(6)履行期限、地点和方式。(7)违约责任。(8)解决争议的方法。⑦如此等等。在有些场合,一方当事人可能会根据大量的实践,事先制定有关合同示范文本,以为另一方提供便利,如房屋买卖合

---

① 《合同法》(1999年)第215条。
② 《合同法》(1999年)第238条。
③ 《合同法》(1999年)第270条。
④ 《合同法》(1999年)第276条。
⑤ 《合同法》(1999年)第330条。
⑥ 《合同法》(1999年)第342条。
⑦ 《合同法》(1999年)第11条。

同示范文本等。当事人可以参照各类合同的示范文本订立合同。

上述合同内容只是提示性内容,供当事人参考;具体合同的内容通常因不同的交易内容、对象等而千差万别,它们可以添加,也可以减少。该条不是强制性的规定。

第二节　合同的订立

合同订立程序。当事人订立合同,应当具有相应的民事权利能力和民事行为能力。当事人依法可以委托代理人订立合同,但一般需要有授权委托书。合同订立程序是指合同订立的流程及具体环节。《合同法》规定,当事人订立合同,采取要约、承诺方式。①一般而言合同订立的过程如下:一般经过"(要约邀请)→要约→反要约→再要约→承诺"的多次反复的过程,即谈判的过程。为减少合同签订和履行中的法律风险,当事人应当通过谈判在平等基础上签订内容公平、使双方共赢的合同,让合同履行建立在合作的基础上;在语言表达方面应让人清楚易懂,利于各方执行;同时,对履行合同相关的内部员工进行必要的培训,并制作有效文件,利于检索和履行跟踪。简言之,在订立合同过程中,让有关主体积极参与,以保障合同真正得到履行。

（一）要约

要约(英文为 offer,在 20 世纪 80 年代左右,有人将其译成"发盘",将"承诺"的英文 acceptance 译成"受盘")是一方当事人以缔结合同为目的,向对方当事人提出合同条件,希望对方当事人接受的一种意思表示。其构成要件有三:(1)要约必须是特定人所为的意思表示。(2)要约必须以明示的方式向相对人发出;该相对人一般为特定人,但有时也可以是不特定的人,如悬赏广告(悬赏人以公开方式声明对完成一定行为的人支付报酬,完成特定行为的人请求悬赏人支付报酬的,人民法院依法予以支持。但悬赏有合同法规定的无效情形的除外②)、含有符合要约标准(内容清楚、确定,足以使相对人知其对待给付义务)的商业广告,自动售货机和商品标价陈列等。(3)要约必须具有缔结合同的目的,如果不是以缔结合同未目的,只是邀请他人向自己发出订立合同的意思表示,则

---

① 《合同法》(1999 年)第 13 条。

② 最高人民法院关于适用《合同法》若干问题的解释(二)(法释〔2009〕5 号)第 3 条。

不是要约,如招标广告等;这一点让要约与要约邀请区别开来。(4)发出要约的人必须是具有缔约能力的特定人。

我国《合同法》规定要约是希望和他人订立合同的意思表示,该意思表示应当符合下列规定:(1)内容具体确定,如含有《合同法》所规定八大提示性条款;(2)表明经受要约人承诺,要约人即受该意思表示约束。[1]这里需要注意要约与要约邀请的区别。后者指希望他人向自己发出要约的意思表示,比如寄送的价目表、拍卖公告、招标公告、招股说明书、商业广告等均为要约邀请。但是如果商业广告的内容符合要约规定的,则视为要约。[2]要约与要约邀请的区别:(1)要约邀请是指一方邀请对方向自己发出要约,而要约是一方向他方发出订立合同的意思表示。(2)要约邀请是一种事实行为,而非法律行为。要约是希望他人和自己订立合同的意思表示,是法律行为。(3)要约邀请只是引诱他人向自己发出要约,在发出邀请后要约邀请人撤回其中邀请,只要未给善意相对人造成信赖利益的损失,邀请人并不承担法律责任。

要约生效通常采取到达主义,可以撤回—要约到达前或同时;撤销—发出承诺通知前到达受要约人;失效—被拒绝、撤销、承诺期限届满未作出承诺、被实质性地变更。

要约到达受要约人时生效。一般情况下,当事人进行面对面的交易沟通时,要约生效的时间为相互了解对方的意图即为"到达";如果是异地,通过邮件的方式,一般以要约进入对方的邮箱为到达时间(即以上面的邮戳时间为准);采用数据电文形式订立合同,收件人指定特定系统接收数据电文的,该数据电文进入该特定系统的时间,视为到达时间;未指定特定系统的,该数据电文进入收件人的任何系统的首次时间,视为到达时间。[3]要约可以撤回,但撤回要约的通知应当在要约到达受要约人之前或者与要约同时到达受要约人。要约也可以撤销,即让要约归于无效,但撤销要约的通知应当在受要约人发出承诺通知之前到达受要约人。[4]不过有下列情形之一的,要约不得撤销:(1)要约人确定了承诺期限或者以其他形式明示要约不可撤销;(2)受要约人有理由认为要约是不可撤销的,并已经为履行合同作了准备工作。[5]从以上规定可以看出,撤回与撤销之间的区

---

[1]　《合同法》(1999 年)第 14 条。

[2]　《合同法》(1999 年)第 15 条。

[3]　《合同法》(1999 年)第 16 条。

[4]　《合同法》(1999 年)第 17、18 条。

[5]　《合同法》(1999 年)第 19 条。

别在于：撤回主要针对的是尚未生效的要约，而撤销主要是针对已经生效的要约。两者的区别仅在于时间的不同，在法律效力上是等同的。要约的撤回是在要约生效之前为之，即撤回要约的通知应当在要约到达受约人之前或者与要约同时到达受要约人；而要约的撤销是在要约生效之后承诺作出之前而为之，即撤销要约的通知应当在受要约人发出承诺通知之前到达受要约人。

有下列情形之一的，要约失效：(1)拒绝要约的通知到达要约人；(2)要约人依法撤销要约；(3)承诺期限届满，受要约人未作出承诺；(4)受要约人对要约的内容作出实质性变更。①何为实质性变更？后文会有简单分析。

对于要约中的特殊类型——交叉要约(mutual offer)，同样要遵守要约的一般规定。它是指订约当事人采取非对话式的方式，几乎同时相互向对方提出两个独立但内容相同的要约的现象。交叉要约并不自然生效，也遵循要约到达受要约人方生效并经被要约人承诺后才生效。

(二) 承诺

承诺是受要约人同意要约的意思表示。一般来说，其构成要件有：(1)承诺必须由受要约人或其代理人作出。(2)承诺必须向发出要约的人或其代理人作出；如果要约人死亡，而合同不需要要约人亲自履行，承诺也可以向要约人的继承人发出。(3)承诺的内容应当与要约的内容一致。(4)承诺必须在要约的存续期间内作出。

承诺—受要约人同意要约人的意思表示，内容需一致，即受要约人对要约的内容没有进行实质性变更；明示通知(交易习惯或要约表明可通过行为的除外)。要约以对话形式作出的，应及时作出承诺(另约的除外)；非对话的，合理期限内到达。

承诺也采取生效到达主义(不需通知的，依交易习惯或要约要求作出承诺的行为)原则；超过承诺期限发出承诺的，除要约人及时通知承诺有效外，为新要约；承诺期限内发出承诺的，因其他原因导致超期的，除要约人及时通知不接受承诺外，承诺有效。撤回通知先于承诺到达要约人或与承诺同时到达。

承诺生效时合同成立，承诺生效地为合同成立地；采合同书形式的合同，自双方当事人签字或盖章时合同成立，双方当事人签字或盖章的地点为合同成立地；采信件、数据电文等形式的，可要求签订确认书，签订确认书时合同成立，受件人主营业地或经常居住地为合同成立地(另约定的除外)。

---

① 《合同法》(1999 年)第 20 条。

严格说来承诺的内容应当与要约的内容完全一致,在美国合同理论上被称为"镜像原则",但要做到完全一致,较为困难,为了提高合同的签订率促成交易的完成,在实务中多采取基本或主要一致即可。如美国统一商法典、联合国国际货物买卖合同公约(CISG)都规定:(1)承诺对要约内容进行非实质性的添加、限制或更改,除非要约人及时表示反对,该承诺仍为有效。(2)除非要约明确规定承诺不得对要约内容进行任何表示添加、限制或更改,对要约内容进行非实质性的修改,仍有效。受要约人对要约的内容作出实质性变更的,为新要约。我国合同法规定,承诺的内容应当与要约的内容一致;有关合同标的、数量、质量、价款或者报酬、履行期限、履行地点和方式、违约责任和解决争议方法等的变更,是对要约内容的实质性变更;承诺对要约的内容作出非实质性变更的,除要约人及时表示反对或者要约表明承诺不得对要约的内容作出任何变更的以外,该承诺有效,合同的内容以承诺的内容为准。①我国法律规定的是"一致",从字面意思来说,应该是"完全一致",但后面的相关规定,等于为这里的"一致"做了解释,只要主要条款没有变化,就可以视为"一致",除非有事先约定等。

[案例] 林肯轿车案。美国 A 公司拟出售林肯轿车给的泰国 B 公司,A 公司在发盘(要约)电报中说:"确认出售 3 辆 95 型 lx 轿车……(附各项具体交易条件)……,请电汇 30 万美元。"泰国 B 公司立即复电说:"确认你方来电,各项交易条件按你方电报办,我方已汇交了你方开户银行 30 万美元,但该款在你方交货前仍由我代你方保管,请确认自本电之日起,三十天内交货。"但美国 A 公司未作任何答复,并把该轿车以高价出售给第三者。后泰国 B 公司因没有买到 3 辆轿车,而要追究美国 A 公司的法律责任。问:泰国 B 公司的诉讼要求能否得到支持,为什么?

承诺应当以通知的方式作出,但根据交易习惯②或者要约表明可以通过行为作出承诺的除外。③

承诺应当在要约确定的期限内到达要约人。要约没有确定承诺期限的,承

---

① 《合同法》(1999 年)第 30、31 条。

② 《合同法》中共有 8 处使用了"交易习惯"(分别是《合同法》总则部分的第 22、26、60、61、125 条和分则部分第 136、293、368 条);《合同法》司法解释(二)第 7 条规定:下列情形,不违反法律、行政法规强制性规定的,人民法院可以认定为合同法所称"交易习惯":(1)在交易行为当地或者某一领域、某一行业通常采用并为交易对方订立合同时所知道或者应当知道的做法;(2)当事人双方经常使用的习惯做法。对于交易习惯,由提出主张的一方当事人承担举证责任。

③ 《合同法》(1999 年)第 21、22 条。

诺应当依照下列规定到达：(1)要约以对话方式作出的，应当即时作出承诺，但当事人另有约定的除外；(2)要约以非对话方式作出的，承诺应当在合理期限内到达。①第二十四条要约以信件或者电报作出的，承诺期限自信件载明的日期或者电报交发之日开始计算。信件未载明日期的，自投寄该信件的邮戳日期开始计算。要约以电话、传真等快速通讯方式作出的，承诺期限自要约到达受要约人时开始计算。②

承诺生效时合同成立。承诺通知到达要约人时生效。承诺不需要通知的，根据交易习惯或者要约的要求作出承诺的行为时生效。采用数据电文形式订立合同的，承诺到达的时间适用本法第十六条第二款的规定。③承诺可以撤回，但不能撤销，因为承诺一生效，合同就成立了，如果撤销等于使成立的合同归于不成立，会产生违约责任；根据规定，撤回承诺的通知应当在承诺通知到达要约人之前或者与承诺通知同时到达要约人。④受要约人超过承诺期限发出承诺的，除要约人及时通知受要约人该承诺有效的以外，为新要约。⑤受要约人在承诺期限内发出承诺，按照通常情形能够及时到达要约人，但因其他原因承诺到达要约人时超过承诺期限的，除要约人及时通知受要约人因承诺超过期限不接受该承诺的以外，该承诺有效。⑥

承诺生效的时间点因情况不同而有所不同。如果当事人采用合同书形式订立合同的，自双方当事人签字或者盖章时合同成立；当事人采用信件、数据电文等形式订立合同的，可以在合同成立之前要求签订确认书。签订确认书时合同成立。⑦但针对现实中人们的交易习惯等，为确认已经实质上形成的交易关系并保护相关当事人和减少社会交易成本，合同法规定：法律、行政法规规定或者当事人约定采用书面形式订立合同，当事人未采用书面形式但一方已经履行主要义务，对方接受的，该合同成立；⑧采用合同书形式订立合同，在签字或者盖章之前，当事人一方已经履行主要义务，对方接受的，该合同成立。⑨

---

① 《合同法》(1999 年)第 23 条。
② 《合同法》(1999 年)第 24 条。
③ 《合同法》(1999 年)第 25、26 条。
④ 《合同法》(1999 年)第 27 条。
⑤ 《合同法》(1999 年)第 28 条。
⑥ 《合同法》(1999 年)第 29 条。
⑦ 《合同法》(1999 年)第 32、33 条。
⑧ 《合同法》(1999 年)第 36 条。
⑨ 《合同法》(1999 年)第 37 条。

由于合同的成立地对确定将来争端解决的受案地点等有重要意义,我国《合同法》对合同成立地也作出了规定,即承诺生效的地点为合同成立的地点;采用数据电文形式订立合同的,收件人的主营业地为合同成立的地点;没有主营业地的,其经常居住地为合同成立的地点。当事人另有约定的,按照其约定。当事人采用合同书形式订立合同的,双方当事人签字或者盖章的地点为合同成立的地点。

[案例] **彩电广告案。**某公司发行广告声称,现有彩电 1 000 台,售价 1 000 元/台,先到先得,售完为止。张三看后发函愿意全部购买,条件可协商。问:(1)该公司的广告能否视为要约? (2)张三的行为是否可导致他与该公司的合同成立? (3)如果可以成立,如何成立(何时何地)?

分析:(1)该广告不是要约。显然这个文件只是一般商场内的广告,价格、数量等信息及"先到先得,售完为止"的表述具有诸多的不确定性,它应被视为要约邀请(invitation to offer)。(2)张三的行为不可能导致合同的成立。因为张三的发函仅是针对前述要约邀请而发出的要约(offer),特别是"条件可协商";发出的要约没有得到公司的承诺(acceptance),它不可能导致一个合同的成立。(3)如果要使合同成立,必须得到某公司的承诺,而且其承诺的内容必须与要约的内容相符合。因为张三采用发函的方式,所以公司的承诺必须采用发函或者比其更有效的方式。如果公司采用发函,理论上当函件转交邮局时合同便成立,该邮局所在地为合同成立地;但如果发生纠纷时,当事人必须提供证明信封上的地址是正确的(发信原则),即信件晚到,遗失的风险由张三承担;但近些年来法院的判例渐渐不倾向与此,因为该原则对要约人存在不公平。

(三)订立合同涉及的特殊情形——格式条款

一般情况下,合同订立必须依据当事人意思充分自治原则,但在有些情况下,为提高社会交易效率,对于大规模反复使用的合同就可能没有必要由当事人一一进行谈判签订合同,而事先由经常使用合同的一方制定好文本,相对人进行交易时,不进行具体条款的谈判,只对前述文本选择接受或不接受。这种情况就是工业化以来大量存在的"格式条款"或"格式合同",如交通领域的各种运输合同文本等。我们可以把其看作是订立合同过程中涉及的特殊情形。不过,尽管在此类合同签订过程中,相对人没有能够充分展示自己的意志自由,但实际上相对人还是体现了自己的意志自由:选择签订或不签订,只不过他没有深入到细节中而已。

当事人为了重复使用而预先拟订,并在订立合同时未与对方协商的条款,对方只能表示接受或不接受，而不能就具体条款讨价还价；合同条款有模糊解释时，应作出利于相对方的解释。它与示范条款不同，后者指依据法规和惯例而确定的具有示范作用的条款，要求示范条款具有标准形式有助于使同类合同条款简单化和标准化，它仅供参考，可增可减。我国法律规定，格式条款是当事人为了重复使用而预先拟定，并在订立合同时未与对方协商的条款①，如果一个合同基本上由格式条款构成，即为格式合同。根据规定，采用格式条款订立合同的，提供格式条款的一方应当遵循公平原则确定当事人之间的权利和义务，并采取合理的方式②提请对方注意免除或者限制其责任的条款，按照对方的要求，对该条款予以说明。③

格式合同法律特征：(1)格式合同的要约向公众发出，并且规定了在某一特定时期订立该合同的全部条款；(2)格式合同的条款是单方事先制定的；(3)格式合同条款的定型化导致了对方当事人不能就合同条款进行协商；(4)格式合同一般采取书面形式；(5)格式合同(特别是提供商品和服务的格式合同)条款的制定方一般具有绝对的经济优势或垄断地位，而另一方为不特定的、分散的消费者。

格式条款具有使合同无效情形之一的(即下列情形之一：(1)一方以欺诈、胁迫的手段订立合同，损害国家利益；(2)恶意串通，损害国家、集体或者第三人利益；(3)以合法形式掩盖非法目的；(4)损害社会公共利益；(5)违反法律、行政法规的强制性规定)与合同中免责条款无效之一的(即：(1)造成对方人身伤害的；(2)因故意或者重大过失造成对方财产损失的)，或者提供格式条款一方免除其责任、加重对方责任、排除对方主要权利的，该条款无效。④为了弥补相对人在格式合同或条款订立过程中相对弱势谈判地位所带来的不利后果，合同法又作出规定：对格式条款的理解发生争议的，应当按照通常理解予以解释。对格式条款有两种以上解释的，应当作出不利于提供格式条款一方的解释。格式条款和非格式条款不一致的，应当采用非格式条款。⑤

提供格式条款的一方对格式条款中免除或者限制其责任的内容，在合同订

---

① 《合同法》(1999年)第39.2款。

② 《合同法》司法解释(二)第6条规定：提供格式条款的一方对格式条款中免除或者限制其责任的内容，在合同订立时采用足以引起对方注意的文字、符号、字体等特别标识，并按照对方的要求对该格式条款予以说明的，人民法院应当认定符合合同法第三十九条所称"采取合理的方式"。

③ 《合同法》(1999年)第39.1款。

④ 《合同法》(1999年)第40条。

⑤ 《合同法》(1999年)第41条。

立时采用足以引起对方注意的文字、符号、字体等特别标识,并按照对方的要求对该格式条款予以说明的,人民法院应当认定符合合同法第三十九条所称"采取合理的方式"。

提供格式条款一方对已尽合理提示及说明义务承担举证责任。

现实生活中的车票、船票、飞机票、保险单、提单、仓单、出版合同等都是制式合同、格式合同。在我国格式合同应用十分广泛,涉及公用事业、出版业、银行业、保险业、交通运输业等。

在计划经济体制下,计划生产指令其实也是一种格式合同的形式。

从合同建立目的,为了保护弱者的利益,达到公平的目标,为格式合同,也就是所谓的格式合同的相关条款进行了限制。

采用格式条款订立合同的,提供格式条款的一方应当遵循公平原则确定当事人之间的权利和义务,并采取合理的方式提请对方注意免除或者限制其责任的条款,按照对方的要求,对该条款予以说明。

提供格式条款一方免除其责任、加重对方责任、排除对方主要权利的,该条款无效。

对格式条款的理解发生争议的,应当按照通常理解予以解释。对格式条款有两种以上解释的,应当作出不利于提供格式条款一方的解释。格式条款和非格式条款不一致的,应当采用非格式条款。

此外,在具体的法律中,也有对格式条款规定的内容。如《消费者权益保护法》规定:"经营者不得以格式条款、通知、声明、店堂告示等方式,作出排除或者限制消费者权利、减轻或者免除经营者责任、加重消费者责任等对消费者不公平、不合理的规定,不得利用格式条款并借助技术手段强制交易。格式条款、通知、声明、店堂告示等含有前款所列内容的,其内容无效。"[1]《海商法》规定:海上货物运输合同和作为合同凭证的提单或者其他运输单证的条款,违反《海商法》第四章规定的无效;[2]海上旅客运输合同中含有免除承运人对旅客应当承担的法定责任的条款无效。[3]《保险法》对于保险合同的条款规定,保险人与投保人、被保险人或者受益人有争议时,人民法院或者仲裁机关应当作有利于被保险人和受益人的解释。[4]

---

[1]　《消费者权益保护法》(2013)第 26.2, 26.3 款。

[2]　《海商法》第 44 条。

[3]　《海商法》第 126.1 款。

[4]　《保险法》(2014)第 30 条。

格式合同虽然具有节省交易成本、增进安全、提高交易效率及公平性等优点，但是它不可避免地带来一些负面影响，也不容忽视。

由于格式合同的本身特点对合同自由原则相对限制，违背了契约自由原则。它排除了相对人选择与协商的可能性，在事实上形成了对相对人的强制，使得缔约地位的表面平等掩盖了事实的不平等，使当事人处于更加不利的地位，违背和动摇了民法合同法的基本原则，最典型的就是契约自由、平等公平、诚信原则，并可能损害消费者正当权益。

格式合同提供者往往制定利己而不利于相对人的内容，格式合同具有预先拟订性和单方决定性，为了追求利益的最大化，他们几乎很少或完全不考虑相对人的利益，而这往往成为他们垄断市场和强制消费者的工具。

客观上说，格式合同具有其他合同不可比拟的特殊功能，广泛应用于市场交易的各个领域，作用不可代替，能更有效地促进经济、生产的发展。

如果立法不能够对格式合同进行很好规范，很可能造成泛滥成灾、经济秩序混乱。

如何在坚持民法与合同法的基本原则下，健全格式合同立法、司法、行政、法律监督等综合调控，维护合同公平正义，保护广大消费者利益是我国法制建设所面临的艰巨任务。

（四）缔约过失责任及订立合同过程中的保密责任

缔约过失是指合同订立过程中，一方违背诚实信用原则而导致另一方遭受损失，过错方应承担责任的情形；它通常有三种，即假借恶意、故意隐瞒、其他方式等。我国法律规定，当事人在订立合同过程中有下列情形之一，给对方造成损失的，应当承担损害赔偿责任：假借订立合同，恶意进行磋商；故意隐瞒与订立合同有关的重要事实或者提供虚假情况；有其他违背诚实信用原则的行为。[1]

缔约过去责任是指合同不成立、无效、被撤销或不被追认，当事人一方因此受到损失，对方当事人对此有过错时，应赔偿受害人遭受的损失[2]，它通常是一种经济责任。该责任的赔偿范围通常是建立在信赖利益基础之上。

信赖利益是指缔约人信赖合同有效成立，但因法定事由发生，致使合同不成立、无效、被撤销或不被追认等造成的损失。

---

[1] 《合同法》（1999年）第42条。

[2] 多数学者认为，缔约过失责任被追究的情形通常是合同没有成立的情形，但根据《合同法》的规定，合同是否成立不应该与该责任的追究有直接关系：不论合同最终是否成立，只要在该过程中发生了法律规定的违背诚实信用情形的，都应该被追究。

信赖利益的组成部分：（1）直接损失，包括缔约费用（含邮电费用，赶赴缔约地或察看标的物所支出的全程费用）、准备履行所支出的费用（包括为运送标的物或受领对方给付所支付的全程费用）、受害人支出上述费用所失去的利息等。（2）间接损失，指丧失与第三人另订合同的机会所产生的损失，通常就是指机会成本。

当事人在订立合同过程中知悉的商业秘密，无论合同是否成立，不得泄露或者不正当地使用。泄露或者不正当地使用该商业秘密给对方造成损失的，应当承担损害赔偿责任。①

第三节　合　同　效　力

合同的效力即合同的法律效力，是指合同生效后对有关当事人的产生的法律约束力，或法律赋予依法成立的合同具有拘束当事人各方及至第三人的强制力。依法成立的合同，自成立时生效；但法律、行政法规规定应当办理批准、登记等手续生效的，依照其规定。②例如国有资产转让由履行出资人职责的机构决定；履行出资人职责的机构决定转让全部国有资产的，或者转让部分国有资产致

---

① 《合同法》（1999 年）第 43 条。

② 《合同法》（1999 年）第 44 条。早期有法律规定，一些合同以登记为生效条件，后来随着经济发展等条件的变化，立法注意区分合同生效与相关权益转移等区别，为有效防止有人借助于以登记为生效条件损害他人利益，将登记不再作为合同生效条件，只要一经成立没有特别约定的，合同即生效，这有助于追究有关当事人的违约责任。例如，如果将房屋过户作为房屋买卖合同的生效条件，则在卖方将房一房两卖的情况下，卖方只将房屋过户给出价高的人（通常是后买房的人），则在登记为合同生效条件的话，先买房者要追究卖房者的违约责任就没有依据；这种场合，买方追究卖方的法律依据是什么？侵权还是缔约过失？不论何种情况多不利于买方。所以《物权法》（2007）第九条规定，不动产物权的设立、变更、转让和消灭，经依法登记，发生效力；未经登记，不发生效力，但法律另有规定的除外。这一内容只是说明物权的效力，针对转让，登记后才有效；至于引起转让发生的合同有效与否与转让无关。又如，1995 年《担保法》第 41 条和第 43 条规定的抵押合同以登记为生效条件，在 2007 年的《物权法》中就有很大改变：抵押合同是否生效与登记无关，登记与否只产生抵押权是否设立或能否对抗第三人之效果（参见《物权法》第 187—189 条）。再如转让专利申请权或者专利权的，当事人应当订立书面合同，并向国务院专利行政部门登记，由国务院专利行政部门予以公告。专利申请权或者专利权的转让自登记之日起生效（《专利法》2008 年第 10 条）。这一规定一样，登记并不是专利权转让合同生效的前提，只是专利权是否转让的前提。《商标法》关于转让注册商标的规定，与此类似：转让注册商标经核准后，予以公告；受让人自公告之日起享有商标专用权（《商标法》（2013）第 43 条）。

使国家对该企业不再具有控股地位的,应当报请本级人民政府批准。①对合同效力可附条件或期限。当事人对合同的效力可以约定附条件。附生效条件的合同,自条件成就时生效。附解除条件的合同,自条件成就时失效。当事人为自己的利益不正当地阻止条件成就的,视为条件已成就;不正当地促成条件成就的,视为条件不成就。②

一、合同的有效要件

一般认为合同生效必须满足四个条件。

(一) 行为人具有相应的民事行为能力

(1) 自然人签订合同。其原则上行为人要求具备完全民事行为能力;如果是限制民事行为能力人和无民事行为能力人,则除了限制民事行为能力人在其智力发展水平允许的范围内订立合同之外都不得亲自缔约,得由其法定代理人代为签订,当然纯获益的经济合同或购买生活必需品的合同另当别论。按照现行《民法总则》规定:十八周岁以上的自然人为成年人。不满十八周岁的自然人为未成年人。成年人为完全民事行为能力人,可以独立实施民事法律行为。十六周岁以上的未成年人,以自己的劳动收入为主要生活来源的,视为完全民事行为能力人。③他们可以进行任何合法的民商事行为并对其行为承担一切法律后果。八周岁以上的未成年人或不能完全辨认自己行为的成年人是限制民事行为能力人,可以进行与他的年龄、智力相适应的或与他的精神健康状况相适应的民事活动;其他民事活动由他的法定代理人代理,或者征得他的法定代理人的同意。④不满八周岁的未成年人或不能辨认自己行为的精神病人是无民事行为能力人,由他的法定代理人代理民事活动。⑤

(2) 法人签订合同。由于法人是一个组织,这个抽象的集体不可能亲自行为,它必须由相应的自然人代表其进行行为。这个自然人要么是法人组织的法定代表人,要么由法定代表人授权的人代表法人去签订合同。当然合同活动的范围必须在其登记的营业范围内。不过,对于经营范围,现在的法律规制有日渐放松的趋势。根据合同法的司法解释(一)规定:当事人超越经营范围订立合同,

---

① 《企业国有资产法》(2008 年)第 53 条。
② 《合同法》(1999 年)第 45 条。
③ 《民法总则》(2017 年)第 17、18 条。
④ 《民法总则》(2017 年)第 19、22 条。
⑤ 《民法总则》(2017 年)第 20、21 条。

人民法院不因此认定合同无效;但违反国家限制经营、特许经营以及法律、行政法规禁止经营规定的除外。①2005年修改的《公司法》对经营范围也作出了较为灵活的规定:公司的经营范围由公司章程规定,并依法登记。公司可以修改公司章程,改变经营范围,但是应当办理变更登记。公司的经营范围中属于法律、行政法规规定须经批准的项目,应当依法经过批准。②

(二)当事人双方的意思表示要真实

合同是双方当事人自由意志的表达,是其内在意志的体现。因此,缔约人的表示行为必须真实反映其内心的意思,如果意思表示不真实,合同效力状况不同:(1)一般误解,合同仍有效;(2)重大误解,合同可变更或撤销;(3)乘人之危致使合同显失公平,合同可变更或撤销;(4)因欺诈、胁迫而成立的合同,若损害国家利益,合同无效;若不损害国家利益,合同可变更或撤销。

[案例]　**意思表示瑕疵案**。甲、乙是兄弟,两人约定将父亲遗留下来的一牛共同所有,但因该牛易受惊,甲便自己决定将牛出卖给丙,但未声明该牛易受惊,丙在使用该牛时,丁正巧路过,牛突然受惊,将丁撞伤。根据上述事实请回答:如果丙知道了该牛易受惊,他有权怎么办?

案例分析:可撤销合同的效力问题的分析

从合同的效力看,属可变更或可撤销合同,该合同属于基于被欺诈而签的合同。欺诈是指以使人发生错误认识为目的的故意行为。当事人由于他人的故意的错误陈述,发生认识上的错误而为意思表示,即构成因受欺诈而为的民事行为。为了保护受欺诈的当事人的合法利益,使其不受因欺诈而为的意思表示的约束,根据《合同法》法律允许受欺诈的一方当事人撤销该项民事行为,而在《民法通则》中欺诈也是致使民事行为无效的行为。

欺诈:在罗马法中,一切为使相关人受骗或犯错误以便使自己得利的伎俩或欺骗,均为诈欺。拉贝奥认为,一切为蒙蔽、欺骗他人而采用的计谋、骗局和手段均为欺诈。《布莱克法律辞典》:欺诈是指故意歪曲事实,诱使他人依赖于该事实而失去属于自己的有价财产或放弃某项法律权利。《牛津法律大辞典》:在民法上,诈欺是一种虚伪陈述,或图谋欺骗的行为,通常以故意做虚假陈述,或者做出其本人并不相信其真实性的陈述,或者不顾其是否真实而做出的陈述等方式构

---

① 最高人民法院关于适用《合同法》若干问题的解释(一)第10条(法释〔一九九九〕十九号　一九九九年十二月一日　最高人民法院审判委员会第一千零九十次会议通过)

② 《公司法》(2013年修订)第12条。

成,并意图(并且事实上如此)使受骗人引以为据。诈欺同样也可以以隐瞒真相或故意不做出其理应做出的陈述方式,或者通过行为构成。"《国际商事合同通则》第38条注释将欺诈的概念解释为:"欺诈行为是指意欲诱导对方犯错误,并因此从对方的损失中获益的行为。"

可以看出,"欺诈"一词在两种意义上使用:一是指故意欺骗他人的行为;二是指故意欺骗他人,并诱使对方作出错误意思表示的行为。欺诈是指以使人发生错误认识为目的的故意行为。当事人由于他人的故意的错误陈述,发生认识上的错误而为意思表示,即构成因受欺诈而为的民事行为。为了保护受欺诈的当事人的合法利益,使其不受因欺诈而为的意思表示的约束,根据《合同法》法律允许受欺诈的一方当事人撤销该项民事行为,而在《民法通则》中欺诈也是致使民事行为无效的行为。梁慧星认为:"所谓欺诈,指故意欺骗他人,使其陷于错误判断,并基于此错误判断而为意思表示之行为。"彭万林认为:"欺诈是当事人一方故意捏造虚假情况,或歪曲、掩盖真实情况,使表意人陷于错误认识,并因此作出不合真意的意思表示。"王利明认为:"所谓欺诈,是指故意告知对方虚假情况,或者故意隐瞒真实情况,诱使对方基于错误判断作出意思表示。"

对欺诈行为的构成,大都采用四要素说,即必须具备欺诈方的欺诈故意、欺诈行为,受欺诈方的错误意思表示,以及欺诈方的欺诈行为与受欺诈方的错误意思表示有因果关系这四个要件,才能构成欺诈行为。佟柔教授主编的《民法原理》一书中指出:"诈欺是以有意使人产生错误认识为目的的行为,因受诈欺而为的民事行为,是指当事人一方故意制造假象、掩盖真相,致使对方陷于错误而为的民事行为。"

综上所述,欺诈,是行为人故意制造假相、隐瞒事实真相并可能使他人误解上当的行为。

[案例] **华侨遗产案。**王某是居住在美国的老华侨,年老后体弱多病,希望落叶归根,于是回到中国。他希望由中国的亲人来赡养自己,并继承自己的财产。王某委托曾在美国留学的孙某代为回老家寻找自己的亲人,并转告他的意思。孙某回来后说,王某家中已经没有任何较近的亲人了,王某非常失望。孙某表示愿意赡养王某,但需由其取得遗产。王某见孙某对自己还可以,而家中也没有亲人了,于是与孙某签订了遗赠赡养协议,约定王某生前的由孙某赡养照顾,死后其全部遗产归孙某所有。

三年后,王某在老家的姐姐的儿子辗转得知王某回到中国的消息,于是前来认亲。王某见到外甥后,非常高兴,就叫外甥来自己家住,并由其外甥来照顾他。

王某认为孙某骗了自己,要求解除与孙某的遗赠赡养协议。而孙某认为遗赠赡养协议已经生效,并且已经过了三年了,孙某对王某的赡养也尽心尽力,所以不能解除合同,双方应当继续履行合同。为此双方发生争议,起诉至法院。

对于本案的处理,有三种不同的观点:

孙某与王某的遗赠赡养协议合法有效,王某不得随意请求解除合同,双方应当继续履行合同;

孙某与王某达成遗赠赡养协议,是由于孙某对王某欺诈造成的,所以该合同应当无效;

孙某虽然有对王某的欺诈行为,但对遗赠赡养协议的成立没有任何影响,所以该遗赠赡养协议应当有效,由于该种协议具有的人身性质,所以王某可以终止该合同。

思考:

你是如何看待这三种观点的?请说明理由。

对于本案的处理,之所以会有三种不同的观点,关键是对合同效力认识的不同所致。从案情提供的信息来说,该案应当定性为因欺诈而订立的合同,应为可撤销或变更的合同。该案中,孙某作为受托人并未如实就寻找的结果告知王某,在王某老家尚有亲属的情况下,孙某未告知实情,应该可以认定为欺诈。在此情形下,王某与孙某签订的遗赠赡养协议,应为可撤销的合同。

虽然在协议订立三年后,王某的外甥才找到王某,既而王某要求解除合同,但这并未超过《合同法》第55条规定的自知道或者应当知道撤销事由之日起一年内行使撤销权的时间限制,应得到法院的支持。

需要指出的是,上述法院在审理中出现的三种不同意见,其不当之处在于:

第一种观点忽视了孙某欺诈的事实;

第二种观点虽然注意到孙某对王某欺诈的问题,但对因欺诈而订立的合同的效力认识错误,因而认定该合同应当无效的结论不当;

第三种观点认识到了孙某虽然有对王某的欺诈行为,但对因欺诈导致当事人意思表示不真实的问题缺乏认识,因而错误地认为欺诈对遗赠赡养协议的成立没有任何影响,所以得出该遗赠赡养协议应当有效的不当结论,只是出于该种协议具有人身性质的认识,才认为"王某得终止该合同",并无充分的法律依据。

(三)不违反法律法规或者社会公共利益

(1)不违反法律法规。

首先,不违反法律法规是指不违反我国最高立法机关全国人民代表大会及其常务委员会通过的法律、国务院通过的行政法规及我国各级人民代表大会及其常务委员会通过的地方性法规。其次,要注意不违反法律法规指的是不违反这些法律法规中的强行性规范,而非任意性规范(当事人可以选择适用的)。

(2) 不违反社会公共利益或公秩良俗。

(四) 合同标的须确定和可能

(1) 确定:合同标的自始确定或可得确定。以合同的效果在缔约时是否确定为标准,合同分为确定合同与射幸合同。确定合同:合同的法律效果在缔约时已经确定。射幸合同:合同的法律效果在缔约时不能确定,如保险合同、押赌合同、有奖销售合同。

(2) 可能:合同给付可能实现。

二、合同效力

根据合同的效力情况可以将合同分为四种情况。

(一) 有效合同

完全符合前述四个条件的合同,我们称之为具有法律约束力的合同,即有效合同。这是合同效力的理想状况。

(二) 可变更可撤销合同

合同已经生效,但属于有瑕疵的,我们称之为"可变更、可撤销合同",即该类合同已经基本符合合同生效条件,但在某些方面有些瑕疵,要使其具有完备的法律约束力,需进行必要的修改或变更;否则,双方当事人可以撤销已经生效的合同。可变更、可撤销合同一般基于以下原因而产生,当事人一方有权请求人民法院或者仲裁机构作出变更或者撤销裁决:[①]

(1) 基于欺诈签订的合同,未损害国家利益的。欺诈的构成要件:欺诈人的欺诈行为;欺诈人有欺诈故意;受欺诈人因欺诈而陷于错误;受欺诈人因错误而为意思表示。

(2) 基于胁迫签订的合同未损害国家利益的。胁迫的构成要件:有胁迫行为;有胁迫故意;受胁迫人因胁迫而发生恐惧;并基于这种恐惧而为一定意思表示的行为。

(3) 基于乘人之危签订的合同。

(4) 基于重大误解签订的合同。

---

① 《合同法》(1999 年)第 54 条。

上述四种行为的共性是:都使对方在违背真实意思的情况下而订立的合同,只不过前三者是行为方主动做出的,而第四种情况是一方或双方被动或无意识中作出的行为。

(5) 显失公平的合同。撤销权并非永久享有,我国合同法规定,有下列情形之一的,撤销权消灭:具有撤销权的当事人自知道或者应当知道撤销事由之日起一年内没有行使撤销权;具有撤销权的当事人知道撤销事由后明确表示或者以自己的行为放弃撤销权。①

(三) 效力待定合同

效力待定合同是指合同虽然已经成立,但因其不完全符合有关生效要件的规定,因此其效力能否发生,尚未确定,一般须经有权人表示承认才能生效,否则为无效。这种情形意味着合同效力既不是有效,也不是无效,而是处于不确定状态。设立这一不确定状态,目的是使当事人有机会补正能够补正的瑕疵,使原本不能生效的合同尽快生效,以实践合同法尽量成就交易、鼓励交易的基本原则。当然,从加速社会财富流转、促使不确定的权利义务关系尽快确定和稳定的原则出发,合同效力待定的时间不可能很长,效力待定也不可能是合同效力的最后状态。无论如何,效力待定的合同最后要么归于有效,要么归于无效,没有第三种状态。

《合同法》将效力待定合同规定为三类:一是限制民事行为能力人订立的合同;二是无权代理人以本人名义订立的合同;三是无处分权人处分他人财产而订立的合同。此三类合同分别是由于有关当事人缺乏缔约能力、缺乏订立合同的资格或缺乏处分能力造成的,如果给有关权利人赋予承认权,使之能够以其利益判断做出承认而使合同有效或者拒绝而使合同无效,往往是有利于权利人的利益,有利于促进交易的。因此,将这类合同规定为效力待定合同,是符合权利人的意志和利益的。

1. 无行为能力人所订立之合同

无民事行为能力人除可以订立某些与其年龄相适应的细小的日常生活方面的合同外,对其他的合同,必须由其法定代理人代理订立。一般来说,由无民事行为能力人所订立的除细小的日常生活方面以外的合同,必须经过其法定代理人事先允许或事后承认才能生效。

2. 限制行为能力人缔结的合同

合同作为一种民事法律行为也必须要求合同当事人具有相应的民事行为能

---

① 《合同法》(1999 年)第 55 条。

力。限制民事行为能力人所签订的合同从主体资格上讲,是有瑕疵的,因为当事人缺乏完全的缔约能力、代签合同的资格和处分能力。在限制民事行为能力人因合同受有关法律效果上的利益时,无论是丧失权利或负担义务,纵使其在经济上获得巨大利益,亦不属于能获得法律上的利益。德国、瑞士、奥地利民法采用此种标准。以前的司法实践在处理此类合同时,基本上是认定为无效合同。此类合同应当认定为效力待定合同。这是因为:(1)此类合同与无效合同和可撤销合同不同,它并非因为当事人故意违反法律的强制性规定及社会公共利益,也不是因为当事人意思表示不真实而导致合同可撤销。主要是因为,当事人缺乏缔约能力和处分能力所造成的,这类合同并非不可补救的。(2)这类限制民事行为能力人所签订的合同,是符合权利人利益的。(3)有利于促成更多的交易,也有利于维护相对人的利益。

限制民事行为能力人签订的合同要具有效力,一个最重要的条件就是,要经过其法定代理人的追认。这种合同一旦经过法定代理人的追认,就具有法定效力。在没有经过追认前,该合同虽然成立,但是并没有实际生效。所谓追认是指法定代理人明确无误的表示,同意限制民事行为能力人与他人签订的合同。这种同意是一种单方意思表示,无需合同的相对人同意即可发生效力,这里需要强调的是,法定代理人的追认应当以明示的方式作出,并且应当为合同的相对人所了解才能产生效力。

根据《合同法》第47条第2款的规定,合同的相对人可以催告限制民事行为人的法定代理人在一个月内予以追认,法定代理人未作表示的,视为拒绝追认。所谓"催告"就是指相对人要求法定代理人在一定时间内明确答复是否承认限制民事行为能力人签订的合同,法定代理人逾期不作表示的,则视为法定代理人拒绝追认。设立相对人的催告权,可以避免限制民事行为能力人签订的合同长期处于不确定状态,从而也可以维护相对人的利益,但是相对人的催告应当以明示的方式作出。同时,对于相对人催告中一般要定一个期限,合同法规定以一个月为限,超过这个期限,法定代理人不作答复的,视为拒绝追认。

相对人除了有催告权外,还有撤销合同的权利。这里的撤销权是指合同的相对人在法定代理人追认限制民事行为能力人所签订的合同之前,撤销自己对限制民事行为人所作的意思表示。在此类合同中,如果仅有法定代理人的追认权而没有相对人的撤销权,那么,法定代理人作出追认前,相对人就不能根据自己的利益进行选择,只能被动的依赖法定代理人追认或者否认,这对相对人是很不公平的。设定相对人的撤销权正是为了使相对人与法定代理人能有同等的机

会来处理这类效力待定合同的效力。但是,相对人撤销这类合同必须满足以下条件:

(1) 撤销的意思表示必须法定代理人追认之前作出的,对于法定代理人已经追认的合同相对人不得撤销。

(2) 只有善意的相对人才可以作出撤销合同的行为。

(3) 相对人作出撤销的意思表示时,应当用通知的方式作出,任何默示的方式都不构成对此类合同的撤销。

3. 无代理权人以被代理人名义缔结的合同

所谓无权代理的合同,就是无代理权的人代理他人从事民事行为,而与相对人签订的合同。因无权代理而签订的合同有以下三种情形:

(1) 根本没有代理权而签订的合同,是指签订合同的人根本没有经过被代理人的授权,就以被代理人的名义签订的合同。

(2) 超越代理权而签订的合同,是指代理人与被代理人之间有代理关系而存在,但是代理人超越了被代理人的授权,与他人签订的合同。

(3) 代理关系中止后签订的合同,这是指行为人与被代理人之原有代理关系,但是由于代理期限届满、代理事务完成或者被代理人取消委托关系等原因,被代理人与代理人之间的代理关系已不复存在,但原代理人仍以被代理人名义与他人签订的合同。

无权代理人以本人名义与他人签订的合同是一种效力待定的合同。无权代理人签订的合同尽管缺乏代理权,存在着主体的瑕疵,但是这种缺陷是可以通过本人的追认加以补正的。

"行为人没有代理权、超越代理权或者代理权中止后,以被代理人名义订立的合同,未经被代理人追认,对被代理人不发生效力,由行为人承担责任。相对人可以催告被代理人在一个月内予以追认。被代理人未作表示的,视为拒绝追认。合同被追认前,善意相对人有撤销的权利。撤销应当以通知的方式作出。"[1]

将无权代理人签订的合同纳入效力待定是基于以下原因:

(1) 无权代理人签订的合同并非都对被代理人不利,有些因无权代理而签订的合同对被代理人可能是有利的。

(2) 从本质上讲,无权代理行为也具有某些代理人的特征,如无权代理人为

---

[1] 《合同法》(1999 年)第 48 条。

被代理人签订合同的意思表示,第三人也愿意与被代理人签订合同,如果被代理人事后授权,也就意味着事后对合同的承认。

(3) 经过事后的追认,可有利于维护交易秩序的稳定和保护合同相对人的利益。

正是基于以上原因,《合同法》第 48 条第 1 款规定无权代理人以被代理人名义订立的合同未经被代理人追认,对被代理人不发生效力。也就是说,合同一旦经过被代理人的追认,就具有效力。所谓追认是指,被代理人对无权代理行为事后予以承认的单方意思表示,向相对人作出。如果仅向无代理权人作出意思表示,也必须使相对人知道后才能产生法律效果。一旦被代理人作出追认,因无权代理所订立的合同就从成立时产生法律效力。追认权是被代理人的一项权利,即被代理人有权作出追认,也可以拒绝追认,如果被代理人明确的表示拒绝追认,那么因无权代理而签订的合同就不能对被代理人产生法律效力。

4. 法人或者其他组织的法定代表人、负责人超越权限订立的合同的效力

在日常的经济生活中,法人或者其他经济组织的经济活动都是通过其法定代表人、负责人进行的。法定代表人、负责人代表法人或者其他组织进行谈判、签订合同等。法定代表人、其他组织的负责人的权限不是无限制的,他们必须在法律的规定或者法人的章程规定的范围内行使职责。但是在现实经济活动中,却大量存在着法定代表人、负责人超越权限订立合同的情形。《合同法》规定:"法人或者其他组织的法定代表人、负责人超越权限订立的合同,除相对人知道或者应当知道其超越权限的以外,该代表行为视为有效。"[1]

《合同法》之所以这样规定,是基于以下原因:

(1) 中国《民法总则》第 61 条规定,依照法律或者法人章程的规定,代表法人从事民事活动的负责人,为法人的法定代表人。法定代表人以法人名义从事的民事活动,其法律后果由法人承受。由此可知,法人的法定代表人或者其他组织的负责人是代表法人或者其他组织行使职权的,法定代表人或者其他组织的负责人本身就是法人或者其他组织的组成部分。一般说来,法定代表人的行为或者其他组织负责人的行为就是法人或者其他组织的行为,因此他们执行职务的行为所产生的一切后果都应当由法人或者其他组织承担。

(2) 对于合同的相对人来说,他只认为法定代表人或者其他组织的负责人就是代表法人或者其他组织,他一般并不知道也没有义务知道法定代表人或者

---

① 《合同法》(1999 年)第 50 条。

其他组织负责人的权限到底有哪些,法人或者其他组织的内部规定也不应对合同的相对人构成约束力。否则,将不利于保护交易的安全,也不利于合同相对人的利益,对合同相对人来说也是不公平的。

（3）从以往的司法实践来看,由于对大量法定代表人或者其他组织的负责人超越权限而订立的合同作无效处理,严重地损害了合同相对人的利益,助长了一些法人或者其他组织借此逃避责任,谋取非法利益。因此,承认法定代表人或者其他组织的负责人超越职权的行为有效,可以防止此类现象的发生,也符合交易的规则。

需要特别注意的是,若在订立的过程中,合同的相对人知道或者应当知道法定代表人或者其他组织负责人的行为超越了权限,而仍与其订立合同便是具有恶意的行为。那么此时,合同就不具有效力。

这里要注意一般无权代理与"表见代理"之间的区别。后者是前者的一种,但它产生有效代理的后果,原因主要在于后一种情况下相对人或第三人有充分的理由认为,无权代理人有代理权。合同法规定:行为人没有代理权、超越代理权或者代理权终止后以被代理人名义订立合同,相对人有理由相信行为人有代理权的,该代理行为有效。①

效力待定合同与表见代理的区别。表见代理是指善意相对人通过被代理人的行为足以相信无权代理人具有代理权,并依据这种信赖与无权代理人订立合同的行为。表见代理的过错在于被代理人,其法律后果由被代理人承担。表见代理是为了保护善意相对人的信赖利益和交易安全,它虽然具有效力待定合同的一般特征,但由于善意相对人有足够理由相信其所签订的合同属于有效合同,因此,不能把表见代理认定为效力待定合同。一定表见代理需要具备以下条件:

第一,行为人实施了无权代理行为,即行为人没有代理权、超越代理权或者代理权终止后仍以被代理人的名义订立合同。

第二,相对人依据一定事实,相信或认为行为人具有代理权,在此基础上才与行为人签订合同。相对人所依据的事实包括两个方面:一是被代理人的行为,如被代理人知道行为人以本人的名义签订合同而不作否认表示;二是相对人有正当理由相信行为人有代理权,如行为人持单位业务介绍信、合同专用章或盖有公章的空白合同书等情况。

第三,相对人主观为善意且无过失。标准是相对人不知道行为人没有相应

---

① 《合同法》(1999 年)第 49 条。

代理权，如果相对人明知或者应当知道行为人为无权代理人仍然与其订立合同，不构成表见代理，是无权代理，由此给被代理人造成的损失，由相对人和行为人负连带责任。

5. 无处分权人处分他人财产订立的合同

无权处分是指无处分权人以自己名义擅自处分他人财产。依合同法的规定，无权处分行为是否发生效力，取决于权利人追认或处分人是否取得处分权。无处分权的人处分他人财产，经权利人追认或者无处分权的人订立合同后取得处分权的，该合同有效。①

为保护当事人的合法权益，在效力待定合同中，法律赋予有关民事主体以追认权、拒绝权，赋予相对人以催告权、撤销权。

当效力待定合同不发生法律效力即无效时，如何维护善意相对人的利益，也是非常重要的一个问题。下列规则体现了对善意相对人利益的保护。

（1）效力待定合同制度赋予相对人催告权和撤销权两项权利，以维护善意相对人的权益。

（2）无处分权人所订合同，不影响善意买受人根据善意取得制度所取得的权利。由于权利人拒绝承认，合同被宣告无效，财产已交付的，如果受让人善意取得动产，则依法取得该动产的所有权。如交付的是不动产，因不动产所有权变动应实行登记，故不发生善意取得的问题。

（3）无权代理人所订合同，如本人不予追认的，对本人不发生代理人行为带来的后果，但如果该无权代理行为具备一般民事法律行为的有效要件，那么该代理行为仍将产生一般民事法律行为的效力，并由该无权代理人自己作为当事人承担其法律后果。

法律处分：无处分权的人处分他人财产，经权利人追认或者无处分权的人订立合同后取得处分权的，该合同有效。

事实处分：财产属于一次消耗性的，只有赔偿。

（四）彻底无效的合同

有下列情形之一的，合同无效：一方以欺诈、胁迫的手段订立合同，损害国家利益；恶意串通，损害国家、集体或者第三人利益；以合法形式掩盖非法目的；损害社会公共利益；违反法律、行政法规的强制性规定。②

---

① 《合同法》（1999 年）第 51 条。
② 《合同法》（1999 年）第 52 条。

合同中的下列免责条款无效：造成对方人身伤害的；因故意或者重大过失造成对方财产损失的。①

三、合同生效的时间

《合同法》规定，依法成立的合同，自成立时生效，但法律、行政法规规定应当办理批准、登记等手续生效的，依照其规定。②而合同成立是自承诺生效之时。

这里请注意合同的订立、成立和生效是三个不同的概念。订立是一个过程，以要约开始以承诺结束。成立是一个结果，是某一个时间点发生的现象：承诺一生效，合同就成立了。而生效是一个法律状态，指合同对有关当事人的约束；一个成立的合同，未必会立即产生法律约束力，如附条件或附期限的合同，它可能只有到条件具备或期限到时才产生法律约束力。《合同法》规定：当事人对合同的效力可以约定附条件。附生效条件的合同，自条件成就时生效。附解除条件的合同，自条件成就时失效。当事人为自己的利益不正当地阻止条件成就的，视为条件已成就；不正当地促成条件成就的，视为条件不成就。当事人对合同的效力可以约定附期限。附生效期限的合同，自期限届至时生效。附终止期限的合同，自期限届满时失效。③

对于限制民事行为能力人订立的合同，法律规定经法定代理人追认后，该合同有效，但纯获利益的合同或者与其年龄、智力、精神健康状况相适应而订立的合同，不必经法定代理人追认。相对人可以催告法定代理人在一个月内予以追认。法定代理人未作表示的，视为拒绝追认。合同被追认之前，善意相对人有撤销的权利。撤销应当以通知的方式作出。

四、合同无效或部分无效及被撤销的后果

无效的合同或者被撤销的合同自始没有法律约束力。合同部分无效，不影响其他部分效力的，其他部分仍然有效。④合同无效、被撤销或者终止的，不影响合同中独立存在的有关解决争议方法的条款的效力。⑤合同无效或者被撤销后，因该合同取得的财产，应当予以返还；不能返还或者没有必要返还的，应当折价

---

① 《合同法》(1999 年)第 53 条。
② 《合同法》(1999 年)第 44 条。
③ 《合同法》(1999 年)第 45、46 条。
④ 《合同法》(1999 年)第 56 条。
⑤ 《合同法》(1999 年)第 57 条。

补偿。有过错的一方应当赔偿对方因此所受到的损失,双方都有过错的应当各自承担相应的责任。①当事人恶意串通,损害国家、集体或者第三人利益的,因此取得的财产收归国家所有或者返还集体、第三人。②

第四节 合同的履行

一、全面、适当履行

当事人应当按照约定全面履行自己的义务。对于合同没有约定或写明的辅助义务,当事人也应当遵循诚实信用原则,根据合同的性质、目的和交易习惯履行通知、协助、保密等义务。③这里的辅助义务也叫附随义务,是合同履行过程中诚实信用原则的重要体现。

合同生效后,对于当事人没有约定的主要内容,如质量、价款或者报酬、履行地点等内容没有约定或者约定不明确的,可以协议补充;不能达成补充协议的,按照合同有关条款或者交易习惯确定。④如果依照前述规定仍不能确定的,适用下列规定:(1)质量要求不明确的,按照国家标准、行业标准履行;没有国家标准、行业标准的,按照通常标准或者符合合同目的的特定标准履行。(2)价款或者报酬不明确的,按照订立合同时履行地的市场价格履行;依法应当执行政府定价或者政府指导价的,按照规定履行。(3)履行地点不明确,给付货币的,在接受货币一方所在地履行;交付不动产的,在不动产所在地履行;其他标的,在履行义务一方所在地履行。(4)履行期限不明确的,债务人可以随时履行,债权人也可以随时要求履行,但应当给对方必要的准备时间。(5)履行方式不明确的,按照有利于实现合同目的的方式履行。(6)履行费用的负担不明确的,由履行义务一方负担。⑤如果是执行政府定价或者政府指导价的,在合同约定的交付期限内政府价格调整时,按照交付时的价格计价。但对于违约者,合同法作出了不利于其的规定,即逾期交付标的物的,遇价格上涨时,按照原价格执行;价格下降时,按照新

---

① 《合同法》(1999 年)第 58 条。
② 《合同法》(1999 年)第 59 条。
③ 《合同法》(1999 年)第 60 条。
④ 《合同法》(1999 年)第 61 条。
⑤ 《合同法》(1999 年)第 62 条。

价格执行。逾期提取标的物或者逾期付款的,遇价格上涨时,按照新价格执行;价格下降时,按照原价格执行。①在充分市场经济条件下,政府定价或指导价的领域越来越少,现实中也较少发生。

通常情况下,合同当事人就是履行合同义务的人,但是合同法也允许当事人约定债权由第三人享有,或债务由第三人履行;不过,如果债务人没有向第三人履行义务或第三人没有履行义务的,相关当事人仍应当承担违约责任。法律规定,当事人约定由债务人向第三人履行债务的,债务人未向第三人履行债务或者履行债务不符合约定,应当向债权人承担违约责任;②当事人约定由第三人向债权人履行债务的,第三人不履行债务或者履行债务不符合约定,债务人应当向债权人承担违约责任。③

二、合同履行抗辩权

抗辩权是指当事人不履行自己义务又不承担违约责任的理由或原因,或指符合法定条件时,当事方一方对抗对方当事人的履行请求权,暂时拒绝履行其债务的权利。它是合同效力的表现,它的行使在一定期限内中止履行合同,但并不消灭合同的履行效力。待产生抗辩权的原因消失之后,债务人仍应履行其义务,所以这种抗辩权属于一时抗辩权,不是永久抗辩权。

合同履行中的抗辩权有以下三种:

(1) 同时履行抗辩权。它意指当事人互负债务,没有先后履行顺序的,应当同时履行。一方在对方履行之前有权拒绝其履行要求。一方在对方履行债务不符合约定时,有权拒绝其相应的履行要求。④

(2) 后履行抗辩权。它指当事人互负债务,有先后履行顺序,先履行一方未履行的,后履行一方有权拒绝其履行要求。先履行一方履行债务不符合约定的,后履行一方有权拒绝其相应的履行要求。⑤

(3) 不安抗辩权。它意指先履行义务的人有证据表明后履行义务的人将不履行自己的义务而暂时中止履行自己义务的权利。

我国的不安抗辩权的成立条件。(1)先履行债务的当事人如有确切证据证

---

① 《合同法》(1999 年)第 63 条。

② 《合同法》(1999 年)第 64 条。

③ 《合同法》(1999 年)第 65 条。

④ 《合同法》(1999 年)第 66 条。

⑤ 《合同法》(1999 年)第 67 条。

明以下情形,可以中止履行:对方当事人经营状况严重恶化;转移财产,抽逃资金,以逃避债务;丧失商业信誉;有丧失或可能丧失改造债务能力的其他情形。(2)当事人没有确切证据中止履行的,应当承担违约责任。(3)当事人依法中止履行的,应当及时通知对方。对方提供适当担保时,应当恢复履行。中止履行后,对方在合理期限内未恢复履行能力并且未提供适当担保的,中止履行的一方可以解除合同。①不安抗辩又叫"中止履行",在过去的《涉外经济合同法》中就有规定,但《经济合同法》与《技术合同法》并没有规定。

三、债的保全——代位权和撤销权

合同的保全,准确地说是合同债的保全,是指法律为防止因债务人的财产的不当减少而给债权人的债权带来危害,允许债权人代债务人之位向第三人行使债务人的权利,或者请求法院撤销债务人与第三人之间的法律行为的法律制度。它包括两种情形:代位权与撤销权。它与合同的担保有本质区别,它主要以公司不特定的财产作为债权实现的保证,而担保主要是以公司或债务人的特定财产为债权实现的保证。

代位权是指因债务人怠于行使其到期债权,对债权人造成损害(指债务人不履行其对债权人的到期债务,又不以诉讼方式或者仲裁方式向其债务人(次债务人②)主张其享有的具有金钱给付内容的到期债权,致使债权人的到期债权未能实现③)的,债权人可以向人民法院请求以自己的名义代位行使债务人的债权,但该债权专属于债务人自身的④除外。代位权的行使范围以债权人的债权为限。债权人行使代位权的必要费用,由债务人负担。⑤债权人提起代位权诉讼,应当符合下列条件:(1)债权人对债务人的债权合法;(2)债务人怠于行使其到期债权,对债权人造成损害;(3)债务人的债权已到期;(4)债务人的债权不是专属于债务人自身的债权。⑥如果债务人的债权人有两位以上且只有一位行使代位权,则该债权人享有优先受偿权。

---

① 《合同法》(1999 年)第 68、69 条。

② 《合同法》(1999 年)第 13.2 款。

③ 《合同法》(1999 年)第 13.1 款。

④ 专属于债务人自身的债权,是指基于扶养关系、抚养关系、赡养关系、继承关系产生的给付请求权和劳动报酬、退休金、养老金、抚恤金、安置费、人寿保险、人身伤害赔偿请求权等权利。参见第 12 条。

⑤ 《合同法》(1999 年)第 73 条。

⑥ 《合同法》第 11 条。

撤销权,即因债务人放弃其到期债权或者无偿转让财产,对债权人造成损害的,债权人可以请求人民法院撤销债务人的行为。债务人以明显不合理的低价转让财产,对债权人造成损害,并且受让人知道该情形的,债权人也可以请求人民法院撤销债务人的行为。撤销权的行使范围以债权人的债权为限。债权人行使撤销权的必要费用,由债务人负担。撤销权自债权人知道或者应当知道撤销事由之日起一年内行使。自债务人的行为发生之日起五年内没有行使撤销权的,该撤销权消灭。①

四、合同履行的其他事宜

债权人分立、合并或者变更住所没有通知债务人,致使履行债务发生困难的,债务人可以中止履行或者将标的物提存。②

提前履行债务。债权人可以拒绝债务人提前履行债务,但提前履行不损害债权人利益的除外。债务人提前履行债务给债权人增加的费用,由债务人负担。③

部分履行合同。债权人可以拒绝债务人部分履行债务,但部分履行不损害债权人利益的除外。债务人部分履行债务给债权人增加的费用,由债务人负担。④

合同生效后,当事人不得因姓名、名称的变更或者法定代表人、负责人、承办人的变动而不履行合同义务。⑤这是诚信原则的体现。

第五节　合同的变更和转让

合同签好以后并非一劳永逸,固定不变。由于签订合同时的情形在后来履行合同过程中可能会发生变化,如果僵硬地固化于已经形成的合同而不允许变通,会使合同履行变得不太可能。当然,如果允许随意变更合同,则会使合同变得难以预料,缺少稳定性和严肃性,不利于合同权威的维护和双方当事人利益的

---

① 《合同法》(1999 年)第 74、75 条。
② 《合同法》(1999 年)第 70 条。
③ 《合同法》(1999 年)第 71 条。
④ 《合同法》(1999 年)第 72 条。
⑤ 《合同法》(1999 年)第 76 条。

实现。因此,任何国家的合同法均允许当事人在具备一定的条件时变更合同。我国合同法规定:当事人协商一致,可以变更合同;但法律、行政法规规定变更合同应当办理批准、登记等手续的,依照其规定。①当事人对合同变更的内容约定不明确的,推定为未变更。②

债权或债务可以转让,但转让的要求不同。债权人可转让全部或部分权利,但依合同性质、当事人约定或法律规定不得转让的除外,并且债权人应该通知债务人。债权人可以将合同的权利全部或者部分转让给第三人,但有下列情形之一的除外:(1)根据合同性质不得转让;(2)按照当事人约定不得转让;(3)依照法律规定不得转让。债权人转让权利的,应当通知债务人。未经通知,该转让对债务人不发生效力。债权人转让权利的通知不得撤销,但经受让人同意的除外。债权人转让权利的,受让人取得与债权有关的从权利,但该从权利专属于债权人自身的除外。③债务人接到债权转让通知后,债务人对让与人的抗辩,可以向受让人主张。债务人接到债权转让通知时,债务人对让与人享有债权,并且债务人的债权先于转让的债权到期或者同时到期的,债务人可以向受让人主张抵消。④

债务转移。债务人可转移全部或部分义务,但须经债权人同意。债务人将合同的义务全部或者部分转移给第三人的,应当经债权人同意。债务人转移义务的,新债务人可以主张原债务人对债权人的抗辩。⑤债务人转移义务的,新债务人应当承担与主债务有关的从债务,但该从债务专属于原债务人自身的除外。法律、行政法规规定转让权利或者转移义务应当办理批准、登记等手续的,依照其规定。⑥

权利和义务可以全部或部分转移,如果全部转移,可以视为合同主体的变更,但欲变更的一方需要经对方同意,因为涉及义务的履行。《合同法》规定:当事人一方经对方同意,可以将自己在合同中的权利和义务一并转让给第三人。⑦权利和义务的部分转移可以视为概括转移,也需经对方同意。

---

① 《合同法》(1999 年)第 77 条。
② 《合同法》(1999 年)第 78 条。
③ 《合同法》(1999 年)第 79、80、81 条。
④ 《合同法》(1999 年)第 82、83 条。
⑤ 《合同法》(1999 年)第 84、85、86 条。
⑥ 《合同法》(1999 年)第 87 条。
⑦ 《合同法》(1999 年)第 88 条。

当事人订立合同后,如果发生变化,则相应的权利和义务也会有相应的变化。如果当事人订立合同后合并的,则由合并后的法人或者其他组织行使合同权利,履行合同义务;如果当事人订立合同后分立的,除债权人和债务人另有约定的以外,由分立的法人或者其他组织对合同的权利和义务享有连带债权,承担连带债务。①

第六节　合同权利义务的终止

前文指出,任何合同均为有期限的民事法律关系,不可能永久存在,其一旦消灭,各方当事人的合同权利义务就会终止,合同效力完全终结;这种现象叫"合同权利义务的终止",简称合同终止。简言之,合同终止意指合同关系在客观上不复存在,各方当事人合同权利和合同义务归于消灭。根据《合同法》,只要具备法律规定或者当事人约定的情形,合同关系就可以不复存在,合同债权和合同债务归于消灭,基于前者终止的,叫法定终止,基于后者终止的,叫约定终止。

根据规定,合同的权利与义务可以基于以下原因而终止。

一、债务已经按照约定履行

债务已经按照约定履行,实现合同约定的目的,任何一方当事人从约定债务中被解放出来,摆脱了合同的约束,这种情况叫合同义务的清偿。这是绝大多数合同终止的模式,也是合同当事人所期待的。

二、合同解除

合同解除是指合同成立生效后,因当事人一方或双方的意思表示,或依据法律规定,使合同关系归于消灭(自始或仅向将来)的行为。它有约定解除和法定解除之分。主张解除合同的当事方,应当通知对方;合同自通知到达对方时解除。对方有异议的,可以请求人民法院或者仲裁机构确认解除合同的效力。法律、行政法规规定解除合同应当办理批准、登记等手续的,依照其规定。②

---

① 《合同法》(1999年)第90条。
② 《合同法》(1999年)第96条。

约定解除指当事人可以通过约定的方式解除合同;合同法规定:当事人协商一致,可以解除合同。当事人可以约定一方解除合同的条件。解除合同的条件成就时,解除权人可以解除合同。①法定解除指根据法律规定的合同解除。我国《合同法》规定:有下列情形之一的,当事人可以解除合同:(1)因不可抗力致使不能实现合同目的;(2)在履行期限届满之前,当事人一方明确表示或者以自己的行为表明不履行主要债务;(3)当事人一方迟延履行主要债务,经催告后在合理期限内仍未履行;(4)当事人一方迟延履行债务或者有其他违约行为致使不能实现合同目的;(5)法律规定的其他情形。②但这种看起来十分清楚的解释,在实施中会有很多值得争议的地方;如“合同目的”是什么,如何界定?③何为不可抗力,哪些情况算不可抗力? 等等。这些在现实中有大量的案例。

法律规定或者当事人约定解除权行使期限,期限届满当事人不行使的,该权利消灭。法律没有规定或者当事人没有约定解除权行使期限,经对方催告后在合理期限内不行使的,该权利消灭。④

三、债务相互抵消

抵消是指当事人相互负有到期债务而又对对方享有债权时,各当事人以其债权充当债务来进行清偿,由此而使其债务与对方的债务在对等额内相互冲抵。但该债务的标的物种类、品质一般需要相同。任何一方可以将自己的债务与对方的债务抵消,但依照法律规定或者按照合同性质不得抵消的除外。当事人主张抵消的,应当通知对方。通知自到达对方时生效。抵消不得附条件或者附期限。当事人互负债务,标的物种类、品质不相同的,经双方协商一致,也可以抵消。抵消可以节省当事人履行合同的费用,能够降低合同履行成本,在某种意义上说,对合同债权具有担保的作用,即主张抵消,就使该方面的当事人具有较其他债权人享有优先受偿权的效果。⑤抵消在合同终止方面由于便利等优点⑥,使用也较为广泛。

① 《合同法》(1999 年)第 93 条。

② 《合同法》(1999 年)第 94 条。

③ 有关分析参见马忠法:《“合同目的”的案例解析》,《法商研究》2006 年第 3 期。

④ 《合同法》(1999 年)第 95 条。

⑤ 参见刘文华主编:《新合同法条文精解与典型案例》,世界图书出版社 1999 年版,第 95 页;王家福主编:《民法债权》,法律出版社 1991 年版,第 202 页。

⑥ 王家福主编:《民法债权》,法律出版社 1991 年版,第 202 页。

四、债务人依法将标的物提存

提存,指由于债权人的原因而无法向其交付合同标的物时,债务人将该标的物交给提存机关而消灭债务的制度。①它是使债务关系消灭的一项重要民法制度,各国立法均有具体规定,我国《合同法》对此也作出了规定。提存制度的建立和完善,有利于债务纠纷的及时解决,更好地平衡债权人和债务人双方的利益冲突,保证市场机制的正常运行。提存在法律性质上,兼具私法和公法的双重性质。提存应符合一定的条件,并按法定的程序进行。提存实施后,在债务人、债权人、提存机关相互之间将产生相应的法律效力。

有下列情形之一,难以履行债务的,债务人可以将标的物提存:(1)债权人无正当理由拒绝受领;(2)债权人下落不明;(3)债权人死亡未确定继承人或者丧失民事行为能力未确定监护人;(4)法律规定的其他情形。②这些情形是法定情形,其目的是为了防止债务人滥用提存而给债权人带来可能的损害。标的物不适于提存或者提存费用过高的,债务人依法可以拍卖或者变卖标的物,提存所得的价款。标的物提存后,除债权人下落不明的以外,债务人应当及时通知债权人或者债权人的继承人、监护人。标的物提存后,毁损、灭失的风险由债权人承担。提存期间,标的物的孳息归债权人所有。提存费用由债权人负担。债权人可以随时领取提存物,但债权人对债务人负有到期债务的,在债权人未履行债务或者提供担保之前,提存部门根据债务人的要求应当拒绝其领取提存物。债权人领取提存物的权利,自提存之日起五年内不行使而消灭,提存物扣除提存费用后归国家所有。

五、债权人免除债务

这是债务人希望看到的情况。债权人免除债务人部分或者全部债务的,意味着债权人放弃其全部或部分债权,合同的权利义务部分或者全部终止。显然,它是一个单方面的意思表示行为,也是无因、无偿、非要式行为。

---

① 参见王家福主编:《民法债权》,法律出版社 1991 年版,第 207 页。提存是否还涉及履行其他义务时找不到债权人而向提存机关履行义务以消灭履行义务,学者较少涉及。是否提存仅涉及有"标的物"交付义务之履行的情形?

② 《合同法》(1999 年)第 101 条。

六、债权债务同归于一人

债权债务同归于一人又叫混同①,它主要指原来的债权人和债务人同归于一个主体,由此使合同或其他债之关系消灭带来的合同权利义务的终止,但涉及第三人利益的除外。混同最常见的情形是有债权债务关系的企业合并,则合并后两个企业之间的债权债务因同归于一个主体而消灭。

七、法律规定或者当事人约定终止的其他情形

此为弹性条款,随着社会、经济发展等出现的新的情形,可以以此为根据终止合同关系。

合同的权利义务终止后,当事人应当遵循诚实信用原则,根据交易习惯履行通知、协助、保密等义务。②此规定为合同的后契约义务,也是体现合同诚实信用原则的条款。

第七节　违　约　责　任

一、违约责任的概念

违约责任是违反合同的民事责任的简称,指合同当事人一方不履行合同义务或履行合同义务不符合合同约定所应承担的民事责任。《民法通则》规定:当事人一方不履行合同义务或者履行合同义务不符合约定条件的,另一方有权要求履行或者采取补救措施,并有权要求赔偿损失;③《合同法》也有类似规定:当事人一方不履行合同义务或者履行合同义务不符合约定的,应当承担继续履行、采取补救措施或者赔偿损失等违约责任。④这两条对违约责任均做了概括性规定,但两者对违约行为的表述几乎完全一样,而对于责任追究略有差别:民法通则的表述将"赔偿损失"看做"要求履行或采取补救措施"可能的合并责任,

---

① 王家福主编:《民法债权》,法律出版社1991年版,第216页。
② 《合同法》(1999年)第92条。
③ 《民法通则》(1986年)第111条。
④ 《合同法》(1999年)第107条。

即违约责任的主要形式是要求履行或采取补救措施,而赔偿损失可以看作是补充性的,一个"并"字表明了这种关系。《合同法》的规定,是三者是并列关系,理论上它们可以分别使用、两两结合使用或三者同时适用,这样违约责任的形式丰富了很多。这是经过十多年的发展和司法实践必然带来的结果,它更为科学。

二、违约的分类

违约分为根本违约与非根本违约;它以违约行为是否导致另一方订约目的不能实现为标准来划分;其主要区别在于,根本违约可构成合同法定解除的理由,它指的就是"一方不履行合同义务";而非根本违约指的是履行合同义务不符合约定的情形。

它还可以分为预期违约与实际违约;前者指当事人一方明确表示或者以自己的行为表明不履行合同义务的,对方可以在履行期限届满之前要求其承担违约责任;①而实际违约指的是在履行期到来后,当事人不履行或不完全履行合同义务。在履行期限到来以后,当事人不履行或不适当履行合同义务,都构成实际违约。其类型有:

拒绝履行:拒绝履行是在合同履行期到来后,一方当事人无正当理由拒绝履行合同规定的全部义务。在一方拒绝履行的情况下,另一方有权要求其继续履行合同,还有权要求其承担违约金和损害赔偿责任。

迟延履行:迟延履行是指合同当事人的履行违反了履行期限的规定。在迟延履行的情况下,非违约方有权要求违约方支付迟延履行的违约金,在不足以弥补损失的情况下,还有权要求赔偿损失。

不适当履行:不适当履行是指当事人交付的标的物不符合合同规定的质量要求,即履行具有瑕疵。《合同法》规定:质量不符合约定的,应当按照当事人的约定承担违约责任。②具体违约责任的承担见后文。

部分履行:部分履行是指合同虽然履行,但履行不符合数量的规定,或者说履行在数量上存在不足。在部分履行的情况下,非违约方有权要求违约方按约定交足数量,也有权要求支付违约金,在不足以弥补损失的情况下,还有权要求赔偿损失。

---

① 《合同法》(1999 年)第 108 条。
② 《合同法》(1999 年)第 111 条。

三、违约责任的救济

当违约发生后,可以采取下列措施救济。

(一) 继续履行

继续履行又叫实际履行,指指在一方违反合同时,另一方有权要求其依据合同的规定继续履行的补救方式。

实际履行的特点:(1)实际履行是一种违约后的补救方式。(2)实际履行的基本内容是,要求违约方继续依据合同规定作出履行。(3)实际履行可以与违约金、损害赔偿和定金责任并用,但不能与解除合同的方式并用。实际履行包括当事人之间互相要求对方按合同规定履行其义务或向法院起诉,请求法院判决实际履行。它通常用于金钱给付方面。《合同法》规定:当事人一方未支付价款或者报酬的,对方可以要求其支付价款或者报酬。对于当事人一方不履行非金钱债务或者履行非金钱债务不符合约定的,对方可以要求履行,但有下列情形之一的除外:法律上或者事实上不能履行;债务的标的不适于强制履行或者履行费用过高;债权人在合理期限内未要求履行。①

(二) 采取补救措施

质量不符合约定的,应当按照当事人的约定承担违约责任。对违约责任没有约定或者约定不明确,依照《合同法》的规定仍不能确定的,受损害方根据标的的性质以及损失的大小,可以合理选择要求对方承担修理、更换、重作、退货、减少价款或者报酬等违约责任。②

(三) 赔偿损失

当事人一方不履行合同义务或者履行合同义务不符合约定的,在履行义务或者采取补救措施后,对方还有其他损失的,应当赔偿损失。当事人一方不履行合同义务或者履行合同义务不符合约定,给对方造成损失的,损失赔偿额应当相当于因违约所造成的损失,包括合同履行后可以获得的利益,但不得超过违反合同一方订立合同时预见到或者应当预见到的因违反合同可能造成的损失。经营者对消费者提供商品或者服务有欺诈行为的,依照《消费者权益保护法》的规定③

---

① 《合同法》(1999 年)第 109、110 条。

② 《合同法》(1999 年)111 条。

③ 《消费者权益保护法》(2013)第 55 条规定:经营者提供商品或者服务有欺诈行为的,应当按照消费者的要求增加赔偿其受到的损失,增加赔偿的金额为消费者购买商品的价款或者接受服务的费用的三倍;增加赔偿的金额不足五百元的,为五百元。法律另有规定的,依照其规定。

承担损害赔偿责任。①

（四）违约金和定金

当事人可以约定一方违约时应当根据违约情况向对方支付一定数额的违约金，也可以约定因违约产生的损失赔偿额的计算方法。约定的违约金低于造成的损失的，当事人可以请求人民法院或者仲裁机构予以增加；约定的违约金过分高于造成的损失的，当事人可以请求人民法院或者仲裁机构予以适当减少。当事人就迟延履行约定违约金的，违约方支付违约金后，还应当履行债务。当事人可以依照《担保法》约定一方向对方给付定金作为债权的担保。债务人履行债务后，定金应当抵作价款或者收回。给付定金的一方不履行约定的债务的，无权要求返还定金；收受定金的一方不履行约定的债务的，应当双倍返还定金。当事人既约定违约金，又约定定金的，一方违约时，对方可以选择适用违约金或者定金条款②，不能两者并用。

（五）采取适当措施防止损失扩大

当事人一方违约后，对方应当采取适当措施防止损失的扩大；没有采取适当措施致使损失扩大的，不得就扩大的损失要求赔偿。当事人因防止损失扩大而支出的合理费用，由违约方承担。③

四、责任竞合

责任竞合指由于某一法律事实的出现，导致产生两种或两种以上的民事责任，而这些民事责任被数个法律规范所调整，彼此之间存在相互冲突的现象。在民法中，责任竞合常常表现为违约责任和侵权责任的竞合。合同法规定：因当事人一方的违约行为，侵害对方人身、财产权益的，受损害方有权选择依照本法要求其承担违约责任或者依照其他法律要求其承担侵权责任。④

[案例]　沈某某诉被告昆明绕城高速公路开发有限公司财产损害赔偿纠纷案。2009年10月22日10时，原告驾驶云D88126号"梅赛德斯·奔驰"轿车驶入昆明东绕城高速公路，在车辆正常行驶过程中，突然被前方车辆碾起的飞石砸中车辆前挡风玻璃，造成原告车辆挡风玻璃损坏。该事故经昆明市公安局交通警

---

① 《合同法》（1999年）第112、113条。
② 《合同法》（1999年）第114—116条。
③ 《合同法》（1999年）第119条。
④ 《合同法》（1999年）第122条。

察支队五大队处理,认定事故双方无责任,属于交通意外事故。在原告车辆前挡风玻璃造成损坏后,原告为更换车辆挡风玻璃及玻璃防爆膜支付修理费 15 600元。之后,原告多次找到被告协商赔偿事宜,但被告总以种种理由拒绝赔偿。原告认为,被告作为高速公路通行服务的提供方,被告因收取道路通行费而与原告形成有偿使用高速公路的服务合同关系,被告具有向原告收取通行费的权利,同时也具有保障高速公路完好、安全、畅通的职责和义务。被告在收取通行费后,不能及时清除道路障碍物,致使原告车辆通过时发生事故,被告应承担违约责任。要求判令:(1)被告返还原告车辆通行费 20 元;(2)被告赔偿原告车辆损失 15 600 元;(3)本案诉讼费由被告承担。被告则认为其已经履行合同义务,无须承担责任。2010 年 3 月 28 日盘龙法院龙泉法庭依法审结案件:因原告沈某某向被告昆明绕城高速公路开发有限公司交纳了车辆通行费 20 元,被告昆明绕城高速公路开发有限公司与原告沈某某之间形成了服务合同关系,双方均应自觉履行合同义务。被告昆明绕城高速公路开发有限公司未履行保障公路安全畅通的义务,没有及时清除高速公路上出现的障碍物,致使在车辆正常行驶过程中,突然被前方车辆碾起的飞石砸中,造成原告沈某某车辆挡风玻璃损坏。被告依法应承担违约责任,赔偿原告的损失。关于原告沈某某要求被告昆明绕城高速公路开发有限公司返还车辆通行费 20 元的请求,不属于原告损失的范围,法院不予支持。①

上述案件选择违约之诉和侵权之诉,审判思路和判案依据会有所不同。违约责任一般看服务合同是否成立并生效、被告是否有违约的行为(归责原则采取无过错责任原则)、被告是否存在法定和约定的免责事由等。而侵权之诉,主要应对损害事实、行为的违法性、因果关系、行为人主观有无过错(侵权责任一般采取过错责任原则)四个要件进行审查,以确定赔偿责任。本案是违约责任和侵权责任竞合的典型案例,原告在违约责任和侵权责任间选择了前者,最终诉求基本上得到法院的支持。

不可抗力免责条款。因不可抗力不能履行合同的,根据不可抗力的影响,部分或者全部免除责任,但法律另有规定的除外。当事人迟延履行后发生不可抗力的,不能免除责任。这里的不可抗力,是指不能预见、不能避免并不能克服的客观情况。当事人一方因不可抗力不能履行合同的,应当及时通知对方,以减轻可能给对方造成的损失,并应当在合理期限内提供证明。②

---

① 参见《从一个案例看责任竞合的处理》,http://kmzy.chinacourt.org/article/detail/2011/04/id/919071.shtml。

② 《合同法》(1999 年)第 116、117 条。

第八节　《合同法》分则概述(有名合同)

《合同法》分则部分共有15章298条,就15类典型合同做了规定。实际上,现实生活中合同的种类变化多样,远不止15类,但这15类可以根据实际情况比照单独或结合适用于其他情形,应对千变万化的实务需求。

一、买卖合同①

(一) 买卖合同的概念及特征

买卖合同的当事人中,出卖财产的一方称为出卖人或卖方,接受财产并支付价款的一方称为买受人或买方。在一般情况下,所有权人是最经常的出卖人,但也有例外(如行纪人、代理人、担保物权人、人民法院等)。《合同法》对买卖合同的当事人的主体资格并未作特殊要求。因而,平等主体的自然人、法人或其他组织均可作为买卖合同的任何一方当事人。当然,对某些特殊物为标的物的买卖,法律亦对主体进行一定限制。另外,法人或其他组织还要受其经营范围的限制。

买卖是商品交换最普遍的形式,也是典型的有偿合同。根据《合同法》第174条、第175条的规定,法律对其他有偿合同的事项未作规定时,参照买卖合同的规定;互易等移转标的物所有权的合同,也参照买卖合同的规定。②

买卖合同是有偿合同。买卖合同的实质是以等价有偿方式转让标的物的所有权,即出卖人移转标的物的所有权于买方,买方向出卖人支付价款。这是买卖合同的基本特征,使其与赠与合同相区别。是有偿民事法律行为。

买卖合同是双务合同。在买卖合同中,买方和卖方都享有一定的权利,承担一定的义务。而且,其权利和义务存在对应关系,即买方的权利就是卖方的义务,买方的义务就是卖方的权利。这是双务民事法律行为。

买卖合同是诺成合同。买卖合同自双方当事人意思表示一致就可以成立,不以一方交付标的物为合同的成立要件,当事人交付标的物属于履行合同。

买卖合同一般是不要式合同。通常情况下,买卖合同的成立、有效并不需要

---

① 有关买卖合同的具体规定参见《合同法》(1999年)第130—175条及《最高人民法院关于审理买卖合同纠纷案件适用法律问题的解释》(法释〔2012〕8号,2012年3月31日最高人民法院审判委员会第1545次会议通过)。

② 李国光主编:《合同法释解与适用》(上下册),新华出版社1999年版,第618—621页。

具备一定的形式,但法律另有规定者除外。

买卖合同是双方民事法律行为。①

(二)买卖合同的内容

买卖合同的内容,即买卖合同法律关系的权利义务。其中卖方最基本的权利是请求买方支付价金并取得价金的所有权;买方的基本权利是请求卖方交付货物并取得货物的所有权。买方的权利对应于卖方的义务。反之亦然。买卖合同的当事人除履行买卖合同的总义务即给付义务外,尚需承担法律规定或双方约定的付随义务。

买卖合同的标的物是指卖方所出卖的货物。买卖合同广义上的标的物不仅指物,而且包括其他财产权利,如债权、知识产权、永佃权等。我国《合同法》所规定的标的物采取狭义标准,指实物,不包括权利。买卖合同的标的物,是指能满足人们实际生活需要,能为人力独立支配的财产。除法律予以禁止或限制的外,任何标的物,无论是动产或不动产、种类物还是特定物,消费物还是非消费物,均可作为买卖合同的标的物。在我国,土地、山脉、河流、海洋只能由国家依法确定使用主体,不能作为买卖合同的标的物。

买卖合同中最关键的条款是所有权转移、风险转移及价款或酬金支付条款。此外,还有包括包装方式、检验标准和方法、结算方式、合同使用的文字及其效力等条款。卖方出卖的标的物,应当属于其所有或者他有权处分。法律、行政法规禁止或者限制转让的标的物,应依照其规定。标的物的所有权自标的物交付时起转移,但法律另有规定或者当事人另有约定的除外。同时,当事人可以在买卖合同中约定买受人未履行支付价款或者其他义务的,标的物的所有权属于出卖人。这一点尤其应该引起关注,这就是"所有权保留条款",在理论上,它有利于出卖人。

标的物毁损、灭失的风险一般自交付后开始转移。根据规定,在标的物交付之前风险由出卖人承担,交付之后由买受人承担,但法律另有规定或者当事人另有约定的除外。因买受人的原因致使标的物不能按照约定的期限交付的,买受人应当自违反约定之日起承担标的物毁损、灭失的风险。出卖人出卖交由承运人运输的在途标的物,除当事人另有约定的以外,毁损、灭失的风险自合同成立时起由买受人承担。当事人没有约定交付地点或者约定不明确,而标的物需要运输的,一般情况下出卖人将标的物交付给第一承运人后,标的物毁损、灭失的

---

① 李国光主编:《合同法释解与适用》(上下册),新华出版社 1999 年版,第 618—621 页。

风险由买受人承担。出卖人按照约定或者依照法律规定将标的物置于交付地点,买受人违反约定没有收取的,标的物毁损、灭失的风险自违反约定之日起由买受人承担。

出卖人应当按照约定的期限交付标的物。约定交付期间的,出卖人可以在该交付期间内的任何时间交付。当事人没有约定标的物的交付期限或者约定不明确的,当事人应该另行协商,或者是:债务人可以随时履行,债权人也可以随时要求履行,但应当给对方必要的准备时间。标的物在订立合同之前已为买受人占有的,合同生效的时间为交付时间。

出卖人应当按照约定的地点交付标的物。当事人没有约定交付地点或者约定不明确,另行协商仍不能确定的,适用下列规定:标的物需要运输的,出卖人应当将标的物交付给第一承运人以运交给买受人;标的物不需要运输,出卖人和买受人订立合同时知道标的物在某一地点的,出卖人应当在该地点交付标的物;不知道标的物在某一地点的,应当在出卖人订立合同时的营业地交付标的物。

(三)出卖人和买受人的义务

1. 出卖人的主要义务

(1)交付标的物。交付标的物是出卖人的首要义务,也是买卖合同最重要的合同目的。标的物的交付可分为现实交付和观念交付。现实交付是指标的物交由买受人实际占有;观念交付包括返还请求权让与、占有改定和简易交付。

(2)转移标的物的所有权。买卖合同以转移标的物所有权为目的,因此出卖人负有转移标的物所有权归买受人的义务。为保证出卖人能够转移标的物的所有权归买受人,出卖人出卖的标的物应当属于出卖人所有或者出卖人有权处分;法律、行政法规禁止或者限制转让的标的物,依照其规定。为保障买受人取得所有权,出卖人应担保其出卖的标的物的所有权完全转移于买受人,第三人不能对标的物主张任何权利。除法律另有规定外,出卖人就交付的标的物负有保证第三人不得向买受人主张任何权利的义务(《合同法》第 150 条),这就是出卖人的权利瑕疵担保义务。但买受人于订立合同时知道或者应当知道第三人对买卖的标的物享有权利时,则出卖人不负权利瑕疵担保义务。标的物必须在权利上和质量、数量等方面没有任何瑕疵。

2. 买受人的主要义务

(1)支付价款。价款是买受人获取标的物的所有权的对价。依合同的约定向出卖人支付价款,是买受人的主要义务。买受人须按合同约定的数额、时间、地点支付价款,并不得违反法律以及公共秩序和善良风俗。合同无约定或约定不明的,应依法律规定、参照交易惯例确定。

(2) 受领标的物。对于出卖人交付标的物及其有关权利和凭证,买受人有及时受领义务。

(3) 对标的物检查通知的义务。买受人受领标的物后,应当在当事人约定或法定期限内,依通常程序尽快检查标的物。若发现应由出卖人负担保责任的瑕疵时,应妥善保管标的物并将其瑕疵立即通知出卖人。

二、赠与合同①

赠与合同(contract of gift),赠与人把自己的财产无偿地送给受赠人,受赠人同意接受的合同。赠与合同可以发生在个人对国家机关、企事业单位和社会团体以及个人相互之间。赠与的财产不限于所有权的移转,如抵押权、地役权的设定,均可作为赠与的标的。

赠与合同一般具有以下性质:

双方行为。赠与合同须当事人双方意思表示一致才能成立,如果赠与人有赠与的表示,但受赠人并没有接受的意思,则合同仍不能成立,故与馈赠这种单方行为不同。

吸收了诺成合同与实践合同的合理因素。多数国家承袭罗马法的传统,规定赠与合同在当事人双方意思表示一致时即告成立,不必等待交付赠与物,即为诺成行为。

无偿行为。除合同中双方约定附条件的义务外,原则上受赠人并不因赠与合同而承担义务,故为单务合同。

赠与人的义务主要有如下:

第一,移转赠与标的物的义务。赠与合同以使赠与财产的权利归于受赠人为直接目的,赠与人的主要义务是依照合同约定的期限、地点、方式、标准将标的物转移给受赠人。赠与的财产需要办理登记等手续的,应当办理有关手续。赠与合同系无偿合同,因此,依照《合同法》第189条,赠与人只在因故意和重大过失致使赠与的财产毁损、灭失的,赠与人才承担损害赔偿责任。

第二,瑕疵担保义务。赠与合同中,一般不要求赠与人承担瑕疵担保义务。但有如下两种例外。首先是在附义务赠与中,赠与的财产有瑕疵的,赠与人在附义务的限度内承担与出卖人相同的违约责任。所谓附义务的赠与,是指赠与人

---

① 具体规定参见《合同法》(1999年)第185—195条。

在赠与时使受赠人负担一定义务的赠与。附义务赠与是一种特殊赠与,所附的义务不是单独的义务的赠与。附义务赠与是一种特殊赠与,所附的义务不是单独的另一个合同的内容,而是赠与合同的一部分。由于赠与合同为单务无偿合同,因此,附义务赠与所附的义务不是赠与的对价,赠与人不能以受赠人不履行义务为抗辩。原则上,赠与人履行交付赠与财产的义务后,始发生受赠人履行其所附义务的义务。附义务赠与与目的赠与和附条件、附期限赠与不同。目的赠与是指为实现这一目的,达到一定结果而为的赠与。其与附义务赠与的区别,主要体现在目的赠与的赠与人不得向受赠人请求结果的实现,而只能在结果不能实现时请求受赠人返还不当得利;而在附义务赠与中,受赠人不按照约定履行义务的,赠与人得请求其履行。附条件或附期限的赠与中,条件是否成就或期限是否届满同赠与合同的效力无关,附义务的赠与中所附义务的履行与否不影响赠与合同的效力。其次是赠与人故意不告知赠与财产的瑕疵或保证赠与的财产无瑕疵,造成受赠人损失的,赠与人应当承担损害赔偿责任。

受赠人的主要权利与义务:

受赠人有无偿取得赠与物的权利,但赠与合同约定负担义务的,受赠人须按约定履行义务。对于具有救灾、扶贫等社会公益、道德义务性质的赠与合同,以及经过公证的赠与合同,赠与人不交付赠与物的,受赠人可以请求交付。

在赠与属于附义务赠与时,受赠人应在赠与物的价值限度内履行所附义务,受赠人不履行其义务时,赠与人有权请求受赠人履行义务或撤销赠与。

三、案例分析

[案例]　**汽车零部件买卖合同。**2012 年 6 月 8 日,广东东莞贝乐有限公司(下称贝乐公司)与上海上川汽车零部件销售公司(上川公司)签订一份小汽车零部件买卖合同,双方约定交付方式为买方自提,在上川公司交付,交付时间为2012 年 8 月 27 日。交付日的当天上午贝乐公司提货人在上川公司仓库检查完相关货物并办完相关手续后双方开始装货,在装载完毕将发动驶离厂区时,不幸事情发生了,上川公司的另一客户因驾车不慎将车撞到了已装载好货物的车上,导致车翻,上面的货物大部分损坏。买方要求卖方重新供货,由此带来的损失由上川公司找其客户索赔,因为它认为货虽已装好,交货单填写等也已完成,但上川公司规定,任何装载货物车辆如没有将出门单交给公司大门出口处的门卫,不得离开公司;由于其车辆尚未交付出门单,故该批货物交付尚未完毕,风险应由卖方承担。上川公司认为:买方的要求太过分了,货物装上买方的车上并处理完

交货单,就算交付完毕,与驶出公司大门无关,因此拒绝了买方要求。买方诉之法院。

问:你认为买方的要求合理吗? 如果你作为卖方如何避免这样的纠纷?

[案例] **货到付款的不同表述引起的法律争端。**2014 年 6 月 15 日,甲乙双方签订的买卖合同中的付款时间表述如下"货到后付款",在另一大型设备买卖合同中付款时间表述为"验收合格后付款"。你认为存在什么问题?

2015 年 3 月 16 日,上海捷成有限责任公司与宁夏大漠有限责任公司所签分期供货合同中对于付款时间约定为"货到全付款"。后来在履行合同中,就此约定引起了争端,你认为应如何分析?

[案例] **买卖合同验收环节的法律冲突及解决。**浙江桓台有限责任公司与上海华元有限责任公司签订了一集成系统设备买卖合同,双方约定货到买方后 10 天内验收,但没约定具体参加验收人员,货到买方后第二天,买方组织人员验收,验收后声称少一关键设备,价值 100 万元,其他设备零件有三分之一存在质量问题,要求卖方补齐关键设备并将有问题的零件替换。卖方称:买方没有按合同规定验收,在没有卖方参与的情况下,买方擅自单方面验收视为交货合格,其验收结果不予接受。后买方诉之法院。

问:该案谁有道理? 问题出在何处? 如何避免这些不必要的风险?

第七章

证券法律制度

20 世纪末、21 世纪初世界两大主题之一①——发展,十分迫切地要求中国建立和完善社会主义市场经济。经过改革开放后十多年的争论,最终中国的经济建设摆脱了"资"、"社"和"公"、"私"等形而上学的意识形态之羁绊,20 世纪 90 年代中后期中国在严格按照市场经济规律本身的内在要求规划构筑其框架和目标。证券市场无疑是社会主义市场经济的重要组成部分,在市场经济中扮演着越来越重要的角色,已切实成为我国经济形势的风向标和晴雨表;正是从那个时代开始,证券开始成为我国经济活动中的重要组成部分。

马克思在指责资本原始积累和资本主义上升时期资本家利用资本残酷剥削雇佣工人时所说的"资本来到世间,每个毛孔都滴着血和肮脏的东西"②这句话,成为后来传统社会主义国家否定资本存在的座右铭;而他常引用的登宁的话:"资本害怕没有利润或利润太少,就像自然界害怕真空一样。一旦有了适当的利润,资本就胆大起来。……有了 100% 的利润,它就敢践踏一切人间的法律;有了 300% 的利润,它就敢犯任何罪行,甚至敢冒绞首的危险"③,使僵化理解社会主义的人把"资本"与"剥削"画上了等号,视之为洪水猛兽,加以鞭斥。证券作为资本的较高级的表现形式之一,更是受到了否定。近些年来,人们普遍对"资本"采取温和态度,接受了"资本为一定时期带来利润的资源"之定义,证券也不例外。若说马克思当初对资本的批评有其合理历史因素的话,那么今天人们对资本不再是"谈虎色变",也符合历史发展的逻辑性。资本市场的发展,证券交易的便利及其积极意义,使资本拥有者不再是少数,他们不再被视为"赤裸裸"的食利

---

① 另一主题为和平。两者相比较,发展更为重要。它是一国在世界舞台上活动的基础,赢得和平的前提,世界范围内施加和平影响的有力武器。南联盟遭到以美国为首的北约轰炸,内政遭到干涉,人民和平生活受到破坏,就是典型一例。事实再次证明了"发展才是硬道理"、"弱国无外交更和平"等真理。

②③ 马克思:《资本论》(第一卷),中国社会科学出版社 1983 年版,第 823 页。

者、剥削者，而被看作社会经济发展的探索者、推动者。因此，长期以来被视为资本主义当然成分、社会主义异己力量的证券市场，现正逐渐走进中国百姓的心中。上海飞乐音响集团 1984 年首次发行股票①至今（2017 年 5 月），才三十三个年头；新中国成立后首家证券交易所——上海证券交易所 1990 年成立②至今也不过二十七年，但证券市场的发展中同其他国家证券市场在发展过程中备尝的灾难和喜悦一样，也经历了风风雨雨、峰回路转的曲折进程，浓缩了世界证券市场三百多年的坎坷路程；其间发生的重大事件几乎是过去事件的微型翻版。然而，我国证券市场经过建设和发展，已不断壮大，初具规模；法制建设也从不够健全到今天的日趋完善，证券法在 1998 年 12 月 29 日出台，并在经历了三次修改（2004 年 8 月 28 日修改了一条，而 2005 年 10 月 27 日进行了大幅度修改，2014 年再次进行了修改），使证券市场逐渐走上了规范化轨道，正如中国证监会前主席周道炯评价中国证券市场是"时间短、发展快、成绩大、问题多、前景好"③那样。中共十五大以来，证券市场的地位和作用又得到了进一步明确，证券市场出现了许多新变化，这些变化标志着我国证券市场已从摸索试验阶段进入稳定发展阶段；尽管证券市场发展中仍存在不少问题④，但总的来说，是成绩大于不足。据统计，到 2017 年 5 月 5 日，境内上市公司已逾 3 232 家（上海证交所上市 1 268 家，深圳证交所 1 964 家），股票总市值达 519 073.49 亿元，约占我国 GDP（2016 年为 74.4 万亿）的 67％以上⑤，参与市场投资个人投资者人数达 1.17 亿，有数千家证券经营机构。⑥

　　我国的证券市场是一个正在发展中的市场，不可避免地存在着一些问题，给投资者带来了消极影响，致使证券市场多年来一直处于波动起伏状态，中小投资

---

① 参见《1978—1998 年：中国备忘录（一）》，《读报参考》1998 年第 18 期。

② 参见《1978—1998 年：中国备忘录（二）》，《读报参考》1998 年第 19 期。

③ 《人大代表谈证券市场》，《中国证券报》1999 年 3 月 9 日一版。

④ 新中国证券史上有名的案例有 1997 年的"琼民源""吹牛"被停牌案、1998 年"红光"戴上"ST"帽子案、1999 年大庆联谊"一锅端"案、2000 年亿安科技操纵股价案、2001 年银广厦虚构利润案，中国证监会稽查局 2010 年编写的《证券违法典型案例报道选编》（经济出版社）一书中所列举的案例及 2016 年中国证券监督委员会公布的当年 20 大典型案例等就是证券市场存在问题的缩影。具体参见《2016 年证监稽查 20 大典型违法案例》，http://www.csrc.gov.cn/pub/newsite/zjhxwfb/xwdd/201702/t20170224_312641.html。

⑤ 有关数据来自上海证券交易所及深圳证券交易所的官方网站，2017 年 5 月 7 日访问。

⑥ 参见《2016 年股民年报：一亿股民人均亏 1.3 万元　参与人数大降》，at http://finance.eastmoney.com/news/1345,20161229698089038.html。

者保护制度几无进展。证券法制定后的一段时间里,沪、深两家交易所股指呈持续下降趋势,日成交量渐进呈萎缩状态,并没有出现专家所断言的"证券法出台是利好消息,使大家对中国股市加强信心"现象①,让投资者队伍有所突破。2010年以来,证券市场仍处于发展和完善阶段,中小投资者在交易中的合法权益保护仍是证券法律制度所需完成的核心任务。证券市场的不稳定发展固然与我们的国情、目前世界范围内经济环境和证券法出台、修改后的"阵痛"有关②,却更与我们的证券法制建设方面存在着严重不足密切相连。尽管《证券法》结束了整个证券市场法规条例呈现的"群龙无首"的局面,但彼此之间矛盾、冲突之处颇多,某些重要法律制度特别是民事赔偿制度的欠缺,使证券法仍难以收到人们预期的效果。

由于证券交易的公众性及涉及主体的复杂性(包括有关政府机关),它为一定程度上的公法行为。各国自始至终重视对证券交易的管理,并在初始阶段十分重视对违法者的刑事、行政处罚,而民事责任的追究处于相对较弱地位。但从本质上说,证券交易应属民事行为。既然是民事行为,就要平等公正地保护交易主体各方的合法权益,尤其是处于弱小地位的投资者。随着证券市场的不断发展,证券法规一直是变化发展最快的法律领域③,私人证券交易权益的民事保护或赔偿手段也在快速增长。托马斯·李·黑曾(Thomas Lee Hazen)教授在谈到证券法规发生变化之快时列出了三种情况,其中有两个是民事赔偿方面的。④虽然证券投资本身具有投机性,但不能就此抹杀投资者平等参与交易的积极意义及其合法权利应受到的公正保护。证券投资涉及的法律关系之复杂性和人们难以把握的心理因素,易给违法者制造契机以进行精心欺诈和疯狂投机,让不明

---

①　厉以宁:《"利好"的证券法》,《南方周末》1999年1月22日21版。

②　指《证券法》出台后,不少投资者或潜在投资者持观望态度,不参与市场活动;同时违规操作者慑于《证券法》的威慑,暂时退出交易,也持观望态度,结果使证券市场交易量出现暂时的萎缩或萧条。萧灼基认为的"《证券法》出台后,中国股市面临着重大调整,有一批违规资金要退出股市,券商和投资者等也会作出相应的调整"之观点与此相似。参见《切实维护股市平衡发展》,《证券市场信息》1998年9月。

③　Thomas Lee Hazen, *The Law of Securities Regulation*(2nd Edition) West Publishing Co.1990.(Preface to the 2nd Edition).

④　三大变化中,一为投资者参与金融市场活动方式的多样化;一为基于非公开信息的非法交易而产生的大量赔偿案;一为案例法使在联邦证券法下可提供的赔偿范围的扩大。参见 Thomas Lee Hazen, *The law of the Securities Regulation*(2nd Edition), Preface to the 2nd Edition.

真相而又对证券市场十分信任的主体遭受损失。面对这种情况若只追究违规者公法上的责任,则合法交易主体的损失何以得到补偿? 不赔偿而由交易者自行承担,则显失公正,会打击既有或潜在的交易主体之积极性,最终导致证券市场的萎缩甚至"死亡"。因此,对交易主体的合法利益给以私法上的保护,追究违法者的赔偿责任,以不使投资者成为无端牺牲品,是证券市场得以健康发展的保障之一。

梅因在考察人类法律发达史后,认为"一个国家文化的高低,看其民法和刑法的比例就知道了。大凡半开化的国家,民法少而刑法多;进化的国家,民法多而刑法少"①。此观点用于衡量一国整个社会文化来说,未免偏颇;类推于证券法律制度中的法律责任也不完全恰当。因发达的证券法律制度并非民事责任多而刑事、行政责任少,而为民事、刑事、行政责任三者并重。但对于不发达证券法律制度而言,却是恰当的,这类制度的确存在着刑事、行政责任多而民事责任少甚至根本没有的现象。如阿拉伯联合酋长国规定的有关证券交易中的违法之处罚共有三条,全为刑事方面;②在其 2015 年修改的《商业公司法》中涉及的有关违法行为,也基本上规定的是行政责任和刑事责任(共 35 条)③,而对于证券交易的民事责任主要是依据其民法典的有关欺诈、虚假陈述等规定来保障投资者的救济权益。从目前我国现有的法律、法规、条例等来看,也类似于此;1997 年修改后的刑法增加了 200 多个条款多涉及经济犯罪④,其中包括操纵市场、内幕交易、提供虚假信息等行为的刑事责任,而同期对有关违规者民事责任追究之规定却寥寥无几。2000 年之后,主要在修改后的公司法、证券法等中增加了有关民事责任的相关规定,2009 年通过的《侵权责任法》及 2017 年通过的《民法总则》对证券交易中的民事侵权提供了基础性规定。目前涉及证券投资者民事侵权赔偿之诉,可以适用的实体法律规范有:《民法通则》第 106 条和第 117 条及《侵权责任法》第 6 条、第 7 条规定的侵权民事责任的一般归责原则(过错、过错推定和无过错原则);《民法通则》第 131 条、第 132 条规定了民事责任的分担原

---

① [英]梅因著:《古代法》,沈景一译,商务印书馆 1959 年版,"小引"部分及第 207—208 页。

② *Business Laws of the United States Arab Emirates*—Volume 2 (1984 Edition) Graham & Trotman Limited Sterling House pp.99-101.

③ See Articles 339-373 of Federal Law No.2 of 2015 ON COMMERCIAL COMPANIES, Issued on 1/04/2015 Corresponding to 17 Dhi Al-Hijjah 1436 H.

④ 参见 1997 年修订后的新《刑法》第 178—182 条,第 197 条等相关条款。

则和《侵权责任法》第 8 条、第 10—14 条规定的共同侵权及其责任分配,第 15 条规定的承担民事责任的主要方式;《民法总则》规定的请求保护民事权利的(普通)诉讼时效(3 年)等。《公司法》第 112 条和第 149 条规定的公司董事、监事、经理在执行公司职务时因违法致公司损害的,应承担民事赔偿责任;①第 214 条规定民事赔偿责任优先于行政和刑事责任等。《证券法》(2014)中将侵权行为规定为欺诈(含上市发行欺诈和服务中介机构欺诈客户等),内幕交易,操纵市场,虚假记载、误导性陈述、重大遗漏等类别;其中,第 189 条规定了发行欺诈的行政责任;第 76 条和第 202 条等相关法条规定了内幕交易的民事和行政责任;第 203 条等相关法条规定了操纵市场的行政责任;第 191 条、第 192 条、第 193 条等规定了虚假宣传、误导性宣传、重大遗漏的民事赔偿和行政责任;第 79 条、第 221 条规定了欺诈及其相关的民事赔偿和行政责任。②这种做法的根源在于把证券交易活动更多地看作了公法上的行为,故其制裁的立法动机也就试图从公法(国家和社会利益)而非从处于弱势地位的投资者角度来规定违规者的法律责任,对私人主体合法权益的保护,在证券法领域尚未提到与其在市场经济中地位相适应的高度。

我国《证券法》的出台有两个背景。一是经过自 20 世纪 90 年代起的八年时间里,中国证券市场有了一定的实践基础,证券监管者对证券市场的监管也有了一定阶段性的经验和认识,证券市场对中国经济发展的正面作用已经得到政府以及各界的认可;证券市场已经成为中国经济重要组成部分,它与成千上万投资者有着紧密的利害关系,原有的行政规章已不足以体现证券市场的重要性,也不足以保护证券市场和证券投资者的合法权益,各方都迫切希望《证券法》尽快出台。二是《证券法》出台前后正值东南亚金融危机,金融危机对经济的破坏让立法者和政府对证券市场的风险心有余悸。

在上述背景下,《证券法》一方面以法律形式赋予证券市场合法地位,一定程度上保护证券市场参与者的合法权益,另一方面为了防止证券市场的混乱和金融危机的爆发,《证券法》规定了很多限制性内容,体现了其阶段性的特点,如其调整范围采取狭义定义、实行分业经营、分业管理制度,只允许现货交易、杜绝证券期货交易,禁止融资交易,禁止国有企业炒作股票、禁止银行违规资金流入股市,以资本金大小对券商进行分类管理等;此外,《证券法》对许多认识不清、把握

---

① 2013 年修改后的《公司法》共 218 条。

② 具体内容参见《证券法》(2014 年修订)的相关条款的内容。

不准的事情都采取了回避的态度,或者作了简单但是操作性不强的规定,如国有股和法人股流通的问题、A 股和 B 股分立解决的问题、对其与《公司法》中关于证券发行内容的协调问题、是否允许证券公司为客户提供融资的问题、上市公司的收购问题、场外交易市场的问题、证券公司委托理财业务的规范问题、关联交易的问题、证券市场监管机构应该享有哪些权利和承担哪些义务的问题、证券市场民事赔偿责任问题等。

正是基于上述问题,1998 年颁布的《证券法》是一个阶段性法律,它在证券市场的制度创新与促进市场健康发展方面略显不足,存在众多缺陷;这些不足和缺陷在日后都随着证券市场问题的暴露而凸显,故《证券法》从一开始就不乏批判者的声音。证券法开始实施后不久,有关方面就开始酝酿证券法的修改事宜。2004 年 8 月,在《行政许可法》生效后,取消了证券法中有关行政机关干预股票定价的规定。2005 年 10 月,立法机关对证券法进行了大规模的修改,删减了 27 条,同时增加了 53 条,修改的内容在 70% 以上;而且结构上也进行了调整,将公司法的一部分内容如暂停交易、恢复上市等放入证券法之中,使修改后的证券法由原来的 214 条增加到 240 条。修改的内容主要集中在投资者利益保护、市场及其创新空间的扩大、证券发行与上市制度的完善、上市公司的治理结构与监管、证券公司的规范、证券交易所及结算制度的完善、证券监管制度的完善和对证券活动中违法者法律责任的强化等方面。修改后的证券法修改了原证券法的诸多不足,比较符合现行证券市场发展的需求。

《证券法》演进的大概历程如下:

1998 年 12 月 29 日,第九届全国人民代表大会常务委员会第六次会议通过,1998 年 12 月 29 日中华人民共和国主席令第十二号公布,自 1999 年 7 月 1 日起施行。

2004 年 8 月 28 日,第十届全国人民代表大会常务委员会第十一次会议通过《关于修改〈中华人民共和国证券法〉的决定》,自公布之日起施行。

2005 年 10 月 27 日,中华人民共和国第十届全国人民代表大会常务委员会第十八次会议通过《证券法》,现将修订后的《证券法》公布,自 2006 年 1 月 1 日起施行。

2013 年 6 月 29 日,第十二届全国人民代表大会常务委员会第三次会议通过《关于修改〈中华人民共和国文物保护法〉等十二部法律的决定》,现予公布,自公布之日起施行。

修改如下:

将第一百二十九条第一款修改为："证券公司设立、收购或者撤销分支机构，变更业务范围，增加注册资本且股权结构发生重大调整，减少注册资本，变更持有百分之五以上股权的股东、实际控制人，变更公司章程中的重要条款，合并、分立、停业、解散、破产，必须经国务院证券监督管理机构批准。"

会议通过《关于授权国务院在实施股票发行注册制①改革中调整适用〈中华人民共和国证券法〉有关规定的决定（草案）》。草案明确，在决定施行之日起两年内，授权对拟在上海证券交易所、深圳证券交易所上市交易的股票公开发行实行注册制度。待全国人大常委会授权后，有关部门将制定相关规则，在公开征求意见后实施，并加强事中事后监管，切实保护投资者合法权益。②现行《证券法》（2013年修改）共240条。2014年又进行了修改，将监管机构参与的事务进一步减少，让证券交易主体依据意思自治原则依法自主交易。如将2013年《证券法》的第90.1款（在有关期限内，国务院证券监督管理机构发现上市公司收购报告书不符合法律、行政法规规定的，应当及时告知收购人，收购人不得公告其收购要约③）删去，将第91.1款的"收购人需要变更收购要约的，必须事先向国务院证券监督管理机构及证券交易所提出报告，经批准后，予以公告"改为"收购人需要变更收购要约的，必须及时公告，载明具体变更事项"即是例子。④

但不可否认的是，《证券法》在过去的近20年中，对中国证券市场的发展与规范功不可没。它在规范证券发行和证券交易、保护投资者合法权益、维护证券

---

① 证券发行注册制又叫"申报制"或"形式审查制"，是指政府对发行人发行证券，事先不作实质性审查，仅对申请文件进行形式审查，发行者在申报申请文件以后的一定时期以内，若没有被政府否定，即可以发行证券。证券监管机构虽有权行使一定的行政职能，但主要是审查证券发行相关资料是否属实或有无重大缺陷，审查申请人对信息披露义务的履行情况等，但无权对证券发行行为及证券本身作出价值判断，也无权决定所发行证券的品质条件。拟发行证券的发行人，必须将依法应当公开的，与所发行证券有关一切信息和资料，合理制成法律文件并公诸于众，其应对公布资料的真实性、全面性、准确性负责，公布的内容不得含有虚假陈述、重大遗漏或信息误导。

② 李克强总理主持召开国务院常务会议，新华网，引用日期2015年12月14日。

③ 这种行为本身就应该由有关主体负责，对照法律，如果有不实行为，后果自负；监管机构对此要负有"发现"纯属多此一举。

④ 其他三项修改为：（一）将第八十九条第一款中的"事先向国务院证券监督管理机构报送"修改为"公告"，第一款第八项中的"报送"修改为"公告"。删去第二款。（四）将第一百零八条、第一百三十一条第二款中的"有《中华人民共和国公司法》第一百四十七条规定的情形"修改为"有《中华人民共和国公司法》第一百四十六条规定的情形"。（五）删去第二百一十三条中的"报送上市公司收购报告书"和"或者擅自变更收购要约"。参见全国人民代表大会常务委员会关于修改《中华人民共和国保险法》等五部法律的决定（2014年主席令第14号）。

市场秩序、促进经济发展等方面都起到了积极的作用。《证券法》在总结先前证券市场经验和吸收原先行政法规内容的基础上，以法律的形式确立了证券市场的合法地位，规定了证券市场三公原则等基本原则，并且在证券发行、证券交易、上市公司收购以及有关证券市场参与主体等方面做了框架性的、符合当时中国国情的规定，同时它还确立了证券市场的主管机构，防止了政出多门和多头管理。这些在保护证券市场各方参与主体方面的合法权益、规范证券市场运作方面都起到了一个基本法的应有作用。更值一提的是，正是《证券法》开始改变之前计划色彩浓厚的证券发行额度审批制，确立了一段时间国际通行的证券发行核准制，现在正在向注册制方向努力。以上规定为证券市场的发展及后来相关方面的修改提供了坚实的基础。

此外与证券行业直接相关的还有《证券投资基金法（2015 年修正）》①，限于篇幅，本章不作分析和讨论。

第一节　证券、证券市场与证券法

一、证券的概念及其特征

（一）证券的概念

对证券概念的定义，目前理论界尚无统一的认识，但通常将其理解成"证明有关经济权利的凭证"，即发行人依照法律、行政法规的规定，经批准签发的表示一定财产权的凭证。②它有广义和狭义之分。广义的证券一般指财物证券（如货运单、提单等）、货币证券（如支票、汇票、本票等）和资本证券，而狭义上通常是指股票、债券等有关资本证券。

各国或地区均在证券法中规定这一概念的范围，如美国、日本、韩国及我国台湾地区等。③其中以美国最为详尽，且通过大量的案例不断地丰富发展，以使

---

① 2003 年 10 月通过，后经 2012 年 12 月和 2015 年 4 月两次修改。2015 年修改后的《投资基金法》共 15 章 155 条。

② 全国人大常委会办公厅研究室编写组：《证券法应用指南》，改革出版社 1999 年版，第 5 页。

③ 参见 15U.S.C 77b(Sec2. Of Securities ACT. of 1933)，《日本证券交易法》(1992)第 2 条，《台湾证券交易法》(1989)第 6 条及 Young Moo Shin, *Securities Regulations In Korea*, University of Washington Press & Seoul National University Press 1983，p.115.

自己的概念尽可能地完善。美国司法实践认为证券的性质、归类、法律上的形式及其归属公法或私法范畴等均不重要，而注重其对投资者利益的影响和证券本身的互易性。①一般认为它是"用以确立代表和证明某一项或多项财产权的书面法律凭证，不仅记载一定的权利而且其本身就代表一定的权利"，通常包括商品证券、货币证券和资本证券即投资者具有收益请求权利的有价证券如股票、公司债券、国库券等。②显然美国对证券采用广义之定义。

我国《证券法》第 2 条规定："在中华人民共和国境内，股票、公司债券和国务院依法认定的其他证券的发行和交易，适用本法。本法未规定的，适用《中华人民共和国公司法》和其他法律、行政法规的规定。政府债券、证券投资基金份额的上市交易，适用本法；其他法律、行政法规另有规定的，适用其规定。证券衍生品种发行、交易的管理办法，由国务院依照本法的原则规定。"③与原证券法采用的狭义之定义相比，修改后的证券之定义向广义方面发展，拓展了证券市场的发展空间，体现了证券法推动创新的制度价值。

我国目前在市场上发行和流通的资本证券主要包括：

从上海、深圳两家证券交易所所交易的品种看，这些品种上海的有：股票、基金、债券和股票期权；深圳的有：股票、基金、债券（含可转换债券）、ETF④、优先股等。

1. 股票

股票是股份有限公司发行的证明股东权利义务的、可转让的要式有价证券。《公司法》规定股票是公司签发的证明股东所持股份的凭证；⑤它采用纸面形式或者国务院证券管理部门规定的其他形式。⑥在我国，目前按照股票认购投资者

---

① Thomas Lee Hazen, *The Law of Securities Regulation*, pp.22-40.

② 参见徐开墅主编：《民商法辞典》，上海人民出版社 1997 年版，第 354 页；邹瑜等主编：《法学大辞典》，中国政法大学出版社 1991 年版，第 804 页。

③ 1998 年制定的《证券法》规定的证券为"股票、公司债券和国务院认定的其他证券，但政府债券不包括在其中"。参见全国人大常委会办公厅研究室编写组：《证券法应用指南》，改革出版社 1999 年版，第 4—6 页。

④ 其全称 Exchange Traded Funds，即交易型开放式指数基金，通常又被称为交易所交易基金（简称"ETF"），是一种在交易所上市交易的、基金份额可变的一种开放式基金。上海证券交易所将其归入基金中。

⑤ 《公司法》(2014 年修订)第 125.2 款。

⑥ 《公司法》(2014 年修订)第 128 条。

身份和上市地点的不同,它可以分为在境内上市的内资股(A 股①)、在境内上市的外资股(B 股②)和在境外上市的外资股(如 H 股、N 股、S 股等③)三类。它具有权利性(含收益性)、非返还性、风险性、变现性、流通性等特征。

2. 证券投资基金

证券投资基金是指其发起人向社会公众发行,表明持有人对基金享有收益分配权和其他相关权利的有价证券。它事实上是一种利益共享、风险共担的集合投资方式,即通过发行基金单位,集中投资者的资金,由基金托管人管理和运用,从事各种各样的股票债券等金融工具投资的方式;投资收益归属于原投资者所有,基金管理者只收取一定的服务费用。基金可分为开放式基金(又称共同基金)和封闭式基金。前者指基金规模不固定,基金单位可随时向投资者出售,也可应投资者要求买回的运作方式;后者有固定的存续期,期间基金规模固定,一般在证券交易场所上市交易,投资者可通过二级市场买卖基金单位。它们构成了基金的两种基本运作方式。

3. 债券

债券是指政府、金融机构以及企业或公司为募集资金按照法定程序向社会公众发行的、保证在规定的时间内向债券持有人还本付息的有价证券。④按照发行主体的不同,它可以分为政府债券(包括国库券、财政债券、建设公债、特种债等)、公司、企业债券、金融债券等。债券具有风险性小和流通性强等特点。可转换公司债券也是债券的一种,意指上市公司和重点国有企业依照法定程序发行,在一定期间内依照约定的条件可以转换成股份的公司债券。

4. 国务院依法认定的其他证券

此为弹性规定,是开放式条款,用以应对不断发展的证券市场的需要,如证券衍生品种的发行、交易及股指期权、证券期货的交易等。

---

① A 股的正式名称是人民币普通股票。它是由我同境内的上市公司发行,供境内机构、组织或个人(不含台、港、澳投资者)以人民币认购和交易的普通股股票,1990 年,我国 A 股股票一共仅有 10 只至 2017 年 5 月有 3 000 多只。

② B 股的正式名称是人民币特种股票,它是以人民币标明面值,以外币认购和买卖,在境内(上海、深圳)证券交易所上市交易的。它的投资人限于:外国的自然人、法人和其他组织,香港、澳门、台湾地区的自然人、法人和其他组织,定居在国外的中国公民等。

③ H 股,即注册地在内地、上市地在香港的外资股。香港的英文是 Hongkong,取其字首,在港上市外资股就叫做 H 股。依此类推,纽约的第一个英文字母是 N,新加坡的第一个英文字母是 S;纽约和新加坡上市的股票就分别叫做 N 股和 S 股。

④ 参见《公司法》(2014 年修订)第 153 条。

（二）证券的特征

1. 证券是一种具有投资性质的财产权凭证

证券持有人是投资者，他以追求投资回报最大化、增加个人财产为目的；它为证权证券而非设权证券。同时，证券均代表一定的财产权，是具有特定物质内容的财产关系的法律表现形式，直接涉及其持有人的财产利益。这种利益是一种有待实现的利益。证券不反映人身权的内容。

2. 证券是一种要式凭证

证券不同于其他财产权的表现形式，具有显著的要式特征；它是一种具有严格形式要求的、规范化的书面凭证，是一种由发行人依法经特定政府机构批准而发行的财产权凭证；对其形式的统一性要求如券样（其具体形态）、券面记载的内容、其印制程序和机构及相应的监督管理等均有严格的法律规定。

3. 证券是一种占有凭证

证券权利的实现与证券的持有直接相关。一般而言，证券权利的行使及证券权利人的交易应以占有证券为前提。但这种占有在信息技术特别是数据技术发展的今天，已不同于传统的占有，通过无纸化形式交易的占有已无需对纸样"票面凭证"载体的物理占有，而为"磁卡"形式的虚拟占有——数据密码的控制。今天，在网络和发达的信息技术下，它以数字化形式存在，"磁卡"也可以不需要了，投资者在某一个或几个证券公司的网络平台上拥有账户用户名和密码，根据相应的操作程序，可以用数字指令方式购买股票和进行交易。

4. 证券是一种可流通凭证

证券的权利可以依法转让，其过程表现为证券的转让，即买卖、赠与、借贷等。通过证券的转让可以产生其记载权利转让的法律效果，即变现等。这一特性使证券权利人拥有了享有证券上的物质利益和处分证券并从中获益的选择权。

二、证券市场

证券市场是指有价证券发行与流通市场以及与此相对应的组织与管理方式的总称。我国证券法既调整证券发行也调整证券交易行为，即它既调整证券发行市场，也调整证券交易市场。狭义的证券市场就是指证券发行和交易的场所。在证券市场上，各类证券得以发行和交易，发行主体能够募集到其所需要的资金，投资主体依法获取其风险利益。在现代成熟的市场经济中，证券市场是完整的市场体系的重要组成部分，在相当程度上是一国经济发展的晴雨表。

证券发行是指发行人以筹集资金为目的,向投资者出售代表一定权利的有价证券的活动,它是证券交易得以进行的前提和基础。证券发行活动形成的市场被称为一级市场。其功能在于:一方面为资金需求者提供募集资金的渠道;另一方面为潜在投资者提供投资场所。发行市场主要由证券发行人、投资者和中介机构等构成。发行人可以是政府、金融机构、公司,也可以是其他公共机构,但主要是公司;投资者可以是自然人,也可以是机构;中介机构有证券公司、会计事务所、律师事务所、资产评估机构等。

证券交易是指对依法发行的证券进行买卖、转让等行为;其相关活动形成的证券交易市场被称为二级市场。其功能在于为证券持有人提供随时转让、变卖所持证券进行变现的机会,并为新的潜在投资者提供投资机会,促进证券的流通。实际上,"证券发行"也是一种交易,不过其交易对象不是投资者之间而为投资者和"发行人"之间。因此,广义上的交易应为"发行"与狭义上的"交易"。证券交易的形式主要有两种:证券交易所交易与场外交易市场交易。它们各自有不同的交易条件和规则,前者的交易价格通过集中的方式产生,而后者的交易价格通过双方协商产生。

证券市场的主体除上面提到的证券发行人、投资者、中介机构外,还应涉及交易场所(如证券交易所)以及自律性组织与监督管理机构等。

三、证券法的概念及其渊源

证券法是调整我国证券的募集、发行、交易及其相关的行为的基本法律,也是规范证券交易所、证券公司、证券登记结算机构、证券交易服务机构、证券业协会和证券监督管理机构等主体的法律地位及行为能力的基本法律。它有广义和狭义之分。前者指证券募集、发行、交易、服务以及对证券市场进行监督管理的所有法律法规的总称,它除《证券法》外,还包括其他法律(如《公司法》《合伙企业法》《证券投资基金法》《商业银行法》《保险法》和一般的民事法律等)中有关证券管理的内容、国务院有关证券管理的行政法规、有关证券管理的部门规章、有关证券管理的地方性法规和规章,以及证券交易所等有关证券组织依法制定的业务和行业活动准则等。即广义的证券法是指一切与证券有关的法律规范的总称,包括公法和私法方面的法律规范,前者如行政法中有关证券违规行为的规定和刑法中有关证券犯罪的规定等,后者如民法、商法等中有关证券的规定;它也可理解为在狭义证券法没有规定的情况下,可以适用的相关法律及行政法规。

狭义的证券法是指专门调整证券关系的法律,本书讨论的证券法限于狭义上的概念。其主要内容为：立法的宗旨与基本原则、调整范围、证券的发行、证券的交易、信息披露制度、禁止交易行为、上市公司收购、证券交易所、证券公司、证券登记结算机构、证券交易服务机构、监督管理体制、证券业协会和法律责任等。[①]

因为证券法在对人（主体）的效力上主要适用于证券发行人、证券投资者、证券交易所、中介服务机构及证券监管机构、证券业协会等，在对事（行为）的效力方面主要以证券的发行和交易为调整对象，并非调整所有的商事行为及商事关系，故证券法在我国的地位应相当于商法的特别法。由于公司法调整的对象是重要的商事主体之一——公司，而证券法尽管也调整政府证券和其他流通证券，但主要是调整公司企业的证券（如公司股票和债券等），故其与公司法存在着交叉关系。[②]不过证券法侧重于保护投资者利益，为此它不仅规范上市公司（股份有限公司中较高级的企业组织形态）、股东行为，也要规范证券公司、中介机构及监督机构等的行为；而公司法注重于公司的组织及其行为，也涉及对投资者利益的保护，但更多的是平等保护公司、股东及债权人的利益。两者交叉集中的点为股票的发行和转让。

证券法的两个典型特征如下：一是证券法主要围绕证券的发行、交易和监管及相关主体的权利和义务等进行规定，体现了其为行为法和实体法的特征。二是证券发行、交易等方面必须遵循严格的程序并满足法律规定硬性条件，同时也界定了相关当事人在程序中的权利义务，这又体现了其强制法和程序法相结合的特征。因此，证券法是实体法与程序法相统一的一部法律。

现行证券法在我国市场经济发展中将起到积极作用，但不可否认，随着我们市场经济体制的不断健全和市场经济发展的深入，其存在的不足仍会日渐突出，在一定程度上不能完成它所应完成的任务，难以适应发展的需求，故对其修改和完善也需与时俱进。

第二节　证券发行、交易和服务的机构

证券发行、交易和服务的机构主要有证券交易所、证券公司、证券登记结算机构、证券发行和交易服务机构和证券业协会等。下文分别介绍和论述这些机构。

---

① 　参见《证券法》（2014 年修订）。

② 　王成儒等著：《证券法概论》，山东人民出版社 2003 年版，第 13 页。

一、证券交易所

证券交易所是依据一国或一个地区有关法律,经其政府证券主管机关批准设立的集中进行证券交易的有形场所或物理空间。在我国大陆,它是为证券集中交易提供场所和设施,组织和监督证券交易,实行自律管理的法人;其设立和解散,由国务院决定。[①]在我国目前有四个,即上海证券交易所、深圳证券交易所与香港交易所(1891 年设立,当时称"香港股票经纪协会")、台湾证券交易所(1961 年设立)。本书主要介绍前两者,它们分别设立于 1990 年 12 月和 1991年 7 月。

(一) 职能

依据我国证券法规定,证券交易所的具体职能如下:

(1)证券交易所应当为组织公平的集中交易提供保障,即时公布证券交易行情,并按交易日制作证券市场行情表,予以公布。未经证券交易所许可,任何单位和个人不得发布证券交易即时行情。[②]

(2)因突发性事件而影响证券交易的正常进行时,证券交易所可以采取技术性停牌的措施;因不可抗力的突发性事件或者为维护证券交易的正常秩序,证券交易所可以决定临时停市。证券交易所采取技术性停牌或者决定临时停市,必须及时报告国务院证券监督管理机构。[③]

(3)证券交易所对在交易所进行的证券交易实行实时监控,并按照国务院证券监督管理机构的要求,对异常的交易情况提出报告。[④]

(4)证券交易所应当对上市公司及相关信息披露义务人披露信息进行监督,督促其依法及时、准确地披露信息。证券交易所根据需要,可以对出现重大异常交易情况的证券账户限制交易,并报国务院证券监督管理机构备案。[⑤]

(5)证券交易所应当依照证券法律、行政法规制定上市规则、交易规则、会员管理规则和其他有关规则,并报国务院证券监督管理机构批准。[⑥]

此外,证券交易所应当从其收取的交易费用和会员费、席位费中提取一定比例的金额设立风险基金。风险基金由证券交易所理事会管理。风险基金提

[①②] 《证券法》(2014 年修订)第 113 条。

[③] 《证券法》(2014 年修订)第 114 条。

[④] 《证券法》(2014 年修订)第 115 条第 1 款。

[⑤] 《证券法》(2014 年修订)第 115 条第 2 款、第 3 款。

[⑥] 《证券法》(2014 年修订)第 118 条。

取的具体比例和使用办法,由国务院证券监督管理机构会同国务院财政部门规定。①

（二）证券交易所及其工作人员的限制性规定

证券交易所及其工作人员应当遵循以下要求:证券交易所应当将收存的风险基金存入开户银行专门账户,不得擅自使用。②证券交易所负责人和其他从业人员在执行与证券交易有关的职务时,与其本人或者其亲属有利害关系的,应当回避。③在证券交易所内从事证券交易的人员,违反证券交易所有关交易规则的,由证券交易所给予纪律处分;对情节严重的,撤销其资格,禁止其入场进行证券交易。④证券交易所对按照依法制定的交易规则进行的交易,不得改变其交易结果。对交易中违规交易者应负的民事责任不得免除;在违规交易中所获利益,依照有关规定处理。⑤

二、证券公司

我国《证券法》所称证券公司是指依照《公司法》和《证券法》规定设立的经营证券业务的有限责任公司或者股份有限公司。⑥其设立必须经国务院证券监督管理机构审查批准。未经国务院证券监督管理机构批准,任何单位和个人不得经营证券业务。⑦

（一）证券公司设立的条件及经营范围

按《证券法》规定,设立证券公司,应当具备下列条件:(1)有符合法律、行政法规规定的公司章程;(2)主要股东具有持续盈利能力,信誉良好,最近三年无重大违法违规记录,净资产不低于人民币二亿元;(3)有符合证券法规定的注册资本;(4)董事、监事、高级管理人员具备任职资格,从业人员具有证券从业资格;(5)有完善的风险管理与内部控制制度;(6)有合格的经营场所和业务设施;(7)法律、行政法规规定的和经国务院批准的国务院证券监督管理机构规定的其他条件。⑧

---

① 《证券法》(2014 年修订)第 116 条。
② 《证券法》(2014 年修订)第 117 条。
③ 《证券法》(2014 年修订)第 119 条。
④ 《证券法》(2014 年修订)第 121 条。
⑤ 《证券法》(2014 年修订)第 120 条。
⑥ 《证券法》(2014 年修订)第 123 条。
⑦ 《证券法》(2014 年修订)第 122 条。
⑧ 《证券法》(2014 年修订)第 124 条。

经国务院证券监督管理机构批准,证券公司可以经营下列部分或者全部业务:(1)证券经纪;(2)证券投资咨询;(3)与证券交易、证券投资活动有关的财务顾问;(4)证券承销与保荐;(5)证券自营;(6)证券资产管理;(7)其他证券业务。①

(二)注册资本与设立

证券法对不同经营范围的证券公司的注册资本作出不同的规定,经营范围越广,其注册资本要求就越高,这对保护投资者合法权益、降低相关证券市场活动主体的风险有着积极意义。证券法规定,证券公司经营证券经纪、证券投资咨询和与证券交易、证券投资活动有关的财务顾问业务的,注册资本最低限额为人民币五千万元;经营证券承销与保荐、证券自营、证券资产管理或其他证券业务项业务之一的,注册资本最低限额为人民币一亿元;经营证券承销与保荐、证券自营、证券资产管理或其他证券业务项中两项以上的,注册资本最低限额为人民币五亿元。证券公司的注册资本应当是实缴资本。②国务院证券监督管理机构根据审慎监管原则和各项业务的风险程度,可以调整注册资本最低限额,但不得少于上述规定的限额。③

国务院证券监督管理机构应当自受理证券公司设立申请之日起六个月内,依照法定条件和法定程序并根据审慎监管原则进行审查,作出批准或者不予批准的决定,并通知申请人;不予批准的,应当说明理由。证券公司设立申请获得批准的,申请人应当在规定的期限内向公司登记机关申请设立登记,领取营业执照。证券公司应当自领取营业执照之日起十五日内,向国务院证券监督管理机构申请经营证券业务许可证。未取得经营证券业务许可证,证券公司不得经营证券业务。④

证券公司设立、收购或者撤销分支机构,变更业务范围或者注册资本,变更持有百分之五以上股权的股东、实际控制人,变更公司章程中的重要条款,合并、分立、变更公司形式、停业、解散、破产,必须经国务院证券监督管理机构批准。证券公司在境外设立、收购或者参股证券经营机构,必须经国务院证券监督管理机构批准。⑤

---

① 《证券法》(2014 年修订)第 125 条。
② 《证券法》(2014 年修订)第 127 条第 1 款。
③ 《证券法》(2014 年修订)第 127 条第 2 款。
④ 《证券法》(2014 年修订)第 128 条。
⑤ 《证券法》(2014 年修订)第 129 条。

（三）对证券公司从业人员的规定

《证券法》规定，证券公司的董事、监事、高级管理人员，应当正直诚实，品行良好，熟悉证券法律、行政法规，具有履行职责所需的经营管理能力，并在任职前取得国务院证券监督管理机构核准的任职资格。有下列情形之一的，不得担任证券公司的董事、监事、高级管理人员：(1)无民事行为能力或者限制民事行为能力；(2)因贪污、贿赂、侵占财产、挪用财产或者破坏社会主义市场经济秩序，被判处刑罚，执行期满未逾五年，或者因犯罪被剥夺政治权利，执行期满未逾五年；(3)担任破产清算的公司、企业的董事或者厂长、经理，对该公司、企业的破产负有个人责任的，自该公司、企业破产清算完结之日起未逾三年；(4)担任因违法被吊销营业执照、责令关闭的公司、企业的法定代表人，并负有个人责任的，自该公司、企业被吊销营业执照之日起未逾三年；(5)个人所负数额较大的债务到期未清偿；(6)因违法行为或者违纪行为被解除职务的证券交易所、证券登记结算机构的负责人或者证券公司的董事、监事、高级管理人员，自被解除职务之日起未逾五年；(7)因违法行为或者违纪行为被撤销资格的律师、注册会计师或者投资咨询机构、财务顾问机构、资信评级机构、资产评估机构、验证机构的专业人员，自被撤销资格之日起未逾五年。①

因违法行为或者违纪行为被开除的证券交易所、证券登记结算机构、证券服务机构、证券公司的从业人员和被开除的国家机关工作人员，不得招聘为证券公司的从业人员。②同时，国家机关工作人员和法律、行政法规规定的禁止在公司中兼职的其他人员，不得在证券公司中兼任职务。③

（四）证券公司经营活动及其义务

证券公司依法享有自主经营的权利，其合法经营不受干涉。它们在经营活动中，应当建立健全内部控制制度，采取有效隔离措施，防范公司与客户之间、不同客户之间的利益冲突；它们必须将其证券经纪业务、证券承销业务、证券自营业务和证券资产管理业务分开办理，不得混合操作。④

证券公司从事自营业务时，必须以自己的名义进行，不得假借他人名义或者以个人名义进行。证券公司的自营业务必须使用自有资金和依法筹集的资金。⑤

---

① （一）至（五）是《公司法》第 146 条的规定，(六)、(七)是《证券法》第 131 条的规定。
② 《证券法》(2014 年修订)第 132 条。
③ 《证券法》(2014 年修订)第 133 条。
④ 《证券法》(2014 年修订)第 136 条。
⑤ 《证券法》(2014 年修订)第 137 条。

证券公司办理经纪业务,应当置备统一制定的证券买卖委托书,供委托人使用。采取其他委托方式的,必须作出委托记录。客户的证券买卖委托,不论是否成交,其委托记录应当按照规定的期限,保存于证券公司。①

证券公司接受证券买卖的委托,应当根据委托书载明的证券名称、买卖数量、出价方式、价格幅度等,按照交易规则代理买卖证券,如实进行交易记录;买卖成交后,应当按照规定制作买卖成交报告单交付客户。②证券公司根据投资者的委托,按照证券交易规则提出交易申报,参与证券交易所场内的集中交易,并根据成交结果承担相应的清算交收责任;证券登记结算机构根据成交结果,按照清算交收规则,与证券公司进行证券和资金的清算交收,并为证券公司客户办理证券的登记过户手续。③证券交易中确认交易行为及其交易结果的对账单必须真实,并由交易经办人员以外的审核人员逐笔审核,保证账面证券余额与实际持有的证券相一致。④证券公司为客户买卖证券提供融资融券服务,应当按照国务院的规定并经国务院证券监督管理机构批准。⑤

证券公司应当妥善保存客户开户资料、委托记录、交易记录及与内部管理、业务经营有关的各项资料,任何人不得隐匿、伪造、篡改或者毁损。上述资料的保存期限不得少于二十年。⑥证券公司应当按照规定向国务院证券监督管理机构报送业务、财务等经营管理信息和资料。国务院证券监督管理机构有权要求证券公司及其股东、实际控制人在指定的期限内提供有关信息、资料。证券公司及其股东、实际控制人向国务院证券监督管理机构报送或者提供的信息、资料,必须真实、准确、完整。⑦

国家设立证券投资者保护基金。证券投资者保护基金由证券公司缴纳的资金及其他依法筹集的资金组成,其筹集、管理和使用的具体办法由国务院规定。⑧这一规定对保护投资者权益意义重大,是证券法修改后的亮点之一,通过这种事前保护制度来重新赢得潜在投资者对证券市场的信心,有着重大作用。

----

① 《证券法》(2014年修订)第140条。
② 《证券法》(2014年修订)第141条。
③ 《证券法》(2014年修订)第112条。
④ 《证券法》(2014年修订)第141条第2款。
⑤ 《证券法》(2014年修订)第142条。
⑥ 《证券法》(2014年修订)第147条。
⑦ 《证券法》(2014年修订)第148条。
⑧ 《证券法》(2014年修订)第134条。

证券公司从每年的税后利润中提取交易风险准备金,用于弥补证券交易的损失,其提取的具体比例由国务院证券监督管理机构规定。①

证券公司客户的交易结算资金应当存放在商业银行,以每个客户的名义单独立户管理。具体办法和实施步骤由国务院规定。②

（五）对证券公司的禁止性规定及其违反义务的处理

《证券法》规定,证券公司不得将其自营账户借给他人使用;③不得为其股东或者股东的关联人提供融资或者担保;④不得将客户的交易结算资金和证券归入其自有财产。也禁止任何单位或者个人以任何形式挪用客户的交易结算资金和证券。证券公司破产或者清算时,客户的交易结算资金和证券不属于其破产财产或者清算财产。非因客户本身的债务或者法律规定的其他情形,不得查封、冻结、扣划或者强制执行客户的交易结算资金和证券。⑤

证券公司办理经纪业务,不得接受客户的全权委托而决定证券买卖、选择证券种类、决定买卖数量或者买卖价格;⑥不得以任何方式对客户证券买卖的收益或者赔偿证券买卖的损失作出承诺。⑦

证券公司及其从业人员不得未经过其依法设立的营业场所私下接受客户委托买卖证券;⑧证券公司的从业人员在证券交易活动中,执行所属的证券公司的指令或者利用职务违反交易规则的,由所属的证券公司承担全部责任。⑨证券公司的董事、监事、高级管理人员未能勤勉尽责,致使证券公司存在重大违法违规行为或者重大风险的,国务院证券监督管理机构可以撤销其任职资格,并责令公司予以更换。⑩

证券公司的净资本或者其他风险控制指标不符合规定的,国务院证券监督管理机构应当责令其限期改正;逾期未改正,或者其行为严重危及该证券公司的稳健运行、损害客户合法权益的,国务院证券监督管理机构可以区别情形,对其

---

① 《证券法》(2014 年修订)第 135 条。
② 《证券法》(2014 年修订)第 139 条。
③ 《证券法》(2014 年修订)第 137 条第 3 款。
④ 《证券法》(2014 年修订)第 130 条第 2 款。
⑤ 《证券法》(2014 年修订)第 139 条第 2 款。
⑥ 《证券法》(2014 年修订)第 143 条。
⑦ 《证券法》(2014 年修订)第 144 条。
⑧ 《证券法》(2014 年修订)第 145 条。
⑨ 《证券法》(2014 年修订)第 146 条。
⑩ 《证券法》(2014 年修订)第 152 条。

采取下列措施:(1)限制业务活动,责令暂停部分业务,停止批准新业务;(2)停止批准增设、收购营业性分支机构;(3)限制分配红利,限制向董事、监事、高级管理人员支付报酬、提供福利;(4)限制转让财产或者在财产上设定其他权利;(5)责令更换董事、监事、高级管理人员或者限制其权利;(6)责令控股股东转让股权或者限制有关股东行使股东权利;(7)撤销有关业务许可。

证券公司整改后,应当向国务院证券监督管理机构提交报告。国务院证券监督管理机构经验收,符合有关风险控制指标的,应当自验收完毕之日起三日内解除对其采取的前款规定的有关措施。①

证券公司的股东有虚假出资、抽逃出资行为的,国务院证券监督管理机构应当责令其限期改正,并可责令其转让所持证券公司的股权。在前款规定的股东按照要求改正违法行为、转让所持证券公司的股权前,国务院证券监督管理机构可以限制其股东权利。②

证券公司违法经营或者出现重大风险,严重危害证券市场秩序、损害投资者利益的,国务院证券监督管理机构可以对该证券公司采取责令停业整顿、指定其他机构托管、接管或者撤销等监管措施。③在证券公司被责令停业整顿、被依法指定托管、接管或者清算期间,或者出现重大风险时,经国务院证券监督管理机构批准,可以对该证券公司直接负责的董事、监事、高级管理人员和其他直接责任人员采取以下措施:通知出境管理机关依法阻止其出境;申请司法机关禁止其转移、转让或者以其他方式处分财产,或者在财产上设定其他权利。④

[案例] 银广厦股票盗卖案。原告股民杜某某股票账户上的爱建股份12 000 股和华东医药 10 000 股,在其并不知情的情况下,于 2001 年 9 月 12 日分别被盗卖,并同时被分两笔盗卖为 17 000 股的银广厦,成交价格为 22.45 元,直接经济损失达到 30 万元左右。原告要求银河证券北京安外营业部赔偿其损失,其中包括:被告返还被盗卖的股票爱建股份 12 000 股和华东医药 10 000 股,以及这段时间的红利和红股;赔偿相关经济损失;赔偿这四笔交割买卖的过户费和印花税及过户费;赔偿原告的精神损失;被告承担全部的诉讼费用。

问题:该案如何处理?

---

① 《证券法》(2014 年修订)第 150 条。
② 《证券法》(2014 年修订)第 151 条。
③ 《证券法》(2014 年修订)第 153 条。
④ 《证券法》(2014 年修订)第 154 条。

三、证券登记结算机构

证券登记结算机构是为证券交易提供集中登记、存管与结算服务，不以营利为目的的法人；其设立必须经国务院证券监督管理机构批准。①

设立证券登记结算机构，应当具备下列条件：(1)自有资金不少于人民币两亿元；(2)具有证券登记、存管和结算服务所必须的场所和设施；(3)主要管理人员和从业人员必须具有证券从业资格；(4)国务院证券监督管理机构规定的其他条件。证券登记结算机构的名称中应当标明证券登记结算字样。②

证券登记结算机构履行下列职能：证券账户、结算账户的设立；证券的存管和过户；证券持有人名册登记；证券交易所上市证券交易的清算和交收；受发行人的委托派发证券权益；办理与上述业务有关的查询；国务院证券监督管理机构批准的其他业务。其结算采取全国集中统一的运营方式。

证券登记结算机构义务如下：不得挪用客户的证券；③应当向证券发行人提供证券持有人名册及其有关资料；应当根据证券登记结算的结果，确认证券持有人持有证券的事实，提供证券持有人登记资料；证券登记结算机构应当保证证券持有人名册和登记过户记录真实、准确、完整，不得隐匿、伪造、篡改或者毁损。④证券登记结算机构应当采取下列措施保证业务的正常进行：(1)具有必备的服务设备和完善的数据安全保护措施；(2)建立完善的业务、财务和安全防范等管理制度；(3)建立完善的风险管理系统。⑤证券登记结算机构应当妥善保存登记、存管和结算的原始凭证及有关文件和资料。其保存期限不得少于二十年。⑥

证券登记结算机构应当设立结算风险基金，用于垫付或者弥补因违约交收、技术故障、操作失误、不可抗力造成的证券登记结算机构的损失。证券结算风险基金从证券登记结算机构的业务收入和收益中提取，并可以由结算参与人按照证券交易业务量的一定比例缴纳。证券结算风险基金的筹集、管理办法，由国务院证券监督管理机构会同国务院财政部门规定。⑦证券结算风险基金应当存入

---

① ④　《证券法》(2014 年修订)第 160 条。

②　《证券法》(2014 年修订)第 156 条。

③　《证券法》(2014 年修订)第 159 条第 2 款。

⑤　《证券法》(2014 年修订)第 161 条。

⑥　《证券法》(2014 年修订)第 162 条。

⑦　《证券法》(2014 年修订)第 163 条。

指定银行的专门账户，实行专项管理。证券登记结算机构以风险基金赔偿后，应当向有关责任人追偿。①证券登记结算机构为证券交易提供净额结算服务时，应当要求结算参与人按照货银对付的原则，足额交付证券和资金，并提供交收担保。在交收完成之前，任何人不得动用用于交收的证券、资金和担保物。结算参与人未按时履行交收义务的，证券登记结算机构有权按照业务规则处理前款所述财产。②

四、证券交易服务机构

证券服务业务包括证券投资咨询，证券发行及交易的咨询、策划、财务顾问、法律顾问及其他配套服务，证券资信评估服务，证券集中保管，证券清算交割服务，证券登记过户服务，证券融资及经证券管理部门认定的其他业务。证券服务机构是指依法设立的从事证券服务业务的法人机构等。根据证券投资和证券交易业务的需要，专业的证券投资咨询机构、财务顾问机构、资信评级机构、资产评估机构、会计师事务所、律师事务所、证券信息公司等交易服务机构可以从事证券服务业务，但必须经国务院证券监督管理机构和有关主管部门批准，有关它们从事证券服务业务的审批管理办法，由国务院证券监督管理机构和有关主管部门制定。

专业的证券投资咨询机构、财务顾问机构、资信评估机构的业务人员，必须具备证券专业知识和从事证券业务 2 年以上经验。认定其从事证券业务资格的标准和管理办法，由国务院证券监督管理机构制定。③

证券投资咨询机构及其从业人员不得从事下列行为：代理委托人从事证券投资；与委托人约定分享证券投资收益或者分担证券投资损失；买卖本咨询机构提供服务的上市公司股票；利用传播媒介或者通过其他方式提供、传播虚假或者误导投资者的信息；法律、行政法规禁止的其他行为。有上述所列行为之一，给投资者造成损失的，依法承担赔偿责任。④

专业的证券投资咨询机构和资信评估机构，应当按照国务院有关管理部门规定的标准或者收费办法收取服务费用。⑤证券服务机构为证券的发行、上市、

---

① 《证券法》（2014 年修订）第 164 条。
② 《证券法》（2014 年修订）第 167 条。
③ 《证券法》（2014 年修订）第 169 条。
④ 《证券法》（2014 年修订）第 171 条。
⑤ 《证券法》（2014 年修订）第 172 条。

交易等证券业务活动制作、出具审计报告、资产评估报告、财务顾问报告、资信评级报告或者法律意见书等文件,应当勤勉尽责,对所制作、出具的文件内容的真实性、准确性、完整性进行核查和验证。其制作、出具的文件有虚假记载、误导性陈述或者重大遗漏,给他人造成损失的,应当与发行人、上市公司承担连带赔偿责任,但是能够证明自己没有过错的除外。①

五、证券业协会

证券业协会是证券业的自律性组织,是社会团体法人。证券公司应当加入证券业协会;证券业协会的权力机构为由全体会员组成的会员大会。②其章程由会员大会制定,并报国务院证券监督管理机构备案。③

证券业协会履行下列职责:(1)教育和组织会员遵守证券法律、行政法规;(2)依法维护会员的合法权益,向证券监督管理机构反映会员的建议和要求;(3)收集整理证券信息,为会员提供服务;(4)制定会员应遵守的规则,组织会员单位的从业人员的业务培训,开展会员间的业务交流;(5)对会员之间、会员与客户之间发生的证券业务纠纷进行调解;(6)组织会员就证券业的发展、运作及有关内容进行研究;(7)监督、检查会员行为,对违反法律、行政法规或者协会章程的,按照规定给予纪律处分;(8)证券业协会章程规定的其他职责。④

第三节　证　券　发　行

证券发行是证券发行人与投资者之间的一种证券买卖关系,它是证券交易市场的基础和前提。现阶段我国证券发行除应当遵循《证券法》的基本原则外,还必须遵守合法性、实质管理和国家干预的原则。我国《证券法》规定,公开发行证券,必须符合法律、行政法规规定的条件,并依法报经国务院证券监督管理机构或者国务院授权的部门核准或者审批;未经依法核准或者审批,任何单位和个人不得向社会公开发行证券。公开发行是指有如下情形之一者:(1)向不特定对象发行证券;(2)向累计超过二百人的特定对象发行证券;(3)法律、行政法规规

---

① 《证券法》(2014 年修订)第 173 条。
② 《证券法》(2014 年修订)第 174 条。
③ 《证券法》(2014 年修订)第 175 条。
④ 《证券法》(2014 年修订)第 176 条。

定的其他发行行为。对于非公开发行证券,不得采用广告、公开劝诱和变相公开方式。①

一、股份有限公司发行证券应具备的条件

（一）发行股票应具备的要件②

1. 股份有限公司公开发行股票的条件

《证券法》规定,设立股份有限公司公开发行股票,应当符合《公司法》规定的条件和经国务院批准的国务院证券监督管理机构规定的其他条件,向国务院证券监督管理机构报送募股申请和下列文件:公司章程;发起人协议;发起人姓名或者名称,发起人认购的股份数、出资种类及验资证明;招股说明书;代收股款银行的名称及地址;承销机构名称及有关的协议,依照本法规定聘请保荐人的,还应当报送保荐人出具的发行保荐书。此外,法律、行政法规规定设立公司必须报经批准的,还应当提交相应的批准文件。③

2. 公司公开发行新股具备的条件

如果公司公开发行新股,应当符合下列实质条件:(1)具备健全且运行良好的组织机构;(2)具有持续盈利能力,财务状况良好;(3)最近三年财务会计文件无虚假记载,无其他重大违法行为;(4)经国务院批准的国务院证券监督管理机构规定的其他条件。上市公司非公开发行新股,应当符合经国务院批准的国务院证券监督管理机构规定的条件,并报国务院证券监督管理机构核准。④

公司公开发行新股,应当向国务院证券监督管理机构报送募股申请和下列文件:公司营业执照;公司章程;股东大会决议;招股说明书;财务会计报告;代收股款银行的名称及地址;承销机构名称及有关的协议。依照本法规定聘请保荐人的,还应当报送保荐人出具的发行保荐书。⑤

（二）股份有限公司发行债券应当具备的条件

按《证券法》规定,公开发行公司债券,应当符合下列条件:(1)股份有限公司的净资产不低于人民币三千万元,有限责任公司的净资产不低于人民币六千万元;(2)累计债券余额不超过公司净资产的百分之四十;(3)最近三年平均可分配

---

① 《证券法》(2014 年修订)第 10 条。
② 初次发行的实质要件参见《公司法》有关股份有限公司的规定。
③ 《证券法》(2014 年修订)第 12 条。
④ 《证券法》(2014 年修订)第 13 条。
⑤ 《证券法》(2014 年修订)第 14 条。

利润足以支付公司债券一年的利息;(4)筹集的资金投向符合国家产业政策;(5)债券的利率不超过国务院限定的利率水平;(6)国务院规定的其他条件。

公开发行公司债券筹集的资金,必须用于核准的用途,不得用于弥补亏损和非生产性支出。上市公司发行可转换为股票的公司债券,除应当符合第一款规定的条件外,还应当符合本法关于公开发行股票的条件,并报国务院证券监督管理机构核准。①

有下列情形之一的,不得再次公开发行公司债券:(1)前一次公开发行的公司债券尚未募足;(2)对已公开发行的公司债券或者其他债务有违约或者延迟支付本息的事实,仍处于继续状态;(3)违反本法规定,改变公开发行公司债券所募资金的用途。②这一规定有值得商榷之处,因为不加区分地仅仅因为一次没有发行成功让企业永久丧失再次发行债券的权利,显然是一个过于绝对的规定,让企业因为一次失败而不能再有机会,不利于企业的成长。

申请公开发行公司债券,应当向国务院授权的部门或者国务院证券监督管理机构报送下列文件:公司营业执照;公司章程;公司债券募集办法;资产评估报告和验资报告;国务院授权的部门或者国务院证券监督管理机构规定的其他文件。依照本法规定聘请保荐人的,还应当报送保荐人出具的发行保荐书。③

(三)有关证券发行的其他规定

1. 有关送交文件的规定

根据《证券法》规定,发行人依法申请核准发行证券所报送的申请文件的格式、报送方式,由依法负责核准的机构或者部门规定。④发行人向国务院证券监督管理机构或者国务院授权的部门报送的证券发行申请文件,必须真实、准确、完整。为证券发行出具有关文件的证券服务机构和人员,必须严格履行法定职责,保证其所出具文件的真实性、准确性和完整性。⑤发行人申请首次公开发行股票的,在提交申请文件后,应当按照国务院证券监督管理机构的规定预先披露有关申请文件。⑥

---

① 《证券法》(2014 年修订)第 16 条。
② 《证券法》(2014 年修订)第 18 条。
③ 《证券法》(2014 年修订)第 58 条。
④ 《证券法》(2014 年修订)第 19 条。
⑤ 《证券法》(2014 年修订)第 20 条。
⑥ 《证券法》(2014 年修订)第 21 条。

2. 证券管理机构在发行中的职责

《证券法》规定,国务院证券监督管理机构设发行审核委员会,依法审核股票发行申请。发行审核委员会由国务院证券监督管理机构的专业人员和所聘请的该机构外的有关专家组成,以投票方式对股票发行申请进行表决,提出审核意见。发行审核委员会的具体组成办法、组成人员任期、工作程序,由国务院证券监督管理机构规定。[1]国务院证券监督管理机构依照法定条件负责核准股票发行申请,程序应当公开,并依法接受监督。参与审核和核准股票发行申请的人员,不得与发行申请人有利害关系,不得直接或者间接接受发行申请人的馈赠,不得持有所核准的发行申请的股票,不得私下与发行申请人进行接触。[2]

国务院证券监督管理机构或者国务院授权的部门应当自受理证券发行申请文件之日起三个月内,依照法定条件和法定程序作出予以核准或者不予核准的决定,发行人根据要求补充、修改发行申请文件的时间不计算在内;不予核准的,应当说明理由。[3]

国务院证券监督管理机构或者国务院授权的部门对已作出的核准证券发行的决定,发现不符合法定条件或者法定程序,尚未发行证券的,应当予以撤销,停止发行。已经发行尚未上市的,撤销发行核准决定,发行人应当按照发行价并加算银行同期存款利息返还证券持有人;保荐人应当与发行人承担连带责任,但是能够证明自己没有过错的除外;发行人的控股股东、实际控制人有过错的,应当与发行人承担连带责任。[4]

二、证券发行的方式

结合《证券法》实行以来积累的经验和教训,为减少投资者风险,增强上市公司和有关证券经营机构的责任意识,我国修改后的《证券法》引进了选择使用"保荐人制度"。《证券法》规定"发行人申请公开发行股票、可转换为股票的公司债券,依法采取承销方式的,或者公开发行法律、行政法规规定实行保荐制度的其他证券的,应当聘请具有保荐资格的机构担任保荐人";法律要求保荐人应当遵守业务规则和行业规范,诚实守信,勤勉尽责,对发行人的申请文件和信息披露资料进行审慎核查,督导发行人规范运作;对保荐人资格的取得及其管理办法,

---

[1] 《证券法》(2014 年修订)第 22 条。
[2] 《证券法》(2014 年修订)第 23 条。
[3] 《证券法》(2014 年修订)第 24 条。
[4] 《证券法》(2014 年修订)第 26 条。

国家采取严格措施,由国务院证券监督管理机构规定。①这一制度对上市公司上市提出了新要求,它必须经过保荐机构的保荐,这对规范中国证券市场和保护投资者利益具有一定的积极意义。

(一) 发行方式概述

根据证券发行是否通过承销机构可将证券发行分为直接发行和间接发行,前者指发行人直接向投资者出售其发行的证券;这是一种内部发行的方式;后者指由发行人委托承销机构向投资者出售其发行的证券的一种发行方式,通常适用于公开发行证券。

根据证券发行的对象不同,它可分为公开发行与不公开发行两种,前者指发行人向社会公开发行证券的一种发行方式,其发行对象(认购人)是不特定且广泛的;后者指发行人向特定的投资者发行证券的一种发行方式。

根据发行价格的不同,证券发行分为溢价发行、等价发行和折价发行等,前者指发行人以超过证券面值的价格发行,中者指发行人以与证券面值相同的价格发行,又称等价发行,后者指发行人以低于证券面值的价格发行。我国目前不允许股票折价发行(《公司法》规定:股票发行价格可以按票面金额,也可以超过票面金额,但不得低于票面金额)。

(二) 证券承销

发行人向不特定对象公开发行的证券,法律、行政法规规定应当由证券公司承销的,发行人应当同证券公司签订承销协议。证券承销业务采取代销或者包销方式。②证券承销是一种间接发行证券的方式。在我国凡公开发行证券,发行人必须以承销方式予以发行。我国的证券经营机构主要是证券公司。证券法规定,证券公司应当依照法律、行政法规的规定承销发行人向社会公开发行的证券。

1. 承销方式

根据承销双方的不同要求,它可以分为以下两种类型。

(1) 代销

证券代销是指由证券经营机构(主要为证券公司,下同)代理证券发行人发售证券并在承销期结束后,将未售出的证券全部退还给发行人的一种承销方式。③

---

① 《证券法》(2014 年修订)第 11 条。
② 《证券法》(2014 年修订)第 28 条第 1 款。
③ 《证券法》(2014 年修订)第 28 条第 2 款。

可以看出,该承销方式表明发行人和证券经营机构之间单纯是一种代理关系,后者应依法履行代理人的职责,按发行人的要求发售证券,对证券销售的结果不承担任何责任。

（2）包销

证券包销是指证券经营机构将证券发行人的证券按照协议全部购入或在承销期结束后将售后剩余的证券全部自行购入的一种承销方式。①按照这一承销方式,证券经营机构与发行人之间含有双重法律关系:首先是代理关系,即经营机构受托代发行人发行证券;其次是买卖关系,即自行认购全部或未售完的发行人的证券。故经营机构承担的风险要高于代销。由于经营机构认购的方式不同,它又分为两种:一是全额包销,即由经营机构承担购买发行人发行的全部证券的义务,经营机构一次性地买进证券发行人的全部证券后,再将其购买的证券向社会销售。二是余额包销,即由证券经营机构承担购买其未向社会售出的剩余证券的义务。

2. 承销协议

公开发行证券的发行人有权依法自主选择承销的证券公司。证券公司不得以不正当竞争手段招揽证券承销业务。②证券公司承销证券,应当同发行人签订代销或者包销协议,协议须载明下列事项:当事人的名称、住所及法定代表人姓名;代销、包销证券的种类、数量、金额及发行价格;代销、包销的期限及起止日期;代销、包销的付款方式及日期;代销、包销的费用和结算办法;违约责任;国务院证券监督管理机构规定的其他事项。③证券公司承销证券,应当对公开发行募集文件的真实性、准确性、完整性进行核查;发现含有虚假记载、误导性陈述或者重大遗漏的,不得进行销售活动;已经销售的,必须立即停止销售活动,并采取纠正措施。④

3. 承销的组织形式、期限及其他

承销的组织形式有两种,即单一承销商承销与承销团承销。《证券法》规定,向社会公开发行的证券票面总值超过人民币 5 000 万元的,应当由承销团承销。⑤承销团承销是由两个或两个以上承销商共同承销发行人的证券的一种承

---

① 《证券法》（2014 年修订）第 28 条第 3 款。
② 《证券法》（2014 年修订）第 29 条。
③ 《证券法》（2014 年修订）第 30 条。
④ 《证券法》（2014 年修订）第 31 条。
⑤ 《证券法》（2014 年修订）第 32 条。

销组织形式,它由主承销证券公司和参与承销证券公司共同组成,适用于规模较大的证券承销业务。低于5 000万元,可以由一家证券公司单独承销发行人的证券,此为单一承销商承销。

证券的代销、包销期最长不得超过90日。①证券公司在代销、包销期内,对所代销、包销的证券应当保证先行出售给认购人,证券公司不得为本公司事先预留所代销的证券和预先购入并留存所包销的证券。证券公司包销证券的,应当在包销期满后的15日内,将包销情况报国务院证券监督管理机构备案。证券公司代销证券的,应当在代销期满后的15日内,与发行人共同将证券代销情况报国务院证券监督管理机构备案。股票发行采取溢价发行的,其发行价格由发行人与承销的证券公司协商确定,报国务院证券监督管理机构核准。境内企业直接或者间接到境外发行证券或者将其证券在境外上市交易,必须经国务院证券监督管理机构批准。

4. 有关承销的其他规定

股票发行采取溢价发行的,其发行价格由发行人与承销的证券公司协商确定。②股票发行采用代销方式,代销期限届满,向投资者出售的股票数量未达到拟公开发行股票数量百分之七十的,为发行失败。发行人应当按照发行价并加算银行同期存款利息返还股票认购人。③公开发行股票,代销、包销期限届满,发行人应当在规定的期限内将股票发行情况报国务院证券监督管理机构备案。④

第四节　证　券　交　易

一、证券交易的一般规定

《证券法》规定,证券交易当事人依法买卖的证券,必须是依法发行并交付的证券。非依法发行的证券,不得买卖。

依法发行的股票、公司债券及其他证券,法律对其转让期限有限制性规定的,在限定的期限内,不得买卖。依法公开发行的股票、公司债券及其他证券,应

---

① 《证券法》(2014年修订)第33条第1款。
② 《证券法》(2014年修订)第34条。
③ 《证券法》(2014年修订)第35条。
④ 《证券法》(2014年修订)第36条。

当在依法设立的证券交易所上市交易或者在国务院批准的其他证券交易场所转让;证券在证券交易所上市交易,应当采用公开的集中交易方式或者国务院证券监督管理机构批准的其他方式。证券交易的集中竞价应当实行价格优先、时间优先的原则。证券交易当事人买卖的证券可以采用纸面形式或者国务院证券监督管理机构规定的其他形式。证券交易应当以现货和国务院规定的其他方式进行交易。①证券公司不得从事向客户融资或者融券的证券交易活动。证券交易所、证券公司、证券登记结算机构从业人员、证券监督管理机构工作人员和法律、行政法规禁止参与股票交易的其他人员,在任期或者法定限期内,不得直接或者以化名、借他人名义持有、买卖股票,也不得收受他人赠送的股票。任何人在成为上述所列人员时,其原已持有的股票,必须依法转让。②证券交易所、证券公司、证券登记结算机构必须依法为客户所开立的账户保密。③

为股票发行出具审计报告、资产评估报告或者法律意见书等文件的专业机构和人员,在该股票承销期内和期满后 6 个月内,不得买卖该种股票。除前述规定外,为上市公司出具审计报告、资产评估报告或者法律意见书等文件的专业机构和人员,自接受上市公司委托之日起至上述文件公开后 5 日内,不得买卖该种股票。④

上市公司董事、监事、高级管理人员、持有上市公司股份百分之五以上的股东,将其持有的该公司的股票在买入后六个月内卖出,或者在卖出后六个月内又买入,由此所得收益归该公司所有,公司董事会应当收回其所得收益。但是,证券公司因包销购入售后剩余股票而持有百分之五以上股份的,卖出该股票不受六个月时间限制。公司董事会不按照前述规定执行的,股东有权要求董事会在三十日内执行。公司董事会未在上述期限内执行的,股东有权为了公司的利益以自己的名义直接向人民法院提起诉讼。公司董事会不按照上述规定执行的,负有责任的董事依法承担连带责任。⑤

二、证券上市

公司申请证券上市交易,应当向证券交易所提出申请,由证券交易所依法审

---

① 《证券法》(2014 年修订)第 42 条。
② 《证券法》(2014 年修订)第 43 条。
③ 《证券法》(2014 年修订)第 44 条。
④ 《证券法》(2014 年修订)第 45 条。
⑤ 《证券法》(2014 年修订)第 37—47 条。

核同意,并由双方签订上市协议。证券交易所根据国务院授权的部门的决定安排政府债券上市交易。申请股票、可转换为股票的公司债券或者法律、行政法规规定实行保荐制度的其他证券上市交易,应当聘请具有保荐资格的机构担任保荐人。《证券法》第十一条第二款、第三款的规定适用于上市保荐人(即保荐人应当遵守业务规则和行业规范,诚实守信,勤勉尽责,对发行人的申请文件和信息披露资料进行审慎核查,督导发行人规范运作;保荐人的资格及其管理办法由国务院证券监督管理机构规定)。

股份有限公司申请股票上市,应当符合下列条件:股票经国务院证券监督管理机构核准已公开发行;公司股本总额不少于人民币三千万元;公开发行的股份达到公司股份总数的百分之二十五以上;公司股本总额超过人民币四亿元的,公开发行股份的比例为百分之十以上;公司最近三年无重大违法行为,财务会计报告无虚假记载。证券交易所可以规定高于前款规定的上市条件,并报国务院证券监督管理机构批准。国家鼓励符合产业政策并符合上市条件的公司股票上市交易。

申请股票上市交易,应当向证券交易所报送下列文件:上市报告书;申请股票上市的股东大会决议;公司章程;公司营业执照;依法经会计师事务所审计的公司最近三年的财务会计报告;法律意见书和上市保荐书;最近一次的招股说明书;证券交易所上市规则规定的其他文件。

股票上市交易申请经证券交易所审核同意后,签订上市协议的公司应当在规定的期限内公告股票上市的有关文件,并将该文件置备于指定场所供公众查阅。签订上市协议的公司除公告前条规定的文件外,还应当公告下列事项:股票获准在证券交易所交易的日期;持有公司股份最多的前十名股东的名单和持股数额;公司的实际控制人;董事、监事、高级管理人员的姓名及其持有本公司股票和债券的情况。①

公司申请公司债券上市交易,应当符合下列条件:公司债券的期限为一年以上;公司债券实际发行额不少于人民币五千万元;公司申请债券上市时仍符合法定的公司债券发行条件。

申请公司债券上市交易,应当向证券交易所报送下列文件:上市报告书;申请公司债券上市的董事会决议;公司章程;公司营业执照;公司债券募集办法;公司债券的实际发行数额;证券交易所上市规则规定的其他文件。申请可转换为

---

① 《证券法》(2014年修订)第50—54条。

股票的公司债券上市交易,还应当报送保荐人出具的上市保荐书。公司债券上市交易申请经证券交易所审核同意后,签订上市协议的公司应当在规定的期限内公告公司债券上市文件及有关文件,并将其申请文件置备于指定场所供公众查阅。①

三、上市证券的停牌与摘牌

为提高证券市场效率,保证上市公司质量,保护投资者利益,《证券法》规定了停牌(暂停证券的上市交易)与摘牌(终止证券的上市交易)制度。它规定上市公司有下列情形之一的,由证券交易所决定暂停其股票上市交易:公司股本总额、股权分布等发生变化不再具备上市条件;公司不按照规定公开其财务状况,或者对财务会计报告作虚假记载,可能误导投资者;公司有重大违法行为;公司最近三年连续亏损;证券交易所上市规则规定的其他情形。

上市公司有下列情形之一的,由证券交易所决定终止其股票上市交易:公司股本总额、股权分布等发生变化不再具备上市条件,在证券交易所规定的期限内仍不能达到上市条件;公司不按照规定公开其财务状况,或者对财务会计报告作虚假记载,且拒绝纠正;公司最近三年连续亏损,在其后一个年度内未能恢复盈利;公司解散或者被宣告破产;证券交易所上市规则规定的其他情形。②自2001年4月PT水仙成为首家退市股票起到2017年5月17日止,两家证券交易所共有107只股票被终止上市。③

公司债券上市交易后,公司有下列情形之一的,由证券交易所决定暂停其公司债券上市交易:公司有重大违法行为;公司情况发生重大变化不符合公司债券上市条件;公司债券所募集资金不按照核准的用途使用;未按照公司债券募集办法履行义务;公司最近二年连续亏损。

公司有重大违法行为或未按照公司债券募集办法履行义务经查实后果严重的,或者有公司情况发生重大变化不符合公司债券上市条件或公司债券所募集资金不按照核准的用途使用或公司最近二年连续亏损等情形,在限期内未能消除的,由证券交易所决定终止其公司债券上市交易。公司解散或者被宣告破产的,由证券交易所终止其公司债券上市交易。

---

① 《证券法》(2014年修订)第57—59条。
② 《证券法》(2014年修订)第55条、第56条。
③ 参见《重磅! ST新都被终止上市!那些年退市的"先驱"今安在?》《中国证券报》2017年5月17日。

对证券交易所作出的不予上市、暂停上市、终止上市决定不服的,可以向证券交易所设立的复核机构申请复核。①

四、禁止的交易行为

为维持证券交易的公正性,证券法规定,证券交易所、证券公司和证券登记结算机构的从业人员、证券监督管理机构的工作人员以及法律、行政法规禁止参与股票交易的其他人员,在任期或者法定限期内,不得直接或者以化名、借他人名义持有、买卖股票,也不得收受他人赠送的股票。任何人在成为前款所列人员时,其原已持有的股票,必须依法转让。②除此之外,证券法还专章规定了禁止性行为。

(一)内幕交易行为

内幕交易是指证券交易内幕信息的知情人员利用内幕信息进行证券交易的行为。《证券法》禁止证券交易内幕信息的知情人和非法获取内幕信息的人利用内幕信息从事证券交易活动。下列人员为知悉证券交易内幕信息的知情人员:发行人的董事、监事、高级管理人员;持有公司百分之五以上股份的股东及其董事、监事、高级管理人员,公司的实际控制人及其董事、监事、高级管理人员;发行人控股的公司及其董事、监事、高级管理人员;由于所任公司职务可以获取公司有关内幕信息的人员;证券监督管理机构工作人员以及由于法定职责对证券的发行、交易进行管理的其他人员;保荐人、承销的证券公司、证券交易所、证券登记结算机构、证券服务机构的有关人员;国务院证券监督管理机构规定的其他人。

证券交易活动中,涉及公司的经营、财务或者对该公司证券的市场价格有重大影响的尚未公开的信息,为内幕信息。下列各项信息皆属内幕信息:《证券法》第六十七条第二款所列重大事件(参见下文"临时报告"的相关内容);公司分配股利或者增资的计划;公司股权结构的重大变化;公司债务担保的重大变更;公司营业用主要资产的抵押、出售或者报废一次超过该资产的30%;公司的董事、监事、高级管理人员的行为可能依法承担重大损害赔偿责任;上市公司收购的有关方案及国务院证券监督管理机构认定的对证券交易价格有显著影响的其他重要信息等八项内容。

---

① 《证券法》(2014年修订)第60—62条。

② 《证券法》(2014年修订)第43条。

证券交易内幕信息的知情人和非法获取内幕信息的人,在内幕信息公开前,不得买卖该公司的证券,或者泄露该信息,或者建议他人买卖该证券。持有或者通过协议、其他安排与他人共同持有公司百分之五以上股份的自然人、法人、其他组织收购上市公司的股份,《证券法》另有规定的,适用其规定。内幕交易行为给投资者造成损失的,行为人应当依法承担赔偿责任。①

(二) 操纵市场的行为

操纵市场是指行为人以营利为目的,利用一定的市场影响力量人为地影响证券交易价格或者证券交易量的违法行为。我国《证券法》禁止任何人以下列手段获取不正当利益或者转嫁风险:通过单独或者合谋、集中资金优势、持股优势或者利用信息优势联合或者连续买卖,操纵证券交易价格或者证券交易量;与他人串通,以事先约定的时间、价格和方式相互进行证券交易,影响证券交易价格或者证券交易量;在自己实际控制的账户之间进行证券交易,影响证券交易价格或者证券交易量;以其他手段操纵证券市场。操纵证券市场行为给投资者造成损失的,行为人应当依法承担赔偿责任。②

(三) 虚假陈述

虚假陈述是指行为人对证券交易的事实、性质、前景等作出不实、严重误导或者含有重大遗漏的虚假陈述或者诱导的一种证券违法行为。《证券法》禁止国家工作人员、传播媒介从业人员和有关人员编造、传播虚假信息,扰乱证券市场。禁止证券交易所、证券公司、证券登记结算机构、证券服务机构及其从业人员,证券业协会、证券监督管理机构及其工作人员,在证券交易活动中作出虚假陈述或者信息误导。各种传播媒介传播证券市场信息必须真实、客观,禁止误导。

(四) 欺诈客户行为

它意指证券经营机构及其从业人员在证券交易过程中违背投资者的真实意思表示,从而损害投资者利益的一种违法行为。在证券交易中,其表现形式如下:(1)违背客户的委托为其买卖证券;(2)不在规定时间内向客户提供交易的书面确认文件;(3)挪用客户所委托买卖的证券或者客户账户上的资金;(4)未经客户的委托,擅自为客户买卖证券,或者假借客户的名义买卖证券;(5)为牟取佣金收入,诱使客户进行不必要的证券买卖;(6)利用传播媒介或者通过其他方式提供、传

---

① 《证券法》(2014 年修订)第 74 条—第 76 条。

② 《证券法》(2014 年修订)第 77 条。

播虚假或者误导投资者的信息;(7)其他违背客户真实意思表示,损害客户利益的行为。欺诈客户行为给客户造成损失的,行为人应当依法承担赔偿责任。①

（五）有关禁止行为的其他规定

禁止法人非法利用他人账户从事证券交易;禁止法人出借自己或者他人的证券账户。依法拓宽资金入市渠道,禁止资金违规流入股市。禁止任何人挪用公款买卖证券。国有企业和国有资产控股的企业买卖上市交易的股票,必须遵守国家有关规定。证券交易所、证券公司、证券登记结算机构、证券服务机构及其从业人员对证券交易中发现的禁止的交易行为,应当及时向证券监督管理机构报告。②

第五节　信息披露制度

信息披露制度,也称公示制度、公开披露制度,是上市公司为保障投资者利益、接受社会公众的监督而依照法律规定必须将其自身的财务变化、经营状况等信息和资料向证券管理部门和证券交易所报告,并向社会公开或公告,以便使投资者充分了解情况的制度。它包括发行前的披露(发行披露或公开)和上市后的持续信息公开(持续披露或公开),它主要由招股说明书制度、定期报告制度和临时报告制度等组成。它被称为证券法律制度的灵魂。

一、证券发行的信息公开制度

证券发行的信息公开制度是指在证券发行过程中,根据法律、行政法规规定,公开与证券发行有关的重大事实和材料的一种法律制度,也叫证券信息的初次公开制度。其主要包括招股说明书和证券募集办法。

证券发行申请经核准,发行人应当依照法律、行政法规的规定,在证券公开发行前,公告公开发行募集文件,并将该文件置备于指定场所供公众查阅。发行证券的信息依法公开前,任何知情人不得公开或者泄露该信息。发行人不得在公告公开发行募集文件前发行证券。③

---

① 《证券法》(2014 年修订)第 79 条。
② 《证券法》(2014 年修订)第 80—84 条。
③ 《证券法》(2014 年修订)第 25 条。

经国务院证券监督管理机构核准依法发行股票，或者经国务院授权的部门批准依法发行公司债券，发起人向社会公开募集股份，必须公告招股说明书、公司债券募集办法，并制作认股书。认股书应当载明前条所列事项，由认股人填写所认股数、金额、住所，并签名、盖章。认股人按照所认股数缴纳股款。依法发行新股或者公司债券的，还应当公告财务会计报告。①

二、信息持续公开制度

信息持续公开制度是指在证券交易过程中，公开与证券交易有关的、影响证券交易价格的重大事项与信息的一种法律制度，也称证券交易公开制度，是发行公开制度的延续和发展；主要包括：上市公告书、定期报告、临时报告等。

（一）上市公告书

股票上市交易申请经证券交易所同意后，上市公司应当在上市交易的 5 日前公告经核准的股票上市的有关文件，并将该文件置备于指定场所供公众查阅。上市公司除公告前条规定的上市申请文件外，还应当公告下列事项：股票获准在证券交易所交易的日期；持有公司股份最多的前 10 名股东的名单和持股数额；董事、监事、经理及有关高级管理人员的姓名及其持有本公司股票和债券的情况。②

公司债券上市交易申请经证券交易所同意后，发行人应当在公司债券上市交易的 5 日前公告公司债券上市报告、核准文件及有关上市申请文件，并将其申请文件置备于指定场所供公众查阅。③

（二）定期报告

定期报告是上市公司进行持续信息披露的最主要形式之一，包括中期报告和年度报告两种形式。上市公司董事、高级管理人员应当对公司定期报告签署书面确认意见。上市公司监事会应当对董事会编制的公司定期报告进行审核并提出书面审核意见。④

上市公司和公司债券上市交易的公司，应当在每一会计年度的上半年结束之日起两个月内，向国务院证券监督管理机构和证券交易所报送记载以下内容的中期报告，并予公告：公司财务会计报告和经营情况；涉及公司的重大诉讼事

---

① 《证券法》(2014 年修订)第 64 条。
② 《证券法》(2014 年修订)第 53 条、第 54 条。
③ 《证券法》(2014 年修订)第 59 条。
④ 《证券法》(2014 年修订)第 68 条。

项;已发行的股票、公司债券变动情况;提交股东大会审议的重要事项;国务院证券监督管理机构规定的其他事项。

上市公司和公司债券上市交易的公司,应当在每一会计年度结束之日起四个月内,向国务院证券监督管理机构和证券交易所报送记载以下内容的年度报告,并予公告:公司概况;公司财务会计报告和经营情况;董事、监事、高级管理人员简介及其持股情况;已发行的股票、公司债券情况,包括持有公司股份最多的前十名股东名单和持股数额;公司的实际控制人;国务院证券监督管理机构规定的其他事项。①

（三）临时报告

当发生可能对上市公司股票交易价格产生较大影响,而投资者尚不知情的重大事项时,上市公司应立即将此事项向国务院证券监督管理机构和证券交易所提交临时报告。

发生可能对上市公司股票交易价格产生较大影响的重大事件,投资者尚未得知时,上市公司应当立即将有关该重大事件的情况向国务院证券监督管理机构和证券交易所报送临时报告,并予公告,说明事件的起因、目前的状态和可能产生的法律后果。下列十二种情况为这里所称重大事件:公司的经营方针和经营范围的重大变化;公司的重大投资行为和重大的购置财产的决定;公司订立重要合同,可能对公司的资产、负债、权益和经营成果产生重要影响;公司发生重大债务和未能清偿到期重大债务的违约情况;公司发生重大亏损或者重大损失;公司生产经营的外部条件发生的重大变化;公司的董事、三分之一以上监事或者经理发生变动;持有公司百分之五以上股份的股东或者实际控制人,其持有股份或者控制公司的情况发生较大变化;公司减资、合并、分立、解散及申请破产的决定;涉及公司的重大诉讼,股东大会、董事会决议被依法撤销或者宣告无效;公司涉嫌犯罪被司法机关立案调查,公司董事、监事、高级管理人员涉嫌犯罪被司法机关采取强制措施;国务院证券监督管理机构规定的其他事项。②

通过证券交易所的证券交易,投资者持有或者通过协议、其他安排与他人共同持有一个上市公司已发行的股份达到百分之五时,应当在该事实发生之日起三日内,向国务院证券监督管理机构、证券交易所作出书面报告,通知该上市公

---

① 《证券法》(2014年修订)第65条、第66条。

② 《证券法》(2014年修订)第67条。

司,并予公告。投资者持有或者通过协议、其他安排与他人共同持有一个上市公司已发行的股份达到百分之五后,其所持该上市公司已发行的股份比例每增加或者减少百分之五,应当依照前款规定进行报告和公告。上述书面报告和公告,应当包括下列三项内容:持股人的名称、住所;持有的股票的名称、数额;持股达到法定比例或者持股增减变化达到法定比例的日期。①

第六节　上市公司收购

上市公司收购是指投资者依法购买股份有限公司已发行上市的股份,从而获得该上市公司控制权的行为。我国《证券法》规定,投资者可以采取要约收购、协议收购及其他合法方式收购上市公司。②

（一）要约收购

要约收购是指收购人为取得上市公司控股权,向所有的股票持有人发出收购要约,收购该上市公司股份。

通过证券交易所的证券交易,投资者持有或者通过协议、其他安排与他人共同持有一个上市公司已发行的股份达到百分之三十时,继续进行收购的,应当依法向该上市公司所有股东发出收购上市公司全部或者部分股份的要约。

收购上市公司部分股份的收购要约应当约定,被收购公司股东承诺出售的股份数额超过预定收购的股份数额的,收购人按比例进行收购。

依照上述规定发出收购要约,收购人必须事先向国务院证券监督管理机构报送上市公司收购报告书,并载明下列八个事项:收购人的名称、住所;收购人关于收购的决定;被收购的上市公司名称;收购目的;收购股份的详细名称和预定收购的股份数额;收购期限、收购价格;收购所需资金额及资金保证;报送上市公司收购报告书时持有被收购公司股份数占该公司已发行的股份总数的比例。收购人还应当将上市公司收购报告书同时提交证券交易所。收购人在依照规定报送上市公司收购报告书之日起十五日后,公告其收购要约。在上述期限内,国务院证券监督管理机构发现上市公司收购报告书不符合法律、行政法规规定的,应当及时告知收购人,收购人不得公告其收购要约。

---

① 《证券法》(2014 年修订)第 86 条、第 87 条。
② 《证券法》(2014 年修订)第 85 条。

收购要约约定的收购期限不得少于三十日,并不得超过六十日。

在收购要约确定的承诺期限内,收购人不得撤销其收购要约。收购人需要变更收购要约的,必须事先向国务院证券监督管理机构及证券交易所提出报告,经批准后,予以公告。

收购要约提出的各项收购条件,适用于被收购公司的所有股东。采取要约收购方式的,收购人在收购期限内,不得卖出被收购公司的股票,也不得采取要约规定以外的形式和超出要约的条件买入被收购公司的股票。[①]

（二）协议收购

采取协议收购方式的,收购人可以依照法律、行政法规的规定同被收购公司的股东以协议方式进行股份转让。以协议方式收购上市公司时,达成协议后,收购人必须在三日内将该收购协议向国务院证券监督管理机构及证券交易所作出书面报告,并予公告。在公告前不得履行收购协议。

采取协议收购方式的,协议双方可以临时委托证券登记结算机构保管协议转让的股票,并将资金存放于指定的银行。

采取协议收购方式的,收购人收购或者通过协议、其他安排与他人共同收购一个上市公司已发行的股份达到百分之三十时,继续进行收购的,应当向该上市公司所有股东发出收购上市公司全部或者部分股份的要约。但是,经国务院证券监督管理机构免除发出要约的除外。收购人依照前款规定以要约方式收购上市公司股份,应当遵守本法第八十九条至第九十三条的规定。[②]

（三）收购行为完成后的结果

收购期限届满,被收购公司股权分布不符合上市条件的,该上市公司的股票应当由证券交易所依法终止上市交易;其余仍持有被收购公司股票的股东,有权向收购人以收购要约的同等条件出售其股票,收购人应当收购。

收购行为完成后,被收购公司不再具备股份有限公司条件的,应当依法变更企业形式。

在上市公司收购中,收购人持有的被收购的上市公司的股票,在收购行为完成后的十二个月内不得转让。

收购行为完成后,收购人与被收购公司合并,并将该公司解散的,被解散公司的原有股票由收购人依法更换。

---

① 《证券法》(2014年修订)第88—93条。
② 《证券法》(2014年修订)第94—96条。

收购行为完成后,收购人应当在十五日内将收购情况报告国务院证券监督管理机构和证券交易所,并予公告。

收购上市公司中由国家授权投资的机构持有的股份,应当按照国务院的规定,经有关主管部门批准。

国务院证券监督管理机构应当依照本法的原则制定上市公司收购的具体办法。①

第七节　证券监管法律制度

一、概述

证券监管是指证券管理部门及其他承担证券市场监管职能的单位和组织依法对证券发行、证券交易及其他证券业务予以调控、组织、管理、检查、监督等活动的总称;②其制度是指有关主管机关的职权与被管理者的服从管理的义务的一系列法律规范的总称。各国都在一定程度上对证券市场进行监管,大体上监管体制分为两种类型:一是集中型管理模式;二是自律型管理模式。前者指由政府管理机构对全国证券市场实行统一监督管理的一种证券管理体制,它通常由国家设置一个管理机构作为证券主管机关,代表国家依法行使对证券市场予以统一管理的职权,它以美国、日本为代表;后者指由证券交易所、证券业协会等证券业自律机构对证券市场予以管理和监督,政府不设专门的管理机构管理证券市场,它以英国为代表。我国采取的是集中统一监管,监管机关是中国证券监督管理委员会。我国发展证券市场的八字方针:"法制、监管、自律,规范。"八字方针中的法制强调的是立法,监管强调的是执法,自律强调的是守法和自我约束,规范强调的是证券市场需要达到的运作标准和运作状态,是证券市场运行机制和监管机制的完善和成熟。八字方针完全符合我国证券市场发展的实际情况,是保证证券市场健康发展的长期指导方针。监管和自律是手段,国家监管和行业自律是证券市场法制能够得到落实的根本保障。有规矩而不依,法制就成为空话,规范也无从谈起,国家监管和行业自律是相互补充、共同作用的。各国证

---

① 《证券法》(2014年修订)第97—101条。
② 王保树主编:《中国商事法》,人民法院出版社2001年版,第390页。

券市场的发展经验表明,为了有效地控制风险,推动证券市场的健康发展,需要一个强有力的监管机构对市场实行有效管理。我同证券市场发展时间短,法制不完善,市场参与者不成熟,证券监管的重要性也更加突出。

我国《证券法》规定,国务院证券监督管理机构依法对证券市场实行监督管理,维护证券市场秩序,保障其合法运行。①在我国监督管理机构为中国证券监督管理委员会,为国务院直属正部级事业单位,依照法律、法规和国务院授权,统一监督管理全国证券期货市场,维护证券期货市场秩序,保障其合法运行。它对上市公司、投资者、证券公司的相关活动及其他证券服务机构的业务活动进行监管,即它依法对证券发行和交易活动以及从事证券活动的各类机构和个人实施的监督和管理。

二、国务院证券监督管理机构的职责及其可采取的措施

国务院证券监督管理机构在对证券市场实施监督管理中履行下列职责:(1)依法制定有关证券市场监督管理的规章、规则,并依法行使审批或者核准权;(2)依法对证券的发行、上市、交易、登记、存管、结算,进行监督管理;(3)依法对证券发行人、上市公司、证券交易所、证券公司、证券登记结算机构、证券投资基金管理公司、证券服务机构的证券业务活动,进行监督管理;(4)依法制定从事证券业务人员的资格标准和行为准则,并监督实施;(5)依法监督检查证券发行、上市和交易的信息公开情况;(6)依法对证券业协会的活动进行指导和监督;(7)依法对违反证券市场监督管理法律、行政法规的行为进行查处;(8)法律、行政法规规定的其他职责。国务院证券监督管理机构可以和其他国家或者地区的证券监督管理机构建立监督管理合作机制,实施跨境监督管理。

为依法履行职责,国务院证券监督管理机构有权采取下列措施:(1)对证券发行人、上市公司、证券公司、证券投资基金管理公司、证券服务机构、证券交易所、证券登记结算机构进行现场检查;(2)进入涉嫌违法行为发生场所调查取证;(3)询问当事人和与被调查事件有关的单位和个人,要求其对与被调查事件有关的事项作出说明;(4)查阅、复制与被调查事件有关的财产权登记、通讯记录等资料;(5)查阅、复制当事人和与被调查事件有关的单位和个人的证券交易记录、登记过户记录、财务会计资料及其他相关文件和资料;对可能被转移、隐匿或者毁损的文件和资料,可以予以封存;(6)查询当事人和与被调查事件有关的单位和

---

① 《证券法》(2014 年修订)第 178 条。

个人的资金账户、证券账户和银行账户；对有证据证明已经或者可能转移或者隐匿违法资金、证券等涉案财产或者隐匿、伪造、毁损重要证据的，经国务院证券监督管理机构主要负责人批准，可以冻结或者查封；(7)在调查操纵证券市场、内幕交易等重大证券违法行为时，经国务院证券监督管理机构主要负责人批准，可以限制被调查事件当事人的证券买卖，但限制的期限不得超过十五个交易日；案情复杂的，可以延长十五个交易日。

国务院证券监督管理机构依法履行职责，进行监督检查或者调查，其监督检查、调查的人员不得少于二人，并应当出示合法证件和监督检查、调查通知书。监督检查、调查的人员少于二人或者未出示合法证件和监督检查、调查通知书的，被检查、调查的单位有权拒绝。

国务院证券监督管理机构工作人员必须忠于职守，依法办事，公正廉洁，不得利用职务便利牟取不正当利益，不得泄露所知悉的有关单位和个人的商业秘密。国务院证券监督管理机构的人员不得在被监管的机构中任职。

国务院证券监督管理机构依法履行职责，被检查、调查的单位和个人应当配合，如实提供有关文件和资料，不得拒绝、阻碍和隐瞒。国务院证券监督管理机构应当与国务院其他金融监督管理机构建立监督管理信息共享机制。国务院证券监督管理机构依法履行职责，进行监督检查或者调查时，有关部门应当予以配合。国务院证券监督管理机构依法履行职责，发现证券违法行为涉嫌犯罪的，应当将案件移送司法机关处理。

国务院证券监督管理机构依法制定的规章、规则和监督管理工作制度应当公开。国务院证券监督管理机构依据调查结果，对证券违法行为作出的处罚决定，应当公开。①国务院证券监督管理机构应当对证券公司的净资本，净资本与负债的比例，净资本与净资产的比例，净资本与自营、承销、资产管理等业务规模的比例，负债与净资产的比例，以及流动资产与流动负债的比例等风险控制指标作出规定。②国务院证券监督管理机构认为有必要时，可以委托会计师事务所、资产评估机构对证券公司的财务状况、内部控制状况、资产价值进行审计或者评估。具体办法由国务院证券监督管理机构会同有关主管部门制定。③

---

① 《证券法》(2014 年修订)第 179 条至 184 条。
② 《证券法》(2014 年修订)第 130 条第 1 款。
③ 《证券法》(2014 年修订)第 149 条。

第八节　法　律　责　任

一、有关发行方面的法律责任规定

（一）非法发行证券的法律责任

未经法定机关核准,擅自公开或者变相公开发行证券的,责令停止发行,退还所募资金并加算银行同期存款利息,处以非法所募资金金额百分之一以上百分之五以下的罚款;对擅自公开或者变相公开发行证券设立的公司,由依法履行监督管理职责的机构或者部门会同县级以上地方人民政府予以取缔。对直接负责的主管人员和其他直接责任人员给予警告,并处以三万元以上三十万元以下的罚款。

发行人不符合发行条件,以欺骗手段骗取发行核准,尚未发行证券的,处以三十万元以上六十万元以下的罚款;已经发行证券的,处以非法所募资金金额百分之一以上百分之五以下的罚款。对直接负责的主管人员和其他直接责任人员处以三万元以上三十万元以下的罚款。

发行人的控股股东、实际控制人指使从事前款违法行为的,依照前款的规定处罚。

（二）证券公司及保荐人在发行证券过程中不当行为的法律责任

证券公司承销或者代理买卖未经核准擅自公开发行的证券的,责令停止承销或者代理买卖,没收违法所得,并处以违法所得一倍以上五倍以下的罚款;没有违法所得或者违法所得不足三十万元的,处以三十万元以上六十万元以下的罚款。给投资者造成损失的,应当与发行人承担连带赔偿责任。对直接负责的主管人员和其他直接责任人员给予警告,撤销任职资格或者证券从业资格,并处以三万元以上三十万元以下的罚款。

证券公司承销证券,有下列行为之一的,责令改正,给予警告,没收违法所得,可以并处三十万元以上六十万元以下的罚款;情节严重的,暂停或者撤销相关业务许可。给其他证券承销机构或者投资者造成损失的,依法承担赔偿责任。对直接负责的主管人员和其他直接责任人员给予警告,可以并处三万元以上三十万元以下的罚款;情节严重的,撤销任职资格或者证券从业资格:(1)进行虚假的或者误导投资者的广告或者其他宣传推介活动;(2)以不正当竞争手段招揽承销业务；(3)其他违反证券承销业务规定的行为。

保荐人出具有虚假记载、误导性陈述或者重大遗漏的保荐书，或者不履行其他法定职责的，责令改正，给予警告，没收业务收入，并处以业务收入一倍以上五倍以下的罚款；情节严重的，暂停或者撤销相关业务许可。对直接负责的主管人员和其他直接责任人员给予警告，并处以三万元以上三十万元以下的罚款；情节严重的，撤销任职资格或者证券从业资格。①

（三）上市公司、发行人等的法律责任

发行人、上市公司或者其他信息披露义务人未按照规定披露信息，或者所披露的信息有虚假记载、误导性陈述或者重大遗漏的，由证券监督管理机构责令改正，给予警告，处以三十万元以上六十万元以下的罚款。对直接负责的主管人员和其他直接责任人员给予警告，并处以三万元以上三十万元以下的罚款。发行人、上市公司或者其他信息披露义务人未按照规定报送有关报告，或者报送的报告有虚假记载、误导性陈述或者重大遗漏的，由证券监督管理机构责令改正，处以三十万元以上六十万元以下的罚款。对直接负责的主管人员和其他直接责任人员给予警告，并处以三万元以上三十万元以下的罚款。

发行人、上市公司或者其他信息披露义务人的控股股东、实际控制人指使从事前两款违法行为的，依照前两款的规定处罚。

发行人、上市公司擅自改变公开发行证券所募集资金的用途的，责令改正，对直接负责的主管人员和其他直接责任人员给予警告，并处以三万元以上三十万元以下的罚款。

发行人、上市公司的控股股东、实际控制人指使从事前款违法行为的，给予警告，并处以三十万元以上六十万元以下的罚款。对直接负责的主管人员和其他直接责任人员依照前款的规定处罚。上市公司的董事、监事、高级管理人员、持有上市公司股份百分之五以上的股东，违反《证券法》第四十七条的规定买卖本公司股票的，给予警告，可以并处三万元以上十万元以下的罚款。②

（四）非法成立的证券交易所、证券公司及聘用不适格工作人员的法律责任

非法开设证券交易场所的，由县级以上人民政府予以取缔，没收违法所得，并处以违法所得一倍以上五倍以下的罚款；没有违法所得或者违法所得不足十万元的，处以十万元以上五十万元以下的罚款。对直接负责的主管人员和其他

---

① 《证券法》(2014年修订)第188—192条。

② 《证券法》(2014年修订)第193—195条。

直接责任人员给予警告,并处以三万元以上三十万元以下的罚款。

　　未经批准,擅自设立证券公司或者非法经营证券业务的,由证券监督管理机构予以取缔,没收违法所得,并处以违法所得一倍以上五倍以下的罚款;没有违法所得或者违法所得不足三十万元的,处以三十万元以上六十万元以下的罚款。对直接负责的主管人员和其他直接责任人员给予警告,并处以三万元以上三十万元以下的罚款。

　　违反《证券法》规定,聘任不具有任职资格、证券从业资格的人员的,由证券监督管理机构责令改正,给予警告,可以并处十万元以上三十万元以下的罚款;对直接负责的主管人员给予警告,可以并处三万元以上十万元以下的罚款。

　　法律、行政法规规定禁止参与股票交易的人员,直接或者以化名、借他人名义持有、买卖股票的,责令依法处理非法持有的股票,没收违法所得,并处以买卖股票等值以下的罚款;属于国家工作人员的,还应当依法给予行政处分。

　　证券交易所、证券公司、证券登记结算机构、证券服务机构的从业人员或者证券业协会的工作人员,故意提供虚假资料,隐匿、伪造、篡改或者毁损交易记录,诱骗投资者买卖证券的,撤销证券从业资格,并处以三万元以上十万元以下的罚款;属于国家工作人员的,还应当依法给予行政处分。[1]

二、证券公司违规行为的法律责任

(一) 证券公司非法提供融资融券或挪用客户资金的法律责任

　　证券公司违反《证券法》规定,为客户买卖证券提供融资融券的,没收违法所得,暂停或者撤销相关业务许可,并处以非法融资融券等值以下的罚款。对直接负责的主管人员和其他直接责任人员给予警告,撤销任职资格或者证券从业资格,并处以三万元以上三十万元以下的罚款。

　　证券公司挪用客户的资金或者证券,或者未经客户的委托,擅自为客户买卖证券的,责令改正,没收违法所得,并处以违法所得一倍以上五倍以下的罚款;没有违法所得或者违法所得不足十万元的,处以十万元以上六十万元以下的罚款;情节严重的,责令关闭或者撤销相关业务许可。对直接负责的主管人员和其他直接责任人员给予警告,撤销任职资格或者证券从业资格,并处以三万元以上三十万元以下的罚款。[2]

---

[1]　《证券法》(2014 年修订)第 196—200 条。

[2]　《证券法》(2014 年修订)第 205—206 条。

（二）委托代理方面违规的法律责任

证券公司违背客户的委托买卖证券、办理交易事项，或者违背客户真实意思表示，办理交易以外的其他事项的，责令改正，处以一万元以上十万元以下的罚款。给客户造成损失的，依法承担赔偿责任。①

证券公司办理经纪业务，接受客户的全权委托买卖证券的，或者证券公司对客户买卖证券的收益或者赔偿证券买卖的损失作出承诺的，责令改正，没收违法所得，并处以五万元以上二十万元以下的罚款，可以暂停或者撤销相关业务许可。对直接负责的主管人员和其他直接责任人员给予警告，并处以三万元以上十万元以下的罚款，可以撤销任职资格或者证券从业资格。②

证券公司及其从业人员违反本法规定，私下接受客户委托买卖证券的，责令改正，给予警告，没收违法所得，并处以违法所得一倍以上五倍以下的罚款；没有违法所得或者违法所得不足十万元的，处以十万元以上三十万元以下的罚款。③

（三）经营方面违规的法律责任

证券公司违反《证券法》规定，假借他人名义或者以个人名义从事证券自营业务的，责令改正，没收违法所得，并处以违法所得一倍以上五倍以下的罚款；没有违法所得或者违法所得不足三十万元的，处以三十万元以上六十万元以下的罚款；情节严重的，暂停或者撤销证券自营业务许可。对直接负责的主管人员和其他直接责任人员给予警告，撤销任职资格或者证券从业资格，并处以三万元以上十万元以下的罚款。

证券公司违反规定，未经批准经营非上市证券的交易的，责令改正，没收违法所得，并处以违法所得一倍以上五倍以下的罚款。

证券公司成立后，无正当理由超过三个月未开始营业的，或者开业后自行停业连续三个月以上的，由公司登记机关吊销其公司营业执照。

证券公司违反《证券法》第一百二十九条的规定，擅自设立、收购、撤销分支机构，或者合并、分立、停业、解散、破产，或者在境外设立、收购、参股证券经营机构的，责令改正，没收违法所得，并处以违法所得一倍以上五倍以下的罚款；没有违法所得或者违法所得不足十万元的，处以十万元以上六十万元以下的罚款。对直接负责的主管人员给予警告，并处以三万元以上十万元以下的罚款。

---

① 《证券法》（2014 年修订）第 210 条。
② 《证券法》（2014 年修订）第 212 条。
③ 《证券法》（2014 年修订）第 215 条。

证券公司违反《证券法》第一百二十九条的规定,擅自变更有关事项的,责令改正,并处以十万元以上三十万元以下的罚款。对直接负责的主管人员给予警告,并处以五万元以下的罚款。

证券公司违反《证券法》规定,超出业务许可范围经营证券业务的,责令改正,没收违法所得,并处以违法所得一倍以上五倍以下的罚款;没有违法所得或者违法所得不足三十万元的,处以三十万元以上六十万元以下罚款;情节严重的,责令关闭。对直接负责的主管人员和其他直接责任人员给予警告,撤销任职资格或者证券从业资格,并处以三万元以上十万元以下的罚款。

证券公司对其证券经纪业务、证券承销业务、证券自营业务、证券资产管理业务,不依法分开办理、混合操作的,责令改正,没收违法所得,并处以三十万元以上六十万元以下的罚款;情节严重的,撤销相关业务许可。对直接负责的主管人员和其他直接责任人员给予警告,并处以三万元以上十万元以下的罚款;情节严重的,撤销任职资格或者证券从业资格。①

三、内幕交易、操纵市场、虚假陈述等行为者的法律责任

（一）内幕交易方面的法律责任

证券交易内幕信息的知情人或者非法获取内幕信息的人,在涉及证券的发行、交易或者其他对证券的价格有重大影响的信息公开前,买卖该证券,或者泄露该信息,或者建议他人买卖该证券的,责令依法处理非法持有的证券,没收违法所得,并处以违法所得一倍以上五倍以下的罚款;没有违法所得或者违法所得不足三万元的,处以三万元以上六十万元以下的罚款。单位从事内幕交易的,还应当对直接负责的主管人员和其他直接责任人员给予警告,并处以三万元以上三十万元以下的罚款。证券监督管理机构工作人员进行内幕交易的,从重处罚。

（二）操纵市场方面的法律责任

违反《证券法》规定,操纵证券市场的,责令依法处理其非法持有的证券,没收违法所得,并处以违法所得一倍以上五倍以下的罚款;没有违法所得或者违法所得不足三十万元的,处以三十万元以上三百万元以下的罚款。单位操纵证券市场的,还应当对直接负责的主管人员和其他直接责任人员给予警告,并处以十万元以上六十万元以下的罚款。②

---

① 《证券法》(2014年修订)第216—220条。

② 《证券法》(2014年修订)第202—203条。

（三）欺诈客户方面的法律责任

证券公司或者其股东、实际控制人违反规定，拒不向证券监督管理机构报送或者提供经营管理信息和资料，或者报送、提供的经营管理信息和资料有虚假记载、误导性陈述或者重大遗漏的，责令改正，给予警告，并处以三万元以上三十万元以下的罚款，可以暂停或者撤销证券公司相关业务许可。对直接负责的主管人员和其他直接责任人员，给予警告，并处以三万元以下的罚款，可以撤销任职资格或者证券从业资格。证券公司为其股东或者股东的关联人提供融资或者担保的，责令改正，给予警告，并处以十万元以上三十万元以下的罚款。对直接负责的主管人员和其他直接责任人员，处以三万元以上十万元以下的罚款。股东有过错的，在按照要求改正前，国务院证券监督管理机构可以限制其股东权利；拒不改正的，可以责令其转让所持证券公司股权。①

[案例] **亿安科技股价操纵案。**广东欣盛投资顾问有限公司、广东中百投资顾问有限公司、广东百源投资顾问有限公司和广东金易投资顾问有限公司四家公司自 1998 年 10 月 5 日起，集中资金，利用 627 个个人股票账户及 3 个法人股票账户，大量买入"深锦兴"（1999 年 8 月更名为"亿安科技"）股票，持仓量从起始日的 53 万股，占流通股的 1.52%，到最高时 2000 年 1 月 22 日的 3 001 万股，占流通股的 85%。同时，还通过其控制的不同股票账户，以自己为交易对象，进行不转移所有权的自买自卖，影响股票交易价格和交易量。2000 年初，亿安科技股价从新千年第一个交易日的 42 元起步，仅 21 个交易日便一举冲破 100 元大关，两个交易日后到达了 126.31 元的巅峰，引起了市场各方的极大震动。然而，在此后一年多的时间里，亿安科技却风光不再，股价一跌再跌。2001 年 1 月 10 日，中国证监会正式宣布将查处亿安科技股票价格操纵案。此言一出，亿安科技又连跌 5 个停板。但尽管如此，截至 2001 年 2 月 5 日，上述四家公司共实现盈利 4.49 亿元，股票余额 77 万股。2001 年 4 月 25 日，中国证监会对违法操纵"亿安科技"股票的上述四家公司作出行政处罚决定，罚没款总计 8.98 亿元人民币。

问题：受损失的投资者有无权利获得赔偿？行政处罚与民事赔偿发生冲突如何处理？现有法律规定有无可操作性？

[案例] **中国证券民事纠纷第一案：红光案的诉讼历程。**该案于 1999 年 3 月下旬被浦东新区法院裁定驳回起诉。此前，该院称经过调查并经审判委员会

---

① 《证券法》（2014 年修订）第 222 条。

讨论认为:不能确定原告亏损是由被告虚假陈述直接造成的,上述被告在股票市场上的违法违规行为,应由中国证监会予以处理;原告所诉其股票纠纷案不属法院处理范围。代理律师严义明经原告同意紧接着向上海市中级人民法院上诉,依然被驳回了。①但后来其他小股东继续起诉并坚持不懈,在律师严义明的帮助下,有11位小股东于2002年11月25日在成都市中级人民法院的调解下并作成民事调解书,红光公司同意赔偿11位股东近90%的权利主张。②

[案例] **银广厦股票盗卖案。** 安外证券认为,贾某某没有证据证明这4笔买卖不是自己或委托别人自愿进行的行为,且自己所用交易软件的软件开发商已经出具证明,证明营业部系统的交易记录没有被修改的痕迹,安外证券在整个过程中没有过错。股票盗买盗卖事件是由于交易密码保管不善造成的损失,应该由股民自己承担。

2002年7月25日,北京市东城区一审法官认为:原告杜某某未能举出有利的证据来证明其股票被盗卖是银河证券交易所计算机系统的行为,判决原告败诉。③

2002年9月4日,二中院二审法庭经调查认为:其卖出和买入事实成立,属于正常交易行为,买入和卖出均是通过交易所的机器正常交易完成。尽管原告就这场诉讼请来了证监会信息中心处长等两位专家来证明证券公司的电脑网络系统的密码技术可能存在问题,但由于不能提供自己密码被盗的直接证据,所以法庭认为无法排除原告委托其他代理人进行操作或因其自身原因导致密码失密的可能。另外,被告方银河证券已经证明其证券交易所的操作机器没有出现技术问题,而原告未能向法庭提供因安外营业部未尽及时通知之责给其造成经济损失的相应证据,只是要求安外营业部承担涉案股票交易的全部资金损失。对此,法院不予支持。审理后认为,贾某某与安外营业部之间签订的委托买卖有价证券承诺书中,约定凡使用密码进行的一切交易均是有效委托,是双方当事人的真实意思表示,合法有效。遂认为原审判决处理正确,应予维持。④

[案例] **亿安科技单价操纵案。** 广东欣盛投资顾问有限公司、广东中百投资顾问有限公司、广东百源投资顾问有限公司和广东金易投资顾问有限公司四家公司自1998年10月5日起,集中资金,利用627个个人股票账户及3个法人

---

① 郑晓舟:《小股东的救星"亚洲之星"严义明》,《资本周刊》2002年7月5日。

② 参见:《"中国证券民事纠纷第一案"红光案的诉讼历程》,《法制经纬》2003年第1期。

③ 敖晓波:《银广厦股票盗卖案风云再现》,《京华时报》2002年7月27日第13版。

④ 敖晓波:《银广厦盗买案一股民败诉》,《京华时报》2002年9月5日第A08版。

股票账户,大量买入"深锦兴"(1999年8月更名为"亿安科技")股票,持仓量从起始日的53万股,占流通股的1.52%,到最高时2000年1月22日的3001万股,占流通股的85%。同时,还通过其控制的不同股票账户,以自己为交易对象,进行不转移所有权的自买自卖,影响股票交易价格和交易量。2000年初,亿安科技股价从新千年第一个交易日的42元起步,仅21个交易日便一举冲破100元大关,两个交易日后到达了126.31元的巅峰,引起了市场各方的极大震动。然而,在此后一年多的时间里,亿安科技却风光不再,股价一跌再跌。2001年1月10日,中国证监会正式宣布将查处亿安科技股票价格操纵案。此言一出,亿安科技又连跌5个停板。但尽管如此,截至2001年2月5日,上述四家公司共实现盈利4.49亿元,股票余额77万股。2001年4月25日,中国证监会对违法操纵"亿安科技"股票的上述四家公司作出行政处罚决定,罚没款总计8.98亿元人民币。

问题:受损失的投资者有无权利获得赔偿?行政处罚与民事赔偿发生冲突如何处理?现有法律规定有无可操作性?

[案例] 裔某某、方某某诉浙江省证券公司上海营业部案。原告:裔某某,男,39岁,住上海市万航渡路康家桥老街36号。原告:方某某,男,42岁,住浙江省兰溪城关镇桃花坞93号。被告:浙江省证券公司上海营业部。

1992年6月3日上午9时30分左右,两原告分别在被告处填写了买入有价证券委托单,各委托被告当日买入"二纺机"股票100股。其中,裔某某委托买入的单价最高为每股215元,方某某委托买入的单价最高为每股216元。被告接受委托单后,按两原告的委托要求,于9时40分左右,通过自己驻上海市证券交易所的交易员向该所作了申报。当日下午1时20分左右,中国经济开发信托投资公司上海证券业务部(下称中经上证)接受股民的委托,于当日卖出"二纺机"股票2000股,委托卖出单价最低为每股222元。但中经上证在通过其交易员向上海市证券交易所申报时,电脑操作失误,将每股222元的卖出单价误输入为每股22元卖出。1时52分左右,该卖出单价分别与两原告的委托买入单价配对成交。根据当时按买卖申报单价的中间价成交的方式,裔某某的成交单价为每股118.5元,方某某的成交单价为每股119元。十几分钟后,中经上证发现申报失误,遂向被告及上海市证券交易所提出撤销成交申请。被告及上海市证券交易所经核实中经上证确有操作失误后,根据《上海市证券交易所交易市场业务试行规则》及其补充规定和证券交易的惯例,分别同意了中经上证的撤销申请,并于当日下午在交易所办理了撤销手续。但被告由于工作疏忽,未及时销毁已被撤销的成交单据,致使柜台营业员误以为两原告的委托业务业已成交,遂于次日与两原告办理了委托交割手续,裔某某支付给被告股票价款、过户费、税金、佣金共计 11 945.8 元,方某某支付给被告股票价款、过户费、税金、佣金共计 11 996.2 元。6 月 5 日、11 日,方某某两次分别以每股 244 元、250 元的单价委托被告卖出上述买入的股票。按该两天的股市行情理应成交,但均未成交。方某某即向被告询问情况。被告经核实后发现上述股票实际早已被撤销,并将撤销实情通知了两原告。因双方多次协商解决不成,两原告以与被告办理了上述股票的委托交割手续,并已支付了股票价款,但被告现单方反悔,擅自撤销了已购买成交的上述股票,侵犯了两原告的财产所有权为理由,向上海市静安区人民法院提起诉讼,要求判令被告分别按当时该股票每股 219 元、242 元的价格,分别赔偿裔某某、方某某股票及股价下跌的经济损失 21 945.8 元、24 203.8 元。

被告辩称:其与两原告办理的"二纺机"股票委托交割行为,是属有重大误解的行为。两原告所购股票是在卖方电脑操作失误情况下成交,后经卖方申请及交易所批准,已被撤销,因而,与两原告办理的委托交割的标的物实际并不存在。请求法院撤销其与两原告的委托交割行为,其愿归还两原告因此所支付的股票价款。

[案例]　金某某诉中行吉林信托投资公司上海证券业务部接受其撤销指定交易后仍锁定其账号致其不能异地交易损失赔偿案。原告:金某某,男,61 岁,住上海市建德路。被告:中行吉林信托投资公司上海证券业务部。住所地:上海市中华路 542 号。

原告金某某在被告中行吉林信托投资公司上海证券业务部(以下简称吉信证券部)处开立有资金账户买卖股票。1994 年 8 月 29 日,双方签订了指定交易协议书,约定:被告接受原告的指定交易申请,指定交易席位号码为 13095;在履行清算交割义务后,原告有权撤销或者变更交易地点的登记手续;在指定交易期间,如发生违约纠纷而导致对方损失,由责任方承担责任。同年 9 月 26 日,原告向被告提出撤销指定,被告接受了原告的申请。9 月 29 日上午 10 时,原告在农行广东信托投资公司上海证券部委托卖出 2 000 股隧道股份,卖出单价每股 20.60 元(开盘价每股 20.80 元);卖出 8 900 股凌桥股份,卖出单价每股 24.50 元(开盘价 24.64 元),均未成交。原告随即至被告处询问,得知其股票账户仍为被告锁定,原告再次要求被告撤销指定,被告表示接受。9 月 30 日上午 10 时,原告再次委托农行广东信托投资公司上海证券业务部卖出 4 000 股隧道股份,卖出价每股 19.28 元;凌桥股份 8 900 股,卖出价每股 22.40 元,但仍未能成交。原告到上海证券交易所查询后，得知其股票账户仍为被告锁定，原告遂至被告处交涉，并在被告处委托卖出 100 股城乡股份，随即成交。原告再次要求撤销指定。至第二个交易日即 10 月 5 日，原告的指定交易才被撤销。10 月 5 日收盘价凌桥股份每股 18.90 元，隧道股份每股 17.40 元，城乡股份每股 6.38 元。

原告向上海市南市区人民法院提起诉讼，称：被告接受其撤销指定后，本人在他处委托卖出 8 900 股凌桥、4 000 股隧道、300 股城乡股份，均未成交，经查询得知是被告仍锁定我的股票账户。经两次要求撤销指定，被告才于 10 月 5 日撤销指定。由于被告未及时撤销指定，造成上述股票 9 月 29 日至 10 月 5 日因股价下跌的差价损失 65 325 元，要求被告赔偿并承担此款的利息损失。

被告吉信证券部答辩称：1994 年 9 月 26 日，原告向我部提出撤销指定后，我部即予办理。9 月 29 日，原告来询问为何未办妥撤销事宜，我部再次发出指令撤销，并提醒原告，如要抛售股票，可在我部委托卖出。但原告看好大势未抛售。次日，原告又来我部称指定仍未撤销，我部再次为原告办理了撤销指定，并接受原告委托卖出 100 股城乡股份。但原告看好行情会上涨，未卖出其他股票。由此造成的股价落差的损失，应由原告自负。我部根据原告的要求，几次撤销指定未成，是证交所电脑的原因。我部并未违约，故不承担责任。

［案例］ 朱某某诉中国人民建设银行广州市信托投资公司同福证券业务部不尽严格审查义务致其股票被盗卖、保证金被盗提赔偿案。原告：朱某某，女，34 岁。被告：中国人民建设银行广州市信托投资公司同福证券业务部（下称同福证券部）；被告：中国人民建设银行广州市信托投资公司。

1994 年 5 月 16 日，原告朱某某持身份证、股东卡和中国人民建设银行存折与被告同福证券部签订了一份"证券交易协议"，该协议书上留存了原告的身份证号码及深圳、上海股东卡号码等。此后原告在股票交易的过程中认识了股民杨某某，并常带杨某某进大户室。在此期间，杨某某偷看了原告的个人资料，随后，杨某某凭所盗的资料伪造了原告的身份证，上海、深圳股东卡，于同年 7 月 26 日到中国工商银行开设了一本银行存折，以原告名义与被告同福证券部签订一份"证券交易协议"，并办理了电话委托项目。1994 年 7 月 28 日下午 1 时 46 分，杨某某用假的身份证、股东卡将原告的保证金 129 000 元转入其冒名开设的中国工商银行账户，随后分两次将该款提走。2 时左右，原告下单给同福证券部的工作人员准备买入股票时，被告知保证金只剩下 800 多元，方知出现了问题。2 时 8 分至 2 时 10 分，杨某某用电话委托又将原告辽房天 15 000 股、川长钢 8 900 股、粤富华 3 500 股三只深圳股票盗卖，用回笼资金买入界龙实业 3 100

股;2时38分,杨某某又将该3 100股界龙实业及原告原有的5 000股重庆万里卖出。案发当日,同福证券部向公安机关报了案。次日,杨某某再去提款时,被有准备的公安人员抓获,追回被杨某某提走的保证金129 000元和抛售股票所得款143 230元,共272 230元。1994年10月27日,公安局将上述款交还原告。案发后,深圳、上海股票综合指数不断攀升,由1994年7月28日的96点、339点升至9月13日最高点225点、1 033点,退还款的10月27日回落至159点、703点。原告的身份证、股东卡与杨某某伪造的假身份证、股东卡的照片、地址、有效日期、签发日期、代码位数、电话号码位数等均有不同。被告同福证券部是经中国人民银行广州分行批准,具有独立财产、能承担民事责任的主体,被告中国人民建设银行广州市信托投资公司是其上级。

原告向广州市东山区人民法院起诉称:由于被告的过错,致使我的保证金被他人转走。发现问题后,我当即向同福证券部请求马上把余款和股票冻结,但该部没有采取冻结措施,致使我的所有股票在中国股市最低潮的时候被盗卖,蒙受了巨大的损失。要求二被告按1994年7月28日被盗卖股票数价和1994年9月13日股票升至最高价之间的平均价减去已退回的盗卖款,以及因保证金被转走不能下单买进股票而造成的损失,共计赔偿人民币239 141元。

二被告辩称:1994年7月28日下午2时许,原告递单准备买入股票发现问题后,我们立即赶到工商银行拟采取措施,但为时已晚,案犯已在10分钟前把款提走。与此同时,根据资料显示,案犯已将原告深圳粤富华、辽房天、川长钢等几个股票卖出,并用卖股票的钱买入上海界龙实业股票3 100股。经与上海证交所取得联系,连夜部署了一个抓获案犯的计划,次日将前来提款的案犯抓获,并把129 000元保证金及抛售原告上海股所得的款项143 230元全部退回。原告的身份证、股东卡号码等资料是案犯在其身边偷窥分多次记下后伪造的,原告的保证金、股票被盗卖,其本人有不可推卸的责任。原告的诉讼请求无理无据,其本人应对自己的过错承担责任。要求驳回原告的诉讼请求。

第八章

保险法律制度

第一节　保险概述

保险法是以保险关系为调整对象的法律。真正意义上的保险制度,是在近代形成的。人类社会出现私有财产后,为了弥补各种灾害事故带来的损失,采用了平时存储和互助的方法,此为保险的萌芽。随着商品经济的发展,跨国贸易和海上运输日渐形成和繁荣,财产和人身安全遭遇危险的可能性增大;为了分散风险,避免灾害事故给一个人、一艘船或一个单位带来毁灭性灾难,许多人、船只或单位利用安全时期的积蓄来共同分担未来可能发生的事故带来的后果,保险出现了。①在其形成过程中,先形成的是海上保险,随后是财产保险、人身保险,接着是责任险和保证险等。

保险是商品经济的产物,随商品经济的发展而发展。经济越发达,保险事业越发达。在经济发达的地方,财富集中,财产价值昂贵,危险程度随财产的集中而增加。有了保险业,可以使人们注意防止损害的发生,减少损失,合理分担风险。

一、保险的概念

保险,是指投保人根据合同约定,向保险人支付保险费,保险人对于合同约定的可能发生的事故因其发生所造成的财产损失承担赔偿保险金责任,或者当被保险人死亡、伤残、疾病或者达到合同约定的年龄、期限时承担给付保险金责任的商业保险行为。②

---

① 温世扬:《保险法》,法律出版社 2003 年版,第 3 页。
② 《保险法》(2015)第 2 条。

二、保险的性质

（一）保险是一种法律制度

《保险法》规定的保险制度，是一种商业保险法律制度。保险制度作为法律制度的特性，体现在由保险法规定了保险人的资格、保险的范围、方法和程序、保险兑现的条件及程序等等；当事人在进行任何保险活动时，都必须有保险法上的依据，否则，其权利就不能得到法律的有效保护。

（二）保险是一种商业活动

《保险法》中规定的商业保险法律制度与其他保险法律制度有所区别。[1]其集中体现为：前者是平等主体之间的交易行为，是以追求盈利为目的的，投保人的目标是避免或者转移风险，而保险人追求的是保费收入大于赔付支出的商业利润。保险行为绝大多数是自愿的。而后者则是为了一定的社会宏观目的、不以盈利为目的的公益行为。

（三）保险是一种金融活动

保险是一种以保险公司为中心的金融活动，无论保险法律关系涉及多少主体，都要与保险公司的业务联系在一起。所以，保险也特指保险公司的经营活动。保险公司主要业务的收入是投保人交纳的保险费，以及运用保险费依法进行融资和投资活动的收入，其支出除了本身经营的费用外，主要是承担赔偿保险金和给付保险金。由此可见，保险公司经营业务所涉及的均为货币这种特殊商品。我国有关法律规定，凡是经营货币业务的单位均属于金融机构，须依特别金融法设立、变更和清算，并受行业主管机关的监督管理。保险公司作为金融机构也不例外。

金融市场活动主要包括银行、证券、保险和信托四大块，保险是其一。2009年《保险法》修订时将分业经营、分业管理原则增加到其中，规定保险业和银行业、证券业、信托业实行分业经营、分业管理，保险公司与银行、证券、信托业务机构分别设立。国家另有规定的除外。[2]

（四）保险是一种投资方式

投资有两类形式，一种是意图获得增值回报的投资形式，这是最常见的投资形式，另一种是意图获得损失恢复的投资形式。我国的《保险法》规定保险有两类，一类是财产保险，另一类是人身保险，保险人投保是为了在约定的保险事故

---

[1]　温世扬：《保险法》，法律出版社 2003 年版，第 5 页。

[2]　《保险法》（2015）第 9 条。

发生后或约定的条件满足后,保险公司对自己或自己指定的人实施赔偿或给付。其中财产保险对事故的赔偿是一种偶然行为;投保人并不愿意发生事故,但是由于客观外界条件的缘故而发生。事故虽然对个别主体来说是偶然的,但对整体来说又是必然的,投保人的投保在没有发生保险事故时就是一种没有回报的投资,当发生保险事故时,保险公司所作的赔偿就是投保人投资的回报。当然,这种回报是一种恢复性的回报。对人寿保险而言,投保人所买的保险单就是一种完全的投资,人寿保险单在期满或期限未满时均有较强的市场转让价值,其期限届满时可以按时享受保险金,在期限未满时可以转让保险单得到一定的转让金额,同样可以认为是一种购买保险单的回报。从这个意义上说,保险是一种特殊的投资方式。

(五)保险是一种规避或转移风险的方式

现代的保险制度源于财产保险,是一种集众人之财产补个别损失的商业活动,投保人投保的目的在于保障自己的财产处在价值不变或价值不会有较大损失的状态,万一发生保险合同约定的损失时,投保人、被保险人或受益人可以向保险人索赔恢复自己的财产价值。保险人通过向众多的投保人收取保险费形成某个险种保险机制,这种机制必然是保费收入多,保险赔偿支出少,保险人对此险种有利可图,这个险种就继续存在下去。反之,如果保险赔付支出多,而收入少,这种险种就不能存续下去。对投保人而言,交纳少量的保费能够在发生风险损失时得到赔偿,及时恢复财产价值或生产能力,以小额的支出保障大额财产的安全,从而达到最大限度的避免或者减少风险的目的。

三、保险营业的要素

(一)有危险存在或条件能够满足

投保人与保险公司约定的保险事项必须是客观上可能发生的。如果是以赔偿为目的的保险事项,必须是投保人的活动环境中存在着危险因素,在发生意外事故的危险时,才能赔偿;如果是以满足条件为目的的给付,这些条件能够满足的,才能得到给付。如果保险公司与投保人约定的保险事项的危险是不可能存在或者条件不可能发生的,或者是保险合同生效前已经发生的,或者是在保险合同结束之后发生的,都不构成保险危险,投保人不能对此要求赔付,保险人也不会因此赔付。

(二)有约定的赔偿或给付

财产保险必须具有针对约定的事故造成损失对投保人或受益人予以赔偿的

承诺,人寿保险必须具有对约定条件成就时给投保人、被保险人或受益人的给付的承诺,约定的赔偿和给付是保险公司对投保人的一种财产责任,是对投保人支付保费的一种回报。如果某个险种没有确定的赔偿或给付,这个险种势必因为投保人与保险人持续不断的纠纷而不能存在下去。所以,保险是一种商业化的救济活动,保险人以商业行为承担部分社会保障责任,与普通的社会救济、单位补助及亲友乡邻的互助不同,前者兑现保险责任是不可推卸的民事义务,而后者只是一种或然性的补偿行为。

（三）社会互助和组织庞大

集合众人之力,抵御风险。

（四）保险辅助人

受保险人的委托,或者为投保人、被保险人的利益代办保险业务的从业人员或者机构。主要有保险代理人和经纪人。

四、保险的职能

保险是避免风险、防范风险、转移风险和分散风险的一种法律活动,也是通过缴纳保费获得一定回报的投资活动。保险主要分为两类,一类是财产保险,另一类是人身保险。其中财产保险是对偶然事故进行赔偿的险种。

保险的主要职能如下:

基本职能为分摊损失和补偿损失[1]:前者指通过向众多的投保成员收取保险费来分摊其中少数不幸成员遭受的损失;后者为遇到灾害事故时获得保险补偿和保险金的给付。

派生职能:投资和防灾防损职能,前者如保险公司的投资活动,投保人的投保一定意义上也具有投资的性质,后者有原因分析、宣传、督促。

第二节　保险法及其主要原则

一、保险法的概念

保险法律制度是调整保险活动中保险人与投保人、被保险人以及受益人之

---

[1]　温世扬:《保险法》,法律出版社 2003 年版,第 17 页。

间法律关系的一切法律规范的总称。①它以保险关系为调整对象,有广义、狭义之分。

广义保险法是指调整保险关系的一切法律规范的总称,它既包括行政法范畴的保险事业法和社会保险法,也包括属于民商法范畴的保险合同法和保险特别法。广义保险法的内容大体包括如下部分:(1)保险合同法。这是构成保险法的核心内容。(2)保险特别法。保险特别法是相对于保险合同法而言的法律,指除保险合同法外,规范于民商法中有关保险关系的条文。如海商法中有关海上保险的规定。(3)保险业法。又称"保险事业法"或"保险事业监督法",是国家对保险业进行管理和监督的行政法规。(4)社会保险法。又称"劳动保险法",是指以保险方法补偿劳动者因偶然事故而减少或丧失其劳动能力,或虽有劳动意识及能力而丧失劳动机会时所受经济上损失的法规。

狭义的保险法一般专指保险法。保险法的立法体例大体采用如下形式:(1)单独制定各项保险法律法规。(2)将《保险合同法》并入民商法典,单独制定保险业法。(3)制定保险法典公布施行。我国目前即采用这种立法体例。在我国专指《保险法》,该法于 1995 年 6 月 30 日通过,10 月 1 日起正式施行,经历了2002 年、2009 年、2014 年三次修订。我们可将保险法分为两个部分,第一是保险业法,是对保险企业进行监督管理的法律和法规;第二是保险合同法,主要内容是规定保险当事人之间的各种权利义务关系的制度,包括《保险法》和《合同法》中对当事人合同权利义务的规范内容。

2015 年修改后的《保险法》共八章 185 条,其基本内容如下:

第一章总则。对保险法的立法目的和宗旨、保险的概念、本法的适用范围,从事保险活动和保险公司开展业务的基本原则,保险企业的监督管理等一般性内容,作了明确的规定。在具体适用上,一般认为,实践中遇到没有具体规定的情况时,应按总则的规定处理。

第二章保险合同。这是保险法的核心。该章分为三节,包括一般规定、财产保险合同、人身保险合同。

第三章保险公司、第四章保险经营规则、第五章保险业的监督管理、第六章保险代理人和保险经纪人。这四章是保险业法的内容,分别对保险公司的组织机构和组织形式、设立条件和组织变更、保险经营的业务、财务等,以及金融监督管理部门的职责和措施,保险中介机构的设立条件和从业要求等进行了规范。

---

① 温世扬:《保险法》,法律出版社 2003 年版,第 21 页。

　　第七章法律责任。该章对保险人、保险代理人、保险经纪人、金融监督管理部门、担保人、被保险人、受益人等违反《保险法》规定所应承担的法律责任作了规定。

　　第八章附则。本章规定了海上保险、外资参股公司、农业保险以及其他保险组织形式的法律适用等内容。

　　2002年《保险法》修改时,有很多实质性的东西并没有改变,特别是保险法的结构没有任何变化。2009年对《保险法》进行了修订,2014年、2015年又分别进行了第二次、第三次修正。其中,2009年修订的内容较多。2014年将2009年《保险法》的第85条修改为"保险公司应当聘用专业人员,建立精算报告制度和合规报告制度";①另外一条没触及实质性内容。②2015年修改的内容较多,共有十三条,其中最显著的是删去2014年《保险法》的第132条③和第168条④,使原来的条文由187条变为185条。其次是涉及有关从业资格的相关规定;如将第111条修改为:"保险公司从事保险销售的人员应当品行良好,具有保险销售所需的专业能力。保险销售人员的行为规范和管理办法,由国务院保险监督管理机构规定";⑤将第122条修改为:"个人保险代理人、保险代理机构的代理从业人员、保险经纪人的经纪从业人员,应当品行良好,具有从事保险代理业务或者保险经纪业务所需的专业能力。"⑥其他修改,不再罗列。⑦

---

　　①　2009年《保险法》第85条有两款,第1款:保险公司应当聘用经国务院保险监督管理机构认可的精算专业人员,建立精算报告制度。第2款:保险公司应当聘用专业人员,建立合规报告制度。

　　②　参见全国人民代表大会常务委员会关于修改《中华人民共和国保险法》等五部法律的决定(主席令第十四号),2014年8月31日。

　　③　其内容:保险专业代理机构、保险经纪人分立、合并、变更组织形式、设立分支机构或者解散的,应当经保险监督管理机构批准。

　　④　其内容:保险专业代理机构、保险经纪人违反本法规定,未经批准设立分支机构或者变更组织形式的,由保险监督管理机构责令改正,处一万元以上五万元以下的罚款。

　　⑤　2014年《保险法》规定:保险公司从事保险销售的人员应当符合国务院保险监督管理机构规定的资格条件,取得保险监督管理机构颁发的资格证书。前款规定的保险销售人员的范围和管理办法,由国务院保险监督管理机构规定。

　　⑥　2014年《保险法》规定:个人保险代理人、保险代理机构的代理从业人员、保险经纪人的经纪从业人员,应当具备国务院保险监督管理机构规定的资格条件,取得保险监督管理机构颁发的资格证书。

　　⑦　具体参见全国人民代表大会常务委员会关于修改《中华人民共和国计量法》等五部法律的决定(2015年4月24日第十二届全国人民代表大会常务委员会第十四次会议通过)。

二、《保险法》的目的和基本原则

《保险法》的立法目的有五[①]：规范保险活动、保护保险活动当事人的合法权益、加强对保险业的监督管理、维护社会经济秩序和社会公共利益、促进保险事业的健康发展。

为了实现这些目的，《保险法》也规定了相关的基本原则。这些原则是在保险制度长期发展的过程中逐步形成的，它们是守法原则和公平竞争原则、诚实信用原则、保险利益原则、损害赔偿原则、近因原则、自愿原则。

（一）守法和公平竞争原则

从事保险活动必须遵守法律、行政法规，尊重社会公德，不得损害社会公共利益。[②]包括确定保险人的资格，订立保险合同，明确保险责任及其他法律责任等重大内容。守法原则是每个保险人和投保人都必须遵守的行为准则，也是保险业监管机关和其他中介机构的行为准则，保险法律关系中的所有当事人都必须依法活动，才能取得预期的效果，保险人依法保险才能获取保费；保险中介机构依法进行中介活动才能取得中介费用；投保人依法投保才能在约定的范围内取得赔偿或给付；保险监管机关依法进行监管才能有效维护当事人的合法权益和维护保险市场秩序的稳定。

守法和公序良俗原则的一个重要体现就是公司开展业务时，要遵循公平竞争原则，不得从事不正当竞争，包括擅自降低保险费率，诋毁同业伙伴，诱导他人投保等行为。公平竞争是守法的重要体现，也是尊重公序良俗的具体化。在市场经济条件下，所有市场主体都是平等的，无论是卖方或买方、提供服务方或接受服务方，他们的法律地位都是平等的，没有人享有法外优先权。保险业经营者在向市场提供产品或者服务时，遵循守法等基本要求下，在提高和改善服务质量上下功夫，通过增加服务项目和优质服务赢得客户和获得经济效益。保险业的经营者不得通过采取不正当的手段获得或者强占市场份额，不得以损害客户的利益来获取自己的利益，不得以损害其他同业经营者的利益获取自己的利益。

（二）诚实信用原则

又称最大诚信原则，即保险活动当事人行使权利、履行义务应当遵循诚实信用原则。[③]

---

① 《保险法》(2015)第 1 条。
② 《保险法》(2015)第 4 条。
③ 《保险法》(2015)第 5 条。

保险合同关系具有其特殊性,如投保人的陈述及提供的相关信息直接关系到保险双方当事人的权利义务,故法律对当事人诚信程度的要求远高于其他民事活动,当事人若违背之,对方有权解除保险合同关系。这就是诚信原则的本质。保险合同中的诚信原则,其基本内容有三:告知、保证、弃权与禁止反言。

1. 告知

告知又称申报,是指投保人在订立保险合同时应当将与保险标的有关的重要事项如实告诉保险人。告知的内容是通常所说的"重要事实"。对此,一般的看法是:凡能够影响一个正常、谨慎的保险人决定其是否接受承保,或者据以确定保险费率,或者是否在保险合同中增添特别条款的事实,都是重要事实。

告知的形式有两种:一是采用询问回答式,即保险人书面询问的问题都认定为"重要事实",对于保险人的询问以外的问题,投保人没有告知的义务;二是采用无限告知,即法律对告知的内容没有确定的规定,只要事实上与保险标的的危险状况有关的任何重要事实,投保人都有义务告知保险人。我国采用的是询问回答式的告知义务。投保人违反告知义务,保险人有权解除保险合同。

订立保险合同,保险人就保险标的或者被保险人的有关情况提出询问的,投保人应当如实告知。投保人故意或者因重大过失未履行前款规定的如实告知义务,足以影响保险人决定是否同意承保或者提高保险费率的,保险人有权解除合同。前款规定的合同解除权,自保险人知道有解除事由之日起,超过三十日不行使而消灭。自合同成立之日起超过二年的,保险人不得解除合同;发生保险事故的,保险人应当承担赔偿或者给付保险金的责任。投保人故意不履行如实告知义务的,保险人对于合同解除前发生的保险事故,不承担赔偿或者给付保险金的责任,并不退还保险费。投保人因重大过失未履行如实告知义务,对保险事故的发生有严重影响的,保险人对于合同解除前发生的保险事故,不承担赔偿或者给付保险金的责任,但应当退还保险费。保险人在合同订立时已经知道投保人未如实告知的情况的,保险人不得解除合同;发生保险事故的,保险人应当承担赔偿或者给付保险金的责任。保险事故是指保险合同约定的保险责任范围内的事故。[①]

[案例]　**投保人的告知义务。**1996 年上海一个农村妇女患有高血压休息在家,8 月投保了保险金额 20 万元,20 年期限的人寿保险,投保时隐瞒病情。1997 年 2 月该妇女高血压发作去世,被保险人的丈夫作为家属请求保险公司给付保险金。问是保险公司应否给付保险金?

---

① 《保险法》(2015)第 16 条。

2. 保证

保证是指保险人和投保人在保险合同中约定投保人担保对某一事项作为或不作为,或担保某一事项的真实性。通常用书面形式或约定条款附加在保险单上面。也有些保证是没有形成文字的,即默示保证。保证是保险合同的基础,若有违反,保险人即可取得合同的解除权或不负赔偿责任。

[案例] **投保人违反保证义务,是否能免除保险公司的赔偿责任?** 一家银行向保险公司投保火险附加盗窃险,在投保单上写明24小时有警卫值班,保险公司给予承保,并以此作为减费的条件。后银行失窃,查明某日24小时内有半个小时警卫不在岗。问:保险公司是否承担赔偿责任?

3. 弃权与禁止反言

弃权是保险人放弃因投保人或被保险人违反告知义务或保证而产生的保险合同解除权等权利。禁止反言,是指保险人既然放弃自己的权利,将来不得反悔再向对方主张已经放弃的权利。

告知与保证是用来约束投保人和被保险人的,而弃权与禁止反言是用来约束保险人的,它们都是最大诚信原则的具体化,通过最大诚信原则的规范,维护了保险合同双方当事人之间权利义务的均衡。

(三)保险业务主体法定原则和境内相关主体投保限定原则

《保险法》规定,保险业务由依照本法设立的保险公司以及法律、行政法规规定的其他保险组织经营,其他单位和个人不得经营保险业务。[1]这一规定是2009年修改《保险法》时修改的;2002年《保险法》规定的是经营保险业务主体的只能是依法设立的保险公司,而修改后的法律增加了"法律、行政法规规定的其他保险组织",扩大了业务主体范围,为未来的市场进一步开放创造了条件。

由于中国的金融市场还处于发展时期,在与外资金融机构竞争中处于劣势。根据世界贸易组织的《服务贸易总协定》及《金融协议》等,允许成员方在金融领域采取最惠国待遇原则,以一定范围内保护国内处于发展幼稚等阶段服务业。保险领域,中国的保险公司显然目前无法与发达成员方的保险公司竞争,保险法对国内相关主体投保的限制,就是最惠国待遇原则下,保护国内相关主体的体现。《保险法》规定:在中国境内的法人和其他组织需要办理境内保险的,应当向中华人民共和国境内的保险公司投保。[2]

---

① 《保险法》(2015)第6条。
② 《保险法》(2015)第7条。

（四）保险利益原则

《保险法》规定无论是财产保险，还是人身保险，当事人所签订的保险合同的效力必须以保险利益的存在为前提。保险利益必须是合法的可保利益，是投保人和受益人对保险标的具有法定利害关系以及由此涉及的经济利益。（1）财产保险利益。财产保险的被保险人在保险事故发生时，对保险标的应当具有保险利益。①财产保险是以财产及其有关利益为保险标的的保险。（2）人身保险利益。人身保险的投保人在保险合同订立时，对被保险人应当具有保险利益。②人身保险是以人的寿命和身体为保险标的的保险。被保险人是指其财产或者人身受保险合同保障，享有保险金请求权的人。投保人可以为被保险人。

1. 保险利益的含义及其构成要件

保险利益也叫可保利益，《保险法》规定它是指投保人或者被保险人对保险标的具有的法律上承认的利益③，保险标的是指作为保险对象的财产及其有关利益或者人的寿命和身体。财产保险的被保险人在保险事故发生时，对保险标的应当具有保险利益；财产保险是以财产及其有关利益为保险标的的保险；保险事故发生时，被保险人对保险标的不具有保险利益的，不得向保险人请求赔偿保险金。④人身保险是以人的寿命和身体为保险标的的保险。投保人对保险标的应当具有保险利益。投保人对保险标的不具有保险利益的，保险合同无效。可见投保人有无保险利益，是一个至关重要的问题。人身保险的投保人在保险合同订立时，对被保险人应当具有保险利益。被保险人是指其财产或者人身受保险合同保障，享有保险金请求权的人；投保人可以为被保险人。⑤订立合同时，投保人对被保险人不具有保险利益的，合同无效。⑥

各国法律都把保险利益作为保险合同生效和有效的重要条件，主要有两层含义：

第一，对保险标的具有保险利益的人才具有投保人的资格；

第二，保险利益是认定保险合同有效的依据。这就是所谓的保险利益原则。保险利益原则的真正目的，在于限制损害填补的程度，避免赌博行为和防范道德

---

① 《保险法》（2015）第 48 条。
② 《保险法》（2015）第 31 条。
③ 《保险法》（2015）第 12 条第 6 款。
④ 《保险法》（2015）第 48 条。
⑤ 《保险法》（2015）第 12 条第 1/3/5 款。
⑥ 《保险法》（2015）第 31 条第 3 款。

危险。尤其是在人身保险中,只有坚持保险利益原则,才能更好地维护被保险人的人身安全。

保险利益的构成要件有三个:

其一,适法性。保险利益必须具有适法性,即得到法律认可,受到法律保护的利益才能构成保险利益。

其二,经济性。保险利益必须是经济上的利益,即可以用货币计算估价的利益。保险不能使被保险人避免遭受损失,其所能做到的是对被保险人遭受的经济上的损失给予金钱上的补偿。如果被保险人遭受的损失属非经济上的损失,则不能构成保险利益。

其三,确定性。保险利益必须是确定的利益。首先,这一利益是能够用货币形式估价的;其次,这一利益是指事实上或客观上的利益,包括现有利益和期待利益。

2. 保险利益原则的适用

首先要确定保险利益的范围,对人身保险与财产保险而言,其确定是不同的。

关于人身保险的保险利益,我国法律规定投保人对下列人员具有保险利益:本人;配偶、子女、父母;前两类人员以外与投保人有抚养、赡养或者扶养关系的家庭其他成员、近亲属;与投保人有劳动关系的劳动者。此外,被保险人同意投保人为其订立合同的,视为投保人对被保险人具有保险利益。[1]

至于财产保险的保险利益,我国《保险法》没有明确规定范围,只规定财产保险合同是以财产及其有关利益为保险标的的保险合同。一般认为,在财产保险合同中,享有保险利益的人员范围主要有:一是对该项资产享有法律上权利的人,包括享有所有权、抵押权、留置权的人等;二是财产保管人;三是合法占有人,如承租人、承包人等。

在确定保险利益是否存在的时间标准方面,投保人在投保时对保险标的应当具有保险利益。否则,保险合同无效。[2]同时在涉及财产保险方面,保险标的转让的,被保险人或者受让人应当及时通知保险人,但货物运输保险合同和另有约定的合同除外。[3]

---

① 《保险法》(2015)第 31 条第 1/2 款。
② 《保险法》(2015)第 12 条。
③ 《保险法》(2015)第 49 条第 2 款。

财产保险与人身保险的保险利益,其存在时间要求是有所不同的:财产保险的保险利益,在特殊情况下,保险合同订立之时可以暂时不具有,但在保险标的因保险事故造成损失时,被保险人对之必须具有保险利益。人身保险中,投保人在订立合同时必须具有保险利益,至于在保险事故发生时投保人是否仍然具有保险利益则无关紧要。

（五）损害赔偿原则

损害赔偿又称损失补偿原则,是指当保险事故发生使被保险人遭受损失时,保险人在其责任范围内按合同约定的条件对被保险人所遭受的实际损失进行赔偿。

损失补偿只适用于财产保险。人身保险合同不适用这一原则。而且,在财产保险中,定值保险合同等也不完全适用这一原则。

损失补偿原则,损失补偿原则的确切含义可以归纳为两点。

1. 被保险人只有遭受约定的保险危险所造成的损失才能获得赔偿

如果有险无损,或者损害并非约定的保险事故所造成的,则无权要求保险人给予赔偿。

2. 补偿的数额应该在实际损失范围内

保险人的补偿恰好能使保险标的恢复到保险事故发生前的状态。被保险人不应获得多于损失的补偿,保险人也不应给予少于损失的补偿。

从损失补偿原则派生出来的,还有保险代位原则和重复保险分摊原则。它们也都仅适用于财产保险而不适用于人身保险。

所谓代位原则,是指在财产保险合同中,如果保险事故是由第三者的过错造成的,则被保险人从保险人处获得全部赔偿后,必须将其对第三者享有的任何有关损失财产的所有追偿权转让给保险人,由保险人代位对第三者追偿。保险代位指实现保险利益的权利代位和被保险标的的物残余价值产权的代位两种。其中权利代位指由于第三人的侵权行为导致保险事故的发生,被保险人有权选择请求保险公司赔偿损失,也有权请求第三人损害赔偿,如果被保险人选择保险人赔偿损失,之后有义务将追究造成损害的第三人承担责任的权利转给保险人,由保险公司向侵权人请求赔偿,即代位追偿。

所谓重复保险分摊原则,是指在财产保险中投保人对同一保险标的、同一保险利益、同一保险事故分别向两个以上保险人订立保险合同,当发生保险事故时,各保险人按照其保险金额与保险金额总和的比例承担赔偿责任,被保险人从保险人处获得的赔偿不能超过保险价值。

（六）近因原则

造成保险标的损失的最直接、最有效的原因。

在保险合同纠纷中，各国用以判定较为复杂的因果关系即一果多因的案件时，通常采用近因原则。所谓近因，并非指时间上最接近损失的原因，即后发生的原因，而是指有支配力或一直有效的原因。我国法律上称之为因果关系，英美等国则称为近因原则。

（七）自愿原则

订立保险合同，应当协商一致，遵循公平原则确定各方的权利和义务。除法律、行政法规规定必须保险的外，保险合同自愿订立。①

三、《保险法》的适用

《保险法》的适用，指《保险法》在什么时间、地点，对哪些人有效。

时间方面的适用。《保险法》的时间适用是指《保险法》何时开始生效，何时终止效力，以及《保险法》对其颁布实施以前的事件和行为有无溯及力的问题。《保险法》开始生效的时间是 2009 年 10 月 1 日。②

空间方面的适用。在我国境内从事的保险活动都应适用《保险法》的规定。这里的"境内"③，既包括领陆、领水、领空，还包括延伸意义上的领域，即我国驻外使领馆，航行或停泊于国境外的船舶和飞机。

对人的适用。《保险法》适用于在中华人民共和国境内从事保险活动的自然人和法人。④法人，不论是我国境内开办的保险公司，还是外国在我国境内开办的保险公司，以及外资参股的保险公司，都必须遵守《保险法》的规定。自然人，不论是中国公民，还是外国人和无国籍人，只要在我国境内进行保险活动，一律适用我国的《保险法》。保险公司之外的其他法人和经济组织，在我国开展保险活动，也一律适用《保险法》的规定。

四、保险种类

按经营方式分保险有：社会保险和商业保险；前者指社会为保证国民经济正常运行而实施的保险，它一般以国家和地方政府经营为主体，后者指各经营单位

---

① 《保险法》（2015）第 11.2 条。
② 《保险法》（2015）第 185 条。
③④ 《保险法》（2015）第 3 条。

(保险公司和保险合作社等)以盈利为目的而承办的各种保险。

按实施的方式分保险有:强制保险(根据国家有关法律规定从事一定的行为时必须投保的)如汽车、乘客乘坐轮船、火车等所购的车票含有强制险和自愿保险(根据自己个人的意愿而决定是否投保)。

按顺序分保险有:原保险(保险人直接承保业务并与投保人签订合同产生的保险)和再保险(保险人承保业务后将危险责任的一部分转让给另一个或几个保险人的保险——分保)。

按保险范围分:财产保险、人身保险、责任保险(以被保险人的民事损害赔偿责任为保险标的的保险,如产品责任险等)与保证保险(担保履行合同的一种保险)。

经营目的分保险有:赢利保险(社会保险)和非赢利保险。

按场所分:海上保险和内陆保险等。

第三节　保险公司的设立

保险业务主体在 2009 年修改《保险法》时做了重大修改,即由原来的依照《保险法》设立的保险公司放宽到"法律、行政法规规定的其他保险组织经营。"本书主要论及保险公司。

保险公司是依法设立的,并由中国保险监督管理委员会进行监督管理的一种金融机构。其设立内容如下:

一、保险公司的设立、变更和清算

(一)保险公司的设立

1. 设立保险公司的原则

根据《保险法》规定,必须经保险监督管理机构批准。[1]保险监督管理机构自收到设立保险公司的正式申请文件之日起六个月内,应当做出批准或者不批准的决定。[2]经批准设立的保险公司,由批准部门颁发经营保险业务许可证,并凭经营保险业务许可证向工商行政管理机关办理登记,领取营业执照。保险公司

---

[1] 《保险法》(2015)第 67 条。

[2] 《保险法》(2015)第 71 条。

自取得经营保险业务许可证之日起六个月内无正当理由未办理公司设立登记的,其经营保险业务许可证自动失效。①

设立保险公司,应当具备下列条件:

主要股东具有持续盈利能力,信誉良好,最近三年内无重大违法违规记录,净资产不低于人民币两亿元;

有符合本法和《中华人民共和国公司法》规定的章程;

有符合本法规定的注册资本;

有具备任职专业知识和业务工作经验的董事、监事和高级管理人员;

有健全的组织机构和管理制度;

有符合要求的营业场所和与经营业务有关的其他设施;

法律、行政法规和国务院保险监督管理机构规定的其他条件。②

2. 资本金条件

设立保险公司,其注册资本的最低限额为人民币两亿元,而且保险公司注册资本最低限额必须为实缴货币资本。保险监督管理机构根据保险公司业务范围、经营规模,可以调整其注册资本的最低限额。但是,不得低于两亿元的限额。保险公司成立后应当按照其注册资本总额的百分之二十提取保证金,存入保险监督管理机构指定的银行,除保险公司清算时用于清偿债务外,不得动用。③

3. 从业人员条件

(1)任职资格。保险行业的标的均与资金有关,资金在金融市场上具有非常快捷的运转速度,稍有不谨慎就有可能造成重大损失,因此要求保险业的高级管理人员具有较高的素质,能够适应保险业经营情况复杂和对资金有较高安全要求的需要。保险公司的董事、监事和高级管理人员须符合保监会规定的任职资格,包括一定的金融专业学历条件和在金融行业必要的工作年限的基本条件。

(2)禁止任职人员。凡是具有下列情况之一的,不得担任保险公司的董事、监事和高级管理人员:

无民事行为能力或者限制民事行为能力;

因贪污、贿赂、侵占财产、挪用财产或者破坏社会主义市场经济秩序,被判处刑罚,执行期满未逾五年,或者因犯罪被剥夺政治权利,执行期满未逾五年;

---

① 《保险法》(2015)第78条。

② 《保险法》(2015)第68条。

③ 《保险法》(2015)第97条。

担任破产清算的公司、企业的董事或者厂长、经理,对该公司、企业的破产负有个人责任的,自该公司、企业破产清算完结之日起未逾三年;

担任因违法被吊销营业执照、责令关闭的公司、企业的法定代表人,并负有个人责任的,自该公司、企业被吊销营业执照之日起未逾三年;

个人所负数额较大的债务到期未清偿。①

（3）违反任职资格选任人员的法律责任。保险公司违反《公司法》第146条的规定,选举、委派董事、监事或者聘任高级管理人员的,该选举、委派或者聘任无效。董事、监事、高级管理人员在任职期间出现146条所列情形的,公司应当解除其职务。

4. 设立分支机构的条件

随着市场开拓和本公司业务的发展,保险公司可以自行决定扩大公司的规模,拓展业务的区域范围,保险公司应根据保费收入的增加数额向保监会申请设立分支机构。其他内容参见后文。

5. 设立、变更、消灭的审批程序

保险公司是从事金融业务的特种公司,所以保险公司设立、变更和清算的审批必须由其行业主管机关保监会负责进行。在保监会审批前,投资者、发起人或者股东所进行的任何有关公司的设立、变更或者消灭的行为均没有法律效力,有关股东会和董事会对公司的设立、变更或者消灭的决议不得对抗外部责任,不能以股东会或者董事会决议为由否定公司应当承担的民事责任。尤其是当涉及股份责任和公司责任时,有关股东和董事不能以执行公司的股东会或者董事会的决议,而主张免除自己应当承担的民事责任。

申请设立保险公司,有限责任公司的股东或者股份有限公司的发起人应当向公司登记机关提交一系列保险法和保险监督管理委员会要求的文件。例如设立申请书、可行性研究报告、筹建方案、投资人的营业执照或者其他背景资料、经会计师事务所审计的上一年度财务会计报告、投资人认可的筹备组负责人和拟任董事长、经理名单及本人认可证明、国务院保险监督管理机构规定的其他材料。

（二）保险公司的变更

保险公司有下列变更事项之一的,须经保险监督管理机构批准:变更名称;变更注册资本;变更公司或者分支机构的营业场所;撤销分支机构;公司分立或者合并;修改公司章程;变更出资额占有限责任公司资本总额百分之五以上的股

---

① 《公司法》第146条。

东,或者变更持有股份有限公司股份百分之五以上的股东;国务院保险监督管理机构规定的其他情形。①

（三）保险公司的清算

保险公司因分立、合并或者公司章程规定的解散事由出现,须经保监会批准后才能解散;取得保监会的批准后,保险公司应当依法成立清算组进行清算。因市场竞争的原因,保险公司要做强就必须做大,因此有保险公司追求规模合并之说;保险公司要做活就要与其规模相适应,因此有保险公司分立之说。保险公司的合并和分立是其多数股东根据市场竞争的情况决定的,一般而言这是公司的自主权,但是保险公司是一种金融企业,其货币运动涉及千家万户的利益,《保险法》规定,保险公司的设立、变更和消灭必须经过其监管机关保监会的批准。②

人寿保险公司经营的业务实际上是投保人以现在的钱买将来的利,投保人买的人寿保险单就是为了将来年老或者疾病时的财政依赖,是一种为了将来的投资,如果投保的人寿保险公司消失了,投保人、被保险人和受益人的利益将会受到极大的损害。所以,经营有人寿保险业务的保险公司除分立或合并外,不得解散③,以保护被保险人和受益人的合法利益。

保险公司严重违法违章经营,造成资产危机或者经营危机,保监会可依法撤销其经营保险业务许可证,并及时组成清算组,对该保险公司的债权债务进行清算,清算完毕,该保险公司注销。

保险公司不能清偿到期债务,由债权人或者保险公司自己提出破产申请,经保监会同意,由人民法院依法宣告破产。④保险公司被宣告破产的,由人民法院组织保监会等有关部门和有关人员成立破产清算组,进行破产清算。通过破产清算将保险公司现有的总财产中减去他人的财产（取回权）、减去已经作为担保的财产（别除权）、减去与他人债务相等的财产（抵消权）,剩余的财产就是破产财产,破产财产在优先支付破产费用后,按照下列顺序清偿:第一,所欠职工工资和劳动保险费用;第二,赔偿或者给付保险金;第三,拖欠的税款;第四,清偿公司的其他债务。破产财产不足清偿同一顺序清偿要求的,按照比例分配。⑤

经营有人寿保险业务的保险公司被依法撤销的或者被依法破产的,其持有

---

① 《公司法》第84条。
② 《保险法》(2015)第70条、第84条、第89条第1款。
③ 《保险法》(2015)第89条第2款。
④ 《保险法》(2015)第90条。
⑤ 《保险法》(2015)第91条。

的人寿保险合同及准备金,必须转移给其他经营有人寿保险业务的保险公司;不能同其他保险公司达成转让协议的,由保监会指定经营有人寿保险业务的保险公司接受①,务必使人寿保险合同的财产利益在合同约定的期限届满时能够产生预定的社会保障作用,以最大限度地保护人寿保险被保险人和受益人的利益。申请人寿保险公司破产只有在人寿保险单被其他人寿保险公司承接之后才能被法院受理。

二、保险公司的组织

保险公司在我国境内外设立分支机构,须经保监会批准,取得分支机构经营保险业务许可证,分支机构不具有法人资格,其民事责任由保险(总)公司承担。保险公司分支机构,是指经保险监督管理机构批准,保险公司依法设立的分公司、中心支公司、支公司、营业部、营销服务部以及各类专属机构。专属机构的设立和管理,由中国保监会另行规定。②

三、保险业的监督管理

（一）保监会的检查

我国对保险业实行行业管理,保监会是保险业的行业管理机关。保监会有权检查保险公司的业务状况、财务状况及资金运用状况,有权要求保险公司在规定的期限内提供有关的书面报告和资料。③保险业一切主体的经营活动情况和与之相关的活动情况都在保监会的监管之下,保险公司的业务状况、财务状况和资金运营状况关系到公司的命运和社会责任,关系到千家万户的利益,因此保监会有权利也有义务对之进行检查,以外部的力量约束保险公司依法经营和按章经营。

（二）整顿

1. 概念

整顿是指保监会对经营管理不善,已经发生赔付风险或者可能发生赔付风险的保险公司采取的一种行政措施。当保险公司因经营管理不善,资产负债比例失调,丧失赔付能力或者即将丧失赔付能力时,保监会可以对之做出限期改正

---

① 《保险法》(2015)第 92 条。
② 《保险公司管理规定》第 3 条。
③ 《保险法》(2015)第 150 条。

的决定。保险公司未在期限内改正的,由保监会决定选派保险专业人员和指定该保险公司的有关人员,组成整顿组织,在一定程度上约束该保险公司的民事行为能力,对该公司进行整顿。保监会做出的整顿决定应当载明被整顿保险公司的名称、整顿理由、整顿组织和整顿期期限,并予公告。①

2. 整顿的基本内容

整顿组织在整顿过程中,有权监督该保险公司的日常业务。该保险公司的负责人及有关管理人员应当在整顿组织的监督下行使自己的职权,公司重大的事情及资金运用和投资情况应及时告整顿组织。在整顿过程中,保险公司的原有业务继续进行,但是保监会有权停止开展新的业务或者停止部分业务,调整资金的运用。②

3. 整顿的终止

被整顿的保险公司经整顿已纠正其违反《保险法》规定的行为,恢复正常经营状况的,由整顿组织提出报告,经保监会批准,整顿结束,恢复该保险公司正常的民事行为能力;③整顿不成功的,转为接管程序。

(三) 接管

1. 接管的条件

保险公司违反《保险法》的规定,损害社会公共利益,可能严重危及或者已经危及保险公司的偿付能力的,保监会可以对该保险公司实行接管,成立接管组织和制定接管的实施办法,并向社会予以公告。保险公司对保险资金使用不当或者有其他不适合的做法,导致公司损失或者即将损失赔付能力,对投保人已经或者即将构成损害,甚至可能引发金融危机。④为了避免保险公司经营不善给社会造成的损失,保险监督管理机构因此决定对该公司实行接管,以减少或者化解保险行业风险。

2. 接管目的和期限

(1) 接管的目的是对被接管的保险公司采取必要措施,以保护被保险人的利益,恢复保险公司的正常经营。被接管的保险公司的债权债务关系不因接管而变化,以利社会经济关系的稳定,接管是指由接管组织取代该保险公司的民事行为能力,原公司的领导层需要离开原来的管理岗位,公司的业务和其他管理活

---

① 《保险法》(2015)第 140 条。
② 《保险法》(2015)第 142 条。
③ 《保险法》(2015)第 143 条。
④ 《保险法》(2015)第 144 条。

动由接管组行使,或者由接管组授权保险公司原来的人员行使。

(2) 接管的期限由保监会决定,期限届满,但未达到接管目的的,可以适当延期,但接管期限最长不得超过 2 年。①

3. 接管终止的后果

(1) 接管期限届满,被接管的保险公司已恢复正常经营能力的,保监会可以决定接管终止,解散接管组,将民事行为能力交还给该保险公司行使。②这种情况一般是由其他经营业绩良好的保险公司代为经营管理,在输入良好的管理理念和有效的管理制度之后,有可能使被接管的公司恢复正常的赔付能力,所以就可以终止或者提前终止接管。

(2) 在接管期间,接管组织认为被接管的保险公司的财产已不足以清偿所负债务,没有能力并且也没有希望依靠自己的力量恢复赔付能力和清偿能力的,由保监会终止接管,债务人经保监会批准,依法向人民法院申请宣告该保险公司破产。③

四、保险公司的业务范围和经营规则

(一) 保险公司的业务范围

保险公司的业务范围包括财产保险业务和人身保险业务。

1. 财产保险业务,包括财产损失保险、责任保险和担保保险

(1) 财产损失保险,是指以存放在固定地点而且处于静止状态的物质财产及其有关利益为保险标的,以火灾、雷电、爆炸、气候灾难及其他自然灾害事故为保险责任的保险。财产保险的主要种类包括:企业财产保险、家庭财产保险和涉外财产保险。

(2) 责任保险,是指保险公司承担由被保险人的侵权行为而应依法承担的民事赔偿责任的一种特殊的险种。④责任保险在被保险人在保险合同有效期间内因侵权责任给他人所造成的损失,应当由保险公司承担的赔付责任。在保险合同中,责任保险仅仅限于侵权责任保险,而不包括合同责任保险,因为合同责任是当事人可以控制的,保险公司在其中不能控制也不能影响当事人的履约行为,因此对合同责任不予保险。而侵权责任往往是当事人所不能控制和不能影

---

① 《保险法》(2015)第 146 条。

② 《保险法》(2015)第 147 条。

③ 《保险法》(2015)第 148 条。

④ 《保险法》(2015)第 65 条第 4 款。

响的,侵权责任往往不是当事人的愿望,所以,他们希望将发生侵权责任的损失转嫁给保险公司,保险公司经过调查认为此种侵权责任的风险几率较小,所收取的保费完全可以应付保险赔付,因此,有选择的对部分侵权责任予以承保,一般包括雇主责任险、承运人责任险、公众责任险、产品责任险、职业责任险,以及机动车投保中的第三者责任险等。

(3) 担保保险,包括信用保险和保证保险,其中信用保险是指由保险人承保一定信用风险的担保责任,在债务人不能按照合同的约定履行义务,并且给债权人造成损失时,由保险人负责赔偿。此险中包括商业信用风险保险、预付款信用保险、保证信用保险、财务信用保险、诚实信用保险等险种。保证保险包括投资保险和履约保险(主要是工程履约保证保险),其中投资保险是指由保险公司保障被保险人(投资者)的投资项目由于投资所在国的政治风险而可能遭受的资本和收益的损失,投资保险一般带有比较浓厚的国家政策色彩,由国有的大型保险公司承保。

2. 人身保险业务,包括人寿保险、健康保险、意外伤害保险等保险业务

(1) 人寿保险,是指以被保险人在保险期限内死亡或者生存到保险期限届满为保险标的的一个大险种,投保人向保险人缴纳约定的保险费,当被保险人在保险期内死亡或者生存到一定年龄时,保险人向被保险人或其受益人给付一定量的保险金。人寿保险可分为生存保险、死亡保险和生死两全保险三个险种。其中死亡保险是指以被保险人的死亡为保险标的并支付保险金的保险;生存保险是指以被保险人生存到一定年龄为保险标的的保险,期满后,保险人按照保险合同的约定向被保险人支付一次性保险金或者按期给付年金。两全保险是指将定期死亡人寿保险和定期生存保险相结合的一个险种,根据此保险合同的约定,被保险人在保险期内死亡,保险人给付死亡保险金,在被保险人生存到约定的保险金给付期到来时,保险人按时向被保险人给付保险年金。

(2) 人身意外伤害险,是指以被保险人因在保险期限内遭受意外伤害造成死亡或者残废为保险标的的一个险种。投保人为自己或者为与自己有可保利益的人投保,如果在保险期间内发生约定的保险事故,保险公司予以赔偿;如果在此期间没有发生约定的保险事故,所交的保费不退。险种可以单独承保,也可以作为人寿保险的附加责任一并承保。

(3) 健康保险,是指以被保险人需要支出医疗费、护理费、因疾病造成残废以及因疾病或者意外伤害暂时不能工作而减少劳动收入为保险标的的一个险种。

（二）保险业务的划分

1. 分业保险

保险公司的业务范围由保险监督管理机构依法核定。保险公司只能在被核定的业务范围内从事保险经营活动。同一保险人不得同时兼营财产保险业务和人身保险业务，即保险公司分为财产保险公司和人寿保险公司两类经营实体，其业务互不交叉。原因如下：

财产保险是一种风险几率投资，保险公司接受投保人的财产保险申请，根据保险领域中的大数法则，承报风险多数出于被保险的标的可能不用赔付的动机，或者出于该险种的保费收入将会大于赔付支出的概算，其保险带有一定的或然性，况且财产保险的期限一般在 1 年以内，保险公司承受的风险是可以通过时间的推移而消失的。所以，财产保险公司的风险几率虽然较大，但是风险的期限较短。而人身保险公司接受客户的人寿投保，则是一定要兑现的给付，无论被保险人是生是死，到了一定的期限或者发生了一定的事实，保险公司都要按照保险合同的约定给付保险金，保险公司只有将收取的保险金加以妥善的经营获利，才能满足将来的给付。如果保险公司的业务混同，经营财险的公司也经营寿险，这两种保费收入也混同运用，该保险公司的资产运营发生危机的可能将会大大增加，保险公司就有可能很快丧失赔付能力，从而导致保险业的信用危机。为了防止出现保险业混业经营产生的风险，《保险法》规定保险公司必须分业经营。

但是，经营财产保险业务的保险公司经保险监督管理机构核定，可以经营短期健康保险业务和意外伤害保险业务。保险公司不得兼营本法及其他法律、行政法规规定以外的业务。

2. 再保险

再保险是指经保监会核定，保险公司可以经营其分业经营保险业务的下列再保险业务，即分出业务，指再保险分入公司接受分入的保险业务，故分出保险和分入保险。[①]

再保险也称分保，指保险公司将其所承担的保险责任的一部分或全部分散给其他保险公司承担的保险业务。再保险以原保险的存在为基础，是对第一次保险的再次保险。再保险需要签订合同，合同的当事人均是有保险资格的保险公司，一方称为分出公司，一方为分入公司。再保险合同的标的，是分出公司所承担的赔偿责任，分入公司不是直接对保险事故的损失赔偿，而是对分出公司所

---

① 《保险法》（2015）第 96 条。

应承担的责任给予约定的补偿。再保险与投保人没有直接关系,分入公司只能请求分出公司给付保费,而不得请求投保人直接给付保险费;投保人只能请求分出公司(与之订立保险合同的保险公司)赔付保险金,而不得请求分入公司(再保险公司)赔付保险金。

3. 保险准备金

保险公司的功能是应付危险发生时对客户的赔偿,以及对符合条件的客户的给付。对保险公司而言,各种财产危险是客观存在着的,要发生只是迟早的事,(而人寿保险的条件更是随时间的过去而必然达到),保险公司对此要准备足够的资金,来应付这些支出。如果没有必要的限制,保险公司的资金就可能大幅度地流入其他投资项目盈利,或者用于其他领域,这对维持保险公司充足的赔偿能力和给付能力是个威胁。因此,保险公司应当根据保障被保险人利益、保证偿付能力的原则,提取各项责任准备金。保险公司提取和结转责任准备金的具体办法由保险监督管理机构制定。①

第四节　保 险 代 理

一、保险代理人

保险代理人指根据保险人的委托,向保险人收取代理手续费,并在保险人授权的范围内代为办理保险业务的单位和个人。②保险代理人根据保险人的授权代为办理保险业务的行为,由保险人承担责任。保险经纪人是基于投保人的利益,为投保人与保险人订立合同提供中介服务,并依法收取佣金的单位。③保险人委托保险代理人代为办理保险业务的,应当与保险代理人签订委托代理协议,依法约定双方的权利和义务及其他代理事项。

保险代理人为保险人代为办理保险业务,有超越代理权限行为,投保人有理由相信其有代理权,并已订立保险合同的,保险人应当承担保险责任;但是保险人可以依法追究越权的保险代理人的责任。④如果保险经纪人在经纪活动中没

---

① 《保险法》(2015)第 98 条。
② 《保险法》(2015)第 117 条第 1 款。
③ 《保险法》(2015)第 118 条。
④ 《保险法》(2015)第 127 条第 2 款。

有任何违法或者恶意的行为,就无须承担保险合同发生的任何责任,也与保险业务导致的任何责任无关。

保险代理手续费和经纪人佣金,只限于向具有合法资格的保险代理人、保险经纪人支付,不得向其他人支付。①

二、专业代理人

(一)专业代理人的资格

专业代理人是指专门从事保险代理业务的保险代理公司。这种公司的组织形式必须是有限责任公司或股份有限公司②,并且必须具备以下条件:股东、发起人信誉良好,最近3年无重大违法记录;注册资本达到《中华人民共和国公司法》和本规定的最低限额;公司章程符合有关规定;董事长、执行董事、高级管理人员符合本规定的任职资格条件;具备健全的组织机构和管理制度;有与业务规模相适应的固定住所;有与开展业务相适应的业务、财务等计算机软硬件设施;法律、行政法规和中国保监会规定的其他条件。此外,保险专业代理公司的注册资本必须为实缴货币资本,其注册资本的最低限额为人民币5 000万元,中国保监会另有规定的除外。③

(二)保险代理公司的业务范围

保险代理公司的业务范围由保监会核定,保险代理公司及其股东不得自行增加或增大保险代理业务种类和范围。保险代理公司的业务范围:代理销售保险单;代理收取保险费;代理相关保险业务的损失勘查和理赔;中国保监会批准的其他业务。④

三、兼业代理人

兼业代理人指受保险人委托代理经营保险业务的企业法人或其他企业,兼业代理人在从事自身经营业务的同时,指定专人为保险人提供代理服务,主要是代理销售保险单。兼业代理人须符合下列条件:具有所在单位法人授权书,有专人从事保险代理业务,有符合规定的营业场所。

---

① 《保险法》(2015)第130条。
② 《保险专业代理机构监管规定》(2015)第5条。
③ 《保险专业代理机构监管规定》(2015)第7条。
④ 《保险专业代理机构监管规定》(2015)第26条。

四、个人代理人

个人代理人是指根据保险人的委托,向保险人收取代理手续费,并在保险人授权的范围内代为办理保险业务的个人。凡持有《保险代理人资格证书》者,均可申请从事保险代理业务,并由被代理的保险公司审核登记报保监会当地分行备案。根据有关保险行政规章的规定,个人代理人必须是专职代理人,任何个人不得兼职从事其他保险代理业务。个人保险代理人在代为办理人寿保险业务时,不得同时接受两个以上保险人的委托。

五、禁止性行为与保险公司的培训义务

保险代理人、保险经纪人在办理保险业务活动中不得有下列行为:(1)利用行政权力、股东优势地位或者职业便利以及其他不正当手段,强迫、引诱或者限制投保人订立保险合同或者限制其他保险中介机构正当的经营活动;(2)挪用、截留、侵占保险费、退保金或者保险金;(3)给予或者承诺给予保险公司及其工作人员、投保人、被保险人或者受益人合同约定以外的利益;(4)利用业务便利为其他机构或者个人牟取不正当利益;(5)泄露在经营过程中知悉的投保人、被保险人、受益人或者保险公司的商业秘密和个人隐私。①保险公司应当加强对保险代理人的培训和管理,提高保险代理人的职业道德和业务素质,不得唆使、误导保险代理人进行违背诚信义务的活动。

第五节　保险合同

一、保险合同概述

(一)保险合同的基本内容

投保人提出保险要求,经保险人同意承保,保险合同成立。保险人应当及时向投保人签发保险单或者其他保险凭证。保险单或者其他保险凭证应当载明当事人双方约定的合同内容。当事人也可以约定采用其他书面形式载明合同内容。依法成立的保险合同,自成立时生效。投保人和保险人可以对合同的效力

---

① 《保险专业代理机构监管规定》(2015)第44条。

约定附条件或者附期限。①

1. 保险合同的概念及其特征

保险合同是投保人与保险人约定保险权利义务关系的协议。②其中投保人是指与保险人订立保险合同,并按照合同负有支付保险费义务的单位或个人;③保险人是指与投保人订立保险合同,并承担赔偿或者给付保险金责任的保险公司。④保险合同是一种有名合同,根据《合同法》的规定,有名合同首先按照有名合同法的规定处理当事人的权利义务关系,只有当有名合同法没有规定的情况下,才适用《合同法》的总则规定。《保险法》关于保险合同的规定就是保险合同法,保险合同首先要按照《保险法》的规定办,在《保险法》没有规定的情况下才适用《合同法》的规定。

保险合同的特征如下:

(1) 保险合同是诚信合同(又称"最大善意合同")。它是指法律要求从事保险活动以及与保险有关的活动,应当遵循诚实信用原则;⑤

(2) 保险合同是附合合同(又称"格式合同"):一方实际上要么服从、接受他方单方面提出的全部合同条件,以使合同成立,要么拒绝他方提出的条件而使合同不成立。保险合同多反映保险人一方的意愿,难免使投保人和保险人间的权利、义务出现不公平的现象;故《保险法》规定,对于保险合同的条款,保险人与投保人、被保险人或者受益人有争议时,人民法院或者仲裁机关应当作有利于被保险人和受益人的解释;

(3) 射幸合同(又称"机会性合同"):以机会利益为标的的合同;义务的履行与否常取决于机会的发生或不发生。⑥

2. 保险人的主要义务

(1) 保险公司在保险事故发生后或者保险合同中规定的事项发生后对被保险人的损失按约定的金额予以赔偿,或向受益人支付约定的保险金。保险公司赔偿或给付须满足以下条件:必须是保险标的受到损失。对保险合同约定以外的财产,即使是保险标的引起的,也不属于保险责任范围;财产损失或人身灾害

---

① 《保险法》(2015)第 13 条第 3 款。
② 《保险法》(2015)第 10 条第 1 款。
③ 《保险法》(2015)第 10 条第 2 款。
④ 《保险法》(2015)第 10 条第 3 款。
⑤ 《保险法》(2015)第 5 条。
⑥ 温世扬:《保险法》,法律出版社 2003 年版,第 51 页。

必须是在保险合同中规定的危险引起的;财产保险损失的赔偿不能超过保险金额,财产损失应当发生在合同约定的地点,在约定的地点以外场所发生的损失不在保险责任范围内。人身保险中保险金的给付以保险金额为准,无论被保险人或受益人因疾病或伤亡受到多大的损失,也只能请求保险公司给付合同最大金额的保险金,保险公司也只有按照合同约定的金额标准给付保险金的义务。

保险人收到被保险人或者受益人的赔偿或者给付保险金的请求后,应当及时做出核定,并将核定结果通知被保险人或者受益人;对属于保险责任的,在与被保险人或者受益人达成有关赔偿或者给付保险金额的协议后十日内,履行赔偿或者给付保险金义务。保险合同对保险金额及赔偿或者给付期限有约定的,保险人应当依照保险合同的约定,履行赔偿或者给付保险金义务。①

(2) 保险人或者再保险接受人对在办理保险业务中知道的投保人、被保险人、受益人或者再保险分出人的业务和财产情况及个人隐私,负有保密的义务。

(3) 保险人须承担投保人或被保险人为减少保险标的的损失而付出的施救费用、诉讼费用和理赔费用。②

3. 投保人(被保险人和受益人)的主要义务

(1) 按时交付保险费,如果投保人不按照合同约定的时间交纳保险费,保险合同就可能中止效力,在这期间发生保险事故的,保险公司将不会赔付保险金。

(2) 在保险标的的危险增加时通知保险人。

(3) 危险事故的补救和通知义务,《保险法》规定,在保险事故发生后,投保人(被保险人)有义务采取一切必要的措施避免损失的扩大,并将事故发生的情况及时通知保险人。如果投保人没有采取措施防止损失的扩大,无权就扩大的部分请求赔偿。

(二) 订立保险合同的条件

1. 财产保险利益的构成条件

(1) 适法利益。构成财产保险利益须为法律上承认的利益,财产必须是合法存在,合法取得,以及为法律所承认的。例如走私财产,抢劫财产就不能作为财产保险的标的;人的身体及身体的部分也不能作为财产保险的部分。

(2) 金钱利益。凡不能以金钱计算的利益不能作为保险利益,例如人身安全、人格尊严、人际关系等不能以金钱计价的,就不能作为财产保险的标的。

---

① 《保险法》(2015)第23条。

② 《保险法》(2015)第57条第2款。

（3）确定利益。无论是现有利益、还是预期利益都是客观存在,并且可以计算的。已经发生的损失和不可能发生的损失不能作为财产保险标的。例如已经发生了事故之后再去投保的,视为不具有保险利益;又如相信具有鬼魂灾难而要求投保的,视为不具有保险利益,不能构成保险标的。

2.人身保险利益的构成条件

（1）投保人与保险标的之间须有利害关系,包括经济上的和人身上的利害关系,如投保人于配偶、子女、父母之间因有人身上的利害关系而具有保险利益,人身保险利益关系中的亲属关系人相当于我国继承法中的第一顺序继承人。

（2）投保人与保险公司的保险合同中的保险利益必须是适法利益,即投保人与被保险人之间的利害关系必须符合法律的规定,没有违反法律法规对人身保险合同的禁止性规定。

二、保险合同的主要内容

（一）合同的基本条款

1.当事人（保险人和投保人）和关系人（被保险人或受益人）

2.保险标的及价值

保险标的指作为保险对象的财产及其有关利益或者人的寿命和身体健康。保险标的决定了保险的险种,并且是判断投保人或被保险人是否有保险利益存在的根据。保险价值是指保险标的的价值,对财产保险而言,保险价值是确定保险金额的依据。保险金额不得超过保险价值;超过的部分无效,被保险人不得对超过保险价值部分请求赔偿。保险金额低于保险价值的,除合同另有约定外,保险人按照保险金额与保险价值的比例承担赔偿责任。[①]

3.保险金额

指投保人和保险人约定在保险事故或事件发生时,保险人应当赔偿或交付的最高限额,是计算保险费的依据。在不同的保险合同里,保险金额有不同的计算方法:在财产保险中,保险金额要由保险价值来确定,保险金额不能超过保险价值。在人身保险中,因为人身的价值无法以金钱计算,所以人身保险的保险金额是合同约定保险人承担的最高限额或实际给付金额。

4.保险费的支付和保险期限

保险费是投保人向保险人支付的保险保障的代价,这是投保人最基本的义

---

① 《保险法》(2015)第56条第2款。

务。保险费金额由双方在保险合同中约定，支付方法有一次付清或分期交纳两种，也须在合同中记载明确，以便投保人履行义务。保险费是保险人根据保险金额、保险费率和保险期限决定的，保险费率是由保险标的的风险率来制定的；而保险期限对确定投保人的保险利益有无、保险危险的发生、消灭与否、保险费的交纳期限和合同是否已经生效等重大事项的确定都有重要的意义。

5. 违约责任和争议的处理（略）

（二）合同的重点条款

1. 保险责任

指约定的保险事故或事件发生后，保险人所承担的保险金赔偿或给付责任。保险责任须明确保险人所承担的风险范围，即保险人可能承保的危险。构成可保危险须符合下列五个条件：可能性、合法性、偶然性、确定性、未来性。

2. 责任的免除

指保险人不负责赔偿或给付责任的范围，也即是一般合同所指的不可抗力事件的范围和对方当事人的过错的范围。

（三）合同的特约条款

保险合同的特约条款，是指当事人在满足法律规定的基本条款之后，认为还需要将一些没有被基本条款包括的权利义务以合同的形式确定下来的内容。主要有三种：协议条款、保证条款、附加条款。

三、无效保险合同

（一）无效保险合同

1. 主体不合格

这是指签订保险合同的当事人的主体资格不符合法律的规定。主要有以下几种情况：

（1）投保人没有完全的民事行为能力，包括投保人不满 18 周岁，以及丧失民事行为能力。

（2）在人寿保险和人身意外伤害保险合同关系中，投保人与被保险人没有可保利益，既不是被保险人的配偶、子女、父母、与投保人有抚养、赡养或者扶养关系的家庭其他成员、近亲属，也没有经过被保险人同意，这种保险没有法律效力。①

---

① 《保险法》（2015）第 31 条。

（3）在人寿保险和人身意外伤害保险合同关系中，投保人为被保险人投保的是以死亡为赔付条件的保险，但是未经被保险人书面同意的，没有法律效力。①

（4）在财产保险合同关系中，投保人如果不是投保财产的所有人或合法占有人，根据《保险法》的有关规定，这种行为不具有保险利益，因此所投保的合同没有法律效力。

（5）保险人超出业务范围承包的险种。《保险法》规定保险公司的保险业务范围由国家保险监督管理机构确定②，未经保险监督管理机构的批准，保险公司不得自行承保新的险种。保险公司不得违反分业经营的规则，财保公司不得承保寿险，寿保公司也不得承保财险。

（6）保险代理人超出险种授权范围与投保人签订的保险合同，以及没有保险营业资格的主体等。

2. 意思表示不真实

合同是当事人的自愿行为，这是法律赋予公民和法人的权利，如果合同约定的内容不是当事人的本意，不但可能导致合同履行上的纠纷，而且因其不符合法律的规定，得不到法律的保护。在保险合同中，当事人的意思表示不真实主要有受了对方的欺诈或胁迫的两类情况。保险欺诈行为指当事人故意隐瞒真实情况，致使对方做出错误判断的行为；胁迫指当事人以一定的条件威胁，对方为避免威胁可能造成的损害而被迫接受不平等的条件订立合同的行为。欺诈行为和胁迫行为可以由投保人做出，也可以由保险人做出，只要当事人举出对方有欺诈或胁迫的证据，就可请求法律宣告该合同无效。

3. 客体不合法

客体指保险标的，客体不合法主要有以下几种情况：

（1）在人身保险合同中，未经授权的死亡保险合同、以他人的生命为保险标的的死亡保险合同及虚报年龄的人寿保险合同等。

（2）在财产保险合同中，投保人与承保人约定的危险不存在的财产保险合同，或者损害事故已经发生的财产保险合同，以及对同一财产保险没有向保险公司声明的重复保险合同等。

（二）无效合同的认定及后果

无效保险合同的认定由人民法院或仲裁机构经审理后作出。根据我国《合

---

① 《保险法》（2015）第33条。

② 《保险法》（2015）第95条第3款。

同法》和《保险法》的规定,无效保险合同的效力自合同订立时就没有法律效力,当事人因履行合同而交付的保险费和保险赔偿金及保险给付应当各自返还。投保人对订立保险合同有故意欺诈的情节的,保险合同无效,保险费不退。

除了全部无效的保险合同外,尚有一些是部分无效合同,如投保人非恶意超额保险,对此应视超额保险部分无效,但超额保险所交纳的保险费不予退还。

四、保险合同的变更和解除

（一）保险合同的变更

在保险合同的有效期内,投保人和保险人经协商同意,可以变更保险合同的有关内容,由保险人在原保险单或者其他保险凭证上批注或者附贴批单,或者由投保人和保险人订立变更合同的书面协议。合同的变更包括:主体的变更、客体的变更、内容的变更、期限的变更。

（二）保险合同的解除

1. 投保人通知保险人解除保险合同

无论何种理由,投保人都可根据自己的需要决定是否解除合同。

2. 没有履行通知的义务

保险法规定当某些事项存在或者出现新的情况时,当事人一方有义务通知对方,以使对方当事人对可能发生的风险有所防范或者对约定的风险有所选择,由于种种原因没有通知对方,除了不可抗力的原因外,不论当事人是否故意,对方均有权解除合同。

3. 违反告知义务

在保险中,告知义务是当事人必须遵循的诚信原则,投保人故意隐瞒,或因过失遗漏,或因错误陈述,足以变更或减少保险人对保险标的的危险的估计的,这些故意或过失的行为都可导致保险人有权解除保险合同。

4. 违反特约条款

违反特约条款致使原合同的履行成为不必要或不可能,双方均可提出解除合同,无须与对方协商。

5. 保险欺诈

保险欺诈是指投保人意图通过保险谋取非法的或者不正当的利益,保险欺诈主要有以下几种情况:

（1）投保人故意虚构保险标的,骗取保险金的。虚构保险标的包括投保根本不存在的财产以及超出投保财产的价值投保的两种情况。保险金额不得超过保险价值,超过保险价值的,超过部分无效,保险人应当退还相应的保险费。①

（2）未发生保险事故而谎称发生保险事故,骗取保险金的。②

（3）故意造成财产损失的保险事故,骗取保险金的。③

（4）故意造成被保险人死亡、伤残或者疾病等人身保险事故,骗取保险金的,包括自己制造事故伤害自身的情况,以及制造事故造成他人伤亡情况的行为。其中自伤的情况只追究被保险人的保险欺诈责任。故意制造被保险人保险事故情节特别严重的还应追究其刑事责任。制造事故造成他人伤亡的,除了追究有关的投保人、被保险人或者受益人的保险欺诈责任外,还须追究其刑事责任。

（5）伪造、变造与保险事故有关的证明、资料和其他证据,或者指使、唆使、收买他人提供虚假证明、资料或者其他证据,编造虚假的事故原因或者夸大损失程度,骗取保险金的。

五、索赔和理赔

（一）通知与索赔

1. 通知

投保人、被保险人或者受益人知道保险事故或者保险事项发生后,应当及时通知保险人,④告知有关的地点、现场,并提供必要的保险合同文本、财产证书和其他法律文件,以便保险人能够及时勘查保险标的受损失的现场和调查保险事故发生的原因和查证保险标的的损失情况。

2. 提交证明等文件

保险事故发生后,依照保险合同请求保险人赔偿或者给付保险金时,投保人、被保险人或者受益人应当向保险人提供其所能提供的与确认保险事故的性质、原因、损失程度等有关的证明和资料⑤,包括保险单或保险凭证的正本,已经支付保险费的凭证、账册、收据、发票、装箱单和运输合同等有关保险标的的原始凭据,身份证、工作证、户口簿及其他有关人身保险的被保险人的姓名、年龄、职业等情况的证明,保险事故证明及损害结果证明,索赔受损财产、各种费用的清单。

---

① 《保险法》(2015)第 55 条第 3 款。

② 《保险法》(2015)第 174 条第 2 款第（二）项。

③ 《保险法》(2015)第 174 条第 2 款第（三）项。

④ 《保险法》(2015)第 21 条。

⑤ 《保险法》(2015)第 22 条。

（二）理赔

1. 理赔

保险人收到被保险人或者受益人的赔偿或者给付保险金的请求后，应当及时做出核定，对属于保险责任的，在与被保险人或者受益人达成有关赔偿或者给付保险金额的协议后 10 日内，履行赔偿或者给付保险金义务。保险合同对保险金额及赔偿或者给付期限有约定的，保险人应当依照保险合同的约定，履行赔偿或者给付保险金的义务。①

2. 先予支付

保险人自收到赔偿或者给付保险金的请求和有关证明、资料之日起 60 日内，对其赔偿或者给付保险金的数额不能确定的，应当根据已有证明和资料可以确定的最低数额先予支付；保险人最终确定赔偿或者给付保险金的数额后，应当支付相应的差额。②

六、保险欺诈及其法律后果

（一）谎称保险事故

被保险人或者受益人在未发生保险事故的情况下，谎称发生了保险事故，向保险人提出赔偿或者给付保险金的请求的，保险人有权解除保险合同，并且不退还保险费③，情节严重构成犯罪的，依法追究其刑事责任。

（二）故意制造保险事故

投保人、被保险人或者受益人故意制造保险事故的，保险人有权解除保险合同，不承担赔偿或者给付保险金的责任，也不退回保险费④，情节严重构成犯罪的，依法追究其刑事责任。唯一例外的是在人身保险中投保人、受益人故意造成被保险人死亡、伤残或者疾病的，保险人不承担给付保险金的责任。但是，投保人已经交足 2 年以上保险费的，保险人应当按照合同的约定向其他享有权利的受益人退还保险单的现金价值。⑤

（三）虚报损失

保险事故发生后，投保人、被保险人或者受益人以伪造、变造的有关证明、资

---

① 《保险法》(2015)第 23 条。

② 《保险法》(2015)第 25 条。

③ 《保险法》(2015)第 27 条第 1 款。

④ 《保险法》(2015)第 27 条第 2 款。

⑤ 《保险法》(2015)第 43 条第 1 款。

料或者其他证据,编造虚假的事故原因或者夸大损失程度的,保险人对其虚报的部分不承担赔偿或者给付保险金的责任①,情节严重构成犯罪的,依法追究其刑事责任。

第六节　财 产 保 险

一、财产保险概述

（一）财产保险的概念及对象

1. 财产保险的概念

财产保险是《保险法》规定的以各种物质财产和与其有关的利益为保险标的②,保险人承担这些财产保险标的因遭受各种自然灾难或意外事故所造成的经济损失的赔偿责任的一种法律制度。

2. 财产保险的特征

财产保险是保险公司与投保人之间为了一定的经济目的而订立的协议,也是对各种风险损失进行补偿的制度。其有两个特性:即投保人之间的互助性和保险人计算财产风险的科学性。其中科学性是指当危险发生在某时某地某一特定的保险标的上是很偶然的,但从长期大量的保险事件中可以归纳出某一类危险的规律性。运用概率学原理,保险人通过对社会上该类财产的风险损失率的调查,得出保险费率的计算根据,从而使某类财产保险的投保人的保险费分摊程度相对公平合理。

3. 财产保险的对象

财产保险对象是指投保人投保的财产和相关的利益,现代的财产保险不但包括物质财产保险,也包括与财产利益相关的责任保险、信用保险、保证保险。

（二）保险危险

保险危险指保险人承保责任范围内的各种火灾、爆炸、水灾、坍塌、山崩、地震等各种自然灾害与人为灾难事故的总称,其表明的是事故是潜在的危险和危

---

① 《保险法》(2015)第 27 条第 3 款。

② 《保险法》(2015)第 12 条第 4 款。

险发生的可能程度。构成保险公司可保危险应符合下列条件：

1. 可保危险

可保危险是可能发生的客观情况，不是当事人想象中的情况，也不是自然界和社会上不存在的情况，例如由于迷信产生的危险就不属于商业保险承保的对象；已经发生的危险也不属于商业保险承保的对象，例如已经发生事故的机动车，就不能靠投保赔偿车辆事故的损失。

2. 大数法则

可保危险的发生是偶然的，保险公司和投保人都不能确切知道所投保的财产是否会遭遇损失，对必然要发生的损失，保险公司是拒绝承保的，即使承保了，也可以该保险合同属于无效合同而拒绝保险赔付。

3. 保险估价

保险人根据同类财产在普通情况下的损失事故率计算出可保危险标的的保险费率，保险费率乘以保险金额就是保险费。保险金额是按保险标的的实际价值确定的，是保险人承保的最高赔偿额度。所以，保险金额不得超过保险价值。超过保险价值的，超过部分无效，保险人应当退还相应的保险费。①

（三）财产保险分类

1. 灾害事故险

灾害事故险指保险人承保因火灾和其他自然灾害及意外事故引起的直接经济损失。险种主要有企业财产保险、家庭财产保险、家庭财产两全保险（指只以所交费用的利息作保险费，保险期满退还全部本金的险种）、涉外财产保险、其他保险公司认为适合开设的财产险种。

2. 货物运输保险

货物运输保险指保险人承保货物运输过程中自然灾害和意外事故引起的财产损失。险种主要有国内货物运输保险、国内航空运输保险、涉外（海、陆、空）货物运输保险、邮包保险、各种附加险和特约保险。

3. 运输工具保险

运输工具保险指保险人承保运输工具因遭受自然灾害和意外事故造成运输工具本身的损失和第三者责任。险种主要有汽车、机动车辆保险、船舶保险、飞机保险、其他运输工具保险。

---

① 《保险法》(2015)第 55 条第 3 款。

4. 农业保险

指保险人承保种植业、养殖业、饲养业、捕捞业在生产过程中因自然灾害或意外事故而造成的损失。

5. 工程保险

工程保险指保险人承保中外合资企业、引进技术项目及与外贸有关的各专业工程的综合性危险所致损失，以及国内建筑和安装工程项目，险种主要有建筑工程一切险、安装工程一切险、机器损害保险、国内建筑、安装工程保险、船舶建造险，以及保险公司承保的其他工业险。

6. 责任保险

责任保险指保险人承保被保险人的民事损害赔偿责任的险种，主要有公众责任保险、第三者责任险、产品责任保险、雇主责任保险、职业责任保险等险种。

7. 保证保险

保证保险指保险人承保的信用保险，被保证人根据权利人的要求投保自己信用的保险是保证保险；权利人要求被保证人信用的保险是信用保险。包括合同保证保险、忠实保证保险、产品保证保险、商业信用保证保险、出口信用保险、投资(政治风险)保险。

(四) 代位求偿权

在财产保险中，当保险标的发生保险责任范围内的损失，而该项损失应当由第三人负赔偿责任时，投保人可先向保险人要求赔偿，保险人先予赔偿损失后即取得了对第三人追偿的权利，这就是所谓的代位求偿权。[1]

(五) 保险标的转让和解除

1. 转让

在保险公司签发保险单后，被保险人的保险标的转让应当通知保险人，经保险人同意继续承保后，双方依照《保险法》的规定办理合同的变更，实际上是被保险人的变更。但是，货物运输保险合同和双方另有约定保险标的物不可转让的保险合同不得转让，以利保险人对保险标的物的安全状况进行有效的监管。[2]

2. 解除

《保险法》规定，在保险责任开始后，投保人可以解除合同，但是在货物运输

---

[1]　《保险法》(2015)第 60 条第 1 款。

[2]　《保险法》(2015)第 49 条第 2 款。

保险合同和运输工具航程保险合同中,保险责任开始后,合同的当事人不得解除合同。①因为,这两类合同的履行都依赖于运输工具的移动,而运输工具移动后就意味着保险活动已经开始,投保人就不得提出不再保险的请求,以保护保险人的利益。

（六）保险标的监管

1. 妥善管理保险标的

被保险人应对保险标的妥善照管。在保险责任开始后,被保险人应当遵守国家有关消防、安全、生产操作、劳动保护等方面的规定,维护保险标的的安全。不得放任不管,将财产安全的责任完全推给保险公司。

2. 履行通知义务

在保险合同的有效期内,保险标的的危险程度增加的,被保险人按照合同的约定应当及时通知保险人,保险人有权增加保险费或者解除保险合同。②被保险人未履行上述通知义务的,因保险标的的危险程度增加而发生的保险事故,保险人不承担赔偿责任。③

3. 减少或者防止风险建议

保险公司对某些保险风险比较大的保险标的的安全状况不易了解,为此可在合同中约定,保险人可以对保险标的的安全状况进行检查,并及时向投保人或被保险人提出消除不安全因素和隐患的书面建议。经被保险人的同意,保险人可以对保险标的采取必要的安全措施,以防损失的发生。

4. 增加保费或解除合同

投保人或被保险人未按照保险合同的约定履行其对保险标的的安全应尽的责任的,意味着保险风险增大,保险人有权要求增加保险费,保险风险显著增大的,保险人有权解除保险合同。

5. 减低及退还保费

如果合同没有特别的约定,当保险标的的价值明显减少,或者保险标的的危险程度明显减少时,保险人应当减低保险费,并按日计算退还相应的保险费。④

6. 退保

在保险责任开始前,投保人要求解除合同的,应当向保险人支付手续费,保险

---

① 《保险法》(2015)第 50 条。
② 《保险法》(2015)第 52 条第 1 款。
③ 《保险法》(2015)第 52 条第 2 款。
④ 《保险法》(2015)第 53 条。

人应当退还保险费。保险责任开始后,投保人要求解除合同的,保险人可以收取自保险责任开始之日起至合同解除之日止期间的保险费,剩余部分退还投保人。①

7. 重复保险

重复保险是指投保人就一项保险标的、同一保险利益、同一保险事故分别与两个以上的保险人订立保险合同的保险。重复保险的投保人应当将重复保险的有关情况通知各保险人,以免因重复保险使保险标的保险金额虚涨,诱发道德风险。重复保险的保险金额总和超过保险价值的,各保险人的赔偿金额的总和不得超过保险价值。除合同另有约定外,各保险人按照其保险金额与保险金额总和的比例承担赔偿责任。②

二、财产保险的程序

(一) 投保单

投保单是由投保人提交保险人表示对保险合同的要约,投保单中列出投保人对投保财产的名称、数量、金额、坐落地点、保险金额和特别约定等条件。在实践中,一般由投保人与保险人在签约前进行详细的协商,就上述条件达成一致意见,然后再由投保人照此填写投保单,交给保险人。

(二) 保险单

1. 保险单

是指保险人承认投保单的各项条件,交给投保人的书面文件,一般是在标准格式单上填写所承保的各项内容。保险单有正本2份,由保险人和投保人保存,副本若干,包括交给投保人一份。保险单的主要内容包括:保险单编号,投保单位名称,保险财产所在地址,保险费率,保险费,保险期限和签单日期,保险单收据。保险单填写完毕,将保险单收据交付投保人,企业财产保险有15天交费的宽限期,企业在此期间交费,保险单自动生效。其他险种在未交保险费之前,保单无效。

2. 批单

是指用以改正或增加保险单内容,附在保险单上的文件。保险单一经批改,保险单就以经改正或增加的内容为准。投保人和保险人双方都有权要求更改保险单的内容。其中投保人要求更改的,保险单正本一经保险人签发就立即生效。

---

① 《保险法》(2015)第54条。
② 《保险法》(2015)第56条。

三、保险事故的处理

（一）措施费用

保险事故是指事实上已经发生的保险危险。当保险事故发生时，被保险人有责任尽力采取必要的措施，防止或减少损失。因此所支出的必要的和合理的费用由保险人承担。这些费用在保险标的的损失赔偿金额以外另行计算，最高不超过保险金额的数额。

保险人、被保险人为查明和确定保险事故的性质、原因和保险标的损失程度所支付的必要的、合理的费用，由保险人承担。①

（二）申请赔偿

1. 提供文件

被保险人申请赔偿时，应当提供保险财产损失清单、救护费用清单以及必要的账册、单据和有关部门的证明。保险人应当迅速审定、核实。保险赔偿金额一经保险合同的双方确认，保险人应当在 10 日内一次支付赔偿结案。②

2. 时效

如果被保险人从通知保险人发生保险事故的当天起 3 个月内不向保险人提供各种有关文件和资料的，或者从保险人书面通知之日起 1 年内不领取应得的赔款，即作为自愿放弃请求赔偿权利。

（三）部分损失

保险标的发生部分损失时，在保险人赔偿后 30 日内，投保人可以终止合同；除合同约定不得终止合同的以外，保险人也可终止合同。保险人终止合同的，应当提前 15 日通知投保人，并将保险标的未受损失部分的保险费，扣除自保险责任开始之日起至终止合同之日止期间的应收部分后，退还投保人。③

（四）残余价值

保险事故发生后，保险人已经支付了全部保险金额，并且保险金额相等于保险价值的，受损保险标的的全部权利归于保险人；保险金额低于保险价值的，保险人按照保险金额与保险价值的比例取得受损保险标的的部分权利。④如果被保险人不愿将保险标的的权利从自己所有财产的整体中分离，应将相应的保险

---

① 《保险法》(2015)第 64 条。

② 《保险法》(2015)第 23 条。

③ 《保险法》(2015)第 58 条。

④ 《保险法》(2015)第 59 条。

标的残余价值以货币形式交还给保险人。

（五）代位请求赔偿

因第三者对保险标的的损害而造成保险事故的,保险人自向被保险人赔偿保险金之日起,在赔偿金额范围内代位行使被保险人对第三者请求赔偿的权利。如果被保险人已经从第三者取得损害赔偿的,保险人赔偿保险金时,可以相应扣减被保险人从第三者处取得的赔偿金额。①

保险人依法向第三者请求赔偿时,不影响被保险人就未取得赔偿的部分向第三者请求赔偿。②即被保险标的的保险金额不足弥补其实际损失时,被保险人还可就未能得到保险赔偿的损失请求第三者给予赔偿。

在保险人向第三者行使代位请求赔偿权利时,被保险人应当向保险人提供必要的文件和其所知道的有关情况。③

代位请求赔偿的例外。在实践中有四种情况不适用代位请求赔偿:第一,保险事故发生后,保险人未赔偿保险金之前,被保险人放弃对第三者的请求赔偿的权利的,保险人不承担赔偿保险金的责任④,以维护自己合法的利益。第二,保险人向被保险人赔偿保险金后,被保险人未经保险人同意放弃对第三者请求赔偿的权利的,该行为无效。⑤第三,由于被保险人的过错致使保险人不能行使代位请求赔偿的权利的,保险人可以相应扣减保险赔偿金,以使被保险人就自己的过错分担部分责任。第四,在家庭财产保险中,保险人不得对被保险人的家庭成员或者其组成人员行使代位请求赔偿的权利,除非这些成员有故意造成保险事故的行为,以维护家庭经济生活的稳定。⑥

（六）直接向第三者赔偿

保险人对责任保险的被保险人给第三者造成的损害,可以依照法律的规定或者合同的约定,直接向第三者赔偿保险金⑦,以减少中间环节,提高保险的社会服务效率,以及提高保险公司的经营信誉。

责任保险是指以被保险人依法应负的赔偿责任为保险标的的保险。⑧责任

---

① 《保险法》(2015)第 60 条第 1 款、第 2 款。
② 《保险法》(2015)第 60 条第 3 款。
③ 《保险法》(2015)第 63 条。
④ 《保险法》(2015)第 61 条第 1 款。
⑤ 《保险法》(2015)第 61 条第 2 款。
⑥ 《保险法》(2015)第 63 条。
⑦ 《保险法》(2015)第 65 条第 1 款。
⑧ 《保险法》(2015)第 65 条第 4 款。

保险的被保险人因给第三者造成损害的保险事故而被提起仲裁或者诉讼的,除了合同另有约定之外,由被保险人支付的仲裁或者诉讼费用以及其他必要的、合理的费用,由保险人承担。①

四、机动车辆保险

（一）车辆损失险

1. 车辆损失危险的范围

碰撞、倾覆、火灾、爆炸;雷击、暴风、龙卷风、洪水、破坏性地震、地陷、冰陷、崖崩、雪崩、雹灾、泥石流、隧道坍塌、空中运行物体坠落;全车失窃在 3 个月以上;载运保险车辆的渡船遭受自然灾害或意外事故。

2. 保险公司不承担保险责任的范围

战争、军事冲突或暴乱;酒后开车、无有效驾驶证、人工直接供油;受本车所载货物撞击;两轮及轻便摩托车失窃或停放期间翻倒;被保险人及其驾驶人员的故意;以及车辆的自然磨损和自身故障,车辆发生损失后未经必要的修理,致使损失扩大的部分。

3. 修复

车辆发生保险事故后,应当尽量修复,被保险人在修理前应当会同保险人检验受损车辆,明确修理项目、方式和费用,否则保险人有权重新核定修理费用。

4. 赔偿

在保险合同的有效期内,车辆发生了保险事故而遭受的损失,保险人按下列两种方式赔偿:第一是全部损失赔偿,但最高金额不超过出险时车辆重置的价值。第二是部分损失赔偿,投保时按重置价值确定保险金额的车辆,按实际修理费用赔偿;投保时保险金额低于重置价值的车辆,按保险金额与出险当时的重置价值比例赔偿修理费用。部分损失赔偿的金额以不超过保险金额为限,如果保险车辆按全部损失赔偿或部分损失一次赔款等于保险金额全数时,车辆损失险的保险责任即行终止。

（二）第三者责任险

1. 第三者责任险的范围

被保险人或其允许的驾驶人员在使用保险车辆过程中发生意外事故,致使第三者遭受人身伤亡或财产的直接损毁,被保险人依法应当支付赔偿金额,保险

---

① 《保险法》(2015)第 66 条。

人依照保险合同的规定给予补偿,但因事故产生的善后工作,由被保险人负责处理。

2. 不承担保险责任的范围

被保险人所有或代管的财产;私车的被保险人及其家庭成员,以及他们所有或代管的财产;本车的驾驶人员;本车上的一切人员和财产;拖带的未保险车辆或其他拖带物造成的损失以及各种间接损失;保险车辆发生意外事故,引起停电、停水、停气、停产、停业或停驶造成的事故,以及各种间接损失;酒后驾驶或无有效驾驶证;被保险人的故意行为。凡有上述行为之一的,保险人不承担第三者责任险,其损失由有关责任者自负。

3. 赔偿

保险车辆发生第三者责任事故时,应按出险当地交通事故处理规定和有关法律法规处理赔偿。保险人自行承诺或支付赔偿金额,保险人有权重新核定,发现赔偿金超过合理数额的,可以不承担超出部分的赔偿金。被保险人索赔时,应提交保险单、事故证明、事故调解结案书、损失清单和各种费用单据。保险人无异议的,应当在 10 天内一次赔偿结案。

保险人对第三者的责任事故做出赔偿后,保险人投保的第三者责任险继续有效,直至保险期满。保险人不得以已经对被保险人的事故做出赔偿为由宣告合同终止。

4. 先予赔偿

保险车辆发生的保险事故应由第三方承担责任的,被保险人应当向第三方索赔。也可以向保险人索赔,保险人应按规定先予赔偿,但被保险人必须将向第三方追偿的权利转让给保险人,并协助保险人向第三方追偿。

5. 被保险人的主要义务

第一,对投保的车辆的情况如实申报,并一次交清保险费;第二,在合同的有效期内,保险车辆转让、赠送或变更用途,被保险人应当事先通知保险人,并申请办理批改;第三,保险车辆发生保险事故后,被保险人应立即采取合理的保护和施救措施,同时通知保险人。

6. 无赔款优待

保险车辆在一年保险期间内无赔款,续保时可享受无赔款优待,优待金额为上年度应交保险费的 10%,但是投保人须在保险合同的有效期间内续保,才能享受少交保费优惠待遇,如果超出原保险合同的有效期才签订的保险合同,属于新的保险合同,而不是对原合同的续签,不能享有无赔款优待。

第七节　人　身　保　险

一、人身保险概述

（一）人身保险的概念

人身保险是以人的寿命和身体作为保险标的的一种保险。[①]这是投保人与保险人通过订立人身保险合同,约定投保人按时交纳一定的保险费,在被保险人或受益人因疾病或遭受意外事故而致伤残或死亡时,或在保险期满时,保险人一次或按期向其支付医疗费或保险金的一种法律制度。人身保险是一种定额给付性质的保险,投保人投保多少金额,当条件满足时,保险人必须承担多少给付的责任,无须调查损失的有无和大小。

人身保险的特点:第一,人身保险的损害无法以金钱确切计算,只是以金钱补偿投保人或受益人精神上的损害,所以人身保险仅能于事先确定给付的数额,而不能在事后评价,其属于定额保险;第二,人身保险所涉及人的生存和死亡的概率是比较准确的,对偶然事件的计算比较精密,所以人身保险的危险率较财产保险中的危险概率准确,其保险费的收支可以作有计划的运用;第三,财产保险者一般深知保险比储蓄重要,所以保险费的增减对投保人的影响较小,而人身保险合同的保险金额较小,性质接近储蓄,社会需求量和弹性都较大,投保人对保险费率的变动较敏感,故人身保险要借助多种形式广泛促销;第四,人身保险的期间多数是几年或几十年的长期合同,保费收入比较稳定,可以被用作长期投资,其金融方面的机能强于财产保险,但是由于其期限长,如果在合同期间发生了较高的通货膨胀情况时,容易引起保险公司经营上的困难。

（二）人身保险的分类

1. 强制保险与自愿保险

我国的人身保险绝大多数是自愿保险,投保人可以根据自己的经济能力确定将来的保险目标,保与不保,保额多少概由投保人自行决定。而强制保险是一种法定保险,投保人不能选择保与不保,保险人也不能选择是否接受其投保。我国的强制保险只限于旅客搭乘列车、轮船、飞机和汽车时,须由运输经营者向保

---

① 《保险法》(2015)第12条第3款。

险公司投保旅客意外伤害保险。如果旅客在途中由于意外事故受到伤害、残废或丧失身体机能或死亡的,除在保险金额范围内支付医疗津贴外,另按规定支付保险金。

2. 人寿保险

人寿保险是指以保险人在一定时期或终身的死亡或生存为给付条件的一种保险。人寿保险可以因保险内容(生存或死亡)、保险期限、保险金额、交费方式、给付方式等条件的不同组合而构成多种保险合同。

人寿保险可以分为死亡保险、生存保险、年金保险和两全保险四种形式,投保人可自行选择。第一,死亡保险是指被保险人在保险有效期内死亡为给付条件,此险种可分为定期死亡和终身死亡两种保险方式,其中定期死亡保险合同约定如果被保险人在合同有效期间死亡可获得保险金,如果仍然生存,保险人就不再承担保险责任,也不退还保险费。第二,生存保险是指以被保险人到约定的保险期满仍然生存为给付条件,如果被保险人在此期间死亡,保险责任即告终止,也不退还保险费。第三,年金保险是指以年金的方法来给付保险金的一种人身保险业务,分定期年金和终身年金两种,其中终身年金的年金给付期间是年金受领人的整个生存期间。第四,两全保险是指投保人在保险期间内分期交付保险费,被保险人在保险期内死亡或期满生存都可给付保险金。

3. 人身意外伤害险

人身意外伤害险是指保险人与投保人约定人身伤害的范围,明确意外伤害只是一种偶然事件,在保险期间内,只要发生了意外伤害,被保险人就可按规定获得保险金的一种保险制度。人身意外伤害的保险期为 1 年,期满时须续办保险手续。

4. 疾病保险

疾病保险也称健康保险,指保险人承担被保险人患病、分娩以及所致残废或死亡时的保险金,疾病保险不包括意外伤害引起的损失。

5. 团体人身保险

团体人身保险是指以团体为投保人,与保险人订立的一份总保险单,该团体的成员为被保险人的一种人身保险。其保险范围是死亡和残废保险。特点是以集体选择代替个人选择,保险人也不能对团体成员中的个别人作选择,团体被保险人免除体检责任,其手续简单,保险费较低。团体人身保险的期限为 1 年,自保日的零时起到期满日的 24 时止,期满时,另办续保手续。保险金额每人最低为 1 000 元,最高为 5 000 元,保险金额一经确定,中途不得变更。

6. 简易人身保险

其保险期限、保险费和保险金额标准化,其特点是低保费、低保额、交费频繁,免体检,保险量次不限,投保人只能根据被保险人的年龄,在不超过期满最高年龄限额(我国定为 70 岁)的情况下,由投保人自由选择。

二、人身保险合同

(一)保险利益

保险利益是投保人投保的先决条件,如果某项保险与投保人没有保险利益,该保险就很可能涉及保险欺诈,要么就很容易诱导道德风险。所以每一项保险都要将投保人是否具有保险利益放在首位。下列人员对投保人具有保险利益:本人,配偶、子女、父母,与投保人有抚养、赡养或者扶养关系的家庭其他成员、近亲属,以及被投保人同意投保人为其订立合同的,视为投保人对被保险人具有保险利益。

(二)投保

1. 年龄不真实的后果

投保人申报的被保险人的年龄不真实,并且其真实年龄不符合合同约定的年龄的限制的,保险人可以解除合同①,并在扣除手续费后,向投保人退还保险费,但是,如果该合同生效已经超过 2 年的,保险人不得再主张被保险人的年龄不符合合同的要求。

2. 年龄申报不真实导致保险费及保险金的变化

投保人申报的被保险人年龄不真实,致使投保人支付的保险费少于应付保险费的,保险人有权更正并要求投保人补交保险费,或者在给付保险金时按照实付保险费与应付保险费的比例支付。投保人申报的被保险人的年龄不真实,致使投保人实付的保险费多于应付保险费的,保险人应当将多收的保险费退还投保人。②

3. 投保的例外

投保人不得为无民事行为能力人投保以死亡为给付保险金的人身保险,保险人审查保单时,发现这种情况也不得承保,以免诱发道德风险。但是,父母为其未成年子女投保的人身保险不受前述限制,但是死亡给付保险金额总和不得超过保监会规定的限额。③

---

① 《保险法》(2015)第 32 条第 1 款。
② 《保险法》(2015)第 32 条第 2 款、第 3 款。
③ 《保险法》(2015)第 33 条。

4. 特别规定

以死亡为给付保险金条件的合同,未经被保险人的书面同意,并认可保险金额的,合同无效。依照以死亡为给付保险金条件的合同所签发的保险单,未经被保险人书面同意,不得转让或者质押,以免权利主体发生改变后诱发道德风险。①

（三）保险费及时效

1. 付费方式

投保人于合同成立后,可以向保险人一次支付全部保险费,也可以按照合同的约定分期支付保险费。②合同约定分期支付保险费的,投保人应当于合同成立时支付首期保险费,并应当按照合同的约定按期支付其余各期的保险费。③

2. 合同中止

合同约定分期支付保险费,投保人支付首期保险费后,除合同另有约定外,投保人超过规定的期限 60 日未支付当期保险费的,合同效力中止,或者由保险人按照合同约定的条件减少保险金额。④

3. 合同恢复及解除

依照上述规定合同效力中止的,经保险人与投保人协商并达成一致协议,在投保人补交保险费后,合同效力恢复。但是,自合同效力中止之日起,2 年内双方未达成协议的,保险人有权解除合同。当投保人交足 2 年以上保险费的,保险人应当按照合同约定退还保险单的现金价值。⑤

4. 付费自由

投保人就人身保险投保,是其权利,分期付费的中途不再支付的,或者要求退保的,是《保险法》规定给投保人的权利。保险人对人寿保险的保险费,不得用诉讼方式要求投保人支付。⑥

（四）受益人

1. 受益人的条件

受益人是人身保险的条件满足时享有保险利益的人。⑦人身保险的受益人由被保险人或投保人指定,投保人指定受益人时须经被保险人同意,以免诱发或

---

① 《保险法》(2015)第 34 条。
② 《保险法》(2015)第 35 条。
③④ 《保险法》(2015)第 36 条。
⑤ 《保险法》(2015)第 37 条。
⑥ 《保险法》(2015)第 38 条。
⑦ 《保险法》(2015)第 18 条第 4 款。

产生道德风险。被保险人为无民事行为能力人或者限制民事行为能力人的,可以由其监护人指定受益人。①

2.受益分配

被保险人或投保人可以指定一人或数人为受益人,当受益人为数人时,被保险人或投保人可以确定受益顺序和受益份额。未确定受益份额的,各受益人按照相等份额享有受益权。②

3.受益人的变更

被保险人或投保人可以变更受益人(投保人变更受益人前,应取得被保险人的同意),将变更结果书面通知保险人。保险人收到变更受益人的书面通知后,应当在保险单上批注,随之生效。③

4.受益人权利的丧失

受益人故意造成被保险人死亡、伤残、疾病的,或者故意杀害被保险人未遂的,该受益人丧失受益权。④

(五)保险金

1.保险金的承受

保险金归受益人享有。

2.保险金的丧失

投保人、受益人故意造成被保险人死亡、伤残或者疾病的,保险人不承担给付保险金的责任。投保人已经交足2年以上保险费的,保险人应当按照合同约定向其他享有权利的受益人退还保险单的现金价值。

3.被保险人自杀

以死亡为给付保险金条件的合同,被保险人自杀的,保险人不承担给付保险金的责任,但对投保人已经支付的保险费,保险人应当按照保险单退还其现金价值。如果被保险人是在合同生效2年以后自杀的,保险人可以按照合同给付保险金。⑤

4.被保险人犯罪

被保险人故意犯罪导致其自身伤残或者死亡的,保险人不承担给付保险金

---

① 《保险法》(2015)第 39 条。

② 《保险法》(2015)第 40 条。

③ 《保险法》(2015)第 41 条。

④ 《保险法》(2015)第 43 条第 2 款。

⑤ 《保险法》(2015)第 44 条。

的责任。投保人已经交足 2 年以上保险费的,保险人应当按照保险单退还其现金价值。①

5. 没有代位追偿权的情况

人身保险的被保险人因第三者的行为而发生死亡、伤残或者疾病等保险事故,保险人向被保险人或者受益人给付保险金后,不得享有向第三者追偿的权利。②

（六）解除合同

投保人解除合同的,保险人应当自收到解除合同通知之日起三十日内,按照合同约定退还保险单的现金价值。③

［案例］　**机动车的第三人先予赔偿。**李某购买一辆新捷达轿车后向保险公司投保全险。在保险合同有效期间的某一日,其车辆被后面的车辆追尾,李某跳下车刚要发火,发现追尾的是其好友唐某,于是转怒为笑,称自己的车已经上保险,可去找保险公司赔偿,就不要唐某赔了。李某找保险公司验车后花了 4 300 元修车,拿了单据要求保险公司赔偿损失。保险公司要求李某告知肇事者的姓名、工作单位和住址,但是李某称肇事者是自己的朋友,已经不要他赔偿了,保险公司听说此情况后就拒绝赔偿。

请问:(1)李某与保险公司订立的是哪一种保险合同? (2)解释代位求偿权的含义。(3)李某是否有权要求保险公司赔偿自己的损失? (4)保险公司拒绝赔偿的法律根据何在?

［案例］　**保险合同的免责条款。**职员李先生因病做手术,住院前向保险公司投保住院期间重大疾病险,保险公司在保险合同的免责条款中记载有"如果患者在保险期间离开医院发生的重大疾病不属于保险责任范围"的字样,李先生在签署合同时没有认真阅读保险合同的免责条款,保险公司的工作人员也没有向李先生解释免责条款的含义。李先生在手术前一天晚上离开医院回家取衣物,不慎跌倒,造成大腿骨折,花费医疗费 7 000 元。李先生请求保险公司赔偿医疗费损失,保险公司拒绝赔偿,称李先生是擅自离开医院造成的骨折,根据保险合同免责条款的规定,不属于保险责任范围。李先生称自己不知道保险合同的免责条款,签署合同时陪同在旁的医院陈医生证明保险公司的工作人员没有向李

---

① 《保险法》(2015)第 43 条。
② 《保险法》(2015)第 46 条。
③ 《保险法》(2015)第 47 条。

先生说明合同具有免责条款的内容。

请问:(1)李先生与保险公司订立的保险合同有效否?(2)根据《保险法》的规定,保险公司工作人员在订立合同时对免责条款应当如何处理?本案中该免责条款是否发生效力?(3)李先生离开医院回家的行为是否违反了保险合同?为什么?(4)李先生可否请求保险公司赔偿医疗费损失?

[案例] 保险合同的解释以及双方的责任。甲公司有一座仓库,董事会责成经理对仓库投保火灾险。公司经理在保险公司陈述时称仓库堆放金属零件和少量的润滑油,没有其他易燃易爆物品。保险公司以该仓库处在居民区,周围的火源比较多,为安全起见,反复声明易燃易爆物品与仓库安全的意义。但甲公司经理称没有问题。保险公司遂与甲公司订立了仓库火灾保险合同。在合同生效的第二个月,保险公司发现该仓库里还堆放了2吨香蕉水,香蕉水属于高度危险物品,保险公司当即要求甲公司将香蕉水立即转移出去,但甲公司表示没有其他仓库存放,拒绝转移香蕉水,保险公司遂解除了该保险合同。在合同解除的第三天,仓库发生火灾,损失100万元。甲公司以保险合同是双方签订的,保险公司无权单方解除,所以合同继续有效,保险公司应当赔偿损失。

请问:(1)甲公司投保时的陈述是否符合保险法的规定?(2)保险公司在订立保险合同时的说明有何意义?(3)甲公司在仓库里堆放香蕉水属于保险法规定的何种行为?(4)保险公司能否单方面解除保险合同?(5)甲公司能否要求保险公司赔偿损失?

[案例] 银行能否对抵押权解除的财产向保险公司要求赔偿。某银行将借款单位抵押的一房屋投保,保单约定保险期限从1998年1月1日到12月31日。同年11月底银行收回了全部的借款,不料在12月30日房屋为大火焚毁,请问:银行可不可以获得保险公司的赔偿?

[案例] 夫妻一方作为受益人在已离婚的情况下能否向保险公司请求赔偿金给付?李某在1988年以妻子为被保险人投保人寿保险,每年按期交付保费。1992年离婚,此后李某继续交付保费。1995年,李某的前妻因保险事故死亡,请问:李某作为受益人能否向保险公司要求请求保险金给付。

[案例] 劳动关系人身保险合同的受益人。赵甲是赵乙之父。赵甲生前系被告上海霞光针织公司的汽车驾驶员。1996年8月5日,被告上海霞光针织公司在友邦保险有限公司上海分公司为赵甲投保"分期支付储蓄终身寿险"和"综合个人意外保障计划"各一份。投保书受益人均为赵乙。1996年10月26日,赵甲因车祸死亡,10月31日,赵乙之母李某与被告签署了"关于赵甲同志车祸

善后工作处理协商意见书"，其中第四点言明："公司给赵甲同志家属费用合计人民币5万元，其中包括丧葬费、墓地费、一次性补助费、亲属误工费及包括人身保险费的支付。"同年11月11日，被告支付李某人民币5万元。同年12月28日，被告持保险受益人的法定代理人李某签署的赔偿金收据领取了全部保险合计156 748.50元。事后，李某以赵乙法定代理人的身份要求取得该保险赔偿，经与被告交涉未果，遂诉至法院。

请问：此案应如何处理？

[案例]　**机动车保险合同的赔偿范围。**1999年6月15日，某投保人向一保险公司投保一部东风大货车。根据投保人所提供的行驶证，保险公司按照普通大货车费率档次为其办理了车辆综合险，并附加车上货物责任险。1999年9月19日，该车运载一罐硫酸时不慎将一行人撞伤，车辆冲入路肩下致硫酸罐脱落，硫酸泻入路边鱼塘中，造成鱼塘中部分鱼及藕死亡。投保人遂就车辆损失、伤者损失费用、道路损失、鱼塘损失及货物损失向保险公司提出索赔。

请问：此案应如何处理？

[案例]　**信诚人寿败诉案。**2001年10月5日，谢某向信诚人寿保险有限公司（以下简称信诚人寿）申请投保人寿险100万元，附加长期意外伤害保险200万元，填写了投保书。10月6日信诚人寿向谢某提交了盖有其总经理李源祥印章的《信诚运筹建议书》，谢某按信诚的要求及该建议书的规定，缴纳了首期保险费共计11 944元。信诚人寿审核谢某的投保资料时发现，谢某投保高达300万元的保险金额，却没有提供相应的财务状况证明。为防范道德风险，保险公司一般对高保额保单要求投保人（被保险人）提供财务状况证明。因此，10月10日信诚人寿向谢某发出照会通知书，要求谢某10天内补充提供有关财务状况的证明，并按核程序要求进行身体检查，否则视为取消投保申请，将向其退回预交保费。10月17日，谢某到信诚人寿公司进行了身体检查，但仍未提交财务状况证明。10月18日凌晨谢某在其女友家中被其女友前男友刺杀致死。10月18日上午8时，信诚人寿接到医院的体检结果，因谢某身体问题，需增加保险费，才能承保。信诚人寿再次发出书面照会，通知谢某需增加保费，提交财务证明，才能承保，请谢某决定是否接受以新的保费条件投保。谢某家人称谢某已经出国，无法联络。2001年11月13日，谢母向信诚人寿方面告知保险事故并提出索赔申请。

2002年1月14日信诚人寿保险公司经调查后在理赔答复中称，根据主合同，同意赔付主合同保险金100万元；同时信诚人寿认为事故发生时其尚未同意承保(未开出保单),故拒绝赔付附加合同的保金200万元。

2002年1月15日谢母拿到信诚人寿声称按"通融赔付"支付的100万元。

2002年7月16日谢母将信诚人寿诉至广州市天河区法院,请求判决信诚人寿支付"信诚附加长期意外伤害保险"保金200万元,以及延迟理赔上述金额所致的利息。2003年5月20日,广州市天河区法院对国内这一宗最大的寿险理赔案作出一审判决:交付了首期保费的投保人谢某,在核保程序未完成的情况下被害,法院判决保险人信诚人寿应该在按主合同赔付100万元之后再追加赔付附加合同的200万元。

诉讼双方的说法:

原告:合同已成立应该赔

本案庭审时,原告诉称:基于信诚已经收取谢某缴纳的首期保险费及谢某已经完成体检两个事实,原告方坚持谢某与信诚的主险合同、附加险合同都已成立。退一步讲,如果合同关系没有确立,信诚就不会作出赔付100万元的理赔意见。主险合同既然约定未签发保险单的情形下,被保险人发生保险事故的,保险公司负保险责任,那么这个规定也适用于附加险合同。为此,原告方援引了包括中国保监会副主席、著名寿险专家魏迎宁等在内的众多学者的学说论证他们的主张。

被告:合同不成立不能赔

信诚人寿在诉讼中辩称:对谢某购买的这类保险金额300万的高额人寿保险,信诚和各大保险公司一样,需要谢某通过体检、提供财务证明资料,并据此决定是不是承保。所以,他们认为,谢某死亡时,他们尚未见到他的全部体检报告,不能判定他是不是符合公司的承保要求,信诚与谢某的保险合同还没成立,附加合同的200万元保险金,他们当然不必赔。对主险已赔付的100万元,信诚人寿在开庭时表示,这是根据其经营理念作出的自愿商业行为,本来是可以不赔的。信诚人寿的代理律师说:"如果不是我们找理由去赔,连100万元都不赔给你。"所以他们参考了主合同条款,考虑到谢某的实际情况,做的是一种"通融赔付"。信诚人寿管理系统总监张先生也坚持公司方面没有同意承保。他说,主合同和附加合同承保范围不同,相应所承担的保险责任也不同,保险公司之所以赔付100万元是因为主合同条款中有规定的"特殊情形",并不意味着合同成立,这是保险理赔的一种国际惯例。这100万元是"信诚在国内第一次援引国际惯例,对保险合同关系尚未成立并未出具保单的特殊情形下作出的理赔尝试"。

请问:你认为该案应如何处理?

[案例]　**伪造、涂改有关证明骗取保险金案。**1996 年 6 月 7 日,宋某为自己的货车向河南某保险公司投保了车辆损失险、第三者责任险和车上人员责任险,保险期限为一年。1997 年 5 月 30 日晚,保险公司接到被保险人的电话报案,声称他的车与一辆富康轿车相撞,已向事故发生地的天津北区交警队报了案。该保险公司当即决定派人去天津查勘现场。当业务员到达天津时,肇事车辆已被拖至天津市某汽车修理厂修理。经了解,情况如下:5 月 30 日,货车行驶在天津北部时,迎面驶来一辆富康轿车。为躲避一个横穿马路的骑车人,货车司机向左打方向盘过猛,轿车撞在货车右脚踏板后弹出,撞在路边的大树上,轿车驾驶员和同车的一名乘坐人受伤。事故发生属实,但交警队尚未进行责任认定。

1 个月后,宋某带着各种证明和资料去保险公司办理索赔手续,其中有出事经过、事故责任认定书、损失赔偿调解书、道路交通事故经济赔偿凭证、协议书、医院收据、车辆定损单等证明材料。保险公司内勤人员在审核有关单证时,发现宋某提供的天津北区交警队的交通事故责任认定书、调解书、经济赔偿凭证上所盖公章印模在几个单证中的字体和颜色不一致,有异常。保险公司决定派员再赴天津调查。业务员首先到达天津医科大学总医院,核实住院收据。经过比较,宋某提供的住院收据上的印章与该院住院处的收费印章差别很大。为了查明两名伤者的真实医疗费,通过微机查得轿车司机的医疗费为 10 500 余元,而不是宋某所提供的收据上所记载的 19 543.8 元,另一名乘坐人的医疗费则没有查到,宋某所提供的收据票面总金额为 36 276.9 元。最后,该院出具了没有开出宋某所提供的两张收据的证明。随后,公司的业务员又来到天津市北区交警队,对有关证明、凭据的真实性作进一步的调查。交警支队事故承办人否认凭证内容是他书写的,并回忆说,这起事故是由双方自行协商解决的,我们没有进行调解,并找出存档的事故原始材料,道路交通事故责任认定书是 1997 年 7 月 17 日开出的。富康轿车违章超车,违反交通管理条例的有关规定,负主要责任,货车司机驾驶车辆采取措施不当,负事故的次要责任。这与"索赔材料中那份责任认定书正好相反。存档时事故损害赔偿调解书,调解内容为空白,而宋某所提供的调解书内容丰富,货车车主要负担轿车方的损失 54 872.4 元。交警队也出具了宋某所提供的事故责任认定书、调解书和经济赔偿凭证均为伪造的证明。

保险公司根据内查外调的情况,依法做出了拒绝赔偿的处理决定。

问题:请分析此案。

[案例]　**近因原则与保险责任的认定。**1998 年 9 月 7 日,杨某与某保险公司签订了一份机动车辆保险单。保险单上载明投保标的物为一辆宝马轿车,车

辆损失险保险价值为人民币 900 000 元,保险期自 1998 年 9 月 12 日零时起至 1999 年 9 月 11 日 24 时止。保险公司按照承保险别,依照该保险单上载明的《机动车辆保险条款》和《机动车辆保险附加险条款》《中保财产保险有限公司机动车辆保险特约条款》以及其他特别的约定,承担杨某投保车辆的保险责任。签约后杨某依约向保险公司支付了有关保费。1999 年 7 月 27 日凌晨,市区下了一场倾盆大雨,大多数道路有积水现象。同日上午 9 时,杨某准备开车上班,见停放在其住宅区通道的上述保险车辆轮胎一半受水淹,则上车点火启动,发动机发出发动声后熄火,尔后则无法起动。杨某即将车辆拖至某修理厂,经检查认为系发动机故障。杨某考虑该修理厂设备不齐全,又将车拖至某汽车维修公司,经该公司检查认为故障原因系发动机进气系统入水吸进燃烧室,活塞运转与水不可压缩之后作用力导致连杆折断,缸体破损。杨某向保险公司报案后,因争议太大,保险公司没有赔偿损失,杨某遂诉至法院。该案在审理期间,经保险公司申请,法院委托市产品质量监督检验所对车辆受损原因进行鉴定。市产品质量监督检验所认为:(1)造成发动机缸体损坏的直接原因是由于进气口浸泡在水中或空气隔有余水,启动发动机,气缸吸入了水,导致连杆折断,从而打烂缸体。(2)事发时的可能:当天晚上下了大雨,该车停放的地方涨过水,使该车被雨水严重浸泡,进气管空气隔进水,当水退至车身地台以下,驾驶员启动汽车时,未先检查汽车进气管空气隔有无进水,使空气隔余水被吸入发动机气缸,造成连杆折断,缸体破损。杨某和保险公司对质监所的鉴定意见均无异议。

这起保险纠纷案在证据的采信和事实认定上均无异议,只是对保险公司应否赔偿车损有三种意见。

第一种意见认为,杨某在暴雨积水导致保险车辆遭受泡浸后,没有进行修理、清洗,而继续使用导致发动机受损,属于操作不当,根据《机动车辆保险条款》第三条关于遭受保险责任范围内的损失后,未经必要修理继续使用,导致损失扩大部分保险人不负责赔偿的规定,保险公司对车辆发动机气缸被击穿的费用不予偿付,只需赔偿合理的清洗费用。

第二种意见认为,造成保险车辆发动机缸体损坏的原因是由于进气管空气隔有余水,启动发动机,气缸吸入了水,导致连杆折断,从而打烂缸体。而进气管空气隔有余水,则是由暴雨所造成。暴雨和启动发动机这两个危险事故先后出现,前因与后因之间不具有关联性,后因既不是前因的合理延续,也不是前因自然延长的结果,后因是完全独立于前因之外的一个原因。根据保险法的近因原则,启动发动机是直接导致保险车辆发动机缸体损坏的原因,故为发动机缸体损坏的近因。暴雨为发动机缸体损坏的远因。而启动发动机属除外风险,由启动发动机这一除外风险所致发动机缸损坏的损失,保险人不负赔偿责任,保险公司只需赔偿因暴雨造成汽车浸水后进行清洗的费用。

第三种意见认为,杨某在车辆受浸低于车身地台的情况下,不可预见进气管空气隔进水,此时启动车辆属正常操作;另外,从危险事故与保险标的损失之间的因果关系来看,本案属于多种原因连续发生造成损失的情形,其中暴雨是前因,车辆进气管空气隔进水相对于暴雨是后因,而相对于启动发动机是前因,启动发动机是后因,正是由于暴雨的发生,才导致车辆进气管空气隔进水,才使启动发动机这一开动汽车必不可少的条件发生作用,导致发动机缸体损坏,根据保险法的近因原则,暴雨才是近因,因此保险公司应向杨某赔偿车辆的实际损失。

请问:哪一种意见正确?

[案例]　窃贼无照驾车出险,保险公司是否赔偿? 刘某购得一辆夏利轿车自用,并向市保险公司投保了车辆损失险和第三者责任险。投保后一个月,刘某车被盗走。不久,市交通部门通知刘某:他的车被盗后在某县与他人轿车相撞,刘某车翻下山崖,全部报废(窃车贼跳车逃跑);他人轿车被撞坏,司机受伤。这起交通事故系窃贼驾驶技术不良所致,窃贼应负全部责任。但是窃贼逃跑后一直没有下落。事故发生后,受伤司机要求刘某赔偿经济损失×万元;刘某同时也向保险公司要求赔付轿车全损属于保险责任范围且发生在保险期内,保险公司应予以赔偿。至于刘某轿车被盗后在外地肇事撞坏他人轿车,并致司机受伤,这不属于《机动车辆保险条款》中规定的第三者责任险,保险公司对此不负赔偿责任。

[案例]　汽车被盗三月后还有权向保险公司索赔吗? 焦先生于 1998 年 10 月 21 日购买了一辆夏利车,购车费 6.8 万元,附加费 1.5 万元。他为该车办理了全车盗抢保险,双方确认保险金额为 8 万元,保险期限为一年。按照该合同中有关盗窃保险条款的规定,如果该机动车被盗,保险公司将按保险金额予以全额赔偿。1999 年 4 月 24 日,该车被盗,焦先生立即向公安机关和保险公司报了案。到了 7 月 24 日,汽车仍未找到。焦先生持公安机关的证明向保险公司的办事处索赔,保险公司的办事处称要向上级公司申报。8 月初,焦先生被盗的汽车被公安机关查获,保险公司将车取回,但这时焦先生不愿收回自己丢失的汽车,而要求保险公司按照保险合同支付 8 万元的保险金及其利息。而保险公司则认为,既然被盗汽车已经被找回,因汽车被盗而引起的保险赔偿金的问题已不存在,因此焦先生应领回自己的汽车,并承担保险公司为索赔该车所花费的开支。意见不合,双方便诉至法院。

[案例] **保险证不等于保险凭证。**1999 年 3 月,陈某将其私有的一辆东风牌汽车向其所在县保险公司投保了车损险、第三者责任险,总保险金额为 110 000 元。11 月,陈某将该车卖给个体运输户王某。事后,陈某委托王某到保险公司办理批改手续,保险公司经办人找到该车保险单存根后,给王某办了保险证。12 月该车出险,造成车损第三者人身伤害,经济损失达 19 800 元。王某遂向保险公司提出索赔,保险公司在处理此案时发现王某未办理过户批改手续,以此为由拒绝全数赔付损失,但考虑到王某不存在骗取保险金的图谋,愿通融赔付其经济损失 5 000 元。王某不服,以拥有的保险证为根据,起诉到法院,审判结果是原告败诉。

第九章

贸易规制法和反垄断法

第一节　贸易规制法概述

一、贸易规制法概念及体系构成

贸易规制法是市场经济法律体系的有机组成部分,是指国家权力直接干预贸易关系、调节贸易结构、规范贸易行为、维护贸易秩序、保护和促进公平竞争的过程中产生的各种社会关系的法律规范的总称。贸易活动是现代社会最主要的经济活动之一,对贸易规制法的相关问题进行研究能够在较深层次上增强对商业、社会和法律关系的理解。

贸易规制法的内容是由国内法和国际法两个法律体系构成。国内的法律法规包括市场准入法、竞争法、消费者权益保护法、价格规制法以及对外贸易法等。国际法律体系主要包括以世界贸易组织(WTO)为代表的国际贸易和投资法律制度体系,以及各国加入的众多区域性国际贸易投资条约、协议等。由于贸易规制法涉及方方面面,与其他相关法律部门有很多交叉,在具体的贸易规制法体系的结构时,学界并没有统一的观点。结合本书的体系安排,我们将着重阐述对外贸易法、贸易救济法律制度、反垄断法方面的内容。

二、贸易规制法的发展历程

贸易规制法律制度的产生和发展与西方经济学理论与实践的发展变化有很大的关系。亚当·斯密在其经典著作中认为:"每个人都不断地努力为他自己所能支配的资本找到最有利的用途。固然,他所考虑的不是社会的利益,而是他自身的利益,但他对自身利益的研究自然会或者毋宁说必然会引导他选定最有利于社会的用途。"①此即著名的"看不见的手"理论。该理论为自由资本主义时期的主导性经济理论,强调自由市场和自由竞争,并认为这种机制可以自行调节并解决自身矛盾,国家不应该对经济干预。政府对经济包括贸易活动进行规制是西方社会发展到垄断资本主义,资本主义市场自动调节机制失灵的产物。为了给国家干预经济提供理论依据,凯恩斯主义应运而生,认为仅靠自由竞争以及市场的自发调节作用,不能保证资源的使用达到充分就业的水平,主张国家采用扩张性的经济政策,干预经济生活,解决通货膨胀和失业等问题。凯恩斯的理论战后几十年在西方特别是美国占据统治地位,直到现在仍然具有广泛的影响。经济理论和政策的变化对各国内外贸易同样产生影响,各种政策工具被直接应用或整合到相应的法律规则当中,塑造着全球经济形态。

就国际贸易领域来说,完全自由没有政府干预的对外贸易是不存在的。14 世纪的英国政府通过颁布一系列法令来行使贸易管制的权力,开启了国家干预经济,实行对外贸易管制的先河。②随着科技的发展及工业革命的到来,19 世纪自由贸易理论兴起并盛行于西方世界,以"自由竞争"、"国际分工"等口号来掩盖欧洲殖民国家对殖民地人民压榨和掠夺的事实。与自由贸易理论相对应的是"现代贸易保护主义",主张为保护本国工业和市场,限制外国产品竞争,限制进口。这种贸易保护主义促进了当时工业后进国家,如美国、德国的迅速发展。二战前,各国政府采取的贸易保护措施主要是关税措施。二战后,除关税措施外,出现了许多新的非关税壁垒,如许可证制度、配额制度、卫生检疫标准以及各种形式的政府补贴措施等,贸易保护的问题并未改善。1947 年关税与贸易总协定(GATT)的成立,主要发达国家的关税壁垒得到极大削弱,但贸易保护政策在各国依然存在,并严重影响到世界经济的发展。因此,各成员在关贸总协定框架下举行了多达八轮多边贸易谈判,各成员间达成一系列的协议,采取措施削减关税和减少非关税壁垒,逐渐形成系统的国际贸易原则和规则,实践证明,这套贸易制度较好地适应了经济全球化和各国发展对外贸易的要求,为世界大多数的国家接受和肯定。而 1995 年 WTO 的成立以及乌拉圭回合谈判中达成的一系列积极成果,标志着世界各国政府管理贸易的政策、法律和措施走上了进一步的协调和统一。③

---

① [英]亚当·斯密:《国民财富的性质和原因的研究》(下卷),郭大力、王亚南译,商务印书馆 1974 年版,第 25 页。

② 王志华:《WTO 框架下新型贸易壁垒法律问题研究》,山东人民出版社 2012 年版,第 3 页。

③ 余劲松、吴志攀主编:《国际经济法》,北京大学出版社、高等教育出版社 2014 年版,第 182—190 页。

目前,国家通过制定贸易规制的法律制度,对贸易活动加强管理和监督已经成为一种普遍的现象。虽然 GATT/WTO 自由贸易制度体系构成有力制约,但各国制定的管理贸易的法律制度仍然是进行贸易保护的不可或缺的主要手段。近几十年来,区域性贸易组织的迅猛发展,在促进相关国家贸易自由化的同时,也一定程度上革新了现有的贸易制度规定,并对各国政府管理贸易的水平提出了新的要求,促进其进一步发展。

三、贸易规制法的价值和目标

贸易规制法在制定和运作过程中,应体现自身的价值取向。从总体上看,贸易规制法的价值和目标体现在以下几个方面。

（一）效率

贸易规制法应当保护自由市场、鼓励正常竞争、降低交易成本、引导资源合理配置、促进经济合作和贸易繁荣,整体上提高社会经济活动的效率。

（二）公平

贸易规制法应当为经营者创造公平的竞争机会,获得公平的竞争结果,实现、维护公平交易。贸易规制法不仅要求贸易活动在形式上的公平,还应强调实质公平、结果公平。

（三）秩序

贸易规制法确立贸易活动的规则,并应在维护、促进和恢复市场秩序以及损害救济等方面具有无可替代的作用。

在市场经济条件下,如何处理“效率”和“公平”的关系,是贸易规制法经常会面对的一个重要问题,各国在贸易政策制定上,往往需要考虑到两者的平衡。就国内来说,处理好两者的关系,能调动市场各方主体的积极性,带来经济发展和市场繁荣。而在国际层面,历史证明,不公平的贸易制度会造成穷国愈穷富国愈富的结果。由于存在发达国家贸易强国和发展中国家之间贸易能力和规则制定能力方面的差距,如果仅仅强调效率,自由竞争的结果必然是弱国的利益遭受损害。故而建立起效率和公平兼顾的全球贸易制度,无疑会更有利于维护发展中国家的利益,促进全球化背景下国际贸易的健康发展。

在我国,一方面尊重市场经济规律,保护市场主体的积极性,鼓励市场竞争,注重经济效率;另一方面注重制度建设来保证公平,特别通过效率的提高促进公平更好地实现。

四、贸易规制法的原则

各国的贸易规制法因为涉及方方面面,内容较多,因而也比较复杂。不过,贸易规制法的制定和执行都应当遵循一定的原则,这些原则主要包括:

（一）法治原则

贸易活动中的主体、贸易行为、救济措施、调查程序、行为后果等方面均依照法律法规和相关国际条约、协定的规定。

（二）效率与公平原则

在制定、实施贸易规制法时应以促进效率、实现公平为基本准则,通过各种政策和法律手段的采纳和实施,达成效率和公平的动态平衡。

（三）适度原则

贸易规制的方式、手段及程度等,均须在法定的范围内,不能任意以行政政策、措施或其他方式,超越法律的规定来实施限制。国家对贸易政策的制定要根据国内情况和国际环境,从社会公益出发,予以适度的把握。

（四）社会公益原则

贸易规制法要以社会公益作为价值判断的标准。贸易的最终目的是促进商品交换,增进整个社会的福祉。所以,在制定贸易法律和政策,以及调整贸易结构,规范贸易行为,维护贸易秩序,保护和促进公平贸易的过程中要始终以是否有利于社会公共利益的实现为基本标尺。

第二节 对外贸易法

一、对外贸易法概述

对外贸易是指一个国家或地区同其他国家或地区间进行货物、技术或服务等交易活动,包括进口和出口,又称进出口贸易。对外贸易是一个国家贸易的重要组成部分,在经济全球化的今天,对外贸易的规模和效率往往对一个国家的经济发展举足轻重。因此,当今世界各国普遍重视国际贸易规则和国内对外贸易法律的制定。实际上,因对外贸易天然的国际属性,作为国内法的对外贸易法更多是国际贸易规则在各国国内的反映,各国在制订对外贸易法律时,均会参照国际贸易规则①以及其他国家和地区的对外贸易立法。

（一）我国对外贸易法律制度的历史沿革

新中国成立后，我国于 1950 年制定了《对外贸易管理暂行条例》。这是我国颁布的第一部涉外经济贸易法规，但它的内容偏重于管理，还不是一部内容广泛、完整的外贸法。②20 世纪 70 年代末，中国跨入了改革开放的新时期，发展经济成为国家重大任务。此后，我国外经贸立法有了飞速发展，全国人大及其常委会以及国务院制定大量涉外法律法规，如《涉外经济合同法》《海关法》《进口商品检验法》《技术引进合同管理条例》等。1994 年全国人大通过并施行《中华人民共和国对外贸易法》。该法第一次以法律形式，确定了我国对外经济贸易中管理者与被管理者的权利义务关系。该法的制定和实施，标志着我国对外贸易全面纳入法制轨道。

自 1999 年 11 月中美签署 WTO 双边协议以后，我国展开了对有关涉及经贸方面的法律、法规、规章和其他政策措施的全面清理工作。2001 年，中国加入 WTO，全面融入全球经济的进程获得历史性突破。2004 年我国完成《对外贸易法》的修订并予以实施。③新修订的《对外贸易法》，在外贸经营范围和外贸管理体制上实现了根本性的转变，新增了知识产权保护、对外贸易调查和对外贸易救济等内容。该法确立了新时期中国对外贸易改革发展的基本框架，对中国对外贸易的发展具有极为重要的影响和意义。

（二）《对外贸易法》的适用范围

《对外贸易法》所规范的社会关系主要是国家与对外贸易活动参加者之前的管理与被管理的关系，同时该法也对一部分在对外贸易活动中形成的民事关系作了必要的规定。《对外贸易法》第 2 条规定："本法适用于对外贸易以及与对外贸易有关的知识产权保护。本法所称对外贸易，是指货物进出口、技术进出口和国际服务贸易。"这是有关《对外贸易法》调整对象的规定，明确了其适用的社会关系的具体范围，包括：

1. 货物进出口

货物进出口指营业地不属于同一国家的跨国货物买卖交易。将货物进口到

---

① 世界贸易组织（WTO）成立后，遵守世贸组织协议确定的贸易规则是成员方均需履行的义务。

② 王承斌编著：《国际经济贸易法》，中国对外经济贸易出版社 1988 年版，第 7 页。

③ 另外，2016 年 11 月 7 日全国人民代表大会常务委员会通过修改《中华人民共和国对外贸易法》的决定，对该法第十条第二款进行了修改。

中华人民共和国境内或将货物出口到中华人民共和国境外的贸易都应属于货物进出口贸易。货物进出口贸易是有形商品贸易。在传统国际贸易活动中,货物进出口贸易是最主要的形式。

2. 技术进出口

技术进出口是指跨越国境,通过贸易、投资或者经济技术合作的方式转移技术的行为。与货物贸易不同,技术本身是无形的,但大多数情况下,技术都是与设备、仪器以及原材料等一起进出口,进出口经营者不仅要遵守各国关于技术进出口的管理规定,也要遵守货物进出口的有关规定。而且,现代社会的国际贸易中,技术贸易的比重在不断提高。

3. 国际服务贸易

国际服务贸易是指通过跨境交付、境外消费、商业存在、自然人流动等形式跨越国境提供服务的贸易。服务贸易的内容非常广泛,通常包括运输、旅游、金融、保险、专业服务、工程设计、承包工程、电讯服务、视听服务、教育、卫生保健、文化艺术、商业批发与零售等。

4. 与对外贸易有关的知识产权保护

随着知识经济时代的到来,货物、技术和服务贸易领域,都与知识产权发生了紧密的联系。进出口商品中的知识产权含量不断增加,服务贸易、技术贸易中涉及的知识产权问题也日益增多。加强与世贸组织对外贸易有关的知识产权保护日益重要。

另外,《对外贸易法》将边境贸易排除在其调整范围之外[①],并且规定我国单独关税区不适用本法[②]。

(三)《对外贸易法》的基本原则

对外贸易法基本原则是对外贸易具体法律制度的灵魂和基础,对相关立法、执法和守法均具有重要指导意义。我国《对外贸易法》规定:"国家实行统一的对外贸易制度,鼓励发展对外贸易,维护公平、自由的对外贸易秩序。"[③]"中华人民共和国根据平等互利的原则,促进和发展同其他国家和地区的贸易关系。"[④]这

[①] 《对外贸易法》(2004 年修订)第六十八条。

[②] 《对外贸易法》(2004 年修订)第六十九条。"单独关税区"是指一个国家之中的某一部分在贸易上保持单独税率或特别贸易规范的特定领土。我国的单独关税区包括香港、澳门和台湾。

[③] 《对外贸易法》(2004 年修订)第四条。

[④] 《对外贸易法》(2004 年修订)第五条。

就从立法上明确了我国《对外贸易法》的基本制度和一般原则。

1. 实行统一的对外贸易制度原则

统一的对外贸易制度,是指由中央政府统一制定并在全国范围内统一实施的制度,包括对外贸易方针政策的统一,法律法规的统一,各项外贸管理制度的统一等。世贸组织要求各成员方应以统一的方式实施国内对外贸易方面的法律,保证各自国内外贸法律的统一性,《对外贸易法》体现了这一要求。

2. 鼓励和促进对外贸易发展的原则

经济贸易全球化是当今时代的发展趋势。对外贸易的发展对一个国家的经济建设成就的贡献比历史上任何一个时期都更为明显。我国实行鼓励和促进对外贸易发展的政策,积极参与国际规则制定,维护本国经济利益。

3. 维护公平、自由的对外贸易秩序的原则

公平、自由的秩序是实现公平、自由的对外贸易的前提条件,国家维护一个良好的对外贸易秩序是对外贸易健康发展的重要保证。这一原则体现了我国加入的国际经贸条约和协定的宗旨。

4. 平等互利、互惠对等的原则

平等互利、互惠对等原则是我国处理与其他国家之间贸易关系的基本准则。这些准则在 WTO 协议以及其他多边条约中都有相应的规定,也是各国国内贸易法处理对外贸易关系的普遍性规定。

二、对外贸易经营者

对外贸易经营者是经营对外贸易的主体。《对外贸易法》第 8 条是关于对外贸易经营主体范围的规定:"本法所称对外贸易经营者,是指依法办理工商登记或者其他执业手续,依照本法和其他有关法律、行政法规的规定从事对外贸易经营活动的法人、其他组织或者个人。"据此我国对外贸易经营主体包括:

(一)法人

法人是近现代社会经济活动中最主要的组织形式,对国际贸易的发展起着举足轻重的作用。在民法上,法人是指具有民事权利能力和民事行为能力,依法独立享有民事权利和承担民事义务的组织。[①]我国《民法总则》规定法人区分为营利法人、非营利法人和特别法人。营利法人是最主要的对外贸易经营主体。

---

① 《民法总则》(2017 年)第五十七条。

（二）其他组织

即非法人组织，是指不具有法人资格，但是能够依法以自己的名义从事民事活动的组织。非法人组织包括个人独资企业、合伙企业、不具有法人资格的专业服务机构等。[①]在国际贸易中，其他组织主要指合伙组织等具有营利性的非法人组织。

（三）个人

2004年修订的《对外贸易法》一个重大的变化是在第8条中将对外贸易经营者的范围扩大到个人。[②]同时，在同一条款中明确规定了取得对外贸易资格的程序要件，即必须"依法办理工商登记或者执业手续"，方可从事对外贸易经营活动。因此，并非《对外贸易法》规定了个人从事对外贸易经营的资格就意味着任何个人未经履行法定手续就可以直接从事外贸经营活动。

三、货物进出口与技术进出口

（一）概述

货物贸易和技术贸易是传统国际贸易中两大主要的方式。货物进出口和技术进出口在我国对外贸易中一直占据主导地位，对我国对外贸易的规模和结构具有举足轻重的影响。

货物贸易也称有形商品贸易，是指以实物形态的商品为标的的国际贸易。国际贸易的商品主要可以分为两大类：一类是初级产品，包括食品和活畜、饮料和烟草、未加工原料、动植物油脂等；第二类是工业品，包括化学品、以材料分类制成品、机械和运输设备、杂项制品等。[③]我国货物进出口主要通过签订国际货物买卖合同，采取海运、空运、陆地运输或多式联运的方式来完成交易。同时，我国还存在诸如来料加工等加工贸易、边境贸易、补偿贸易等各种货物贸易方式。

技术贸易是指以非实物形态的技术作为交易标的的国际贸易。相对而言，技术贸易的历史较短，主要是伴随着二战后世界经济一体化进程而得以发展。技术输出能力往往是一个国家科技实力的标志，而技术需求国也往往希望通过技术贸易促进本国经济发展和技术进步。技术贸易的范围包括：各种形式的技

---

① 《民法总则》（2017年）第一百零二条。

② 1994年《对外贸易法》没有赋予我国的自然人从事对外贸易经营活动的资格。

③ 《联合国国际贸易标准分类（SITC）》（2006）。

术长期转让、出售和使用许可，但不包括单纯的商标、服务标记和商号名称的转让和技术许可；以可行性研究、计划、图表、模型、手册、公式、工程设计、培训方案和设备、技术咨询服务和管理人员服务以及人员训练等方式，提供的诀窍和技术知识；提供关于工厂和设备的安装、操作和运用以及交钥匙项目所需的技术知识；提供关于取得、安装和使用以购买、租借或其他方法得到的机器、设备、中间货物和（或）原料所需的技术知识；提供工业和技术合作安排的技术内容。①由此可见，技术贸易涵盖的范围还是很广泛的。就技术进出口的方式而言，我国目前主要有四种：（1）技术许可合同；（2）技术咨询服务合同；（3）含有工业产权的技术转让或者许可、专有技术许可或技术服务等任意一种的成套设备、关键设备进出口合同；（4）含有工业产权的技术转让或者许可、专有技术许可或技术服务的任何一项内容的合作生产、合作设计合同。

我国对货物和技术进出口采取分类管理的方式，《对外贸易法》将进出口的货物和技术分为自由进出口的货物、技术，限制进出口的货物、技术，以及禁止进出口的货物、技术三大类，并在此基础上规定了对进出口贸易的管理方式、手段以及例外情况。

（二）货物进出口与技术进出口的管理制度

1. 货物贸易的自动许可制度

进出口许可制度是指某些商品的进出口必须申领许可证，没有许可证海关不予放行的制度。这是国际贸易中常见的一种非关税措施。进出口许可证是指由国家对外经贸行政管理部门统一签发、批准某项商品进出口的具有法律效力的证明文件，用来作为海关查验放行进出口货物及银行办理结汇的依据。进出口许可证是进出口许可制度的核心部分。

各国实行的进出口许可制度，一般可分为自动进出口许可制度和非自动进出口许可两种类型。自动进出口许可是指在任何情况下对进出口申请均一律予以批准的制度。各国实施自动许可制度，原则上不得对进出口货物实施限制，主管部门不得歧视许可证申请者，任何合法的申请均可获得许可证。非自动许可制度是指不属于自动许可的其他形式进出口许可制度，适用于对进出口货物实施配额、关税配额及其他限制性措施管理方式的情况。是否颁发许可证，各国许可证签发机构具有相应的自由裁量权。

---

① See UNCTAD, The Draft International Code of Conduct on the Transfer of Technology, Article 1.2 and 1.3.

我国对部分进出口货物实行自动许可管理制度。根据我国加入世贸组织的承诺，自入世时起，我国的自动许可制将遵照世贸组织《进口许可程序协议》的规定。因此《对外贸易法》第15条规定："国务院对外贸易主管部门给予监测进出口情况的需要，可以对部分自由进出口的货物实行进出口自动许可并公布其目录。""实行自动许可的进出口货物，收货人、发货人在办理海关报关手续前提出自动许可申请的，国务院对外贸易主管部门或者其委托的机构应当予以许可；未办理自动许可手续的，海关不予放行。"

2. 技术贸易的合同登记制

我国的技术合同登记制度，是指为了对自由进出口的技术实行有效监测而对技术进出口合同实行的登记措施。合同登记管理是备案式的自动登记制度，而非实质性审查制度，也不是属于自由进出口的技术合同的生效要件，并不得为贸易增加任何障碍。①合同登记管理之外，我国对限制进出口的技术实行许可证管理。除《对外贸易法》的规定外，目前，具体的登记管理措施主要是依照《技术进出口管理条例》和《技术进出口合同登记管理办法》。

3. 货物和技术自由进出口的例外

WTO各成员的经济发展水平及社会情况差别很大，要把各国的贸易制度纳入统一的法律框架存在困难，因此，例外情况的存在是必要和合理的。通过允许例外情况的存在，可以有效协调多边贸易自由化进程与各国特定国内公共政策目标之间的差异，对WTO多边协定的顺利执行具有积极的作用。

《对外贸易法》规定了十一项例外情形②：（1）为维护国家安全、社会公共利益或者公共道德；（2）为保护人的健康或者安全，保护动物、植物的生命或者健康，保护环境；（3）为实施与黄金或者白银进出口有关的措施；（4）国内供应短缺或者为有效保护可能用竭的自然资源；（5）输往国家或者地区的市场容量有限；（6）出口经营秩序出现严重混乱，需要限制出口的；（7）为建立或者加快建立国内特定产业；（8）对任何形式的农业、牧业、渔业产品有必要限制进口的；（9）为保障国家国际金融地位和国际收支平衡；（10）依照法律、行政法规的规定；（11）根据我国缔结或者参加的国际条约、协定的规定。

国家基于以上十一种原因，可以限制或者禁止有关货物、技术的进口或者出口。

---

① 《技术进出口管理条例》（2011年修订）第十七条。

② 《对外贸易法》（2004年修订）第十六条。

4. 限制或者禁止进出口货物、技术的管理

根据国家贸易利益的需要,对外贸易法律制度中一般都有限制或禁止进出口货物及技术的管理方面的规定。我国《对外贸易法》限制或者禁止进出口货物、技术的管理主要包括以下三个方面①:

(1) 目录制度。即由国务院对外贸易主管部门会同其他有关部门,制定、调整并公布限制或者禁止进出口的货物、技术目录。世贸组织的基本原则之一就是透明度原则,缔约方只能执行已经公开公布的法律、法规和相关措施,世贸组织成员和从事对外贸易的企业和个人都有权获取相关信息。采取限制和禁止措施直接影响到一些货物和技术的进出口,所以在实践中应当从保护国家利益的角度根据具体情况对目录予以确定。

(2) 临时限制或禁止措施。即由国务院对外贸易主管部门会同其他有关部门,临时决定限制或者禁止目录以外的特定货物、技术的进出口。临时性措施是世界各国比较普遍采用的贸易管理措施,世贸组织也允许成员方在国际贸易中合理使用。我国在采取临时限制或禁止进口措施之前,对外贸易主管部门应提前予以公告。

(3) 配额、许可证制度。配额、许可证制度属于非关税措施,主要目的是直接控制进出口货物和技术的数量。根据《对外贸易法》的规定,我国对限制进口或出口的货物,实现配额、许可证等方式管理;对限制进口或出口的技术,实行许可证管理。实行配额、许可证管理的货物、技术,应当经有关部门许可,方可进口或者出口。

[案例]　**轮船发动机进出口许可证案。**韩国某公司是一家主要生产和制造船舶设备的企业。2011 年该公司参加了在广州的一次贸易展示会,其产品质量获得了很多客户的认可。其中一家客户非常感兴趣并愿意以每台 250 万元人民币的价格购买十台某型轮船发动机。该韩国公司已经从韩国贸易主管机构获得了出口许可证,现在想了解依据中国《对外贸易法》的规定,该如何处理本案。

分析:本案韩国公司面临的问题是其中国客户能否自由进口轮船发动机,而不需要从中国主管机构取得进口许可证。中国《对外贸易法》第 14 条、第 15 条规定了货物自由进出口制度和部分自由进出口货物的自动许可制度并公布其目录;第 16 条规定可以限制或者禁止有关货物进出口的情形。因此,对于本案情

---

① 《对外贸易法》(2004 年修订)第十八条、第十九条和第二十条。

形,韩国公司及其中国客户只要参照我国现行的相关目录,如属自动许可,需在办理海关报关手续前提出自动许可申请。

四、国际服务贸易

国际服务贸易是指各种类型的服务的跨国交易。服务贸易的兴起和繁荣与二战后科技进步和经济全球化的深入发展有密切联系。战后,由于传统制造业面临着新兴工业化国家激烈竞争,发达国家开始将关注的重点从货物贸易转移到有比较优势的服务贸易上,并积极寻求主导相应国际贸易规则的制定。而以信息技术发展为代表的科技革命,也解决了服务贸易国际流通的障碍。同时,由于以关贸总协定为代表的国际贸易规则体系和原则逐步为大多数国家所接受,原先许多由国家垄断经营或设置种种进入障碍的国内服务行业,特别是电讯服务、金融服务、信息服务、运输服务及文化教育服务领域等,逐步放松准入条件。在美国为首的发达国家的推动下,乌拉圭回合谈判最终达成《服务贸易总协定》(简称GATS),成为世贸组织规则的重要组成部分,这也标志着国际服务贸易的发展进入到一个崭新的阶段。

（一）世贸组织《服务贸易总协定》的主要内容

《服务贸易总协定》的实质性内容包括六个部分,29个具体条款及8个附件。其宗旨是在透明度和逐步自由化的前提下,建立一个有关服务贸易原则和规定的多边框架,以促进各国经济增长。《服务贸易总协定》规定的成员义务分为一般性义务和具体承诺的义务:一般性义务适用于成员的所有服务部门,具体承诺义务仅适用与经过双边或多边谈判后承诺开放的服务部门。

1. 国际服务贸易的范围

《服务贸易总协定》界定了国际服务贸易的范围,其包括:(1)跨境交付,即服务的提供者在一成员的领土内向另一成员领土内的消费者提供服务。(2)境外消费,即服务的提供者在一成员的领土内向来自另一成员的消费者提供服务。(3)商业存在,即一成员的服务提供者在另一成员领土内设立商业机构或专业机构,为后者领土内的消费者提供服务。(4)自然人流动,即一成员的服务提供者以自然人身份进入另一成员的领土内提供服务。[1]

2. 一般义务和原则

（1）最惠国待遇。

《服务贸易总协定》第2条规定了最惠国待遇原则,即每一成员基于任何其

---

[1] 世贸组织《服务贸易总协定》第1条第2项。

他成员服务提供者的待遇,应立即无条件地给予其他任何成员的相同服务和服务提供者。根据《服务贸易总协定》规定,最惠国待遇在适用上允许存在例外。这些例外包括:提供给邻国的优惠;豁免清单;成员方参与的经济一体化安排;政府采购服务的法律、条例和规定。①

（2）透明度。

《服务贸易总协定》第3条规定了透明度原则。《服务贸易总协定》所指的透明度是与服务贸易有关的基本权利和义务。各成员方采取或制定的法律法规、国际协议及措施,只要涉及或影响服务贸易,都要实时且至迟在生效前公布,使每个贸易方可以获取或了解。每一成员方都应设立一个或多个的咨询处,以便应其他成员方的请求向其提供相关资料及特定信息。各会员得将其认为其他会员所实行影响本协议运作的措施,通知服务贸易理事会等。

（3）公平竞争。

公平竞争原则主要针对成员境内的垄断和专营服务提供者,在其提供垄断或专营服务范围之外提供服务是,不得滥用其垄断及专营的优势地位。

（4）发展中国家的更多参与。

为促进发展中国家的更多参与,《服务贸易总协定》规定了一些促进措施和特殊待遇。如帮助发展中国家取得技术、强化其国内服务能力以及其效率与竞争力;改进其接近营销管道与信息网络之机会;以及从协定生效之日起两年内设立联络点,为发展中国家服务提供者提供各自市场有关服务的商业和技术信息等等。②

3. 一般例外

《服务贸易总协定》第14条规定成员在不对其他成员构成歧视,或不对服务贸易变相限制的情况下可以实施五种一般例外措施:(1)为维护公共道德或公共秩序所必须的措施;(2)为保障人类和动植物的生命或健康所必须的措施;(3)为保障与服务贸易总协定不相抵触的法律、法规实施所必须的措施;(4)为保证对其他成员的服务或服务提供者公平或有效地课征直接税的差别待遇措施;(5)为避免双重征税而缔结的国际协定或其他国际安排导致差别待遇的措施。第14条附则所规定的安全例外与《货物贸易总协定》第21条规定的安全例外基本相

---

① 最惠国待遇适用上的例外规定于《关贸总协定》(GATT1994)第24条和《服务贸易总协定》第5条之中。

② 《服务贸易总协定》第4条。

同,即为了国家基本安全利益而实施的直接或间接提供给军事部门使用的服务除外。

4. 具体承诺

《服务贸易总协定》第16—19条规定了具体承诺。具体承诺的义务包括市场准入、国民待遇以及逐步自由化的谈判。各成员对本国服务贸易的开放承诺主要是通过具体承诺表得以实施的。

《服务贸易总协定》并没有明确定义服务贸易市场准入的概念,但是第16条规定,除非在承诺表中明确规定,在作出市场准入承诺的部门中,不得维持以下六种市场准入限制:限制提供者的数量;限制服务交易或资产总额;限制服务业务的总量;限制雇佣人数;限制或要求某一服务提供者通过特定类型的法律实体或合营企业提供服务的措施;限制外资持股比例或投资金额。

在第17条中规定,关于国民待遇,在列入其承诺表的部门中,在遵照其中所列条件和资格的前提下,每个成员在所有影响服务提供的措施方面,给予任何其他成员的服务提供和服务提供者的待遇不得低于其给予本国相同服务和服务提供者的待遇。服务贸易的国民待遇只在具体承诺的部门中给予其他成员国,而不是一种普遍义务。

第19条规定了今后要继续举行谈判,逐步实现服务贸易的自由化。同时促进发展中国家和最不发达国家的参与,允许发展中国家在市场准入等方面保持一定的灵活性。

(二)我国对于国际服务贸易的法律制度

我国《对外贸易法》规定:"中华人民共和国在国际服务贸易方面根据所缔结或者参加的国际条约、协定中所作的承诺,给予其他缔约方、参加方市场准入和国民待遇。"[1]这是我国对入世议定书中所作出的承诺义务的落实。在服务贸易具体承诺减让表中,我国共对11个国内服务行业的市场准入和国民待遇的条件与资格作出了承诺。而根据《服务贸易总协定》规定及我国"入世"谈判结果,我国在加入WTO后对法律服务、会计服务、广告服务、建筑及相关工程服务、教育服务、银行服务、电信服务等16项服务作出了承诺。在国际服务贸易领域,我国根据这些具体承诺,对各成员给予市场准入和国民待遇。而对于和我国没有条约关系的国家,根据互惠对等原则处理国际服务贸易关系。

---

① 《对外贸易法》(2014年修订)第二十四条。

1. 我国国际服务贸易的管理部门

我国国际服务贸易的管理机构是国务院对外贸易主管部门和国务院其他有关部门。①国务院对外贸易主管部门是对国际贸易实行综合性管理的部门,负责全国服务贸易对外开放的协调和管理,制定中国服务贸易的发展战略、规则、方针和政策,草拟服务贸易管理的法规,制定规章和管理办法等。配合外贸易管理部门进行国际服务贸易管理的国务院其他相关部门,包括相关的行业管理部门及监督执法部门。各行业管理部门负责制定本部门的服务贸易发展战略和规划、技术性规范,检查监督有关法律法规的执行情况等,这些部门包括中国人民银行、国家旅游局、信息产业部等等。监督执法部门主要对服务贸易经营活动的合法性进行监督,对违法违规行为进行处罚。比如工商管理部门、税务管理部门、外汇管理部门等等。

2. 我国国际服务贸易的管理规范

我国目前与国际服务贸易有关的规定主要体现在投资、税收和行政管理等方面。综合起来看,主要包括如下几个方面:

(1) 服务贸易的市场准入。我国服务贸易市场准入规定主要体现在《外商投资产业指导目录》中。《目录》将外商投资项目分为鼓励类、允许类、限制类、禁止类共四个类别,但允许类外商投资项目不列入《目录》。《目录》从 1995 年颁布以来,经过了几次修订,限制和禁止内的项目逐渐减少,反映出我国服务贸易逐步加大开放的趋势。近年新版的《目录》的一个重大变化,是将鼓励类有股比要求的条目以及限制类、禁止类整合为外商投资准入特别管理措施(外商投资准入负面清单)②,统一列明限制性措施。

(2) 服务提供者资格和条件。我国在相关服务业管理法规中都规定了服务提供者应该具有的资格和条件。例如《外商投资电信企业管理规定》规定:"经营基础电信业务的外商投资电信企业的外方主要投资者应当符合下列条件:(一)具有企业法人资格;(二)在注册的国家或者地区取得基础电信业务经营许可证;(三)有与从事经营活动相适应的资金和专业人员;(四)有从事基础电信业务的良好业绩和运营经验。"③

(3) 限制外资股权比例。我国相关法律法规在控制外资股权比例方面作了

---

① 《对外贸易法》(2014 年修订)第二十五条。

② 《外商投资产业指导目录(2016 年修订)》。

③ 《外商投资电信企业管理规定》(2016 年修订)第九条。

相应规定,目的是限制外资在合资企业中的控股权,防止外资全面控制我国的一些关键产业、危及我国国家安全利益。如在《外商投资产业指导目录》中,对汽车整车制造、保险公司、证券公司等行业的外资比例均作出限制,就是出于以上的考虑。

五、与对外贸易有关的知识产权保护

在乌拉圭回合谈判达成《与贸易有关的知识产权协定》(简称 TRIPS 协定)之前,各国已就知识产权达成了很多项国际公约,这些国际公约对于促进知识产权的传播及保护起到了非常重要的贡献,但也存在诸多不足之处。以美国为代表的西方发达国家在知识产权保护和知识产权贸易方面具有巨大的利益,在新的国际贸易环境中,已无法依靠已有的知识产权国际制度体系达到自身的知识产权贸易的目标,因而在乌拉圭回合谈判中发起并极力推进 TRIPS 协定的谈判。最终于 1993 年 12 月乌拉圭回合闭幕时达成 TRIPS 协定。TRIPS 协定是 WTO 协定的重要组成部分,是迄今有关知识产权涵盖范围最广的多边协定。协定的主要目标在于减少国际贸易中的扭曲与阻碍,促进对知识产权的有效和充分保护,保证实施知识产权的措施和程序本身不成为合法贸易的障碍;同时协议承认保护知识产权的目的在于保护权利人,承认各国知识产权保护制度的基本公共政策目标,包括发展目标和技术目标。①TRIPS 协定达成标志着知识产权的国际保护进入了一个高标准的历史发展时期。

我国加入了有关知识产权的《伯尔尼公约》《巴黎公约》《马德里协定》等国际条约,制定了《著作权法》《专利法》《商标法》及各自的实施细则等法律法规。但 1994 年《对外贸易法》中没有对外贸易知识产权保护的规定。随着中国加入 WTO,2004 年对《对外贸易法》修改时,特别加入"与对外贸易有关的知识产权保护"的内容,也表明我国知识产权制度的进一步完善。

(一) 世贸组织 TRIPS 协定的主要内容

TRIPS 协定主要内容是关于每一类知识产权保护的基本原则,共有七个部分。

1. 总则和基本原则

此部分规定了协定的一般适用范围和成员对知识产权保护的基本原则②,

---

① TRIPS 协定的序言部分。

② 具体 TRIPS 协定第 1—8 条。

要求各成员适用国际上最重要的知识产权公约规定的实体义务,即 TRIPS 协定的规定,均不有损于成员之间依照《巴黎公约》《伯尔尼公约》《保护表演者、录音制品制作者和广播组织的国际公约》和《关于集成电路的知识产权公约》已经承担的现有义务,同时规定了国民待遇原则和最惠国待遇原则。

2. 关于知识产权的效力、范围及使用标准

此部分规定了每个成员必须在其国内法中为各大类知识产权提供的最低标准。涉及版权及相关权利、商标、地理标志、工业品外观设计、专利、集成电路的布图设计以及对未泄露的信息的保护七个方面。①另外还涉及对限制竞争行为的控制问题。

3. 知识产权的实施

TRIPS 协定对 WTO 成员实施知识产权保护提出要求,具体包括:(1)一般义务。成员方应保证协议所规定的执法程序在国内立法中生效,执法程序应公平合理。(2)民事和行政程序及补救。成员方应使权利所有人可以利用相关的民事司法程序;被告应有权及时获得内容充实的书面通知。司法当局有权发布禁令,命令侵权人停止侵权行为以及提供补救等。(3)临时措施。司法当局应有权决定及时、有效的临时措施,以阻止任何对知识产权侵权行为的发生,以及保护所涉侵权行为的有关证据。(4)与边境措施相关的特殊要求。有确凿根据怀疑仿冒商标商品或盗版商品的进口可能发生的权利人,能够以书面形式向主管的行政或司法当局提出申请,由海关当局中止放行该货物进入自由流通。(5)刑事程序和惩罚。对具有商业规模的故意的商标仿冒和盗版案件,成员应予以刑事处罚并制定相应的程序。②

4. 知识产权的取得和保持及相关程序

成员方可要求遵循合理的程序和手续,以此作为相关知识产权的取得和保持的一项条件。若知识产权的取得以被授予或登记为准,则成员方应确保在符合取得知识产权的实质性条件的情况下,允许在一段合理时间内授予或登记权利,以避免保护期限被不适当地缩短。③

5. 透明度和争端解决

有关据以审理案件的法律、条例、司法判决和行政裁决,均应予以公布以保

---

① TRIPS 协定第 9—39 条。

② TRIPS 协定第 41—61 条。

③ TRIPS 协定第 62 条。

持其透明度,但不得要求各成员披露会妨碍执法或违背公共利益或损害特定公私企业合法商业利益的机密信息。除另有规定,TRIPS 协定项下产生的磋商和争端解决,适用 GATT(1994)第 22 条和第 23 条的规定。①

6. 过渡协议与机构安排

协定规定成员方无义务在世界贸易组织协定生效之日后 1 年期满之前适用本协定的规定。发展中成员方有权再延迟 4 年适用本协定。另外,还对经济转型国家以及最不发达国家规定了更长的不适用本协定的期限。协定的实施由与贸易有关的知识产权委员会负责监督。此外,知识产权委员会还应承担成员方指定的其他责任。②

(二)我国保护与对外贸易有关的知识产权的法律规定

1. 我国在知识产权方面的入世承诺

我国加入世贸组织时,在入世议定书中对知识产权保护也做了相关承诺,表明我国融入国际贸易体系及建设和完善知识产权制度的决心。我国在知识产权保护上的承诺主要包括如下几个方面:

(1)调整与修改与知识产权保护有关的法律法规。为了与 TRIPS 协定相一致,我国在入世前已经对《专利法》做了进一步修改,并承诺,在加入时完成《著作权法》《商标法》以及涵盖 TRIPS 协定不同领域的有关实施细则的修改,全面实施该协定。

(2)对外国国民适用国民待遇和最惠国待遇。对外国人的知识产权保护将依照我国与该外国签订的协议、共同参加的国际公约,或根据互惠原则予以对待。我国承诺修改有关的法律、法规及其他措施,以保证外国权利持有人在所有知识产权方面的国民待遇和最惠国待遇全面符合 TRIPS 协定。

(3)打击侵犯知识产权的行为。我国承诺对知识产权侵权行为加强打击力度。采取针对性措施打击知识产权盗版猖獗的现象,包括法院对知识产权案件的审理工作及行政机关反盗版工作等,以保证中国的法律环境能够满足执行 TRIPS 协定的要求。

(4)民事诉讼程序和相关措施。我国承诺根据民事诉讼的司法规则,有效实施 TRIPS 协定规定的公平合理的民事诉讼程序和当事双方提供证据的有关要求。在侵权赔偿方面,我国承诺修改有关实施细则,从而使侵权人向权利持有

---

① TRIPS 协定第 63、64 条。

② TRIPS 协定第 65 条。

人支付的赔偿足以补偿其因侵权行为而受到的损失。

除以上承诺外,我国还对司法部门采取的临时措施、行政处罚措施、知识产权海关保护措施以及刑事诉讼等方面做出承诺,以打击侵权行为,保护知识产权人的利益。

2. 我国知识产权保护的法律框架

我国知识产权法律制度整体上可以分为两部分。一部分主要是关于知识产权的基本法律、法规和规章,包括《专利法》《著作权法》《商标法》及相应的实施细则等。这部分法律制度遵循中国加入的知识产权国际条约如《伯尔尼公约》《巴黎公约》等条约中的规定,制定出知识产权的实体性和程序性规则,重点为权利所有人提供相应的保护。他国公民可以根据本国与中国之间的双边协定或共同参加的国际条约而加以适用。另外一部分则包括《对外贸易法》在内的旨在专门处理对外贸易中知识产权问题的法律法规,重点针对对外贸易中知识产权方面可能出现的问题,特别是基于在 TRIPS 协议中享有的权利被侵害时,我国可以采取的管理措施及制裁措施;其目的在于维护对外贸易秩序和社会公共利益。

3. 我国保护与对外贸易有关的知识产权的具体规定

《对外贸易法》第 29 条规定:"国家依照有关知识产权的法律、行政法规,保护与对外贸易有关的知识产权。进口货物侵犯知识产权,并危害对外贸易秩序的,国务院对外贸易主管部门可以采取在一定期限内禁止侵权人生产、销售的有关货物进口等措施。"本条款中"与对外贸易有关的知识产权保护",是指针对在货物贸易、技术贸易和服务贸易中侵犯知识产权或滥用知识产权专有权利,或对知识产权保护给予歧视性待遇等损害我国对外贸易利益的行为,采取符合WTO 规则的贸易保护措施。

进口货物涉嫌侵犯知识产权的,应当依照有关知识产权的法律法规(如《专利法》《商标法》等)的规定进行处理,其处理的依据一般不是《对外贸易法》;规制的重点是侵犯知识产权的行为及损害赔偿。如果侵犯知识产权的同时,还危害了对外贸易秩序的,对外贸易主管部门则可以依照本条规定的授权,决定对侵权人采取必要的贸易制裁措施。

我国《海关法》和《知识产权海关保护条例》对进口货物侵犯知识产权并危害对外贸易秩序的情形,作了更加详细的规定。《海关法》规定:"海关依照法律、行政法规的规定,对与进出境货物有关的知识产权实施保护。需要向海关申报知识产权状况的,进出口货物收发货人及其代理人应当按照国家规定向海关如实申报有关知识产权状况,并提交合法使用有关知识产权的证明文件。"①而《知识产权海关保护条例》则就申请备案、扣留侵权嫌疑货物、海关调查以及法律责任等方面进行了详细的规定,更具操作性。②

第三节　贸易救济法

一、贸易救济法概述

贸易救济是指对在对外贸易领域,国内产业由于受到不公平贸易行为或过量进口的冲击而造成损害,各国政府给予相应的帮助或救助。贸易救济措施就是各国为了维护正常贸易秩序、保护贸易安全和利益而制定的措施,主要包括反倾销、反补贴和保障措施。各个国家的立法机构以及国际组织为了规范贸易救济的手段和方法,制定实施的规范性文件即形成贸易救济法律制度。

贸易救济法律制度包括国内法和国际法两部分。从总体上说,世界各发达国家已经形成了一套完备的贸易救济措施法律体系,在国际贸易纠纷中对维护自身利益起到重要作用;发展中国家相对滞后,但包括中国在内的很多国家也十分重视并逐渐建立贸易救济国内法制度。国际法方面,最重要的是世贸组织(WTO)贸易救济规则,这些规则是在各国特别是发达国家的贸易救济法律制度基础上,通过多次谈判之后形成和发展起来的。根据 WTO 协议,为维护公平贸易和正常的竞争秩序,WTO 允许成员方在进口产品倾销、补贴等给其国内产业造成损害的情况下,可以使用反倾销、反补贴和保障措施等贸易救济措施,保护国内产业不受损害。鉴于 WTO 广泛的代表性和影响力③,在国际贸易中了解和运用 WTO 贸易救济措施具有重要意义。

我国贸易救济制度起步较晚。1994 年颁布的《对外贸易法》,对贸易救济只有若干原则性的规定,操作性并不强。加入世贸组织后,我国加快了对外贸易制度的立法和完善工作,2004 年对《对外贸易法》进行了修改,专门增加"对外贸易救济"一章,为贸易救济措施的实施提供了明确的法律依据。《对外贸易法》是我

---

① 《海关法》(2013 年修订)第四十四条。
② 详细内容《知识产权海关保护条例》(2010 年修订)的规定。
③ 截至 2016 年 12 月 31 日,世界贸易组织(WTO)共有 164 个成员方。

国贸易救济法律制度方面最基本的法律,为相关更为具体的行政法规和规章的出台提供了法律框架。我国《反倾销条例》《反补贴条例》和《保障措施条例》对贸易救济制度做了较为具体的规定。商务部也发布相关的部门规章,规定反倾销、反补贴和保障措施调查、裁决等方面的内容。此外,商务部还建立了产业损害预警机制,实践中产生了较好的效果。

二、反倾销法

(一)概述

作为经济常识,人们说的"倾销"(dumping),指的是一种"差价销售"(price discrimination),即在两个市场上,同一种货物用两种不同价格出售。用经济学术语来说,"销售人对成本上没有多大不同的产品,对两个以上顾客索要有较大差别的价格"。[1]作为一种贸易手段,倾销很早就出现了。最早的倾销产生于重商主义推行的"奖出罚入"对外贸易政策时代,当时倾销是重商主义者寻求和开拓国际市场、排挤驱逐竞争对手以获得和扩大贸易顺差的重要对外贸易工具,至今有数百年历史。[2] 倾销可以分为国内倾销和国际倾销两大类。国内倾销是指一国的经营者以低于国内同类商品的正常价格在国内市场销售其商品;国际倾销则是指一国的出口商以低于产品正常价值的价格,输入到另一国的行为。倾销的现象在贸易中出现后,各国均认为这是一种不公平贸易做法,并相应地制定反倾销方面的法律和措施予以应对。

相对于倾销行为,世界上的反倾销制度的出现相对较晚。1904 年,加拿大在《海关关税法》中首次规定了反倾销措施,但直到第二次世界大战前,各国反倾销立法的关注点还限于国内法的范畴。而国际层面,实际上 19 世纪末 20 世纪初,就有一些欧洲国家就制定了反倾销协议。当时以英国、荷兰为首的欧洲国家不满来自其他国家的食糖倾销,于 1920 年签订了关于反倾销的国际条约,并先后有 10 个欧洲国家加入。[3]二战后,随着各国间贸易关系日趋紧密,国家间倾销与反倾销问题的日趋严重,各国开始谋求将反倾销措施纳入国际统一的轨道。

1947 年 4 月各国经过谈判,将反倾销问题列入新签署的 GATT 第六条,由此将各国反倾销法纳入国际统一规制体系。但是 GATT 的第六条仅仅是对倾

---

① 屈广清主编:《反倾销法律问题研究》,法律出版社 2004 年版,第 23 页。

② 参张为付:《倾销与反倾销的历史演变与时代特征》,《南京社会科学》2004 年第 7 期,第 29—30 页。

③ 屈广清主编:《反倾销法律问题研究》,法律出版社 2004 年版,第 1—5 页。

销与反倾销的一个原则性的规定,缺乏具体内容和细则,没有实际操作性。1967年 GATT 成员方在日内瓦通过了《实施关税与贸易总协定第六条的协议》(简称《反倾销守则》),将 GATT 第六条具体化,为反倾销中的一系列问题及调查程序规定了具体标准,是世界上第一个国际反倾销法。《反倾销守则》要求倾销与损害间必须存在强因果关系,进口国才能采取反倾销措施。但这一规定遭到一些国家抵制,从而并未达到统一各国反倾销制度的目的。1973 年 9 月开始的"东京回合"谈判中,GATT 各缔约方又通过谈判签署了一个新的《反倾销守则》,即1979 年 4 月达成的《关于执行关税与贸易总协定第六条的协定》,1980 年 1 月 1日生效并于此后多次修改、完善。该《反倾销守则》在内容上调和了各国国内反倾销法之间的冲突,明确了反倾销调查程序等,更能为各国所接受并以此指导国内立法。1986 年后,关税与贸易总协定缔约方进入新一轮"乌拉圭回合"谈判,1994 年签署《执行 1994 年关税总协定第六条的协议》,一般称为 1994 年《反倾销协议》。该协议实际上是世界各国就反倾销问题通过协商谈判最终达成妥协的结果,在一定程度上也照顾了发展中国家的利益和要求,内容上体现了对1979 年《反倾销守则》的完善和发展。WTO 成立后,1994 年《反倾销协议》成为WTO 法律框架中非关税壁垒的多边协议中的一部分,各成员方均须遵照执行。为保障《反倾销协议》的顺利实施,WTO 还专门成立了反倾销措施委员会,就成员方的反倾销立法和行动进行审查。

在上述的反倾销国际法体系中,《关税与贸易总协定》第六条在原则上规定了反倾销措施。按其规定,当一成员方的产品以低于正常价值的价格进入另一方市场,对该方已经建立的国内产业造成实质性损害或产生实质性损害的威胁或对该方国内产业的新建产生实质性阻碍,则构成倾销;该方可以采取应对措施,包括临时措施、价格承诺和征收反倾销税。而经过"乌拉圭回合"达成的《反倾销协议》则进一步对发起反倾销的条件、损害的确定以及反倾销的具体措施,作了具体规定。《反倾销协议》由 3 个部分,18 条款和 2 个附件组成。主要内容包括倾销的含义、倾销与损害的确定、反倾销调查、临时措施、裁决与执行等。

我国《对外贸易法》第 41 条、第 42 条对反倾销作了比较原则性的规定。2004 年修订的《反倾销条例》将《对外贸易法》中有关反倾销的规定具体化、明确化,确立了反倾销调查和反倾销措施的要求和程序。根据该条例,进口产品以倾销方式进入中国市场,并对已经建立的国内产业造成实质损害或者产生实质损害威胁,或者对建立国内产业造成实质阻碍的,我国应依照《反倾销条例》进行调查,采取反倾销措施。进口产品存在倾销、对国内产业造成损害、两者之间有因果关系,是采取反倾销措施的必要条件。

(二)反倾销实体规则

倾销以及损害是反倾销法中最重要的概念。如何确定"倾销"以及"损害"是反倾销法首先要解决的问题。

1. 倾销的确定

根据《反倾销协议》,如果一件产品从一成员方出口到另一成员方,该产品的出口价格在正常贸易过程中以低于在其内部"相同或类似产品"的可比价格,即低于正常价值的价格进入另一方市场,则构成倾销。①可见,认定倾销是否存在取决于"正常价值"与"出口价格"的比较,如出口价格低于正常价值即存在倾销,倾销的幅度由两者的差额决定,差额越大,倾销的幅度就越大。

构成倾销应该具备三个条件:一是产品价格低于正常价值;二是给有关国家同类产品的工业生产造成实质性损害,或存在此种威胁,或对某一工业的新建造成实质性阻碍;三是低于正常价值的销售与损害之间存在因果关系。进口国为抵制倾销可以对该倾销产品征收不超过倾销幅度的特别关税。

有三种方法确定"正常价值"②:(1)出口国国内有产品的销售价格,且产品的销售是用于国内消费,则该销售价格为"正常价值";这是确定正常价值的最基本的方法。但有例外,即在出口国市场的销售份额太少以及低于成本销售的情形下,销售价格不能作为确定正常价值依据。(2)以产品出口到第三国市场销售的价格作为"正常价值"。对"第三国"的选择按照特定的标准进行。(3)以结构价格作为确定"正常价值"的依据。所谓结构价格是指产品原产地国的生产成本加上合理数额的管理费、销售费、一般费用和利润之后形成的价格。

出口价格,是指在正常贸易情况下进口商向出口商购买产品所实际支付的价格。关于出口价格的确定,《反倾销协议》作了原则上的规定,即出口价格指出售给进口商的价格。根据不同情况,进口产品的出口价格按照以下方法确定:(1)进口产品有实际支付或者应当支付的价格的,以该价格为出口价格;(2)进口产品没有出口价格或者价格不可靠的,以根据该进口产品首次转售给独立购买人的价格为出口价格;如果该进口产品未转售给独立购买人或者未按进口时的状态转售的,则反倾销调查机构可以根据合理基础推定的价格为出口价格。

为了确定进口产品是否存在倾销以及倾销的幅度的大小,应对出口价格和

---

① 《反倾销协议》第2条第1款。

② 《反倾销协议》第2条第2款。

正常价值进行比较。《反倾销协议》确定了出口价格与正常价值进行比较的基本原则和方法,即按照公平原则基于相同的贸易水平,尽可能以相同的时间内发生的交易进行比较,同时根据每一案件的具体情况,如销售情况和条件、税收、销售数量、商品特征、汇率变化等情况作出适当调整。

2. 损害的确定

损害是和倾销并行的、最基本最核心的概念。损害的认定方法与认定结果直接关系到一项反倾销措施是否具有合法性与正当性。

根据《反倾销协议》,"损害"是指因倾销行为对某一国内产业造成了重大损害、形成重大损害的威胁,或对某一产业的建立构成严重的阻碍。而所谓"国内产业",是指出口国国内生产相同或类似产品的生产者全体,或虽不构成全体,但构成其国内生产相同或类似产品产业的大部分生产者。《反倾销协议》认识到在某些情况下,包括国内产业中相同或类似产品所有生产商可能是不适当的,因此允许成员方从国内产业中排除与调查中的出口商或进口商有关的生产商和自己进口被控倾销的产品的生产商。"相同或类似产品",是指那些与被调查的进口产品同样的产品,即在所有方面都跟该产品相似的产品;如不存在所有方面都类似情形,则指那些虽然不尽相同,但在物理性质与功能上相同或最接近的进口国其他产品。①反倾销实践中,对于"相同或类似产品"的认定是个非常重要的问题,贯穿于反倾销调查过程的始终,是确定被调查进口产品范围和国内产业范围进而进行损害评估的起点和标准。

确定损害的存在应建立在确实的根据基础上,包括对以下几方面的客观调查:(1)倾销进口产品的数量是否存在大量增加的情况。此种数量增加包括绝对数量的增加和相对数量的增加情形。(2)倾销进口产品对价格的影响。通过对倾销进口产品与进口成员相同或类似产品价格进行比较,确定是否存在导致相同或类似产品大幅度降价销售的情况,或者是否在很大程度上阻碍国内相同或类似产品价格提高的情况。(3)倾销进口产品对国内相同产品生产商造成的影响。审查进口产品对国内产业的冲击程度,应包括对影响产业状况的所有相关经济的评估。

3. 倾销与损害因果关系的认定

实施反倾销措施的前提,是必须证明进口产品倾销的结果对国内产业造成了实质损害或实质损害威胁或对国内相关产业的建立造成实质阻碍。也就是

---

① 《反倾销协议》第4条。

说,实施反倾销措施需证明倾销与损害之间存在因果关系。

根据国际社会反倾销立法和实践,对因果关系的认定主要涉及两方面问题:一是倾销与损害之间的因果联系程度。国际上曾经通行的认定因果关系的标准一般要求调查机关证明倾销行为是导致损害的主要原因;而《反倾销协议》并未采纳这一标准,其规定如果可以证明在同一时间内,倾销产品的数量增长、价格下跌,而国内产业正在遭受损害,则一般可以认定倾销和损害之间存在因果关系。二是倾销与损害之间因果关系的真实性。反倾销协议规定对因果关系的证明必须建立在对所有已知因素进行审查的基础上,对于倾销进口产品外的任何已知因素对国内产业造成的损害都不得归因于倾销进口产品,从而保证倾销和损害之间的因果关系的真实性。

调查机构调查倾销及损害证据之外,也应审查其他因素,包括:(1)未以倾销价格销售的进口产品的数量和价格;(2)需求的减少或消费模式的变化;(3)外国与国内生产者之间的竞争及限制贸易的做法;(4)技术发展;(5)国内产业的出口实绩和生产率等。①这些因素的存在可能导致排除倾销与损害间的因果关系。

(三)反倾销程序规则

关于反倾销的程序规则,《反倾销协议》明确规定成员方在采取反倾销措施之前必须先进行反倾销调查。

1. 反倾销调查申请人

在一般情况下,反倾销调查应依据进口国生产同类产品的国内产业的代表提出申请而开始的。进口国主管当局依据国内同类产品的生产商对此申请的支持程度来判断申请人是否具有代表生产同类产品的国内产业的资格,其标准为:(1)在支持申请和反对申请的生产商中,支持者的产量占两者总产量的50%以上;(2)反倾销申请人的集体产量必须达到国内总产量的25%以上。否则主管当局不得立案调查。

在特殊情况下,如有关主管当局在掌握了倾销、损害和因果关系的足够证据,即使没有国内产业或其代表申诉,也可以自主决定发起反倾销调查。

2. 申请书的内容

反倾销调查的目的是查清是否存在倾销、产业损害以及两者间的因果关系。反倾销申诉者应当提交书面申请,并提供相关证据。申请书应包括以下内容:(1)申请人的名称、地址等表明身份的基本资料;(2)对申请者所代表的国内同类

---

① 《反倾销协议》第3条第5款。

产品生产价值和数量的陈述；(3)对申请调查进口产品的完整说明，包括该产品所属国家的名称、出口国或原产地国的名称、已知的该产品进口商名单；(4)被诉商品在原产地国或出口国国内市场上出售的价格资料，以及出口价格的资料，或者在必要时提供该产品在进口国首次转售给独立购买人的价格资料；(5)倾销进口产品的数量发展变化的资料，包括进口产品对国内市场同类产品价格的影响以及对国内有关产业造成冲击的程度的资料。①进口国主管机构收到申请书后，应依据其提供的证据的准确性和充分性，决定是否发起反倾销调查。

我国《反倾销条例》第14条对申请书的内容要求作了类似规定，第15条规定申请书应当附具三方面证据，即：(1)申请调查的进口产品存在倾销；(2)对国内产业的损害；(3)倾销与损害之间存在因果关系。相对于WTO《反倾销协议》，较为简明概括。

3. 调查及证据

调查是指进口国有关当局对被起诉方的产品倾销、国内产业损害以及两者之间的因果关系，从事实和法律上予以查证的过程。由反倾销机构向有关当事人发出书面反倾销调查表，就被指控产品的相关问题进行详细调查。根据《反倾销协议》的规定，一般情况下调查应在其开始后1年内结束，最长不得超过18个月。调查开始后，如果存在下列几种情况应当立即终止调查：(1)倾销或损害的证据不足；(2)倾销幅度按正常价值的百分比不超过2%；(3)若从某特定国家进口倾销产品的数量被倾销数量低于3%，则可因损害轻微而终止调查。

进口方当局决定对进口产品发起反倾销调查后，应将调查内容及要求提供的信息资料通知所有利害关系人，并给予充分的机会让其用书面形式提出与调查有关的全部证据。在反倾销调查期间，所有当事人都应有充分的机会为其利益进行辩护；调查当局有义务及时提供一切与案件有关的资料。如果当事人拒绝提供资料，则在现有资料基础上作出裁决。在作出最终裁决之前，调查当局应将作为最终裁定基础的各项主要事实通知所有利害关系人，并提供充分时间，以便其继续答辩维护其权益。

在我国，商务部应当自收到申请人提交的申请书及有关证据之日起60天内，审查并决定立案调查或者不立案调查；在特殊情形下，虽未收到书面申请，但有充分证据认为存在倾销和损害以及两者之间有因果关系的，可以决定立案调查。商务部可以采用问卷、抽样、听证会、现场核查等方式向利害关系方了解情

---

① 《反倾销协议》第5条第2款。

况,进行调查;并应当为有关利害关系方提供陈述意见和论据的机会。反倾销调查应当自立案调查决定公告之日起 12 个月内结束,特殊情况下可以延长,但延长期不得超过 6 个月。①

(四)反倾销救济措施

进口方主管当局在适当调查的基础上,作出肯定或否定的有关倾销或损害的初步裁定。初裁的结果可以是终止案件或采取临时反倾销措施。如主管当局最终确认进口产品倾销并造成损害,将作出对其征收反倾销税的最终裁决。

1. 临时反倾销措施

即进口方当局在反倾销调查中,若初步认定了存在倾销、产业损害及两者之间的因果关系,为防止倾销的继续发生,而采取一种短期补救措施。《反倾销协议》第 7 条规定了调查机构可采取临时反倾销措施的条件:(1)已依照规定发起调查并发出公告,且已给予利害关系方提交信息和提出意见的充分机会;(2)已作出关于倾销和由此产生的对国内产业的损害的初步肯定裁定;(3)有关主管机关判断此类措施对防止在调查期间造成损害是必要的。

临时反倾销措施可以采取两种形式:一是征收临时反倾销税;二是采取担保方式,即支付现金或证券保证金,但数额均不应大于临时估算的倾销差额。临时反倾销措施只能在开始调查之日起的 60 日后采用,实施期一般不超过 4 个月,最长不超过 9 个月。原则上,反倾销的临时措施与反倾销税只适用于作出反倾销调查决定生效后或当局作出征税决定生效后进入消费领域的产品。

我国征收临时反倾销税由商务部提出建议,国务院关税税则委员会根据商务部的建议作出决定,并由商务部予以公告。海关自公告规定实施之日起执行。实施期限自实施之日起不超过 4 个月;在特殊情形下,可以延长至 9 个月。

2. 价格承诺

价格承诺是指在反倾销调查初步裁定存在倾销、产业损害及其因果关系后,进口国调查机构与出口商或出口国政府就提高相关出口商品的价格或停止以倾销价格出口以便消除损害影响而达成的协议。其中,以提高出口商品价格形式作出的价格承诺,其价格提高不得超过经初裁已确定的倾销幅度。一方面,达成价格承诺的要求可以由调查机构或者受调查的出口商提出,另一方面可以选择是否接受。达成价格承诺后,反倾销调查即告中止或完全终止,而不再采取任何临时措施或征收反倾销税。但如有证据表明倾销仍然存在,进口方当局可立即

① 具体内容《反倾销条例》(2004 年修订)第十六条至第二十七条。

采取反倾销临时措施。

我国《反倾销条例》对价格承诺作了相关规定:商务部认为出口经营者作出的价格承诺能够接受并符合公共利益的,可以决定中止或者终止反倾销调查,不采取临时反倾销措施或者征收反倾销税。商务部不接受价格承诺的,应当向有关出口经营者说明理由。商务部对倾销以及由倾销造成的损害作出肯定的初裁决定前,不得寻求或者接受价格承诺。在因价格承诺中止或者终止反倾销调查后,应出口经营者请求,商务部应当对倾销和损害继续进行调查;或者商务部认为有必要的,可以对倾销和损害继续进行调查。根据调查结果,价格承诺自动失效或者继续有效。出口经营者违反其价格承诺,商务部可立即决定恢复反倾销调查,可以决定采取临时反倾销措施。

3. 反倾销税的征收

如果反倾销调查最终裁定存在倾销、产业损害及两者之间的因果关系,进口方当局便可征收反倾销税。是否征收反倾销税由进口方调查机构自行决定。征收反倾销税遵循如下原则:一是征收额度应低于或等于倾销幅度;二是多退少不补;三是非歧视原则。

最终的反倾销税是从作出损害威胁或实质性阻碍的裁决之日起征收,实施临时措施时的保证金应予以退还。如出口商有倾销史或损害由产品短期内大量进口造成,则可对采取临时措施前 90 日内进入消费市场的产品追溯征收反倾销税。如临时反倾销税高于最终反倾销税,差额部分予以退还,如低于最终反倾销税,差额部分无需补交。反倾销税的税额不得超过倾销幅度。反倾销税自开征之日起 5 年内予以终止;在 5 年期满前,当局可经利害关系方的请求或自行进行复审,并自发起之日起 1 年内结束。如果终止征税还可能造成损害,则进口方在复审结束前,仍可继续征收反倾销税,这就是所谓的"落日条款"。

我国《反倾销条例》规定,终裁决定确定倾销成立并由此对国内产业造成损害的,可以征收反倾销税。征收反倾销税应当符合公共利益。征收反倾销税,由商务部提出建议,国务院关税税则委员会根据商务部的建议作出决定,由商务部予以公告。海关自公告规定实施之日起执行。

另外,当进口方对倾销产品实施反倾销措施后,出口方往往会采取一些措施来规避反倾销税。对此,《反倾销协议》规定这种规避行为无效。我国《对外贸易法》和《反倾销条例》也规定对于此种规避行为,可以采取必要的反规避措施。①

---

① 《对外贸易法》(2004 年修订)第五十条、《反倾销条例》(2004 年修订)第五十五条。

（五）代表第三国的反倾销行动与发展中成员方

《反倾销协议》同意进口国代表第三国的反倾销诉讼,实行间接倾销的指控。协议第 14 条规定,代表第三国的反倾销行动的申请应由该第三国主管机构作出;此申请应有充分证据证明进口产品存在倾销且对该第三国国内工业造成实质性损害。是否代表该第三国采取反倾销措施取决于进口国,并应得到货物贸易理事会的批准。我国《对外贸易法》第 42 条对此也作了相应规定:"其他国家或者地区的产品以低于正常价值出口至第三国市场,对我国已建立的国内产业造成实质损害或者产生实质损害威胁,或者对我国建立国内产业造成实质阻碍的,应国内产业的申请,国务院对外贸易主管部门可以与该第三国政府进行磋商,要求其采取适当的措施。"

另外,《反倾销协议》还特别考虑了反倾销措施对发展中成员方的影响。其第 15 条规定,发达成员方在采用反倾销措施之前,必须专门考虑到发展中成员方的特殊情况。如果征收反倾销税会影响发展中成员方的根本利益,在实施之前应探求采用其他补救措施的可能性。

[案例]　**温州打火机反倾销案**①。温州企业于 20 世纪 80 年代中后期进入世界金属外壳打火机市场后,迅速改变了该市场主要由日本、韩国和中国台湾地区垄断的格局。到 2002 年,温州金属外壳打火机占有世界市场的份额为 70%,占有国内市场份额为 95%,温州已成为世界金属外壳打火机的生产中心,而与此同时,日本和韩国原来的打火机企业 90% 以上已经停止生产。

2002 年 6 月 28 日,欧盟发出公告,决定对中国出口欧盟的打火机(包括一次性打火机、金属外壳打火机和汽油打火机)进行反倾销立案调查。按照 WTO 的规定,反倾销所涉及的出口商必须在 15 天内做出应诉反应,否则将作为自动放弃论,这可能导致我国出口到欧盟各国的打火机被征收高额反倾销税。

经过紧急磋商,温州烟具协会决定选取 15 家打火机企业进行损害抗辩,1 家进行市场经济地位抗辩。2002 年 9 月 11 日,欧盟反倾销委员会的几位官员两次到温州进行实地调查,对温州应诉企业的产品、销售、财务等方面进行了严格的核查,对应诉企业提出的意见和事实予以理解和认可。2002 年 10 月 8 日,温州东方打火机厂获得欧盟的市场经济地位确认;2003 年 2 月,欧盟有关方面决定不进行初裁,2003 年 7 月 14 日,欧洲打火机制造商联合会撤回了对产自中

---

①　更多内容可参见张和平:《中国打火机打赢欧盟反倾销第一案启示录》,新华网:http://news.xinhuanet.com/focus/2003-10/29/content_1147137.htm,2016 年 12 月 20 日访问。

国打火机的反倾销诉讼,反倾销程序自动终止。

历时 1 年零 1 个月的温州烟具协会应对欧盟打火机反倾销诉讼事件是中国正式加入 WTO 之后遭受的第一起反倾销诉讼,引起各界高度关注。该案为中国企业应对反倾销诉讼提供了宝贵的经验,同时中国民间组织开始在处理国际贸易纠纷中发挥重要作用。

三、反补贴法

（一）概述

补贴与反补贴问题是全球多边贸易体制中的重要议题。很多国家和地区为了扩大出口,促进本国一些产业的发展,往往对相关的行业和产品实行补贴。但由于某些补贴对进口国的同类产品的生产和销售会产生很大影响,损害国际贸易中的公平竞争,相关国家就会采取反补贴措施。补贴与反补贴都有可能扭曲或损害各国的贸易利益,影响国际贸易健康发展。在此背景下,各国逐步达成共识,即制定一种多边贸易规则来规制补贴与反补贴行为。经过努力,关贸总协定东京回合和乌拉圭回合谈判都将补贴与反补贴问题作为重要的谈判议题,并最终达成 WTO《补贴与反补贴措施协议》。

我国于 2001 年加入 WTO,其后根据《补贴与反补贴措施协议》的有关规定,在 2004 年修订的《对外贸易法》中对反补贴制度作了原则性规定,即该法第 43 条:"进口的产品直接或者间接地接受出口国家或者地区给予的任何形式的专向性补贴,对已建立的国内产业造成实质损害或者产生实质损害威胁,或者对建立国内产业造成实质阻碍的,国家可以采取反补贴措施,消除或者减轻这种损害或者损害的威胁或者阻碍。"同时,我国 2001 年制定了《反补贴条例》并于 2004 年进行了修订,对补贴和反补贴制度进行了全面的规定。

（二）补贴的概念

根据《补贴与反补贴措施协议》的界定,补贴是指在某成员方境内由政府或公共机构向特定的企业或产业提供财政支持,或任何形式的收入支持或价格支持,以直接或间接增加从其领土输出某种产品或减少向其领土内输入某种产品,或者对其他成员方利益形成损害的政府性措施。[①]可以看出,构成补贴应具备三个条件:第一,提供了财政资助;第二,资助是成员方领土内的政府或公共机构提供;第三,资助授予了某种利益。这是确定补贴是否存在的关键因素。

---

① 《补贴与反补贴措施协议》第 1 条。

《补贴与反补贴措施协议》并不约束所有的补贴。反补贴措施针对的补贴必须具有"专向性",即补贴是成员方政府向其管辖下的特定的企业或产业或某些特殊的地区提供的。专向性补贴可能导致资源配置的人为扭曲和不正当竞争情况的发生。"专向性"补贴包括四种类型:(1)企业专向性,即政府针对某一个或几个特定企业进行补贴;(2)产业专向性,即政府挑选某一个或几个特定的部门进行补贴;(3)地区专向性,即政府对其领土内特定地区的生产进行补贴;(4)禁止性补贴,即与出口实绩或使用进口替代相联系的补贴。①

我国《对外贸易法》第43条规定反补贴措施针对的是专向性补贴,即"进口的产品直接或间接接受出口国家或地区给予的任何形式的专向性补贴"。《反补贴条例》第4条进一步明确下列补贴为专向性补贴:由出口国政府明确确定的某些企业、产业获得的补贴;由出口国法律、法规明确规定的某些企业、产业获得的补贴;指定特定区域内的企业、产业获得的补贴;以出口实绩为条件获得的补贴,包括该条例所附出口补贴清单列举的各项补贴;以使用本国(本地区)产品替代进口为条件获得的补贴。在确定补贴专向性时,还应考虑受补贴企业的数量和企业受补贴的数额、比例、时间以及综合开发补贴的方式等因素。

(三)补贴的分类

根据《补贴与反补贴措施协议》,专向性补贴分为禁止性补贴、可诉补贴以及不可诉补贴。针对这三类不同性质的补贴,分别制定与反补贴措施平行使用的救济方法。

1. 禁止性补贴

又称"红箱补贴",指明显会对贸易产生损害,对其他WTO成员利益产生不利影响,而不得使用的补贴。禁止性补贴包括除《农业协议》外②的12种出口补贴和进口替代补贴。"出口补贴"是指法律规定或者事实上将出口实绩作为一个或其中一个评判标准而给予的补贴;"进口替代补贴"是指将使用国产品替代进口产品作为一个或其中一个评判标准而给予的补贴。按照《补贴与反补贴措施协议》的规定,各成员不应实施和维持这种被禁止使用的补贴,一经其他成员发现,则可按照与反倾销程序相类似的程序,采取反补贴措施,也可按照协议第二部分第4条给予的救济方法,通过双方协商,协商不成则提交专家小组等按照

---

① 《补贴与反补贴措施协议》第2条关于"专向性补贴"的内容。

② 考虑到农产品补贴的复杂性,农产品出口补贴的削减由世贸组织《农业协议》另行规定。

《争端解决规则和程序的谅解协议》来处理。

2. 可诉补贴

又称"黄箱补贴",是指不被禁止但仅被允许在一定范围内实施的,且在实施中被认为对其他 WTO 成员贸易利益产生损害时,可由该利益受损害成员提出申诉的补贴。《补贴与反补贴措施协议》第 5 条规定任何成员方不得使用专向性补贴而对其他成员方的利益造成不利的影响,即:(1)损害另一成员方的国内产业;(2)取消或妨碍其他成员方按 GATT1994 直接或间接获得的利益,特别是其第 2 条规定获得的减让利益;(3)严重妨碍另一成员方的利益。由此可见,对可诉性补贴的判断标准集中在对利益的考察。和禁止性补贴的认定相比较,可诉性补贴的认定难度更大。

3. 不可诉补贴

又称"绿箱补贴",是指不会对贸易产生损害的补贴。不可诉补贴主要包括两类:一是非专向性补贴。即不是向某个特定企业、产业提供补贴,而是具有普遍性,所有企业、产业均能享受的补贴。制定这类补贴,是一国根据本国经济实际情况和经济发展政策自主决定的事项,不会造成对贸易的损害及他国利益的不利影响,因此也无需限制。二是符合特定要求的专向性补贴。这类补贴主要包括科研和开发补贴,落后地区补贴以及环保补贴。此类补贴作为专向性补贴的例外,也属不可诉补贴范畴。不过,实践中由于各国立场不一致,此类补贴争端时有发生,特别是在环保补贴问题上。

(四)反补贴调查

反补贴调查方面,《补贴与反补贴措施协议》有关程序和证据问题的规定与《反倾销协议》基本相同。首先,在调查程序的发动上,国内产业或其代表可以提出调查申请,特定情况下调查机构可以自行决定发起调查程序。申请进行反补贴调查,必须提交充分的证据,说明存在某项补贴,存在对国内产业的损害以及受补贴产品和损害之间的因果关系。其次,反补贴调查须确认相同产品的国内产业是否因补贴而受到损害。确定补贴与损害之间的因果关系,需根据类似于反倾销中的可接受的证据进行评估。评估内容包括补贴进口产品的增长、价格的降低、国内产业的状况等因素,以及其他能够影响产业的因素。另外,调查机构在立案、调查过程、初裁和终裁决定、给予有关各方陈述意见和提供证据的机会等方面,都应当遵循透明度原则的相关要求。反补贴调查与反倾销调查虽然程序规则大体相同,但也存在一些区别。比如,邀请磋商是发起反补贴调查成员方的义务,但在反倾销调查中,则不存在这样的义务的规定。

在我国,对补贴和损害的调查和确定,由商务部负责;涉及农产品的,由商务部会同农业部进行。在确定补贴对国内产业的损害时,应审查下列事项:补贴可能对贸易造成的影响;补贴进口产品的数量是否大量增加,或者补贴进口产品数量大幅增加的可能性;补贴进口产品的价格影响,包括补贴进口产品的价格削减或者对国内同类产品的价格产生大幅度抑制、压低等影响;补贴进口产品对国内产业的相关经济因素和指标的影响;补贴进口产品出口国、原产国的生产能力、出口能力,被调查产品的库存情况;造成国内产业损害的其他因素。在一定条件下,对来自两个以上国家的补贴进口产品,可以进行累积评估。在确定补贴对国内产业的损害时,应当依据肯定性证据,不得将对国内产业造成损害的非补贴因素,归因于补贴进口产品。①

(五)反补贴措施

反补贴措施与反倾销措施类似,包括临时反补贴措施、价格承诺及反补贴税。实施条件基本相同。《补贴与反补贴措施协议》规定:

1. 临时措施

临时措施可以采取反补贴税的形式,由根据初步确定的补贴额所交付的现金保证金或债券来担保。临时措施的采取要符合三个条件:一是已开始调查且有关利益方已有充分发表意见的机会;二是已就补贴的存在和对国内产业的损害作出了初步肯定裁决;三是有关当局裁定此措施为调查期间防止造成损害所必需。临时措施不得早于自发起调查之日起 60 日实施,其实施不得超过 4 个月。②

2. 价格承诺

如果出口成员方政府同意取消或限制补贴或采取其他减少有关影响的措施,或出口商同意修改其价格,并且调查当局确信补贴所造成的损害性影响已经消除,则承诺达成后,反补贴调查应中止或终止,而不采取临时措施或征收反补贴税。反补贴中价格承诺与《反倾销协议》中的价格承诺有所不同,后者只有出口商的承诺,而不存在政府的相关承诺。③

3. 征收反补贴税

进口成员方在已经与出口成员方作出磋商努力并对补贴的存在、金额及其造成的损害作出最终裁定后,可以依照规定对补贴产品征收反补贴税。征收反

---

① 详见《反补贴条例》(2004 年修订)第五条至第十二条。
② 《补贴与反补贴措施协议》第 17 条。
③ 《补贴与反补贴措施协议》第 18 条。

补贴税不得超过确认的补贴幅度,且应当仅在抵消造成损害的补贴所必需的时间和限度内实施。主管机关可自行复审或经利害关系方申请来复审继续征税的必要性。反补贴税只能对终裁决定生效后进口的产品适用,但存在例外,即追溯征税。《补贴与反补贴措施协议》第 20 条对追溯征税作了规定。我国《反补贴条例》也有相应的规定,具体包括:(1)违反承诺的,可采取临时反补贴措施,并可对实施临时反补贴措施前 90 天内进口的产品追溯征收反补贴税,但违反承诺前进口的产品除外。(2)终裁决定确定存在实质损害或实质损害威胁,此前已经采取临时反补贴措施,反补贴税可对临时反补贴措施的期间追溯征收。(3)进口产品短期大增,并对国内产业造成难以补救的损害,且此产品得益于补贴的情况下,必要时可以对实施临时反补贴措施之日前 90 天内进口的产品追溯征收反补贴税。①

(六)发展中成员的优惠待遇

补贴对发展中成员的经济发展具有积极作用,这也是大多数成员的共识。《补贴与反补贴措施协议》对发展中成员的利益作了适当考虑,体现了对发展中成员的优惠待遇。如禁止性出口补贴的规定不适用于最不发达成员以及人均年国民生产总值不足 1 000 美元的发展中成员,等等。

四、保障措施

(一)概述

保障措施是 WTO 所允许的保护国内产业免受进口损害的贸易救济制度。1947 年签署的 GATT 规定了保障措施条款。自乌拉圭回合达成《保障措施协议》后,"保障措施"(safeguard measure)一词正式用于根据 GATT1994 第 19 条"对特殊产品进口的紧急行动"和《保障措施协议》所采取的保障措施。这类狭义的保障措施,是指因未预见的发展和承担 WTO 义务的结果,使得在一产品进口到一成员领域内的数量绝对或相对增加,对这一领域相同产品或直接竞争产品的境内生产者造成严重损害或严重损害威胁时,该成员可以在防止或补救这种损害所必要的程度和时间内,对该产品全部或部分中止实施其所承担的义务,或者撤销或修改减让。②

---

① 《补贴与反补贴措施协议》第 19 条。
② 余敏友、陈喜峰等:《世贸组织保障措施协定解析》,湖南科学技术出版社 2006 年版,第 1 页。

保障措施在 WTO 体制中不可或缺。首先,保障措施是在促进国际市场竞争的前提下,为鼓励进口方境内产业的结构调整而采取的例外措施。保障措施给予受损害的国内产业进行调整的时间,以期与贸易环境相适应。其次,保障措施可以补偿由于贸易减让而遭受不利影响的国内产业。它使资源从更具潜力和竞争力的产业转移到不具有获益潜力的产业,从而实现了资源的再分配。另外,保障措施是各成员方进行贸易保护的安全阀。通过保障,成员方在某些情况下可以免除特定的自由化承诺,因此减轻了本可能更大程度上背离贸易自由化原则的压力,并因此增强了多边贸易体制的稳定性。①

保障措施的目的在于防止或救济进口方产业受到严重损害,便利其产业的结构调整,提高产品的竞争力,优化资源配置。实施保障措施必须同时满足GATT1994 第 19 条与《保障措施协议》的规定。保障措施在性质上完全不同于反倾销措施和反补贴措施,后者针对的是不公平贸易,而保障措施针对的是公平贸易条件下的进口产品。

我国《对外贸易法》对保障措施作了原则性的规定,即"因进口产品数量大量增加,对生产同类产品或者与其直接竞争的产品的国内产业造成严重损害或者严重损害威胁的,国家可以采取必要的保障措施,消除或者减轻这种损害或者损害的威胁,并可以对该产业提供必要的支持。"②需注意的是,在进口产品数量激增损害国内产业时,我国可采取的手段不仅仅是保障措施,还可同时对受损害产业提供支持。《对外贸易法》还进一步对服务贸易保障措施和针对贸易转移的保障措施作了规定。更具体的规定体现在《保障措施条例》中,其基本内容和精神总体上都与 WTO《保障措施协议》相一致;为了更好地执行这一条例,我国还颁布了《保障措施产业损害调查规定》《关于保障措施产品范围调整程序的暂行规则》等部门规章予以配套。

(二) 采取保障措施的基本条件

如果根据 GATT1994 第 19 条和《保障措施协议》进行的调查确定进口产品数量增加,并对生产同类产品或者直接竞争产品的国内产业造成严重损害或者产生严重损害威胁,可以采取保障措施。③实施保障措施应同时满足四个条件:
(1)进口产品数量急增。这种急增包括绝对增长和相对增长。绝对增长是指产

---

① 余敏友、陈喜峰等:《世贸组织保障措施协定解析》,湖南科学技术出版社 2006 年版,第 2 页。

② 《对外贸易法》(2004 年修订)第四十四条。

③ 《保障措施协议》第 2 条。

品实际进口数量增长;相对增长是指相对进口方国内生产而言,进口产品所占市场份额上升,而实际进口量不一定增加。(2)进口激增是由于不可预见的情况和成员方履行 WTO 义务的结果。成员方实施保障措施前,必须要证明进口激增是由于上述两种原因形成,如关税谈判时不能合理预见的情况,而不是其他原因。(3)进口激增对国内生产同类产品或直接竞争产品的产业,造成了严重损害或严重损害威胁。严重损害指对某一国内产业整体的重大损害;严重损害威胁是指严重损害即将发生或迫近。适用保障措施要求的产业损害程度重于反倾销或反补贴要求的损害程度,即严重损害而不是实质损害。(4)进口激增与严重损害或严重损害威胁之间存在因果关系。《保障措施协议》要求调查证据表明这种因果关系存在,但并未要求证明进口激增是造成损害的唯一原因。另外,进口激增以外的因素对国内产业造成的损害不得归因于进口激增。

(三)采取保障措施的程序

1. 调查

进口方只有在进行损害调查的基础上,才能采取保障措施。进口方主管当局可以根据国内产业及其代表的申诉立案,也可以主动立案调查。主管当局应把调查结果公布,并安排听证会,使进出口方和其他利害关系方有机会提供证据、陈述意见。主管当局应当提供证据,说明保障措施的合理性。在我国,一般保障措施调查,由商务部负责;涉及农产品的,由商务部会同农业部进行。商务部根据调查结果,可以作出初裁决定,也可以直接作出终裁决定。

2. 通知

决定采取保障措施的进口方应通知 WTO 保障措施委员会如下事项:对某种产品发起调查的程序和理由;主管当局作出的关于进口造成严重损害或损害威胁的调查结果;关于采取或延长实施保障措施的决定。同时提交有关证据材料。

3. 磋商

《保障措施协议》规定,采取保障措施的成员方应提供适当机会与有利害关系的成员方进行协商,共同审议有关证据材料,交换意见,达成谅解,以期能避免采取保障措施。磋商结果应及时通知货物贸易理事会。如因采取保障措施引起争议,有关成员方可以提交 WTO 争端解决机构裁决。

(四)保障措施的实施

1. 实施的形式和期限

实施保障措施,可以是关税措施(将关税提高至高于 GATT 规定的关税水平),也可以是进口数量限制和关税配额限制等。《保障措施协议》还专门限定:实施数量限制的,除非有其他理由,一般不得使进口数量低于过去有代表性的3年平均进口水平;实施配额限制的,进口方应当与有利害关系的供应方就配额的分配进行磋商,如未达成协议,则进口方一般应当基于供应方前一个有代表性时期的进口份额进行分配。不论何种方式,保障措施都只能限于防止发生严重损害或对已经发生的严重损害予以救济的必要限度内。实施保障措施的期限,一般不应超过4年。临时保障措施不应超过弥补损失所需的合理时间限度。如有必要,可以适当延长保障措施实施期限。但实施保障措施的总期限(包括临时保障措施期限在内)不得超过8年。①

2. 非歧视性要求

保障措施应以非歧视的方式,针对正在进口的产品实施,而不考虑该产品的来源。在特殊情况下,允许进口成员方背离最惠国待遇原则对一个或几个供应国采取保障措施,但应与WTO保障措施委员会协商,经批准后方能实施。

3. 临时保障措施

临时保障措施是进口方未经过磋商而单方面采取的保障措施。遵循先磋商后采取保障措施的程序,有些情况下,可能会因延误造成难以弥补的损害。针对此种情形,《保障措施协议》第6条规定,在有明显证据初步认定进口增加造成或即将造成严重损害时,进口成员方可采取临时性保障措施,临时保障措施的期限不得超过200天。临时保障措施应当采取增加关税形式,并应当通知保障措施委员会。采取临时保障措施后,成员方应尽快与各利害关系方举行磋商。如采取临时保障措施后进行的调查,不能证实进口激增对国内产业造成严重损害或严重损害威胁,则应当立即退还征收的关税。②

4. 减让水平和其他义务

由于保障措施针对的是公平贸易条件下的产品进口,其实施必然影响到出口方的正当利益。因此,采取保障措施的成员方应当给予利益受到不利影响的一方提供补偿。有关成员方可就补偿方式进行协商,一般为减少受保障措施影响的出口成员方所感兴趣的商品的关税。如果双方的协商在30天内为达成协议,受影响的出口方可以对进口方对等地中止GATT1994项下的减让或其他义务,实施对等报复。实施报复应当在进口方实施保障措施后90天内,并在货物

---

① 《保障措施协议》第7条。

② 《保障措施协议》第6条。

贸易理事会收到出口方有关中止义务的书面通知 30 天后进行,且货物贸易理事会对此中止不持异议。①

5. 发展中成员的优惠待遇

《保障措施协议》对发展中成员的待遇作了一些特殊规定。比如,来源于发展中成员的产品,在进口方的该产品进口总量中所占的比例不超过 3%,则进口方不得针对该发展中成员的产品实施保障措施;在保障措施的延长及再次实施方面,发展中成员有权将保障措施的实施期限在规定的 8 年最长期限的基础上延长至 10 年。②

第四节　反　垄　断　法

一、反垄断法概述

(一) 垄断的概念及其危害

垄断(Monopoly)最早是一个经济学概念,它是指一个(或少数几个)生产者在市场上独占或具有控制地位的情形。③关于垄断的含义,经济学界的认识表现为一个动态、发展的过程,不同的竞争理论对垄断的性质、形态、垄断与竞争的关系、垄断对经济生活与社会福利的影响等方面有着不同的认识与理解。"排他性控制状态"是经济学界对垄断含义的最基本表述,现代经济学对垄断问题的研究主要侧重于状态方面。④

垄断市场形成的原因很多,最根本的一个原因就是为了建立和维护一个合法的经济壁垒,从而阻止其他企业进入该市场,以便巩固垄断企业的垄断地位,从而可持续获取垄断利润。在市场经济环境中,垄断一旦形成,便会在一定范围内形成对经济的冲击,阻碍市场竞争。主要体现在如下几个方面:首先,垄断破坏正常的市场秩序,恶化市场竞争环境;其次,垄断通过获取超额利润,损害消费者的利益;再次,垄断不利于技术创新和效益提高。最后,垄断影响资源合理配置。另外行政性垄断还可能产生腐败问题。

---

① 《保障措施协议》第 8 条。
② 《保障措施协议》第 9 条。
③ 李昌麒主编:《经济法学》,法律出版社 2008 年版,第 240 页。
④ 尚明主编:《反垄断法理论与中外案例评析》,北京大学出版社 2008 年版,第 1 页。

垄断对市场竞争机制和公平秩序,具有极大的危害性。但并非所有的垄断均为违法。各国在通过反垄断立法对垄断行为进行规制的同时,往往规定一些适用除外,对一些符合垄断的特征和构成,但并不能对市场竞争机制构成实质性损害,或者由于垄断经营在一定程度上有利于资源的有效利用而得到法律明确认可的情形,定性为合法垄断。合法垄断包括自然垄断和法定垄断两类,自然垄断是依其性质当然需由某一特定经营者垄断的事业或产业。由于科技进步,导致自然垄断领域不断缩小,公用事业引入竞争机制也使其垄断地位大为削弱。法定垄断是指并非自然垄断而依法实施的垄断,如军火工贸、烟草专卖等。政府特许经营也属广义上的法定垄断,如公共交通、电信、石油、金融业等。①各种类型的合法垄断因不同的原因而具有存在的必要,但其具有垄断性的特点也会产生很多的弊端,比如效率低下,以垄断高价损害消费者利益等。反垄断法应对此予以规制。

(二)反垄断法的概念及反垄断立法

反垄断法是市场经济发展到一定程度的产物。市场经济本质上是竞争经济,各种市场主体通过竞争达到社会资源的优化配置。但市场主体的营利性决定了其追求自身利益最大化的倾向。因而某些市场主体通过单独或联合的行为来限制或消除竞争,以便获取超额利润,这种行为构成垄断行为。反垄断法就是禁止市场主体排除或限制市场竞争行为,维护自由、公平竞争市场环境的法律规范的总和。

反垄断立法始于西方国家。19世纪末至20世纪初垄断资本主义引发经济和社会危机,各国纷纷制定法律来规制垄断,对市场进行强行干预和管理。美国国会于1890年率先通过《谢尔曼法》,成为世界反垄断法的开篇之作。其后,德、日等国也相继制定反垄断法,对限制竞争妨碍市场的行为通过立法加以规制。经过一个多世纪的发展,目前西方国家的反垄断法制度已日臻完善。

我国改革开放以后,逐步有了商品市场和市场竞争,为了规范竞争和反对垄断,国务院在1980年10月颁布了《关于开展和保护社会主义竞争的暂行规定》,简称"竞争十条",首开我国竞争法即反垄断法的立法先河。②具有里程碑意义的事件是我国《反垄断法》的颁布实施。早在1993年我国就将《反垄断法》的制定列入立法规划。2007年《反垄断法》最终由第十届全国人大常委会通过并实施。

---

① 史际春等:《反垄断法理解与适用》,中国法制出版社2007年版,第54页。

② 孙晋:《反垄断法——制度与原理》,武汉大学出版社2010年版,第12页。

另外,我国台湾地区于 1991 年制定《公平交易法》,统一规制垄断和不正当竞争行为。我国香港地区的《竞争条例》于 2015 年 12 月正式生效实施;该条例集实体法与程序法于一身,被称为"香港反垄断法"。

二、垄断协议的反垄断法规制

（一）垄断协议的概念

垄断协议,是指排除、限制竞争的协议、决定或者其他协同行为。①亦称限制竞争协议。从我国《反垄断法》对"垄断协议"的界定看,既包含正式的限制、排除竞争的书面文件,也包括非书面形式体现的联合行动。对于"决定"、"协同行为"的具体形式、内容等方面并未进一步的明确,在具体的执法活动中,反垄断执法机构应根据实际情形作出决定。垄断协议具备如下三个特征:一是实施主体是两个或者两个以上的经营者;二是共同或者联合实施;三是以排除、限制竞争为目的。

（二）垄断协议的构成要件

我国《反垄断法》列举了垄断协议的具体形式,对其构成要件并未明确。但是实践中对垄断协议的认定,需要通过对其构成要件的分析来得出结论。构成垄断协议的要件主要有三个方面:

1. 垄断协议有多个存在竞争关系的独立主体

达成垄断协议的主体之间存在业务上的竞争关系,可以是同一生产流通环节中买方之间或者卖方之间的竞争关系,也可以是上下游互有交易或存在潜在交易可能的买方与卖方之间的竞争关系。制定垄断协议的,也可能不是经营者本身,而是作为第三者的行业组织、政府机构或个人等。垄断协议的主体,应具有法律地位和经济决策上的独立性。排除、限制竞争的协议、决定或其他协同行为,必须是基于行为主体自身独立的意思作出,而非他人授意或指使。

2. 经营者之间存在共谋或协同一致的行为

垄断协议须存在"共谋",即行为主体之间对其联合行为具有意思联络并达成一致。若多个经营者先后实施一致或类似的行为,但他们/它们之间并未有意思联络,不应认定他们/它们之间达成垄断协议。对"共谋"的认定,按其表现方式不同,可以分为"明示"和"推定"两种。在司法实践中,对于存在协同行为且具有实质性限制竞争后果的,可推定具有实施垄断协议的"共谋"。

---

① 《反垄断法》(2008 年)第十三条。

3.导致或者可能导致垄断的后果

一般情况下,垄断协议一旦实施和执行,就会产生限制竞争的效果。垄断协议的参与者为自身的利益违反垄断协议,并不影响垄断协议的性质;达成协议后未付诸实施,只要具有导致垄断的可能性,也应认定该协议构成垄断协议。对于何种情况会导致垄断后果,一般应当结合行为人所处市场的相关情况,如市场集中度、竞争者数量以及市场占有率等因素来判断。

(三)垄断协议的形式

1.横向垄断协议

横向垄断协议,又称卡特尔、联合行为等,是指处于同一行业、同一流通环节的具有竞争关系的经营者之间所达成的旨在排除、限制竞争或者实际上具有排除、限制竞争效果的协议。横向垄断协议由于是具有竞争关系的行为人之间订立,直接对竞争产生危害后果,因此是各国反垄断法规制的重点。

横向垄断协议的特征有如下几个方面:第一,主体是具有竞争关系的经营者。横向垄断协议是多个经营者之间的一种横向联合,其成员是两个或两个以上处于同一产销阶段、互为竞争对手的经营者。第二,主体间具有限制竞争的主观合意。这种合意是他们进行合作的基础,主要体现为协议、决议和协同行为。合意的内容主要是对商品和服务的价格、数量、交易对象等进行限定。第三,客观上实施了限制竞争的行为。这种限制竞争的行为表现为一种联合行为,包括达成合意的行为和实施合意的行为两个方面。第四,对市场竞争秩序造成了损害。这种损害既包括已经实际产生损害,也包括将要产生损害的情形。另外,只有那些足以影响市场竞争秩序的垄断协议才是规制的对象,否则不需要加以禁止。

我国《反垄断法》没有明确规定横向垄断协议的名称,其第十三条以列举的方式规定了横向垄断协议的类型,包括以下几种:

(1)固定价格协议。是指两个或两个以上具有竞争关系的经营者以协议、决定或其他方式确定、维持或改变商品或服务价格的行为。价格竞争是市场竞争最基本的方式,固定价格协议直接确定商品、服务的价格,由此形成价格联盟,严重破坏了通过充分竞争形成市场价格的机制。

(2)限制数量协议。限制数量协议是指两个或两个以上具有竞争关系的经营者以协议、决定或其他方式限制商品的生产数量或者销售数量,进而间接限制和控制价格的行为。限制数量协议人为地限制市场上产品的产量或销售量,减少市场供给,导致产品市场价格上涨,从而损害消费者的利益,妨碍市场的正常运行。限制数量协议与横向固定价格行为往往结合在一起,限制市场竞争与损害消费者利益。[①]

（3）分割市场协议。分割市场协议,也称为协议划分市场,是指具有竞争关系的经营者通过协议划分销售市场或者原材料采购市场,限制彼此之间竞争的行为。因市场被人为划分,经营者面临的竞争会减少,从而使得产品价格上涨或维持一定的水平,最终导致竞争削弱以及市场效率的降低,同时也减少了消费者的选择机会。

（4）限制购买新技术、新设备或者限制开发新技术、新产品协议。此种协议是指具有竞争关系的经营者之间通过合同条款等形式限制购买新技术、新设备或者限制开发新技术、新产品的限制竞争行为。经营者想要创造竞争优势,需要技术革新和技术开发,提高产品质量和生产效率。一些经营者为了获取高额利润而签订上述协议,限制了技术进步和创新,不仅妨碍了竞争,也损害了消费者利益。

（5）联合抵制交易协议。此种协议是指两个或两个以上具有竞争关系的经营者以协议形式联合起来,共同拒绝与其他特定经营者进行交易的行为。联合抵制交易行为限制了经营和交易的自由,也使被拒绝交易的经营者可能因此丧失正常交易的机会,从而利益遭受损害。

（6）其他排除、限制竞争的协议。《反垄断法》规定"国务院反垄断执法机构认定的其他垄断协议"也在禁止之列,这是一个兜底条款,增加了法律适用的灵活性。

2. 纵向垄断协议

纵向垄断协议一般发生在处于产业链上下游环节的不具有直接竞争关系的经营者之间,是指经营者与交易相对人之间所达成的排除、限制竞争的垄断协议。一般包括纵向价格垄断协议,如固定转售价格协议、限定最低转售价格协议等,以及纵向非价格垄断协议,如排他性交易协议、选择性交易协议、搭售协议等。

纵向垄断协议与横向垄断协议相比,具有不同的特征。首先,相对于横向垄断协议的行为主体是相互对立的竞争方来说,纵向垄断协议的行为主体之间并不存在真正意义上的竞争,只是存在交易关系。其次,纵向垄断协议对竞争的限制,一般通过交易相对人实施特定行为来实现。这与横向垄断协议中经营者共

---

① 史际春等:《反垄断法理解与适用》,中国法制出版社 2007 年版,第 99—100 页。

同实施垄断行为不同。

纵向垄断协议相对于横向垄断协议而言,危害性较小,对市场竞争的影响比较复杂。不同类型的纵向垄断协议之间、同类型的纵向垄断协议在不同的市场条件下的竞争效果都不相同。纵向垄断协议在某些情况下具有一定的合理性,它可以促进一些实力薄弱的企业进入市场,减少生产商和销售商的成本,具有一定的积极意义。即使是明显限制竞争的纵向价格垄断协议,相比较横向垄断协议而言其危害还是要轻一些。因此,大多数国家的反垄断法对纵向垄断协议的规制不同于横向垄断协议,除了固定价格、限制最低价格适用本身违法原则,其他类型的纵向垄断协议根据具体情况适用合理原则。①

根据我国《反垄断法》的规定,纵向垄断协议主要包括固定向第三人转售商品的价格协议和限定向第三人转售商品的最低价格协议,同时授权国务院反垄断执法机构在列举规定的纵向垄断协议之外作出认定。确定一个协议是否构成垄断协议,应以其是否排除或限制了竞争为衡量标准。

我国反纵向垄断协议的司法实践近年也取得很大进展。上海市高级人民法院 2012 年终审判决的"强生公司纵向垄断协议纠纷案"在我国反垄断审判发展中具有里程碑意义。②

[案例]　强生垄断协议案。原告北京锐邦涌和科贸有限公司(以下简称锐邦公司)作为两被告强生(上海)医疗器材有限公司、强生(中国)医疗器材有限公司(以下合称强生公司)医用缝线、吻合器等医疗器械产品的经销商,与强生公司已有 15 年的经销合作关系。2008 年 1 月,强生公司与锐邦公司签订《经销合同》及附件,约定锐邦公司不得以低于强生公司规定的价格销售产品。2008 年 3月,锐邦公司在北京大学人民医院举行的强生医用缝线销售招标中以最低报价中标。2008 年 7 月,强生公司以锐邦公司私自降价为由取消锐邦公司在阜外医院、整形医院的经销权。2008 年 8 月 15 日后,强生公司不再接受锐邦公司医用缝线产品订单,2008 年 9 月完全停止了缝线产品、吻合器产品的供货。2009 年,强生公司不再与锐邦公司续签经销合同。原告遂诉至法院,主张两被告在经销合同中约定的限制最低转售价格条款,构成反垄断法所禁止的纵向垄断协议,请求判令两被告赔偿原告因执行该垄断协议中的低价竞标行为被"处罚"而遭受经

---

①　孙晋:《反垄断法——制度与原理》,武汉大学出版社 2010 年版,第 62 页。

②　中国法院网:《强生公司纵向垄断协议纠纷案》,http://www.chinacourt.org/article/detail/2014/04/id/1281647.shtml,2016 年 12 月 28 日访问。

济损失人民币1 439.93万元。

上海市第一中级人民法院一审认为,原告尚不能证明两被告行为构成垄断行为,判决驳回原告诉请。原告不服,提起上诉。上海市高级人民法院二审认为,本案相关市场是中国大陆地区的医用缝线产品市场,该市场竞争不充分,强生公司在此市场具有很强的市场势力,本案所涉限制最低转售价格协议在本案相关市场产生了排除、限制竞争的效果,同时并不存在明显、足够的促进竞争效果,应认定构成垄断协议。强生公司对锐邦公司所采取的取消部分医院经销资格、停止缝线产品供货行为属于反垄断法禁止的垄断行为,强生公司应赔偿上述垄断行为给锐邦公司造成的2008年缝线产品正常利润损失。据此判决强生公司赔偿锐邦公司经济损失人民币53万元。

（四）垄断协议的适用除外

垄断协议的适用除外,是指经营者之间的协议、决定或者其他协同行为,虽然排除、限制了竞争,但该类协议所带来的好处要大于其对竞争秩序的损害,则可以排除适用《反垄断法》有关垄断协议的规定。在借鉴国外经验,并结合我国实际情况的基础上,我国《反垄断法》第十五条规定7种情形下的垄断协议可以适用除外:为改进技术、研究开发新产品的;为提高产品质量、降低成本、增进效率、统一产品规格、标准或者实行专业化分工的;为提高中小经营者经营效率,增强中小经营者竞争力的;为实现节约能源、保护环境、救灾救助等社会公共利益的;因经济不景气,为缓解销售量严重下降或者生产明显过剩的;为保障对外贸易和对外经济合作中的正当利益的;法律和国务院规定的其他情形。

另外,对上述前五类情形适用除外的,经营者还要承担相应的举证责任。

三、滥用市场支配地位的反垄断法规制

（一）滥用市场支配地位的概念

滥用市场支配地位,是指经营者滥用已获得的市场支配地位,操纵市场,扰乱正常交易秩序,排除和限制竞争,损害社会公共利益的行为。滥用市场支配地位是目前各国反垄断法规制的主要垄断行为之一,是反垄断法的重要组成部分。

滥用市场支配地位行为具有下列特点:第一,行为主体是具有支配地位的经营者。第二,必须是经营者滥用自己市场支配地位的行为。第三,滥用市场支配地位的目的,是为了维持或加强自己的支配地位,排除他人竞争及获取高额垄断利润。

（二）市场支配地位的界定

1. 市场支配地位的概念

市场支配地位,是指经营者在相关市场内具有能够控制商品价格、数量或者其他交易条件,或者能够阻碍、影响其他经营者进入相关市场能力的市场地位。①简单地说,就是经营者具有控制相关市场的能力。"其他交易条件"是指除商品价格、数量之外能够对市场交易产生实质影响的其他因素,包括商品品质、付款条件、交付方式、售后服务等。"能够阻碍、影响其他经营者进入相关市场",是指排除其他经营者进入相关市场,或者延缓其他经营者在合理时间内进入相关市场,或者其他经营者虽能够进入该相关市场,但进入成本提高难以在市场中开展有效竞争等。②

要确定经营者是否具有市场支配地位,必须先要确定市场的范围,即"相关市场"。相关市场是判断有关市场竞争者经济力量大小的依据。相关市场可以根据产品和服务的范围、竞争的区域等因素进行界定和区分。

各国法律一般并不反对经营者通过合法竞争获得市场支配地位,而只是禁止滥用市场支配地位损害消费者和其他经营者的合法权益。一定程度上,市场支配地位是经营者通过合法竞争而得到的结果,反映了市场的有效性,其本身并不违法;但经营者获取市场支配地位后,就可以利用这种优势影响市场竞争,如限制其他经营者进入市场等,这是反垄断法所要禁止和规制的。

2. 市场支配地位认定标准

在确定相关市场的基础上,可进一步认定经营者是否拥有市场支配地位。按照反垄断实践,对于市场支配地位的认定有三个方面的标准:一是市场行为标准,即从经营者的市场行为出发,判定其是否具有市场支配地位。二是市场效果标准,即依据经营者的经营结果来判断其是否具有市场支配地位。三是市场结构标准,即从经营者的市场份额、市场占有率来判断其市场地位。③

欧美法院在司法实践中一般主要依据相关市场份额来认定是否具有支配地位。例如 United Brands 一案中,涉嫌企业具有 40%—45% 的市场份额,而最接近的竞争对手只有 16% 的市场份额,悬殊颇大,因而前者被认定为具有支

---

① 《反垄断法》(2008 年)第十七条第二款。

② 国家工商行政管理总局:《工商行政管理机关禁止滥用市场支配地位行为的规定》(2011 年)第三条。

③ 尚明主编:《反垄断法理论与中外案例评析》,北京大学出版社 2008 年版,第 159—162 页。

配地位。①虽然市场份额在判断经营者市场地位时有重要意义,但不应被认为是唯一的标准和考虑因素。欧美法院也认为,市场份额标准并非在所有案件中都是通用的规则,它只是在证明市场结构时的一份重要证据,其标准将随着不同时间、不同地域、不同行业而有所差异。

我国《反垄断法》第十八条规定了认定市场支配地位的各种因素:(1)该经营者在相关市场的市场份额,以及相关市场的竞争状况;(2)该经营者控制销售市场或者原材料采购市场的能力;(3)该经营者的财力和技术条件;(4)其他经营者对该经营者在交易上的依赖程度;(5)其他经营者进入相关市场的难易程度;(6)与认定该经营者市场支配地位有关的其他因素。从以上规定看,吸收了其他国家和地区的反垄断立法和执法经验,在以一定的市场份额作为市场支配地位的推定标准的基础上,综合了其他多种因素来认定经营者的市场支配地位。

我国《反垄断法》第十九条第一款规定了可以推定经营者具有市场支配地位的情形:(1)一个经营者在相关市场的市场份额达到二分之一的;(2)两个经营者在相关市场的市场份额合计达到三分之二的;(3)三个经营者在相关市场的市场份额合计达到四分之三的。第十九条第二款进一步规定了上述情形的例外:"有前述第(2)、(3)项规定的情形,其中有的经营者市场份额不足十分之一的,不应当推定该经营者具有市场支配地位。"应该说,对于市场支配地位的认定,应在本条规定的基础上,结合第十八条的规定来进行。另外,为保证经营者的权利,第十九条第三款规定:"被推定具有市场支配地位的经营者,有证据证明不具有市场支配地位的,不应当被认定具有市场支配地位。"

(三)滥用市场支配地位行为及规制

滥用市场支配地位是市场经营者为维持或增强其市场地位而实施的反竞争的商业行为。在复杂的商业环境中,经营者哪些行为属于滥用市场支配地位,需要具体地分析和认定。我国《反垄断法》采用列举式立法例规定了七种情形属于滥用市场支配地位。②

1. 垄断价格

这是指占有支配地位的经营者以获得超额垄断利润或排挤竞争对手为目的,确定、维持和变更商品价格,以高于或低于在正常状态下可能实行的价格来销售其产品。既妨碍了其他竞争者进入市场,也严重损害了消费者权益。

---

① 孔祥俊:《反垄断法原理》,中国法制出版社 2001 年版,第 532 页。
② 《反垄断法》(2008 年)第十七条。

2. 差别对待

差别对待是一种歧视性行为，处于市场支配地位的经营者没有正当理由，对条件相同的不同交易对象，就商品价格或其他交易条件给予明显不利或有利的不同待遇，从而影响公平竞争的行为。最常见的形式是价格歧视。

3. 搭售和附加不合理交易条件

这种情况比较常见，是指拥有市场支配地位的经营者在提供商品或服务时，利用优势地位，强行搭配出售交易对方不需要的商品或服务，或附加其他不合理条件的行为。搭售和附加不合理条件的交易限制了交易相对人自由选购商品和服务的自主权，并且会阻碍潜在的竞争对手进入相关市场。搭售和附加不合理交易条件是否是滥用市场支配地位的行为，应当考虑行为目的、经营者市场地位、相关的市场结构以及商品的特性等许多因素。

4. 掠夺性定价

掠夺性定价是指占市场支配地位的经营者没有正当理由而将产品以低于成本的价格销售，以排挤现有竞争对手或阻止潜在竞争者进入相关市场，在将竞争对手排挤出市场之后，再将产品价格提高形成垄断价格的行为。掠夺性定价只是暂时的，最终目的是形成垄断高价以获取超额利润。

5. 独家交易

独家交易是指处于市场支配地位的经营者限定产品经销商在特定市场内只经销自己的商品，不得经销其他同类竞争者的商品。包括经营独家商品和独家供货。独家交易实质上是针对优势经营者的同业竞争对手，通过减少其交易渠道使其在竞争中处于不利地位。认定独家交易行为时，应当综合考虑行为目的、经营者市场地位等多方面因素。

6. 拒绝交易

拒绝交易是指具有市场支配地位的经营者没有正当理由而拒绝与他人交易，或限制与其交易的数量或内容的行为。其典型的行为是拒绝供货。但在正常交易过程中因双方达不成合意而拒绝交易，不属于反垄断法规制的拒绝交易的行为。

滥用市场支配地位是目前各国反垄断法规制的主要垄断行为之一，因其在实践中比较多见，各国的反垄断执法部门往往也会予以特别关注。我国在2008年颁布《反垄断法》前后，行政执法部门查处的相关案件中，很多都是经营者滥用市场支配地位的案件。近些年来，还发生了若干起社会影响非常重大的案件，如2012年"奇虎诉腾讯滥用市场支配地位案"以及后来的"国家发改委对高通公司垄断行为行政处罚案"。

[案例] "国家发改委对高通公司垄断行为行政处罚案"①。2013 年 11 月，国家发展改革委根据举报启动了对高通公司的反垄断调查。经调查取证和分析论证，高通公司在 CDMA、WCDMA、LTE 无线通信标准必要专利许可市场和基带芯片市场具有市场支配地位，实施了以下滥用市场支配地位的行为：一是收取不公平的高价专利许可费。高通公司对我国企业进行专利许可时拒绝提供专利清单，过期专利一直包含在专利组合中并收取许可费。同时，高通公司要求我国被许可人将持有的相关专利向其进行免费反向许可，拒绝在许可费中抵扣反向许可的专利价值或提供其他对价。此外，对于曾被迫接受非标准必要专利一揽子许可的我国被许可人，高通公司在坚持较高许可费率的同时，按整机批发净售价收取专利许可费。这些因素的结合导致许可费过高。二是没有正当理由搭售非无线通信标准必要专利许可。在专利许可中，高通公司不将性质不同的无线通信标准必要专利与非无线通信标准必要专利进行区分并分别对外许可，而是利用在无线通信标准必要专利许可市场的支配地位，没有正当理由将非无线通信标准必要专利进行搭售，我国部分被许可人被迫从高通公司获得非无线通信标准必要专利许可。三是在基带芯片销售中附加不合理条件。高通公司将签订和不挑战专利许可协议作为我国被许可人获得其基带芯片供应的条件。如果潜在被许可人未签订包含了以上不合理条款的专利许可协议，或者被许可人就专利许可协议产生争议并提起诉讼，高通公司均拒绝供应基带芯片。由于高通公司在基带芯片市场具有市场支配地位，我国被许可人对其基带芯片高度依赖，高通公司在基带芯片销售时附加不合理条件，使我国被许可人被迫接受不公平、不合理的专利许可条件。

国家发展改革委认为：高通公司的上述行为，排除、限制了市场竞争，阻碍和抑制了技术创新和发展，损害了消费者利益，违反了我国《反垄断法》关于禁止具有市场支配地位的经营者以不公平的高价销售商品、没有正当理由搭售商品和在交易时附加不合理交易条件的规定。在反垄断调查过程中，高通公司能够配合调查，并主动提出了一揽子整改措施。

由于高通公司滥用市场支配地位实施垄断行为的性质严重、程度深、持续时

① 国家发展和改革委员会：《我委对高通公司垄断行为责令整改并罚款 60 亿元》，http://www.ndrc.gov.cn/gzdt/201502/t20150210_663824.html，2016 年 12 月 30 日访问。另国家发展和改革委员会行政处罚决定书（发改办价监处罚[2015]1 号）。

间长,2015 年 2 月,国家发展改革委在责令高通公司停止违法行为的同时,依法对高通公司处以 2013 年度在我国市场销售额 8%的罚款,计 60.88 亿元。

四、经营者集中的反垄断法规制

20 世纪 70 年代以来,经济全球化迅猛发展。与此相伴随的一个现象是经营者迅速集中,一批大企业得以走上历史舞台,处于经济发展的中心地位。美国哈佛大学迈克尔·波德(Michael Bode)教授指出,大多数国家都是依靠几十个工业集中区和几百家大公司提供大部分出口产品,提高生产率和国民生活的。在这些国家,竞争主要是大公司的竞争。①经营者的集中,形成世界经济的新格局,对各国的反垄断及竞争法提出全新的挑战。

(一)经营者集中的概念

所谓经营者集中,是指经营者通过企业合并、取得股权或者资产、委托经营、控制人事等方式增强自身市场力量、有可能限制竞争的行为。从反垄断法角度看,经营者集中的核心问题并非是企业合并带来的人格或者资产的变动,而是企业合并后对市场竞争所产生的抑制效果。

经营者集中的方式主要包括企业合并、财产控制、经营控制等。从经济的角度看,经营者集中有利于优化产业结构、扩大企业规模、提升经济效益和市场竞争力。但同时经营者集中会对竞争产生影响,容易导致竞争者数量减少,相关市场竞争程度降低,从而竞争者之间更容易做出协调一致的行为,形成垄断。所以,各国反垄断法都将经营者集中的管制作为其重要内容之一。

(二)经营者集中的类型

经营者集中一般可分为横向集中、纵向集中、混合集中。横向集中,是指处于相关市场内同一生产、流通环节的经营者之间发生的集中。横向集中行为本身并不构成对竞争的限制,而且适度的横向集中有利于提高产业集中度并形成规模经济,但横向集中所涉经营者互为竞争关系,相关经营者参与集中后会减少市场中竞争者数量,进而增强了其市场支配地位,从而对市场竞争产生实质性的影响,因此是反垄断法规制的重要方面。纵向集中,是指处于相关市场不同生产、流通环节,具有交易关系或此可能性的经营者之间发生的集中。如制造商与销售商之间、制造商与供应商之间的集中。纵向集中不会减少市场中竞争者数量,反而可以降低交易费用提高经济效益,一般对竞争的影响不大。但纵向集中

---

① 朱宏文、王健:《反垄断法——转变中的法律》,社会科学文献出版社 2006 年版,第 3 页。

也会使得相关经营者之间的交易不需要参与市场竞争,使得潜在竞争者难以进入相关市场,可能对其他经营者和消费者利益产生损害。混合集中是指处于相关市场不同生产、流通环节,且不具有交易关系的经营者之间的集中。混合集中一般对竞争秩序没有不利影响,因为参与混合集中的经营者处于不同产业领域,集中不会增加市场集中度或增加相关市场支配力。但各行业龙头企业或占优势地位企业之间的混合集中,则会增强相关企业的经济实力,对市场竞争秩序会产生潜在的消极影响,因而反垄断法应予以规制。

我国《反垄断法》第 20 条对经营者集中行为进行了规定,包括以下三种:

经营者合并。它是指两个以上经营者通过订立合并协议,合并成为一个经营者的行为。经营者合并是企业自愿的共同行为,必须遵守法律规定,有的还须依法经有关部门批准。

财产控制。它是指经营者通过取得其他经营者的股权或者资产的方式取得对该经营者的控制权的行为。

经营控制。它是指一个经营者通过合同或其他方式取得对其他经营者的控制权或能够对其他经营者施加决定性影响的行为。

(三) 经营者集中的申报制度

经营者集中的申报审查制度,是指经营者集中达到规定的申报标准的,应事先向反垄断执法机构申报,经审查通过后才可以进行集中的制度。

1. 申报标准

申报标准一般根据参与集中的经营者的资产、销售额、交易额、市场占有率等确定。从国外的立法和执法实践看,一是采取事前申报,二是采取事后申报,三是采取全部自愿申报,事前事后均可。我国《反垄断法》对于经营者集中采取了事先的强制申报制度。达不到申报标准的,无需申报;达到申报标准的,应当事先向国务院反垄断执法机构申报,未申报的不得实施集中。

2. 申报的免除

申报的免除是指经营者集中已达到申报标准,但因该集中不会使市场结构和竞争状况发生大的改变,可以不进行申报的制度。我国《反垄断法》规定了两种免除情形:第一,参与集中的一个经营者拥有其他每个经营者百分之五十以上有表决权的股份或者资产的。第二,参与集中的每个经营者百分之五十以上有表决权的股份或者资产被同一个未参与集中的经营者拥有的。

3. 申报材料

经营者需要向反垄断执法机构提交申报材料包括如下:(1)申报书,并且应当载明参与集中的经营者的名称、住所、经营范围、预定实施集中的日期等事项；(2)集中对相关市场竞争状况影响的说明；(3)集中协议；(4)参与集中的经营者经会计师事务所审计的上一会计年度财务会计报告；(5)国务院反垄断执法机构规定的其他文件、资料。经营者提交的文件、资料不完备的，应当按规定期限补交文件、资料。经营者逾期未补交的，视为未申报。

(四) 经营者集中的审查制度

国务院反垄断执法机构自收到经营者依法提交的文件、资料后，就应当尽快决定其是否批准这次经营者集中。

1. 审查

我国《反垄断法》规定了审查的两个步骤，即"初步审查"和"进一步审查"。初步审查期间为三十天，通常会有两种结果：一是情况清楚，经营者参与的集中对竞争没有影响或影响不大，反垄断执法机构做出决定并书面通知可以进行经营者集中；二是反垄断执法机构认为该集中有可能影响竞争或对竞争造成威胁，也应做出决定并书面通知将进行进一步审查。国务院反垄断执法机构作出不实施进一步审查的决定或者逾期未作出决定的，经营者可以实施集中。进一步审查应自决定之日起九十日内完成，作出是否禁止经营者集中的决定，并书面通知经营者。在符合法定情形的前提下，反垄断执法机构经书面通知经营者，可以延长审查期限，但最长不得超过六十日。国务院反垄断执法机构逾期未作出决定的，经营者可以实施集中。

2. 考虑因素

反垄断执法机构审查经营者集中，关键是审查该集中是否具有或者可能具有排除、限制竞争的效果，从而对经营者集中做出禁止或者不予禁止的决定。《反垄断法》对于审查经营者集中应当考虑的因素作了具体规定：(1)参与集中的经营者在相关市场的市场份额及其对市场的控制力；(2)相关市场的市场集中度；(3)经营者集中对市场进入、技术进步的影响；(4)经营者集中对消费者和其他有关经营者的影响；(5)经营者集中对国民经济发展的影响；(6)国务院反垄断执法机构认为应当考虑的影响市场竞争的其他因素。

3. 决定

国务院反垄断执法机构在进行审查以后，应该根据不同情形分别作出如下的决定：准予集中、禁止集中、不予禁止、不予禁止但附加限制性条件。反垄断执法机构应当将禁止经营者集中的决定或者对经营者集中附加限制性条件的决定，及时向社会公布。

（五）外资参与经营者集中的审查

外资并购境内企业或者以其他方式参与经营者集中，涉及国家安全的，除依照《反垄断法》规定进行经营者集中审查外，还应当按照国家有关规定进行国家安全审查。

五、行政垄断规制

在我国，"行政垄断"最早是一个经济学上的概念，意指计划经济体制下国家对经济活动的控制。随着我国由计划经济向市场经济转型，"行政垄断"的概念也在发展变化。我国法学界的学者发现中国的一些垄断现象不同于西方国家的经济垄断，于是借用了行政垄断的概念，将行业壁垒、地区壁垒、政府限制交易或者强制交易、政府专有交易看作是行政垄断。实际上，行政垄断是经济转型国家在发展过程中一种特定的现象，其他转型国家如俄罗斯也存在行政垄断。在我国，行政垄断被公认为是市场经济运行的最大障碍之一，它破坏了公平竞争的市场秩序，妨碍了我国统一市场的形成和资源的优化配置，损害了经营者和消费者的利益。因此，必须对行政垄断进行法律上的规制，为经济发展创造公平和自由的市场环境。

（一）行政垄断的概念和特征

"行政垄断"是一个学理概念，我国的各种法律文件中并未采纳这一表述，《反垄断法》表述为"滥用行政权力排除、限制竞争的行为"。学界对行政垄断的含义虽然有共识但也存在观点上的分歧。有学者认为行政垄断形成的原因复杂，反垄断法既然不能彻底解决其产生的根本原因，就不应由《反垄断法》对其进行调整，应依靠政治体制改革或主要留给宪法和行政法去解决；[①]也有学者认为，"行政垄断"这一概念的界定和内涵是不科学的，要想有效反对滥用行政权力的垄断，就应该摒弃行政垄断的概念，只需简单地在法律上和实践中明确政府与一般市场主体一样平等地适用反垄断法即可。[②]但从总体来看，我国大多学者还是使用行政垄断的名称和概念来表示这一类垄断现象。

我国《反垄断法》并未直接对行政垄断下定义，其第三十二条规定："行政机关和法律、法规授权的具有管理公共事务职能的组织不得滥用行政权力，限定或

[①] 符启林：《反垄断法难反行政垄断》，载于游劝荣主编：《反垄断法比较研究》，人民法院出版社 2006 年版，第 53—63 页。

[②] 史际春等：《反垄断法理解与适用》，中国法制出版社 2007 年版，第 32—42 页。

者变相限定单位或者个人经营、购买、使用其指定的经营者提供的商品。"据此进行界定,行政垄断是指行政机关和法律法规授权的具有管理公共事务职能的组织滥用行政权力排除、限制竞争的行为。

与其他垄断行为相比,行政垄断具备如下三个方面的特征:第一,行政垄断的主体是行政机关和法律法规授权的具有管理公共事务职能的组织。与经济垄断不同,行政垄断的主体不是市场经营者,而是市场管理者,即行政主体。另外,国家垄断是中央政府依据国家有关法律法规和政策而实施的合法垄断,因此这里的行政垄断主体并不包括中央政府即国务院。第二,行政垄断是滥用行政权力的行为。行政垄断是通过行政主体行使行政管理权,直接或间接对市场经营活动产生影响从而扭曲市场竞争,这是与经济垄断通过市场经营行为来实施垄断的重大区别。同时,滥用行政权力本身也表明行政垄断的违法性。第三,行政垄断是滥用行政权力排除、限制竞争的行为。排除、限制竞争是垄断的本质特征,也是行政垄断的根本目的。滥用行政权力管理和调控市场,必然导致对于市场正常竞争的排除和限制。

(二) 行政垄断的成因与危害

行政垄断是经济转型国家比较常见的现象,它的成因是多维度的。首先,从经济制度方面看,我国实行以公有制为主体的社会主义市场经济,国有企业的经营管理与各级政府有紧密联系,因财政税收甚至政绩等因素,都会导致政府容易滥用行政权力限制来自外部的竞争。其次,从行政体制来看,在计划经济体制下,行政权力与经济力量紧密结合,市场整体处于国家垄断的局面;在经济转型过程中,虽然这种垄断局面被打破,但传统行政体制对经济生活的影响很难短期消除,大部分的行政垄断就是这种体制的产物。再次,从社会、文化角度来看,中国一直就有"大政府"的传统,市场主体对政府存在过度依赖的心理,在从事经济活动时,更多求助于行政权力而不是法律,这助长了行政权力的滥用。最后,从法律制度层面来看,虽然相关立法已经明确对行政垄断的规制,但仍存在种种问题,如在行政垄断的认定、法律责任承担等方面都有缺乏操作性的地方,致使行政垄断的现象无法根除。

行政垄断的本质是滥用行政权力非法排除、限制竞争,破坏市场效率,具有很大的危害性。而且,由于行政垄断是行政机关以行政主体的身份采取制定文件、标准、政策等手段影响市场行为,故其所产生的后果往往比经济垄断更为严重。首先,这种行为违反自愿平等的市场交易原则,其结果必然是保护落后企业,损害消费者的合法权益;其次,这种行为违反依法行政原则,损害政府形象,而且容易成为腐败之源；再次，这种行为直接损害其他经营者的正当权益，使其他经营者丧失或减少市场份额，影响其经济利益和经营决策。

（三）行政垄断的规制

我国《反垄断法》对行政垄断的规制采用概括规定与具体列举相结合的方法。该法总则第八条规定："行政机关和法律、法规授权的具有管理公共事务职能的组织不得滥用行政权力，排除、限制竞争。"确立了规制行政垄断的基本原则。《反垄断法》在"滥用行政权力排除、限制竞争"一章用六个具体条款对行政垄断的具体表现形式进行了禁止性规定。

1. 对滥用行政权力限定交易行为的规制①

行政机关和法律、法规授权的具有管理公共事务职能的组织，往往会滥用行政权力，限定或者变相限定单位或者个人经营、购买、使用其指定的经营者提供的商品。这种垄断行为往往表现为行政主体为了地方经济利益、关联企业利益或本单位、本部门的利益，通过许可证、质检、验收及行使处罚权等手段，限定或者变相限定单位或者个人经营、购买、使用其指定的经营者提供的商品。被限定的对象包括经营者和消费者。对限定交易行为进行规制，是维护经营者和消费者的权益的需要。

2. 对滥用行政权力的地区封锁行为的规制②

滥用行政权力的地区封锁行为，是指行政机关和相关组织滥用行政权力，妨碍商品在地区之间的自由流通，排斥或者限制外地经营者在本地经营的行为。地区封锁行为主要有三种：一是滥用行政权力妨碍商品在地区之间自由流通；二是滥用行政权力排斥或者限制外地经营者参加本地的招标投标活动；三是滥用行政权力排斥或者限制外地经营者在本地投资或者设立分支机构。地区封锁阻碍了市场竞争，使本应统一的全国大市场被人为地分割成一块块由地方利益形成的区域，严重妨碍了正常市场秩序和经济持续发展，因此必须予以限制和禁止。

3. 对滥用行政权力强制经营者从事垄断行为的规制③

滥用行政权力强制经营者从事垄断行为，是指行政机关和相关组织强制经营者从事《反垄断法》规定的垄断行为的行为。《反垄断法》规定的垄断行为是指

---

① 《反垄断法》（2008 年）第三十二条。
② 《反垄断法》（2008 年）第三十三到三十五条。
③ 《反垄断法》（2008 年）第三十六条。

经营者达成垄断协议行为、经营者滥用市场支配行为和具有或者可能具有排除、限制竞争效果的经营者集中行为。地方行政部门常以调整产业结构等借口推动经营者从事垄断行为,这不但扭曲了市场竞争机制,同时也损害了经营者的经营自主权,应当进行规制。

4. 对滥用行政权力制定含有排除、限制竞争内容的规定的规制①

滥用行政权力制定含有排除、限制竞争内容的规定,是指行政机关滥用行政权力,以抽象行政行为方式排除、限制竞争的行为。《反垄断法》这一规定,实质上将对行政权力滥用的行为的规制扩展到抽象行政行为。具体行政行为具有可诉性,而抽象行政行为主要是制定行政规范性文件的行为,不具有可诉性。很多行政主体可能会通过出台行政规范性文件来达到限制市场竞争,满足地方或部门利益的目的。因此,《反垄断法》将抽象行政垄断行为纳入规制范围,对维护公平的市场秩序和有效竞争非常有必要。

---

① 《反垄断法》(2008 年)第三十七条。

第十章

政府与商业关系法（一）

第一部分　消费者权益保护法

第一节　我国消费者权益保护法的
立法概述和理论基础

一、我国消费者权益保护法的立法概述

世界上最早采用立法形式保护消费者权益的是美国，美国从 1962 年开始对消费者实行明确的立法保护。我国通过法律手段来保护消费者利益，是在改革开放以后。

1993 年 10 月 31 日，我国颁布了第一部保护消费者权益的基本法——《消费者权益保护法》。由此至今，相关法律规定日愈完善，按涉及内容可分为：

（一）消费者权益保护基本法

消费者权益保护基本法指《消费者权益保护法》（1993 年制定，2013 年修订），在我国消费者权益保护法体系中处于主导地位，是一部宣言性法律。全文贯穿"以消费者为本，构建和谐消费关系①"的宗旨，包含总则、消费者的权利、经营者的义务、国家对消费者合法权益的保护、消费者组织、争议的解决、法律责任、附则，共 8 章 63 条。

---

① 这一思想最早出现在：王新红、李清平：《以消费者为本，构建和谐消费关系——修改〈消费者权益保护法〉的指导思想的建议》，《消费经济》2011 年第 6 期，第 86 页。

（二）消费者权益救济相关规定

主要有《中国消费者协会受理消费者投诉规定》《工商行政机关受理消费者申诉暂行办法》等。

除以上专门立法以直接保障消费者权益的法律规定之外，亦存在从各方面间接保护消费者权益的法律法规，可分为：

1. 安全卫生方面的法律、法规①

消费者安全卫生方面的法律、法规主要体现在产品质量、医药、卫生、商标、广告等领域，其代表性的法律、法规有《产品质量法》《食品卫生法》《广告法》《进出口商品检验法》《国家卫生检疫法》《药品管理法》《进出口商务检验法实施条例》《产品质量监督实施办法》《工业产品质量责任条例》《化妆品卫生监督条例》《国务院关于加强医药管理的决定》等。

2. 公平交易方面的法律、法规

这方面的法律法规主要体现在物价监督、计量监督、竞争监督等方面，其代表性的法律法规主要有《反垄断法》《反不正当竞争法》《计量法》《价格管理条例》等。

3. 消费者所享受事业服务方面的法律、法规

这方面的法律法规主要包括通讯、运输、旅游、储存、咨询、环保、公用事业服务等方面的法律法规，代表性法律、法规有《邮政法》《环境保护法》《海洋保护法》《铁路运输安全服务条例》《旅行社暂行管理办法》《储蓄管理条例》等。

4. 农业生产资料方面的法律、法规

这方面的法律法规目前主要有《种子法》《国务院关于加强化肥、农药、农膜经营管理的通知》等。

二、我国消费者权益保护法的理论基础

探讨消费者权益保护法，首先要界定消费者的范围。近来伴随着市场经济的发展而新出现的一个特殊群体——职业打假人，使得消费者范围的认定再次成为热议话题。

---

①　此处（包括以下五个方面）的法律、法规范围较之法理学有所扩大，不仅仅是指由全国人民代表大会及其常务委员会制定的法律和国务院制定的行政法规，还包括比较重要的行政规章和地方政府规章、地方性法规等法律形式。

[案例]　**职业打假人是否属于消费者?** 丛某于 2012 年 6 月 2 日一次性购买了五盒神麒口服液,潘家园门诊部为其开具了五张收据。在本案之前,丛某曾持其中一张收据,以潘家园门诊部欺诈消费者为由向法院起诉,随后,丛某持另一张收据起诉潘家园门诊部要求赔偿。丛某起诉称,其在《北京晚报》看到神麒口服液(消癌平口服液)的广告后,从潘家园门诊部购买此药,后来发现潘家园门诊部在广告中夸大药品的适应症和功效,严重误导和欺骗消费者,故起诉要求潘家园门诊部退还货款 450 元,赔偿 450 元,支付误时费 9 099 元,赔偿精神损失费 1 元。①

问题 1:丛某是否为职业打假人?

分析:以往确定职业打假人,首先要确认其消费目的是消费还是获利,但是实务上一般难以直接窥探人的主观心理状态,大多依据客观事实来进行推测,如消费者购买了超出一般数量的商品,属于获利行为而不属于生活消费需要,可推测购买者为职业打假人。其次,所谓"职业",即具有长期性、频繁性、不间断地从事某一工作。该案中丛某虽一次性买入多盒产品,但并不具有职业特征。故而,丛某并不属于职业打假人。

问题 2:职业打假人是否可以被认定为消费者?

分析:即使是职业打假人,如果生产者或销售者存在侵权行为的构成要件,也不能因此就否定消费者的身份。

我国《消费者权益保护法》规定:"消费者为生活消费需要购买、使用商品或者接受服务,其权益受本法保护;本法未做规定的,受其他有关法律、法规保护。"②由此可知消费者是指以满足生活需要为目的,购买、使用商品和接受服务的社会成员。

下面主要从两个方面来介绍消费者权益保护法:

(一) 消费者权益保护法调整的对象

消费者权益保护法主要调整的社会关系可概括为以下几个方面③:(1)经营者与消费者之间的关系;(2)国家对经营者的管理监督关系;(3)司法机关对侵犯消费者合法利益的个人、法人的法律制裁;(4)国家在保护消费者权益过程中与消费者的关系。

---

① (2013)朝民初字第 3450 号;(2013)二中民终字第 14088 号。

② 《消费者权益保护法》(2013 年修订)第二条。

③ 李洁、张建军:《消费者权益保护法律制度与实务》,法律出版社 2012 年版,第 146 页。

(二)消费者权益保护法的基本原则①

1. 自愿、平等、公平、诚实信用

这也是《民法通则》确立的民事活动的基本准则。自愿,是指经营者与消费者在交易过程中,应体现双方真实意愿,不得对另一方加以强迫,也不允许第三者非法干预;平等,是指经营者与消费者的法律地位平等,任何一方不得凌驾于另一方之上,且双方的合法权益平等地受法律保护;公平,即指公道合理,具体到市场交易活动中,就是要求经营者与消费者的权利义务大致对等;诚实信用,是指在市场交易活动中,经营者和消费者应当以诚相待、信守承诺,不得弄虚作假、恶意欺诈。

[案例] **伪造机票行程单案。**2014年10月28日,消费者张某在上海好乐旅游咨询有限公司位于黄浦区山东中路的店铺欲购买2014年10月29日上海至哈尔滨的春秋航空机票3张,并要求开具机票行程单。销售人实际无法开具行程单,但为赚取利润,在张某不知情的情况下,隐瞒机票真实价格,在原价上加价销售,并提供了3张伪造的机票行程单。②

问题:上海好乐旅游咨询公司是否侵犯了消费者的合法权益?

分析:在机票销售领域,机票代理商应该诚实信用,而在本案例中好乐旅游咨询公司以他人里程兑换机票、开具虚假行程单、故意隐瞒机票真实价格,严重损害了消费者的合法权益。是属于侵犯消费者合法权益的行为。

2. 国家对消费者特别保护原则

随着电子消费在日常支付中的比重日渐加大,想要切实在网络支付中更充分地保障消费者权益,完善立法的作用不容小觑。因此,《消费者权益保护法》开篇即明确保护消费者的合法权益,且以专章专门规定了"国家对消费者合法权益的保护"。

[案例] **《消费者权益保护法》亮点——惩罚性赔偿。**孙小姐在某超市购物时,看到一款促销的泰国大米,原价10.5元/千克,促销价6.2元/千克。孙小姐觉得挺便宜,便买了1千克。后孙小姐又买了1千克苹果,苹果原价15.5元/千克,促销价10.1元/千克。结账回家后,孙小姐认真核查小票,发现超市在结账时均是按大米和苹果的原价结算的,于是她找到超市要求赔偿。③

---

① 《消费者权益保护法》(2013年修订)第四条到第六条。
② 魏福春:《侵犯消费者合法权益的典型案例》,《长宁时报》2017年3月14日。
③ 任磊磊:《打着促销价却按原价卖》,《齐鲁晚报》2014年3月6日。

问题:孙小姐通过《消费者权益保护法》可以主张多少赔款?

分析:如若超市故意以虚假价格销售商品,根据《消费者权益保护法》第55条,欺诈消费行为的惩罚性赔偿为"退一赔三",并规定了赔偿的最低数额。故孙小姐可获得三倍赔偿,由于该数额低于500元,因此孙小姐可以获得500元的赔偿。

3. 消费者权益保护与国家经济文化建设协调发展的原则

立法的不断完善使得《消费者权益保护法》对消费者权益的保护范围越来越广,针对消费者的时间损失赔偿和因环境污染造成的身体机能损害赔偿都突出体现了立法与现实经济文化发展要求的一致性。

4. 国家保护与社会监督相结合的原则

《消费者权益保护法》规定:"保护消费者的合法权益是全社会的共同责任。国家鼓励、支持一切组织和个人对损害消费者合法权益的行动进行社会监督。大众传播媒介应当做好维护消费者合法权益的宣传,对损害消费者合法权益的行为进行舆论监督。"①将国家保护与社会监督相结合,能够更充分地保护消费者的基本权益。

[**案例**] **核污染地区麦片案。**2017年"3·15"晚会揭露深圳海豚跨境科技有限公司的网上商城销售来自日本的核污染地区的卡乐比麦片等禁销品。在永旺超市,一款外包装标注原材料为北海道产大米的白米饭,揭开中文标签后真实产地竟然为核污染的新潟县。这一真相的揭露正是社会监督和国家监督相结合的结果。②

[**案例**] **电动车返利促销案。**唐某、钟某系合伙关系,是桂东某品牌电动车总代理商。2012年2月两被告加盟浙江某电子商务有限公司组织的名为"红利计划"的返利促销活动,于2012年3月开始在桂东县境内公开张贴促销广告,进行购买摩托车、电瓶车、助力车返利3 000元的促销活动,用以吸引消费者购买。被告唐某、钟某对前来购车的原告黄某等消费者进行返利宣传,并替黄某等消费者注册为浙江省某电子商务有限公司的会员,加盖的却是被告的销售公章。2012年6月份,由于被告加盟商浙江某电子商务有限公司涉嫌组织、领导传销,致使被告对大多数消费者购车返利的承诺无法兑现,只对少数消费者进行了

---

① 《消费者权益保护法》(2013年修订)第六条。
② 《A股情报:2017年3·15晚会曝光:深圳市海豚跨境科技有限公司》,凤凰网资讯,2017年3月15日。

200元补偿,并将无法兑现返利的责任推给自己的加盟商,称返利与自己无关。为此,黄某等人多次要求被告退回购车款,承担违约责任或兑现返利承诺无果。遂诉至法院请求判令被告唐某、钟某赔偿损失,返还承诺的红利。①

问题:被告是否应该履行其承诺?

分析:本案中,被告唐某、钟某与黄某等消费者共同受有效合同约定的权利义务所制约。在黄某等消费者已经了履行了付款义务后,被告仅交付了车辆而未支付返利,构成违约。故,被告应继续履行义务,兑现返利或支付违约金。

第二节　消费者的权利

一、消费者权利的概念与特征

(一)消费者权利的概念

学界对消费者权利的界定尚不统一,主要观点可归纳为资格说、自由说、利益说、能力说、可能说、尺度说和选择说。通说认为:消费者权利是指由消费者权益保护法所确认的,消费者在购买、使用商品或者接受服务时应享有的合法权益的法律规范的总称。②

(二)消费者权利的特征③

1. 主体的特定性

消费者的权利与消费者的特定的身份无法分割,《消费者权益保护法》明确规定消费者是唯一的权利主体。

2. 权利的法定性

消费者的权利是法定权利而非约定权利,是直接依据《消费者权益保护法》而产生的对世权,任何人侵犯该权利都要受到法律的制裁。

3. 内容的非对等性④

消费者权利的非对等性,是指消费者权利与经营者权利相比,消费者权利优

---

① 湖南省桂东县人民法院(2012)桂民二初审第292号。
② 樊启荣、黎桦:《消费者权益保护法》,武汉大学出版社2013年版,第201页。
③ 姜宪明:《消费者权利》,东南大学出版社2013年版,第245页。
④ 金福海:《消费者法论》,北京大学出版社2005年版,第47页。

于经营者的权利,《消费者权益保护法》对消费者权利的保护的扩张是基于消费者在经济活动的弱势地位,赋予其更多的法律权利才能更好地维护经营者与消费者在市场上的平等。

二、我国消费者的权利

《消费者权益保护法》明确地规定消费者有以下九大权利:[①]

(一) 消费者的安全权

消费者的安全权是指消费者在购买、使用商品或者接受服务时享有的人身和财产安全不受侵害的权利。消费者的安全权包括以下两个方面的内容:一是人身安全权。人身安全权包括生命安全权和健康安全权。其中生命安全权,即消费者的生命不受危害的权利。健康安全权,即消费者的身体健康不受损害的权利。2017 年"3·15"晚会揭露:江苏远方中汇生物科技有限公司生产的"造肉一号"、山东省成武旺泰饲料有限公司生产的"速肥肽"、郑州百瑞动物药业公司的主打产品"厚祺峥重"、河南漯河宇信科技有限公司的主打产品"日长三斤"等非法添加禁用西药,它们违规加在饲料中,能使饲养的动物傻吃、酣睡、猛长,但是抗生素在肉里边有残留,人吃了带抗生素的肉以后,可能会让某种病菌、病毒产生耐药性,这样会导致人的整个机体无法有效抵御疾病。这类行为对消费者的生命安全造成了极大的损害。[②]二是财产安全权,即是消费者的财产不受损失的权利。如旅馆管理不善,致使旅馆财物被盗,则应当对消费者损失的财产负责。

(二) 消费者的知情权

知情权是消费者在购买、使用商品或者接受服务时,知悉商品和服务的真实情况的权利。知情权是经营者诚实信用原则的一种体现,是消费者的一项基本权利。《消费者权益保护法》规定了消费者三方面的知情权:(1)消费者有权要求经营者按照法律、法规规定的方式标明商品或服务的真实情况;(2)消费者在购买、使用商品或者接受服务时,有权询问和了解商品或者服务的有关情况;(3)消费者有权知悉商品或者服务的真实情况。[③]

---

① 《消费者权益保护法》(2013 年修订)第七条到第十五条。

② 引用自"3·15"晚会的相关媒体报道——案例改编自央广网 3·15 晚会曝光新一批"黑心企业",详见网址 http://www.jzsl.com/jzzaixian/20170316/42586.html,首次访问 2017 年 4 月 25 日。

③ 《消费者权益保护法》(2013 年修订)第八条。

（三）消费者的选择权

消费者的选择权是指消费者根据自己的意愿自主地选择其购买的商品及接受的服务的权利,消费者的选择权是民法自愿原则的具体体现。①

（四）消费者的公平交易权

公平交易的核心在于等价交换。此外,还包含消费者在交易过程中是否出于自愿,有没有受到强制或者歧视,其消费心理有没有得到满足。主要体现在两个方面:(1)消费者有权获得公平交易的条件;(2)消费者有权拒绝强制交易。同时需要指出的是,不能对《消费者权益保护法》中消费者的公平交易权中"公平"做绝对理解。一般来说,在法律允许的价格浮动范围内或盈利幅度内所为的交易行为,都认为是公平。②

（五）消费者的求偿权

消费者的求偿权又称获得赔偿权、索赔权,是指消费者在购买、使用商品或接受服务时,因人身或财产受到损害而依法取得的请求赔偿的权利。③求偿权是消费者一项重要的民事权利,消费者的许多其他的权利如安全权、受尊重权等也可以通过求偿权来实现。

（六）消费者的结社权

消费者的结社权,是指消费者为了维护自身合法权益而依法成立社会团体的权利。结社权是宪法规定的公民的结社自由在消费领域的具体体现。④

（七）消费者的受教育权

消费者的受教育权是指消费者享有的获得有关消费和消费者保护方面的知识的权利。消费者教育的内容包括两个方面:一是消费知识,包括有关消费观念的知识,有关商品和服务的知识,有关市场的知识等。二是消费者权益保护知识,包括消费者保护的法律、法规和政策,消费者权益保护机构,消费者权益争议的解决途径等。⑤

作为一项法定权利,受教育权意味着消费者有权获得消费者教育的权利,也

---

① 《消费者权益保护法》(2013 年修订)第九条。

② 《消费者权益保护法》(2013 年修订)第十条。

③ 《消费者权益保护法》(2013 年修订)第十一条。

④ 《消费者权益保护法》(2013 年修订)第十二条。(但是也有学者不赞成:《消费者权益保护法》中规定的结社权是宪法中结社权的具体体现的观点,因为宪法中的结社权是政治权利,和此处的经济上的结社权有所不同。

⑤ 《消费者权益保护法》(2013 年修订)第十三条。

意味着国家机关、消费者组织大众传播媒介以及经营者应加强对消费者教育,使消费者获得必要的消费知识和权益保护知识。

（八）消费者的受尊重权

消费者受尊重权,是指消费者在购买、使用商品和接受服务时享有的人格尊严、民族风俗习惯受到尊重的权利。①主要包括两个方面:(1)消费者的人格尊严受尊重。这是指消费者在消费活动中所享有的名誉权及尊严权不受侵犯的权利,它意味着各种人格尊严保护原则和制度在消费生活中的具体体现。(2)消费者的民族风俗习惯受尊重。我国宪法规定:中华人民共和国各民族一律平等。国家保障各少数民族的合法的权利和利益,禁止对任何民族的歧视和压迫,禁止破坏民族团结和制造民族分裂的行为。在消费领域亦不例外,不尊重某一消费者所属民族的风俗习惯,常常导致消费者人格尊严的侵犯。

（九）消费者的监督权

消费者的监督权是指消费者对商品和服务以及消费者权益保护工作进行监督的权利。②消费者的监督权包括两个方面:一是对商品和服务的进行监督;二是对消费者保护工作进行监督,主要是指对国家机关及其工作人员在消费者保护工作中的违法失职行为进行的监督。

[案例] 餐费"陷阱"。2011 年 8 月 27 日中午,原告王某某携亲友共计 16 人至被告伤害某餐饮有限公司就餐。就餐完毕时,原告认为,被告结算的金额高于原告计算的金额,经查验后发现牛仔骨、排条、白芍芥蓝、炒香菇、炒豆腐、土豆炒刀豆六份菜肴均按大盆计价,原告当即表示除牛仔骨外,其余五份菜肴应按例份即小盆结算,餐费为人民币 1 520 元,被告不同意,双方交涉未果,原告将上述五份菜肴按大盆计价支付了餐费 1 734 元。后原告向当地工商部门投诉,要求被告退还多收的餐费 214 元,但未果。遂原告起诉至人民法院。

问题:本案例的被告侵犯了消费者的什么权利?

分析:本案中,原告在被告的餐厅就餐时,被告餐饮公司应当明确告知原告菜肴的分量、价格等,然后被告未向原告说明清楚,致使原、被告双方在结算时,发生金额分歧,对此,被告侵犯了原告的公平交易权,应当承担退还 214 元的责任。③

---

① 《消费者权益保护法》(2013 年修订)第十四条。
② 《消费者权益保护法》(2013 年修订)第十五条。
③ 上海市浦东区人民法院(2011)浦民一民初字第 37383 号。

第三节　经营者的义务

一、经营者的概念

生产者是指主要从事商品生产活动的经济主体,而经营者则指主要从事商品流通活动的经济主体。《消费者权益保护法》明确规定:经营者是为消费者提供生产、销售的商品或者提供服务的人。①

二、经营者的义务

新修订的《消费者权益保护法》对经营者的义务的规定主要包括以下几个方面:

（一）依法或者以约定履行义务

《消费者权益保护法》规定:经营者向消费者提供商品或者服务,应当依照《中华人民共和国产品质量法》和其他有关法律、法规的规定履行义务。经营者和消费者有约定的,应当按照约定履行义务,但双方的约定不得违反法律、法规的规定。②以上规定体现了法定性与约定性相结合。

（二）听取意见和接受监督的义务

《消费者权益保护法》明确规定了经营者应当听取消费者意见和接受消费者监督,否则,承担相应的法律责任。③

（三）提供安全保障的义务

经营者提供符合人身、财产安全的商品或服务,是消费活动最起码的要求,在实际生活中,商品或服务对消费者人身、财产安全的威胁主要来自两个方面:一是商品或服务本身有缺陷,对于这种威胁,主要通过设置各种技术性指标,加强产品和服务的质量检查与监督来进行预防,以尽可能地减少缺陷商品和服务的危害;二是商品和服务本身没有缺陷,是由于消费者使用不当造成的危险。对可能危及人身、财产安全的商品和服务,应当向消费者做出真实的说明和明

---

① 《消费者权益保护法》(2013 年修订)第三条。
② 《消费者权益保护法》(2013 年修订)第十六条。
③ 《消费者权益保护法》(2013 年修订)第十七条。

确的警示,并说明和标明正确使用商品和接受服务的方法以及防止危害发生的方法。①

（四）提供真实情况的义务

向消费者提供真实情况,是经营者遵守商业道德、尊重消费者权益、促进公平交易应履行的义务,真实信息是指关于商品或服务的相关情况必须真实、明确不得有虚假成分。②

（五）表明真实名称和标记的义务

经营者应当标明其真实名称和标记,不得有任何虚假成分或引人误解之处。经营者的名称,是经营者法律人格的体现。经营者标明其真实名称和标记的方式主要有:(1)在其经营场所(自有或租赁)挂牌及匾额的方式标明其名称、标记;(2)在其产品、服务工具以及广告上标明其名称、标记;(3)真实地回答消费者的询问,以口头或书面方式标明其名称、标记。

（六）出具购货凭证和服务单据的义务

《消费者权益保护法》规定的购物凭证和服务单据,③主要包括三种情况:(1)法律规定必须出具的,如发票;(2)依照商业惯例应当出具的;(3)消费者索要购货凭证或服务单据的。

（七）品质担保义务

为了使消费者能够通过公平交易得到符合其要求的商品或服务,《消费者权益保护法》第22条做了如下规定:(1)经营者应当保证在正常使用商品或者接受服务的情况下其提供的商品或者服务具有相应的质量、性能、用途和有效期限,但消费者在购买该商品或接受该服务前已经知道其存在瑕疵的除外;(2)经营者以广告、产品说明、实物样品或者其他方式标明商品或服务质量状况的,应当保证其提供的商品或者服务的实际质量与表明的质量状况相符。

（八）依法或者依约履行"三包"或其他责任的义务

经营者提供商品或者服务,按照国家规定或者与消费者的约定,承担包修、包换、包退或者其他责任的,应当按照国家规定或者约定履行,不得故意拖延或者无理拒绝。《产品质量法》中也明确规定了此项义务。④

---

① 《消费者权益保护法》(2013年修订)第十八条。
② 《消费者权益保护法》(2013年修订)第十九条。
③ 《消费者权益保护法》(2013年修订)第二十一条。
④ 《产品质量法》(2009年修订)第四十条。

（九）不得以格式合同等方式损害消费者利益的义务

不得以格式合同等方式损害消费者利益是指经营者不得以合同、声明、店堂告示等方式作出对消费者不公平、不合理的规定,或者减轻、免除其损害消费者合法权益应当承担的民事责任。格式合同、通知、声明、店堂告示等含有前款所列内容的,其内容无效。格式合同,是当事人为了重复使用而预先拟定,并在订立合同时未与对方协商的条款。经营者的通知、声明也是经营者的单方行为,这些对消费者不公平、不合理或者片面减轻经营者应当承担的民事责任的店堂告示,都是无效的。①

（十）尊重消费者人格权的义务

人身自由和人格尊严不受侵犯,是我国公民的一项基本权利。②消费者的人身自由,是指消费者依法享有的人身行动完全由自己自由支配,不受经营者任何非法阻挠、限制和拘束的权利。消费者的人身自由不受侵犯,主要表现在以下三个方面:一是消费者的人身行动完全由自己自由支配;二是消费者的人身自由不受经营者的非法限制和剥夺;三是消费者的人身及物品不受经营者的非法搜查。当然,这也不能排除极个别消费者在购买商品或者接受服务的过程中,对经营者的财产有盗窃、损害之类的行为时,经营者可以采取自助行为。③

（十一）其他法律关于经营者的义务的规定

其他的法律主要包括《产品质量法》《反不正当竞争法》《广告法》《商标法》《药品管理法》等。

[案例]　购买烟花爆竹炸伤案。 被告胡某的商店营业范围是:副食品、酒类、卷烟、日用百货销售,但无销售烟花爆竹许可证;2012 年 1 月 20 日,被告从某商店以每捆 7.5 元的价格购进大炮 18 捆用于销售。2012 年 2 月 3 日原告在被告的商店购买 8 捆大炮,用于为其儿子举行迎亲仪式时燃放,该大炮无产品质量检验合格证、无标明生产厂厂名和厂址、无警示标志和警示说明、无联系电话等,而且大炮引线长短不一。2012 年 2 月 4 日,接亲时,原告燃放大炮左手被炸伤。事故发生后,原告住院治疗共 29 天,住院治疗费为 17 267.97 元,原告住院期间由妻子护理;原告经司法鉴定为六级伤残、后续治疗费需 4 000 元、务工时间为 107 天,花费伤残鉴定费 1 944 元。原告受伤次日,原告家属即找到被告协

---

①　《消费者权益保护法》(2013 年修订)第二十四条。(也称为不得为不当免责的义务)

②　人身自由和人格尊严不受侵犯的权利,也是一项宪法权利。

③　姜宪明:《经营者的义务》,东南大学出版社 2013 年版,第 256 页。

商要求赔偿,被告拒绝承担赔偿责任,遂诉至法院。

法院认为,被告明知自己无烟花爆竹销售许可证,且所购进大炮属"三无"产品的情况下,超出经营范围有很大危险性,应当对原告受伤承担主要赔偿责任。

问题1:原告作为成年人,明知被告所售大炮属"三无"产品,燃放大炮有一定危险性,且原告看见所炸伤自己的大炮引线过短、有炸伤自己的隐患,却冒险燃放,是否可因此构成被告的免责事由?

分析:原告明知其属于"三无"产品仍进行燃放,其行为违反了我国《烟花爆竹安全管理条例》的规定。但是被告亦未按《消费者权益保护法》规定,对于大炮存在安全的隐患事先向原告作出真实的说明和明确的警示且无证销售,因此被告对原告遭受的损害应承担法律责任。综上所述,原告对自己的被炸伤要承担一定责任,但原告自身有过错并不是被告的免责理由。被告仍然要承担赔偿责任。

问题2:被告应当赔偿的范围?

分析:一、被告胡某赔偿原告姚某住院治疗费、后续治疗费、住院期间护理费、住院伙食补偿费、残废赔偿金、法医鉴定费合计94 752.76元;二、驳回原告姚某要求被告胡某赔偿误工费11 021元及精神损害抚慰金2 000元诉讼请求。本案案件受理费3 411元,原告姚某负担1 211元,被告胡某负担2 200元。①

第四节　消费者组织

一、消费者组织的概念和分类

消费者组织是依法经国家批准或同意成立的有秩序、有成效组织起来的对商品和服务进行社会监督的消费者团体。

消费者组织是消费者的联合体,各个国家的消费者组织有不同的名称,如美国的"消费者利益委员会"、日本"日本消费者联盟",在我国的则是"消费者协会"。②

[案例]　客运公司车站违约案。2015年的某个周五下午,唐某等5名矿工欲回县城与家中亲人团聚,持前一天购买的该县客运公司某车站售出的田城班

---

① 湖南省怀化市鹤城区人民法院(2012)怀鹤民一初字第455号。

② 孟繁超、王炳:《经济法学》,东南大学出版社2014年版。第79页。本段在综合了不同观点之后,进行了概括,所以细节上与孟、王《经济法学》有所不同,比如美国的消费者组织在孟、王所著的《经济法学》中采用的是现在的名称——全国消费者联盟。

车客票,赶往长途车站。车票标明发车时间为当日下午 5 时,他们提前 20 分钟到达车站,但该班车已于当日下午 4 时开走。唐某找到车站工作人员,工作人员回答说,今晚司机有急事,乘客也坐满了,车就发了,没有别的办法。唐某提出车站给租车的要求,车站不同意,只能帮助联系住宿、吃饭,费用得自理。然后可改乘次日班车。唐某等不同意,于是 5 人拿出租车车票要求车站赔偿损失,车站拒不给赔偿。唐某等人于是投诉到县消费者协会。消协经过调查,确认车站违约应该承担唐某与人回城所乘出租车费用。经消协工作人向客运站室宣传有关法律精神,车站最终同意报销了唐某 5 人的出租车费。[①]

问题:车站是否应该承担唐某等人回城所乘出租车费用?

分析:上述案例为一起公路旅客运服务合同纠纷案。根据《合同法》第 293 条规定,"客运合同自承运人向旅客交付客票时成立,但当事人另有约定或者另有交易习惯的除外。"上述案例中,在 5 名矿工购票之后,公路旅客运输合同即告成立。5 名旅客从客运公司某车站购买的车票,既是一种记名有价证券,又是客运合同凭证,是当事人双方约定运送旅客的书面定式合同凭证。5 名乘客按照规定的车票,就取得了按客票记载的日期、时间、车次乘坐该车站发的客运班车的权利,客运站负有按票面载明的日期、时间、车次、载明的到达站,将其安全运送到的义务。提前发车,属于拒绝履行合同义务的行为。客票载明发车时间为该日下午 5 时,但因司机有急事,便在下午 4 时 30 分发车,对此客运站应负违约责任。

因为,预售客票以后,客车提前发车,居于变更合同行为。依据《合同法》规定,一方变更合同应当通知另一方,并经协商一致。因此客运站如果同意司机提前发车,必须向乘客提前发出车通知,并且使每一个预购车票的旅客都知道变更后的时间,否则,不得变更。该案例中唐某与车站的合同符合客运合同的要求。按照履行合同义务的要求。5 名旅客雇出租车的费用,属于客运公司车站违约行为造成的损失。在当时无车可回城,乘出租车是唯一的一种可行的办法,因此,客运公司应赔偿出租车费。

二、消费者组织的性质

(一)有法定的宗旨

《消费者权益保护法》第 31 条规定:消费者协会"是依法成立的对商品和服

---

① 牛丽:《消费者权益保护法百问》,吉林人民出版社 2008 年版,第 11—14 页。

务进行社会监督的保护消费者合法权益"的组织。消费者要代表消费者的根本利益,这是其宗旨。

（二）有法定的性质

《消费者权益保护法》第31条的规定也表明消费者组织的性质是社会团体,既非行政单位,也非民间组织。

（三）有法定的名称

《消费者权益保护法》不仅明确了消费者组织的性质,也规定了法定名称,是指"消协会"、"消委会"等依法成立的消费者组织。

（四）有法定的职能

国家为了保障消费者的法定职能实现,特别立法授予了消费者组织7项职能:(1)向消费者提供商品信息和咨询服务;(2)就有关消费者合法权益的问题向有关行政部门反映、查询、提出意见;(3)参与行政部门对商品和服务的监督和检查;(4)受理消费者投诉,并对投诉事项进行调查、调解;(5)投诉事项涉及商品和服务质量,可以提请鉴定部门鉴定,鉴定部门应告知鉴定结论;(6)就损害消费者合法权益的行为,支持受损害的消费者提起诉讼;(7)对损害消费者合法权益的行为,通过大众传媒予以揭露、批评。

（五）有法定的行为规范

《消费者权益保护法》规定了消费者组织不得从事商品经营和营利性服务,不得以牟利为目的向社会推荐商品和服务。①这是对消费者协会行为从法律上进行规范,也是保证消费者组织宗旨、任务、职能得以实现和履行的法律前提。

（六）有法定的生存保障

《消费者权益保护法》第37条第2款规定:"各级人民政府对消费者协会履行职责应当予以必要的经费等支持。"②

三、中国消费者组织及其发展

中国消费者组织指的是1984年12月26日成立的"中国消费者协会"。它是由国务院决定成立的具有官方性质的全国性的社会团体,也是中国唯一的一

---

① 《消费者权益保护法》(2013年修订)第三十八条。

② 关于消费者组织的性质、宗旨及其对其宗旨的保障,不同的学者进行了不同的区分,第一种:把(一)、(二)、(三)作为性质的三个方面,把(四)、(五)、(六)作为宗旨和对其宗旨的保障;第二种把(一)、(二)、(三)作为性质的第一个方面即法定的宗旨,(四)和(六)作为并列的两个性质;第三种把(四)、(五)、(六)作为其性质的三个方面。

个全国性的消费者组织。1987 年 9 月 13 日,中国消费者协会在国际消费者联盟第 12 届世界大会上,被接纳为正式会员。

中国消费者协会不同于一般民间团体,是由各级政府发起成立的半官方组织,协会工作人员和经费由工商行政管理局配备和提供,在同级工商行政管理局领导下开展工作,属于"有法定名称、法定性质、法定职能、法定行为规范的官方社会团体"①。民间化,是我国消费者组织今后必然的发展方向。但民间消费者组织的发展和培育还需要一个渐进的历史过程,当前中国消费者协会的使命和作用还远未发掘出来,须继续代表中国消费者发挥消费者组织的职能。其今后的发展方向应当与政府脱钩,广泛吸收消费者个体会员,并进行职能分化,借鉴国外经验,分化成商品检验、消费者投诉仲裁等在职能上不同的消费者组织,进一步朝着专业化维权方向发展。

[案例]　2008 年 11 月 10 日,原告王某在被告经营的商店某有限公司购买了一件女式风衣,金额 178 元。后发现质量不佳,将风衣送纤维检验所检验。该所出具检验报告认定,送检的产品存在产品型号(规格)不符合、纤维成分和含量不符合、产品质量等级说明不符合、产品质量检验合格证明不符合、产品安全类别不符合等多项指标不合格。

法院认为,被告销售的风衣,经纤维检验所检验,其产品质量检验合格证明等不符合相关法律规定。判决:一、被告上海某有限公司退还原告王某货款人民币 178 元,王某同时将所购女式风衣一件退还上海某公司;二、被告上海某公司应赔偿原告损失原告 50 元。案件受理费减半收取为 25 元,由被告负担。②

问题:本案中原告能否要求退还风衣价款?

分析:本案中,被告向原告销售了一件风衣,经纤维检验所检验,该风衣相关标示、说明及合格证明不符合相关法律规定的要求。因此,依据消费者权益保护法规定,在商品没有相关合格证明的情况下,法院判定上海某有限公司应按王某的要求退还风衣价款。

第五节　消费者权利的保护、救济

消费者在购买、使用商品或者接受服务等过程中,当其合法权益受到侵害

---

① 《中国消费者》2000 年第 1 期,第 12 页。

② (2008)闸民一(民)初字第 4868 号。

时，必然要同经营者发生争议或纠纷。为此，正确、合理、高效地解决消费者与经营者的纠纷是实现消费者合法权益的重要条件和必要保障。

一、消费侵权行为

消费侵权，分为广义和狭义。广义上的消费侵权，指所有侵犯消费者权益的行为，包括经营者、有关社会团体、政府机关侵害消费者权益的行为。狭义的消费侵权是指经营者在向消费者提供商品或服务过程中所发生的侵害消费者权益的行为。下文所述消费侵权行为均指狭义的消费侵权。[①]

（一）消费侵权的主体是经营者

一般经营者是指以营利为目的的从事商品生产经营和营利性服务的人，作为消费者权益保护法中的经营者与一般经营者的不同之处表现在以下几点：

1. 经营者不限于以营利为目的的组织或个人

经营者通常都是从事营利活动的组织和个人，主要是各种公司企业，个体工商户。但是，一些不以营利为目的的组织，如公立医院、学校、公交也会通过市场向消费者提供相应的产品或服务。从这个意义上来说，消费者权益保护法经营者的范围比一般经营者的范围更为广泛。

2. 经营者须向消费者提供商品或者服务

一般经营者所提供的商品和服务，应该包括生产资料和生产性服务、消费资料和消费性服务。而消费者权益保护法中的经营者，只限于向消费者提供消费资料和消费服务的组织和个人，以商人为服务对象提供生产资料和生产性服务的经营者并非消费者权益保护法中的经营者。

3. 经营者不限于具有法定经营资格的经营者[②]

一般经营者，通常是领有营业执照、取得合法经营资格的资格者，但是消费者权益保护法中所称的经营者不论是否具有法定经营资格，只要通过市场向消费者提供商品或服务都属于经营者。对于侵犯消费者权益的，不论是合法经营还是非法经营都要受到法律制裁。

[①] 金福海、马兰：《消费侵权与赔偿》，青岛海洋出版社 2000 年版，第 1 页。（本书对消费侵权的主体进行了广义理解，而《消费侵权与赔偿》是对侵权赔偿的责任形式进行了广义的理解。本书赞成侵权赔偿的责任形式做广义理解。）

[②] 经营者不限于具有法定经营资格，是为了防止不当地缩小了侵犯消费者合法权益的主体范围，但是经营者或者非法经营者侵犯消费者合法权益的行为必须属于营业行为，如果不是营业行为就不属于消费者权益保护法保护的范围，但仍可以依据民事相关法律进行救济。

（二）消费侵权的对象是消费者

消费侵权,是指经营者的侵权行为。但是只有其侵害的对象是消费者这一特定的对象时,其侵权行为才属于消费行为。其中,消费者应符合以下条件:

1. 消费者应为自然人,不包括法人和其他组织①

消费者应为自然人,不包括法人和其他组织,是各国消费者权益保护法的通例。因为法人或其他组织不存在如个体消费者那样的弱势地位,通过一般的民商事法律就可以保护其合法权益。

2. 消费者应是实际购买商品、使用商品或者接受服务的人

作为一个自然人,没有购买商品、使用商品或服务的行为,即使有实际消费行为,只是一种潜在的消费者,尚不构成实际法律主体的消费者。而且,消费行为包括购买商品、使用商品和接受服务三种行为。

3. 消费者应是与经营者相对应的法律主体

消费者作为一种法律主体,其主体资格的界定,不仅要视其行为,更要视其行为的对象,即与谁发生交易法律关系。在法律上消费者与经营者相对应,没有经营者,也就无所谓消费者。

（三）消费侵权发生于消费活动中

消费侵权,从活动的范围看,只限于发生在经营者向消费者提供商品或服务过程中,即消费活动过程中。消费活动包括生产消费和生活消费。而消费侵权则主要指发生在生活消费过程中的侵权行为。但是不限于生活消费过程中的侵权行为,例如,经营者向农民提供直接用于农业生产的农药、种子、化肥、农机工具等与其生活紧密相关的物品,损害农民利益的行为,应视为消费侵权行为。

（四）消费侵权的客体是消费者权益

消费侵犯的客体是消费者的权益,即消费者依法享有的权利和利益。消费者所享有的权利,是指消费者自己依法可以为一定行为或不为一定行为,或者要求他人为一定行为或不为一定行为的法律上之力或尺度。

（五）消费侵权主要受消费者权益保护法等特别法限制

尽管消费者的有些权益可以运用民商法去调整,但是应当明确的是,消费者侵权主要是由消费者权益保护等特殊法律加以调整的且应遵守特别法优于一般

---

① 　对于消费者是否仅限于自然人这个问题,也有学者认为应当包括家庭、单位。本书赞同不包括法人和其他组织的观点。

法的法律适用原则。①

二、消费侵权的种类

消费侵权的种类依据不同的划分标准可进行如下分类:

(1) 根据侵害权利和利益不同,可以分为侵害消费者安全权的侵权行为、侵害消费者人格权的侵权行为、侵害消费者其他权利的侵权行为;

(2) 根据侵权行为和侵权对象的关系,可以分为商品侵权和服务侵权行为;

(3) 根据侵权行为人的主观是否过失,分为过失侵权与无过失侵权行为。

三、消费侵权责任

消费侵权责任是生产者、消费者在提供商品或者服务活动中侵犯了消费者的合法权益依法应向消费者承担的损害赔偿责任。②

(一) 归责原则

1. 过错责任原则

过错责任原则又称过失责任原则,是指以行为人过错作为承担侵权赔偿责任根据的归责原则。这是侵权的一般归责原则。

2. 无过错责任原则

无过错责任原则也称无过失责任原则,是指归责过程中对侵权行为人是否存在过错不予考虑。即不问行为人主观有无过错,只要因行为人的行为而造成了损害,就应当承担侵权的赔偿责任。

[案例]　冰箱质量问题案。张先生在某商场促销活动中购买了一台迷你小冰箱,可使用两个月后,小冰箱内壁便出现了裂痕。张先生拿着发票找到商场,但商场认为小冰箱系张先生人为损坏,不同意帮张先生免费修理。张先生将商场告上了法庭,最终因拿不出证据证明所购小冰箱存在质量问题而被判败诉。③

问题:法院的判决正确吗? 为什么?

分析:"谁主张,谁举证"是我国《民事诉讼法》规定的一般证据规则。消费者要想证明某个商品存在瑕疵就必须拿出证据,但因为不掌握相关技术等信息,消费者举证往往非常困难。此次《消费者权益保护法》修改,将消费者"拿证据维

① 金福海、马兰:《消费侵权与赔偿》,青岛海洋出版社 2000 年版,第 1—10 页。
② 《江西财经大学学术文库·政府对商业企业的规制研究》,第 85 页。
③ 改编自浙江省诸暨市工商局:《实行举证责任倒置,经营者须"自证清白"》。

权"转换为经营者"自证清白",实行举证责任倒置,破解了消费者举证难问题。根据新《消费者权益保护法》,上述案例中,冰箱有无质量问题,应由商家来举证,并不是由张先生来自己证明。

3. 公平责任原则

公平责任,又称衡平原则,是指当事人双方在对造成损害均无过错的情况下,由法院根据公平的观念,在考虑当事人财产状况及其他情况的基础下,责令加害人对受害人给予适当的补偿。《民法通则》第132条规定了公平责任原则。

(二) 构成要件

消费侵权的构成要件同一般的侵权责任构成要件是一样的。

1. 损害事实

损害事实,是指消费者的权益客观上确实受到侵权行为侵害并造成财产利益或非财产利益的减少或灭失的客观事实。包括对财产权的侵害和人身权的侵害。

2. 违法行为

违法行为,是指经营者违反法律规定和约定的义务,损害消费者权益的行为。违法行为一般包括两个步骤:一是违反行为;二是行为具有违法性。《消费者权益保护法》对违法行为追偿制度进行了规定。①

3. 损害事实与违法行为之间的因果关系

因果关系是指经营者的违法行为与消费者所受损害之间有因果关系,即消费者所受损害是由于经营者的违法行为所造成的。没有因果关系,就不产生消费侵权赔偿责任。

侵权因果,在理论和实务上存在必然因果关系和相当因果关系两种观点。必然因果关系和相当因果关系的主要区别是判断因果关系标准是"必然性"还是"可能性"。

4. 行为人主观上的过错

过错是指实施违法行为的行为人对自己的行为及其后果的一种心理状态,包括故意和过失两种情况。故意是指行为人明知行为人自己的行为性质和可能产生的不良后果,希望或者放任其发生的心理态度;过失是指行为人应当预见自己行为的可能发生不良后果而没有预见,或者已经预见但是轻信能够避免的心理态度。

---

① 《消费者权益保护法》(2013 年修订)第四十四条。

四、责任形式

消费者侵权行为的责任形式，与《民法通则》的大部分民事责任是相同的，主要包括以下几种：(1)停止侵害；(2)返还财产；(3)恢复原状；(4)消除危险；(5)消除影响、恢复名誉；(6)赔礼道歉；(7)赔偿损失。①

五、侵害消费者权益赔偿争议的解决方法

《消费者权益保护法》对于消费者权益赔偿争议可以通过下列途径解决：一是与经营者协商和解；二是请求消费者组织调解；三是向有关行政部门申诉；四是根据与经营者达成的仲裁协议提请仲裁机构仲裁；五是向人民法院起诉。②

消费者以及其他受害者并不一定要按照这些途径的顺序，依次逐一要求解决争议。其中消费者组织的调解只是分清事实，陈诉事实，晓以利弊，其产生的决定不具有法律约束力。

第六节　消费者争议

一、消费者争议的概念

消费者争议，也称消费纠纷，或消费者争议，是指消费者因购买、使用商品或者接受服务过程中，因经营者不依法履行或不适当履行义务致使消费者合法权益受损而引起的争议。

二、消费争议的解决途径

《消费者权益保护法》规定了五种解决消费者争议的途径：

（一）协商和解

协商和解制度，是指消费者与经营者在自愿平等基础上进行和平协商，达成和解协议，解决消费争议的制度。

协商和解在性质上属于当事人自力救济的一种形式。由于它具有及时、便

---

① 关于责任形式的争议，学术界和实务界一直都存在，在这里不再详述。
② 《消费者权益保护法》(2013 年修订)第三十四条。

利、经济等优点，因而往往成为消费争议解决的常用方式。

消费争议协商和解，在实践中多表现受到损害的消费者通过向经营者投诉的方式，发动协商和解程序。

（二）第三方调解

消费争议的调解，是指当事人之外的第三方，为促使争议的解决，对消费争议双方当事人所进行的劝说和协调活动。调解作为解决争议的一种方式，是在双方当事人自愿的基础上，通过第三方的协调活动，促使纠纷得以顺利解决的一种方式。

根据调解主体和调解程序的不同，主要分为消费者保护组织主持的调解、行政机关主持的调解、仲裁机关主持的调解、法院主持的调解以及其他组织或个人主持的调解。

（三）向有关部门申诉

当消费者在消费过程中的合法权益受到侵害时，可就相关事实通过口头或书面形式向有关行政机关反映情况，"有关部门"是指有保护消费者合法权益的职能部门，如工商行政管理部门。

（四）根据与经营者达成的仲裁协议提请仲裁机构仲裁

消费争议的仲裁，是指由仲裁机构对消费争议依仲裁程序进行审理和裁决的活动。根据《消费者权益保护法》的规定，消费者与经营者之间的消费争议，可以根据达成的仲裁协议提交仲裁机构裁决。由于《消费者权益保护法》对消费争议的仲裁机构、仲裁程序等并未作出特别的规定，因此，有关消费争议的仲裁，适用《中华人民共和国仲裁法》。

由于《仲裁法》规定的仲裁机构、仲裁程序等内容，主要是针对普通民商仲裁而设置，在立法中并没有考虑消费争议仲裁的特点而作出特别的规定，所以通过仲裁解决的消费争议案件十分有限。

（五）向法院提起诉讼

消费者争议发生后，消费者可以在没有仲裁协议的情况下，直接向法院提起诉讼，也可以再其他的方式尚不能解决争议的情况下，向法院提起诉讼。

三、惩罚性赔偿责任

根据《消费者权益保护法》第55条规定："经营者提供商品或者服务有欺诈行为的，应当按照消费者的要求增加赔偿其受到的损失，增加赔偿的金额为消费者购买商品的价款或者接受服务的费用的三倍；增加赔偿的金额不足五百元的，为五百元。法律另有规定的,依照其规定。"

《消费者权益保护法》第 55 条规定的惩罚性赔偿责任仅限于经营者向消费者提供商品或服务的欺诈行为,但是对于欺诈行为的具体界定需注意以下几点:

(一) 欺诈行为是否以故意为构成要件

一种观点认为,应当根据民法理论进行解释,欺诈行为只能由故意构成;另一种观点认为,故意是一种心理活动,不易查证,因此不应将其作为欺诈行为的判断标准,否则不利于保护消费者。也有人认为,根据消费者权益保护法的立法原意,不但故意可以构成欺诈,过失也可构成欺诈,对《消费者权益保护法》第 55 条的规定不应该拘泥于传统的民法理解,而应当根据保护消费者的新情况进行新理解。①我们认为欺诈行为应该以故意为构成要件。但是对于消费者而言,证明经营者具有欺诈故意确实存在困难。对此,学者多主张举证责任转移的办法以资救济。所谓举证责任转移,即不要求消费者证明经营者具有欺诈的"故意",而是要求经营者就自己不具有"故意"进行举证,我国许多法院都采用这一做法。②

(二) 欺诈行为是否以发生欺诈的结果为构成要件

所谓欺诈的结果,即欺诈行为的损害结果,是指消费者因经营者的欺诈行为而产生的错误认识,并基于这种错误认识与经营者进行了交易,简言之,即消费者上当受骗,经营者欺诈目的得以实现。对此,学者多以民法上欺诈的理论进行解释,认为欺诈行为,必须以受害人发生错误认识,并基于这种错误认识而与经营者进行交易,才构成第 55 条的惩罚性的赔偿性责任。但是,也有观点认为不应把损害的实际后果作为认定欺诈的必要条件,只要经营者的行为足以使消费者产生误解并足以给消费者带来某种不利,就可认定为欺诈。两种观点在对待"知假买假"现象的态度上体现得最为明显。第一,《消费权益保护法》第 55 条规定的并不是普通的民事责任,目的在于制裁经营者的欺诈行为,而非对欺诈行为受害人所受损害进行补救。第二,如果以普通的民事法律理论解释欺诈行为,须以消费者实际受到欺诈损害为构成要件,因而,对于消费者没有受到欺诈损害的,经营者不必承担欺诈的责任,这样不利于调动消费者与欺诈行为进行斗争的积极性,不利于减少经营者的欺诈行为。故而,本书认为不应以欺诈结果的发生为要件。

---

① 梁慧星:《关于消法第 49 条的解释适用》,《人民法院报》2001 年 3 月 29 日第 3 版。(最新的《消费者权益保护法》对于惩罚性赔偿是规定在原来第 55 条。)

② 孔祥俊:《公平交易执法前沿问题研究》,工商出版社 1998 年版,第 218—219 页。

第七节　侵犯消费者权益的赔偿范围和金额计算

一、侵犯消费者权益赔偿范围

消费者权益保护法根据侵害消费者权益行为对消费者人身、财产、精神利益三个不同方面所造成的损害后果,确定其各自的赔偿范围。

(一)对人身损害的赔偿

《消费者权益保护法》第49条规定,人身损害赔偿可分为人身伤害的赔偿和人身死亡的赔偿两种。

(1)对人身伤害的赔偿范围包括:医疗费、治疗期间的护理费、因误工减少的收入;因人身伤害造成受害人残疾的,在上述赔偿项目中再加上残疾生活自助具费、生活补助费、残疾赔偿金以及由残疾者抚养人所必需的生活费等。

(2)对人身死亡的赔偿范围包括:丧葬费、死亡赔偿金、死者生前抚养的人所必须的生活费等。如果受害人死亡前因伤经治疗的,则还包括医疗费、护理费等。

(二)对财产损害的赔偿

主要包括针对消费者购买的商品和接受服务本身的财产性损害的赔偿,以及因消费者购买商品和接受服务造成消费在所购买的商品和接受的服务以外财产的损害的赔偿。如果消费者接受的服务视为对其自身进行的人体服务时,这种情况下财产损害发生的可能性较小,因为对人体服务的损害大多是对人身的伤害,比如美容或整容。

(三)对精神利益损害的赔偿

精神利益的损害赔偿范围包括:经营者提供的商品或者服务造成消费者或者其他受害人人体伤害、人身死亡,给受害者本人及其亲属造成精神痛苦,以及经营者提供的商品或者服务,侵害消费者人格尊严或者人身自由,给受害者造成社会评价的降低或者思想情感上的创伤。

(四)惩罚性赔偿

对经营者提供商品或者服务故意欺骗消费者,造成消费者人身或者财产损害的,增加赔偿《消费者权益保护法》第55条的规定即是对经营者的一种惩罚性赔偿。惩罚性赔偿在第六节已进行详述,故不再展开。

二、消费损害赔偿的计算方法与标准

（一）医疗费用的计算①

医疗费用包括：挂号费、检查费、化验费、手术费、诊治费、住院费、药费等医疗人身伤害的费用。支付凭证式县级以上医院的医疗收费单据。需要紧急抢救或治疗轻微的事故创伤，而就近没有县级以上医院的，也可以凭救治医疗单位的治疗费单据赔偿。

医疗费用的计算方法：

医疗费＝挂号费＋检查费＋化验费＋手术费＋诊治费＋住院费＋药费＋继续治疗费（注：在实际治疗过重中未发生的项目在计算时不列入）

（二）误工费的计算

误工费根据受害人的务工时间和收入状况来确定。

计算方法：

有固定收入的受害人的误工费＝日平均工资×误工天数＋实际损失的奖金＋实际损失的补贴＋实际损失的津贴（注：实际损失项目均需证明）

无固定收入的受害人的误工费＝最近三年的日平均收入×误工天数或者受诉法院所在地相同或相近行业上一年度职工日平均工资×误工天数

（三）护理费的计算

护理费是指消费者或其他受害人因伤情比较严重，生活不能自理时因被护理而支付的费用。

有收入的被护理人的护理费用＝误工费＝日平均工资×误工天数＋实际损失的奖金＋实际损失的补贴＋实际损失的津贴

无收入的被护理人的护理费用＝当地护工从事同等级别护理的劳务报酬标准×护理期限（护理期限 20 年）

（四）交通费、住宿费、住院伙食费补助费的计算

交通费是指受害人及必要的陪护人员去医院或转院所必需的交通费。

住宿费是指受害人确有必要到外地治疗，因客观原因不能住院，受害人本人及其陪护人员实际发生的住宿费和伙食费，其合理部分应予赔偿。

计算方法：

住院伙食补助费＝住院时间×当地国家机关一般工作人员的出差伙食补助标准

---

① 《医疗事故处理条例》（2002 年）第五十条。

（五）营养费

营养费是指受害人通过正常的摄入不能达到身体康复的要求,需要增加营养品作为身体康复的补充所开支的费用,必须是该伤害复原确实需要的。

计算方法:

营业费＝医院确定的营养费标准×医院确定的营养费给付天数

（六）残疾赔偿金的计算

残疾赔偿金具有精神损害抚慰金的性质,法律没有统一标准各地的判决各不相同,也没有统一模式。可以参见以下公式:

$$100\,000\,元×伤残等级系数×责任系数$$

（七）残疾者生活补助费

计算方法:

残疾生活补助费＝伤残系数×受诉法院所在地上一年度城镇居民人均可支配收入或者农村居民人均纯收入标准×赔偿期限

（八）残疾者自助具费的计算

目前没有统一的计算公式。

（九）死亡赔偿金和丧葬费的计算

死亡赔偿金＝受诉法院上一年度城镇居民人均可支配收入或者农村居民人均纯收入标准×赔偿年限

丧葬费＝受诉法院所在地上一年度职工月平均工资×6个月

（十）被抚养人或被扶养人生活费的计算

对于被抚养人或者被扶养人的生活计算方法:

首先计算出被抚养人应当抚养的年限:

未成人的抚养年限:18年——未成年的实际年龄;

无生活来源地成年人的抚养年限:

60周岁以下的年限:20年;

60周岁以上的年限:20减去超过60岁的年龄数;

75周岁以上的抚养年限:5年。

其次,将抚养年限×受诉法院所在地上一年度城镇居民人均消费性支出或者农村居民人均年生活消费支出。

[案例] **被告关某直销安利产品。**2008年12月,被告遇到当时已怀有身孕的原告王某,因王某怀孕身体虚弱,被告关某便向原告介绍安利产品,后原告同意服用王某经销的产品,2008年12月10日,被告关某将产品交给原告并书

面交代原告服用的方法和剂量。2009年1月23日经B超检查原告所孕为死胎并于当时进行清宫手术。事情发生后,原、被告双方多次协商是否鉴定事宜,在没有获得鉴定结论的情况下,被告关某找证人毕某从中说和,双方达成口头协议:被告关某把原告未服用完的产品拿走,并同意支付2 000元作为补偿。协议达成后被告关某将产品拿走,没有按照协议约定支付原告赔偿费2 000元。经原告和中间人毕某催要,被告关某拒不支付,原告王某诉至法院。

问题1:原告能否提起诉讼请求?

分析:可以提起诉讼但是并不能满足原告的所有诉讼请求。原告王某购买并服用被告关某直销的产品,在消费过程中享有人身不受损害的权利,原告诉称因服用被告提供的安利产品导致胎儿死亡,但并没有提供相应的证据证明事实。原告流产后,作为经营者的关某虽多次与原告达成口头鉴定产品质量的协议,但是在没有获得鉴定结论的情况下,通过中间人调解达成口头的协议,被告将产品拿走,是建立在同意支付2 000元的基础上,但是其没有支付2 000元补偿费,也没有将样品封存,更没有委托相关单位对产品进行鉴定。被告将涉案产品带走导致原告举证不能,又未履行法律效力。因此,法院做出如下判决:(1)被告支付原告2 000元。(2)驳回原告的其他请求。一审案件受理费155元,由原告负担55元,被告负担100元是合理的。①

问题2:双方的通过中间人的这一协商有效吗?

分析:双方之间消费争议可以通过协商解决。由于双方协商达成的内容,是双方真实意思的表示,且不违反法律、法规,不损害国家、社会公共利益和他人的合法权益,因此合法有效,对双方都具有约束力。

第二部分　产品质量法

第一节　产品责任概述

一、产品责任的概念及特征

产品责任是指由于产品缺陷致使他人的人身或财产遭受损害(不包括有缺

---

① 河南省商丘市宁陵县人民法院(2009)宁民初字第241号。

陷产品本身的损害)时,生产或出售这一产品的制造者或销售者及其他有关主体所应承担的法律责任。主要包括两种体例:一是从责任主体的角度,称为"商品制造人责任",或"制造者责任"。二是从责任的客体的角度,称其为"商品责任"或"产品责任"。二者之间的区别主要表现在:产品责任侧重于对产品欠缺安全性的认定上,即在于认定产品是否具有缺陷,其责任形式是一种客观责任;而制造者责任强调制造者的行为是否违反了合理的注意,其责任形式是一种主观责任。①

产品责任具有以下基本特征:

(1)产品责任是物件致人损害的特殊侵权责任。与国家赔偿责任、雇佣人赔偿责任等并不相同。

(2)产品责任适用于无过错责任原则。我国一般民事责任实行过错责任原则,而产品责任作为特殊责任适用无过错责任原则。

(3)产品责任是一种民事连带责任。产品责任的承担者往往涉及各个侵权行为人,可以是产品生产者、产品销售者以及产品制造和分配环节上对产品缺陷有责任的装配、修理、仓储、运输和检验人员。

(4)产品责任是由于产品缺陷而引起的财产或人身损害赔偿。引起财产或人身损害的一般由产品缺陷所致,而不是由于产品质量不合格。例如,甲买了一台电视机,但是发现电视影像清晰度并未达到商家所宣传的清晰度,那么则是产品质量问题,如果甲在看电视的过程中,由于电视机发生爆炸而致使甲脸部受伤,那么则是产品责任。

二、产品责任的性质

产品责任的性质是指产品责任是属于合同责任,还是属于侵权责任,或者是合同责任和侵权责任竞合(该处责任竞合是指基于同一侵权行为产生数种民事责任,但受害者仅能择一实现的现象)。根据产品责任法发展的历史以及通观世界各国关于产品责任的法律规定,产品责任性质主要有三种基本理论:(1)产品责任为违约责任,产品责任问题属于合同法范畴;(2)产品责任既可以是违约责任,也可以是侵权责任,产品责任问题属于合同法范畴,也属于侵权行为法范畴;(3)把产品责任明确确定为侵权责任,属于侵权行为法范畴。②

---

① 刘静:《产品质量论》,中国政法大学出版社 2000 年版,第 2—3 页。

② 曲振涛、赵大利、王福友:《产品质量法概论》,中国财政经济出版社 2007 年版,第 8—9 页。

第一种理论，只有当事人与产品制造者或销售者之间有直接的合同关系，才能因产品损害向产品制造者或销售者提出请求赔偿损害的诉讼。这一原则适应19世纪下半叶英国发展工业的需要，目的是保护制造者的利益，限制对产品索赔的范围。但由于生产的发展，这一原则已经过时。

第二种理论，把产品责任视为违约责任和侵权责任。当事人既可以依违约责任也可以依侵权责任提起诉讼，还可以依违约和侵权同时起诉，但最后只能择一来主张权益。目前主要在美国和德国适用。

第三种理论，立法上明确规定产品责任是侵权责任，不管当事人之间是否存在合同关系，只要缺陷产品造成了一方当事人的损害，均可依侵权提起诉讼。由于它克服了上述两种理论的弊端，并有利于保护被害人的利益，这是现代产品责任立法之趋势。标志性案件是1916年加利福尼亚州最高法院受理麦克佛森诉布伊克汽车公司案。该案原告在驾驶汽车时，因一个有缺陷的车轮损毁而致伤。他以此向制造该汽车的公司提起诉讼。汽车是通过销售商买的，原告与被告之间没有任何契约关系，但是卡朵佐法官对案件所做的裁决中阐述了他具有历史意义的观点：我们认为……如果某一件产品粗枝大叶地制造出来会对人身造成威胁，那么它就是一件危险产品，本物品由直接购买者以外的人不经检查就使用，那么，无需参考契约关系之存在与否，制造者负有谨慎制造之义务。①

三、产品责任法的概念和特征

产品责任法是指调整生产者、销售者以及其他有关经济主体因生产或提供缺陷产品造成他人人身、财产损害时所应承担的法律责任的法律规范的总称。它主要以生产者、销售者与用户、消费者之间的产品质量责任关系为调整对象，与企业生产活动联系密切。

产品责任法具有以下法律特征：

---

① 周汉民、林毅：《美国严格产品责任的发展和趋势》，《法学研究》1984年第6期。有学者认为该案件并不能很好佐证立法趋势的观点。因为该案件也符合第二种理论，仅就制造者责任进行了阐述，且该案件发生时并未有明文立法产品责任是侵权责任。单纯立法规定产品责任为侵权责任虽然看似"一刀切"，快速解决了问题，但是并未考虑到实际司法工作中存在大量消费者与销售人员协商的事实。虽然在多数情况下，侵权责任之诉对消费者更有利，但是只有将选择的权利真正赋予消费者，才是最大限度的保护消费者权利，才能最大限度的节约司法资源，提高司法效率。但我们认为，产品责任虽然可以依据违约责任进行救济（质量不合格可以看作是违约的一种形式），但根本上还是基于产品带来人身伤害或财产损失等进行追责，用侵权责任更符合法理基础。

(1) 它的调整对象是产品生产者、销售者与消费者之间的损害赔偿关系。

(2) 产品责任法国际化趋势。随着社会的发展,国际贸易已成为各国发展本国经济的重要组成部分。国际间产品的流动频频不断,国际间的产品责任纠纷也频繁出现,一件产品的责任纠纷往往涉及许多国家和地区的厂商和消费者。正因为如此,各国产品责任法都不同程度地适用了国际产品责任纠纷的规定,使产品责任法具有了较多的国际化趋势。

(3) 产品责任法以强制性规范为主。产品责任法的立法目的在于平衡生产和消费,维护生产者、销售者与消费者之间商品交换的公平。①

四、产品责任法的基本原则

(一) 保护消费者合法权益原则

产品责任法通过合理地调整生产者或与消费者之间的损害赔偿关系,保证消费者求偿权利的实现。例如,产品责任性质的界定、关于归责原则的确定、关于责任者的范围以及关于举证责任的规定都体现了保护消费者合法权益原则。

(二) 不阻碍生产发展的原则

生产者与消费者不可分离、相互促进。如果我们只强调消费者或单独强调生产者的权益,都不利于经济的发展。②

西方国家的产品责任法在强调保护消费者同时,也开始考虑制造者或销售者的利益。例如,从 20 世纪 70 年代末起,美国各州的立法机构已在法律方面采取各种各样的改革措施,以图在保护消费者和保护制造者利益之间得到合理平衡,从而保护资本主义的生产关系。1982 年产品责任法议案正是这种思想的产物,规定控诉者应有足够的证据证明确系被告所制造产品的不安全性造成的损害,被告才承担责任。③

[案例] **张某和拍卖行纠纷案。**2014 年 2 月,张某通过一家拍卖行,竞拍到一件属于传世文物的清末黄花梨木家具,但是使用一段时间后,张某发现这套家具有断折后经过修补的痕迹,不仅美观性受到影响,而且承重能力也大打折扣。张某认为这套家具具有重大的产品质量问题,依据《产品质量法》的有关规定向法院提起诉讼,但被告辩称这套家具不是产品,不适用《产品质量法》。

---

① 辛文琦:《产品责任法概论》(第二版),对外经贸大学出版社 2012 年版,第 90 页。

② 《中华人民共和国产品质量法》(2009 年修订)第一条。

③ 郭道晖:《欧美国家产品质量法及其法律适用》,《企业管理》1985 年第 10 期。

问题1:本案例中张某是否能够依据《产品质量法》提起诉讼呢?

分析:张某不能起诉拍卖行承担产品质量责任。对于有瑕疵的拍卖品,拍卖行应当事先明确告知购买者,否则应承担责任,但是拍卖会交易的物品,并不是产品,拍卖行承担的应该是一种在拍卖成交合同中对所交易物的瑕疵担保责任,张某拍的这套家具,虽然经过了人类的加工、制作,但是这类产品年代久远,基本已经难以寻找真正的生产者,也谈不上明确责任,平衡权利义务,同时,由于此类产品数量有限,已不具有复制、批量生产的条件,难以在市场上流通,与国民生产生活关系不大,故不能依据《产品质量法》提起诉讼。①

问题2:张某能够提起诉讼吗? 能够提起什么诉讼?

张某和拍卖行的纠纷,应作为合同纠纷来处理,张某应要求拍卖行承担违约责任。

[案例] **王某与茶具经营会所纠纷案。**王某是一家茶具经营会所的会员,茶具经营者在收取较高会员费后,"赠送"给王某一套与会员费价值相当的茶具。但是由于经营者在制作这批茶具的过程中存在质量问题,会员在使用后频频发生茶具炸裂事件。王某在一次使用茶具过程中,壶突然炸裂烫伤张某。

问题:张某能够对经营者主张产品责任?

分析:本案例中这些茶具应该属于产品,虽然经营者主张这些茶具制作出来不是用于销售的,仅仅是赠品,不用承担责任,但是隐藏在会费之后的交易关系,具有"营利性"。但是,如果经营者事先公开声明该赠品的质量是不能予以保证的除外。因此,购买者可以自主选择放弃赠品或是退出该附赠式有奖销售活动,如果购买者在经营者明确告知该赠品可能有质量问题后仍然接受并使用的,则不得对该赠品造成的赠品主张赔偿。

第二节 产品的缺陷

一、产品的含义

现代意义上的产品,是指人们通过购买所获得的需要和满足。例如,顾客从商店购买了一件风雨衣,不仅是为了购买可使用的有形物体,而且是为了防风、

---

① 解玉环、刘士琳:《产品质量法百问》,吉林人民出版社 2009 年版,第 12 页。

防雨、保暖、美观，以及良好的服务等生理和心理上的种种满足。通常意义上的产品，是指通过人们的劳动创造出来的一切具有使用价值、能够满足人们生产消费和生活消费的物质实体。①

产品的整体概念主要包括三个层次，即产品核心、产品的形式和产品的延伸。

产品的核心——是指向购买者提供的基本效用或利益。如前所述，顾客购买产品并不仅仅是为了获得这一产品本身，而是利用其效用，包括产品在物体上或心理上所提供的效用。

产品的形式——是指产品在市场出现时的实体外形，这是顾客对产品识别的外部要求。产品的形式包括品质、特色、包装和商标等，这些虽不涉及产品的实质，但它是产品核心部分的表现式，是产品差异化的标志。

产品的延伸——是指在购买产品时所得到的一系列附加利益。市场营销活动不仅反映在生产过程和销售过程还反映在顾客的消费过程。产品的延伸部分包括服务、维修、保证和运送等具体内容。②

二、产品的法律界定

从法学的角度，产品是指由生产者生产出来需经流通环节进入消费领域的物体。对产品进行限定的第一个标准是：产品须经过"加工"、制作。所谓经过"加工"，即承受了工业、科技的危险，在生产或制造过程中可能造成产品品质上的缺陷。该缺陷正是造成损害的根本原因。工业和科技上的危险是产品加工过程中人类自己造成的，并且可以通过人的能力加以控制或避免。必须经过加工这一标准来确定产品的定义，可以更好地体现和符合产品责任法的宗旨。另外一个限制的标准是：产品的生产与加工是以投入商业流通为目的的和供生产生活中物质消费的。③我国的产品质量法也从两个层次对产品进行了"加工、制作，用于销售的"限定。但是产品不包括精神产品。

三、产品缺陷的含义

产品的缺陷也就是产品具有对消费者人身、财产的危险性。缺陷产品即不"安全"产品，不符合消费者在合理使用产品时有权期待的安全标准。《中华人民

---

①　孟繁超、王炳：《产品质量和产品质量法》，东南大学出版社 2014 年版，第 99 页。
②　曲振涛、赵大利、王福友：《产品质量法概论》，中国财政经济出版社 2007 年版，第 27 页。
③　李振华、方照明：《经济法通论》，中国政法大学出版社 2014 年版，第 204 页。

共和国产品质量法》第四十六条规定："本法所称缺陷,是指产品存在危及人身、他人财产安全的不合理的危险,产品有保障人体健康和人身、财产安全的国家标准、行业标准的,是指不符合该标准。"①

四、缺陷与相关概念的区分

(一)缺陷与瑕疵的区别

主要有两种不同的观点:一是认为就产品责任中的缺陷与瑕疵而言,"根据我国《产品质量法》与国外的有关立法及司法实践来看,两者含义实质上是一致的,都指产品存在危及人身、他人财产的不合理危险状态或者缺乏应有的安全状态。"②二是认为,产品缺陷与产品瑕疵有所不同。产品缺陷是以产品具有危险性为前提的,是指产品缺少通常应当具有的机能,以致对他人的财产、人身构成的积极侵害的危险。产品瑕疵是指产品本身交易价值的微落状态。这种观点为学界之通说。我国台湾地区学者亦大都持此观点。这是其与缺陷的最大区别,即程度上的区别。"当然,两者均为因产品之欠缺通常应有之性质为其共通点,所以往住'缺陷'同时亦含有瑕疵之观念,则如刹车不灵之汽车,非但是'缺陷',同时还为'瑕疵'之商品。但又未必尽然,例如汽车因烤漆之不完全,致使油漆容易变色,这时非必'缺陷',而是民法354条商品'瑕疵'之问题。"③

(二)缺陷与产品质量不合格区别

"质量不合格"无非限于以下两个方面:(1)产品制造者、销售者生产、销售国家法律明文禁止生产、销售的产品;(2)产品制造者、销售者违反国家法律或违反约定,生产、销售不符合质量标准、标志、包装、安全、卫生、环境保护、计量、广告等要求的产品。故制造者、销售者本身主观上存在着故意或过失。若产品责任建立在"质量不合格"这一概念上,只是以"过错"为其发生的根据,即其归责原则只能是过错责任原则。事实上,依合同法属于"质量不合格"产品,不一定具有对人身财产安全的危险,因而不一定属于产品责任法上的"缺陷"。而在产品责任法上属于有"缺陷"的产品,也可能在合同法上属于质量合格产品。"质量不合格"与"缺陷"之间的区别主要在于:前者强调责任的成立与制造者、销售者的主观心理状态有关,承担责任要以制造者、销售者存在的过错为前提;而后者,责任

---

① 《产品质量法》(2009年修订)第四十六条。
② 俊驹、余延满:《民法原论》(下),法律出版社1998年版,第1127—1128页。
③ 王利明:《民法·侵权行为法》,中国人民大学出版社1994年版,第426页。

的成立与制造者、销售者的主观心理状态无关，而是由该产品本身的状况来确定，其归责原则为无过错责任原则。因此，我们可以看出就对消费者保护而言，后者更为有利。

[案例]　**违法行医案。** 2004年1月4日，侯某因右眼不适到被告某医院门诊就诊，接诊医生具有执业医师执业证书，但其执业地点并不位于被告某医院所在地，直到2004年底，其执业地点才变更至某医院所在地。原告被诊断为右眼玻璃体混浊，右眼后葡萄膜炎。在门诊予以激素、抗生素欧乐得爽、赐眼康、断血炎（注射液、胶桑）、目施妥等治疗，病情无明显好转。后侯某又到其他医院检查、治疗，至今无好转。原告侯某遂起诉被告要求损害赔偿。经委托海南省医学会对被告对原告的医疗活动进行鉴定，结论为原告的右眼失明是严重葡萄膜炎引起的并发症所致，与被告的诊疗措施无因果关系。但是由于被告未按照《药品管理法》使用药物和未按《执业医师法》使用医生，违反医疗卫生管理法律法规。而且被告的接诊医生接诊时，虽取得医师资格证和医师执业证书，但未办理医师异地执业变更注册手续，属于超范围行医，违反了《中华人民共和国执业医师法》第17条的规定。虽然被告的系列诊疗措施无原则性错误，但被告并未办理医师异地执业变更注册续的医生在门诊接诊而从事相应的医疗活动，并且在治疗过程中给原告使用了应按假药论处的五种台湾生产的药品，这些药品均没有经过国家有关部门批准使用的文号，还违反了《中华人民共和国药品管理法》的有关规定。①

问题：能否依据《产品质量法》对被告进行处罚？

分析：本案的焦点问题是被告是否要对使用假药承担产品质量责任，案例中尽管被告使用了应按假药论处的药物，但是经鉴定，原告侯某的病情与假药并无因果关系，所以不能依照《产品质量法》对被告进行处罚。

第三节　产品责任

一、产品责任的归责原则

纵观产品责任的发展历史和现实的司法实践，产品责任法经历了从合同责

---

① 李俊、许光红：《产品质量法案例评析》，对外经济贸易大学出版社2012年版，第22—27页。

任到侵权责任,从侵权行为的过错责任到无过错责任(严格责任原则)发展阶段,其中违反担保原则、疏忽原则和严格责任原则都有一定的影响。①

(一)违反担保原则

违反担保原则,指因产品有缺陷,卖方违反了对货物的明示或默示担保以致对使用者造成了伤害,应承担法律责任。违反担保原则分为违反明示担保和默示担保两种。违反担保之诉本应当是根据买卖合同提起的诉讼,美国法院不断通过案例将这种合同关系加以延伸,以适应侵权行为求偿的需要。1932 年"巴克斯特诉福特汽车公司案"是关于明示担保之诉。被告通过广告宣传产品质量,原告相信了广告而向销售商购买汽车,因不符合宣传的质量而造成伤害,原告据此向和他没有合同关系的制造商提起损害赔偿之诉,法院予以受理。在美国大多数地区已经取消了关于合同关系的要求,从而担保的范围可以扩大到所有合理参与与使用或维护该产品的人。而默示担保在大多数地区扩大到有利于既非购买人又非使用人而被缺陷产品伤害的旁观者。一方面,产品使用人或销售者可以直接控告零售商;另一方面,制造商也要对零售商或中间商因其受追偿而受到的损失负责。实际上,制造商通常是受到控告的当事人。②

(二)疏忽原则

疏忽原则即是过错责任原则。疏忽原则突破了契约关系,受害人的范围扩大到任何人,包括偶然经过的路人,但根据此原则原告负有沉重的举证责任。原告要根据此原则要求赔偿者需要证明:(1)被告有尽到合理注意的义务。(2)被告违背了该义务。(3)被告违背了义务是致伤或财产损失的直接原因。由于沉重的举证责任,使得原告处于不利地位,疏忽原则逐渐被严格责任原则所取代。

(三)严格责任原则

严格责任原则最初于 1994 年由美国的特百诺法官在"艾斯柯拉诉可口可乐瓶装公司案"中提出来的。对于因产品责任造成的损害,制造者需要绝对负责。严格责任不等于绝对责任,原告仍有一定的举证责任,被告有一定的抗辩权利,一旦抗辩成功被告也可获很免责。原告需要证明:(1)产品存在缺陷;(2)该缺陷造成原告以损害;(3)产品缺陷与损害之间有直接的因果关系。严格责任原则的确立是总的发展趋势,即制造者的责任范围越来越大,而对消费者的保护也日益广泛。

---

① 张云:《产品责任的归责原则》,经济管理出版社 2011 年版,第 228—231 页。
② 曲振涛:《产品质量法概论》,中国财经经济出版社 2007 年版,第 51—54 页。

综观现代各国产品责任法,就责任的归责原则而言可以归纳为三种类型。[①]严格责任原则考虑消费者之于生产者或销售者的弱势地位,不考虑生产者或销售者的主观过错。只要被权利人证明出缺陷产品与实际损害之间的因果关系存在,生产者或销售者就应该对权利人负责。严格责任明显对消费者有利,适应了社会经济高度社会化、技术化的现实,最大限度地保护了消费者的权益,是目前世界各国产品责任立法的主流趋向。我国也采用严格责任。过错推定责任的立法究竟是一种独立的归责原则,还是应该归入过错责任原则抑或无过错责任原则之中,在我国的民法学界有较大的分歧,具体表现为两种观点:一是认为,"过错推定没有脱离过错责任原则的轨道,而只是适用过错责任原则的一种方法,而无过错责任原则超越了过错责任原则,并在一定程度上缩小了过错责任原则的适用范围。"[②]显然不认为过错推定是一种归责原则,而只是依附于过错责任原则的一种技术性方法,通过举证责任的倒置,来更好地保护权利人的利益。二是认为,过错推定责任完全可以成为一项独立的归责原则。[③]

我国对产品质量采用的是严格责任原则即无过错责任原则,但是不同于绝对责任原则,生产者可以通过免责事由来进行抗辩,来减轻或免除自己的责任。

二、产品责任的构成

依据《产品质量法》以及《民法通则》等相关法律的规定,我国产品责任的构成要件主要有三个构成要件:

(一)有缺陷产品的存在

《产品质量法》第 46 条规定,本法所称缺陷,是指产品存在危及人身、他人财产安全的不合理的危险;产品有保障人体健康和人身、财产安全的国家标准、行业标准的,是指不符合该标准。根据这一定义,应该明确两个关于缺陷的基本问题:一是缺陷是产品质量法领域的一个特有概念,专指一种不合理的危险,而合理性的危险则不属于缺陷的范围;而且这种危险是指危及人身和他人财产安全,其他的危险则不属缺陷的内容。二是我国对产品缺陷的判断标准有两个,即一般标准和法定标准。一般标准是人们有权期待的安全性,即一个善良人在正常情况下对一件产品所应具备的安全性的期望;法定标准是国家和行业对某些产

---

①　梁慧星:《民法学说与立法研究》,中国政法大学出版社 1993 年版,第 137—138 页。

②　王卫国:《过错责任原则—第三次勃兴》,中国法制出版社 2003 年版,第 167 页。

③　王利明:《侵权行为法归责原则责任研究》,中国政法大学出版社 1993 年版,第 93 页。

品制定的保障人体健康和人身、财产安全的专门标准,有法定标准的适用法定标准,无法定标准的适用一般标准。①

（二）存在损害事实

这里的损害,不是指产品本身的损坏、毁灭,这种损坏应通过销售者的瑕疵担保责任来实现,而是指产品以外的损害,是指产品造成他人的人身伤害、死亡和财产损失。这种损害是合同权利以外的损害。例如,食品变质造成食用者中毒,新建成的建筑物坍塌等。他人,是指任何受到损害的人,不管是自然人还是法人;也不管是购买人、使用人,还是旁观者、过路人;还不管受害人与产销者之间是否存在合同关系,即是否是合同关系的当事人等。另外,这种损害既有人身的伤害,也有财产上的毁坏与损失等。

（三）缺陷产品与损害事实之间具有因果关系

因果关系是侵权行为法中的重要内容,它不但是侵权责任的构成要件之一,而且对侵权损害赔偿亦具有重要意义。"单从损害赔偿法而言,因果关系之功能有二:一者系损害赔偿之构成要件,即行为与损害之间须具因果关系损害赔偿方得成立,二者系决定损害赔偿之范围,即须与行为具因果关系之损害,方为赔偿范围之损害。前者之功能,乃原本所具之功能,后者之功能,乃因决定损害赔偿范围时,经常借助因果关系所衍生之功能。"②

如何判断造成损害事实的产品存在缺陷呢? 这里要区分两种情况:一种是致害产品在损害事故发生后仍然存在的情况,例如,甲醛含量超标的睡衣,在对穿用者的人身造成伤害后睡衣仍然存在的情形;另一种是致害产品在损害事故后不复存在或虽然存在但已面目全非的情况。例如,假药假酒被人食用中毒后不复存在。第一种情况比较容易判断,但是对第二种的判断取证,主要采用以下几种方法:

（1）根据产销者的违法行为推定其提供的产品有缺陷。产品有缺陷,往往是生产者和销售者的产品质量违法行为直接造成的。例如,企业违反国家的法律规定,将以假乱真的原材料投入生产,可认定其生产出的致害产品是有缺陷的。

（2）应用类比方法推定致害产品不合格。如果同批产品存在质量问题,可推定同批产品中造成损害的已经不复存在的产品同样存在质量问题,是有缺陷产品。

---

① 李响、冯凯:《侵权责任法精要》,中国政法大学出版社 2013 年版,第 167 页。
② 曾世雄:《损害赔偿法原理》,中国政法大学出版社 2001 年版,第 96 页。

(3) 根据"事实本身说明问题"的原则推定产品有缺陷。例如,热水瓶突然爆炸,炸伤消费者,即使热水瓶的碎片,同批次的都不存在质量问题,但是事实本身还是能够说明问题的。

三、产品责任的免除

所谓责任减免,就是依法定事由减轻或免除责任者的赔偿责任。[①]根据实际情况,可减免产品责任的理由如下:

(1) 损害是由于消费者擅自改变产品性能、用途或者没有按照产品的使用说明使用并且确因其改变或使用不当造成的。例如,消费者擅自拆改电器而在使用中造成损害但如果消费者正当使用也会发生损害,则不能免除责任。

(2) 损害是由于受害人的故意或重大过失造成的。例如,受害人明知产品存在缺陷而故意购买或使用该产品而受损害的。比如,市场上降价出售的商品。这里须注意的是:生产者或销售者对有缺陷产品降价出售时,一定要标明"此产品有缺陷"等字样,然后降价出售。如果没有标明,消费者在不知情况下购买而致伤,那么生产者或销售者仍然要承担责任。

(3) 产品未投入流通。如果产品制造者、销售者能够证明产品未投入流通或未销售,则可免除责任。例如,某人从仓库窃走一台电视机,后在收看电视节目时电视机突然发生爆炸炸伤人的情形。

(4) 将产品投入流通时的科学技术水平尚不能发现缺陷的存在的。如果产品被投入流通时的科学技术知识使制造商不可能发现产品缺陷,那么制造商将不负责任。

(5) 损害是由于常识性的危险造成的。例如,燃放爆竹放在手里是有危险的,这是最基本的常识。

(6) 产品造成损害,是由于使用者自身特殊敏感所致。例如,纺织品的甲醛含量符合国家标准,一般正常人穿用不会受到伤害,而消费者由于皮肤特别敏感在穿着时出现瘙痒症状,以致而得了皮肤病。对此,制造商不负赔偿责任。

(7) 产品已过有效期限。产品已过有效期限,则原来的安全性不能保障。

(8) 超过时效产品责任法一般规定有两个时效:一个是诉讼时效;另一个是赔偿损失义务时效。我国《产品质量法》对产品质量诉讼时效进行了具体规定。[②]

[①]　黄河、王兴运:《产品质量法律责任》,法律出版社 2013 年版,第 206 页。

[②]　《产品质量法》(2009 年修订)第四十五条。

另外,被害人对有缺陷产品造成损害扩大负有过错的,可以适当减轻被告人的赔偿责任。

[案例] **产品存在缺陷伤害案。**甲在某一大型商场购买一新型号的吊扇,某天在收拾房间的过程中,甲站在家里的桌子上找东西,由于没有注意到头顶上旋转的吊扇,被房顶的扇叶打伤头部,致使从桌子上摔倒,造成小臂骨折,肩胛骨裂。甲认为主要原因是由于该吊扇没有设置防护罩,厂家也没有在登高时应注意头部安全,应该算是产品存在缺陷,遂与生产厂家联系之后,但是生产厂家拒绝赔偿,抗辩说产品不存在缺陷,受伤是由于甲个人原因造成。①

问题:甲能否依照《产品质量法》向生产厂家索赔?

分析:首先明确一点,《产品责任法》《侵权责任法》的相关规定,仅仅是对有缺陷的产品造成的人身、财产损害承担责任,而非对所有的由产品造成的损害承担责任。产品生产者承担责任的关键在于:第一,产品存在缺陷;第二这种缺陷造成了他人人身、财产的损失,即是存在因果关系。其次,就本案例来说,不同种类的产品的危险合理性标准是不同的。台式电风扇往往要摆放在消费者或其他人可以触碰到的地方,如果不加装防护罩,就是明显地不顾及使用者人身安全,属于不合理的危险,而吊扇一般都设置在人不能轻易靠近的高处,叶片不加防护罩对人造成危险的可能性小,至于吊扇生产者告知危险的义务,只要达到提示使用者旋转的叶片可能伤人的程度,就应属于履行了告知义务,而并不一定要告知得具体到“消费者不能使用登高器具将头探入风扇叶片覆盖范围内”的程度。本案例中甲的伤害是由于不当使用产品及未尽常识性安全义务造成的,生产厂家有权拒绝赔偿。

[案例] **热果珍烫伤案。**2000 年 9 月 23 日中午 12 时许,原告谢某带女儿到被告某有限公司分店就餐,将购买由被告某有限公司分店提供的装有热果珍饮料等食品之餐盘安放餐桌后,当坐下提取餐盘上的餐巾纸时,不小心带动餐巾纸下的广告纸,以致安置于广告纸上的满杯热果珍饮料整杯倾翻,热果珍冲出盖子往外溢,原告起身躲避时,因座椅固定,热果珍仍洒在原告着短裙的大腿上,原告即剥下已粘连皮肤的丝袜。嗣后,因生意较忙,仍在擦桌子的被告某有限公司分店员工经其他顾客提醒而取来药膏置于桌上。原告出店乘三轮车到某市人民医院急诊治疗,外用“京万红”后到市第二医院医疗,诊断为双大腿烫伤,故原告起诉,要求被告某有限公司分店赔偿医疗费、误工费和精神损失费,被告某有限公司负连带责任。认为被告某有限公司分店提供的热果珍温度偏高,存在危及人身安全的不合理缘

① 《最新消费者权益保护法实用问答》,中国法制出版社 2013 年版,第 57—58 页。

由;且在托盘内安放广告纸,将温度较高的热果珍置于广告纸上,其服务方式亦存在安全隐患;当事故发生后,因被告某有限公司分店的店堂内之座椅固定,客观上致使消费者躲避不及,故服务设施也存在不符合消费者人身、财产安全的因素。但被告认为:(1)国家对热饮的温度并无法定标准,因此,一审法院认定热果珍温度偏高无任何法律依据。(2)热果珍的温度高,是热饮本身所必须具备的特性,原审判决所导致的结果势必使热果珍丧失其本身的使用功能和特性。(3)热果珍在饮用者不慎时虽可能引起烫伤,但按照中国法律的规定,以通常的标准来进行判断,这种可能引起烫伤的缘由应属合理的危险。(4)广告纸的放置方式是否可判定服务方式存在安全隐患。这种判定缺乏法律依据,又并不完全的公平合理。(5)上诉人的服务设施并不存在不符合保护消费者人身、财产安全的因素。①

问题:分析本案中的产品侵权责任的构成要件?

分析:本案的热果珍饮料产品确实是存在缺陷的。根据我国《产品质量法》第46条规定:本法所称缺陷,是指产品存在危及人身、他人财产安全的不合理的危险产品有保障人体健康和人身、财产安全的国家标准、行业标准的,是指不符合该标准。结合本案事实,缺陷主要是指热果珍的警示缺陷和设计缺陷。(1)就警示缺陷而言,上诉人虽在销售给被上诉人的热果珍饮料杯壁上写"小心热饮烫口,请勿用吸管"的警示,但是该警示没有明确表示该产品所具有的危险的性质与程度,也没有提供足够的避免危险发生的方法。由于上诉人未能明确揭露热饮的高温可能严重烫人,因此,其产品警示不充分,因此警示的程度是不适当的;(2)就设计的缺陷而言,上诉人认为热饮的温度规定没有国家标准、行业标准和地方标准。法院认为,虽然双方当事人在庭审中对热饮的温度无任何国家标准、行业标准和地方标准均表示认可,但是由于上诉人某有限公司分店出售的热果珍饮料确实是造成了原告谢某大腿前侧烫伤的严重后果。这足以说明是不符合标准的,如果上诉人某有限公司分店在出售时能适当调低热果珍饮料的温度,就完全可以避免本案损害结果的发生,同时,这种做法也符合快餐行业热饮"即买即饮"的特征,由此可以推定,上诉人某有限公司分店的产品有缺陷存在。并已经发生了损害事实,案例中很明显。(3)产品缺陷与造成的损害事实具有因果关系。消费者的烫伤确实是在没有其他因素的参与情况下造成的。所以,本案中产品缺陷是存在的,应当对消费者进行赔偿。

---

① 李俊、许光红:《产品质量法案例评析》,对外经济贸易大学出版社2012年版,第129—135页。

第四节　产品责任的损害赔偿

一、赔偿法律关系的主体

赔偿法律关系主体主要包括两方:赔偿义务主体和赔偿权利主体。

（一）赔偿义务的主体

尽管现在世界各国都逐渐的扩大了赔偿义务关系的主体,但是一般来说概括为生产者、销售者。生产者、销售者应理解为基于经济目的从事生产、销售的自然人或法人。出于非经济目的,如自我欣赏、自己或家庭人享用而制作的工艺品或食品,不属于这里所讲的生产者、销售者。①广义的生产者包括零部件生产者和成品生产者。零部件生产者只是向成品生产者提供生产成品的物质条件,而不直接向消费者提供产品。成品生产者则指最终完成产品的生产过程并将其投入流通者。在此对其应采用狭义上的含义,即专指成品生产者。英美法将"生产者"定义为制造产品的人,或者获得或提炼它的人,或者实施使产品具有本质特征过程的人。②产品的生产者亦包括将自己的姓名、商号、商标及其他标识附着于产品,以表示自己是生产者的人。产品的销售者通常包括产品的批发商和零售商,从产品责任主体的意义上讲,销售者究竟专指零售商还是也包括批发商不无疑问。有学者提出应广义理解,即包括批发商在内。当然,在具体的案件中,要根据具体的事实进行具体分析。

（二）赔偿权利的主体

赔偿权利主体是指因有缺陷产品遭受财产、人身损害,并有权追究生产者或销售者产品责任的人。如前述赔偿权利的主体,其范围越来越广泛。

二、赔偿责任的范围

世界各国针对产品责任所造成的损害赔偿,大都规定赔偿因产品缺陷而导致的人身及财产损害。但在具体的赔偿范围上却不尽一致,归结起来,其争论点主要集中在以下几个问题:一是赔偿额度的限制,我国并没有规定最高额度;

---

① 梁慧星:《民法学说判例与立法研究》,中国政法大学出版社 1999 年版,第 145 页。
② 徐爱国:《英美侵权行为法》,法律出版社 1999 年版,第 151 页。

二是对精神损害是否赔偿的问题,我国亦没有明确的规定;精神损害是否赔偿的问题,美国法律实务存在三种观点:肯定说、否定说与折中说。肯定说认为,既然制造商将其产品投入流通,即应确保其产品适于用途,并具安全性,否则即应对该产品所造成的损害负赔偿责任,以保护通常无力保护自己的被害人。否定说认为,原告所受的纯经济损失,不得以侵权行为规定请求损害赔偿,而只能以契约法寻求救济。折中说,如日本认为,在不发生扩大损害(即人的损害和制造物之外的损害)的情况下,制造物自身的损害应依瑕疵担保及不履行责任加以救济;但在发生扩大损害的场合下,为保护受害者,依不法行为制度的基本原则,对制造物自损和他损适用侵权法加以救济则属适当。在三种观点中,折中说与民法对待纯经济损失的一船原则相一致,挖断电线,造成电力中断,致用户道受经济上损失,举世皆有,不论其为大陆法系国家(如德国)、英美法国家,法律体系或技术,虽有不同,但基本上采相同的结论,即除经济损失因用户的人身或所有权遭受侵害而发生者外,原则上均不予赔偿。此乃不予赔偿。①我国《产品质量法》第44条规定:"因产品存在缺陷造成受害人人身伤害的,侵害人应当赔偿医疗费、治疗期间的护理费、因误工减少的收入等费用而造成残疾的,还应当支付残疾者生活自助具费、生活补助整、残疾赔偿及由其扶养的人的生活费等费用;造成受害人死亡的,并应当支付丧葬费、死者生前扶养的人所必须的生活费等费用。""因产品存在缺陷造成受害人财产损失的,侵害人应当恢复原状或者折价赔偿。受害人因此遭受其他重大损失的,侵害人应当赔偿损失。"该条明确规定了产品责任损害赔偿的范围,这也是产品责任属于一种特殊的侵权行为的表现。

　　[案例]　**产品质量造成损害案。**某技术合作公司为其承包的某物流园二期工程向某电气设备有限公司采购照明灯具并与该电气设备有限公司签订购货合同1份。合同约定,某电气设备有限公司向某技术合作公司提供工矿灯518套,其中光源和镇流器为飞利浦品牌,每套单价320元,总价165 760元。同年6月23日和7月22日,某电气设备有限公司交付某技术合作公司518套由光源、电器和灯具外壳组成的工矿灯,其中电器包括镇流器、电容器和电子触发器,光源和电器的标识均为飞利浦品牌。某技术合作公司收货后,于同年6月24日、7月24日和9月15日分别支付某电气设备有限公司部分货款,并将灯具安装在某物流园库房。同年11月28日,某技术合作公司安装的照明灯具发生自燃烧毁及不亮现象,经物业管理处检查,发现该批灯具存在质量问题,系非飞利浦灯

---

　　①　李静:《产品责任论》,中国政法大学出版社2000年版,第146—150页。

具。为此,某物流园的物业管理处为确保库房安全,发函要求某技术合作公司将该批灯具全部更换成飞利浦产品,某电气设备有限公司更换了 54 套光源和电器,并交某技术合作公司 20 套光源、电器用于更换备用,不予结账。之后,因某电气设备有限公司不再更换光源、电器,某技术合作公司遂于同月 12 日向某电气设备有限公司发出律师函,以某电气设备有限公司提供假冒产品造成某技术合作公司损失以及未按期更换剩余矿灯为由,要求某电气设备有限公司退还 464 套价值 148 480 元的货款,并赔偿违约造成的损失。①

问题 1:本案中双方当事人的合同是否成立?

分析:本案中双方当事人基于真实意愿签订的买卖合同依法成立,具有法律约束力,双方应当遵循诚信原则,及时履行合同义务,不得扰乱社会经济秩序,损害社会公共利益。

问题 2:该电器设备有限公司能够以产品系供应商的质量问题提出免责?

分析:本案中,某电气设备有限公司根据合同约定交付给某技术合作公司的灯具由灯具外壳、光源和电器组成,其中光源和镇流器应为飞利浦品牌的产品,出于某电气设备有限公司提供的 518 套灯具中的光源和电器系假冒飞利浦品牌的产品,以致因质量问题造成某技术合作公司承建的库房安全的损害,而其不诚信的行为亦扰乱了社会经济秩序及损害了社会公共利益。某电气设备有限公司称其销售给某技术合作公司的灯具系合法采购,并由供应商直接送至某技术合作公司处,但某电气设备有限公司作为销售者负有验货之责,应对其违法销售假冒产品的行为承担责任。故某电气设备有限公司不仅应该向某技术合作公司承担补救措施及赔偿损失的违约责任,还应接受相关部门的处罚,对其违法销售的产品依法应予以没收。

第五节　产品质量的监督检查制度

一、产品质量的监督检查制度

产品质量监督检查制度是指国家技术监督局及其所属地方技术监督行政部

---

① 李俊、许光红:《产品质量法案例评析》,对外经济贸易大学出版社 2012 年版,第 90—93 页。

门依据国家有关法律、法规的规定,以及同级人民政府赋予的行政职权,对生产领域、流通领域的产品质量代表政府实施国家监督检查的制度。在产品质量监督检查中,检验产品质量的依据是现行国家标准、行业标准或国家有关规定;尚未制定国家标准、行业标推的,依据地方标准或者备案的企业标准。监督检查优质产品时,检验其质量的依据是获奖时所采用的标准。实施产品质量监督检查制的主要形式包括:国家监督抽查、市场商品质量监督抽查、地方日常性监督抽查、产品质量统一检验等。①

(一)监督抽查制度

产品质量监督抽查制度指由国家产品质量监督部门负责规划和组织,定期对产品质量进行监督抽查的制度,是国家对产品质量进行监督检查的主要方式。我国产品质量监督抽查应坚持如下原则:一是随机抽查的原则。监督抽查的产品目录和被抽查企业的名单,由抽查机关随机选定,抽查的样品应当在市场上或者企业成品仓库内的待销产品中抽取。根据监督抽查的需要,可以对产品进行检验。二是专项抽查的原则。三是不得重复抽查的原则。四是免费抽查的原则。②

(二)产品质量监督部门和检验机构

《产品质量法》对于产品质量的监督管理采取了统一领导、密切配合的体制。所谓统一领导是指国务院产品质量监督部门主管全国产品质量监督工作。国务院有关部门在各自的职责范围内负责产品质量监督工作。县级以上地方产品质量监督部门主管本行政区内的产品质量监督工作。所谓的密切配合是指各级人民政府工作人员和其他国家机关工作人员不得滥用用职权、玩忽职守或者徇私舞弊,包庇、放纵本地区、本系统发生的产品生产、销售中违反产品质量法规定的行为,或者阻挠、干预依法对产品生产、销售中违反产品质量法规定的行为进行惩处。

产品质量监督部门及有关部门在监督检查产品质量的过程中依法享有职权并应依法履行其义务。《产品质量法》规定的义务主要包括两项义务:一是受理检举的义务。任何单位和个人有权对违反产品质量法规定的行为,向产品质量监督部门或者其他有关部门检举。二是保密义务。产品质量监督部门和有关部门应当为检举人保密,并按照省、自治区、直辖市人民政府的规定给予奖励。

---

① 孟繁超:《产品质量和产品质量法》,东南大学出版社 2014 年版,第 104 页。
② 《产品质量法》(2009 年修订)第十五条。

县级以上产品质量监督部门已经取得的违法嫌疑证据或者举报,对违反产品质量法规的行为进行查处时,可以行使下列职权:①

(1) 对当事人涉嫌从事违反产品质量法的生产、销售活动现场实施现场检查。

(2) 向当事人的法定代表人、主要负责人和其他有关人员调查、了解与涉嫌从事违反产品质量法的生产、销售活动有关的情况。

(3) 查阅、复制当事人有关的合同、发票、账簿以及其他有关资料。

(4) 对有根据认为不符合保障人体健康和人身、财产安全的国家标准、行业标准的产品或者有其他严重质量问题的产品,以及直接用于生产、销售该项产品的原材料、包装物、生产工具予以查封或扣押,县级以上工商行政管理部门按照国务院规定的职责范围,对涉嫌违反产品质量法规定的行为进行查处时,可以行使上述职权。

产品质量检验机构可以概括为两类:一类是依法设置的产品质量检验机构,如县级以上人民政府技术监督行政部门,依据《标准化法》等法律、法规的规定设置的产品质量检验机构,可称之为法定检验机构;另一类是依法授权的产品质量检验机构,如由省级以上人民政府技术监督行政部门,授权有关行业、企业主管部门设置的检验机构,以及授权有关院校、科研单位设置的检验机构,可称为依法授权的检验机构。

(三) 产品质量检验机构的职责

国务院批推发布的《产品质量监督试行办法》及《产品质量法》,对产品质量检验机构的职责作出了明确规定。其主要职责包括:②

(1) 国家级产品质量检测中心承担国家指定的产品质量监督抽查检验、优质产品检验鉴定、申请生产许可证、产品质量认证、产品的检验、新产品投产鉴定、产品质量争议的仲裁检验等任务。产品质量监督检验所、站承担本行政区域内的定期或不定期的产品质量监督抽查的产品检验、仲裁检验,市场商品质量抽查检验,地方优质产品检验等任务。

(2) 参与或承担国家标准、行业标准或地方标准的制定修订工作及标准的验证工作。

(3) 指导和帮助企业建立和健全产品质量检验制度,正确执行统一的检验方法。

---

① 《产品质量法》(2009 年修订)第十八条。
② 《产品质量法》(2009 年修订)第二十五条。

(4) 检验机构必须依法按照有关的标准,客观、公正地出具检验结果。

(5) 检验机构及其工作人员必须保守受检产品的技术秘密,不得无偿占用企业的科技成果。

二、产品质量法律责任

产品质量法上的法律责任是指由产品质量法所规定的围绕产品质量的相关主体所设定的法律责任。它与产品责任、产品质量责任的内涵有所不同。产品责任是指产品生产者、销售者因产品具有缺陷对他人生命、身体、健康或财产造成损害依法应承担的民事责任。产品质量责任专指生产者、销售者因产品质量不符合国家有关法规、质量标准以及合同规定对产品适用、安全和其他特性的要求,给用户造成损失应承担的民事责任、行政责任和刑事责任。因此,产品质量法律责任主要包括:

(一) 生产者的产品质量法律责任

1. 生产者产品质量的保证义务

包括三个方面,即无缺陷担保义务、产品质量默示担保义务、产品质量的明示担保义务。具体应该符合下列要求①:

(1) 不存在危及人身、财产安全的不合理的危险,有保障人体健康和人身、财产安全的国家标准、行业标准的,应当符合该标准。

(2) 具备产品应当具备的使用性能,但是对产品存在使用性能的瑕疵作出说明的除外。

(3) 符合在产品或者其包装上注明采用的产品标明产品说明、实物样品等方式表明的质量状况。

2. 生产者遵守法律关于产品标识规定的义务

产品或者其包装上的标识必须真实,并符合下列要求:

(1) 有产品质量检验合格证明。

(2) 有中文标明的产品名称、生产厂厂名和厂址。

(3) 根据产品的特点和使用要求,需要标明产品规格、等级、所含主要成分的名称和含量的,用中文相应予以标明;需要事先让消费者知晓的,应当在外包装上标明,或者预先向消费者提供有关资料。

(4) 限期使用的产品,应当在显著位置清晰地标明生产日期和安全使用期

---

① 《产品质量法》(2009 年修订)第二十六条。

或者失效日期。

（5）使用不当，容易造成产品本身损坏或者可能危及人身、财产安全的产品，应当有害明示标志或者中文警示说明。

裸装的食品和其他根据产品的特点难以附加标识的裸装产品，可以不附加产品标识。

3. 生产者对产品包装应履行的义务

易碎、易燃、易爆、有毒、有腐蚀性、有放射性等危险物品以及储运中不得倒置和其他有特殊要求的产品，其包装质量必须符合相应要求，依照国家有关规定作出警示标志或者中文警示说明，标明储运注意事项。

4. 生产者不得违反《产品质量法》的有关禁止性规定

《产品质量法》规定，生产者不得生产国家明令淘汰的产品；不得伪造产地；不得伪造或者使用他人的厂名、厂址；不得伪造或冒用认证标志、质量标志；其生产产品不得掺杂、掺假，不得以假充真、以次充好；不得以不合格产品冒充合格产品。

（二）销售者的产品质量法律责任①

这些法律责任主要有：

（1）销售者应当建立并执行进货检查验收制度，验明产品合格证明和其他标识；

（2）销售者应当采取措施，保持销售产品的质量；

（3）销售者不得销售国家明令淘汰并停止销售的产品和失效、变质的产品；

（4）销售者销售的产品标识应当符合《产品质量法》第二十七条的规定。

（5）销售者不得伪造产地，不得伪造产地冒用他人的厂名、厂址。

（6）销售者不得伪造或者冒用认证标志等质量标志。

（7）销售者销售产品，不得掺杂、掺假，不得以假充真、以次充好，不得以不合格产品冒充合格产品。

（三）瑕疵给付的法律责任

在原始的意义上，瑕疵给付的效力只包括解除契约、减少价金，但各国民法规定的具体范围也不尽一致。②我国《产品质量法》规定的责任主要包括：

（1）补正措施，《产品质量法》上规定的补正措施主要包括修理和更换两种。

---

① 《产品质量法》(2009 年修订)第二十七条。

② 梁慧星：《民商法论丛》(第二卷)，法律出版社 1994 年版，第 369—370 页。

(2) 合同解除,解除合同是与补正措施处于同等地位的一种法律责任,并不完全等同于补正措施中的退货。

(3) 赔偿损失,《产品质量法》规定:"销售者依照前款规定负责修理、更换、退货、赔偿损失后,属于生产者的责任或者属于向销售者提供产品的其他销售者(以下简称供货者)的责任的。销售者有权向生产者、供货者追偿。"①其实质就是追究合同违约的一般性权利。

(四) 生产者、销售者的行政责任与刑事责任

这些行政责任与刑事责任主要有:

(1) 生产、销售不符合保障人体健康和人身、财产安全的国家标准、行业标准的产品的,责令停止生产、销售,没收违法生产、销售的产品,并处违法生产、销售产品(包括已售出和未售出的产品,下同)货值金额等值以上 3 倍以下的罚款;有违法所得的,并处没收违法所得;情节严重的,吊销营业执照;构成犯罪的,依法追究刑事责任。

(2) 在产品中掺杂、掺假,以假充真、以次充好,或者以不者以不合格产品冒充合格产品的,责令停止生产、销售,没收违法生产、销售的产品,并处违法生产、销售产品货值金额 50% 以上 3 倍以下的罚款;有违法所得的,并处没收违法所得;情节严重的,吊销营业执照;构成犯罪的,依法追究刑事责任。

(3) 生产国家明令淘汰的产品的,销售国家明令淘汰并停止销售的产品的,责令停止生产、销售,没收违法生产、销售的产品,并处违法生产、销售产品货值金额等额以下的罚款;有违法所得的,并处没收违法所得;情节严重的,吊销营业执照。

(4) 销售失效、变质的产品的,责令停止销售,没收违法销售的产品,并处违法销售产品货值金额两倍以下的罚款,有违法所得的,并处没收违法所得;情节严重的,吊销营业执照;构成犯罪的,依法追究刑事责任。

(5) 伪造产品产地的,伪造或者使用他人厂名、厂址的,伪造或者使用认证标志等质量标志的,责令改正,没收违法生产、销售的产品,并处违法生产、销售产品货值金额等值以下的罚款;有违法所得的,并处没收违法所得,情节严重的,吊销营业执照。

(6) 产品标识不符合《产品质量法》第二十七条规定的,责令改正;有包装的产品标识不符合《产品质量法》第二十七条第(四)项、第(五)项规定,情节严重

---

① 《产品质量法》(2009 年修订)第四十条。

的,责令停止生产、销售,并处违法生产、销售产品货值金额30％以下的罚款;有违法所得的,并处没收违法所得。

(7) 拒绝接受依法进行的产品质量监督检查的,给予警告,责令改正;拒不改正的,责令停业整顿;情节特别严重的,吊销营业执照。①

(五) 其他中介机构的法律责任

1. 产品质量检验机构、认证机构的责任②

产品质量检验机构、认证机构伪造检验结果或者出具虚假证明的,责令改正,对单位处五万元以上十万元以下的罚款,对直接负责的主管人员和其他直接责任人员处一万元以上五万元以下的罚款;有违法所得的,并处没收违法所得;情节严重的,取消其检验资格、认证资格;构成犯罪的,依法追究刑事责任。

产品质量检验机构、认证机构出具的检验结果或者证明不实,造成损失的,应当承担相应的赔偿责任;造成重大损失的,撤销其检验资格、认证资格。

2. 社会团体、社会中介机构的责任③

社会团体、社会中介机构对产品质量作出承诺、保证,而该产品又不符合其承诺、保证的质量要求,给消费者造成损失的,与产品的生产者、销售者承担连带责任。

3. 广告经营者、广告发布者的责任④

在广告中对产品质量作虚假宣传,欺骗和误导消费者的,依照《中华人民共和国广告法》的规定追究法律责任。

(六) 国家机关及国家工作人员的责任

各级人民政府工作人员和其他国家机关工作人员有下列情形之一的,依法给予行政处分;构成犯罪的,依法追究刑事责任:

(1) 包庇、放纵产品生产、销售中违反本法规定行为的。

(2) 向从事违反本法规定的生产、销售活动的当事人通风报信,帮助其逃避查处的。

(3) 阻挠、干预产品质量监督部门或者工商行政管理部门依法对产品生产、销售中违反本法规定的行为进行查处,造成严重后果的。

产品质量监督部门在产品质量监督抽查中超过规定的数量索取样品或者向

---

① 《产品质量法》(2009 年修订)第四十九条至第五十六条。

② 《产品质量法》(2009 年修订)第五十七条。

③ 《产品质量法》(2009 年修订)第五十八条。

④ 《产品质量法》(2009 年修订)第五十九条。

被检查人收取检验费用的,由上级产品质量监督部门或者监察机关责令退还;情节严重的,对直接负责的主管人员和其他直接责任人员依法给予行政处分。

产品质量监督部门或者其他国家机关违反《产品质量法》第二十五条的规定,向社会推荐生产者的产品或者以监制、监销等方式参与产品经营活动的,由其上级机关或者监察机关责令改正,消除影响,有违法收入的予以没收;情节严重的,对直接负责的主管人员和其他直接责任人员依法给予行政处分。

产品质量检验机构有前款所列违法行为的。由产品质量监督部门责令改正,消除影响;有违法收入的予以没收,可以并处违法收入一倍以下的罚款,情节严重的,撤销其质量检验资格。

产品质量监督部门或者工商行政管理部门的工作人员滥用职权、玩忽职守、徇私舞弊,构成犯罪的,依法追究刑事责任;尚不构成犯罪的,依法给予行政处分。①

[案例] **免检产品再检不合格行政处罚案。**某贸易有限公司以人民币2 988.3元的价格向某钢铁有限公司订购了一批钢筋混凝土用热轧带肋钢筋297件。同月,该钢铁有限公司将其中的249件发到本市民星路93号仓库。由于接到有关单位举报,工商部门对存放于民星路阳号仓库内的钢筋进行检查。发现现场共有199件28毫米的钢筋混凝土用热轧带肋钢筋,其中100件某贸易有限公司已销售给上海屹钢联实业有限公司,尚余99件未出售。经上海市质量监督检查技术研究院检验,该199件某钢铁有限公司生产的28毫米钢筋系不合格商品。12月12日,某工商分局将《听证告知书》送达某贸易有限公司。12月13日,该贸易有限公司向某工商分局提交《陈诉与申辩书》和《协议记录》。辩称该产品为免检产品。12月19日,某工商分局作出行政处罚决定,认定该贸易有限公司销售不合格产品,决定对某贸易有限公司处以没收扣留的不合格钢筋混凝土用热轧带肋钢筋99件,该贸易有限公司不服,提起行政诉讼,要求撤销该行政处罚决定。

问题:工商行政管理部门对于流通领域内的免检产品是否能够行使监督检查的职权并在免检产品质量不合格的情况下对责任人进行处罚?

分析:根据《国务院办公厅关于印发国家工商行政管理总局职能配置内设机构和人员编制规定的通知》规定,流通领域商品质量监督管理的职能由原国家质量技术监督局划归国家工商行政管理总局。可见,工商行政管理部门对于流通

---

① 《产品质量法》(2009年修订)第六十五条。

领域内的产品质量问题,有权依照《产品质量法》的规定进行查处。《国家工商行政管理总局关于能否直接抽查"免检产品"问题的答复》规定,工商行政管理机关在开展流通领域商品质量监督检查工作中,对确定为免检的产品,在规定期限内应免于抽查。但是,各级工商行政管理机关对涉及免检产品质量等问题的申诉、举报,应依据《产品质量法》等有关法律法规的规定进行调查处理。免检产品存在严重质量问题的,依法从严进行处罚,并建议有关部门取消其免检资格。本案中,被上诉人某工商分局接到有关上诉人某贸易有限公司存放在本市民星路93号仓库内的钢筋可能存在质量问题的举报后,对某贸易有限公司进行立案调查并最终作出处罚决定符合《产品质量法》第8条、第70条规定的职权范围,也未违反《产品免检办法》之规定。①

① 上海市第二中级人民法院(2008)沪二中行终字第 239 号。

第十一章

政府与商业关系法(二)

第三部分　环境保护法

第一节　环境法的特点、目的与基本原则

《环境保护法》规定:其所称的环境"是指影响人类生存和发展的各种天然的和经过人工改造的自然资源的总称,包括大气、水、海洋、土地、矿藏、森林、草原、野生生物、自然遗迹、自然保护区、风景名胜区、城市和农村等"①。一般来讲,环境总是相对于中心而言的,人们把这个中心称为主体,把围绕着中心的周围世界称为环境。

环境区别于资源,资源是指对人有用或有使用价值的某种东西。广义的资源包括自然资源、经济资源、人力资源等各种资源;狭义的资源仅指自然资源。环境资源法领域的资源主要指自然资源,是可供人类利用的一切物质和能量总和。②

[案例]　**剧组污染环境案。**华东政法大学因为景色秀美而成为很多影视作品的拍摄地,但是由于《八月未央》剧组在电影拍摄过程中对校园环境造成很大的污染,引起了同学们和社会的谴责,当时在华东政法大学拍摄的剧组并不止《八月未央》。此事被披露之后,有网友爆出正在学校拍摄中的另一个剧组——《邹碧华》,也对校园环境造成了影响,疑似电视剧《邹碧华》剧组在图书馆楼梯上

---

① 《环境保护法》(2014 年修订)第 2 条。
② 李保民:《做强做优世界一流百题问答》,国务院国有资产监督委员会研究中心,2013年,第 36 页。

拍摄追悼会的戏,事后并没有将满地的蜡油收拾干净。无独有偶,热播电影《致我们终将逝去的青春》,这部当年一举拿下10亿元票房的青春片也曾被拍摄地南京航空航天大学的学生举报。原因是剧组在该校拍摄一场雪景时,曾使用大量的化学物品进行人工造雪。但拍摄完毕后未清理干净,残留的化学物质混入雨水流入土壤,导致多棵水杉枯黄。近年来,类似的对校园环境造成污染的案例不胜枚举。

问题:注重环境保护的理念是否与经济发展相违背?

分析:这是一个开放性题目,对于经济文化产业的发展与环境保护的关系,能否在一定范围内兼顾二者,是一个仁者见仁,智者见智的问题(可以着重从法律角度来分析)。

一、环境资源问题

环境问题是指由于自然环境、自然资源的运动变化而给人类造成的一切有害影响和危害。环境问题包括两类。第一类环境问题又称为原生环境问题,主要是由自然现象如火山爆发、地震所引起的环境问题;第二类环境问题又称为次生环境问题,主要是指由于人类的不合理的行为造成的环境问题如:植被破坏、土地荒漠化等环境问题。[1]

环境资源保护的对象是环境和资源,环境资源保护的实质和根本特征,是利用各种手段和办法,协调人与自然的关系,解决人与环境的矛盾,促进人与自然的和谐相处。[2]

二、环境法的概念与特点

环境法是指关于环境资源的开发、利用、保护、改善及其管理的各种法律规范的总和。环境法作为一门新兴的独立法律部门,除具有法律的共性外,还具有其专有的特征:

(一)广泛性

环境法的广泛性体现在三个方面:(1)保护对象的广泛性;(2)调整的社会关系的广泛性;(3)涉及主体的广泛性。

---

[1] 成岳:《环境科学概论》,华东理工大学出版社2012年版,第20页。
[2] 韩德培:《环境保护法教程》(第六版),法律出版社2012年版,第11页。

（二）综合性

环境法具有很强的综合性,其综合性体现在以下三个方面:(1)从自然科学和社会科学的分类来说,环境法综合了自然科学和社会科学的研究成果;(2)从立法体系来说,环境法结合了根本法、基本法、特别法,整合了以往的环境保护法、自然资源法、土地法、能源法、灾害防治法和区域开发整治法的内容并在此基础上进行了更高层次的综合,表明整个环境保护法体系已经走向涉及环境、经济、社会这三个领域共同的可持续发展的方向;(3)从环境法调整的方法来说,它综合运用了经济和行政的,鼓励和限制的,允许和禁止的、奖励和惩罚的等多种手段。

（三）科学技术性

环境法具有很强的科学技术性,它不仅反映经济社会规律和自然生态规律,还反映人与自然相互作用的规律。环境法科学技术性表现在它重视运用综合生态系统管理方法或生态化方法并含有许多法定化的技术性规范和技术性政策,比如环境监测规程等。

（四）公益性

环境法主要解决人与自然的矛盾,协调人与自然的关系,这种矛盾和关系主要以人类整体为紧密联系的一方,环境保护法不仅对当代人的发展具有重要意义而且着眼于子孙后代的可持续发展,是关涉人道主义性质的大业。

（五）共同性

解决人类所面临的共同的环境问题的对策、方法具有相似性。首先,环境问题是整个人类面临的共同的问题;其次,解决环境问题的有效方法、对策、措施和手段也可以进行推广,从而为其他国家所吸收与借鉴。

（六）谨慎性

谨慎是整个人类对待已经出现和尚未出现的环境问题应该持有的正确态度。这样才能有效预防和避免环境问题的出现。①

三、环境法的目的

环境法的目的是指环境立法的目的,或者说是指立法者在制定环境法时的目的,即立法者希望其所制定的环境法律所达到的目标或实现的结果。大致可以概括为以下几个方面:(1)保护和改善环境;(2)防治污染和其他公害;(3)合理

---

① 王沫:《农药管理学》,化学工业出版社 2003 年版,第 19 页。

开发、利用和可持续利用环境资源；(4)保障人体健康；(5)促进经济和社会的可持续发展。①

四、环境法的基本原则

环境法的基本原则主要有：经济、社会与环境协调发展的原则；预防为主、防治结合、综合治理的原则；环境责任原则；环境民主原则。②

（一）经济、社会与环境协调发展的原则③

经济、社会与环境协调发展的原则反映了当代世界文明进步成果的不断积累和深化，其意义主要有如下几个方面：

1. 正确反映了环境保护同经济、社会发展的关系

环境与发展是相互制约、相互促进的对立统一关系。保护环境就是保护生产力，就是保护经济、社会赖以发展的物质基础。环境问题是经济、社会发展中具有长期性、全局性的难题，环境和环境问题可以直接影响、制约经济、社会发展的方向和速度；只有保护好资源、环境，经济和社会才能持续发展。

2. 突出了可持续发展的实质

可持续发展是一种长久、稳定的发展，是从纵向历史过程的角度对发展提出的要求，是既满足当代需要、又满足后代需要的发展；协调发展是一种多头、并行的发展，是从横向关系的角度对环境保护和经济社会发展提出要求，是既满足经济社会的需要、又满足环境保护的需要的发展。

3. 体现了社会经济规律和自然生态规律的客观要求

社会经济发展既要尊重社会发展规律，又应遵循自然规律。遵循自然规律，是指在环境资源保护工作和环境法制建设中，注意环境资源的自然属性、不违背自然规律。遵循社会经济规律，是指从本国的经济和政治条件、民族传统、文化历史以及经济社会的发展趋势出发，按照环境资源活动的规律和市场经济的规律办事。只有研究环境资源活动及其在市场经济体制下运行的全过程，掌握环境保护工作的重点与市场经济最密切的部分，才能逐步把环境保护、环境建设与经济、社会有机地结合在一起。

---

① 赵景联：《环境科学导论》，机械工业出版社 2005 年版，第 13—18 页。
② 《环境保护法》(2014 年修订)第五条。
③ 经济、社会与环境协调发展的原则，又称为协调原则、可持续发展原则、协调发展原则、环境利益平衡原则。

4.体现对不同主体利益诉求的协调

经济、社会发展的根本目的是为了最大限度地满足社会对物质和文化不断增长的需要，其中包括对清洁、安全、优美、舒适的环境的需要。在市场经济体制下，各种环境资源开发利用活动无不通过市场机制影响到国家、集体和个人的利益，甚至全人类的利益。不同主体在环境资源领域所从事的各项活动，归根到底都是为了实现自己的环境资源权益。协调发展，实际是对经济利益、社会利益和环境利益的协调，是对不同主体间的利益的协调。①

（二）预防为主、防治结合、综合治理的原则②

预防为主、防治结合、综合治理的原则是指对环境污染和生态破坏进行整体的、系统的、全过程的、多种方式的防治，是对防止环境问题基本方法和措施的高度概括。

1.明确了防与治的辩证关系

该原则明确了预防和治理的关系，在强调预防为主的同时，绝不能忽视治理，而应该坚持防治结合。

2.明确了损害预防与风险预防，科学不确定性与环境保护实际行动的关系

该原则既适用于损害预防，也适用于风险预防。某些环境风险目前在科学上不可能有一个清楚、确定的认识，如果认为只有在科学能够提供有效的保护环境或维护生态安全所需的知识时才采取预防性措施，只有在不利影响得到证实之后才采取行动，等到危害后果出现后再进行治理，恐怕会导致难以想象的后果和生态危机。为了应对这些不确定性为特征的环境风险或生态风险，坚持"预防原则"无疑是决策者的理智选择。

3.针对环境问题的特点，明确了防治环境问题的基本方法和措施

该原则要求健全以政府组织为主的行政调整机制、以营利性企业为主的市场调节机制，并将这二种调节机制紧密地结合起来。强调综合运用各种环境保护的方法和手段，综合生态系统管理，重视环境法治、管理、宣传、教育、科学、技术等各项工作，注重提高人们的环境资源保护意识、道德观念、科学技术水平、环境法制观念和保护环境资源的能力，以实现对环境污染和生态破坏的治理。

---

① 经济、社会与环境协调发展原则的内容中第 2 条和第 3 条参考李挚萍：《环境法基本原则的内涵考察》，中国政法大学出版社 2013 年版，第 72—73 页。

② 又称为风险预防原则。

4. 建立健全环境管理法律制度体系

该原则集中了当代环境保护和环境管理思想的精华,是先进的环境保护战略和科学的环境管理思想的体现。重视事先控制、源头控制和多种环境介质管理、全过程管理,是建立更加节约和有效环境管理法律制度的指导原则,它将使现代环境保护战略、环境管理思想和制度更加全面、完整、科学。

(三) 环境责任原则

环境责任原则,是对"开发者保护、污染者付费、利用者补偿、破坏者补偿"等原则的概括。该原则主要包括以下内容:

1. 开发者保护

所谓开发者保护是指对环境和自然资源进行开发利用的组织和个人,有责任对生产、建设、经营活动的环境保护负责。

[案例] 鞋厂乱排废水案。2013 年 10 月以来,被告人刘某伙同他人,在未按国家规定办理工商营业执照及环境影响评价审批手续,未建设配套水污染防治等环保设施的情况下,雇用工人从事鞋模加工。其间,产生的废水未经过处理,通过连接围堰的管道排至村庄排水渠。经监测,上述加工厂总外排口废水中重金属浓度严重超标。①

问题:对于环境污染的处罚,处罚对象是谁?

分析:刘某作为负责人应该对造成的严重污染环境,且其行为已构成污染环境罪。据此法院污染环境罪判处被告人刘某有期徒刑二年八个月,并处罚金人民币五万元。

2. 污染者付费

所谓污染者付费,是指污染环境的组织或个人,有责任恢复、整顿、治理环境资源,并赔偿因此而造成的损失。

3. 利用者补偿

利用者赔偿是指开发利用环境资源的单位和个人应当按照国家的有关规定承担经济补偿责任。环境资源并非取之不尽用之不竭,基于其稀缺性,要求利用者进行补偿才能保证环境的再生产能力。

4. 破坏者恢复

这是指造成生态环境和资源破坏的单位和个人必须承担将受到破坏的环境

---

① 最高人民法院公布的 8 起环境污染案例——环境污染典型案例,最高人民法院网,2016 年 12 月 26 日。

资源予以恢复和整治的法律制度。①

（四）环境民主原则

环境民主是指公众有权通过各种途径和形式开展环境保护活动、参与对国家环境事务的管理。环境民主原则的一个重要体现是公众参与。②

环境民主原则的一项重要内容是确保公众的知情权,保障公众知情权的关键是实行环境信息公开和信息法治。环境信息公开又称环境信息披露,是一种全新的环境管理手段。它承认公众的环境知情权和批评权,通过公布相关信息,借用公众舆论和公众监督,对环境污染和生态破坏的制造者施加压力。公众有权参与解决生态环境问题的决策过程,参与环境管理并对环境管理部门以及单位、个人与生态环境有关的行为进行监督。③

[案例]　**鲁抗公司的环境保护。**山东鲁抗医药有限公司是我国抗生素生产基地之一,主要废水是有机废水和半合成废水。该公司自 20 世纪 80 年代初期以来,坚持发展和环保两手抓的经营方针,遵循"预防为主、防治结合、综合治理的原则"开展环境保护工作,投资逾一亿元资金建设了一系列废气、废液处理工程,不仅生产取得了持续稳定的发展,而且先后被评为"全国工业污染普查工作先进企业"、"山东省医药环保先进单位"。

为了防治环境污染,鲁抗的每一位员工在进入生产岗位前,都要接受环保法规和防治污染知识的教育。1998 年,公司成立了环保检查小组,协助监督生产单位推行清洁生产。在工程建设中,公司坚持"预防为主、防治结合"的原则,认真实施了环保"三原则"制度。2001 年,该公司顺利通过了 ISO14001 环保体系认证,完成销售收入 13.4 亿元,实现利税 1.8 亿元,连续多年保持在我国制药行业前列。④

问题:上述案例是怎样体现"预防为主、防治结合"的原则的?

分析:可结合前述原则来进行回答。

---

① 秦天宝:《环境法制度学说案例》,武汉大学出版社 2013 年版,第 84—85 页。

② 环境民主原则又称为公众参与原则,有的学者称之为"依靠群众保护环境的原则",也有学者称之为"环境保护的民主原则"。

③ 曹明德:《论生态法的基本原则》,《法学评论》2002 年第 6 期。

④ 刘振文:《走绿色健康路——山东鲁药投资逾亿元建设"三废"工程》,《中国环境报》2002 年 7 月 3 日。

第二节　环境保护法的基本制度与监督管理制度

环境保护法基本制度，是指为实现环境保护法的目的和任务，依据环境保护法的基本原则制定的，调整某一类或者某一方面环境保护社会关系的，具有重大意义和起主要作用的法律规范的统称。①

一、环境影响评价制度

《环境影响评价法》规定："本法所称的环境影响评价，是指对规划和建设项目实施后可能造成的环境影响进行分析、预测和评估，提出预防或者减轻不良环境影响的对策和措施，进行跟踪监测的方法与制度。"②

环境影响评价制度的主要内容③：

1. 环境影响评价的范围

环境影响评价制度包含两个方面的内容，即规划项目的环境影响评价和建设项目的环境评价。④

2. 环境影响评价的原则

环境影响评价必须客观、公正、公开、综合考虑规划或者建设项目实施后对各种环境因素及其所构成的生态系统可能造成的影响，为决策提供科学依据。⑤

3. 环境影响评价报告文件的形式

依据《环境影响评价法》，环境影响评价文件主要有：综合性规划的有关环境影响的篇章或者说明，专项规划的环境影响报告书；建设项目根据其影响程度，实行分类管理分别编制：环境影响报告书、环境影响报告表、环境影响登记表。⑥

4. 环境影响评价的程序

（1）规划项目环境影响评价文件的编制和审批程序。综合型规划的编制机关，应当在规划编制过程中组织进行环境影响评价，编写该规划有关环境影响的篇章或者说明，作为规划草案的组成部分一并报送规划审批机关。未附送环境

---

① 刘光显、赵康：《企业经济法》，江西人民出版社 1990 年版，第 281 页。

② 《环境影响评价法》（2016 年修订）第二条。

③ 秦天宝：《环境法　制度·学说·案例》，武汉大学出版社 2013 年版，第 108—110 页。

④ 胡志民、施延亮、龚建荣：《经济法教程》，复旦大学出版社 2012 年版，第 365 页。

⑤ 《环境影响评价法》（2016 年修订）第四条。

⑥ 《环境影响评价法》（2016 年修订）第七条至二十八条（第二章和第三章）。

影响报告书的,审批机关不予审批。①

专项规划的编制机关,应当在该专项规划草案上报审批前,组织进行环境影响评价,并向审批该专项规划的机关提出环境影响报告书。②

设区的市级以上人民政府在审批专项规划草案、作出决策之前,应向人民政府指定的环境保护行政主管部门或者其他部门召集有关部门代表和专家组成审查小组,对环境影响报告书进行审查。并应当提出书面审查意见。参加前款规定的审查小组的专家,应当从按照国务院环境保护行政主管部门的规定设立的专家库内的相关专业的专家名单中,以随机抽取的方式确定。审查小组提出修改意见的,专项规划的编制机关应当根据环境影响报告书结论和审查意见对规划草案进行修改完善,并对环境影响报告书结论和审查意见的采纳情况作出说明;不采纳的,应当说明理由。设区的市级以上人民政府或者省级以上人民政府有关部门审批专项草案,应将环境影响报告书结论意见审查意见作为决策的重要依据。未采纳的应当作出说明,并存档备查。③

(2)建设项目环境影响评价文件的编制和审批程序。环境影响评价文件中的环境影响报告书或者环境影响报告表,应当由具有相应环境影响评价资质的机构编制。④建设项目的环境影响报告书、报告表,由建设单位按照国务院的规定报有审批权的环境保护行政主管部门审批。海洋工程建设项目的海洋环境影响报告书的审批,依照《中华人民共和国海洋环境保护法》的规定办理。审批部门应当自收到环境影响报告书之日起六十日内,收到环境影响报告表之日起三十日内,分别作出审批决定并书面通知建设单位。国家对环境影响登记表实行备案管理。⑤

二、"三同时"制度

(一)"三同时"制度的概念⑥

建设对环境的有影响的一切建设项目,必须依法执行环境保护设施与主体工程同时设计、同时施工、同时投产使用的制度,简称"三同时"制度。

---

① 《环境影响评价法》(2016年修订)第七条。
② 《环境影响评价法》(2016年修订)第八条。
③ 《环境影响评价法》(2016年修订)第十三条、第十四条。
④ 《环境影响评价法》(2016年修订)第二十条。
⑤ 《环境影响评价法》(2016年修订)第二十二条。
⑥ 《环境保护法》(2014年修订)第四十一条。

"三同时"制度是我国环境管理工作的创举,是我国环境保护法规定的一项基本法律制度,是与其他影响评价制度相辅相成的一项制度。

(二)"三同时"制度的主要内容

1. "三同时"制度的适用范围

"三同时"制度最初只适用于新建、改善和扩建的企业,后来其使用范围不断扩大,现已扩大至以下几个方面:

(1) 新建、改建、扩展项目。

(2) 技术改造项目。

(3) 一切可能对环境造成污染或者破坏的开发建设项目。

(4) 确有经济效益的综合利用项目。[①]

2. "三同时"制度的具体内容

(1) 建设项目的初步设计,应当按照环境保护设计规范的要求,编制环境保护篇章。

(2) 建设项目的施工,环境保护设施必须与主体工程同时施工。

(3) 建设项目的主体完工后,需要进行试生产的,其配套建设的环境保护实施必须与主体工程同时投入试运行。

(4) 建设项目竣工后,建设单位应当向审批该项目影响报告书(表)或登记表的环境保护行政主管部门,申请该项目需要配套建设环境保护设施竣工验收的,应当与主体工程同时进行验收。

(5) 建设项目需要配套建设的环境保护设施验收合格,该项目方可正式投入生产或使用。

3. 建设项目竣工环境保护验收的条件

根据《建设项目竣工环境保护验收管理办法》,建设项目竣工环境保护验收的条件共有九项。符合验收条件的建设项目,经环境保护行政主管部门验收合格,批准该项目竣工环境保护验收申请报告、申请表或者验收登记卡的,经过核查批准后该建设项目方可正式投入生产或者使用。[②]

三、征收排污费制度

(一)征收排污费的概念

征收排污费,亦称排污收费,是指国家环境保护行政主管部门根据环境保护

---

① 杨宇冠:《中国法律》,中国政法大学出版社 2012 年版,第 301—302 页。

② 《建设项目竣工环境保护验收管理办法》(2010 年修订),第十六条、第十七条。

法律、行政法规的规定,对直接向环境排放污染物的单位和个体工商户征收一定数额的费用。①

(二)征收排污费制度的主要内容②

1. 征收排污费的对象

排污费的征收一般是直接向环境排放污染物的单位和个体工商户征收,应当按照《条例》③的规定缴纳排污费。

2. 征收排污费的范围和依据

排污者按照下列规定,缴纳排污费:第一,依据《大气污染防治法》《海洋环境保护法》的规定,向大气、海洋排放污染物的,按照排放污染物的种类、数量缴纳排污费;第二,依照《水污染防治法》的规定,向水体排放污染物的,按照排放污染物的种类、数量缴纳排污费;向水体排放污染物超过国家标准或者地方规定的排放标准的,按照排放污染物的种类、数量加倍缴纳排污费;第三,依照《固体废物污染环境防治法》的规定,没有建设工业固体废物贮存或者处置的设施、场所,或者工业固体废物贮存或者处置的设施、场所不符合环境保护标准,按照排放污染物的种类、数量缴纳排污费;以填埋方式处置危险废物不符合国家规定的有关标准的,按照排放污染物的种类、数量缴纳危险废物排污费;四是依照环境噪声污染防治法的规定,产生环境噪声超过国家环境噪声标准的,按照排放噪声的超标声级缴纳排污费。

四、排污许可证制度

排污许可证制度指排污单位向国家环境保护行政主管部门提出申请后,环境保护行政主管部门经审查发放的允许排污单位排放一定数量污染物的凭证。排污许可证制度的主要内容主要包括:

(一)排污申报登记④

排污申报的单位,必须在指定的时间内,向当地环境保护行政主管部门办理

---

① 胡志民、施延亮、龚建荣:《经济法教程》,复旦大学出版社 2012 年版,第 368—369 页。附:征收排污费制度又称为环境保护税费制度,有学者把排污费和生态补偿费作为环境保护税费制度的两个方面。

② 中国生态补偿机制与政策研究课题组:《中国生态补偿机制与政策研究》,科学出版社 2007 年版,第 63 页。

③ 《排污费征收使用管理条例》(2002 年)第二条第一款(这里的条例指的是《排污费征收使用管理条例》(1992))。

④ 《排污费征收使用管理条例》(2002 年)第六条。

排污申报登记手续，并提供有关资料。

排污单位必须如实填写申报登记表，经本单位主管部门核实后，报当地环境保护行政主管部门审批。

企事业单位的新建和技术改造项目，应在试产前 3 个月内向当地环境保护行政主管部门进行排污申报登记。

排污单位排放污染物的种类、数量、浓度有重大变化或者改变排放方式，排放去向时，应提前 15 天向当地环境保护行政主管部门申请履行变更登记手续。

（二）确定本地区污染物排放总量控制指标和分配污染物总量削减指标

地区污染物总量控制指标，可以根据水体功能或者水质目标的要求确定；污染物总量削减指标，可以根据水环境和污染物排放现状确定。

（三）排污许可证的审核和发放

环境保护行政主管部门收到排污单位填报的《排污申报登记表》后，应当对其申报登记的内容进行审查、核实。对不超过污染总量控制指标的排污单位，颁发《排放许可证》对超过排污总量控制指标的排污单位，颁发《临时排放许可证》，并限期削减排放量。

（四）排污许可证的监督与管理

排污单位必须严格按照排污许可证的规定排放污染物，并按规定向当地环境保护行政主管部门报告本单位的排污情况。

违反《排污许可证》规定额度超量排污的，当地环境保护行政主管部门根据情节，有权中止或吊销《排放许可证》。

五、限期治理制度

（一）限期治理制度的概念和特点

限期治理制度是指对污染严重的项目、行业、区域和位于特别保护区超标排污的污染源，由有关国家机关依法限定其在一定期限内，完成治理任务，达到治理目标的规定的总称。限期治理具有以下几个特点：

1. 法律强制性。企业事业单位和其他生产经营者超过污染物排放标准或者超过重点污染物排放总量控制指标排放污染物的，县级以上人民政府环境保护主管部门可以责令其采取限制生产、停产整治等措施；情节严重的，报经有批准权的人民政府批准，责令停业、关闭。①这些规定都体现了限期治理制度的强

---

① 《环境保护法》(2014 年修订)第六十条。

制性特点。

2. 明显的时间要求。它具体规定了完成治理任务的时间,有明确的时间要求作为承担法律责任的依据之一。

3. 具体的治理任务。体现治理任务的主要衡量尺度即是否符合排放标准和是否达到消除或者减轻污染的效果。

(二)限期治理的内容

1. 限期治理的对象

限期治理的对象有五个:一是对环境造成严重污染的排污单位,限期治理;二是位于特别保护区(如风景名胜区、自然保护区)内的超标排污的污染源,限期治理;三是,超过排放污染物总量控制指标的单位,限期治理;四是,未完成排污削减任务的单位,限期治理;五是,在特殊保护区内的排污设施,限期治理。[①]

2. 限期治理的内容

(1)限期治理的目标。对于具体的污染源的限期治理,其目标是达标排放;对于行业污染源的限期治理,可以要求分期分批逐步做到所有的污染源都达标排放;至于区域环境污染的限期治理,则要求通过治理达到适用于该地区的环境质量标准。

(2)限期治理期限。限期治理的期限不宜过长,应尽量做到科学、合理。计划性限期治理项目,多为一年,也有两三年;随机性期限治理目标期限较短,一般从几个月到一年。

六、突发环境事件应急预案制度

(一)突发环境事件的概念与特点

突发环境事件,是指突然发生,造成或者可能造成重大人员伤亡、重大财产损失和全国或者对某一地区的经济和社会稳定、政治安定构成重大威胁和损害,有重大社会影响的涉及公共安全环境事件。突发环境事件的特征:发生的突然性;形式的多形性;危害的严重性;处理处置的艰巨性的特点。

(二)突发环境事件应急预案制度的主要内容

1. 应急预案的适用范围

该预案适用于应对以下各类事件:(1)超出事件发生地省(区、市)人民政府突发环境事件处置能力的应对工作;(2)跨省(区、市)突发环境事件应对工作;

---

① 杨宇冠:《中国法律》,中国政法大学出版社2012年版,第307页。

（3）国务院或者全国环境保护部际联席会议需要协调、指导的突发环境事件次生、衍生的环境事件。

2. 突发环境事件的等级

一共分为四级：特别重大环境事件；重大环境事件；较大环境事件；一般环境事件。①

3. 突发环境事件管理的运行机制

（1）预防和预警机制。全国环境保护部际联席会议有关成员单位按照早发现、早报告、早处置的原则，开展对国内（外）环境信息、自然灾害预警信息、常规环境监测数据、辐射环境监测数据的综合分析、风险评估工作；国务院有关部门和地方各级人民政府及其相关部门，负责突发环境事件信息接收、报告、处理、统计分析预警信息监控，并开展污染源、放射源和生物物种资源的调查以及突发环境事件的假设、分析和风险评估工作，完善各类突发环境事件应急预案。

（2）对突发环境事件应坚持属地为主实行分级响应机制。对突发环境事件的报告实行 1 小时报告制。突发环境事件的报告分为初报、续报和处理结果报告三类。初报从发现事件后起 1 小时内上报；续报在查清有关基本情况后随时上报；处理结果报告在事件处理完毕后立即上报。

根据需要，国务院有关部门和部际联席会议成立环境应急指挥部，负责指挥、协调突发环境事件的应急工作。

（3）应急终止条件和程序。符合下列条件之一的，即满足应急终止条件：事件现场得到控制，事件条件已经消除；污染源的泄漏或者释放已降至规定限值以内；事件已造成的危害彻底消除；事件所造成的危害已经彻底消除，无继发可能；事件现场的各种专业应急处置行动已无继续的必要；采取了必要的防护措施以保护公众免受再次伤害，并使事件能够引起的中长期影响能够趋于合理且尽量低的水平。

应急终止的程序：现场救援指挥部确认终止时机，或者事件责任单位提出，经现场救援指挥部批准；现场救援指挥部向所属各专业应急救援队伍下达应急终止命令；应急状态终止后，相关类别环境事件专业应急指挥部应根据国务院有关指示和实际情况，继续进行环境监测和评价工作，直至其他补救措施无须继续进行为止。②

---

① 《国务院办公厅关于印发国家突发环境事件应急预案的通知》国办函〔2014〕119 号。
② 刘晓纯：《工业生产经营法教程》，天津大学出版社 2011 年版，第 230—234 页。

七、环境监测

（一）环境监测的概念和特点

环境监测是指依法从事环境监测的机构及其工作人员，按照有关法律法规和技术规范规定的程序和方法，运用物理、化学或生物等方法，对环境资源各项要素或污染物的状况进行监测，分析环境污染因子及其可能对生态系统产生影响的环境变化，评价环境质量，编制环境监测报告的活动。[1]

1. 环境监测的内容包括三项

物理指标的测定，包括噪声、振动、热能等水平的测定。

化学指标的测定，包括各种化学物质在空气、水体、土壤和生物体内的水平的测定。

生态系统的监测，主要监测由于人类活动引起的生态系统的变化，如乱砍滥伐森林、草原和过度放牧引起的水土流失及土地沙化、臭氧层破坏等。

2. 环境监测的特点包括三个方面[2]

（1）综合性。主要包括：一是监测的手段包括化学手段、物理手段、生物化学手段等一切表征环境质量的方法；二是监测的对象包括空气、水体、土壤、生物等；三是对监测数据进行统计处理、综合分析。

（2）连续性。基于环境污染具有时空性的特点，只有坚持长期测定，才能从大量的数据中揭示其变化规律，预测其发展趋势，监测的数据越多，预测的准确度就越高。

（3）追踪性。环境监测包括监测目的的确定，坚持计划的制定、采样样品的运送及保存、实验室测定到的数据整理等过程，是一个复杂而又有联系的系统、任何一步的差错都将影响最终数据的质量。为使数据具有准确性、可比性、代表性和完整性，需要有一个量值追踪体系予以监督。为此，需要建立和完善环境监测的质量保证体系。

（二）环境监测的管理

环境监测管理(广义)是指通过运用经济、法律、技术、行政等手段，有效动员和配置环境监测资源，科学地开展环境监测，确保环境监测及时、准确、全面地反映环

---

[1]　秦天宝：《环境法——制度、学说、案例》，武汉大学出版社 2013 年版，第 132 页（注：《环境科学大辞典》，环境科学出版社 1991 年版，第 297 页对环境监测是指人们对影响人类和其他生物和发展的环境质量状况进行的监视性测定的活动）。

[2]　蔡守秋：《环境资源法学》，人民法院出版社 2003 年版，第 177 页。

境质量及变化趋势,从而达到为环境管理、经济社会发展提供高效服务的目的。

1. 环境监测机构

(1) 环境监测管理机构。依照《全国环境监测管理条例》的规定,国家环境保护总局设置全国环境监测管理机构,各省、自治区、直辖市和重点省辖市的环境保护行政主管部门设置监测处和科,市以下的环境保护行政主管部门设置相应的环境监测管理机构或者专人,国务院其他有关部门各级环境保护机构中设置环境监测管理人员,统一管理环境监测工作。

(2) 环境监测工作机构。依照《全国环境监测管理条例》的规定,全国环境保护系统设置四级环境监测站。一级站是中国环境监测总站,二级站是省环境监测中心站,三级站是省辖市环境监测站(或中心站),四级站是县、旗、县级市、大城市的区设置的环境监测站。

2. 环境监测网

基于环境的区域性特征和环境监测的基本职能,为了及时、准确地掌握全国和各地区环境质量状况和污染变化动态,必须把全国各方面的监测力量组织起来,明确分工,加强协作,互相配合,形成全国环境监测网络,共同做好环境监测工作,更好地为经济建设和环境管理服务。

环境监测网分为国家级、省级网和市级网三级。上下级环境监测网之间为业务技术指导与被指导关系;环境监测网内各成员单位互为协作关系,其业务、行政隶属关系不变。

环境监测网的任务:(1)在统一规划指导下,依照有关法律、法规所规定的分工,协调开展环境质量监测和污染源监测工作;(2)收集、汇总监测信息资料,及时提出国家和地方环境质量状况和污染源动态分析报告,为环境管理服务;(3)统一监测技术规范和方法,开展国内外的监测技术交流,开发监测新技术,推动监测技术进步;(4)开展跨区域、跨行业的污染调查及较大的监测业务活动;(5)指导下级监测网的工作。

3. 环境监测员

环境监测员是由国家在各级环境监测站设立的专门从事环境监测工作的人员,是环境监测站对各单位以及个人排放污染物情况和破坏或者影响环境质量的行为进行监测和监督检查的代表。环境监察员在执行监督检查任务时,应穿统一设计的服装和佩戴监察员标志。

4. 环境监测报告制度

为了加强对环境监测报告的管理,实现环境监测数据、资料管理制度化,确保环境监测信息的高效传递,提高环境决策与管理服务的及时性、针对性、准确性和系统性。国家环境保护局于 1996 年发布了《环境监测保护制度》,其主要内容是:

(1)环境监测报告的种类。环境监测报告分为数据型和文字型两种。数据型报告是指根据监测原始数据编制的各种报表、软盘等;文字型报告是指依据各种监测数据及综合计算结果所作的以文字表述为主的报告。

(2)环境监测报告的管理。环境监测站的各类监测报告、数据、资料、成果均为国家所有,任何个人不得占有;属于保密范围内的监测数据、资料必须严格按照国家保密制度进行管理;未经市级以上环境保护行政主管部门许可,任何单位和个人不得向外单位提供、引用和发表尚未正式公布的监测报告、监测数据和相关资料。①

[案例]　国家突发环境事件应急预案。2008 年 5 月 12 日 1 时 28 分,四川省汶川县发生里氏 8.0 级强烈地震,陕西、甘肃、青海、山西等省、区、市普遍有震感。2008 年 5 月 13 日,环境保护部发布《关于启动〈国家突发环境事件应急预案〉的决定》,指出这次地震灾害损失十分严重,次生灾害产生的环境问题十分突出。按照党中央、国务院部署,环境保护部决定全面启动《国家突发环境事件应急预案》,成立环境保护部防范和应对地震次生环境灾害应急指挥部,周建副部长任总指挥,在中央抗震救灾总指挥部的统一领导下,实施突发环境事件一级响应。

通知强调,四川省环保局要按照特别重大突发环境事件级别启动应急响应机制,切实防范和妥善应对地震次生环境灾害。通知还要求,陕西、甘肃、宁夏、青海、山西、山东、河南、湖北、湖南、重庆、贵州、云南、西藏等省(自治区、直辖市),要按照重大突出环境事件级别启动应急响应机制,认真开展应急监测和环境安全隐患排查工作,切实落实应急预案规定的各项应急措施,严密防范次生环境灾害。

根据环境保护部统一部署,李干杰副部长率领环境保护部现场工作组,赴灾区现场协调、指导当地政府防范和应对次生环境灾害工作;西南、西北环境监察中心和四川核安全监督站相关人员到地震灾害严重的地区,协助当地的环境应急工作。环境保护部还向四川、宁夏、甘肃、青海、陕西、山西等地发出紧急通知,要求各级环保部门严密监控核设施的环境状况,确保核与辐射安全万无一失;及时了解化工厂、危险化学品、污水处理场等环境敏感设施和区域的相关情况,防控可能出现的环境污染事故;发扬"一方有难、八方支援"的精神,急灾区所急,帮

---

① 陶信平:《环境资源法学》,西安交通大学出版社 2006 年版,第 57 页。

灾区所需,积极主动支援抗震救灾工作。

由于部署及时、措施得当,有效防治了次生灾难引发的环境问题的发生。

问题:环境突发事件应急制度的主要内容是什么?

分析:参见本章节前文内容。

第三节 自然资源法

一、自然资源法的概述

自然资源概念因人们价值认识和需要的差异而不同。联合国环境规划署的定义为:在一定时间和技术条件下,能够产生经济价值,提高人类当前和未来福利的自然环境因素的总称。[①]

自然资源法是调整人们在开发、利用、保护和管理自然资源过程中发生的各种社会关系的法律规范的总称。一般包括土地法、水法、矿产资源法、森林法、草原法、海洋法、海域使用法、渔业法、野生动植物资源法、气候资源法等。[②]

二、自然资源权属

自然资源权属制度是有关自然资源归谁所有、使用以及由此产生的法律后果由谁承担的一系列法律、法规的总和,是自然资源利用管理中最具有影响力、不可缺少的基本制度。目前,我国的自然资源权属制度主要包括两个方面:一是自然资源的所有权;二是自然资源的使用权。[③]

---

① 联合国环境规划署(UNEP, 1972)对自然资源的解释,不同的人对于自然资源的定义有所不同。《辞海》对自然资源的定义为:指天然存在的自然物(不包括人类加工制造的原材料)并有利用价值的自然物,如土地、矿藏、水力、生物、气候、海洋等资源,是生产的原料来源和布局场所。联合国环境规划署的定义为:在一定的时间和技术条件下,能够产生经济价值,提高人类当前和未来福利的自然环境因素的总称。于光远的定义为:自然资源是指自然界天然存在、未经人类加工的资源,如土地、水、生物、能量和矿物等。狭义的自然资源只包括实物性资源,即在一定社会经济技术条件下能够产生生态价值或经济价值,从而提高人类当前或可预见未来生存质量的天然物质和自然能量的总和。广义的自然资源则包括实物性自然资源和舒适性自然资源的总和。

② 戚道孟:《自然资源法》,中国方正出版社 2005 年版,第 1 页。

③ 杨宇冠:《中国法律》,法律出版社 2012 年版,第 326 页。

（一）自然资源的所有权

自然资源所有权按照权属的主体可分为自然资源国家所有权、集体所有权和个人所有权。按自然资源的种类可分为土地资源所有权、森林资源所有权、水资源所有权、矿产资源所有权、野生动植物所有权。

自然资源国家所有权的取得方式有三种：（1）法定取得，是指国家根据法律规定直接取得自然资源的所有权，它是我国国家资源所有权的取得的主要方式；（2）强制取得，是指国家可以凭借其依法享有的权力，不顾所有人的意志，采用国有化、没收、征收、征用等强制手段取得自然资源的所有权；（3）天然孳息和自然添附，天然孳息是指自然资源依自然规律产生出来的新的自然资源；自然添附是指自然条件作用下而使自然资源产生或者增加的情况。

（二）自然资源的使用权

自然资源使用权，是单位和个人依法对国家所有的或者集体所有的自然资源进行实际使用并取得相应利益的权利。自然资源的使用权按自然资源的类别可以分为土地、草原、森林、矿产、水、海洋、野生动植物资源使用权等；按自然资源的归属可分为国有自然资源使用权和集体自然资源使用权；按使用人是否向所有人支付使用费，分为有偿使用权和无偿使用权；按使用权是否预定了使用期限分为有期限使用权和无期限使用权。[①]

根据我国有关法律、法规的规定，我国自然资源使用权的取得通常有四种方式：（1）确认取得，即自然资源的现实使用人依法向法律规定的国家机关申请登记，由其登记造册并核发使用权证的情况；（2）授予取得，即单位和个人向法定的国家机关提出申请登记，国家机关依法将被申请的自然资源的使用权授予申请人的情况；（3）转让取得，即单位或个人通过自然资源使用权的买卖、出租、承包等形式取得自然资源使用权的情况；（4）开发利用取得，即单位和个人依法通过开发利用活动取得相应自然资源使用权。

三、水法

（一）水资源的概念和特点

我国《水法》适用的水资源，是指地表水和地下水；海水的开发、利用、保护和

[①]　贾登勋、任海涛：《环境与资源保护法论丛：西部环境、资源、生态法治研究》（第三辑），兰州大学出版社 2007 年版，第 113 页。

管理,依照有关的法律的规定执行。①

水资源是具有自然属性、社会属性和经济属性等多种属性的自然资源,其主要特点如下:

水资源以水生态系统的形式存在,具有整体性、区域性和流动性。这些特点要求人们在开发、利用水资源时必须遵循自然生态规律和区域经济社会发展规律。

水资源的双重属性和功能多样性。水资源既有造福于人类的一面,也有造成洪涝灾害使人类生命财产受到严重损失的一面。

水资源时空分布不均。

水资源的总量有限。

水资源同时具有相对的专有性和共享性。②

(二)《水法》的主要内容

《水资源法》简称《水法》,是指有关水资源开发、利用、保护、治理及其管理的各种法律表现形式的总称,是自然资源法的一个领域。《水法》包括非常丰富的内容,主要有以下几个方面:

1. 水资源管理体制

国家对水资源实行流域管理与行政区域管理相结合的管理体制。国务院水利行政部门负责全国水资源的统一管理和监督工作。③

2. 水资源开发、利用和保护的基本要求

《水法》强化水资源的统一管理,明确规定:"开发、利用、节约、保护水资源和

---

① 国际上水资源这一名词出现于正式场合,最早是 1894 年美国地质调查局(USGS)设立了水资源处(WRD),其业务范围主要是地表河川径流和地下水的观测,以及相关资料的整编和分析等。显然,在这里水资源是作为陆面地表水和地下水的总称。《不列颠百科全书》将水资源解释为:"自然界一切形态的水,包括气态、液态和固态水的总量"。这一定义失之过于宽泛,没有反映水资源的若干本质特征。在 1963 年的英国《水资源法》中,认为水资源是"具有足够数量的可用水"。该定义虽较前者严格,但缺乏科学基础和可操作性。联合国教科文组织(UNESCO)和世界气象组织(WMO)在 1988 年对水资源的定义是:"可供利用或有可能被利用、具有足够数量和可用质量、并为适应特定地区的水需求而能长期供应的水源",在可操作性上推进了一步。2002 年 8 月 29 日第九届全国人民代表大会常务委员会第二十九次会议通过的《中华人民共和国水法》指出:"水资源包括地表水和地下水",仍未能全面反映可持续发展不同层面的需求。对水资源认识上的差异是如此之大,其根本原因在于其储量有限而用途广泛和不可替代,具有多种贮存环境和复杂转化机制,而从各个侧面给出的水资源定义及其评价口径缺乏内在的一致性和层次性。

② 刘汉湖、裴宗平:《水资源评价与管理》,中国矿业大学出版社 2007 年版,第 2—3 页。

③ 《中华人民共和国水法》(2002 年修订)十二条。

防治水害,应当全面规划、统筹兼顾、标本兼治、综合利用、讲求效益,发挥水资源的多种功能,协调好生活、生产经营和生态环境用水。"①

概括起来主要有:开发利用与保护相结合,水资源可持续利用,生活用水优先,计划用水和节约用水,鼓励科学管理和利用水资源,水资源的流域管理和区域管理相结合的制度。

3. 水资源的开发、利用和保护的基本原则

水资源的开发、利用和保护的基本原则包括:水资源开发利用规划制度、水资源有偿使用制度、水资源信息管理制度、水利工程可行性管理报告制度、水资源保护生态补偿制度、饮水水源地保护制度、河道采砂许可制度、取水许可证制度、节约用水制度、用水总量控制与定额管理相结合制度。

4. 水纠纷处理机制②

不同行政区域之间发生水事纠纷的,应当协商,协商不成的,由上一级人民政府裁决,有关各方必须遵循执行。单位之间、个人之间、单位与个人之间发生的水事纠纷,应当协商解决;当事人不愿意协商的或者协商不成的,可以申请县级以上地方人民政府或者其授权的部门调解,也可以直接向人民法院提起民事诉讼。县级以上人民政府或者其授权的部门协调不成的,当事人可以向人民法院提出民事诉讼。在水事纠纷解决前,当事人不得单方面改变现状。

四、矿产资源法

(一) 矿产资源的概念与特征

矿产资源是人类赖以生存和发展的生产资料和生活资料的重要来源,是国家经济建设的重要物质基础。③矿产资源是由地质作用形成的,具有利用价值

---

① 《中华人民共和国水法》(2002 年修订)第四条。

② 《中华人民共和国水法》(2002 年修订)第五十六条。

③ 由于矿产资源的开发利用历史悠久,人类对其认识也在不断深化,不同学科领域的专家对矿产资源的理解、要求不尽相同,地质专家主要侧重于矿产资源的形成、赋存等方面,找矿专家主要强调矿产资源的贮存状态和数量(即矿产储量),而经济、管理专家则主要强调矿产资源的经济意义。因此,这就使得矿产资源的定义各有不同。比较常见而权威的定义分以下几种:(1)矿产资源是贮存于地壳内部或表面,呈固态、液态或气态的地质作用产物。它既包括在当前的技术经济条件下可以开发利用的物质,又包括在未来的条件下具有潜在价值的物质(《地质辞典(五)地质普查勘探技术方法分册上册》,1982 年)。(2)矿产资源是指今后几十年中具有经济意义的原地资源,它包括经济上可采的(实际上的储量)及次经济和边界经济的资源(《矿产资源的国际分类系统》,1979 年,联合国矿产资源定义和术语专家小组)。(转下页)

的,呈固态、液态、气态的自然资源。①

(二)《矿产资源法》的主要内容

《矿产资源法》是有关矿产资源的勘探、开采、选洗、加工、利用、保护和管理的各种法律的表现形式的总称。《矿产资源法》是最重要的矿产资源法律,主要内容如下:

1. 矿产资源的所有权和监督管理制度。矿产资源属于国家所有,由国务院行使国家对矿藏资源的所有权,地表和地下的矿产资源的国家所有权,不因其所依附的土地的所有权或者使用权的不同而改变。国务院地质矿产主管部门主管全国的矿产资源的勘察、开发的监督管理工作。②

2. 矿产资源的规划制度。矿产资源的规划制度包括全国性矿产资源规划、地区性的矿产资源规划和行业性的矿产资源规划。其中全国性的矿藏资源规划分为全国性矿产资源总体规划和专项规划。

3. 矿产资源勘察管理制度。勘查矿产资源必须依法申请、经批准取得采矿权,并办理登记;但是已经依法申请取得采矿权的矿山企业在划定的矿区范围内为本企业的生产而进行的勘探除外,国家对矿产资源勘察实行统一的区块登记制度。

4. 矿产资源开采管理制度。开采矿产资源必须依法申请、经批准取得开矿权,并办理登记。开采矿产资源,必须遵循有关环境保护的法律规定,防止污染环境。开采矿产资源给他人造成生产、生活损失的,应当负责赔偿,并采取必要的补救措施。

5. 矿产资源的有偿使用制度。《中华人民共和国矿产资源法》规定:"国家实行探矿权、采矿权有偿取得的制度。"其后又有几部法律、行政法规对此项制度进行了具体的规定。③

(接上页)(3)将勘探储量 A、B、C1 和初步评价储量 C2 合称为储量,将 P1、P2、P3 等预测储量称为资源,资源总量等于储量加预测资源量加暂不能利用资源量(《固体矿产储量和预测资源的分类》,苏联,1981 年)。(4)矿产资源总量定为矿产储量加次经济矿产资源量加潜在的矿产资源量(《地质新闻》1986 年第 11 期,矿产资源研究,日本学者立见辰雄)。(5)在地壳内部或表面天然形成的固、液或气态物质的堆积体,它们现在或潜在有可能成为有经济价值的开采对象(美国矿业局和地调所,1976 年)。

① 《矿产资源实施细则》(1994 年)第二条。
② 《矿产资源法》(1996 年)第三条。
③ 《矿产资源法》(1996 年)第五条。

[案例]　**私自开采矿产资源案。**2010 年 9 月 2 日武冈市国土资源局执法监察大队工作人员在动态巡查时,发现 W 镇 S 村王某某、肖某某未经批准,擅自在"唐家"处开采碳质页岩(俗称"煤矸石")矿产资源。执法人员当即下发《责令停止国土资源违法行为通知书》,责令其立即停止非法开采行为,并于当日经武冈市国土资源局负责人批准予以立案,由该局执法监察大队对王某某、肖某某无证开采碳质页岩资源的行为进行调查。在调查中,执法人员发现王某某、肖某某租用了挖掘机一台,对山场中煤矸石上的盖山土进行剥离。6 月 13 日,王某某、肖某某未取得采矿许可证就擅自指挥挖掘机在该处开采碳质页岩,并将挖掘出来的碳质页岩直接装载到运输车上,销往武冈某建筑公司砖厂和武冈某机制砖厂用于制砖配料。因天气原因及躲避政府有关部门的检查,生产时断时续,从当事人提供的《煤矸石装车数及出售金额登记本》及武冈某建筑公司砖厂和武冈某机制砖厂出具的《销售煤矸石证明》查实,自 2010 年 6 月 13 日至 9 月 10 日共销售碳质页岩 3 620 吨,实现销售收入 46 800 元。王某某、肖某某的违法事实成立,应当依法给予相应的行政处罚。

问题:为什么对私自开采矿产资源的行为进行处罚?

分析:《矿产资源法》第三条第三款规定:"勘查、开采矿产资源,必须依法分别申请、经批准取得探矿权、采矿权,并办理登记;……"《矿产资源法》第三十九条第一款规定:"违反本规定,未取得采矿许可证擅自采矿的,……责令停止开采、赔偿损失,没收采出的矿产品和违法所得,可以并处罚款;拒不停止开采,造成矿产资源破坏的,依照刑法第一百五十六条的规定对直接责任人员追究刑事责任。"《矿产资源法实施细则》第四十二条第(一)项规定:"未取得采矿许可证擅自采矿的……处以违法所得 50％ 以下的罚款。"王某某等人无证开采碳质页岩行为,违反了《矿产资源法》第三条第三款规定,应按照《矿产资源法》第三十九条第一款规定予以处罚。矿产资源的开采应严格依据《矿产资源法》,对私自开采矿产资源的行为进行处罚是为了保护全体公民乃至全人类的合法权益。①

五、森林法

森林是一个高密度树林的区域,由树木为主体所组成的地表生物群落;是以

---

① 选自案例:《王某某等人无证开采页岩矿产资源行政处罚案》,WGDC〔2011〕第 6 号。

林木为主体的生态系统。①森林可以理解为森林资源。

森林法的主要内容：

森林保护法,简称森林法,为了保护、培育和合理利用森林资源,加快国土绿化,发挥森林蓄水保土、调节气候、改善环境和提供林产品的作用,适应社会主义建设和人民生活的需要,特制定本法。②其内容如下:

(1) 森林权属及林业建设方针、林业基金。森林资源属于国家所有,由法律规定属于集体所有的除外;全民所有制单位营造的林木,由经营者按照国家规定支配林木受益;集体所有制单位营造的林木,归该单位所有;农村居民在房前屋后、自留地、自留山种植的林木,归个人所有,城镇居民和职工在自有房屋的庭院内种植的林木,归个人所有;集体或者个人承包的林木归承包的集体或者个人所有。

(2) 征用林地制度。对于必须占用或者征用的林地,经县级以上人民政府林业主管部门核准同意后,依照有关土地的法律、行政法规办理建设用地的审批手续,并由用地单位依照国务院有关规定缴纳森林、植被恢复费。

(3) 关于森林保护的规定。建林护林组织,负责护林工作;设立森林公安机关,保护森林资源;开展森林防火、森林病虫害防治、禁止毁林行为;建立自然保护区。国家设立森林生态效益补偿基金,用于提供生态效益的防护林和特种用途的森林资源、林木的营造、抚育、保护和管理。③

(4) 关于植树造林的规定。各级政府应当制定植树造林的规划,因地制宜

---

① 同矿产资源一样,森林因具有不同的价值,从不同学科的角度得出不同的定义:(1)生态学家认为:森林是陆地生态系统的主体,是自然界功能最完善的资源库,生物库,蓄水库,能源库。具有调节气候,涵养水源,保持水土,防风固沙,改良土壤,减少污染等多种功能,对改善生态环境维持生态平衡,保护人类生存发展的"基本环境"起着决定性和无可代替的作用,俄国林学家 G.F.莫罗佐夫早在 1903 年提出森林是林木、伴生植物、动物及其与环境的综合体。森林群落学、地植物学、植被学称之为森林植物群落,生态学称之为森林生态系统。在林业建设上森林是保护、发展,并可再生的一种自然资源。具有经济、生态和社会三大效益;(2)法学家(我国宪法第九条规定)认为:矿藏、水流、森林、山岭、草原、荒地、滩涂等自然资源都属于国家所有,即全民所有,由法律规定属于集体所有的森林和山岭、草原、荒地、滩涂除外;(3)森林概念在林学上的内涵:"森林是一个以树木为主体的生物群落。也是一个以树木为主体的生态系统。"(姚庆渭主编:《实用林业词典》,中国林业出版社 1990 年版,第 730 页)简而言之,在林学上的森林是一个以树木为主体的生态系统。

② 《中华人民共和国森林保护法》(2009 年修订)(指 2009 年 8 月修订《全国人民代表大会常务委员会关于修改部分法律的决定》,下同)第一条。

③ 《中华人民共和国森林保护法》(2009 年修订)第十九条。

地确立本地区提高森林覆盖率的奋斗目标。

(5)关于森林采伐的制度。国家根据用材林的消耗量低于生产量的原则,严格控制森林年采伐量。国家制定统一的年度木材生产计划。年度木材生产计划不得超过批准的年采伐限额等等。

六、草原法

从生态学的角度看,草原是以草本植物为主的生态系统。《草原法》规定的草原,是指天然草原和人工草地。①天然草原是一种土地类型,它是草本和木本饲用植物与其所着生的土地构成的具有多功能的自然综合体。人工草地是指选择适宜的草种,通过人工措施而建植或改良的草地。②

草地是自然界长期进化选择的产物,它依靠其固有的生态平衡机制,在维护地区生态安全,乃至维护全球生态系统稳定性方面具有重要作用。作为重要的生物资源,草原不仅蕴藏着植物,还具有涵养水源、保持土壤和改善生态的作用。

《草原法》的主要内容:

《草原资源法》,简称《草原法》,是有关草原开发、利用、保护和管理的各种法律表现形式的总称。其内容主要包括以下几个方面:

1. 草原权属与监督制度

草原属于国家所有,即全民所有制,由法律规定属于集体的除外。国家所有的草原,由国务院代表国家行使所有权。县级以上地方人民政府草原行政主管部门主管本行政区域内的草原监督管理工作。乡(镇)人民政府应当加强对本行政区域内草原保护、建设和利用情况的监督检查,根据需要可以设专职或者兼职人员负责具体监督检查工作。

---

① 《中华人民共和国草原法》(2013年修订)第二条。

② 草原的含义有广义与狭义之分:广义的草原包括在较干旱环境下形成的以草本植物为主的植被,主要包括两大类型:热带草原(热带稀树草原)和温带草原。狭义的草原(steppe)则只包括温带草原。因为热带草原上有相当多的树木。根据生物学和生态特点,可划分为四个类型:(1)草甸草原;(2)平草原(典型草原);(3)荒漠草原;(4)高寒草原。草原上生长着多种优良牧草,是重要的畜牧业基地。此外,草原植被还蕴藏着许多药用植物,可采收利用。《草原法》第二条第二款规定:本法所称草原,是指天然草原和人工草地。天然草原是指一种土地类型,它是草本和木本饲用植物与其所着生的土地构成的具有多种功能的自然综合体。人工草地是指选择适宜的草种,通过人工措施而建植或改良的草地。中国草原Steppe(全国科技名词审定委员会),Steppe(英语)来源于stipa(拉丁文=针茅,多年生草本植物,针茅是中国北方草原建群种、优势种)。中国草原位于Steppe草原东部(大英百科全书)。

2. 草原保护制度

国家实行基本草原保护制度。国务院草原行政主管部门或者省、自治区、直辖市人民政府可以按照自然资源保护区管理的有关规定建立草原自然保护区。国家对草原实行以草定畜、草畜平衡制度。各级人民政府应当采取有效措施，防治超载过牧。国家禁止开垦草原，对水土流失严重、有沙化趋势、需要改善生态环境的已垦殖草原，应当有计划、有步骤地退耕还草。建立健全草原防火管理制度，包括防火的管理制度，草原防火责任制度、防火制度、规定草原防火期制度、划定草原防火区制度、草原火险监测制度、草原火灾报告制度、草原火灾扑救制度、奖惩制度。

3. 草原保护、建设、利用统一规划制度

国家对草原保护、建设、利用实行统一规划制度，必须严格执行。此外，《草原法》还规定了草原调查、评定与统计制度。①

七、海洋资源法

2011 年轰动一时的纪录片——《海洋》聚焦于覆盖着地球表面的四分之三的"蓝色领土"。法国导演雅克·贝汉与雅克·克鲁佐德通过探索这个幽深而富饶的神秘世界、完整地呈现海洋的壮美辽阔。真实的动物世界的冒险远比动画片中的故事来的精彩，巨大的水母群、露脊鲸、大白鲨、企鹅……毫不吝啬在镜头前展示他们旺盛的生命力，让人叹为观止。海洋这个神秘的词汇，在不同人眼中有不同的意义。②

海洋、海洋环境、海洋资源和海域的概念：

海洋是由作为海洋主体的海水、生活于其中的海洋生物、邻近海面的大气、围绕海洋周围的海岸和海洋底土组成的统一整体。

与海洋相近或类似的概念有海洋环境、海洋资源和海域。从环境科学或环境保护的角度出发，人们将海洋称为海洋环境。《海洋保护法》将海洋视为组成

---

① 胡志民、施延亮、龚建荣：《经济法教程》，复旦大学出版社 2012 年版，第 346—350 页。
② 作为地理名词：海洋(SEA)是几乎覆盖地球表面四分之三的整个咸水体、地球上最广阔的水体的总称，海洋的中心部分称作洋，边缘部分称作海，彼此沟通组成统一的水体；在国语《辞典》上海洋解释为：地球表面除陆地以外的广大咸水水域；国际法学上的海洋法，发展历史悠久，最早的海洋法编撰可以追溯到 19 世纪中叶，1994 年 11 月 16 日《联合国海洋法公约》正式生效，是最重要的国际法律文件之一。

"环境"的一种因素。①海洋是一个复杂庞大的自然地理区域、自然生态系统。根据当时的生产能力和科学技术水平,人们将海洋中对人有用或有使用价值的成分叫做海洋资源。法律上的海洋、海洋环境、海洋资源和海域概念,是指由法律条文或者有关法律解释所明确规定或阐释的专门术语,它反映了立法机关的认可,不同国家机关对海洋有不一定相同的定义,它们与地理上的、学术上的相关概念既有区别又有联系。

1. 海洋资源法的主要内容

广义的海洋资源法,包括海洋生物资源、矿产资源、旅游资源、海能资源、环境容量资源、海域资源等法律。

(1)海域的监督管理制度。我国对海域实行中央统一管理和授权地方分级管理相结合的管理体制。海域属于国家所有,国务院代表国家行使海域使用权。国家建立海域使用管理信息系统,对海域使用状况实施监视、监测。国务院海洋行政主管部门负责全国海域使用的监督管理。沿海县级以上地方人民政府主管部门依照《中华人民共和国渔业法》,对海洋渔业实施监督管理。海事管理机构依照《中华人民共和国海上交通法》,对海上交通实施监督管理。②

(2)海洋功能区划制度。海洋功能区划是根据海域的地理位置、自然资源、环境条件和社会需要等因素而划分的不同的功能类型区,用以指导、约束海洋生产实践活动,保证海洋开发的经济、环境和社会效益。海洋功能区划是海洋管理工作的基础。国务院海洋行政主管部门会同国务院有关部门和沿海省、自治区、直辖市人民政府,编制全国海洋功能区划。海洋功能区划经批准后,应当向社会公布;但是,涉及国家秘密的部分除外。③

(3)海域所有权和海域使用权。根据《中华人民共和国海域使用管理法》规定,海域属于国家所有,国务院代表国家行使海域所有权。任何单位和个人不得侵占、买卖或者以其他方式非法转让海域。单位或者个人使用海域,必须依法取得海域使用权。"④《海域使用管理办法》中明确使用了"海域使用权"的概念。

(4)关于海域使用申请与审批的制度。海域使用,是指人类根据海域的区位与环境优势所展开的开发利用活动。《海域使用管理法》第 2 条对海域使用赋

---

① 《中华人民共和国海洋保护法》(2013 年修订)第二条。
② 《中华人民共和国海域使用管理法》(2001 年)第七条。
③ 《中华人民共和国海域使用管理法》(2001 年)第十条至十五条。
④ 《中华人民共和国海域使用管理法》(2001 年)第三条。

予了特定的含义,即"在中华人民共和国内水、领海持续使用特定海域 3 个月以上的排他性用海活动。"申请使用海域的,由申请人向县级以上海洋行政主管部门提交有关申请材料。由县级海洋行政主管部门统一受理海域使用权申请。国家实行海域有偿使用制度。单位或者个人使用海域,应当按照国务院的规定缴纳海域使用金。

[案例] **环境民事公益诉讼案。**千丈岩水库位于重庆市巫山县、奉节县和湖北省建始县交界地带,距离长江 25 公里,被重庆市人民政府确认为集中式饮用水源保护区,供应周边 5 万居民的生活饮用和生产用水。该地区属喀斯特地貌。磺厂坪矿业公司距离千丈岩水库约 2.6 公里,2011 年 5 月取得湖北省恩施土家族苗族自治州环境保护局环境影响评价批复,但该项目建设可行性报告明确指出尾矿库库区为自然成库的岩溶洼地,库区岩溶表现为岩溶裂隙和溶洞;尾矿库工程安全预评价报告建议对尾矿库运行后可能存在的排洪排水问题进行补充评价。磺厂坪矿业公司未按照报告要求修改可行性研究报告并申请补充环评。项目于 2014 年 6 月建成,8 月 10 日开始违法生产,产生的废水、尾矿未经处理就排入临近有溶洞漏斗发育的自然洼地。2014 年 8 月 12 日,巫山县红椿乡村民反映千丈岩水库饮用水源取水口水质出现异常,巫山县启动了重大突发环境事件应急预案。重庆绿联会提起诉讼,请求判令磺厂坪矿业公司停止侵害,不再生产或者避免再次造成污染,对今后可能出现的污染地下溶洞水体和污染水库的风险重新作出环境影响评价,并由法院根据环境影响评价结果,作出是否要求磺厂坪矿业公司搬迁的裁判;磺厂坪矿业公司进行生态环境修复,并承担相应费用 991 000 元等。

问题:本案中一审法院适用的法律正确吗?

分析:本案属于典型的环境民事公益诉讼案,审理法院对已有的公益诉讼审判规则的把握和适用较为准确,并体现了一定的创新性。具体分析如下:第一,关于诉讼管辖规则。本案被告磺厂坪矿业公司地处湖北省建始县,而因其违法行为遭受损害的千丈岩水库位于重庆市巫山县、奉节县和湖北省建始县交界地带(被重庆市确认为集中式饮用水源保护区),根据《最高人民法院关于审理环境民事公益诉讼案件适用法律若干问题的解释》第六条、第七条,以及《重庆市关于环境资源审判组织管辖环境资源案件范围的暂行规定》可知,万州区人民法院享有第一审环境民事公益诉讼管辖权。第二,关于原告诉讼请求。鉴于磺厂坪矿业公司造成的现实环境损害与潜在的污染风险并存,本案原告重庆绿联会主张之诉讼请求合法且合理。第三,关于民事责任承担方式。法院根据事实和法律判决支持原告停止侵害诉讼请求,要求被告重新申请环境影响评价,未经环境保护行政主管部门批复和环境保护设施未经验收的不得生产。这种将诉讼请求予以具体化的原告主张方式和法院判决思路,是值得后续相应案例予以思考和借鉴的,其能够较好地实现司法权与行政权的衔接、配合,使判决更加具有可执行性。同时,环境民事公益诉讼司法解释第二十条规定的生态修复可以理解为民事责任承担方式中恢复原状的一种,即法院可以依法判决被告将环境修复到损害发生之前的状态和功能,无法完全修复可准许采取替代性修复方式,并且法院可以确定被告不履行修复义务时应当承担的修复费用(也可以直接判决被告承担费用)。本案一审法院直接判处被告制定、实施生态修复方案,并在逾期不履行或修复不达标时承担修复费用,符合现行法律和司法解释规定。①

第四节　生态保护与建设法

一、城乡规划法

在现代社会的发展机制中,生态环境既是发展的条件,也是发展的内容,不能以牺牲生态环境为代价来发展经济,这也是由我国目前的国情以及国际责任决定的。2015 年新修订的《城乡规划法》与时俱进地通过立法手段来提高城乡规划的权威性和约束力,进一步确立城乡规划的法律地位与法律效力,以适应我国社会主义现代化城市建设与社会主义新农村建设和发展的需要,使各级政府能够对城乡发展建设更加有效地依法行使规划、建设、管理的职权,从而进一步促进我国城乡经济和社会全面协调可持续地健康发展。

(一)规划区的概念

城乡规划,包括城镇体系规划、城市规划、镇规划、乡规划和村庄规划。城市规划、镇规划分为总体规划和详细规划。详细规划分为控制性详细规划和修建性详细规划。

规划区,是指城市、镇和村庄的建成区以及因城乡建设和发展需要,必须实行规划控制的区域。规划区的具体范围由有关人民政府在组织编制的城市总体

---

① 详见"重庆市绿色志愿者联合会诉湖北恩施州建始磺厂坪矿业有限责任公司水库污染民事公益诉讼案",(2016)渝 02 民终 105 号。

规划、镇总体规划、乡规划和村庄规划中,根据城乡经济社会发展水平和统筹城乡发展的需要划定。①

(二)城乡规划法的主要内容

2015年4月24日第十二届全国人民代表大会常务委员会第十四次会议通过的《中华人民共和国城乡规划法》的内容如下:

1. 城乡规划的制定

国务院城乡规划主管部门会同国务院有关部门组织编制全国城镇体系规划,用于指导省域城镇体系规划、城市总体规划的编制。省、自治区人民政府组织编制省域城镇体系规划,报国务院审批。城市人民政府组织编制城市总体规划。县级人民政府组织编制县人民政府所在地镇的总体规划,报上一级人民政府审批。其他镇的总体规划由镇人民政府组织编制,报上一级人民政府审批。②

新法对有关行政审批的规定进行了如下修改:

将第二十四条第二款第二项修改为:"有规定数量的经相关行业协会注册的规划师"。删去第三款(规划师执业资格管理办法,由国务院城乡规划主管部门会同国务院人事行政部门制定)。本决定自公布之日起施行。③

2. 城乡规划的实施

城市、县、镇人民政府应当根据城市总体规划、镇总体规划、土地利用总体规划和年度计划以及国民经济和社会发展规划,制定近期建设规划,报总体规划审批机关备案。建设规划应当以重要基础设施、公共服务设施和中低收入居民住房建设以及生态环境保护为重点内容,明确建设的时序、发展方向和空间布局。建设规划的规划期限为五年。④

3. 城乡规划的修改

《城乡规划法》规定:"有关法律法规对开展城市环境综合整治,建设环境保护模范城市、园林城市、卫生城市、生态城市做了规定。城乡建设和发展,应当依法保护和合理利用风景名胜资源,统筹安排风景名胜区及周边乡、镇、村庄的建设。历史文化名城、名镇、名村的保护以及受保护建筑物的维护和使用,应当遵

---

① 《城乡规划法》(2015年修订)第三条。
② 《城乡规划法》(2015年修订)第十二条至第十五条。
③ 《城乡规划法》(2015年修订)第二十四条。
④ 《城乡规划法》(2015年修订)第三十四条。

守有关法律、行政法规和国务院的决定。"①同时,第四十七条也规定了各个层级的修改程序。②

二、野生动物保护法

2016 年 7 月 2 日第十二届全国人民代表大会常务委员会第二十一次会议修订通过了《中华人民共和国野生动物保护法》,该法自 2017 年 1 月 1 日起施行。

1. 野生动物的概念

《野生动物保护法》规定保护的野生动物,是指珍贵、濒危的陆生、水生野生动物和有重要生态、科学、社会价值的陆生野生动物。野生动物及其制品,是指野生动物的整体(含卵、蛋)、部分及其衍生物。珍贵、濒危的水生野生动物以外的其他水生野生动物的保护,适用《中华人民共和国渔业法》等有关法律的规定。③

2. 野生动植物法的主要内容

《野生动植物法》于 1988 年制定,2004 年修订。2016 年第十二届全国人民代表大会常务委员会第二十一次会议修订了原《野生动植物保护法》。该法第一章明确了野生动物资源属于国家所有,在国家所有的前提下,保护依法开发利用自然资源的单位和个人的合法权益;第二章规定了野生动物及其栖息地保护;第三章是野生动物的管理,规定了驯养繁殖制度、狩猎许可证制度、收购出口等监督制度;第四章是法律责任的规定,包括了违反野生动物保护法所要承担的刑事责任、民事责任和行政责任等;最后是附则,规定了法律的时间效力和空间效力。

同野生动物保护相比,野生植物的保护方面的法律、法规则相对比较落后,《野生植物保护条例》于 1996 年制定,共分为五部分:第一部分明确了野生植物保护的基本目的、基本原则和方针,同时对野生植物的监督管理体制进行了规定;第二部分规定了野生植物的保护制度,包括野生植物分级保护制度、野生植物标志制度、野生植物的监测制度;第三部分规定了野生植物的管理制度;第四部分同样是法律责任;最后一部分是附则,规定了时间效力和空间效力。

[案例]　**野生保护动物伤人案。**2016 年 7 月 23 日 15 时许,北京市八达岭野生动物园内发生一起老虎伤人事件,致一死一伤,加上事发时的视频及伤者被咬伤的情形,这一事件在媒体、微博、微信朋友圈立即引发人们的点击、转发、关

---

① 《城乡规划法》(2015 年修订)第四十六条。
② 《城乡规划法》(2015 年修订)第四十七条。
③ 《野生动物保护法》(2016 年修订)第二条。

注。对此事件的法律责任分配,存在动物园责任说、游客责任说等等的争论,不一而足。2016 年 8 月,对于网友关心的伤人老虎处理问题,动物园一位负责人表示,老虎是野生保护动物,动物园无权对其作出处置。按照动物饲养的相关规定,伤人老虎已被圈养。

问题:随着社会的发展,野生动物的栖息地和人类的生活环境发生重合的情况下,怎样才能兼顾的处理这两者之间的矛盾?

分析:本题目是一个开放性的题目,可以从法律角度,也可以从环境角度进行回答。

三、自然保护区

自然保护区法:

国务院于 1994 年 10 月 9 日发布《自然保护区条例》(下称《条例》),2010 年 12 月 29 日国务院第 138 次常委会议又对该条例进行了修正,修正后的《条例》于 2011 年 1 月 8 日起施行,该《条例》是我国主要的自然保护区法规。自然保护区,是指对有代表性自然生态系统、珍稀濒危野生动植物物种的天然集中分布区、有特殊意义的自然遗迹等保护对象所在的陆地、陆地水体或者海域,依法划定一定面积予以特殊保护和管理的区域。[1]

自然保护区的作用如下:(1)为人类保留自然"本底";(2)为各种珍稀濒危物种提供避难所;(3)为科学研究提供条件和场所;(4)为环境保护宣传教育提供基地;(5)为人们的游乐、休息提供场所;(6)保护、改善环境,维持生态平衡。[2]

四、自然、人文遗迹保护法

人类遗产分为两类:一是文化遗产;二是自然遗产。

根据《保护世界文化和自然遗产公约》(1972 年)的规定,文化遗产包括:文物,即从历史、艺术或科学角度看具有突出的普遍价值的建筑物、碑雕和碑画,具有考古性质成分或结构、铭文、窟洞以及联合体;建筑群,即从历史、艺术或科学角度看,在建筑式样、分布均匀或与环境景色相结合方面,具有突出的普遍价值的单立或连接的建筑群;遗址,即从历史、审美、人种学、人类学角度看具有突出普遍价值的人类工程或自然与人工联合工程以及考古地址等地方。自然遗产包

---

[1] 《自然保护区条例》(2010 年修订)第二条。

[2] 迟德富、孙凡、严善春:《保护生物学》,东北林业大学出版社 2005 年版,第 189—190 页。

括:构成这类结构群组成的自然面貌,从科学、保护或者自然美角度看具有突出的普遍价值形成的具有一定科学、文化、艺术、观赏价值的自然体及其保留地或者遗址地质和自然地理结构以及明确划分受威胁的动物和植物生存区,从科学、保护或自然美角度看具有突出普通建制的天然名胜或明确划分的自然区域。

自然遗产通常表现为自然遗迹,主要指由于自然过程形成的具有一定科学、文化、艺术、观赏价值的自然体及其保留地或者遗迹地,比如奇峰怪石、洞穴、冰川遗迹、古树名木等。[1]

《文物保护法》虽然是一部相对比较冷门的法律,但却先后经历了 2013 年、2015 年和 2016 年三次修订。《文物保护法》对文物保护的管理体制、方针、文物的所有权、不可移动文物、考古发掘以及法律责任作了专门规定。中华人民共和国境内地下、内水和领海中的一切文物都属于国家所有。古文化以及古墓葬、石窟寺属于国家所有。国家指定保护的纪念建筑物、古建筑、石刻、壁画、近现代代表性建筑等不可移动文物,除国家另有规定外,属于国家所有。[2]

《地质遗迹保护管理规定》对地质遗迹的保护内容、地质遗迹的保护区的建设、地质遗迹保护区的管理和法律责任做了具体规定。该《规定》中的地质遗迹,是指在地球演化的漫长地质历史时期,由于各种内外动力地质作用,形成、发展并遗留下来的珍贵的、不可再生的地质自然遗迹。对保护区内的自然遗迹可以分别实施一级保护、二级保护、三级保护。地质遗迹的保护是环境保护的一部分,应当实行"积极保护、合理开发"的原则。被保护的地质遗迹是国家的宝贵财富,任何单位和个人不得破坏、挖掘、买卖或以其他的方式转让。任何单位或者个人不得在保护区内及可能对地质遗迹造成影响的一定范围内进行采石、取土、开矿、放牧、砍伐以及其他对保护对象有损坏的活动。未经管理机构批准,不得在保护区范围内采集标本和化石。[3]

[**案例**] **《无极》剧组破坏环境案。**2004 年初,著名电影导演陈凯歌将其《无极》的拍摄现场放在美丽的风景名胜区——香格里拉。4 月,剧组将一片占地 450 平方米的有上百年树龄的高山杜鹃花推平,用砂石和树干填埋出一条长约 400 米、宽约 4 米的便道。5 月,摄制组进入碧沽天池,投资 100 多万元,搭建了以下建筑:3 个临时工棚,"海棠精舍"以及一座通往天池湖心岛简易木桥。这

---

[1]　《保护世界文化和自然遗迹公约》。

[2]　《文物保护法》(2015 年修订)第五条。

[3]　《地质遗迹保护管理规定》(1995 年)第二条至第六条。

些建筑共占用草甸及矮灌丛近 500 平方米。

2005 年 7 月,《南风窗》记者前来寻访,看到天池旁边一处大约 400 平方米的空地上,遍地垃圾、不忍直视。随后该杂志刊发了题为"《无极》凯歌尚未奏响,身后一地垃圾"的报道。8 月《无极》剧组因拍摄过程中对香格里拉生态环境造成破坏被城建部门处以 9 万元罚款,香格里拉县分管副县长因负有领导责任被免职。云南省建设厅上报给建设部的《关于无极剧组影视拍摄破坏香格里拉生态环境处理意见的报告》中称:对《无极》剧组未履行法定手续,在三江并流国家重点风景名胜区千湖山碧沽天池景区投资施工的行为给予通报批评;已责成当地有关部门,将《无极》剧组修建的栈道和搭建的拍摄道具台全部拆除,恢复自然保护区生态环境;对迪庆藏族自治州、香格里拉县以协议代替行政审批的相关协拍单位责任人责令提交书面检查并通报批评。与此同时,国家环保总局环评司司长祝兴祥也表示,环保部门初步认定《无极》剧组的破坏环境,并可能存在违反《环境影响评价法》的有关规定,造成一定程度的生态破坏,总局已责成云南省环保局依法对《无极》剧组进行责罚。

问题:目前对于自然保护区的生态系统的保护存在哪些问题?

分析:本案例是关于自然保护区保护的问题,对于自然保护区的生态系统的保护,目前存在一些问题,主要表现在以下三个方面:一是自然保护区和风景名胜区法律地位未完全明确,管理体制不够顺畅,管理模式未能适应多类型保护区的管理需要;二是规范特殊环境保护区域商业活动的法律制度供给不足;三是特殊环境区域的所有权及管理权配置不合理。①

第五节　环境公众参与和环境公益诉讼

一、公民环境权

关于如何界定公民环境权的内涵,各国学者进行过激烈的争论并形成了不同的见解。我国关于公民环境权的性质和概念的探讨始于 20 世纪 80 年代,在2015 年《中华人民共和国环境保护法》修改之前,学者们就曾呼吁将公民的环境权加入到最新的环境保护法之中。目前各国法律普遍认可:"公民有享用适宜的

---

① 改编自尹鸿伟:《南风窗》(社会版块),2005 年 8 月 24 日。

环境的权利,也有保护环境的义务"或"公民有在平衡、健康的环境中生活的权利,也有保护环境的义务",即公民环境权是指公民有享用适宜环境或平衡、健康的环境的权利。

国内学者对于公民环境权研究比较早的是蔡守秋教授,近些年来关于公民环境权的著作也越来越多,公民环境权的性质归纳起来主要有以下几个方面:(1)公民环境权反映的是公民的利益和权力,属于权利的范畴。是一项权利,而不是义务。甚至有学者认为公民环境权是人权的一种;(2)公民环境权是一种经济性权利,是公民个人所享有的、具有公益性的权利,它既不同于传统上的民事私权,也不同于民事公权;(3)公民环境权是一种精神性权利,公民不能放弃、转让或者出卖自己的环境权,这也意味着公民有保护环境或防治环境被污染破坏的义务,所以环境权是基本环境权利和基本环境义务的统一。①

公民环境权的沿革:

进入 21 世纪以来,各国法律中的公民环境权的规定不一,其中在公民环境权方面规定比较先进的国家是法国。法国前总统希拉克更是把保障公民环境权作为其竞选的承诺:2005 年法国议会两元联席会议上通过的《环境宪章》,第一条规定了"人人都有在平衡和健康的环境中生活的权利",第二条规定了"人人都有义务保护和促进自然环境",第七条规定了环境知情权。②法国是世界上首个在宪法中规定公民环境权的国家。

二、环境知情权

环境知情权是指公民和社会组织收集、知晓和了解环境信息的权利。我国《环境信息公开办法》指出:"所称环境信息,包括政府环境信息和企业环境信息。政府环境信息,是指环保部门在履行环境保护职责过程中制作或者获取的,以一定形式记录、保存的信息。企业环境信息,是指企业以一定形式记录、保存的,在企业经营活动过程中产生的环境影响和企业环境行为的信息。"③

环境信息知情权是程序性环境权的重要组成部分,既是公民和社会团体参与环境管理权利的前提条件,又是其参与权和民主程序的一个重要特征。在环

---

① 许明月、宋宗宇、邵海:《公民环境权的民事法律保护》,西南师范大学出版社 2005 年版,第 5—8 页。

② 法国《环境宪法》,http://www.calaw.cn/article/default.asp?id=3894,访问时间 2017 年 5 月 3 日。

③ 《环境信息公开办法》(2009 年)第二条。

境法中规定公众和社会团体的环境知情权,对于促进环境民主化和公众参与环境管理,发展和繁荣我国的环境保护事业,具有重要的作用。①

三、环境的公众参与

何为公众和公众参与?目前存在不同的观点,通常认为"所谓公众,是指只能够为之服务的主体群众;所谓公众参与是指群众参与政府公共决策的权利。"②公众参与提出了一种关于民主和发展的新的方法,它是社会主义民主政治建设的重要内容。引入公众参与机制,可以化解矛盾,提高决策的品质,是行政民主化的和科学化的体现。

环境公众参与的主要法律规定③:

环境公众参与权,主要包括以下几个方面:(1)公众对环境宣传教育的参与;(2)公众参与环境友好活动;(3)公众参与环境监督管理;(4)公众参与环境决策的活动;(5)公众参与环境司法活动。④

《立法法》是我国规定国家机关立法权限、范围及立法程序的最重要的法律。根据该法的相关规定:人民代表大会常务委员会在制定法律时,列入会议议程的重要法律案经委员会议决定可以将法律草案向社会公布以向公众征求意见;国务院在起草行政法规过程中应当广泛听取有关机关、组织和公民的意见。

《行政处罚法》规定:起草行政法规,应当深入调查研究,总结实践经验,广泛听取有关机关、组织和公民的意见。听取意见可以采取召开座谈会、论证会、听证会等多种形式。行政法规送审稿涉及重大、疑难问题的,国务院法制机构应当召开由有关单位、专家参加的座谈会、论证会,听取意见,研究论证。行政法规送审稿直接涉及公民、法人或者其他组织切身利益的,国务院法制机构可以举行听证会,听取有关机关、组织和公民的意见。

《环境影响评价公众参与暂行办法》对公众参与环境影响评价活动的范围、

---

① 环境信息知情权是指公民对于国家环境管理、社区及自身的环境状况等有关信息享有获取的权利。马彩华、游奎:《环境管理的公众参与:途径与机制保障》,中国海洋大学出版社2009年版,第56—57页。

② 潘岳:《环境保护与公众参与》,《理论前沿》2004年第13期。

③ 这里的法律应作广义理解,不仅仅指全国人大及其常委会制定的法律,还包括行政法规、部门规章,地方性法规等规范性法律文件。

④ 冉瑞平:《从源头防止污染和保护生态环境对策研究:基于微观主体行为分析的视角》,中国环境科学出版社2010年版,第253—254页。

原则、一般要求、组织形式,以及公众参与规划环境影响评价等事项作了具体规定。国家鼓励公众参与环境影响评价活动,公众参与实行公开、平等、广泛和便利的原则。对公众参与的一般要求是公开环境信息、征求公众意见。公众参与的组织形式是调查公众意见和咨询专家意见,座谈会和论证会、听证会。有关部门还制定了公众环境影响评价的技术性规范即《环境影响评价技术指导——公众参与》,对公众参与环境影响评价的程序和内容作了详细规定。

四、环境公益诉讼

公益诉讼是指自然人、法人、政府组织、非政府非营利组织和其他组织认为其公益权受到侵犯时向法院提出的诉讼。环境公益诉讼是指自然人、法人、政府组织、非政府非营利组织和其他组织认为其环境权受到侵犯时向法院提出的诉讼,或者说是因为法律保护的公共环境利益受到侵害时向法院提起的诉讼。①

环境公益诉讼可依据不同标准进行不同的分类。根据诉讼对象不同,可以划分为环境民事公益诉讼和环境行政公益行政诉讼;而根据诉讼功能不同,可以划分为事先预防性的环境公益诉讼和事后救济性的环境公益诉讼。②

环境公益诉讼原告的特点:第一,享有法律规定的环境公益权利;第二,可以直接感受、享受该环境公益,但不能独占该环境公益,也不能排除其他不特定多数人直接感受、享受该环境公益。

环境公益诉讼被告主要包括:污染破坏或可能污染破坏环境资源、侵犯环境权的自然人、法人或个人、企业;不履行环境资源保护职责并导致或可能导致侵犯环境权的政府部门。

环境公益诉讼的主要优点和作用包括以下几个方面:第一,可以经济有效地保护环境公益和公民环境权;第二,可以有效地解决政府公权、个人私权和企业私权对环境公益和公民环境权的无能为力和侵犯;第三,可以最大限度地调动各种社会力量维护环境公益和公民环境权,弥补政府在维护环境公益和公民环境权方面的不足;第四,不仅直接维护原告的公益权,也直接维护不特定多数人的公益权,是一种双赢甚至多赢的司法补救方式;第五,有利于维护正义、公平、和谐、安全等社会价值,有利于促进社会的进步、变革和可持续发展。

---

① 秦天宝:《环境法——制度·学说·案例》,武汉大学出版社 2013 年版,第 364—365 页。
② 王朝梁:《中国酸雨污染治理法律机制研究》,中国政法大学出版社 2012 年版,第 94 页。

目前,我国法律层面上关于环境公益诉讼的权利主要规定在《民事诉讼法》中。

[案例] 工厂违法排污案。广州市海珠区石榴岗河曾经是一条清澈的小河,从华洲街土华村穿村而过,2007 年 9 月以后,小河突然变得黑臭熏天,附近居民苦不堪言。接到群众举报后,海珠区环保局立即对河流周围的企业展开了排查,一家名为新中兴的洗水厂引起了工作人员的注意。经过一系列的调查和取证,海珠区环保局发现新中兴洗水厂存在严重的违法排污行为。这家工厂在漂洗作业中使用的洗衣粉、酵素粉、草酸等洗涤剂混同服装中的燃料,未经污水处理就直接排入石榴岗河。在开工 8 个月内,洗水厂平均每天排放 40 吨污染物,合计排放污水 9 600 吨,使污水排放口附近的河流被严重的污染。

2008 年 7 月,海珠区检察院正式向广州海事法院起诉新中兴洗水厂厂主违法排污造成水域污染,要求赔偿环境污染损失和费用。海珠区人民法院根据《水法》第 3 条规定和《民法通则》第 73 条规定,认定此案受污染的海珠区石榴岗河水属于国家资源,检察机关作为国家的法律监督机关,有权就其辖区内洗水厂的违法行为造成的损害提起诉讼。

2008 年 11 月 13 日,广州海事法院依法组成合议庭对此案进行了公开审理。同年 12 月,广州海事法院判决厂长陈忠明对其违法排污行为造成的环境损害承担民事责任,并赔偿环境污染损失合计费用 117 289.2 元。①

问题:本案例中可以提起公益诉讼的主体包括哪些?

分析:该案件的法院判决维护的主要是土华村村民居民所享有的、具有公益性的环境权,这种权利属于公民或个人拥有的具有公益性的个人权利范畴。法院判决赔偿村民环境污染损失费用,但不是将这笔赔偿费作为当地的公共环境基金用于河流治理,这与民事案件有些相同之处。所以,该案也可以由村民共同提出诉讼,而不一定由检察机关提出公益诉讼。

第六节 环境法律责任

环境法律责任主要有环境民事责任、行政责任和刑事责任三类。

---

① 蔡守秋:《论环境公益诉讼的几个问题》,《昆明理工大学学报(社会科学版)》2009 年第 9 期。

一、环境民事责任的特点和构成要件

（一）环境民事责任的特点

环境民事责任,是指单位或者个人因污染危害环境而侵害了公共财产或者他人的人身、财产所应承担的民事方面的不利后果。其特点有:

（1）环境民事责任的构成要件具有特殊性。由于环境侵权具有不同于一般侵权的特殊性,主要表现在因果关系的认定上,主要受技术和信息上的限制。

（2）环境民事责任的权利依据具有特殊性。一般民事责任依据是人身权和财产权。但是环境民事责任的权利依据除此之外,还包含环境权,如采光权、眺望权、安宁权等。虽然目前的法律并未对此作出明确的规定,但是承认环境权,保护环境权是环境民事责任制度的发展趋势,也是环境民事责任不同于其他民事责任的一个重要特征。

（3）环境民事责任功能具有特殊性。首先,环境民事责任的主要目的在于对已经造成的权利损害和财产损失给予补偿;其次,由于环境侵权行为一旦发生损害后果,往往很难完全恢复生态环境的原状,特别是人身、生命和健康的损害,根据环境法的预防为主原则,环境民事责任也相应地具有预防功能;另外,民事责任中无过错责任的规定减轻了受害人的举证责任,简化了索赔程序,使加害人承担法律责任更容易。

（二）环境民事责任的构成要件

环境民事责任的构成要件一般认为有三个:一是致害嫌疑方实施了排污行为;二是受害方有遭受或可能遭受损害的事实;三是该排污行为与损害事实之间存在因果关系。在司法实践中,构成要件主要指损害事实和因果关系。

1. 损害后果

环境民事侵权的损害后果一般分为以下三种:

第一,人身损害。人身损害包括人格利益损害和身份利益损害,而环境污染侵权对人身权的损害仅限于人格权,并不涉及身份权。

第二,财产损害。可分为直接财产损害和间接财产损害。直接财产损害是指现有财产的减损,即既得利益的损失。间接财产损失是指未来财产的减损,即可得利益的丧失。

第三,环境损害。环境或者生态是一种"公共物品",不仅是为某一个人或某个特定主体所享有,而且为不特定多数人或不特定多数主体所享有。排污行为或环境污染往往是难以避免的,所以确定污染损害事实还应该运用忍受限度理论,即在可容忍的限度内的环境污染应该免除加害人的赔偿责任,这就是容忍限度理论。

2. 因果关系

因果关系是指客观事物、现象之间的前因后果的关联性。在环境诉讼中,由于适用无过错责任原则,免责事由由法律规定;因此,打破、否认因果关系是被诉方胜诉的重点。环境民事责任构成要件中的因果关系推定已经为世界各国所普遍接受。

二、环境行政责任

(一)环境行政责任的概念及其构成要件

环境行政责任,是指环境行政法律关系主体违反环境行政法的规定所应承担的否定性的法律后果。环境行政责任的主体包括环境行政主体和环境相对人。

从责任主体看,环境行政责任分为行政主体的环境行政责任和行政相对人的环境行政责任;从违法行为后果看,环境行政责任分为惩罚性行政责任和补救性行政责任。

环境行政责任的构成要件分为五个方面:行为违法、行为者有过错、行为者具有相应的责任能力、危害结果、因果关系。

(1)行为违法,即行政主体或者行政相对人实施了违反环境行政法律规范的行为。行为违法是必要要件。在环境资源法律中,具体规定了环境行政相对人的行政违法行为,例如,拒绝环境保护行政主管部门或者其他依照法律规定行使环境监督管理权的部门现场检查或在被检查时弄虚作假;不按国家规定缴纳排污费。

(2)行为者有过错,即实施违反环境行政法律规范行为时的主观心理状态有过错,包括故意和过失。行为者过错是必备要件。其中故意和过失的定义同刑法是一样的,相比过失行为,对故意的处罚要更严厉。

(3)行为者具有相应的责任能力也是必要要件。行为者包括组织与个人。对于组织而言,又区分为外部责任主体和内部责任主体。外部责任主体是环境行政主体和作为环境行政相对人的法人或其他组织。而受委托从事行政管理活动的组织、行政公务人员在有过错的前提下也要承担内部法律责任。作为环境行政相对人的个人是否具有责任能力,要从其年龄和智力状态等方面判断。

(4)危害结果,是选择条件,即违法行为造成污染环境或破坏环境的后果。对于有些环境行政责任,危害结果不是必要要件。然而,有些环境行政责任是要求具备危害结果的,如《海洋环境保护法》中规定,海洋监督管理人员滥用职权、玩忽职守、徇私枉法,造成海洋环境污染损害的,依法给予行政处分。这里的危害结果就是必要条件。①

(5) 因果关系,即违法行为与危害结果之间的必然的、直接的联系,也是选择性要件。

(二) 环境行政处分

环境行政处分是指环境行政主体、企事业单位依照行政隶属关系,对防治环境污染和环境破坏过程中存在违法失职和违反纪律的行为,但尚不足以动用刑罚处罚的所属人员采取的一种行政制裁。

环境行政处分的对象分为两类:一是企事业单位所属人员;二是环境行政主体所属人员。

环境行政主体所属人员的行政处分同包括降级、撤职、开除等。对环境行政主体所属人员的行政处分应当遵循以下原则:(1)依照法定事由和法定程序;(2)坚持公正、公平和教育与惩处相结合;(3)给予行政公务员处分,应当与其违法违纪行为的性质、情节、危害程度相适应;(4)应当事实清楚、证据确凿、定性准确、处理恰当、程序合法、手续完备。②对企事业单位所属人员的行政处分的原则有所不同,应当遵循坚持以思想教育为主、惩罚为辅。

(三) 环境行政处罚

环境行政处罚,是指环境行政主体为了保护公民、法人或其他组织的合法环境权益,维护公共利益和社会秩序,依法对违反环境行政法律规范的行政相对人予以法律制裁的行政行为。根据法律、行政法规和部门规章,环境行政处罚的种类有:警告;罚款;责令停产整顿;责令停产、停业、关闭;暂扣、吊销许可证或者其他具有许可性质的证件;没收违法所得、没收非法财物;行政拘留;法律、行政法规设定的其他行政处罚种类。③

环境行政处罚的特征如下:(1)环境行政处罚的实施主体是环境行政主体。根据《环境保护法》的规定,我国负有环境保护职责的行政主体有:县级以上环境保护主管部门、国家海洋行政主管部门、港务监督、渔政渔港监督、军队环境保护部门和各级公安、交通、铁道、民航管理部门、县级以上人民政府的土地、矿产、林

---

① 《海洋环境保护法》(2013年修订)第九十四条。
② 《行政机关公务员处分条例》(2007年)第三、四条。
③ 《环境行政处罚办法》,环境保护部令第8号(2010年3月1日生效)。

业、农业、水利行政主管部门。环境行政主体必须依据法定权限予以环境行政处罚，超越法定权限的行为无效。(2)环境行政处罚的对象是违反环境行政法律规范的行政相对人。(3)环境行政处罚具有制裁性。环境行政处罚是指对违反环境行政法律规范的相对人的人身自由、财产、名誉或其他权益的限制或剥夺，或者对其科以新的义务，具有典型的制裁性。

[案例] **饮食店污染环境案。**黄某系集美区×××饮食店负责人，领有个体工商户营业执照。2004年7月，集美环保局接群众举报×××饮食店油烟排放严重的投诉后，对其经营行为进行了检查，并于7月15日立案调查。12月集美环保局向×××饮食店送达了行政处罚事先告知书，并告知其有权提出陈述、申辩和要求听证。×××饮食店因此提出听证申请，并授权张某某代理听证事项。同月23日，集美环保局作出就×××饮食店违反环境法一案举行了听证。并送达了《行政处罚决定书并》责令×××饮食店停止生产，并罚款2万元。×××饮食店对上述行政处罚不服，于10月25日向厦门市人民政府提出行政复议，厦门市人民政府于2004年12月8日维持了集美环保局的行政处罚决定。

原告黄某诉称：该处罚决定书未体现两人执法的程序，亦未按相关的制作规定列明处罚机关的详细信息，要式行为违法；被告举行听证时未通知原告本人，侵害了原告的知情权；依据《国务院关于环境保护若干问题的决定》的"三同时"制度，工商营业执照的颁发是在环保项目的审批之后，而×××饮食店仅52平方米，又已领取了工商营业执照，无须办理报批手续或配套环保设施；被告适用法规错误，且语言表达不规范；周边店面繁多，仅针对×××饮食店处罚不公；原告多次就环保报表填写一事向被告提出请求，被告均不予答复，系行政不作为。遂请求法院撤销该处罚决定并责令被告集美环保局纠正行政不作为行为。

被告集美环保局辩称：原告黄某并非本案的行政相对人，诉讼主体不适格；原告两项诉讼请求反映不同的法律关系，不能在同一案件中提出；且×××饮食店从未向被告报批或报验收，"不作为"无从谈起；饮食店已取得工商营业执照的事实不能免除其应承担的环境保护的法律义务；对不同违法行为的追究不具有可比性，原告提出处罚不公的说法不能成立；被告所作出的行政处罚决定事实清楚，证据确凿，适用法律正确，程序合法。

集美区人民法院经公开审理，于2005年3月作出了如下判决：(1)维持被告厦门市环保局集美分局作出的行政处罚的决定。(2)驳回原告黄某的其他诉讼请求。案件受理诉讼费100元，由原告黄某负担。

问题:本案例中行政处罚是否正确?①

分析:本案例的焦点在于是否维持被告集美环保局作出的行政处罚,之所以认为原行政处罚正确,原因如下:

第一,被告集美区环保局具有法定的行政处罚权。

第二,被告集美区环保局认定事实清楚,适用法律正确。

第三,被告集美区环保局作出行政处罚的程序合法。

三、环境刑事责任

（一）环境刑事责任概念及其特征

环境刑事责任是指行为人实施严重污染破坏环境的行为,违反环境刑事法律规范,或因此造成人身伤亡或者公私财产损失或管理秩序破坏的严重后果,已构成犯罪且应承担刑罚处罚的法律责任。

环境刑事责任的构成要件包括犯罪客体、客观方面、主体、主观方面。

（1）环境犯罪的客体:是指刑法所保护的为犯罪行为所侵害的法益,从《刑法》的章节安排来看,环境犯罪的客体是指环境管理秩序。

（2）环境犯罪的客观方面:一般是指犯罪人所实施的危害环境行为、危害后果及其行为与后果的因果关系。危害环境行为包括污染环境行为、破坏自然资源行为及环境监管失职行为;环境后果是否成为环境犯罪的构成要件以及危害后果的范围,依据具体的罪名来确定;环境犯罪因果关系的认定往往较一般的犯罪因果关系更加困难。

（3）环境犯罪的主体:是指实施刑法所禁止的污染或者破坏环境的行为,依法应当承担刑事责任的个人和单位。其具体的规定见《刑法》总则关于犯罪主体的规定。

（4）环境犯罪的主观方面:是指环境犯罪主体在实施环境犯罪行为时的主观心理状态,又称主观罪过,包括故意和过失。环境犯罪的故意,是指犯罪行为人明知自己污染环境或者开发利用自然资源的行为会造成环境污染或者破坏的后果,仍希望或者放任这种结果发生的心理状态。环境犯罪过失,是指环境犯罪行为人应当知道自己污染环境或者开发利用环境资源的行为可能造成危害环境的后果,因疏忽大意而未能预见或者虽已经预见但是轻信能够避免的心理态度。

---

① 环境民事责任和环境刑事责任的具体内容详见《民法总则》和《刑法》的相关规定。

（二）主要的环境犯罪及处罚

擅自进口固体废物罪，是指行为人违反国家规定，未经国家有关主管部门许可，擅自进口固体废弃物用作原料，造成重大环境污染事故，致使公私财物遭受重大损失或者严重危害人体健康的行为。

非法处置进口的固体废物罪，是指行为人违反国家规定，将境外的固体废物入境倾倒、堆放、处置，依法构成犯罪的行为。

非法捕捞水产品罪，是指违反保护水产资源法规，在禁渔期、禁渔区或者使用禁止使用的工具、方法捕捞水产品，情节严重，依法构成犯罪的行为。

破坏野生动物资源有关的犯罪主要是：非法捕猎、杀害国家重点保护的野生动物或者非法收购、运输、出售国家重点保护的野生动物及其制品罪、非法狩猎罪。

非法占用农用地罪：是指行为人违反土地管理法规，非法占用耕地、林地等农业用地，改变被占用土地用途，数量较大，造成耕地、林地等农用地大量毁坏的犯罪行为。

非法采矿罪，是指违反矿产资源法的规定，未取得采矿许可证擅自采矿，擅自进入国家规划矿区、对国民经济具有重要价值的矿区和他人矿区范围开矿，或者擅自开采国家规定实行保护性开采的特定矿种，情节严重的行为。

破坏性采矿罪，是指违反矿产资源法的规定，采取破坏性的开采方法开采矿产资源，造成矿产资源严重破坏的犯罪行为。

与破坏森林有关的犯罪主要包括：非法采伐、毁坏国家重点保护植物罪，非法收购、运输、加工、出售国家重点保护植物、国家重点保护植物制品罪、盗伐林木罪、滥伐林木罪、非法收购、运输盗伐、滥伐的林木罪。

环境监管失职罪是指负有环境监督管理职责的国家机关工作人员严重不负责任，不履行或者不认真履行环境保护监管职责，导致发生重大环境污染事故致使公私财产遭受重大损失或者造成人身伤亡等严重后果的行为。

[案例] **环境监管失职案。**2004 年 2 月 19 日，备受各界关注的"湖北环境污染第一案"在武汉市汉阳区人民法院依法进行了公开审理，现年 60 岁的武汉市洪山区环保局原助理调研员王某某，涉嫌环境监管失职罪出庭受审。据悉，本案是我国适用这一罪名的第一案。

据检察机关指控，1997 年 9 月，武汉市洪山区环保局从武汉某化工制品公司回收装有化工废弃物（含有毒物质多氯酚、苯酚）的铁桶共 190 余桶，存放于该局所属废弃物交换中心仓库。

1999 年,时任洪山区环保局助理调研员的王某某负责协调管理该局废弃物交换中心工作,提出对上述废弃物进行化验,该中心工作人员徐某向其提供了一份未盖章的虚假检验报告单。王某某意识到此检验报告有假,但未明确指出,仅委婉提出需要加盖公章的正式化验单。

同年 3 月底,王某某得知该中心主任准备将此化工废弃物交给无业人员方某某、何某某(均另案处理)等处理时,也未制止。4 月上旬,方某某、何某某等先后 3 次拖走这批铁桶,并将大量化工废弃物随意倾倒于武汉市汉阳区永丰乡锅顶山半山腰。其间,奉局长之命前往锅顶山现场处理废弃物的王某某,却在方某某等人劝阻下半路返回。

不久,当地普降暴雨,化工废弃物随雨水顺势而下,流入当地农田、鱼塘、龙阳湖,致使土壤、水中苯酚含量严重超标,农田、鱼塘荒废,对周围环境造成严重污染,并延续至今。经农业部农业环境质量监督检验测试中心(武汉)、湖北省渔业环境质量监测站鉴定,此次污染事故造成直接经济损失共计 199.7 万元。[1]

问题:环境监管失职知否能追究其刑事责任?

分析:本案是我国首例涉嫌环境监管失职案。被告的失职在于未到处理现场进行监管,导致重大环境污染事故的发生,被告对于涉案废物的处置负有监督管理职责,而不认真履行,最终发生严重污染环境事故、造成公私财产重大损失,因此符合环境监管失职罪。

[案例]　填埋生活垃圾造成公私财产损失案。 2014 年 10 月起,被告人王某某承包现代农业物流园用地回填工程,并转包给他人,在明知该物流园用地不具备生活垃圾处置功能,且他人无处置生活垃圾资质的情况下,任其倾倒、填埋生活垃圾。该填埋场西北侧为吴淞江,东侧为农田,500 米内有村庄 3 座,最近的村庄距离该填埋场 125 米。王某某和被告人李某某系合伙关系,其中王某某总体负责填埋工程。被告人刘某某系南侧填埋工地负责人,被告人韩某应刘某某之邀作为合伙人参与南侧填埋工程。该填埋场采用生活垃圾和建筑垃圾分层填埋的方式填埋生活垃圾。填埋生活垃圾被发现后,王某某派人移除北侧部分生活垃圾,南侧继续填埋生活垃圾直至 2015 年 3 月。经测算,北侧所倾倒、填埋生活垃圾的留存量为 48 236 立方米,南侧所倾倒、填埋生活垃圾的留存量为 146 935 立方米。经评估,王某某、李某某填埋生活垃圾造成公私财产损失合计人民币约 12 067 009.94 元,刘某某、韩某填埋生活垃圾造成公私财产损失合

---

[1]　舒展、余皓:《湖北污染第一案纪实》,《楚天主人》2004 年第 6 期,第 32—34 页。

计人民币约 9 084 680.27 元。①

　　问题:被告人的行为构成什么犯罪?

　　分析:江苏省苏州市姑苏区人民法院判决认为:被告人王某某、李某某明知涉案物流园用地不具备生活垃圾处置功能,且他人无处置生活垃圾资质,任其倾倒、填埋生活垃圾,造成公私财产重大损失;被告人刘某某、韩某违反国家规定,无资质倾倒、填埋生活垃圾,造成公私财产重大损失。上述各被告人的行为均构成污染环境罪,且属"后果特别严重"。据此,以污染环境罪判处被告人王某某有期徒刑五年,并处罚金人民币二十万元;判处被告人刘某某有期徒刑四年八个月,并处罚金人民币十五万元;判处被告人李某某有期徒刑三年六个月,并处罚金人民币十万元;判处被告人韩某有期徒刑二年六个月,并处罚金人民币六万元。该判决已发生法律效力。

---

　　①　最高人民法院网《最高人民法院、最高人民检察院关于办理环境污染刑事案件适用法律若干问题的解释》(2016 年)。

第十二章

劳动法律制度

第一节 劳动法概述

一、劳动的概念

劳动是劳动者利用劳动资料改造劳动对象,使之符合人类需要的有意识、有目的的活动。任何劳动都必须具备以下三个基本要素:劳动者、劳动对象、劳动资料,后两者合称生产资料。以上三个基本要素中,劳动者构成劳动对象的主体条件,劳动者劳动力的运用称为活劳动,生产资料构成劳动者的客观条件。劳动是人与动物的本质区别,是人类特有的基本实践活动。

劳动一方面具有物质规定性:"劳动首先是人与自然之间的过程,是人以自身的活动来中介、调整和控制人与自然之间的物质变换过程。"[①]劳动的物质规定性体现着劳动的生产力性质,在任何时候,劳动者与生产资料的结合,都有一个投入与产出的效率的问题,这一层面的劳动问题就成为劳动经济法研究的主要内容;劳动的另一方面具有社会规定性,即劳动具有社会性质,它体现着人们在劳动过程中所发生的一定的社会关系。正如马克思所指出的那样,"劳动的定义不是从劳动的物质规定性得出来的,而是从一定的社会形式,从这个劳动借以实现的社会关系中得出来的。"[②]因此,"劳动作为生产劳动的特性只表现一定的社会关系。我们在这里指的劳动的这种规定性,不是从劳动的内容或劳动的结果产生的,而是从劳动的一定的社会形式产生的"。[③]

---

① 《马克思恩格斯文集》第五卷,人民出版社 2009 年版,第 207 页。
② 《马克思恩格斯文集》第八卷,人民出版社 2009 年版,第 218 页。
③ 同上书,第 219 页。

二、劳动法的概念

劳动法是调整劳动关系以及与劳动关系密切联系的其他社会关系法律规范的总称。劳动关系是劳动法调整的基本对象,集体劳动关系和社会劳动关系是为个别劳动关系服务的。就我国立法情况而言,对劳动法可做广义和狭义理解。广义的劳动法,包括宪法规定的基本劳动制度以及劳动关系主体的权利义务,劳动基本法以及与其实施相配套的一系列子法、行政法规、规章以及司法解释等;狭义上的劳动法,是指国家最高立法机关颁布的关于调整劳动关系以及与劳动关系密切联系的其他社会关系的综合性法律,即全国人民代表大会常务委员会1994 年 7 月 5 号通过的《中华人民共和国劳动法》(以下简称《劳动法》),也称为劳动基本法。①

该法共 13 章(即总则、促进就业、劳动合同和集体合同、工作时间和休息休假、工资、劳动安全卫生、女职工和未成年工特殊保护、职业培训、社会保险和福利、劳动争议、监督检查、法律责任和附则)、107 条。

三、劳动法的基本特征

1. 公私法的融合性

劳动法属于社会法范畴,具有公私法相融合的特性。私法倡导"权利本位",私法是"权利"法,"意思自治"或"私法自治"原则是私法的灵魂。公法是政治国家的法,是以公共领域的国家利益为本位,公法是"权力"法,"权力法定"原则是公法的灵魂。而社会法以社会领域中的社会利益为本位,是"以权力限制权利之法","这种以维持社会经济弱者阶层的生存以及其福利待遇的增进为目的的诸法律在学术上按体系分类",称为"社会法"。②其中民法是最典型的私法,行政法是最典型的公法,劳动法是最典型的社会法。

2. 对劳动者保护的倾斜性

"倾斜保护原则"是贯穿劳动法始终的根本原则,是劳动立法的指导思想和执行的基本准则,集中体现劳动法的本质和基本精神,主导整个劳动法体系。具体而言,劳动法"倾斜保护原则"是由"保护劳动者"和"倾斜立法"两个层次构成。

---

① 李景森、贾俊玲:《劳动法学》,北京大学出版社 2001 年版,第 4 页。持有同样观点的还包括:郭捷:《劳动法与劳动保障法》,法律出版社 2003 年版,第 17—18 页。

② 〔日〕星野英一:《私法中的人》,王闯译,中国法制出版社 2004 年版,第 72 页。

就"保护劳动者"而言,劳动法的出发点在于保护劳动者,维护劳动者合法权益是其宗旨。劳动法强调保护劳动者的合法权益,是基于劳动者的"弱者"身份认定,对失衡的劳动关系做出矫正,来缓和这种实质上的不平等、不自由。

就"倾斜立法"来讲,包含两个层次含义。一是倾斜者只能限定在"立法"环节上,通过立法来保护被视为"社会利益"的劳动者个人利益,但在"司法、执法"环节上仍需要遵循"法律面前人人平等"原则,只有严格执法、公正司法才能真正实现倾斜立法保护劳动者的目的;而在立法利益分配上,也仅仅体现一种"倾斜",仍给当事人留出"意思自治"的空间。

3. 实体法与程序法的统一性

一般而言,实体法与程序法是一种互为依存的关系,有一定的实体法,就有与之对应的程序法,如民法与民事诉讼法。劳动法则不然,其本身既有实体性法律规范,也有程序性法律规范,这是由劳动者的特殊性所决定的。其中,劳动程序法主要是指劳动保障监察、劳动行政复议、不当劳动行为救济、劳动争议处理的相关规定。这就使得劳动法既有实体法的内容又有程序法的内容。①

四、劳动法的基本原则

劳动法的基本原则②,是国家在劳动立法中所体现的指导思想和在调整劳动关系与劳动随附关系所应遵循的基本准则,可以归纳为三项:(1)保护劳动者合法权益原则;(2)劳资自治与劳动标准制约相结合原则;(3)三方协商原则。③

1. 保护劳动者合法权益原则

保护劳动者的合法权益是劳动法的首要原则,但前提是劳动者的权益必须合法。

[案例]　**旅游请探亲假公司解除劳动合同**。2014 年 6 月 16 日,宋某向公司人事部门出具保证书,上载:"本人将于 2014 年 7 月 23 日至 8 月 5 日期间,因私去意大利旅游。本人已申请上述期间的带薪休假并已获得部门领导批准。请人力资源部协助办理签证所需的工作和收入证明"。后公司人事部门为宋某开

---

① 刘晓纯:《工业生产经营法教程》,天津大学出版社 2011 年版,第 250 页。

② 理论界对劳动法基本原则的具体内容,看法不一,代表性观点主要有:关怀主编《劳动法学》把劳动法的基本原则概括为十项,具体参见关怀主编:《劳动法学》,法律出版社 1996 年版;贾俊玲主编的《劳动法学》,把劳动法基本原则概括三项,具体参见贾俊玲主编:《劳动法学》,中央广播电视大学出版社 2003 年版。

③ 张志京:《劳动法学》(第 3 版),复旦大学出版社 2014 年版,第 14—17 页。

具了在职证明。同年 7 月 21 日,宋某向上级江某提出探亲休假获得批准,探亲休假的时间为 2014 年 7 月 28 日至 8 月 4 日。同年 7 月 28 日,宋某从上海离境赴意大利,于同年 8 月 4 日从意大利返还上海。

2014 年 9 月 29 日,公司向宋某发出解除劳动合同通知函,载明:"经查实,你在任职期间内,有利用工作时间从事私人业务、违反诚实和职业道德、损害公司利益等行为,违反《员工手册》第 77 条、第 88 条之规定,现公司决定按《员工手册》第 92 条的规定,立即与你解除劳动合同"。宋某对此不服,后双方涉诉。法院判决公司解除合同。①

问题:公司是否有解除合同的权利?

分析:探亲假的规定至今已有 34 年,国务院出台《关于职工探亲待遇的规定》在当年的私营企业还属罕见,但是 2008 年之后国务院已经把职工探亲待遇的范围扩大到民办非企业单位、有雇工的个体工商户。宋某公司出台探亲假是为了给员工每年享受探亲的福利待遇,宋某请探亲假却不探亲,而是以探亲的名义出国旅游,显然违反了企业的探亲假目的。诚实信用不但是为人之本,也是劳动合同法的一项基本原则,宋某要么请求批准其他假,比如年休假、事假;要么实事求是请求单位的批准。但是宋某却谎称探亲假,挂羊头卖狗肉,违反了诚实信用原则,也违反了公司的规章制度。其探亲假不探亲,则为旷工,公司为规范管理,按照严重违章条款解除劳动合同并无不当。诚实信用是一项被丢失了太久的原则,既是做人的基本准则,也是劳动合同法的一个基本原则。

2. 劳资自治与劳动标准制约相结合原则

劳资自治以市场主体从事经济活动的意思自治、合同自由为原则。其含义是指,劳动关系的双方当事人之间就各自的权利义务平等协商,自主决定劳动合同的订立、履行、变更、解除与终止,以及履行劳动合同所需的基本劳动条件等。劳资自治要求劳动者是劳动力市场的独立主体,用人单位完全拥有用人自主权,可以以市场为渠道,自主地配置劳动力资源。

所谓劳动标准,是指法律、政策法规规定的劳动条件的基准。它具有公法性、强制性的特征,要求劳动合同约定的履行条件不得低于法定的劳动条件。

3. 三方协商原则

三方协商原则也称三方性原则。三方是指劳方、资方以及政府。三方协商机制是三方协商原则的具体运用。"它以市场经济为基础,以民生制度为依据,

---

① 《员工探亲假赴欧旅游遭解雇:有违诚信构成旷工》,《解放日报》2015 年 11 月 5 日。

以合作、共赢为基本出发点,构建了政府与劳方、资方共同管理和处理劳动关系的活动平台。"①

[案例]　未成年人餐馆打工纠纷案。 2002 年 5 月,王某不愿意继续上学,就离家出走,到某县城去打工。王某在一家餐厅找到了工作,主要是帮助厨师做一些杂活。因为王某年龄尚小,只有 15 岁,所以餐厅经理同王某讲好,比别人的工资要少 30%,王某表示同意。餐厅的工作十分辛苦,并且因为王某年龄很小,经验不足,常常受到欺负,因此觉得难以忍受,于是决定向经理提出辞职,但是经理说如果要提前辞职就要缴纳违约金 500 元,王某必须要干满约定的期限。王某于是给家里写信,让父母领自己回去。王某的父母来到县城要求领其回去,餐厅经理仍然不放人,称要放人就先交 500 元违约金。

问题 1:王某能够成为劳动合同的一方当事人吗?

分析:王某不能够成为劳动合同一方当事人:因为王某尚不满 16 岁,没有劳动法上的权利能力和行为能力。根据我国《劳动法》第 15 条规定,禁止用人单位招用未满 16 周岁的未成年人。②文艺、体育和特种工艺单位招用未满 16 周岁的未成年人,必须依照国家有关规定,履行审批手续,并保障其接受义务教育的权利。

问题 2:那么王某是否需要缴纳违约金?

分析:不需要缴纳违约金。因为劳动合同本身无效,那么王某就没有合同约定的权利和义务,当然就不需要缴纳违约金了。

第二节　劳动关系与劳动法律关系

一、劳动关系的概念

在劳动力与生产资料分别归属于不同主体进而形成劳动关系的社会条件下,劳动力与生产资料结合实现劳动过程中必然产生劳动力所有者——劳动者与劳动力使用者——用人单位之间的各种各样的关系,这种范围的社会关系就是具有劳动法意义上的劳动关系。③

---

①　常凯主编:《劳动关系学》,中国劳动社会保障出版社 2010 年版,第 326 页。

②　参见《劳动法》(1995 年)第十五条。

③　曹明贵:《劳动经济学》,河南大学出版社 2013 年版,第 269 页。

二、劳动关系的基本特征

（一）主体的特定性

劳动关系的主体，一方是劳动者，另一方是用人单位。劳动者是劳动力所有者，包括所有自愿参加社会劳动的劳动者。用人单位是生产资料所有者或经营管理者，在我国，包括各种性质的企业、个体经济组织、特定范围劳动用工关系下的国家机关、事业单位以及社会团体、民办非企业单位、依法成立的会计师事务所、律师事务所等合伙组织和基金会等。

（二）内容的特殊性

劳动关系以劳动力的给付为主要内容。劳动力是人的劳动能力，是蕴含在人体中的脑力和体力的总和，是一种特殊的商品。用人单位与劳动者之间建立劳动关系的主要内容就是劳动者向用人单位提供劳动力，给付劳动，与之相对应，用人单位向劳动者支付工资作为对价。史尚宽先生认为："劳动关系谓以劳动给付目的之受雇人与雇佣人间之关系。"①

（三）产生条件的限定性

劳动关系必须产生于劳动过程之中，只有劳动者进入用人单位，接受用人单位的安排，在劳动组织内和生产资料结合，使劳动对象发生形态的变化、位置的转移以及价值的增加，才会发生现实的劳动关系。

（四）人身关系与财产关系的兼具性

劳动首先表现为人体的一种生理机制，是人的脑、神经、肌肉感官等的耗费。劳动者向用人单位提供劳动力时，也将其人身在一定限度内交给了用人单位，劳动力的支付过程，也就是劳动者生命的实现过程。劳动法最初就是从维护劳动者生存权出发来调整劳动关系的。因此，劳动关系就其本质意义上来说，是一种人身关系。另一方面，劳动关系又具有财产关系属性，劳动是人们谋生的主要手段，即使在社会主义条件下，人们也还需要通过劳动来换取生活资料，因此劳动关系也必然体现为劳动力的让渡与劳动报酬的交换关系。②

三、我国劳动法调整劳动关系的范围

自《劳动法》(1995 年)实施以来，劳动法所调整的劳动关系的范围就呈现出

---

① 史尚宽：《劳动法原论》，台湾正大印书馆 1978 年重版，第 2 页。
② 黄越钦：《劳动法新论》，中国政法大学出版社 2003 年版，第 94 页。

不断扩张的趋势,2008年1月1日实施的《劳动合同法》、2008年9月18日国务院公布施行的《劳动合同法实施条例》,以及2012年修订的《劳动合同法》逐步地肯定了这一趋势。我国劳动法调整劳动关系的范围如下:

(1)中华人民共和国境内的企业,个体经济组织、民办非企业单位等组织劳动关系。

(2)国家机关的劳动关系。国家机关与所用工勤人员之间的劳动关系是劳动法调整的对象。

(3)事业单位的劳动关系。事业单位劳动关系的法律适用包括三类:一是参照公务员管理的工作人员的劳动关系,适用公务员法;二是实行聘用制人员的劳动关系,有特别规定的从其规定;三是工勤人员及实行聘任制无特殊规定的人员的劳动关系适用劳动法。

(4)社会团体的劳动关系。社会团体劳动关系适用的法律分为三类:一是参照公务员管理的工会、共青团、妇联等的工作人员的劳动关系,适用公务员法;二是工会、共青团、妇联等的工勤人员的劳动关系适用劳动法;三是工会、共青团、妇联等人民团体和群众团体以外的其他社会团体与其劳动者的关系适用劳动法。

(5)依法成立的会计师事务所、律师事务所等合伙组织和基金会与其劳动者的劳动关系。

此外,特别需要指出的是,农村劳动者、现役军人、家庭保姆、自然人用工等性质的劳动关系不属于我国劳动法调整的范围。①

四、劳动法律关系的概念与特征

法律关系是"法所构建或调整的,以权利义务为内容的社会关系"。②劳动法律关系是劳动者与用人单位之间,依据劳动法律规范所形成的实现劳动过程的权利义务关系。

劳动法律关系的特征如下:主体的特定性;主体之间平等性与隶属性相互交错;客体表现为兼具有人身性与财产性的特定劳动行为和财物;劳动法律关系的内容体现了国家与当事人的双重意志;劳动法律关系是围绕劳动者的保护展开的。③

---

① 参见《劳动法》(1995年)第二条,以及《劳动合同法》(2012年修订)第二条等相关法条规定。

② 张文显主编:《法理学》,高等教育出版社、北京大学出版社2011年版,第159页。

③ 因与劳动关系的特征大致相同,在这里不再赘述。

五、劳动法律关系要素

劳动法律关系是由劳动法律关系主体、劳动法律关系内容和劳动法律关系客体三个基本要素构成的,缺一不可。

（一）劳动法律关系主体

劳动法律关系主体是指参与劳动法律关系,享受劳动权利和承担劳动义务的当事人,劳动法律关系主体是劳动法律关系的第一要素,包括劳动者与用人单位。

劳动法中的劳动者,指达到法定年龄、具有劳动能力,以从事雇佣劳动获取的收入为主要生活来源的自然人。依据法律或者合同的规定,在用人单位管理下从事劳动并获取劳动报酬的劳动关系当事人。

自然人参与劳动法律关系,必须具备一定的法律条件并取得劳动权利能力和劳动行为能力。①

（二）劳动者的劳动权利能力和劳动行为能力

劳动权利能力,是指劳动者依法参与劳动法律关系,享有劳动权利承担劳动义务的资格,它是劳动者参与劳动法律关系成为适格主体的前提条件。②劳动者的劳动行为能力是指劳动者能以自己的行为参与劳动法律关系,实际享受权利和履行义务的能力,它是作为劳动法律关系适格主体的基本条件。

根据我国法律规定,劳动者要具有劳动权利能力与劳动行为能力应当满足的条件包括:

（1）达到法定年龄。我国《劳动法》将就业年龄规定为 16 周岁,禁止招用未满 16 周岁的未成年人;某些特殊职业如文艺、体育和特种工业部门确需招用未满 16 周岁的人（如演员、运动员）时,须报县以上行政部门批准。同样,劳动者到了法定退休年龄必须依法退休。

（2）具有劳动能力。劳动者的劳动能力属于自身生理因素,根据自然人的生理状况,劳动者的劳动能力一般表现为三种情况:有完全劳动能力、有部分劳动能力和无劳动能力。③具体来讲,因生理、心理状况不能劳动的,视为无劳动能

---

① 李振华、方照明:《经济法通论》（第 2 版）,中国政法大学出版社 2014 年版,第 251—252 页。

② 劳动者的劳动权利能力应当具有平等性,这是现代市场经济的必然要求,更是社会文明的标志。基于此,劳动者的劳动权利能力不应该因种族、肤色、性别、宗教、出身等不同而有区别。

③ 劳动能力应包括智力、健康、性别、技能等,如必须通过全国司法考试取得任职资格才能成为律师并从事相关工作。

力;因生理、心理状况不能提供正常劳动,但又没有完全丧失劳动能力的,视为有部分劳动能力;而身体健康、智力健全的人则是有完全劳动能力的人。①

（三）用人单位

1. 用人单位的基本概念

用人单位是我国对劳动法律关系中与劳动者相对的一方主体的独特称呼,在许多国家通常将其称为雇主。用人单位是指依法招用和管理劳动者,并按照法律的规定或者劳动合同的约定向劳动者提供劳动条件,进行劳动保护,并支付劳动报酬的劳动组织。既包括中国境内的企业、个体经济组织、依法成立的律师事务所等合伙组织和基金会等,也包括与劳动者建立劳动关系的国家机关、事业单位、社会团体等。

2. 用人单位劳动权利能力和劳动行为能力的概念

用人单位作为劳动法律关系的一方当事人,也必须具备一定的条件,并取得劳动权利能力和劳动行为能力。用人单位的劳动权利能力,是指用人单位依法享有用人权和承担用人义务的资格,它是用人单位参与劳动关系成为合法主体的前提条件。用人单位不同,其权利能力范围也不同,这种制约因素通常表现为国家允许用人单位使用劳动力的限度和要求用人单位提供劳动条件和劳动待遇的限度。

（四）劳动法律关系的客体

关于劳动法律关系客体,劳动法学界有不同的见解。有的学者认为劳动力是劳动法律关系的客体,②有的学者将客体分为基本客体与辅助客体。③

本书认为,劳动法律关系的客体,是指劳动法律关系主体的劳动权利和劳动义务所共同指向的对象,具体表现为一定的劳动行为和财物。它既是劳动法律关系主体之间得以形成权利义务的中介,又是权利和义务的承载体。

劳动行为,是指劳动者和用人单位在劳动实现过程中所实施的行为。在劳动法律关系中,劳动行为的方式、质量、数量都具有重要的法律意义。

财物,是指劳动法律关系中体现双方当事人物质利益的实物和货币,如劳动报酬、劳动保护、社会保险及福利待遇等。

[案例] **农民卸货受伤案。**2006 年 2 月 21 日下午 4 时许,大足县某钢锹厂厂长张某电话通知永超之弟永文有一批钢轨需要从车上卸下来,于是永文便

---

① 参见《劳动法》(1995 年)第十五条。

② 参见董保华:《试论劳动法律关系调整的法律机制》,上海交通大学出版社 2000 年版,第 284 页。

③ 参见王全兴主编:《劳动法学》,高等教育出版社 2004 年版,第 83—84 页。

找几个搬运工人一起去卸货,报酬是按货物的数量(即吨位)计付搬运费。永文与永超、永万一行来到钢锹厂门口,其中永万在准备卸货时,不慎右手受伤,永文便带永万到附近的医院进行包扎。永超接着准备去打货车的挡桩,这时站在货车前面的张厂长就招呼永超不要动。永超当时便说:"你的货是承包给我们的,你不用管。"当永超打掉货车上的第一根挡桩后去捡千斤顶时,车上的轨道钢突然滑落下来,将永超砸伤在地。张厂长当即就用车将永超送至大足县第二人民医院住院治疗。永超经诊断为全身多处骨折和裂伤,后于 2006 年 7 月 26 日出院,住院 158 天,用去医疗费 32 613.82 元(全部由张厂长支付)。2006 年 7 月 10 日,永超向大足县劳动争议仲裁委员会申请要求确认其与钢锹厂的劳动关系成立。2006 年 8 月 15 日,大足县劳动争议仲裁委员会裁定永超与钢锹厂的劳动关系不成立。2006 年 8 月 1 日,永超经重庆市法医验伤所法医鉴定,其伤残程度为腰 4 椎体粉碎性骨折属九级伤残,肋骨骨折属九级伤残,永超再次手术取椎体内固定物需 8 000 元左右。①

问题:永超与钢锹厂构不构成劳动法所指的劳动关系?

分析:本案的关键问题就在于,永超与钢锹厂之间的法律关系,是应当由劳动法调整的劳动关系,还是应当由民事法律调整的民事雇佣关系。

民事雇佣关系与劳动关系的区别在:

(1) 劳动关系的当事人一方必须是企业、事业、机关等用人单位,另一方必须是劳动者。而雇佣关系则不必然如此,它可以存在于公民与公民之间,也可以存在于公民与法人之间。

(2) 劳动合同当事人之间的关系较为稳定,反映的是一种持续性的生产要素结合关系,而雇佣关系的当事人之间体现的是一种即时清结的关系。

(3) 劳动合同签订后,作为劳动者的一方必须加入到用人单位的组织中去,作为其成员,承担该组织分配的劳动工作义务,享受该单位的劳动福利待遇;而雇佣合同中提供劳动的一方仍为相对独立的个人,不享有对方提供的劳保福利待遇,也不承担对方内部规定的约束。劳动关系的当事人之间存在从属关系,而雇佣关系当事人之间不存在从属关系。劳动关系双方当事人有形成管理与被管理、支配与被支配的社会关系,而雇佣关系中提供劳务的一方并不是劳务需要方的成员,双方是按照约定的劳动内容从事劳动。虽然劳务的需方有督促劳务提供者按约定劳动的权利,但这应属于对劳务质量的验收,而不是管理行为。

---

① 参见 66.cn 华律网,郭田:《本案是雇佣关系还是一般劳动关系》。

（4）本案中的永超是钢锹厂附近的农民，钢锹厂需要下货时，临时找他来劳动，他与钢锹厂之间只是卸货人员向钢锹厂提供劳务后获得相应的约定报酬，他可以帮助钢锹厂卸货，也可以帮助其他的公民、法人卸货，反正都是提供劳务后获得约定报酬，他并不受钢锹厂的劳动纪律和规章制度的约束。按照我国《劳动法》的规定，劳动争议必须先进行劳动仲裁，本案中大足县劳动争议仲裁委员会也已裁定永超与钢锹厂的劳动关系不成立。所以，永超与钢锹厂之间是雇佣关系。

第三节　劳动者的基本权利——劳动权

一、劳动权的概述与性质

劳动权是劳动法学的基本概念和核心范畴。可以说，一切劳动法律制度板块都是围绕着劳动权及其保障而展开和设计的。劳动权是宪法赋予公民的获得有职业劳动的基本权利，即劳动机会获取权，其内容包括就业权和择业权。劳动权意味着公民以劳动谋生、并要求国家和社会为其提供劳动机会的权利。①

劳动权是法定的而非约定的权利，主要是说劳动合同和集体合同不能约定新的权利类型，并不否定两类契约对劳动权实现从法定权利向实有权利转化的意义。劳动合同和集体合同所约定的权利内容是对法定劳动权利的契约落实和具体化。

劳动权的性质主要包括以下几个方面：

（1）劳动权是由宪法和劳动法所承认和保障的权利，劳动法是规定和保障劳动权的基本法律。大量的劳动权是通过劳动法来规定的，即便劳动基本权，也必须通过劳动法加以具体化。

（2）劳动权既是生存权也是发展权，它包括工作权、获得劳动报酬权、职业安全权、社会保障权，这些权利的一个共同特征就是使劳动者的生命和生活得到保障。

（3）劳动权涉及人权的诸多层次，是一种包含多重法益的综合权利。人权

---

① 王全兴：《劳动法》，法律出版社 2010 年版，第 105 页。

可以划分为三个层次:人身方面的权利、财产和经济方面的权利、政治和文化方面的权利。从劳动的内容构成看,其涉及人权的所有层次。

(4)劳动权是社会权属性和自由权属性兼容的权利类型,劳动权是劳动者基于拥有劳动力的所有权及其行使自由所产生的权利。劳动权中的择业自由、辞职自由、工资支配自由、休息时间支配自由等都具有自由权属性,其实现以国家和用人单位的不干预和不设置障碍为前提条件。①

二、个别劳动权利

个别劳动权利是指由劳动者个体所享有和行使的劳动权利。

(一)工作权

工作权即是狭义的劳动权,也称为就业权,包括职业获得权、平等就业权、自主择业权。

1.职业获得权

职业获得权,是指请求国家提供就业机会和维护职业安定的权利。从积极意义上表现为要求国家和社会提供就业机会的权利;从消极意义上来说表现为对抗用人单位无理解雇行为的权利,具有请求性和对抗性两重属性。

2.平等就业权

平等就业权,是指平等而不受歧视地获得就业机会的权利。平等即是要求在就业机会、劳动条件和待遇的获得方面,劳动者不因民族、种族、性别、宗教信仰、健康、婚姻状况等不同而受歧视,在就业方面一律平等。

3.自主择业权

自主择业权是指劳动者可以根据自己的意愿选择职业及其用人单位的权利。法律规定劳动者的自主择业权目的是为了否定劳动者就业的行政安置和各种强迫劳动的现象。

(二)获得报酬权

获得报酬权是指取得劳动报酬的权利,内容包括报酬请求权和报酬支配权。报酬请求权是指劳动者付出了职业劳动后,请求用人单位支付劳动报酬的权利;报酬支配权是指劳动者独立支配自己的劳动报酬的权利,劳动报酬支配权具有物权的属性。

---

① 白小平、李振宇、张维权:《劳动法理论与实务》,甘肃科学技术出版社 2007 年版,第 99—104 页。

（三）休息权

休息权即是获得和支配休息、休假时间的权利,包括休息权和休假权。休息权是宪法规定的基本劳动权,是劳动者得以恢复劳动力,实现个人全面发展的权利。侵犯劳动者休息权的表现概括起来有以下几个类别:在自愿的幌子下延长工作时间;在强迫劳动状态下延长工作时间;延长工作时间而不支付法定报酬。

（四）职业安全权

职业安全权是指劳动者在职业劳动中人身安全和健康获得保障,免遭职业危害的权利。任何职业都有一定的职业危险,劳动者享有劳动职业安全权,可以要求国家制定劳动保护法律法规,建立劳动安全卫生规程和标准,加强劳动保护的监察工作;可以要求用人单位建立、健全劳动安全卫生制度,严格执行国家劳动安全规程和标准,对劳动者进行劳动安全卫生教育,防治劳动过程中的事故,减少职业危害;劳动者拒绝劳动的权利,即当用人单位不提供安全卫生的劳动环境和劳动条件时,或者用人单位强令冒险作业时,劳动者可以拒绝从事劳动。在现实中,预防工伤和职业病的发生,是职业安全的重心。

（五）职业培训权

职业培训权是指劳动者接受职业训练和教育的权利。就业前职业培训的主体是国家和社会;就业后培训的主体主要是招用劳动者的用人单位。职业培训对于提高劳动者的职业素质和技能,增强劳动者的就业竞争能力,扩大择业领域,获取较高的劳动报酬,减少职业伤害,及促进用人单位事业发展和社会生产力提高都具有重要意义。现实生活中,在岗继续培训的实现程度较低且差别很大,是职业培训权的重点。

（六）民主管理权

民主管理权也称为民主参与权,是指劳动者对本单位的生产经营和管理工作进行监督和提出建议的权利。在国有企业和集体企业,职工的民主管理权有坚实的物质基础,劳动者主要是通过职工代表大会的形式,行使民主管理权;在非公有制企业中,劳动者的民主管理权利的范围和力度受到一定的限制,劳动者的民主管理权应该成为劳动者的一项普遍的权利。

（七）社会保险权和福利权

劳动者的社会保险权是指劳动者在生老病死、伤残、失业等劳动风险发生时,从国家和社会获得一定的物质帮助和补偿的一种社会保障权利。劳动者的社会福利是生活上的利益,特指对职工的生活照顾,包括社会福利和单位福利。

（八）劳动争议处理提请权

劳动争议处理提请权是指劳动者能够采取一定手段、启动一定程序、提请劳动争议处理的权利，主要包括提请调解、仲裁和诉讼的权利，即劳动争议的调解申请权、仲裁申请权和劳动诉权。[①]

三、集体劳动权利

集体劳动权，又称为集体劳权，是指劳动者集体所享有的，为了争取、保护劳动者集体或者团体成员的利益，使劳动关系更加公平合理、劳资合作更有效率，必须集体或团体化行使的劳动权利。集体劳动权利包括结社权、集体协商权、团体行动权。

（一）结社权

结社权仅指狭义的结社权，是指劳动者组织和参加工会的权利。我国宪法和劳动法都肯定了劳动者的结社权。在宪法中规定的公民的结社权即包括劳动者的结社权。我国劳动法和工会法都具体确认了劳动者的结社权。[②]

（二）集体协商权

集体协商权也称集体谈判的权利或团体交涉权，是指劳动者集体与用人单位就劳动标准和劳动条件进行商谈，签订集体合同的权利。集体协商权存在和实现程度取决三个因素：劳动契约自由的存在，国家立法为集体协商预留必需的空间，工会组织在法律地位上的真正独立。

（三）团体行动权

团体行动权，主要包括罢工、集体抵制和纠察，其中罢工是最基本的团体行动形式。我国法律没有明确规定罢工权。

[案例] 职工拒绝延长工作时间引起的争议案。某市岩棉厂工人赵某因不服厂方扣发奖金于 1995 年 8 月向人民法院提起诉讼。赵某诉称：1995 年 6 月，因天气多雨，岩棉厂决定在厂外建一座堤坝以防洪水，要求全厂职工加班加点。赵某因父母回老家，家中有一弟弟要参加当年高考，必须有人照顾，所以不能加班。向厂方提出不加班的请求后，厂方便没有安排他加班。但此后，厂方却以赵某不服从生产纪律、影响生产秩序为由，扣发赵某半年奖金。赵某不服，申请仲裁，但仲裁委员会裁定岩棉厂对赵某的处罚正确，故对赵某的申请不予支持。赵

---

① 参见《劳动法》(1995 年)第三条。
② 参见《劳动法》(1995 年)第七条。

某因此要求法院予以公断。岩棉厂辩称:1995 年 6 月,本地区暴雨成灾。因本厂建在山谷中,为防止山洪袭击本厂,决定在厂区外修建一条防洪坝。而此时正值生产旺季,为不影响生产,厂里决定全厂职工都加班加点抢修堤坝。当时,厂里预计加班 15 天,每天加班约 4 小时。据此,厂里向市总工会作了请示,市总工会同意厂里的请求。但是,赵某不服从调度,以必须回家照顾将参加高考的弟弟为借口,拒不加班,厂于是没有强迫赵某加班。而经厂方调查,赵某并没有真正去照顾其将参加高考的弟弟,而是回去与男友约会、谈恋爱。为此,厂方曾找赵某谈过话,但赵某不承认自己是去约会了。厂方共计安排全厂职工加班 23 天,都按规定发给了加班费和夜餐补助费。由于赵某一次也没加班,厂方鉴于她的工作表现,经研究并征求了工会意见,决定扣发赵某半年奖金。经调查查明,案件事实与岩棉厂所述一致。法院裁定驳回赵某诉讼请求。

问题:岩棉厂是否侵犯了赵某的休息休假的权利并分析?

分析:这是一起因职工拒绝延长工作时间而引起的争议,仲裁委员会和法院的裁定非常正确。

岩棉厂延长工作时间的行为符合有关法律规定,不构成侵害劳动者休息休假权行为。我国的法律法规对用人单位延长工作时间在多方面作了严格限制,目的在于保障劳动者的休息休假权真正落到实处,但同时也没有排斥用人单位在规定情况下延长工作时间的权利。从本案的情况看,岩棉厂延长工作时间的行为符合有关规定。《劳动法》第四十一条规定,发生自然灾害、事故或者其他原因,威胁劳动者生命健康和财产安全,需要紧急处理的情形出现时,延长工作时间不受有关程序、长度的限制。《〈国务院关于职工工作时间的规定〉的实施办法》中也有类似的规定。本案中的岩棉厂在暴雨成灾、地处山谷、面临洪水袭击的情况下,决定延长工作时间以修坝防洪,这种行为是正当、合理的。

赵某拒绝延长工作时间的理由不能成立。根据有关规定,劳动者拒绝延长工作时间应具备下列条件之一:一是用人单位延长工作时间不符合有关规定,是侵害劳动者休息休假权的行为;二是劳动者因自身或家庭有特殊情况不能加班加点,如劳动者患病、家庭成员确需劳动者照顾等。前面的分析已排除了第一种情况。从本案的事实看,赵某也不属于第二种情况。如果赵某确因照顾即将参加高考的弟弟而不能加班,可以认为其理由是成立的。但实际上,赵某是借照顾弟弟之名行约会之实,这就使她的行为失去了正当理由。因此,岩棉厂对她的违纪行为予以处理的决定是正确的。经调查查明,案件事实与岩棉厂所述一致。法院裁定驳回赵某诉讼请求。

第四节　劳动合同制度

一、劳动合同的概述

劳动合同制度,是通过平等自愿、协商一致的原则,确立劳动者与用人单位之间稳定和谐劳动关系的制度,是通过劳动合同明确双方权利和义务,保护双方合法权益的制度,是劳动社会保障工作的基础。在我国,该方面的基础性法律是《劳动法》和《劳动合同法》:前者做了原则性规定,而后者是专门性规范,其立法宗旨就是为了明确劳动合同双方当事人的权利和义务、保护劳动者的合法权益、构建和发展和谐稳定的劳动关系,①它由全国人民代表大会常务委员会 2007 年 6 月 29 日通过,2012 年 12 月 28 日修正,共八章(即总则、劳动合同的订立、劳动合同的履行和变更、劳动合同的解除和终止、特别规定、监督检查、法律责任和附则)98 条②。

(一) 劳动合同制度的性质与特征

《劳动法》规定的劳动合同是劳动者与用人单位确立劳动关系、明确双方权利和义务的协议。③这是关于劳动合同的定义,劳动合同制度的性质包括以下几个方面:

1. 劳动合同是一种特殊的合同

所谓"特殊合同",是指劳动合同独立于民法上的合同制度。劳动合同仅存在于劳动法领域,对劳动合同的认识和把握不应受限于民法上对合同的理解。

2. 劳动合同的性质具有特殊性

劳动合同在性质上的特殊性不同于劳动合同的特殊性,前者是更根本的、决定了劳动合同之"特殊合同"的定位;而后者不仅包括劳动合同在性质上具有特殊性,还包括劳动合同体现于外的、区别于其他合同的特征。劳动合同的特殊性表现在以下三个方面:(1)劳动合同在订立、履行、变更及终止各环节上体现着公权力干预的色彩;(2)劳动合同制度不能独立运行。劳动合同制度需要结合大量劳动

---

①　《劳动合同法》(2012 年修订)第 1 条。

②　具体内容参见《劳动合同法》(2012 年修订)。

③　参见《劳动法》(1995 年)第十六条。

基准制度,比如,工资制度、工作时间制度和休息休假制度;(3)劳动合同权利义务所指向的对象是雇员的劳动,即是劳动的标的是劳动,而不是"物"或"行为"。

3. 劳动合同遵循合同制度的一般规律和价值取向

劳动合同是一种合同,不能摆脱意思自治、诚实信用原则等在合同制度中具有核心和基础地位的一般规律或价值取向,劳动合同也需要遵循合同法原理和制度。①

劳动合同的特征主要概括如下:

(1) 主体特定化。根据《劳动合同法》的规定,劳动合同的双方当事人为用人单位与劳动者。②不同于民法上合同的主体,具有特殊性。

(2) 内容条款化、基准化③。劳动合同的内容,即劳动合同双方当事人的权利和义务。

劳动合同的条款化,是指在劳动合同中,不将双方主体的权利和义务各自分条表述,而是将双方的权利义务一并规定在若干大的方面中,形成若干劳动合同条款。

劳动合同的基准化,是指劳动合同的某些条款,在当事人协商之外存在法定或约定的基准,双方就这些条款协商的内容不能超越这些确立的基准。

---

①　关于劳动合同的性质问题,不同的学者曾提出过不同的观点:黄越钦教授认为:劳动契约之性质,有身份契约说、租赁契约说、劳动加工说和特种契约说四种,目前之通说为特种契约说,此说认为劳动契约系民法中所有典型契约以外的一种,已形成一种独立契约。受黄越钦的影响,不少大陆学者在研究劳动合同性质时采纳了他的观点或者基本上接纳了他的观点;学者郑尚元认为:关于劳动合同的性质,学理上有身份契约说、租赁契约说、劳动加工说及特种契约说。他同意特种契约说的观点,认为劳动合同是一种独立于民事合同以外的一种独立合同,尽管劳动合同与民事合同特别是提供劳务的合同有类似之处,但在双方当事人及其关系、双方当事人的地位、劳动报酬的性质和支付方式、劳动过程中的风险责任、法律适用及争议解决等方面,存在很大差异;学者周长征认为,劳动合同的性质,学理上分歧较大,主要有雇佣合同说、身份合同说、租赁合同说、独立合同说四种观点。他认为我国立法上实际采纳了劳动合同的独立说,并支持这种选择;与上述学者有些差异的是,学者姜颖从利益本位的角度出发,认为劳动法学界关于劳动合同的性质主要存在三种观点:国家本位的观点、个人本位的观点、社会本位的观点。姜颖认为劳动合同的性质应从社会法的角度去认识,同意劳动合同社会本位的观点。其理由是合同双方不具有一般合同所具有的平等性;劳动者意思表示不自由;劳动合同内容不能反映劳动关系的全部等。尽管存在不同看法,但劳动法学界通说认为,劳动合同是一种从民事合同发展演变而来的,又独立于民事合同的特殊合同。

②　参见《劳动合同法》(2012年修订)第二条。

③　劳动合同的内容以法定为多、为主,商定与约定为辅,部分学者仍认为劳动合同的性质中包括:物质帮助权,如劳动者死亡后的遗嘱待遇等。

（3）从属性。劳动合同的从属性是就劳动合同双方当事人之间的关系而言的,具体包括:第一,劳动者人格上的从属性。人格上的从属性意味着对劳动者自行决定的自由的限制:劳动者对于自己提供劳务内容的详细情节不能自行决定、对提供劳务的时间不能自行安排。劳动者必须服从用人单位的指挥和监督:服从用人单位的工作规则、服从指示、接受考察、接受制裁;第二,劳动者经济上的从属性。这是指劳动者被完全纳入用人单位的经济组织与生产结构之内。劳动者是为了实现用人单位的营利目的而劳动。用人单位拥有生产组织体系、生产工具、原料的所有权。

（4）继续性。继续性即劳动合同的内容是在劳动合同期限内持续不断地实现,而非通过一次性给付实现的。因此,双方当事人基于诚实信用原则的要求派生的权利和义务更多。①

（二）劳动合同的类型

劳动合同按照不同的标准可以进行不同的分类。

1. 以劳动合同的期限为标准

以劳动合同的期限为标准,可以分为固定期限合同、无固定期限合同和以完成一定工作任务为期限的合同。

（1）固定期限劳动合同。固定期限合同又称定期劳动合同。固定期限劳动合同也是有很大的弹性的,短至一年,长至 20 年甚至更久。

（2）无固定期劳动合同。无固定期劳动合同又称"不定期劳动合同"。《劳动合同法》第十四条规定:在下列情况下,劳动者提出或者同意续订、订立劳动合同的,除劳动者提出订立固定期限劳动合同外,应当订立无固定期限劳动合同:劳动者在该用人单位连续工作满十年的;用人单位初次实行劳动合同制度或者国有企业改制重新订立劳动合同的,劳动者在该用人单位连续工作满十年且距法定退休年龄不足十年;连续订立二次固定期限劳动合同,且劳动者没有本法第三十九条和第四十条第一项、第二项规定的情形,续订劳动合同的;用人单位自用工之日起满一年不与劳动者订立书面劳动合同的,视为用人单位与劳动者已订立无固定期限劳动合同。

（3）以完成一定的劳动任务为期限的劳动合同。以完成一定的劳动任务为期限的劳动合同,是指用人单位与劳动者约定以一某项工作完成为合同期限的

---

① 董临萍、龙丽群:《人力资源管理》,华东理工出版社 2014 年版,第 202—203 页。

劳动合同。①

2. 以劳动合同是否典型为标准

以劳动合同是否典型、常态为分类标准,可以分为典型劳动合同与非典型劳动合同。固定期限劳动合同属于典型劳动合同。非典型劳动合同主要包括以下两种:劳务派遣和非全日制用工。

(1) 劳务派遣。劳务派遣单位与劳动者签订劳动合同,由劳动者向用人单位给付劳务;此时劳动合同存在于劳务派遣单位与劳动者之间,但劳务给付的事实发生在劳动者与用工单位之间。

(2) 非全日制用工。非全日制用工,是指以小时计酬为主,劳动者在同一用人单位一般平均每日工作时间不超过 4 个小时,每周工作时间累计不超过 24 小时的用工形式。②

二、劳动合同的订立与履行

不同于民事合同理论中,着重对要约和承诺的探讨,劳动合同的订立包括两个阶段:确立劳动合同当事人的阶段和确立劳动合同内容的阶段。

劳动合同的形式,是指劳动合同赖以存在的方式,即劳动合同当事人意思表示的外部表现。目前,世界上主要的劳动合同形式有以下三种:第一,允许劳动合同采取口头形式,但要求特定劳动合同采取书面形式;第二,一般要求劳动合同采用书面形式,但允许在特殊情况下采取口头形式;第三,要求所有的劳动合同采取书面形式。我国采用是第三种模式,必须订立书面的劳动合同。③

根据《劳动合同法》的规定,劳动合同的方式为:用人单位与劳动者就劳动合同内容协商一致,并且双方在劳动合同文本上签字或者盖章。④

1. 事实劳动合同关系

根据《劳动合同法》第 10 条规定,在用工之日起一个月内补签的,在用工之日至签订劳动合同之日这段时间是事实劳动合同关系。

事实劳动合同关系产生于以下情形:(1)初次雇佣而未签订书面劳动合同;(2)劳动合同期满,用人单位与劳动者彼此认同,劳动者继续工作但未与单位续

---

① 参见《劳动合同法》(2012 年修订)第十五条。
② 参见《劳动合同法》(2012 年修订)第六十八条。
③ 剧宇宏:《劳动法概论》,上海交通大学出版社 2012 年版,第 69 页。
④ 参见《劳动合同法》(2012 年修订)第十条。

签书面合同;(3)筹办中的用人单位尚未完成工商、税务登记等设立手续,事先招用的劳动者。

2. 劳动合同的内容

劳动合同的内容,即双方当事人的具体权利义务,主要体现为劳动合同的条款。我国《劳动合同法》规定了劳动合同的必备条款,其包括:用人单位的名称、住所和法定代表人或者主要负责人,劳动者的姓名、住址和居民省份证或者其他有效身份证件号码,劳动合同期限,工作内容和工作地点,工作时间和休息休假,劳动报酬,社会保险,劳动保护、劳动条件和职业危害防护,法律、法规规定应当纳入劳动合同的其他事项。

除上述必备条款外,用人单位与劳动者可以约定试用期、培训、保守秘密、补充保险和福利待遇等其他事项。[1]以下主要就在实践中比较普遍采用的约定内容进行阐述。

(1)试用期条款。《劳动合同法》对试用期作了一系列的规定:规定劳动合同期限 3 个月以上不满 1 年的,试用期不得超过 1 个月;劳动合同期限 1 年以上不满 3 年的,试用期不得超过 2 个月;3 年以上固定期限和无固定期限的劳动合同,试用期不得超过 6 个月;以完成一定工作任务为期限的合同或者劳动合同期限不超过 3 个月的,不得约定试用期。同一用人单位只能约定一次试用期。试用期包含在劳动合同期限内。劳动合同仅约定试用期的,试用期不成立,该期限为合同期限。劳动者在试用期的工资不得低于本单位相同岗位最低工资或者劳动合同约定工资的百分之八十,并不得低于用人单位所在地的最低工资标准。[2]

(2)培训与服务期条款。根据《劳动合同法》规定,培训事项属于约定条款。从某种程度上来说,培训也是用人单位的义务。用人单位的培训分为一般职业培训与特别技能培训。关于服务期条款,根据《劳动合同法》规定,劳动合同期满,但是用人单位与劳动者依法约定的服务期尚未到期的,劳动合同应当续延至服务期满;双方另有约定的,从其约定。

(3)商业秘密与竞业限制条款。特别技能培训与竞业限制有较大的联系,因为经特殊职业训练后的劳动者,其已经成为用人单位竞争力的组成部分。在"猎头"业日益发达的今日,对这部分专业人才设置的竞业限制也是用人单位人才竞争的有效手段。

---

① 参见《劳动合同法》(2012 年修订)第十七条。

② 参见《劳动合同法》(2012 年修订)第十九条。

《劳动合同法》规定,用人单位与劳动者可以在劳动合同中约定保守用人单位的商业秘密和与知识产权相关的保密事项。所谓的竞业限制,是指用人单位为了保护自身利益,防止劳动者离职后泄漏其商业秘密,限制劳动者离职后到与本单位具有同业竞争关系的企业工作、或自己开业与本单位形成同业竞争的关系。①

三、劳动合同的效力

劳动合同同其他的民事合同一样,一般成立即生效,对双方当事人产生法律约束力。但是,不具备合同生效条件的劳动合同为无效合同,自订立时起就没有约束力。

（一）无效的情形

以欺诈、胁迫的手段或者乘人之危,使对方在违背真实意思的情况下订立或者变更劳动合同的,劳动合同无效;用人单位免除自己的法定责任、排除劳动者权利的条款为无效条款。这种无效条款主要为用人单位在格式合同中拟定的劳动者人身伤害免责条款;违反法律、行政法规强制性规定的劳动合同无效或者部分无效。

（二）无效劳动合同的确认机关及其后果

对劳动合同无效或者部分无效有争议的,由劳动争议仲裁机构或者人民法院确认。②

劳动合同无效的法律后果如下:

（1）劳动合同部分无效,不影响其他部分效力,其他部分仍然有效。③

（2）劳动合同被确认无效,劳动者已付出劳动的,用人单位应当向劳动者支付劳动报酬。劳动报酬的数额,参照本单位相同或者相近岗位劳动者的劳动报酬确定。④

（3）劳动合同依法被确认无效的,给对方造成损害的,有过错的一方应当承担赔偿责任。

（三）劳动合同订立阶段双方当事人的权利和义务

劳动合同与民事合同一样,在合同成立之前双方当事人之间已经开始有了接触,双方应当遵守一定的规则,相互间应存在一定的权利义务关系。鉴于劳动合

---

① 参见《劳动合同法》(2012 年修订)第二十三条、二十四条。
② 参见《劳动合同法》(2012 年修订)第二十六条。
③ 参见《劳动合同法》(2012 年修订)第二十七条。
④ 参见《劳动合同法》(2012 年修订)第二十八条。

同法等相关法律对双方的权利和义务规定的比较简略,需要我们进行学理补充。

1. 用人单位的义务

(1) 用人单位在招聘中不得设置含有就业歧视的内容。对此我国《劳动就业促进法》规定,用人单位招用人员应当向劳动者提供平等就业机会和公平的就业条件,不得实施就业歧视。我国《劳动法》规定,劳动者就业,不因民族、种族、性别、宗教信仰不同而受歧视。

(2) 用人单位应负如实告知义务。《劳动合同法》规定,用人单位招用劳动者时,应当向劳动者如实告知工作内容、工作条件、工作地点、职业危害、安全生产状况、劳动报酬以及劳动者要求了解的其他情况。值得注意的是,用人单位虽然原则不必告知劳动者本单位的经济状况,但是签订劳动合同阶段企业面临破产或已进入重整期的,用人单位应将该种情况如实告知劳动者,因为该种情况可能导致劳动者非预期的失业。

(3) 用人单位负有谨慎处理劳动者应聘资料的义务。用人单位应及时销毁应聘者和劳动者的应聘材料和简历,防止个人隐私泄露。

(4)《劳动合同法》规定,用人单位招用劳动者,不得扣押劳动者的居民身份证和其他证件,不得要求劳动者提供担保或者以其他名义向劳动者收取财物。①

2. 劳动者的义务

劳动者的义务主要为如实告知义务。《劳动合同法》规定,用人单位有权了解劳动者与劳动合同直接相关的基本情况,劳动者应如实说明。②在实践中的求职者的义务主要包括:如实告知关于劳动者职业及竞争能力、知识、经验以及职业经历的真实情况,并提供可证明资格考试成绩及报告的真实材料;如实告知劳动者的健康状况;如实告知劳动者的竞业情况,包括劳动者是否存在未到期的劳动合同、劳动者是否在竞业限制期限内。

3. 违反义务的法律后果

根据目前的相关法律规定,违反义务的法律后果主要有以下几个方面:

《劳动合同法》规定,以欺诈手段使对方在违背真实意思的情况下订立的劳动合同无效。

根据《劳动合同法》第 38 条、39 条规定,在劳动合同一方以欺诈手段使另一方在违背真实意思的情况下订立或者变更劳动合同的,劳动合同的另一方当事

---

① 参见《劳动合同法》(2012 年修订)第九条。
② 参见《劳动合同法》(2012 年修订)第八条。

人可以解除劳动合同。

此外,根据《劳动合同法》第 86 条规定,劳动合同一方当事人未履行订立劳动合同阶段的如实告知义务,导致合同无效的,给对方造成损害的,有过错的一方应当承担赔偿责任。

第五节　劳动合同履行阶段双方当事人的权利义务

一、用人单位基于劳动合同所生的权利义务

用人单位最基本的义务,即是劳动报酬给付义务,用人单位基于劳动合同所生的权利主要是指挥管理权。指挥管理权的核心是用人单位的惩戒权,主要方式包括警告、训诫、记过、报酬扣减、停职、解雇等。

二、劳动者基于劳动合同所生的权利义务

劳动者基于劳动合同所生的权利,主要表现为劳动报酬请求权,其中尤以工资请求权为核心。从用人单位角度看,工资是其取得劳动收益而支付给劳动者的对价;从劳动者的角度看,则是生存之本。

三、随附义务

基于劳动合同所生的权利义务主要是围绕劳动报酬的权利义务,但在实践中体现更为普遍的则是附随义务。

随附义务的范围很广泛,以下就劳动者和用人单位的主要随附义务进行具体列举:

1. 劳动者的随附义务

劳动者随附义务包括作为和不作为两种。不作为的随附义务主要有:保守商业秘密的义务、竞业限制义务、兼职限制义务、不得损害用人单位名誉的义务、不得干扰同事和妨碍工作秩序的义务;作为的随附义务主要有:包括涉及工作事务的义务、遵守职业安全卫生法律法规的义务、报告及通知工作障碍或设备障碍的义务、勤勉的义务。

2. 用人单位的随附义务

(1) 用人单位的保护义务:对劳动者生命安全及身体健康的保护义务、公法

上规定的保护义务、对劳动者人格权的保护义务、妥善保存劳动者个人资料和档案的义务、对劳动者有形财产与无形财产的保护义务。

（2）用人单位促进劳动者发展的义务：保障劳动者上岗工作的义务、提高劳动者技能的义务、改善工作环境的义务。

（3）用人单位平等对待的义务：对所有劳动不得歧视、同工同酬的义务。

第六节　劳动合同的解除与终止

劳动合同的解除，是当事人双方合意或者非合意依法消灭彼此间存在的劳动合同关系，提前终止劳动合同的法律行为。[①]

一、劳动合同解除制度的特征

（一）在制度设计上将劳动合同解除与解除限制相结合

即在法定情形下具有解除劳动合同的权利必须以承担相应的义务为必要条件。

（二）个别解除劳动合同与经济性裁减人员构建于同一制度平台

《劳动合同法》关于经济性裁员的规定包含于个别解除劳动合同的规定中；经济性裁员所应承担的经济补偿义务、预告义务与个别解除劳动合同并无二致。此外，由于个别解除劳动合同与经济性裁员的有机协调，用人单位完全可以通过个别解除劳动与经济性裁员的有机协调，用人单位完全可以通过个别解除劳动合同的方式规避经济性裁员的法律规定。

（三）预告期与经济补偿金制度是劳动合同解除制度的重要组成部分

《劳动合同法》在合同解除的制度构建中，除了特定的法定情形外，大部分情况下，劳动合同当事人单方解除劳动合同均要求提前 30 日通知对方当事人；用人单位必须以支付劳动者经济补偿金作为解除劳动合同的条件。

二、我国劳动合同解除的分类

（一）协商解除和单方解除

劳动合同双方当事人在劳动合同期限届至前共同就劳动合同解除问题达成

---

① 左传卫：《法学概论》（第二版），北京理工大学出版社 2012 年版，第 158 页。

协议而结束双方权利义务关系的,是协商解除;单方解除,是劳动合同双方当事人依照法律规定,以单方意思表示解除劳动合同。单方解除不需要对方当事人的同意。

（二）用人单位解除与劳动者单方解除

根据解除劳动合同主体的不同,劳动合同单方解除又可以进一步分为用人单位单方解除与劳动者单方解除,用人单位单方解除又称为辞退或解雇。

（三）即时解除与预告解除

劳动合同的即时解除,是指劳动合同双方当事人不负担预告义务,即刻解除劳动合同关系。用人单位单方解除与劳动者单方解除均存在即时解除与预告解除。《劳动合同法》第37条规定:劳动者提前30日以书面形式通知用人单位,可以解除劳动合同。劳动者在使用期内提前3日通知用人单位,可以解除劳动合同。这是关于劳动者的预告解除的规定。《劳动合同法》第38条规定了劳动者可以不经预告,即时解除劳动合同的情形:用人单位未按照劳动合同约定提供劳动保护或者劳动条件的;用人单位未及时足额支付劳动报酬的;用人单位未依法为劳动者缴纳社会保险费的;用人单位的规章制度违反法律、法规规定,损害劳动者权益的、用人单位欺诈、胁迫或者乘人之危,使劳动者在违背真实意思的情况下订立或者变更劳动合同,致使劳动合同无效的;用人单位以暴力胁迫或者非法限制人身自由的手段强迫劳动者劳动的,或者用人单位违章指挥、强令冒险作业危及劳动者人身安全的,以及法律、行政法规规定的劳动者可以解除劳动合同的其他情形。

用人单位即时解除合同的情形均涉及劳动者的过错,因而又称为过错性辞退。《劳动合同法》规定了用人单位即时解除合同的下列法定情形:

第一,劳动者在试用期间被证明不符合录用条件的。

第二,严重违反用人单位的规章制度的。

第三,严重失职,营私舞弊,给用人单位造成重大损失的。

第四,劳动者同时与其他用人单位建立劳动关系,对完成本单位的工作任务造成严重影响的,或者经用人单位提出,拒不改正的。

第五,因本法第二十六条第一款第一项规定的情形致使劳动合同无效的。

第六,劳动者被依法追究刑事责任的。①

用人单位额外支付劳动者一个月的工资,可以预告解除劳动合同,其额外支

---

① 参见《劳动合同法》(2012年修订)第四十条。

付的工资应当按照该劳动者上一个月工资标准确定。此外,用人单位预告解除合同,应当支付劳动者经济补偿金。《劳动合同法》规定的用人单位预告解除劳动合同的法定情形包括:

第一,劳动者患病或者非因工负伤,在规定的医疗期满后不能从事原工作,也不能由用人单位另行安排工作的。

第二,劳动者不能胜任工作,经过培训或者调整工作岗位,仍不能胜任工作的。

第三,劳动合同订立时所依据的客观情况发生了重大变化,致使劳动合同无法履行,经用人单位与劳动者协商,未能就变更劳动合同内容达成协议的。①

三、经济性裁员

裁员,即用人单位一次辞退部分劳动者,以此作为改善生产经营状况的一种手段,其为预告辞退和无过错辞退的一种特殊形式。②概括起来,裁员分为经济性裁员与政策性裁员。

(一)经济性裁员的实质条件

《劳动合同法》规定的企业的经济性裁员的实质条件包括两部分:符合法定情形之一、需要裁员人数达到法定标准。

经济性裁员的法定情形包括:依照企业破产法规定进行重整的;生产经营发生严重困难的;企业转产、重大技术革新或者经营方式调整,经变更劳动合同后,仍需要裁员的,以及其他因劳动合同订立时所依据的客观经济情况发生重大变化,致使劳动合同无法履行的。

(二)经济性裁员的程序条件

根据《劳动合同法》和《企业经济性裁减人员规定》,用人单位实施裁员,须经过以下法定程序:提前 30 日向工会或者全体职工说明情况,听取工会或者职工的意见后,裁减人员方案经向劳动行政部门报告。③提出裁减人员方案,具体内容包括:被裁减人员名单,裁减时间及实施步骤,符合法律、法规规定和集体合同约定的被裁减人员经济补偿办法。就被裁减人员方案征求工会或者全体职工的意见,并对方案进行修改与完善。向当地劳动行政部门报告裁减人员方案以及

---

① 《劳动合同法》(2012 年修订)第三十九条。

② 王全兴:《劳动法》,法律出版社 1997 年版,第 146 页。

③ 参见《劳动合同法》(2012 年修订)第四十一条。

工会或者全体职工的意见,并听取劳动行政部门的意见。用人单位正式公布裁减人员方案,与被裁减人员办理解除劳动合同手续。

(三)被裁减人员的选定

用人单位裁减人员时,应当优先留用以下人员:与本单位订立较长期限的固定期限劳动合同的;与本单位订立无固定期限劳动合同的;家庭无其他就业人员,有需要抚养的老人或者未成年人的。①

同时,《劳动合同法》规定的禁止用人单位预告解除劳动合同的法定情形,同样适用用人单位裁员。②

1. 劳动合同的终止、变更与违约

劳动合同的解除和劳动合同的终止不同。前者属于当事人的法律行为;后者则属于法律事件。合同的终止的情形主要包括以下几种:

第一,劳动合同期满,除用人单位维持或者提高劳动合同约定条件续订劳动合同,劳动者不同意续订的情形外,用人单位必须向劳动者支付经济补偿金;

第二,劳动者开始依法享受基本养老保险待遇;

第三,劳动者死亡或者被人民法院宣告死亡或者宣告失踪;

第四,用人单位被依法宣告破产,在此种情况下,用人单位必须向劳动者支付经济补偿金;

第五,用人单位被吊销营业执照、责令关闭、撤销或者用人单位决定提前解散的,在此种情况下,用人单位也必须向劳动者支付经济补偿金。

[案例]　**支付劳动经济补偿金案。**保安王某于 2008 年 11 月 1 日与西安某物业公司达成口头协议,物业公司雇用其为公司保安,试用期 3 个月,月工资 800 元,转正后 1 200 元。当日起王某即上班,每日工作时间从早上 8 时到晚上 8 时,无休息日,单位未支付过加班费,也未给王某办理和交纳社会保险金。2009 年 5 月,王某因为未及时给公司老板花园浇水,被公司以违反其规章制度开除,公司未向王某出示书面解除劳动合同通知也未支付经济补偿金。2009 年 6 月王某向劳动仲裁委员会申请劳动争议仲裁要求西安某物业公司承担法律责任:(1)依法确认被申请人违法解除劳动合同,支付 2 倍经济补偿金××元;(2)依法支付因为未签订书面劳动合同 2008 年 11 月至 2009 年 5 月的 2 倍工资;(3)依法支付 2008 年 11 月至 2009 年 5 月的加班费××元;(4)依法补缴

---

① 参见《劳动合同法》(2012 年修订)第四十一条。

② 参见《劳动合同法》(2012 年修订)第四十二条。

2008年11月至2009年5月的社会保险金和住房公积金。本案开庭后,双方当事人达成和解协议,王某撤回仲裁申请。①

问题1:王某以公司违法解除劳动合同要求其支付2倍经济补偿金合法否?

分析1:物业公司以王某没有及时给老板花园浇水为由认为他违犯公司的规章制度而将王某开除,违反了相关规定。最高院《关于审理劳动争议案件适用法律若干问题的解释》第十九条规定用人单位依《劳动法》规定,通过民主程序制定的规章制度,不得违反国家法律、行政法规及政策规定,并已向劳动者公示的,可作为人民法院审理劳动争议案件的依据。

用人单位但凡涉及劳动者切身利益和重大事项时制定企业规章制度具备三个要件:程序合法;内容合法;已向劳动者公示或告知。此三要件缺一不可,否则企业根据自行制定的规章制度而对劳动者进行处罚的决定会被仲裁委和法院认定为违法无效。本案中物业公司没有证据证明企业的规章制度是经过民主程序制定的,也没有证据证明企业的规章制度已向王某告知和公示,故物业公司对王某的处罚属于程序违法。根据《劳动合同法》第八十七条:"用人单位违反本法规定解除或者终止劳动合同的,应当依照本法第四十七条规定的经济补偿标准的二倍向劳动者支付赔偿金"。所以,物业公司应该向王某支付2倍经济补偿金。

问题2:物业公司未签订书面劳动合同应该向王某支付2倍工资的起算点,从何时计算?

分析2:王某主张公司应该从11月1日进入公司当天起向自己支付2倍工资,物业公司则主张2倍工资应该从王某进入公司后的一个月满的次日开始计算2倍工资。那么让我们根据法律的规定来判断谁的主张会得到支持。《劳动合同法》第十条:建立劳动关系,应当订立书面劳动合同。已建立劳动关系,未同时订立书面劳动合同的,应当自用工之日起一个月内订立书面劳动合同。用工之日也就是王某进入单位,为单位提供劳动双方建立事实劳动关系的那一天向后推迟一个月,企业最晚可以在满一个月后的第一天和劳动者签订书面劳动合同。《劳动合同法实施条例》第六条规定:用人单位自用工之日起超过一个月不满一年未与劳动者订立书面劳动合同的,应当依照劳动合同法第八十二条的规定向劳动者每月支付两倍的工资,并与劳动者补订书面劳动合同;劳动者不与用

---

① 门磊主编:《劳动保障世界》,吉林省人力资源和社会保障宣传中心、吉林省劳动保障研究会,第36页。

人单位订立书面劳动合同的,用人单位应当书面通知劳动者终止劳动关系,并依照劳动合同法第四十七条的规定支付经济补偿。

前款规定的用人单位向劳动者每月支付两倍工资的起算时间为用工之日起满一个月的次日,依照劳动合同法实施条例的规定,物业公司应该从2008年的12月1日起给王某支付2倍工资。

问题3:应该由谁来举证证明王某存在加班的事实?

分析3:劳动争议案件大多数举证责任在用人单位,《最高人民法院关于民事诉讼证据的若干规定》第六条规定:在劳动争议纠纷案件中,因用人单位作出开除、除名、辞退、解除劳动合同、减少劳动报酬、计算劳动者工作年限等决定而发生劳动争议的,由用人单位负举证责任。也就是说劳动争议案件的举证责任大多数应该由用人单位来举证,但是对于加班的事实没有明确具体的规定。本书认为应该由物业公司来举证王某是否存在加班的事实,如果物业公司举证不能,应该承担举证不能的不利后果。理由如下:传统的证据法理论是,"谁主张谁举证"。但是鉴于在劳动争议案件中,劳动者与用人单位的力量不均衡,大部分证据由用人单位来保管。根据公平原则和诚实信用原则,法律规定劳动案件中一般实行举证责任倒置。更何况证明劳动者是否存在加班事实最有力的证据是劳动者的考勤表,而考勤表应该由用人单位掌握和保管,我国《劳动争议调解法》第六条规定:发生劳动争议,当事人对自己提出的主张,有责任提供证据。与争议事项有关的证据属于用人单位掌握管理的,用人单位应当提供;用人单位不提供的,应当承担不利后果。

因此,应该由物业公司来出示王某的考勤表,如果物业公司不能出示,那么就应该承担举证不利的后果。

问题4:王某要求公司补缴住房公积金的要求是否属于劳动仲裁委受案范围?

我国《劳动法》第七十条规定:国家发展社会保险,建立社会保险制度,设立社会保险基金,使劳动者在年老、患病、工伤、失业、生育等情况下能够获得帮助和补偿。第七十二条规定:社会保险基金按照保险类型确定资金来源,逐步实行社会统筹。用人单位和劳动者必须依法参加社会保险,缴纳社会保险费。第七十三条规定:劳动者在下列情形下,依法享受社会保险待遇:(1)退休;(2)患病;(3)因工伤残或者患职业病;(4)失业;(5)生育。

从《劳动法》的规定来看,属于劳动法调整范围的社会保险金只有养老、医疗、工伤、失业、生育五个险种,至于企业是否给劳动者缴纳住房公积金并不属于劳动法的调整范围。故王某的要求不会得到劳动仲裁委的支持。劳动者在遇到用人单位不给其缴纳住房公积金的情形可以向住房公积金管理单位反映,要求单位补缴来解决此问题,而不是向仲裁委申请仲裁,否则会面临仲裁申请被驳回的情形。

第七节 劳动者的工作时间、休假制度与劳动者的工资

工作时间又称法定工作时间,它是劳动者为履行劳动义务在法定限度内接受用人单位的组织管理不能自由支配的时间。工作时间可以分为工作周、工作日、工作时。

工作时间作为一个法律范畴,不仅包括正式工作时间也包括某些非正式工作时间,比如上下班交接时间、午餐时间、女职工的哺乳婴儿时间。根据具体的实施形式,工作时间可分为一般工作时间和特殊工作时间。一般工作时间即标准工作时间,是由国家法律规定的基本的工时标准,通常包括最高工时基准和实际工时基准;特殊工作时间即非工作时间,包括延长工作时间、缩短工作时间、计件工作时间、不定时工作时间和综合计算工作时间。

休息休假,对劳动者来说是一个问题的两个方面,是指劳动者利用工作时间之外的可以自由支配的时间所实现的身体或者精神的放松、休整和调适。[1]

休息休假时间的种类主要有:8 小时以外的休息时间、公休日、休假时间。

一、工作时间与休息休假法律制度

(一)工作时间法律制度

工作时间法律制度分为标准工时制、延长工时制、缩短工时制、计件工时制、不定时工时制、综合计算工作时间制度。

1. 标准工时制

标准工时,是指国家法律规定的,在正常情况下,一般劳动者从事职业劳动的时间。我国《劳动法》第 36 条、37 条规定,使用了"不超过"和"至少"的字样。由此决定,这里的"8 小时""44 小时"都不是实际的标准工时,而是法律规定的最高工时基准。我国实际的标准工时是在法律确立的最高工时基准的前

---

① 李振华:《企业用工劳动的法律风险与防控》,浙江大学出版社 2014 年版,第 44—46 页。

提下,通过法规加以明确的。我国实际的标准工时是 8 小时工作日和 40 小时工作周。①

2. 延时工时制

延时工时,是指在特殊情况下实行的一定限度内超过标准工时的一种特殊的工时形式。在实践中,一般都对工时作了灵活的规定,即有条件地允许延长工作时间。延长工时只适用于特殊的情况,并有适用条件和程序上的限制。

3. 缩短工时制

缩短工时,是指在特殊情况下实行的少于标准工作时间的工时形式。我国目前的缩短工时的情形主要有:

(1) 在特定行业从事矿山、井下、高山、高温、低温、有毒有害,特别繁重或过度紧张的劳动的职工。

(2) 从事夜班工作的劳动者,是指工作时间在本日 22 时至次日 6 时的时间内工作的劳动者。由于夜班工作时间是人休息的时间,长期从事必定影响身体健康,所以夜班工作时间一般会缩短一个小时。

(3) 哺乳期工作和怀孕的女职工。一般是一个工作日给予两次哺乳时间,每次 30 分钟,哺乳期间和哺乳往返在途时间计算在工作时间内,对怀孕 7 个月以上的女职工,在工作时间内应安排一定的休息时间。

(4) 未成年人。未成年工就业从事工作除在工作岗位和时间安排上要符合未成年工特殊保护法律规定外,还要缩短工时,一般缩短一个小时。

(5) 其他在特殊条件下从事劳动和有特殊情况,需要适当缩短工时的情形。企业有权根据实际情况决定是否缩短工时,但必须在保证完成生产和工作任务的前提下履行了法定的报批手续,并获得批准后方可实行。

4. 计件工时制

计件工时制的特点是表面上不计时间而计算工作业绩,但实际上是以完成工作定额的时间为工作时间。实行计件工时制必须满足下列条件:劳动定额的确定必须适当,不能过高;完成劳动定额就能领取足额的工资,余下的时间如何利用,劳动者应有决定权;劳动者选择继续工作,其工作成果应该得到报酬。

5. 不定时工时制

不定时工时制,是针对因生产特点、工作特殊需要或职责范围的关系,无法按标准工作时间衡量或需要机动作业的职工所采用的一种工时形式。企业可以

---

① 参见《劳动法》(1995 年)第三十六条、三十七条。

实行不定时工时制的人员范围：企业中的高级管理人员、外勤人员、推销人员、部分值班人员和其他因工作无法按标准工作时间衡量的职工；企业中的长途运输人员、出租汽车司机和铁路、港口、仓库的部分装卸人员以及因工作性质特殊，须机动工作的职工；其他因生产特点、工作需要或职责范围的关系，适合实行不定时工作制的职工。

6. 综合计算工时制

综合计算工时制是针对因工作性质特殊而须连续作业或受季节及自然条件限制的企业的部分职工，采用以周、月、季、年为周期综合计算工作时间的一种工时形式。企业符合下列条件的职工可以实行综合计算工时制：交通、铁路、邮电、水运、航空、渔业等行业中因工作性质的特殊性，需连续作业的职工；地质及资源的勘探、建筑、制盐、制糖、旅游等受季节和自然条件限制的行业的部分职工；其他适合实行综合计算工时工作制的职工。①

（二）休息休假的法律制度

广义的休息包括休息和休假。狭义的休息是指劳动者在工作日内的休息、工作日之间的休息和工作周之间的休息。

1. 法定节假日

法定节假日是指国家法律规定需要放假的节日。

2. 带薪年休假

带薪年休假是指劳动者连续工作满一定期限后所享受的有工资收入的一段时间的连续休假。2008 年 1 月 1 日实施的《职工带薪年休假条例》确立了我国带薪年休假的实行范围，具体如下述：

主体范围：机关、团体、企业、事业单位、民办非企业单位、有雇工的个体工商户等单位的职工连续工作 1 年以上的，享受带薪年休假。

条件与假期：职工累计工作已满 1 年不满 10 年的，年休假 5 天；已满 10 年不满 20 年的，年休假 10 天；已满 20 年的，年休假 15 天。

效力与待遇：带薪年休假是法定假日，具有强制执行的效力，不允许劳资双方约定排除，一般劳动者也不能单方面加以放弃。对职工应休未休的年休假天数，单位应当按照该职工日工资收入 300％支付年休假工资报酬。

3. 因事休假

因事休假是指除上述法定假期之外，因出现法定事由，由劳动者提出申请

---

① 　张志京：《劳动法学》（第 2 版），复旦大学出版社 2014 年版，第 157—160 页。

并由用人单位予以批准的特定事假。可具体分为：探亲假、婚丧假、生育假、病假等。①

二、工资

工资，又称为薪水、薪金，是用人单位根据劳动者在劳动关系中提供的劳动的数量和质量，根据法律的规定或者合同的约定，以法定货币形式给予劳动者的劳动报酬。

（一）工资的形式

工资形式是指计量劳动和支付工资的形式。我国现行的工资主要有计件工资、计时工资两种基本形式和奖金、津贴两种辅助形式。

1. 计时工资

计时工资是按照单位时间工资率和工作时间，支付劳动者个人工资的一种形式，主要有月工资、日工资、小时工资、周工资等类型。

2. 计件工资

计件工资是指按照劳动者完成的合格产品的数量和预先规定的计件单价计算工资的形式。计件工资不具有普遍使用性，只能适用于具备一定条件的企业和岗位。

3. 奖金

奖金是指根据劳动者的超额劳动或者增收节支实绩所支付的奖励性报酬，是对有效超额拉动的奖励。

4. 津贴和补贴

津贴是指补偿劳动者在特殊条件下的额外劳动消耗和额外生活支出的工资补充形式。依据津贴设置的目的和所起的作用，津贴分为以下几类：一是为补偿劳动者额外劳动消耗而设置的津贴，比如高空作业津贴、高温津贴；二是为补偿职工特殊劳动和生活费额外支出的双重性而设置的津贴，如林业津贴、山区津贴；三是为保障职工身体健康而设置的津贴，比如保健津贴、医疗卫生津贴；四是为激励职工钻研技术、努力工作设置的津贴，比如科研津贴、体育津贴；五是为维护社会正常运转所需要的工作而设置的津贴，比如环卫工人、物质回收工人津贴；六是为补偿职工的特殊贡献而设置的建立行津贴，比如对作出突出贡献的专

---

① 　关怀、林嘉：《劳动与社会保障法学》，法律出版社 2011 年版，第 140—142 页。

家、学者和科技人员的政府特殊津贴。①

（二）工资的基本职能

工资的基本职能包括四项：（1）分配职能；（2）保障职能；（3）激励职能；（4）杠杆作用。

（三）最低工资制度

最低工资，是指劳动者在法定工作时间内或依法签订的劳动合同约定的工作时间之内提供了正常劳动的条件下，由用人单位在最低限度内支付的足以维持劳动者及其供养人口基本平均水平生活需要的劳动报酬，即工资的法定最低限额。

1. 最低工资标准的确定

最低工资标准是指单位劳动时间的最低工资数额，是支付时不得低于的法定下限。最低工资标准的确立主要有两种模式：一是由国家立法直接规定统一的最低工资标准供所有地区和行业适用；二是国家立法不直接规定统一的标准，只是规定确立最低工资标准的原则和具体规则，同时授权各地区确立自己区域内的最低工资标准。我国是采用第二种模式。

（1）最低工资标准确立的程序。根据《劳动法》《最低工资规定》，最低工资标准的确定，实行三方民主协商原则，即在国务院劳动行政主管部门指导下，由省级人民政府人力资源和社会保障行政主管部门会同同级工会、企业家协会研究确定。

（2）确定最低工资标准的考量因素。我国《劳动法》对 49 条以及《最低工资规定》规定，最低工资标准的确定和调整应综合考虑的因素主要有：劳动者本人及平均赡养人口的最低生活费用；社会平均工资水平；劳动生产率；就业状况；地区之间经济发展水平的差异。②

2. 最低工资标准的适用范围

最低工资标准的适用范围一般涉及最低工资适用的劳动者范围、期限范围和劳动种类范围三方面内容。

（1）最低工资标准适用的劳动者范围。

最低工资标准适用的劳动者范围，即哪些劳动者应当受到最低工资制保障的范围。根据《企业最低工资规定》第 2 条规定：本规定适用于中华人民共和国

---

① 张志京：《劳动法学》（第 3 版），复旦大学出版社 2014 年版，第 135—136 页。

② 参见《劳动法》（1995 年）第四十九条。

境内和各种经济类型的企业以及在其中领取报酬的劳动者；乡镇企业是否适用本规定由省、自治区、直辖市人民政府决定。最低工资保障制度适用于我国境内的所有企业，包括国有企业、集体企业、外商投资企业和私营企业等。截至目前，我国大陆已有除西藏外的 30 个省、自治区、直辖市建立并实施了最低工资保障制度，正式公布了最低工资标准。

根据我国有关的法律规定，下列范围内的企业和劳动者不适用最低工资制的规定：公务员；公益团体的工作人员；农民及主要是租赁经营企业或承包经营企业的租赁人或承包人；军人；学徒工、利用假期勤工俭学的学生；残疾人。

（2）最低工资标准适用的时间范围。

根据《最低工资规定》，劳动者享有的最低工资保障的时间范围，应是在法定的劳动时间或劳动合同约定的时间之内，因此我们可以得出不适用最低工资标准的范围如下：一是劳动者在法定的时间或依法签订的劳动合同约定的时间之内有迟到、早退、旷工等违纪现象；二是劳动者在下岗待业期间；三是劳动者在患病或非因公负伤治疗期间，在规定的医疗期内由企业按不低于最低工资标准的80％支付其病假工资或疾病救济费；四是处于非带薪假期间，如事假；五是离岗培训期间，如果是经企业或用人单位同意或者派往培训学习的，应当享受最低工资保障权。①

三、工资保障制度

工资支付是用人单位在劳动者有效地完成本职工作任务的前提下，依法或者按照劳动合同的约定向劳动者支付劳动报酬的法律行为。工资支付的保障主要包括一般支付保障、特殊情况下的工资支付保障、工资支付的资金来源保障等。

所谓工资支付一般保障，是指职工在法定或依法约定的工作时间内履行了劳动给付义务的正常情况下，用人单位支付工资依法所应遵循的规则。

[案例]　工资支付引起纠纷案。霍某于 2005 年 4 月入职郑州××世纪电子技术有限公司（以下简称××世纪公司），入职后双方曾签订过一份劳动合同，合同期限为 2009 年 1 月 1 日至 2009 年 12 月 31 日，该合同期满后，双方未再续签劳动合同。霍某月基本工资为 1 000 元，每月发放不固定数额的提成，平均月工资为 2 000 元。霍某在××世纪公司最后工作至 2012 年 1 月 15 日。

---

① 剧宇宏：《劳动法概论》，上海交通大学出版社 2012 年版，第 134—135 页。

2012 年 4 月 16 日,霍某申诉至郑州市××区劳动争议仲裁委员会,要求××世纪公司支付 2005 年 4 月至 2012 年 1 月期间的延时加班费、休息日加班费和法定节假日加班费总计 124 914 元;2005 年 4 月至 2012 年 1 月期间未休年休假工资 3 360.7 元;2008 年 2 月至 2012 年 1 月期间未签订劳动合同二倍工资差额 94 000 元等。2012 年 9 月 10 日,郑州市××区劳动争议仲裁委员会作出裁决:××世纪公司与霍某补订自 2011 年 1 月 1 日起的书面无固定期限劳动合同;××世纪公司支付霍某 2010 年 4 月 17 日至 2012 年 1 月 31 日期间法定节假日加班工资 2 207 元;××世纪公司支付霍某 2011 年未休年休假工资 920元;驳回霍某的其他仲裁请求。霍某不服仲裁裁决,起诉至郑州市××区人民法院,××世纪公司未起诉。

庭审中,霍某提交《值班表》证明其每周加班两次、每次三个小时,另提交了《2011 年丰台站轮流休息安排》证明其每周休息一天,两份证据均无××世纪公司的公章及人员签字。××世纪公司提交了 2009 年 1 月至 2012 年 3 月《考勤汇总表》以证明霍某的出勤情况。法院审理认为:劳动争议申请仲裁的时效期间为一年。劳动关系存续期间因拖欠劳动报酬发生争议的,劳动者申请仲裁不受一年仲裁时效期间的限制;但是,劳动关系终止的,应当自劳动关系终止之日起一年内提出。霍某最后工作至 2012 年 1 月 15 日,其于 2012 年 4 月 16 日申请仲裁,其关于加班费、未休年休假工资的请求未超过仲裁时效。霍某主张支付2010 年之前未签订劳动合同二倍工资差额的请求,超过一年的仲裁时效,本院不予支持。

劳动者主张加班费的,应当就加班事实的存在承担举证责任。霍某提交的证据均不足以证明其存在延时、休息日和法定节假日加班的情况,应当承担举证不能的不利后果。根据××世纪公司提交的《考勤汇总表》显示霍某在 2009 年1 月至 2012 年 1 月存在 22 天法定节假日加班的情形,而××世纪公司未提交证据证明已经支付了霍某法定节假日加班工资,因此应当支付霍某该 22 天法定节假日加班工资。

《职工带薪年休假条例》自 2008 年 1 月 1 日起施行,霍某自 2008 年 1 月 1日至 2012 年 1 月 15 日期间应享有的年休假经折算后共计为 20 天。××世纪公司主张霍某已休年休假,但其提交的证据不足以证明其主张。根据相关法律规定,用人单位自用工之日起满一年未与劳动者订立书面劳动合同的,自用工之日起满一个月的次日至满一年的前一日应当依照《中华人民共和国劳动合同法》第八十二条的规定向劳动者每月支付两倍的工资,并视为自用工之日起满一年的当日已经与劳动者订立无固定期限劳动合同。霍某与××世纪公司2009年1月1日签订的《劳动合同书》于2009年12月31日到期后,双方未续订劳动合同已满一年,视为双方已经订立无固定期限劳动合同,故本院对于霍某主张支付2010年12月31日至2012年1月期间未签订劳动合同二倍工资差额的请求,也不予支持。①

问题1:霍某的工资、加班费等费用是否超过诉讼时效?

分析1:《中华人民共和国劳动争议调解仲裁法》(以下简称《劳动争议调解仲裁法》)对劳动争议案件规定了一般时效和特殊时效两种时效,绝大部分劳动争议适用一年的一般时效,即劳动者和用人单位须从知道或应当知道权利受侵害之日起一年内主张权利。因劳动者在经济上、组织上和身份上从属于用人单位,劳动关系存续期间劳动者的一些权利受到的侵害可能是持续性的,还有一些权利受到侵害时劳动者为了维持劳动关系的存续而无法在受侵害之日起一年内主张权利。如果所有的劳动争议均适用一年的时效不利于保护劳动者的权益,为此,《劳动争议调解仲裁法》第二十七条第四款又规定了特殊时效,特殊时效不受一年时间的限制。

问题2:如果特殊时效不受一年时间的限制,那么是否意味着劳动者可以在任意时间点主张相应权利呢?

分析2:首先,劳动者可以在劳动关系存续期间的任何时间点主张相关权利,所主张权利的给付期间可以自入职之日起至主张权利之日止;其次,考虑到劳动者在劳动关系存续期间向用人单位主张权利的现实困难,特殊时效规定劳动者还可以在劳动关系终止之日起一年内主张权利。所以,劳动者可以在劳动关系存续期间向用人单位主张权利,但是一旦解除劳动关系劳动者主张权利的期间则是受一年的时间限制的。需要特别说明的是,这里的"劳动关系终止"并非仅指劳动合同终止,它既包括《中华人民共和国劳动合同法》(以下简称《劳动合同法》)第四十四条规定的劳动合同期满的、用人单位被依法宣告破产的等劳动合同终止导致劳动关系终止的情形,也包括劳动者和用人单位中的一方单方解除或双方协商解除劳动合同导致劳动关系终止的情形。

在劳动法领域,适用特殊时效最典型的是劳动者追索劳动报酬的争议,劳动者可以在劳动关系存续期间或劳动关系终止后一年内主张劳动关系存续期间未足额发放的所有劳动报酬。因为我国《劳动法》《劳动争议调解仲裁法》《劳动合

---

① 北京法院参阅案例第8号:《霍某诉北京寰龙世纪电子技术有限公司劳动争议案》。

同法》等法律法规均没有规定何为"劳动报酬",实践中对工资属于劳动报酬没有争议,但是对加班费、未休年假工资、未签订劳动合同的二倍工资是否属于劳动报酬往往是劳动者和用人单位争议的焦点。所谓劳动报酬,应指劳动者向用人单位提供劳动所应得的对价,劳动者在加班时间内和未休年假期间同正常工作一样均是在向用人单位提供劳动,相应的加班费和未休年假工资当然也应属于劳动报酬的范畴。二倍工资中的一倍工资(正常劳动所得)也是劳动者提供劳动的对价,属于劳动报酬;而二倍工资中的超出一倍部分虽然也称"工资",但实质是《劳动合同法》针对用人单位未与劳动者签订劳动合同的违法情形设定的惩罚性赔偿,劳动者获得惩罚性赔偿的法律依据是《劳动合同法》的强制性规定,并非提供劳动的对价,不属于劳动报酬。因此,工资、加班费和未休年假工资等劳动报酬适用劳动争议的特殊时效,未签订劳动合同二倍工资中的超出一倍部分只能适用劳动争议的一般时效。

第八节　劳动安全卫生

劳动安全卫生制度指为消除工作环境中危害劳动者身心安全健康的风险,在劳动工作场所中设置安全与卫生措施的法律制度。保护劳动者在劳动或工作过程中的生命安全和身体健康的制度。[1]

一、劳动安全制度

(一) 劳动安全制度的概念

劳动安全制度是针对生产中的不安全因素而采取的技术性防护方法和手段。其目的在于防止和清除劳动生产过程中的伤亡事故,保护劳动者的生命安全和身体健康。[2]

(二) 劳动安全制度的内容

劳动安全基准的内容主要包括管理类的职业安全基准制度和技术类的职业安全基准制度。

---

[1] 李振华:《企业劳动用工的法律风险与防控》,浙江大学出版社2014年版,第47页。
[2] 蒙飞龙:《法律映照"夕阳红"——如何维护老年人的权益》,石油大学出版社2000年版,第122页。

其中,管理类的劳动安全基准制度主要包括:安全生产责任制;职业安全教育和培训制度;职业安全认证制度;职业安全卫生设施"三同时"制度;企业职工伤亡事故报告和处理制度;生产安全事故的应急救援与调查处理制度。

技术类的劳动安全基准制度包括以下几种:工厂安全技术规程;建设安装工程安全技术规程;矿山安全技术规程。①

二、劳动卫生制度

劳动卫生制度是为保护劳动者在劳动过程中的健康,预防和消除职业病、职业中毒和其他职业危害而制定的各种制度的总称。我国职业卫生工作方针是:安全第一,预防为主。

劳动卫生制度包括管理类劳动卫生制度和技术类劳动卫生制度。其中,管理类劳动卫生制度包括以下几个方面:第一,职业安全卫生责任制度;第二,职业卫生培训制度;第三,职业卫生认证制度;第四,职业病鉴定人员的资格认证制度;第五,对于职业卫生联系紧密的物质技术要素的认证制度;第五,职业病危害项目申报制度;第六,职业病危害预评价制度;第七,职业病危害事故报告制度、调查处理和统计制度;第八,放射、高毒等作业的特殊管理制度。

技术类劳动卫生制度主要包括:第一,防治有毒有害物质危害;第二,防治粉尘危害;第三,防治噪声和强光刺激危害;第四,降暑、降温和防冻取暖;第五,通风和照明。②

三、女职工和未成年工特殊劳动保护

（一）女职工的特殊劳动保护

女职工特殊劳动保护是指根据女职工生理特点和抚育子女的需要,对其在劳动过程中的安全健康所采取的有别于男子的特殊保护。

为保护女职工的身体健康,法律规定禁止安排女职工从事矿山井下作业、国家规定的第四级体力劳动强度的劳动和其他禁止从事的劳动;不得安排女职工在经期从事高空、高温、低温、冷水作业和国家规定的第三级体力劳动强度的劳动;不得安排女职工在怀孕期间从事国家规定的第三级体力劳动强度的劳动和

---

① 杜勇、杜军:《人力资源管理:理论、方法与案例》,西南师范大学出版社 2011 年版,第217—218 页。

② 同上书,第 218—219 页。

孕期禁止从事的劳动;对怀孕 7 个月以上的女职工,不得安排其延长工作时间和夜班劳动;女职工生育享受不少于 90 天的产假;不得安排女职工在哺乳未满 1 周岁的婴儿期间从事国家规定的第三级体力劳动强度的劳动和哺乳期禁止从事的其他劳动,不得安排其延长工作时间和夜班劳动。

(二)未成年工的特殊劳动保护

未成年工是指年满 16 周岁未满 18 周岁的劳动者。对未成年工特殊劳动保护的措施主要有:(1)上岗前培训。未成年工上岗,用人单位应对其进行有关的职业安全卫生教育、培训。(2)禁止安排未成年工从事有害健康的工作。用人单位不得安排未成年工从事矿山井下、有毒有害、国家规定的第四级体力劳动强度和其他禁忌从事的劳动。(3)提供适合未成年工身体发育的生产工具等。(4)对未成年工定期进行健康检查。①

[案例] **用人单位滥用自主管理权侵犯劳动者权利案。**慕女士于 2011 年 3 月进入上海某机械公司,担任总经理助理,入职后双方签订了为期 2 年的劳动合同。2011 年 8 月,慕女士结婚,婚后不久怀孕。在怀孕 7 个多月时,慕女士出现妊娠水肿症状,医院出具休假证明,建议休息半月。随后,慕女士向公司提交了书面请假材料,申请休假至产假届满,并附上医院休假证明,在未取得公司批准的情况下,此后便不再上班。公司得知慕女士未经批准就擅离岗位后,表示不理解和愤怒,遂以邮件方式要求慕女士在收到通知的 3 日内返回公司上班,若逾期不归,公司将视作旷工或者自动离职处理。慕女士收到公司的返岗通知后,考虑到身体原因和医院医生的休假建议,便在邮件中回复自己已回老家,同时告知公司另以快递方式寄出了一份老家医院就诊的诊断证明,医院初步诊断慕女士孕期 8 个月,患有中度妊高症,建议住院治疗或卧床休息。此后,双方互不联系,公司自慕女士请假之日起便停发了工资、停缴了社会保险。

2012 年 10 月 2 日,慕女士产假期限即将届满时,因考虑到公司拖欠工资太久,便以此为由寄给公司一封辞职信,告知公司将于 2012 年 10 月 9 日辞去现任职务。

2012 年 11 月 20 日,慕女士委托律师代为申请劳动仲裁,要求公司支付请假当月已出勤天数的工资、产假及晚育假工资、生育医疗费补贴、经济补偿金、补缴社保等等。同时提交劳动合同、结婚证、请假单及医院病休证明、出生医学证

---

① 女职工和未成年工特殊劳动保护参见《劳动法》(1995 年)和劳工部《女职工禁忌劳动范围的规定》(1990 年)的相关规定。

明、工资单、辞职信等证据材料。公司在收到仲裁申请书及证据材料副本后,提交了答辩材料。公司认为慕女士未经公司批准便擅离岗位,已构成旷工或视为自动离职,公司于 2012 年 5 月 11 日在公司内部张贴通告,视作该员工自动离职。但慕女士并不知晓该通告。①

问题:本案中,慕女士按照公司规定履行了请假手续,同时提交了医院开具的休假证明,那么,其休假权利是否需要取得公司的批准方能享受?

分析:根据《企业职工患病或非因工负伤医疗期规定》(劳部发[1994]479号)的相关规定,企业职工因患病或非因工负伤,需要停止工作医疗时,根据本人实际参加工作年限和在本单位工作年限,给予三个月到二十四个月的医疗期。该医疗期是指企业职工因患病或非因工负伤停止工作治病休息不得解除劳动合同的时限,即病假时间。

对于员工的病休安排,通常用人单位都会要求员工履行相应的请假手续,并提供医院出具的医疗证明及就诊资料,而员工则需要履行告知义务。尽管用人单位对员工的请假都会设置审批流程,但是基于用人单位对病假申请的审核一般流于形式,至于病情是否严重,应当给予多久的休假期限,作为不具有相关专业医疗知识和技能的单位而言,很难从实质上进行审核与判断。若单位怀疑员工病情的真实性,在必要时可以进行调查,也可以申请鉴定。否则,当员工请假手续完备的情况下,用人单位是无权不予批准的。

当员工确因身体原因需要休假时,应当按照公司规定履行请假手续,病情严重或遇突发情况时,也应在事后及时补交请假材料。面对公司的不予批准或者强行返岗的要求时,笔者认为,通常情况下,员工的身体健康权高于工作的义务,用人单位不能滥用自主管理权侵犯劳动者的休息休假权与身体健康权。

第九节　社会保险制度

一、社会保险制度的概念与特征

社会保险制度,是确保公民在遭受劳动风险后从国家或社会获得物质补偿和帮助的一种社会保障制度,通常认为它具有社会性、多元性、互助性、强制性和

---

① 改编自案例:《员工孕期休假受保护,公司以旷工辞退违法》,2013 年 12 月 12 日。

福利性等特征。①社会保险是指国家通过立法，多渠道筹集资金，在劳动者暂时或者永久丧失劳动能力以及其他原因中断工作，没有经济收入或者劳动收入减少时，给予经济补助，使他们能够享有基本生活条件的一项社会保障制度。按照我国劳动法的规定，社会保险项目分为养老保险、失业保险、医疗保险、工伤保险和生育保险等。

二、养老保险

（一）养老保险的概念和特点

养老保险是确保公民因年老或丧失劳动能力而在退休退职后从国家或者社会获得物质补偿和帮助的一种社会保险制度。

1. 养老保险的特点

（1）补偿性。公民所领取的养老金和获得的其他待遇，其中一部分是自己所缴纳的保险费的返回，具有一定的补偿性。

（2）广泛性。养老保险对象是所有退休、退职的公民。尽管各个国家和社会的养老保险涉及的范围不同，但是从发展的眼光来看会逐步普及到所有的公民。

（3）现实性。养老保险是指参加养老保险的公民一般都能享有的养老保险待遇，但是，享受养老保险的根据是公民年老或丧失劳动能力，而年老或丧失劳动能力是必然发生的劳动风险，所以具有现实性。

2. 养老保险的形式

依据现行的法律，我国养老保险在形式可作如下划分：从适用对象上分为城镇职工养老保险、城镇居民养老保险和新型农村社会养老保险；从属性上分为基本养老保险、补充养老保险和储蓄性养老保险。

3. 养老保险的资金筹集和待遇

一般养老保险的资金来源有三个基本渠道：个人、单位和国家。一般都以单位和个人为主，以国家为辅，国家财政的支付起到一种补充和保障的作用。养老保险的待遇项目是养老保险基金支出的主要项目，是符合法定条件的公民所直接获得的待遇项目。养老保险待遇的享受需累计缴纳养老保险 15 年以上，并达到法定退休年龄，可以享受养老保险待遇。②

---

① 陈元刚：《社会保障学教程》，重庆大学出版社 2012 年版，第 161 页。
② 李勇军、周慧萍：《公共政策》，浙江大学出版社 2013 年版，第 248—255 页。

4. 死亡待遇

(1) 丧葬费；

(2) 一次性抚恤费；

(3) 符合供养条件的直系亲属的生活困难补助费，按月发放，直至供养直系亲属死亡。[1]

三、医疗保险

医疗保险是为补偿公民因疾病所发生的医疗费用的一种社会保险制度。其中这里的疾病是指工伤、职业病之外的疾病。

医疗保险的类型：(1)职工医疗保险，该保险只是适用于城镇职工；(2)城镇居民基本医疗保险，该保险适用于没有工作的城镇居民；(3)新型农村合作医疗，简称"新农合"，该保险适用于未进城务工的农民。[2]

四、工伤保险

（一）工伤保险的概念和特征

工伤保险，是指确保劳动者在因遭受职业危害而导致工伤、工残、工亡或者患有职业病的情况下，能够及时从国家和社会获得经济补偿和帮助，以便及时得以医治，早日实现康复和维持生活的一种社会保险制度。准确地界定工伤的范围是工伤保险的关键。其特征有：.普遍性（因为职业风险无处不在）、赔偿性（雇主对职工所受人身及财产损失有赔偿义务）、风险转移性（劳动者职业伤害风险从劳动者转移至雇主再进一步转移至社会）等。

（二）工伤保险制度的适用范围

根据《工伤保险条例》规定，对不同单位是否参加工伤保险有不同的要求。

一是所有的企业、有雇工的个体工商户都必须缴费参加工伤保险制度。这些单位的工伤风险度相对较高，必须参加工伤保险基金统筹才能分担风险，从而

---

[1]　需要注意：养老保险应尽量连续缴纳，根据有关文件规定，凡企业或被保险人间断缴纳基本养老保险费的（失业人员领取失业保险金期间或按有关规定不缴费的人员除外），被保险人符合国家规定的养老条件，计算基本养老金时，其基础性养老金的计算基数，按累计间断的缴费时间逐年前推至相应年度上一年的本市职工平均工资计算（累计间断的缴费时间，按每满12个月为一个间断缴费年度计算，不满12个月不计算）。

[2]　郭捷：《劳动法和社会保障法》，法律出版社2011年版，第272页。

使工伤职工的权益获得保障。①

二是国家机关,由于其工伤风险低、经费来源于财政拨款,社会保险自成体系,因此,《工伤保险条例》规定国家机关不参加工伤保险制度,而是由所在单位支付有关的费用。具体办法由国务院社会保险行政部门会同财政部规定。②

享受工伤待遇的条件有:在工作时间和工作场所内,因工作原因受到事故伤害的;工作时间前后在工作场所内,从事与工作有关的预备性或者收尾性工作受到事故伤害的;在工作时间和工作场所内,因履行工作职责受到暴力等意外伤害的;患职业病的;因工外出期间,由于工作原因受到伤害或者发生事故下落不明的;在上下班途中,受到非本人主要责任的交通事故或者城市轨道交通、客运轮渡、火车事故伤害的;法律、行政法规规定应当认定为工伤的其他情形。③

职工有下列情形之一的,视同工伤:在工作时间和工作岗位,突发疾病死亡或者在48小时之内经抢救无效死亡的;在抢险救灾等维护国家利益、公共利益活动中受到伤害的;职工原在军队服役,因战、因公负伤致残,已取得革命伤残军人证,到用人单位后旧伤复发的。④

[案例] **工伤认定引起争议案。** 方某某是福建省华福证券公司莆田涵江证券营业部的经警,1998年8月30日,证券营业部组织员工前往福建东山岛旅游。在单位组织进行的"枪弹射击比赛"体育活动中,方某某右眼被塑料飞弹(彩弹)意外击中,造成右眼晶体破裂,虹膜100%脱落。

2004年8月,方某某向莆田市涵江区劳动和社会保障局补递交工伤事故申请书,请求本案被告进行鉴定。2004年12月,劳动部门作出认定,方某某的意外伤害为工伤事故。证券营业部不服,认为第三人在旅游中由于自己的原因造成右眼受伤,不能认定为工伤。遂向涵江区人民法院提起行政诉讼,请求判决撤销被告所做的按工伤性质认定的行政行为。涵江区法院判决维持劳动部门的工伤性质认定。

此案的审结促使福建省华福证券公司莆田涵江证券营业部与方某某,在涵江区仲裁委员调解下达成赔偿协议,方某某得到原告的款人民币74 000元。

问题:旅游时负伤是否可比照因工待遇处理?

---

① 参见《工伤保险条例》(2010年修订)第二条。
② 参见《工伤保险条例》(2010年修订)第六十五条。
③ 参见《工伤保险条例》(2010年修订)第十四条。
④ 参见《工伤保险条例》(2010年修订)第十五条。

分析:所谓工伤是指企业职工在工作时间、工作区域因执行职务而受到的伤害。根据 1997 年 6 月 6 日劳动部办公厅劳办发(1997)51 号对《关于工伤确认等问题的请求》的复函,目前认定工伤的政策应按照《企业职工试行办法》(以下简称《办法》)和《中华人民共和国劳动保险条例》等文件的有关规定执行。

方某某在单位组织外出活动中受伤的情形,在《办法》所列举的 10 种应为工伤认定的情形中对不上号,同时又排除了《办法》所规定的不属于工伤认定的 6 种情形。也就是说,方某某的行为是否为工伤,《办法》没有作出明确的规定。劳动部门参照全国总工会劳动保险部 1964 年 4 月《劳动保险问题解答》第 54 问的答复"(9)规定职工参加本企业所组织的各种体育活动比赛时负伤可以比照因工待遇处理"。因此,法院在审理中,从我国法律、法规的立法精神是保护弱者的利益为前提,司法审判的价值取向在于保护弱者的合法利益,既然方某某的行为不属于不应认定为工伤的情形,那么就属于工伤。故劳动部门作出对方某某的工伤性质认定的行政行为合法,法院遂判决维持了劳动部门的具体行政行为。

五、失业保险

（一）失业保险的概念和特点

失业保险是确保失业的劳动者在一定期间内从国家和社会获得物质帮助的一种社会保险制度。

失业保险的特点:(1)适用对象的特殊性;(2)享受保险待遇的期间性;(3)待遇水平较低;(4)消极救济和积极促进相结合。

（二）失业保险的筹集和项目支出

失业保险基金的筹集的基本渠道是国家财政补贴、企业缴费和个人缴费,补充渠道是事业保险基金的利息收入和合法的投资收益。

保险基金的支出项目包括两大方面:一是用于失业救济;二是用于促进就业。

（三）失业保险待遇的支付条件

按规定,享受失业保险待遇应同时具备下列条件:

(1) 非因本人意愿中断就业的。通常指下列情况:①劳动合同期满自然终止劳动合同的;②用人单位依法破产或关闭、解散自然解除劳动合同的;③非本人主动提出辞职或自动离职被用人单位提前解除劳动合同的;④因本人过失被用人单位开除、除名、辞退的;⑤职工因用人单位以暴力、威胁或者非法限制人身自由的手段强迫劳动而提出解除劳动合同的;⑥职工因用人单位未按照劳动合同约定支付劳动报酬或者提供劳动条件而提出解除劳动合同的;⑦法律、行政法规及规章另有规定的。

（2）本人处于失业状态,依法办理了失业保险登记,并有求职要求的。

（3）依法参加了失业保险,所在用人单位和本人按规定履行缴费义务满1年,且至失业时不欠费的。失业保险金标准由失业保险统筹地区按照低于当地最低工资标准、高于当地城市最低生活保障标准的原则,根据当地同期城市居民人均收入、人均消费水平等情况,提出方案,报省劳动和社会保障行政部门审核后,经省人民政府批准实施。①

六、生育保险

（一）生育保险的概念

生育保险,是指确保职工在生育期间或计划生育期间得到必要的经济补偿和医疗费用的一种社会保险制度。

（二）生育保险待遇项目与标准

生育保险待遇包括生育医疗费用和生育津贴。②

第十节　劳动争议处理制度

一、劳动争议处理制度

劳动争议处理是指劳动者与用人单位之间所生之争议及用人单位团体与工会之间围绕权利、义务以及相关利益所生之争议的处理。

以劳动主体为标准可以分为个别劳动争议、集体劳动争议、团体劳动争议。个别劳动争议是指单个劳动者与用人单位之间的劳动争议;集体劳动争议是指争议的一方劳动者人数达到法定的标准并且具有共同请求的劳动争议,集体劳动争议本质上是多个个别争议的集合,劳动者可以推荐代表参加调解、仲裁或者诉讼活动;团体劳动争议的主体为集体合同当事人,即工会与用人单位或用人单

---

① 周建华、夏淑梅、于来、林龙:《劳动人事政策法规》,中国劳动社会保障出版社 2001 年版,第 109 页。

② 由于生育保险的支付条件同前面几项保险相似,故在这里不再赘述。

位团体。

以争议的性质为标准可以分为权利争议与利益争议。前者指当事人主张权利存在与否或有无受到侵害或有无履行债务等发生的争议；利益争议又称待定权利争议，意指劳动关系当事人为了确定将来彼此之间的权利义务而发生的争议。

二、劳动争议处理的具体规定

根据《劳动法》第七十七条规定，用人单位与劳动者发生劳动争议，当事人可以依法申请调解、仲裁、提起诉讼，也可以协商解决。调解原则适用于仲裁和诉讼程序。①解决劳动争议，应当根据合法、公正、及时处理的原则，依法维护劳动争议当事人的合法权益。劳动争议发生后，当事人可以向本单位劳动争议调解委员会申请调解（如果单位设置的话）②；调解达成协议的，当事人应当履行；调解不成，当事人一方要求仲裁的，可以向劳动争议仲裁委员会申请仲裁。当事人一方也可以直接向劳动争议仲裁委员会申请仲裁。对仲裁裁决不服的，可以向人民法院提起诉讼。劳动争议仲裁委员会由劳动行政部门代表、同级工会代表、用人单位方面的代表组成。劳动争议仲裁委员会主任由劳动行政部门代表担任。提出仲裁要求的一方应当自劳动争议发生之日起六十日内向劳动争议仲裁委员会提出书面申请。仲裁裁决一般应在收到仲裁申请的六十日内作出。对仲裁裁决无异议的，当事人必须履行。劳动争议当事人对仲裁裁决不服的，可以自收到仲裁裁决书之日起十五日内向人民法院提起诉讼。一方当事人在法定期限内不起诉又不履行仲裁裁决的，另一方当事人可以申请人民法院强制执行。③

集体合同争议中的权利争议，是指在履行集体合同中，当事人双方就如何将合同条款付诸实现所发生的争议。因签订集体合同发生争议，当事人协商解决不成的，当地人民政府劳动行政部门可以组织有关各方协调处理。因履行集体合同发生争议，当事人协商解决不成的，可以向劳动争议仲裁委员会申请仲裁；对仲裁裁决不服的，可以自收到仲裁裁决书之日起十五日内向人民法院提起诉讼。④

---

①　参见《劳动法》（1995 年）第七十七条。

②　《合同法》第 80 条规定：在用人单位内，可以设立劳动争议调解委员会。劳动争议调解委员会由职工代表、用人单位代表和工会代表组成。劳动争议调解委员会主任由工会代表担任。

③　参见《劳动法》（1995 年）第八十二条、八十三条。

④　参见《劳动法》（1995 年）第八十四条。

此外,根据《劳动合同法》和《民事诉讼法》的相关规定,劳动者也可以基于某些情况向人民法院申请支付令。支付令程序属于《民事诉讼法》规定的督促程序。人民法院可以根据债权人提出的给予金钱的申请,不经过开庭就直接向债务人发出支付令,如果债务人不在法定期间内提出异议,该支付令即具有强制执行力。《劳动合同法》规定,用人单位拖欠或者未足额支付劳动报酬的,劳动者可以依法向当地人民法院申请支付令,人民法院应当依法发出支付令。①

[案例] 劳动者追讨劳动报酬的纠纷案。2007年6月20日,上海市第一中级人民法院对上海市首例天价劳动争议案作出了终审判决,原告13亿元的赔偿请求终未获支持。

原告蔡先生,于2004年9月接受了境外公司的录用担任采购工程师。在2004年11月1日,原告蔡先生与保利费斯公司上海代表处通过中智公司签订了为期一年(即到2005年10月31日)的劳动合同,约定中智公司派遣原告蔡先生到该公司工作。劳动合同到期后,保利费斯公司上海代表处与蔡先生于2005年11月3日解除聘用关系。于2005年12月3日,中智公司为蔡先生办理了退工手续。

因对公司报酬的支付持有异议,原告蔡先生于2005年申请仲裁,后又以中智公司、保利费斯公司上海代表处为被告诉至法院,要求保利费斯公司支付年终双薪、奖金、工资差额等共计38万余元。由于超过了规定的六十日申诉期限,一审法院均驳回了他的请求。

而后,原告蔡先生又提出了上诉,除上述请求外,还提出要求被告保利费斯公司上海代表处赔偿精神损失费13亿元。理由是被告单方面降低报酬,致使其丧失了资金增值机会,并造成其在繁忙的工作中分散精力应付诉讼。由于本案系劳动者追讨劳动报酬的纠纷,根据法律规定,原告蔡先生仅支付50元上诉费,而对于这13亿元的赔偿,无需另行支付诉讼费。②

问题:对于原告蔡先生一审时提出的诉讼请求,法院是否予以支持?

分析:由于原告蔡先生一审时提出的诉讼请求,已经超过劳动法规定的申诉期限,故不予支持。而对于13亿元的请求,由于未经仲裁前置程序,一审中也未提出,不视为上诉请求加以审理。故原告蔡先生的天价索赔并未得到法院的支持。

---

① 《民事诉讼法》和《劳动合同法》除文中列举外,也有其他的相关规定,在这里仅提出具有代表性的两条。

② 改编自案例:《首例天价劳动争议案终审判决 13亿元精神损失费未获法院支持》,新浪财经,2007年6月20日。

第十三章

争端解决法律制度

在经济交往中,双方当事人发生纠纷后,可以通过多种途径加以和平解决。其中可大体上以是否需要第三方介入为标准,分为自行解决和有第三方介入解决两大类。前者主要体现为当事人双方的和解,即友好协商,指当事人双方自行磋商解决争议,双方各自做出一定的让步,最后解决问题;后者常包括民间调解(争议双方如自行协商不成,则可邀请第三者,可为专门的调解机构或任何第三人居间调停;调解结果不具有强制作用,在双方和解的基础上解决争议)、仲裁(指买卖双方达成协议,自愿将有关争议交给双方同意的仲裁机构进行裁决,而裁决是终局的,对双方都有约束力,双方必须遵照执行)与诉讼(指一方当事人向有管辖权的法院起诉,由法院按法律程序来解决双方的贸易争议,因我国法律规定,"民事案件的审判权由人民法院行使")。

此外,非诉讼纠纷解决程序或方式(ADR,是其英文 Alternative Dispute Resolution 的缩写)于 21 世纪以来成为人们热议和讨论的话题,根据字面意义应译为"替代性(或代替性、选择性)纠纷解决方式",实质意义指"审判外纠纷解决方式"等。它源于美国,原来是指 21 世纪逐步发展起来的各种诉讼外纠纷解决方式,现已引申为对世界各国普遍存在着的、民事诉讼制度以外的非诉讼纠纷解决程序或机制的总称,①其主要方式为调解、调停、模拟法庭、专家裁定、仲裁等。ADR 的共同性特征主要有:程序上的非正式性(简易性和灵活性);在纠纷解决依据的多样性(在法律原则和一般道德、习惯等范围内均可),无需严格适用实体法规定,对法律条文等有较大的灵活运用的空间;纠纷解决主体的多元性与非职业化,如行业协会、特定领域的专家等;解决形式的民间性、非正式或多样性;纠纷解决主体与当事人之间的关系平等性,解决者具有中立性并被双方信任即可。

---

① 范愉:《非诉讼程序(ADR)教程》,中国人民大学出版社 2002 年版,第 53 页。

限于篇幅,本章主要以诉讼和仲裁为对象,并对中国自贸区的多元化争端解决机制稍作介绍。

第一节　民事诉讼法

一、民事诉讼法概述

(一)民事诉讼的概念及特点

民事诉讼,形式上是指人民法院在双方当事人及其他诉讼参与人的参加下,审理民事案件和解决民事纠纷所进行的活动,以及由这些活动所发生的各种诉讼法律关系的总和;①在实质上,是公民、法人和其他组织在司法上,维护其民事权益,以求人民法院予以公正裁判的程序制度。就当事人而言,它意指当事人因合法权益与他人发生争议或受到损害而请求法院依照民事诉讼程序确定民事权利义务关系,保护其合法民事权益;就法院而言,意指依当事人请求而开始诉讼程序,当事人不请求,法院不能以职权进行诉讼。②审理民事案件、解决民事纠纷是诉讼的手段,公正裁判是当事人的期望,维护当事人的民事合法权益是民事诉讼的目的。它是适应解决民事权益矛盾和冲突而存在的,是基于一方当事人的起诉和另一方当事人的应诉而形成的。

作为一种独立的诉讼形态,民事诉讼的主要特点如下:诉讼标的特定性,即其标的为民事法律关系;人民法院和一切诉讼参与人都是民事诉讼法律关系的主体;诉讼双方当事人在诉讼上对抗的独特性及处分各自权利的自由性;民事诉讼过程的阶段性和连续性以及法院审判民事案件的客观公正性等。③

(二)民事诉讼法的概念

民事诉讼法是规范民事诉讼行为,调整民事诉讼活动并确定民事诉讼法律关系的法律规范体系。④它有狭义与广义之分,前者是指法典式的民事诉讼法,如在我国即指在 1982 年《民事诉讼法(试行)》基础上修改并于 1991 年、2007

---

① 张卫平:《民事诉讼法教程》,法律出版社 2008 年版,第 5 页。

② 张卫平:《绝对职权主义的理性认知》,《现代法学》1996 年第 4 期,第 61 页。

③ 李丽峰:《民事诉讼程序的理想价值——实体公正与程序公正的统一》,《沈阳师范大学学报》(社会科学版)2007 年第 1 期,第 113—115 页。

④ 张卫平:《民事诉讼法教程》,法律出版社 2008 年版,第 14 页。

年、2012 年三次修改通过的《民事诉讼法》，又叫形式意义上的民事诉讼法；后者所有关于民事诉讼方面的法律规范，包括民事诉讼法典、宪法和其他法律中有关民事诉讼的规定，又称实质意义上的民事诉讼法。此外，最高人民法院发布的有关民事诉讼的解答、批复、意见等司法解释性的文件，虽不同于法律规定，但对民事诉讼具有规范作用，而属于广义的民事诉讼法范围。本章在狭义上使用民事诉讼法概念。

（三）审判组织

审判组织代表人民法院，按照民事诉讼法规定的审判程序，审判民事案件，以实现对案件的审判权。根据民事诉讼法的规定，审判民事案件的审判组织有合议制和独任制两种形式。

1. 合议制

合议制是由审判员、陪审员共同组成，或者由审判员组成的审判集体（三人以上），对案件进行审理和评议的制度。适用普通程序第一审审理的诉讼案件，合议庭由审判员、陪审员共同组成合议庭，或者由审判员组成合议庭；陪审员在执行陪审职务时，与审判员有同等的权利义务。至于合议庭中陪审员的人数多少，民事诉讼法未作规定，只规定合议庭的组成人员必须是单数，其中陪审员可以是一人，也可以是二人，由法院根据案情的需要而定。适用第二审程序审理上诉案件，由三人以上单数的审判员组成合议庭。二审法院对一审裁判具有监督职能，合议庭中不宜有陪审员参加。①

第二审人民法院发回重审的案件，原审法院应按照第一审程序另行组成合议庭。再审案件的合议庭，视案件审结的审级而定，原来是一审审结的，按一审程序另行组成合议庭；原来是二审审结的，按二审程序另行组成合议庭；原来是一审审结的，再审时是上级法院提审的，由提审法院按二审程序组成合议庭。②

合议庭成员之间权利是平等的，任何一个审判人员均有权对案件的审判提出意见；但合议庭又是审判集体，案件裁判的结果是经合议作出的，是合议庭的集体意见。合议庭评议案件，实行少数服从多数的原则。评议应当制作笔录，由合议庭成员签名。评议中的不同意见，必须如实记入笔录。③同时，审判活动是有序进行，需要其中一名成员进行组织和指挥，这名审判员就是合议庭的审判

---

① 相关规定参见《民事诉讼法》（2012 年修订）第 39—42 条。

② 《民事诉讼法》（2012 年修订）第 40 条。

③ 《民事诉讼法》（2012 年修订）第 42 条。

长。审判长对内负责组织和协调工作,对外代表合议庭。

2. 独任制

独任制是由一名审判员对案件进行审判的制度,是基层人民法院及其派出法庭适用简易程序审判简单的诉讼案件,以及适用特别程序审判简单的非讼案件的审判组织形式。

(四)民事诉讼法的基本制度

民事诉讼法的基本制度是指在民事诉讼法律机制的重要环节(如庭审环节或审级环节)和重要问题(如审判的组织形式)上起基干作用的制度。它包括以下主要制度。

1. 合议制度(参见"审判组织")

2. 回避制度①

回避制度,是指审判人员具有法定情形(法律规定禁止审判人员参加审理案件的情形),必须回避、不参与案件审理的制度。回避,是指不宜参加和参与对案件审理的人员,避开或退出对案件的审理。其建立的基础是基于司法公正的要求,其意义在于保证司法的公正性。它主要由法定的回避情形、回避适用范围和回避的法定程序所构成。

根据规定,有下列情形之一的审判人员,必须回避:是本案当事人或者当事人、诉讼代理人的近亲属;与本案件有利害关系;与本案当事人有其他关系,可能影响对案件公正审理的。

回避原则上是审判人员的回避,但在我国现实情况下,书记员、翻译人员、鉴定人、勘验人等,虽不同于案件的审判者,却是案件审理工作的协助者,他们的活动和行为可能对案件的公正审理有一定影响,因而他们也在回避人员的范围之内。人民检察院检察官代表国家行使法律监督权并以检察院名义提交抗诉书时,也应列入回避人员之列

回避分为依职权决定的回避、依职责的回避和当事人申请的回避三种。依职权决定回避,是由法院自行决定某有关人员的回避。依职责回避,是有关人员自行申请回避。当事人申请回避,是指当事人得知审判人员或其他有关人员,有依法应于回避的情形时,提出回避的申请。当事人申请回避,应在法庭组成之后或得知独任审判员之后,法庭开始审理之时,以书面或口头的方式,说明申请回避的事实和理由;回避事由在案件开始审理后知道的,也可以在法庭辩论终结前

---

① 具体规定参见《民事诉讼法》(2012 年修订)第 44—47 条。

提出。有关人员应予回避的事由当事人得知在后的,也可以在法庭辩论结束之前申请回避。

被申请回避的人员在法院作出是否回避的决定前,除案件需要采取紧急措施外,应暂停参与本案的工作。院长担任审判长时的回避,由审判委员会决定;审判人员的回避,由院长决定;其他人员的回避,由审判长决定。

人民法院对当事人提出的回避申请,应在申请提出的三日内作出决定。申请人对决定不服的,可申请复议一次。复议期间,被申请回避者不停止参与本案工作。人民法院对复议的申请,应在三日内作出复议决定,并通知复议申请人。

3. 公开审判制度

公开审判制度是一项司法民主的制度,使人民群众了解司法过程,监督司法活动,促进司法的民主化和司法的公正性,促进国家和社会法治化的进程。[1]

人民法院审理民事案件,除法律规定不公开和可以不公开审理的案件外,一律公开审理。不公开审理的案件,是指涉及国家秘密、个人隐私的案件,以及其他按规定不公开审理的案件。[2]可以不公开审理的案件,是指离婚案件,涉及有关商业秘密的案件。不公开和可以不公开审理的案件,均应开庭审理。公开、不公开及经当事人申请未公开审理的案件,宣判时均一律公开。

公开审判,包括公开审理与公开宣判,前者主要在于认真贯彻法庭审理的制度,后者主要在于判决的内容。

公开审判制度适用于一审程序、二审程序和审判监督程序审判的案件,因而它是审判民事案件的一项基本制度。

4. 两审终审制度

两审终审制度是指一个民事案件经过两个审级法院运用一审和二审程序进行了审判,即宣告审判终结的制度。[3]一审法院对案件审结后,作出一审判决。如当事人不服一审判决,可以向一审法院的上一级法院提起上诉,使案件进入第二审,即进入上诉审程序。第二审法院按上诉审程序对案件审结后,作出二审判决,即案件的终审判决。

两个审级法院对诉讼案件的审理,既是各自独立的,又是统一的。所谓独立,是两个审级的法院适用不同的程序,各自对案件作出判决;所谓统一,是指当

① 江伟:《民事诉讼法专论》,中国人民大学出版社 2005 年版,第 74 页。
② 《民事诉讼法》(2012 年修订)第 134 条。
③ 张艳丽:《民事诉讼法》,北京大学出版社 2013 年版,第 78 页。

事人不服一审判决,有权提起上诉,使案件得以继续审理,二审法院审结后的判决可以是维持、改变、撤销一审判决,也可以是撤销一审判决后,发回重审。

二、诉讼管辖

(一)诉讼管辖的概念

诉讼管辖,是指确定上下级法院之间和同级的不同法院之间,受理第一审民事案件的分工(在法院系统内部由不同的法院受理不同的案件)和权限(特定法院受理案件的范围)。法律在规定受理第一审民事案件的分工和权限的同时,也就规定了对案件的管辖权。管辖权是受理权的前提,受理权是管辖权的体现。

(二)管辖的分类

根据我国民事诉讼法的规定,管辖分为级别管辖、地域管辖(又分为一般地域管辖和特殊地域管辖)、裁定管辖(分为移送管辖和指定管辖)。在这些分类中,级别管辖是指不同级别的法院分别管辖不同的案件,它是依权限来分类的;地域管辖是以一定地区与人、事、物的关系所确定的管辖,这是按地域来划分的;裁定管辖是适应特殊情况的需要所确定的管辖,是补充性或者说是协调性的管辖类别。

上述不同管辖类别的关系是:级别管辖是纵向的构架,地域管辖是横向的结构,级别管辖要以地域管辖的规定落实管辖的案件,地域管辖规定的运用要根据级别管辖的划分;裁定管辖,是对级别管辖和地域管辖发挥其补充和协调作用。

(三)级别管辖

我国四级法院分别受理不同的第一审民事案件,各自对不同的案件具有管辖权。我国是根据案件的大小和性质,以社会影响的范围不同,确认不同级别法院受理不同的第一审民事案件。管辖基点在基层人民法院,重点是中级人民法院,高级人民法院和最高人民法院除依法受理一定案件外,其主要在于负责审判工作的指导和监督。我国级别管辖的划分,是原则性的,具有较大的适应性。

基层人民法院管辖的第一审案件:法律规定由上级法院管辖的案件外,其他的民事案件均由基层人民法院管辖。中级人民法院除受理基层人民法院裁判的上诉案件外,还受理重大的涉外案件及在本辖区内有重大影响的第一审案件及最高人民法院确定由中级人民法院管辖的专利案件、商标侵权案件和海事案件等;[①]

---

① 《民事诉讼法》(2012 年修订)第 18 条。

其中,海事案件由中级法院同等级的海事法院管辖。高级人民法院主要是审判不服中级人民法院一审裁判的上诉案件,以及对其下级法院的审判监督和指导工作;它只管辖在其本辖区内有重大影响的第一审民事案件。①最高人民法院一般不受理第一审民事案件,只受理在全国范围内有重大影响的案件,以及它认为应由其管辖的第一审民事案件。②

（四）地域管辖

1. 地域管辖的概念及确定的依据

地域管辖,是以法院的辖区和案件的隶属关系来确定诉讼管辖,亦即确定同级人民法院之间在各自的区域内受理第一审民事案件的分工和权限。确定地域管辖的依据,一是以人民法院的辖区与行政区相一致,一定行政区域内发生的民事案件由特定法院管辖;一是以当事人行使诉权与法院行使审判权相一致,当事人向当地法院提起诉讼,当地法院对诉讼行使审判权。

2. 地域管辖的种类

一般地域管辖。根据当事人所在地与法院辖区的关系所确定的管辖,称为一般地域管辖。凡对公民、法人和其他组织提起的诉讼,均由其住所地、居住地、所在地的人民法院管辖。这种管辖制度,人们通常称之为“原告就被告”原则,即原告到被告所在地法院起诉。这种管辖制度建立的基础,是属人的司法管辖原则。我国法律规定:对公民提起的民事诉讼,由被告住所地人民法院管辖,被告住所地与经常居住地不一致的,由经常居住地人民法院管辖;对法人或者其他组织提起的民事诉讼,由被告住所地人民法院管辖;同一诉讼的几个被告住所地、经常居住地在两个以上人民法院辖区的,各该人民法院都有管辖权。③但上述规定有例外,即某些案件由原告所在地或经常居住地的人民法院管辖,如对不在中华人民共和国领域内居住的人提起的有关身份关系的诉讼,对下落不明或者被宣告失踪的人提起的有关身份关系的诉讼,对被劳动教养的人提起的诉讼,对被监禁的人提起诉讼等。④

我国民事诉讼法还规定了特殊地域管辖,它们是:因合同纠纷提起的诉讼,由被告住所地或者合同履行地人民法院管辖;因保险合同纠纷提起的诉讼,由被告住所地或者保险标的物所在地人民法院管辖;因票据纠纷提起的诉讼,由票据

①　《民事诉讼法》(2012 年修订)第 19 条。
②　《民事诉讼法》(2012 年修订)第 20 条。
③　《民事诉讼法》(2012 年修订)第 21 条。
④　《民事诉讼法》(2012 年修订)第 22 条。

支付地或者被告住所地人民法院管辖;因铁路、公路、水上、航空运输和联合运输合同纠纷提起的诉讼,由运输始发地、目的地或者被告住所地人民法院管辖;因侵权行为提起的诉讼,由侵权行为地或者被告住所地人民法院管辖;因铁路、公路、水上和航空事故请求损害赔偿提起的诉讼,由事故发生地或者车辆、船舶最先到达地、航空最先降落地或者被告住所地人民法院管辖;因船舶碰撞或其他海损事故请求损害赔偿提起的诉讼,由碰撞发生地、碰撞船舶最先到达地、加害船舶被扣留地或者被告住所地人民法院管辖;因海难救助费用提起的诉讼,由救助地或者被救助船舶最先到达地人民法院管辖;因共同海损提起的诉讼,由船舶最先到达地、共同海损理算地或者航程终止地人民法院管辖。①

此外,我国民事诉讼法规定的专属管辖有:因不动产纠纷提起的诉讼,由不动产所在地的人民法院管辖;因港口作业发生纠纷提起的诉讼,由港口所在地人民法院管辖;因继承遗产纠纷提起的诉讼,由被继承人死亡时住所地或者主要遗产所在地人民法院管辖,被继承人死亡地是继承关系发生地,主要遗产所在地是继承遗产的主要确权地。②

两个以上人民法院都有管辖权的诉讼,原告可以向其中一个人民法院起诉;原告向两个以上有管辖权的人民法院起诉的,由最先立案的人民法院管辖。③

(五)裁定管辖

裁定管辖是指以法院裁定确定案件管辖法院的管辖。裁定管辖包括移送管辖和指定管辖,前者是以裁定移送案件确定管辖法院,后者是上级法院以裁定指定案件的管辖法院。裁定管辖是法律赋予法院一定职权,以裁定的方式确定某些案件的管辖法院,它具有一定的灵活性。

我国《民事诉讼法》规定:"人民法院发现受理的案件不属于本院管辖的,应当移送有管辖权的人民法院,受移送的人民法院应当受理。受移送的人民法院认为受移送的案件依照规定不属于本院管辖的,应当报请上级人民法院指定管辖,不得再自行移送。"④

某些情况下,有些案件的管辖问题需要通过上级法院的指定来加以确定。如由于行政区划的变更,原有管辖权的法院随之予以撤销或合并;有管辖权法院所在地发生了不可抗力的案件,一时难以受理或审判案件;因司法管辖的境界不

---

① 《民事诉讼法》(2012年修订)第23—32条。
② 《民事诉讼法》(2012年修订)第33条。
③ 《民事诉讼法》(2012年修订)第35条。
④ 《民事诉讼法》(2012年修订)第36条。

明,不知应由何地法院管辖;不同法院之间对某个案件的管辖互相推诿或者互相争夺。上述这些情况都需要上级法院行使职权,指定案件的管辖法院。我国法律规定,有管辖权的人民法院由于特殊原因,不能行使管辖权的,由上级人民法院指定管辖;人民法院之间因管辖权发生争议,由争议双方协商解决;协商解决不了的,报请它们的共同上级人民法院指定管辖。①上级法院的指定管辖权,是基于审判权由法院统一行使的原则以及上级法院对下级法院审判监督的原则所决定的。因此,任何上级法院必要时都可指定其下级法院管辖某个案件,任何下级法院经其上级法院指定管辖的案件都应受理并予以审判。

人民法院受理案件后,当事人对管辖权有异议的,应当在提交答辩状期间提出。人民法院对当事人提出的异议,应当审查。异议成立的,裁定将案件移送有管辖权的人民法院;异议不成立的,裁定驳回。

(六)管辖权的转移

管辖权的转移,是指对案件有管辖权的法院基于一定原因,将案件移交给原无管辖权的法院管辖,随案件的移交而发生管辖权的转移。所谓一定的原因,或者是为了保证案件的审判质量,或者是为了诉讼方便,或者为了解决某些情况不出现的问题,而有必要改变事件的管辖法院。管辖权的转移既可发生在不同级别的法院之间,也可发生在相同级别的不同法院之间,在不同的具体管辖制度中起着补充和调节的作用,其意义在于使原对案件有管辖权的法院失去管辖权,而原对案件无管辖权的法院获得管辖权。

《民事诉讼法》规定,上级人民法院有权审理下级人民法院管辖的第一审民事案件,也可以把本院管辖的第一审民事案件交下级人民法院审理;下级人民法院对它所管辖的第一审民事案件,认为需要由上级人民法院审理的,可以报请上级人民法院审理。②

三、民事诉讼证据

(一)民事诉讼证据的概念

民事诉讼证据,是指在民事诉讼中,能够证明案件真实情况的根据。各种证据必须查证属实,才能作为认定事实的根据。

诉讼证据必须具有客观性。客观真实的事实,是在客观事实发生与存在的

---

① 《民事诉讼法》(2012年修订)第37条。
② 《民事诉讼法》(2012年修订)第38条。

过程中,以一定形式反映的记录,留下的真实载体。①诉讼证据必须是与当事人主张而待证明的事实之间存在内在的联系,即证据的关联性。与案件有关的事实,才能证明案件的待证事实,证据的关联性,就是要求证据对案件的真实事实具有证明性。证据必须是合法取得并符合法律规定,即证据具有合法性。证据在程序法上规定有一定的形式,在实体法上某些法律行为有特定形式的要求,取得这些证据还必须是符合法定的程序和方式,否则不成为诉讼证据。证据的客观性、关联性和合法性,是构成诉讼证据的三个基本特性,三者缺一不可。②

（二）证据的种类和分类

1. 书证

书证是以文字、符号、图形等形式,表示当事人意思,证明案件事实的证据。书证一般是当事人真实意志的表现,在民事诉讼中具有特别的重要意义。

2. 物证

物证,是以物品的存在方式、形状、数量质量、特征等证明案件事实的证据。物证按法律规定,应提交原物,原物有困难的,可提交复制品、照片等代替。

3. 视听资料

视听资料,是以录像、录音磁带等所反映的图像、音响,或以电子计算机储存的数据、资料等,证明案件事实的证据。人民法院对视听资料,应当辨别真伪,并结合本案的其他证据,审查确定能否作为认定事实的根据。

4. 证人证言

了解案件情况接受审判人员询问或被传唤到庭作证的人,称为证人。证人向法庭就案情的陈述,称为证人证言。凡是知道案件情况的单位和个人,都有义务出庭作证。有关单位的负责人应当支持证人作证。证人确有困难不能出庭的,经人民法院许可,可以提交书面证言。不能正确表达意志的人,不能作证。证人必须是:知道案情的人;与本案无法律上利害关系的人;能正确反映和表达案情的人。

5. 当事人陈述

当事人陈述是指当事人向法庭所作的案情叙述。当事人是法律关系的当事者,又是纠纷发生及其过程的经历者,所作的陈述是证据之一。但是,当事人又

---

① 樊崇义:《从客观真实到法律真实》,《刑事法评论》1999 年第 3 期,第 71 页。
② 汤维建:《关于证据属性的若干思考和讨论》,《中国政法大学学报》2000 年第 6 期,第127—139 页。

是法律关系的利害关系者,其陈述具有真实的一面,也可能存在虚假的一面。当事人的陈述与承认不同,前者是案情,后者是其对某种事实和针对对方某种、某项请求的认可且它必须在法庭上作出明确的意思表示。

6. 鉴定结论

运用专业知识和技能,对案件有关的事物进行鉴别、论证,作出结论性的认定,称为鉴定。接受法院聘请或指派,进行鉴定活动的单位或个人,称为鉴定人。鉴定部门和鉴定人应当提出书面鉴定结论,在鉴定书上签名或者盖章。鉴定人鉴定的,应当由鉴定人所在单位加盖印章,证明鉴定人身份。

7. 勘验笔录

对与案件有关的现场或物品进行勘察和检验,称为勘验;勘验人员对被勘验的现场或物品状况所作的记录,称为勘验笔录。

（三）举证责任

举证责任从其传统的含义讲,具有两个层次,一是提供证据的行为责任,二是加以证明的结果责任,提供证据能证明其主张者获得胜诉,而不能证明其主张者败诉。这种行为责任与结果责任的统一,是举证责任基本功能。当事人对自己的主张,有责任提供证据,这是举证责任的原则。"谁主张,谁举证",是这一原则的贯彻与落实。

在某些情况下,上述有例外,如在污染、产品责任、高度危险作业等损害赔偿的案件中,要原告提供证据,特别是提供侵权行为与损害结果之间因果关系的证据,都存在一定的困难。因此,法律上为了保证当事人在诉讼上的平等性与审判的公正性,对此类案件作了举证责任倒置之例外规定。但必须严格限制其使用:它只适用于特定类型案件,被告只证明自己无侵权行为或应负责任之原因或证明自己的行为或具有的事、物与原告的损失或遭受的损害无因果关系。当然,原告有权,也应当提供所受损失或损害的事实方面的证据。

四、期间、送达

（一）期间的概念

期间,是指人民法院、当事人及其他诉讼参与人,各自进行和完成一定诉讼行为的期间。诉讼上进行一定诉讼行为,除期间之外,还有期日,即人民法院、当事人及其诉讼参与人会合进行诉讼的行为的日期。可以看出期间有始期与终期,期日只有始期而无终期;期间是在一定时间之内为诉讼行为均有效,期日只能在规定之日的行为有效;期间多为法律规定,期日全由法院确定。

期间以其确定的根据不同,分为法定期间(法律明文规定的期间)与指定期间(法律授权法院根据客观需要确定的期间)。前者除法律另有明文规定外,不得变更,故又称为不变期间;法律法定可以延长一定时间的,则法定期间就有变更,但此为例外。后者是法院根据一定情况确定的,它可视具体情况而改变,因而称为可变期间。

期间以时、日、月、年为计算单位。期间开始时的时、日不计算在期间之内。期间届满的最后一日是节假日的,以节假日后的第一日为期间届满的日期。期间不包括诉讼文书在途中期间,诉讼文书在期间届满前交邮的,不算过期。①

(二)送达

民事诉讼中的送达,是指人民法院按照法定的程序和方式,将诉讼文书送交给当事人及其他诉讼参与人的行为。

直接送达受送达人是公民的,如其本人不在,可交他同住的成年家属签收,但离婚案件不得由其对方当事人签收;是法人或其他组织的,应由法人的法定代表人、其他组织的主要负责人或者该法人、组织负责收件的人签收;受送达人有诉讼代理人的,可以送交其代理人签收;受送达人已向人民法院指定代收人的,送交代收人签收。②

留置送达采用留置必须有一定的前提,履行特定的程序;即受送达人或者他的同住成年家属拒绝接收诉讼文书的,送达人应当邀请有关基层组织或者所在单位的代表到场,说明情况,在送达回证上记明拒收事由和日期,由送达人、见证人签名或者盖章,把诉讼文书留在受送达人的住所,即视为送达。③

委托送达进行委托送达,受诉法院应出具委托函并注明委托事项和要求,受委托的法院应予协助,完成送达工作。

直接送达诉讼文书有困难的,可以委托其他人民法院代为送达,或者邮寄送达。④邮寄送达的,以回执上注明的收件日期为送达日期。该日期与送达回证上收件不一致的,以送达回证上的收件日期为送达日期。

受送达人是军人的,通过其所在部队团以上单位的政治机关转交;是被监禁的,通过其所在监所或者劳动改造单位转交。受送达人是被劳动教养的,通过其所在劳动教养单位转交。转交送达受送达人所在机关、单位应将诉讼文书立即

---

① 《民事诉讼法》(2012年修订)第82条。
② 《民事诉讼法》(2012年修订)第85条。
③ 《民事诉讼法》(2012年修订)第86条。
④ 《民事诉讼法》(2012年修订)第88条。

转交给受送达人。以受送达人签收的日期为送达日期。公告送达公告可以报纸上发布，或者张贴于法院的公告栏。公告送达的期限为 60 日，自公告之日起，满 60 日，即视为送达。受送达人下落不明，或者用法律规定的其他方式无法送达的，公告送达。自发出公告之日起，经过六十日，即视为送达。公告送达，应当在案卷中记明原因和经过。①

五、财产保全和先予执行

（一）财产保全

1. 财产保全的概念及其适用的条件

财产保全，是指对当事人之间有争议的财产或可用以偿付的财产，通过一定的法定程序和方式加以保护，使之处于安全的状态。②

当事人之间的争议在诉诸法院之前或者之后，对其所争执的财产或者可用于履行义务的财物，必要时均可予以保全。

诉前保全，指利害关系人因情况紧急，不立即申请财产保全将会使其合法权益受到难以弥补的损害的，可以在起诉前向人民法院申请采取财产保全措施。申请人应当提供担保，不提供担保的，驳回申请。人民法院接受申请后，必须在四十八小时内作出裁定；裁定采取财产保全措施的，应当立即开始执行。申请人在人民法院采取保全措施后十五日内不起诉的，人民法院应当解除财产保全。③

诉讼保全，指在诉讼开始之后，基于一方当事人的申请，或者法院认为确有必要时，对有关财产加以保全。当事人申请保全必须具备一定的事实和理由，如对方当事人有损害或转移财产的可能，有导致判决后不能执行或难以执行的可能，并向法院提供担保，否则法院驳回申请。法院接受申请后，对情况紧急的，必须在四十八小时之内采取保全措施。④

2. 财产保全的范围及措施

依法律规定，保全的范围限于请求的范围或者与本案有关的财产。⑤财产保全的措施，根据不同情况可以进行查封、扣押、冻结，以及采用法律规定的其他方

---

① 《民事诉讼法》（2012 年修订）第 89—92 条。
② 蒋海英：《论财产保全制度的完善》，《金陵法律评论》2007 年第 2 期，第 46 页。
③ 《民事诉讼法》（2012 年修订）第 101 条。
④ 《民事诉讼法》（2012 年修订）第 100 条。
⑤ 《民事诉讼法》（2012 年修订）第 102 条。

法。法院采取措施之后,应立即通知有关当事人;已被查封、冻结的,不得重复查封、冻结,以免发生冲突,影响法定措施的效力。①

在查封、扣押、冻结财物时应注意:对季节性的商品、鲜活和易腐烂变质以及其他不宜长期保存的物品,可以责令当事人及时处理,必要时法院也可以变卖,其价款提存于法院;

被查封、扣押的财物适宜保存的,应妥善加以保管,当事人、负责保管的单位或个人均不得使用;对不动产和车、船等特定财产的保全,还可以扣押有关的产权执照、证照,并通知有关产权登记部门不得办理该财产的转移手续。

被申请人提供担保的,人民法院应当解除财产保全。②申请人申请保全有错误,导致被申请一方因此而遭受损失的,应承担赔偿责任。③

3. 财产保全的解除

财产保全后,因下列情形之一,应予解除:被申请人向法院提供担保的;未起诉前申请的保全,申请人未在法定期限内起诉的;申请人向法院明确表示放弃权利请求,不向被申请人主张权利的。

(二)先予执行

先予执行是先予生效判决之前的执行,执行的是裁定而不是判决。其后,生效判决应予执行的,将先予执行的纳入生效判决执行内容之中,申请先予执行的范围是特定的。民事诉讼法规定,根据当事人申请,可以裁定先予执行的是:追索赡养费、扶养费、抚育费、抚恤金、医疗费用的;追索劳动报酬的;因情况紧急需要先予执行的。④

上述范围内的案件需具备一定的条件才可裁定先予执行,即:当事人之间权利义务关系明确,申请人确有行使权利的迫切需要,如急需的生活费用、医疗开支、维持生产开支等,如不先予执行,将会受到影响和损失;被申请人有履行先予执行裁定的能力,如被申请人暂无履行能力,即使裁定先予执行,也难以实现。⑤

人民法院可以责令申请人提供担保,申请人不提供担保的,驳回申请。申请人败诉的,应当赔偿被申请人因先予执行遭受的财产损失。当事人对财产保全或

---

① 《民事诉讼法》(2012 年修订)第 103 条。
② 《民事诉讼法》(2012 年修订)第 104 条。
③ 《民事诉讼法》(2012 年修订)第 105 条。
④ 《民事诉讼法》(2012 年修订)第 106 条。
⑤ 《民事诉讼法》(2012 年修订)第 107 条。

者先予执行的裁定不服的,可以申请复议一次。复议期间不停止裁定的执行。①

六、普通程序

(一)普通程序概述

在第一审民事诉讼案件中,除了简单的民事争讼案件适用简易程序审理以外,其他案件的审理都需要依照通常适用的程序进行,即普通程序。它在我国的民事诉讼程序中处于非常重要的地位,是我国民事诉讼程序制度中体系最完整、系统,内容最翔实和完备的程序制度;它是民事诉讼程序的基础,具有广泛的适用性,起到了程序通则的作用。其他程序制度中没有规定的制度,适用普通程序的规定。

(二)起诉与受理

1. 起诉

(1)实质条件。实质条件是对起诉的当事人及其诉讼请求、受诉法院等提出的要求,包括下列几点:有合格的原告,即为与本案有直接利害关系的公民、法人或其他组织;有明确的被告,即利益与原告对立的当事人;有具体的诉讼请求和事实、理由。就第三点来说,前者是指原告在起诉时请求人民法院保护的权利请求。后者指提出诉讼请求所依据的客观事实和权利应当受到保护的理由,它有两个方面:一是基础事实,即当事人之间权利义务关系发生、变更、消灭的事实,二是民事权利受到侵害或与他人发生争议的事实,这是当事人请求司法救济和保护的原因和基础;属于人民法院受理民事诉讼的范围和受诉人民法院管辖。②

以上四个条件是原告起诉的必备条件,缺一不可。

(2)形式条件是指当事人向人民法院起诉的方式。根据法律规定,原则上是书面起诉,但是在例外情况下,可口头起诉。

《民事诉讼法》规定,原告起诉应当向人民法院递交起诉状,并按照对方当事人的人数提出副本。起诉状是原告表明其诉讼请求、事实和理由的文书,应当写明如下内容:当事人的有关情况:如当事人是自然人的,应写明其姓名、性别、年龄、民族、职业、工作单位和住所;当事人是法人或其他组织的,应写明其名称、单位所在地、法定代表人或主要负责人的姓名、职务;如果有电话和电传以及其他

---

① 《民事诉讼法》(2012 年修订)第 108 条。
② 《民事诉讼法》(2012 年修订)第 119 条。

的联系方式也应列明，以便于人民法院告知诉讼事宜。原告的诉讼请求、以及所依据的事实和理由。证据和证据来源，证人的姓名和住所。受诉法院名称，起诉的时间、原告的签名或盖章。①

民事诉讼法规定，书写起诉状确有困难的，可以口头起诉。②在这种情况下，原告按照起诉状应当具备的内容，向受诉人民法院口头陈述，由人民法院书记员记入笔录，并告知对方当事人。

2. 人民法院对当事人起诉的审查

审查的内容有当事人的资格，原告的诉讼请求、事实和理由，案件是否属于本院管辖，和起诉状是否符合法律的规定等。上述审查是对原告起诉的形式审查，不涉及实体上的判断。

人民法院在审查后，认为不应受理的，应当在 7 日内作出不予受理的裁定，并按照不同的情况分别处理。对于不予受理的裁定不服，当事人可以在收到裁定之日起 10 内提起上诉。③依照《行政诉讼法》的规定，属于行政诉讼受案范围的，告知原告提起行政诉讼；依照法律规定，应由其他机关处理的争议，告知原告向有关机关申请解决；依照法律规定，对方当事人对合同纠纷有书面仲裁协议的，应当向仲裁机构申请仲裁。对不属于本院管辖的案件，告知当事人向有管辖权的人民法院起诉。依照法律规定，在一定期限内不得起诉的案件，在不得起诉期限内，人民法院不得受理。④对于判决、裁定、调解书已经发生法律效力的案件，当事人又起诉的，告知当事人按照申诉处理，但人民法院准许撤诉的裁定除外。

对于一定范围内的涉及身份关系的案件，在法律规定的情形下不得起诉；但是在满足一定条件的情况下，可以再行起诉，无须按申诉处理。判决不准离婚和调解和好的离婚案件，判决、调解维持收养关系的案件，没有新情况、新理由的，原告在 6 个月内不得提起诉讼；在 6 个月内有新情况、新理由、超过 6 个月或者被告提起诉讼不在此限。

3. 立案受理

受理是指人民法院对原告的起诉进行审查后，认为符合法律规定的起诉条件，决定立案受理，从而引起诉讼程序开始的行为。⑤起诉是当事人的诉讼行为，

---

① 《民事诉讼法》(2012 年修订)第 121 条。
② 《民事诉讼法》(2012 年修订)第 120 条。
③ 《民事诉讼法》(2012 年修订)第 123 条。
④ 《民事诉讼法》(2012 年修订)第 124 条。
⑤ 程丽立:《略论民事诉讼起诉条件》,《今日湖北月刊》2011 年第 12 期,第 50 页。

受理是人民法院的审判行为,只有这两个行为的结合,才能导致诉讼程序的开始。人民法院在收到原告的起诉状或口头起诉,经过审查,认为符合起诉条件的,应当在 7 日内立案,并通知当事人。

人民法院受理后,会产生一系列的法律后果,主要表现在以下方面:人民法院取得对该案的审判权,它包括审判上的职权和职责(一方面,人民法院有权通过对案件的审理,对当事人之间的权利义务之争作出评判,对当事人之间权利义务的分配作出处置;另一方面,人民法院审理案件时必须依照法律规定的程序和实体法的相关规定对案件进行审理,不得违反法定程序,枉法裁判);当事人取得了相应的诉讼地位及已经经过的诉讼时效中断。

(三) 开庭审理

1. 开庭审理的概念

开庭审理阶段是诉讼中最重要的环节,意指人民法院组成的审判庭在当事人以及其他诉讼参与人的参加下,全面地审查证据,查明案件事实,分清是非责任,适用法律,对案件作出处理决定所进行的诉讼活动。

2. 开庭审理的过程和阶段

(1) 开庭审理的准备。传唤当事人、通知其他诉讼参与人出庭诉讼。人民法院审理民事案件,应当在开庭 3 日前将传票送达当事人,将出庭通知书送达其他诉讼参与人,以确保当事人和其他诉讼参与人为出庭作准备。人民法院审理民事案件,除涉及国家秘密、个人隐私或者法律另有规定的以外,应当公开进行。离婚案件,涉及商业秘密的案件,当事人申请不公开审理的,可以不公开审理。人民法院审理民事案件,根据需要进行巡回审理,就地办案。①

对公开审理的案件,人民法院应当在开庭 3 日前进行公告。公开审理的,应当公告当事人姓名、案由和开庭的时间、地点。②

开庭审理前,书记员应当查明当事人和其他诉讼参与人是否到庭,宣布法庭纪律。如有当事人或其他诉讼参与人未到庭的情况,应查明原因,并报告审判长,由审判长决定是否开庭。如果决定开庭审理,由书记员宣布法庭纪律。告知当事人、其他诉讼参与人以及参加旁听的群众遵守法庭规则,保障诉讼的顺利进行。③

---

① 《民事诉讼法》(2012 年修订)第 134、135 条。

② 《民事诉讼法》(2012 年修订)第 136 条。

③ 《民事诉讼法》(2012 年修订)第 137 条。

审判长宣布开庭,并核对当事人及其诉讼代理人,告知当事人的诉讼权利义务。开庭审理时,由审判长核对当事人及其诉讼代理人的姓名、职业、年龄、住所等情况,以确定其是否为应到庭参加诉讼的当事人或诉讼参加人。对于诉讼代理人还要查明其是否有授权委托书以及代理权限。在核对当事人以及诉讼代理人后,由审判长宣布案由,宣布合议庭的组成人员、书记员名单,告知当事人的诉讼权利义务,询问当事人是否申请回避。如当事人不申请回避,则按法定程序开庭审理。

(2)法庭调查阶段。在法庭调查阶段,主要可以分为两个步骤:

第一,当事人及其诉讼代理人系统陈述诉讼请求、答辩理由以及所依据的事实和理由并突出案件的主要争执点和关键点。审判庭告知证人权利义务,证人作证,宣读未到庭的证人证言;当事人出示书证、物证和视听资料。宣读鉴定结论、勘验笔录。

第二,法院全面审核当事人提供的以及人民法院收集的证据。在这一阶段,当事人及其诉讼代理人可以对对方当事人提供的以及人民法院调查的证据及时地提出质询。在审判长的许可下,询问证人、鉴定人和勘验人。当事人还可以在此阶段提出新的证据,也可以要求重新进行调查取证、重新鉴定或勘验,是否准许,由法庭决定。

在上述法庭调查完成后,法庭应询问当事人的意见。在认为案件事实已经清楚,证据已经齐全,审判长可以宣布终结法庭调查,宣告进入法庭辩论阶段。

此阶段,原告增加诉讼请求,被告提出反诉,第三人提出与本案有关的诉讼请求,可以合并审理。

(3)法庭辩论阶段。法庭辩论阶段主要是针对某项具体的事实或争执点展开。根据规定,法庭辩论应遵循以下顺序:原告及其诉讼代理人发言;被告及其诉讼代理人答辩;第三人及其诉讼代理人发言或答辩;相互辩论(相互辩论是当事人之间针对在法庭调查阶段和辩论阶段各自的发言、意见进行的辩论)。

在法庭辩论中,当事人及其诉讼代理人提出新的事实和证据,审判长有权决定停止辩论,恢复法庭调查。如果新的事实或证据在法庭上难以查清,并且对案件的裁判有重要影响的,应对案件延期审理。法庭辩论终结时,审判长应按原告、被告、第三人的顺序征询当事人的最后意见。至此,法庭辩论终结。在法庭辩论终结后,人民法院作出判决前,能够调解的,还可以进行调解;调解不成的,应当及时判决。

书记员应当将法庭审理的全部活动记入笔录,由审判人员和书记员签名。

笔录应当当庭宣读,也可告知当事人和其他诉讼参与人当庭或者在五日内阅读;当事人和其他诉讼参与人认为对自己的陈述记录有遗漏或者差错的,有权申请补正,如不补正,应当将申请记录在案。法庭笔录由当事人和其他诉讼参与人签名或者盖章;拒绝签名盖章的,记明情况附卷。①

(4)评议、宣判阶段。这是开庭审理的最后阶段,是人民法院认定事实、适用法律,作出判决并宣告判决结果,从而解决当事人之间争议的阶段。首先,合议庭评议。法庭辩论终结,调解不成,审判长应即宣布休庭,法庭审判人员全体退庭,进入评议室,对案件进行评议。其次,宣告判决。人民法院对公开审理或者不公开审理的案件,一律公开宣告判决;当庭宣判的,应当在 10 日内发送判决书;定期宣判的,宣判后立即发给判决书;宣告判决时,必须告知当事人上诉权利、上诉期限和上诉的法院。宣告离婚判决,必须告知当事人在判决发生法律效力前不得另行结婚。②

判决书应当写明:案由、诉讼请求、争议的事实和理由;判决认定的事实、理由和适用的法律依据;判决结果和诉讼费用的负担;上诉期间和上诉的法院。判决书由审判人员、书记员署名,加盖人民法院印章。③

人民法院审理案件,其中一部分事实已经清楚,可以就该部分先行判决。

3. 审理期限

审理期限是人民法院对某一具体案件从立案受理到宣告判决的法定审理期间。审限的规定是防止人民法院拖延对案件的审理,及时、有效地保护当事人的合法权益。人民法院适用第一审普通程序审理案件,应当自立案之日起 6 个月内审结。有特殊情况需要延长的,报请本院院长批准,可以延长 6 个月。如果在延长期内仍无法审结,还需要延长的,报请上级人民法院批准,可以延长 3 个月。④

(四)撤诉、缺席判决和延期审理

1. 撤诉

撤诉是人民法院在案件受理后到判决宣告前,原告撤回其起诉的行为;或者出现某种法定情形,人民法院不予继续审理的行为。原告在人民法院立案受理后至判决宣告前,可以以书面或口头的方式向人民法院提出申请,撤回其起诉。

---

① 《民事诉讼法》(2012 年修订)第 147 条。
② 《民事诉讼法》(2012 年修订)第 148 条。
③ 《民事诉讼法》(2012 年修订)第 152 条。
④ 《民事诉讼法》(2012 年修订)第 149 条。

但是原告申请撤诉须具备一定的条件：主体只能是原告；申请撤诉必须是自愿的行为；撤诉必须符合法律规定；在时限上，当事人只能在判决宣告前提出撤诉申请。

法律规定的撤诉情形有：原告经人民法院合法传票传唤，无正当理由拒不到庭；原告虽已到庭，但未经法庭许可中途退庭的；原告为无诉讼行为能力人的，其法定代理人代为起诉的，该法定代理人经传票传唤，无正当理由拒不到庭，又不委托诉讼代理人的，可以比照法律规定按撤诉处理；原告未按期交纳诉讼费用，又无免交或缓交理由的。

原告申请撤诉，是否准许，由人民法院裁定。无论是原告申请撤诉还是法院按撤诉处理，法院要作出裁定。对于符合撤诉条件的，应予准许。对于不符合条件的，作出不准撤诉的裁定，对案件继续审理。

人民法院裁定撤诉后，会产生一定的法律后果：终结诉讼，诉讼费用由原告减半负担。

对于人民法院的撤诉裁定，当事人可以在诉讼时效内再行起诉。

2. 缺席判决

缺席判决是对席判决的对称。是指在开庭审理时，一方当事人没有正当理由拒不到庭参加诉讼，人民法院就到庭的一方当事人进行询问、核对证据，并对未到庭的当事人提供的诉讼材料进行审核后依法作出判决的制度。

根据法律规定，缺席判决适用于以下情形：被告经法院合法传票传唤，无正当理由拒不到庭，或者未经法庭许可中途退庭的；①原告经法院合法传票传唤，无正当理由拒不到庭，被告提起反诉的，对反诉可以缺席判决；原告申请撤诉，法院裁定不准撤诉，原告经法院合法传票传唤，无正当理由拒不到庭；②被告为无民事行为能力人，其法定代理人经传票传唤，无正当理由拒不到庭，又不委托诉讼代理人的，可以缺席判决；③无独立请求权的第三人经法院传票传唤，无正当理由拒不到庭，或者未经法庭许可中途退庭的，可以缺席判决。④

3. 延期审理

延期审理是指人民法院已经发出开庭审理的通知并且已经公告开庭审理的日期后，或者在开庭审理的过程中，由于出现了法定情形，使案件的审理工作无

---

① 《民事诉讼法》（2012 年修订）第 144 条。
② 《民事诉讼法》（2012 年修订）第 124 条。
③ 《最高人民法院关于适用〈中华人民共和国民事诉讼法〉的解释》（2015 年）第 235 条。
④ 《最高人民法院关于适用〈中华人民共和国民事诉讼法〉的解释》（2015 年）第 236 条。

法如期或继续进行,而将开庭审理日期推延的制度。延期审理的法定情形:必须到庭的当事人和其他诉讼参与人有正当理由没有到庭的;当事人临时提出回避申请的;需要通知新证人到庭,调取新的证据,重新鉴定、勘验或者需要补充调查的;其他应当延期的情形。①此条款由法院根据需要自行掌握。

七、简易程序

（一）简易程序概述

简易程序指基层人民法院及其派出的法庭审理简单的民事案件所适用的简便易行的程序,它实际上是普通程序的简化,与普通程序在第一审程序中并存。

简易程序具有以下特点:起诉方式简便、随意,原告可以口头起诉;案件受理的程序简便,当事人可以同时到基层人民法院或者其派出法庭,请求解决纠纷,法院或者法庭可以当即受理,也可以另定审理日期;审理时间以及传唤方式的简便性和灵活性;审判组织简便,一般适用独任制,由审判员一人审理,由书记员担任记录;庭审程序简便;审理期限简短,一般应当在立案之日起 3 个月内审结。

（二）简易程序适用的范围

根据法律规定,适用简易程序审理的民事案件类型,是指事实清楚、权利义务关系明确、争议不大的民事案件。②事实清楚、权利义务关系明确、争议不大是确定能否适用简易程序的标准。这三方面是相互联系、不可分割的,必须同时具备。

根据审判实践工作中的经验总结,下列案件可以适用简易程序:当事人双方结婚时间短,财产争议不大的离婚案件;权利义务关系明确,只是在给付时间和金额上有争议的赡养费、抚养费和抚育费案件;确认或变更收养关系、抚养关系,双方争议不大的案件;借贷关系明确、证据充分和金额不大的案件;遗产和继承人范围明确,讼争的遗产数额不大的继承案件;事实清楚,责任明确,赔偿金额不大的损害赔偿案件;事实清楚、情节简单,是非分明,争议焦点明确,争议金额不大的其他案件。

八、第二审程序

（一）第二审程序概述

当事人不服第一审人民法院作出的裁判,在法定期限内(我国在判决书送达

---

① 《民事诉讼法》(2012 年修订)第 146 条。
② 《民事诉讼法》(2012 年修订)第 157 条。

之日起十五日内，裁定书在送达之日起十日内），可以向上一级人民法院提起上诉，经上一级人民法院审理并作出裁判后，诉讼程序即告终结。两审终审涉及两个审级，两个程序和两个效力不同的裁判。因此，第二审程序是指第二审法院审理当事人不服第一审裁判，提起上诉的案件所适用的程序。第二审程序是基于当事人的上诉权而引发的，因此，又称为上诉审程序。同时，诉讼案件经过两级人民法院的审理，并作出裁判后，便告终结，因此，第二审程序又称为终审程序。

（二）上诉的提起和受理

提起上诉的程序规定：当事人对第一审裁判不服的，应当在法定期限内提交上诉状。如果一审宣判时或判决书、裁定书送达时，当事人口头表示上诉的，人民法院应当告知其在法定期限内提交上诉状，否则视为未提出上诉。

上诉的撤回是指上诉人依法提起上诉后，在二审人民法院作出终审裁判之前，撤回自己的上诉请求的行为。撤回上诉是当事人享有的诉讼权利，与上诉权相对应，是当事人在诉讼中处分自己权利的具体体现。但是当事人应依法行使撤回上诉权，不能滥用。是否准撤回上诉，要由二审人民法院裁定。如果二审人民法院认为一审人民法院的裁判确有错误或者违反法定程序，可能影响到了正确裁判的，需要改判或发回重审的，或者双方当事人都提出上诉，上诉请求又各不相同的，不应准许其撤回上诉。这是基于二审人民法院的审判监督权。对于第一审人民法院的裁判，二审人民法院负有审查和监督的权力，对于确有错误的裁判，如果允许当事人撤回上诉，然后再提起审判监督程序以纠正，不利于案件及时的解决和当事人利益的及时保护。

撤回上诉权的行使期限是在二审人民法院判决宣告前。如果二审人民法院的判决一经宣告，当事人之间争议的权利义务关系已经由人民法院确定，当事人就丧失了撤回上诉的权利。

二审人民法院裁定不准撤回上诉的，诉讼继续进行。二审人民法院准许撤回上诉的，二审程序即告终结。同时第一审人民法院作出的裁判发生法律效力。当事人不得再次提出上诉。

（三）上诉案件的审理

1. 二审人民法院对上诉案件的审理范围

民事诉讼法规定，二审人民法院应当对上诉请求有关的事实和法律问题进行审查①，即二审法院审理的范围应当以当事人的上诉请求的有关的事实和法

---

① 《民事诉讼法》（2012 年修订）第 168 条。

律问题为限。因民事诉讼实行的是"不告不理"原则,人民法院一般不依职权主动保护当事人权利。就当事人而言,他有权处分(主张或放弃)自己的实体权利和诉讼权利。况且,二审程序不是对一审程序的重复,其设立目的是为了纠正一审人民法院的错误裁判,解决在第一审中未能解决的纠纷;对当事人间已不存在分歧和争议的问题无需再进行审查,它可将审查的重心放在与当事人上诉请求有关的问题上。

2. 二审程序对案件的审理

二审程序中,必须组成由审判员构成的合议庭对案件进行审理。二审程序一般应采用开庭审理的方式,不能采用书面审理方式(仅就当事人提供的书面材料进行审查和核实证据,不调查、不询问当事人而认定事实作出裁判);经过阅卷和调查,询问当事人,在事实核对清楚后,合议庭认为不需要开庭审理的,也可以径行判决、裁定。二审人民法院审理上诉案件,可以在本院审理,也可以到案件发生地或原审人民法院进行。①人民法院审理对判决的上诉案件,应当在第二审立案之日起 3 个月内审结。有特殊情况需要延长的,由本院院长批准。人民法院审理对裁定的上诉案件,应当在第二审立案之日起 30 日内作出终审裁定。②

九、特别程序

(一) 选民资格案件审理程序

选民资格案件,必须由起诉人在选举日的 5 日前向选区所在地的基层人民法院提起诉讼。人民法院在受理选民资格案件后,应当确定开庭日期,除了起诉人以外,选举委员会的代表和其他与选民资格相关的公民也必须参加审理。对选民资格案件的审理必须在选举日前审结,并将判决书送达选举委员会和起诉人,③并通知有关公民,以保证有选举权的公民行使自己的权利。人民法院审理选民资格案件所作的判决为终审判决,任何人不得声明不服。

选民资格案件不适用调解。选民资格的有无是法律明确规定的,不以当事人或其他人的意志为转移。人民法院审理选民资格案件,适用特别程序的规定,如果特别程序没有规定的,适用普通程序的有关规定。

---

① 《民事诉讼法》(2012 年修订)第 169 条。

② 《民事诉讼法》(2012 年修订)第 176 条。

③ 《民事诉讼法》(2012 年修订)第 182 条。

（二）宣告公民失踪、死亡案件的审理程序

1. 宣告公民失踪案件的审理程序

宣告公民失踪应具备一定的条件，其中实质条件为：必须有公民下落不明的事实，且时间必须是持续满两年，并须由下落不明公民的利害关系人向人民法院提出申请；形式要件是：申请必须向下落不明人住所地或最后居住地的基层人民法院提交，申请书应载明公民失踪的事实、时间和请求，并附有公安机关或者其他机关关于该公民下落不明的书面证明。①

宣告失踪的法律后果主要体现在对失踪人的财产管理方面。失踪人的财产由其配偶、父母、成年子女或者其他关系密切的亲属、朋友代管。对于代管有争议的，没有以上规定的人或以上人无能力代管的，由人民法院指定代管人。②

法院宣告公民失踪是一种推定，如果该公民在判决宣告后又重新出现，由该公民或其利害关系人提出申请，请求原审人民法院撤销宣告该公民为失踪人的判决。人民法院审查属实后，应当作出新判决，撤销原判决。宣告失踪的判决被撤销后，财产代管人的职责终止，代管人为代管财产所支出的费用，有权要求被宣告失踪人偿付。

2. 宣告公民死亡的审理程序

宣告死亡应具备的条件是：须有该公民下落不明的事实；下落不明满法定期间（公民下落不明满四年，或者因意外事故下落不明满二年）或者因意外事故下落不明，经有关机关证明其不可能生存的；由利害关系人向人民法院提出申请；由利害关系人向被申请人的住所地或最后居住地的基层人民法院提交申请书，并提交有关公安机关或其他机关出具的下落不明证明书或证明其不可能生存的证明书。③

公民被宣告死亡，其法律后果与自然死亡基本相同，其权利能力因死亡而消灭，其婚姻关系随之消灭，继承开始。如果该公民并未死亡，其在异地的民事行为依然有效。被宣告死亡时间和自然死亡时间不一致的，被宣告死亡所引起的法律后果依然有效，但自然死亡前实施的民事法律行为与被宣告死亡引起的法律后果相抵触的，以实施的民事法律行为为准。

如果被宣告死亡人未死亡的，由本人或其他利害关系人申请，经人民法院审

---

① 《民事诉讼法》（2012 年修订）第 183 条。

② 《民法通则》（2009 年修订）第 21 条。

③ 《民法通则》（2009 年修订）第 23 条。

查属实的,应当作出新判决,撤销死亡宣判。对于该公民的财产,被他人取得的,其有权请求返还。利害关系人隐瞒真实情况而取得财产的,除了返还原物和孳息外,造成损失的,应予以赔偿。对于人身关系,如婚姻关系和其子女的收养关系有条件的恢复。

3. 审理程序

宣告公民失踪或死亡案件的审理程序是:法院在收到利害关系人的申请后,进行审查,如认为申请不符合法律规定的,以裁定驳回申请;如法院认为申请符合法定条件的,应立案受理。人民法院受理宣告失踪、宣告死亡案件后,应当发出寻找下落不明人的公告。宣告失踪的公告期间为三个月,宣告死亡的公告期间为一年。因意外事故下落不明,经有关机关证明该公民不可能生存的,宣告死亡的公告期间为三个月。

公告期间届满,人民法院应当根据被宣告失踪、宣告死亡的事实是否得到确认,作出宣告失踪、宣告死亡的判决或者驳回申请的判决。

被宣告失踪、宣告死亡的公民重新出现,经本人或者利害关系人申请,人民法院应当作出新判决,撤销原判决。

(三)认定公民无民事行为能力、限制行为能力案件的审理程序

1. 认定条件

认定公民无民事行为能力、限制行为能力的条件:必须有公民患有精神疾病,不能辨认或不能完全辨认自己的行为的事实。根据规定,无民事行为能力人主要是指没有判断能力和自我保护能力,并不知行为后果的人;限制行为能力人是对较复杂事物和重大的行为缺乏判断、自我保护能力,并不能预见其后果的人。如果行为人欠缺对事物和行为的判断能力并不能预见其行为后果,就应当被认定为不具有从事正常的民事活动的心智和神智条件,即为无民事行为能力或限制行为能力人。对于公民患有其他疾病,但是对自己行为有清楚的判断能力并能预见其后果的人,不能认定其为无民事行为能力或限制行为能力。

须有其近亲属或其他利害关系人提出申请。①这里申请人包括两类:近亲属,包括精神病人的配偶、父母、子女等以及其他近亲属;精神病人的所在单位或者其住所地的居民委员会、村民委员会或对其负有监护职责的当地的民政部门。第二类人只有在被申请人没有第一类人的情况下才能提出申请。

申请认定公民无民事行为能力或限制行为能力必须以书面形式提出。申请

---

① 《民事诉讼法》(2012 年修订)第 187 条。

书中写明申请认定人的基本情况,申请人与被申请人的关系以及认定的事实依据和相关的证据。

此类案件,由该公民住所地的基层人民法院管辖。

2. 认定的审理程序

人民法院接到申请人的申请后,经审查认为申请符合法律规定的,立案受理,其审理过程如下:

(1)为该公民确定诉讼代理人。为了更好地保护被申请人的合法权益,在近亲属提出申请的案件中,应当由该公民的近亲属为代理人,但是申请人除外。如近亲属互相推诿,由法院指定其中一人为代理人。如果该公民的健康状况允许的情况下,还应征询本人的意见。

(2)进行鉴定。认定公民是否为无民事行为能力、限制行为能力,重要的依据就是其心智状态如何,这需要有科学的鉴定结论。通常情况下由人民法院指定的鉴定机关或有关部门对被申请人的精神状况作出鉴定结论。对于申请人在申请时提交鉴定结论的,人民法院应当进行审查。

(3)审理和判决。人民法院经审理认定申请有事实根据的,判决该公民为无民事行为能力或者限制民事行为能力人;认定申请没有事实根据的,应当判决予以驳回。

(四)认定财产无主案件的审理程序

1. 认定财产无主的条件

需要认定的财产必须是有形财产。无形财产或精神财富不能成为认定对象。财产所有人确已消失或者财产所有人长期处于不明状态;财产没有所有人或所有人不明的持续状态必须满一定的法定期间;须有申请人提出书面申请;认定财产无主案件由财产所在地的基层人民法院管辖。

2. 审理程序

对于审理认定财产无主案件,人民法院首先必须发布公告,寻找财产的所有人。公告期为一年,公告期满,无人认领,也无原主信息的,根据财产的不同情况,判归国家或集体所有。[1]判决书送达后,立即发生法律效力,交付执行。公告期间,物主前来认领,或者已查清原主信息,确非无主财产的,以判决驳回申请,并通知原主认领。

---

[1] 《民事诉讼法》(2012 年修订)第 192 条。

十、审判监督程序

（一）审判监督程序概述

审判监督程序是指具有监督权的机关或组织，或者当事人认为法院已经发生法律效力的判决、裁定确有错误的，发动或申请再审，由人民法院对案件进行再审的程序。①

审判监督程序不是案件的必经程序，而是在特定情形下适用的诉讼程序制度。

审判监督程序是审判工作的重要的补救制度。从人民法院角度而言，出现这样或那样的错误是不可避免的；设立了审判监督程序，为纠正错误的裁判提供了多种途径和手段。按照审判监督程序决定再审的案件，裁定中止原判决的执行。裁定由院长署名，加盖人民法院印章。

（二）基于审判监督权的再审

根据提起再审的主体的不同，再审有以下几类：

（1）本院院长和审判委员会提起的再审。民事诉讼法规定，各级人民法院院长对本院已经发生法律效力的裁判，发现确有错误，认为需要再审的，应当提交审判委员会讨论决定。②

（2）最高人民法院提起的再审。最高人民法院对地方各级人民法院已经发生法律效力的裁判，发现确有错误的，有权提审或者指令下级人民法院再审。③

（3）上级人民法院提出的再审。上级人民法院对下级人民法院同样有审判监督权。对于下级人民法院已经发生法律效力的裁判，发现确有错误，有权提审或者指令下级人民法院再审。

（三）基于检察监督权的再审

人民检察院对人民法院生效裁判提起抗诉的，应当制作抗诉书。抗诉书是人民检察院对人民法院生效裁判提出抗诉的法律文书，应当载明以下内容：提起抗诉的人民检察院和接受抗诉的人民法院；抗诉案件在原审人民法院的编号，抗诉的事实和理由，如果有证据的，可以同时向人民法院提供证据或证据来源。

对于检察机关抗诉的案件，人民法院必须进行再审。一旦再审程序开始，人

---

① 萨仁、李金锁：《谈民事审判监督程序的重新定位》，《人民司法》2002 年第 2 期，第
71—72 页。

②③ 《民事诉讼法》（2012 年修订）第 198 条。

民法院应当裁定中止原裁判的执行。对于抗诉再审的案件,人民法院再审时,应当通知人民检察院派员出席法庭。对于人民检察院而言,案件是基于其抗诉而进行的再审,为了更进一步实现检察监督权,应当派员出席法庭。

(四)当事人申请再审

1. 当事人申请再审的条件

申请再审的主体必须是原审中的当事人,申请再审的对象是生效的裁定、判决和调解书,申请再审必须在法定期限内提出;当事人申请再审,应当在判决、裁定发生法律效力后2年内提出,如超过2年申请再审,则不能再引起再审程序。申请再审的范围限定。当事人对已经发生法律效力的解除婚姻关系的判决,不得申请再审。

当事人申请再审必须符合法定的情形,即其申请必须符合下列情形之一:有新的证据,足以推翻原判决、裁定的;原判决、裁定认定事实的主要证据不足的;原判决、裁定适用法律确有错误的;人民法院违反法定程序,可能影响案件正确判决、裁定的;审判人员在审理该案件时有贪污受贿,徇私舞弊,枉法裁判行为的。①

2. 当事人申请再审的方式和程序

当事人对于发生法律效力的判决、裁定、调解书,认为确有错误的,可以向原审人民法院或上一级人民法院申请再审。当事人对已经发生法律效力的调解书,提出证据证明调解违反自愿原则或者调解协议的内容违反法律的,可以申请再审。经人民法院审查属实的,应当再审。

当事人申请再审应当提交申诉状。申诉状中应载明原审裁判的人民法院以及裁判的编号;申请再审的理由以及依据;申请再审的诉讼请求等。申请再审时应当提交相关的证据。

当事人申请再审并不必然引起再审程序。人民法院在收到当事人的申诉状后,应当进行审查。经过审查认为符合再审条件的,裁定中止原判决、裁定、调解书的执行,另行组成合议庭对案件进行审理。原审为一审的,再审则适用一审程序;原审为二审的,适用二审程序。对于当事人的再审申请不符合法定条件的,人民法院驳回当事人的申请。

最高人民法院的判决、裁定,以及依法不准上诉或者超过上诉期没有上诉的判决、裁定,是发生法律效力的判决、裁定。

---

① 《民事诉讼法》(2012年修订)第209条。

十一、督促程序

（一）督促程序概述

督促程序是指债权人请求人民法院发布附有条件的命令，督促债务人在一定期间内履行一定的给付义务的特别程序。此处附有条件的命令是指人民法院基于债权人的请求，对债务人发布的支付令。支付令的内容是督促债务人在 15 日内履行给付义务，或者向人民法院提出书面异议，否则支付令将发生和生效裁判同等的法律效力。

督促程序是非讼程序，因当事人之间对债权债务关系没有争议；其审理程序较为简便，对于债权人的申请，人民法院仅就其提供的债权债务关系的事实和证据进行审查，不传唤债务人，也无须开庭审理；符合法定条件即直接发布支付令；不符合条件的即驳回申请。

（二）支付令的申请和受理

1. 申请支付令的条件

督促程序依债权人的申请而开始，人民法院不能主动适用。申请支付令的债权仅限于请求债务人给付金钱和有价证券；债权人和债务人之间没有其他债务纠纷的；支付令能送达债务人的。申请支付令的案件，由有管辖权的基层人民法院管辖。①

2. 申请支付令的方式

债权人申请支付令，应当提交申请书，并附有债权文书。申请书中应载明下列事项：债权人、债务人姓名或名称等基本情况，包括债务人的住所以及法人或其他组织法定代表人或主要负责人的姓名以及职务等情况；请求债务人给付的金钱、有价证券的种类和数量；要求发布支付令的请求以及所依据的事实和证据。

3. 支付令申请的受理

债权人提出申请后，人民法院应对债权人的申请进行审查，并在 5 日内通知债权人是否受理。②

4. 对支付令申请的处理

人民法院经过对债权人提供的事实和证据的审查，认为债权债务关系明确、

---

① 《民事诉讼法》（2012 年修订）第 214 条。

② 《民事诉讼法》（2012 年修订）第 215 条。

合法,并且债权期限届满的,同时符合其他条件的,应当自受理之日起 15 日内,直接向债务人发布支付令。如果认为债权人的申请不成立的,应当在 15 日内裁定驳回申请,该裁定不得上诉。①

债务人应当自收到支付令之日起 15 日内清偿债务,或者向人民法院提出书面异议(指债务人认为人民法院认定的事实和证据有误,不应当由自己清偿全部或部分到期债务的行为)。②

债务人在前款规定的期间不提出异议又不履行支付令的,债权人可以向人民法院申请执行。人民法院收到债务人提出的书面异议后,应当裁定终结督促程序,支付令自行失效。③债权人可以起诉。债务人在收到支付令后,不提出书面异议,而是向其他人民法院起诉的,不影响支付令的效力。

人民法院裁定督促程序终结的情形有:人民法院在发出支付令前,债权人撤回申请的;债务人在支付令送达后的 15 日内提出异议的。债务人在支付令送达后的 15 日内,自动履行了清偿义务的,督促程序自然终结;人民法院在受理支付令申请后,在一定期限内无法将支付令送达债务人,可根据实际情况,依职权终结督促程序。债务人在收到支付令后 15 日内,既不提出异议,又不履行债务的,支付令发生法律效力,债权人可以据此申请人民法院强制执行;此种情况当事人有权另行起诉。

对于人民法院在督促程序中所作的驳回申请或终结督促程序的裁定,是不能上诉和复议的裁定,一经送达即发生法律效力。

十二、公示催告程序

(一) 公示催告程序的概念及其适用范围

公示催告程序是指人民法院根据当事人的申请,以公告的方式,告知并催促票据的不明确的利害关系人或其他事项的权利人在指定的期限内,向人民法院申报权利。如果不申报权利,将依法作出票据或其他事项无效的程序。因此也称之为除权程序。

根据我国《民事诉讼法》的规定,公示催告适用于两类事项:按照规定可以背书转让的票据和依照法律规定可以申请公示催告的其他事项。④前者根据《票据

---

① ② 《民事诉讼法》(2012 年修订)第 216 条。
③ 《民事诉讼法》(2012 年修订)第 217 条。
④ 《民事诉讼法》(2012 年修订)第 218 条。

法》，可以背书转让的票据有三种：汇票、本票和支票；后者从国外的立法上看，可以申请公示催告的事项包括指示证券、提单、仓单、载货证券、保险单和股票等，目前，根据我国《公司法》相关规定：记名股票被盗、遗失或者灭失，股东可以依照法律规定的公示催告程序，请求人民法院宣告该股票失效。人民法院宣告该股票失效后，股东可以向公司申请补发股票。

（二）公示催告程序的审理程序

公示催告的申请主体只能是可以背书转让的票据持有人或者是依照法律规定可以申请公示催告的其他事项的拥有人，客体是上述"适用范围"所述种类；原因是有票据被盗、遗失或者灭失等事实，或法律规定的其他事项，而且利害关系人处于不明状态。申请的法院只能是向票据支付地的基层人民法院申请公示催告。

申请人应当向人民法院递交申请书，写明票面金额、发票人、持票人、背书人等票据主要内容和申请的理由、事实。

人民法院收到申请后，应当对申请进行审查并决定是否受理；审查内容如下：申请书是否写明票据的主要内容，包括票据的名称、特征、失去票据的有关情节和法律规定的其他情节是否具备以及申请人有无诉讼能力和有无申请权以及是否属本院管辖等等。经过审查认为申请符合受理条件的，裁定予以受理，并通知支付人停止支付；认为申请不符合受理条件的，裁定驳回申请。

通知支付人停止支付。人民法院决定受理申请，应当同时通知支付人停止支付，并在3日内发生公告，催促利害关系人申报权利。公示催告期间，由人民法院根据情况决定，但不得少于60日。支付人收到人民法院停止支付的通知，应当停止支付，至公示催告程序终结。公示催告期间，转让票据权利的行为无效。①

发布公示催告公告的内容有：申请人的姓名和名称；票据的种类、金额、发票人、持票人及背书人等；申报权利的期间并催促申报；在规定期间利害关系人不申报、票据持有人或票据权利人转让票据的法律后果；公告的法院及公告的日期等。

利害关系人应当在公示催告期间向人民法院申报。这里所称的利害关系人是指除了申请人以外的，善意取得票据或其他事项的持有人或对所失票据或其他事项主张其他权利的人。对于丧失的票据或其他事项承担义务的人，比如票据的出票人、背书人、付款人等，不能成为利害关系人。

---

① 《民事诉讼法》（2012年修订）第220条。

（三）除权判决（无效判决）

除权判决是指在公示催告期间，无利害关系人申报权利或申报权利被驳回，人民法院根据申请人的申请所作出的，宣告已丧失的票据或其他事项无效的判决。该判决的作出，意味着所失票据和票据权利分离。

（四）公示催告程序终结

公示催告程序在下列情况下终结：在申报权利期间无人申报权利或申报权利被驳回的，公示催告期间申请人撤回申请的，人民法院可以径行裁定终结公示催告程序。公示催告期间，利害关系人向人民法院申报权利，并符合条件的，人民法院应当裁定终结公示催告程序，并通知申请人和支付人。人民法院作出除权判决，并公告的，公示催告程序终结。

（五）起诉

利害关系人因正当理由不能在判决前向人民法院申报的，自知道或者应当知道判决公告之日起一年内，可以向作出判决的人民法院起诉。[①]所谓正当理由就是不可能知道公告日，如利害关系人在国外，或者因为不可抗力原因不能在指定期限内申报权利。在时间上，只能是在知道或应当知道判决公告之日起一年内提起诉讼，提起诉讼应当向作出除权判决的人民法院提出。

十三、执行程序

（一）执行的开始

法律规定，发生法律效力的民事判决、裁定，当事人必须履行；一方拒绝履行的，对方当事人可以向人民法院申请执行，也可以由审判员移送执行员执行。调解书和其他应当由人民法院执行的法律文书，当事人必须履行；一方拒绝履行的，对方当事人可以向人民法院申请执行。对依法设立的仲裁机构的裁决，一方当事人不履行的，对方当事人可以向有管辖权的人民法院申请执行。受申请的人民法院应当执行。

1. 申请执行

申请执行是一方当事人在法律文书规定期限内不自觉履行生效法律文书确定的义务时，另一方当事人向有管辖权的人民法院递交申请书，请求人民法院予以强制执行，而导致执行开始的方式。申请执行是导致民事执行开始的主要原因之一。申请执行的期限，双方或者一方当事人是公民的为1年，双方是法人或

---

① 《民事诉讼法》（2012年修订）第223条。

者其他组织的为 6 个月。上述规定的期限,从法律文书规定履行期间的最后一日起计算;法律文书规定分期履行的,从规定的每次履行期间的最后一日起计算。

2. 移交执行

人民法院的判决、裁定发生法律效力后,由审理案件的审判人员根据案件的性质和实际情况,无须经过当事人的申请,依职权将案件移交给执行人员执行的行为。这种方式体现了国家干预的原则。我国《民事诉讼法》没有明确规定适用移送执行的情况,司法实践中适用这一方式的案件主要有:人民法院的生效法律文书中具有给付内容的追索赡养费、抚养费、抚育费的案件;人民法院制作的刑事附带民事诉讼判决、裁定中有财产执行内容的案件。还有审判人员认为应当移送执行的其他案件。

3. 委托执行

如果被执行人或执行的财产在外地的,本院不便执行的情况下,可以委托外地人民法院代为执行。从严格意义上讲,委托执行可以包含在以上两种执行开始方式中。但是《最高人民法院关于适用〈民事诉讼法〉的若干意见》中对委托执行作了特殊的规定。委托执行的,委托法院应当出具委托函和生效的法律文书,并提出明确的执行要求。受委托的人民法院对生效的法律文书不进行实体审查。受委托的人民法院在执行过程中如发生以下情况的,应及时告知委托人民法院:据以执行的法律文书确有错误;义务人履行义务的时间、期限和方式发生变更。

对于在执行过程中出现需要中止或终结执行或者案外人对执行标的提出异议的情况,受委托人民法院应当告知委托人民法院,由委托人民法院作出裁定。在此期间,暂缓执行。

(二) 执行措施

执行措施是指人民法院的执行组织,依法采取的强制实现生效法律文书所确定的义务的手段和方法。人民法院采取的强制执行措施,强制义务人履行义务,实现生效的法律文书的内容,体现了国家强制力。

执行措施的种类:①查询、冻结、划拨被执行人的存款;扣留、提存被执行人应当履行义务部分的收入;查封、扣押、冻结(冻结措施主要适用于资产或债权或

---

① 《最高人民法院关于适用〈中华人民共和国民事诉讼法〉的解释》(2015 年)第 496—500 条。

股权等,不允许被执行人对这些财产进行提取、使用和支配)、拍卖、变卖被执行人的财产;搜查被执行人的财产;强制交付法律文书所指定的财物或票证;强制被执行人迁出房屋或退出土地;强制办理有关证照转移手续;对行为的执行。生效法律文书中确定的义务人必须完成的某种行为,包括作为和不作为;责令加倍支付迟延履行的利息和支付迟延履行金;继续执行。如果申请人发现被执行人有其他财产的,可随时要求人民法院继续执行。这是一项保障权利人权利完全实现的制度,从而避免了被执行人的侥幸心理。

十四、涉外民事诉讼程序及其一般原则

(一)涉外民事诉讼

涉外民事诉讼是指具有涉外因素的民事诉讼。所谓的涉外因素是指民事诉讼的主体、引起诉讼标的发生、变更或消灭的法律事实以及诉讼标的物在国外的情况,具有这三个因素之一的,就是涉外民事诉讼。

主体具有涉外因素是指因民事纠纷而提起诉讼的当事人一方或双方为外国公民、无国籍人、外国企业或组织;引起诉讼标的(事人之间发生纠纷的并诉诸人民法院的民事法律关系)发生、变更、消灭的法律事实具有涉外因素,是指诉讼的内容方面具有涉外(法律事实是在国外)因素,如当事人在国外签订的合同或合同的履行地是在国外的,至于当事人是否具有涉外因素在所不问。如果当事人发生争议的财产不在我国境内,在判决后会涉及执行的问题以及不同国家的司法协助问题,这也是涉外诉讼。①

涉外诉讼和国内诉讼有许多方面有所不同。涉外诉讼出现是因为不同的国家之间的法律制度各不相同,并且各国之间奉行司法独立原则。因此,在涉外案件的审理过程中,就不可避免地涉及国家之间的司法协助问题、法律适用问题。如果争议的财产在国外的话,还将涉及执行的问题。

(二)涉外民事诉讼程序

涉外民事诉讼程序是指人民法院在受理、审理以及执行具有涉外因素的民事纠纷以及当事人在进行此类诉讼时所遵循的法定的诉讼程序。

就我国涉外民事诉讼程序的法律渊源而言,有三种:一是国内法中专门规定用于审理涉外民事案件的程序规范;二是我国参加或缔结的国际公约、条约中有关民事诉讼程序的规范;三是国内法中规定的、可以适用于涉外民事案件审理的

---

① 《最高人民法院关于适用〈中华人民共和国民事诉讼法〉的解释》(2015 年)第 522 条。

规范。如果在国际公约或条约中没有规定的,适用我国国内法中有关审理涉外民事案件的规范;如果以上两种规范都没有的情况下,适用我国国内法中一般的民事诉讼程序规范。

我国的涉外民事诉讼程序中,就涉外诉讼的一般原则、管辖、期间、财产保全、仲裁以及司法制度作了相关的规定,体现了涉外民事诉讼的特殊要求。

（三）送达、期间、财产保全

1. 涉外送达

按照法律规定,人民法院对在中华人民共和国领域内没有住所的当事人送达诉讼文书有以下七种方式:依条约中规定的方式送达;通过外交途径送达,通过外交途径是国际间公认的最正规方式;由我国驻外使、领馆代为送达;向受送达人委托的人送达;向受送达人设在我国的代表机构送达;向受送达人邮寄送达,对于涉外诉讼中不在我国领域内的当事人,通过邮局邮寄的方式向其送达诉讼文书是一种最为简便的方式;公告送达,这是在以上方式都不能采用的情况下,将诉讼文书的内容刊登在可以出口的报纸上,以告知受送达人的一种方式。公告期间为 6 个月,自公告之日起满 6 个月的,视为送达。①

2. 涉外诉讼期间

在涉外诉讼中,如果当事人在我国有住所的,适用我国《民事诉讼法》关于期间的一般规定。如果当事人不在我国领域内,则适用涉外诉讼程序中的特别规定:被告提出答辩状的期间,对于在我国领域内没有住所的被告,其提交答辩状的期限是收到起诉状副本后 30 日内。被告可以申请延期,是否准许,由人民法院决定。②对于在我国领域内没有住所的当事人,如果不服第一审人民法院的裁定或判决的,有权在判决书、裁定书送达之日起 30 日内提起上诉。被上诉人在收到上诉状副本后,应当在 30 日内提交答辩状。当事人如果不能在法定期间内提起上诉或提交答辩状的,可以申请延期,是否准许,由人民法院决定。③这里未对判决和裁定的上诉期作出区别规定。

由于涉外案件往往涉及向住在国外的当事人送达诉讼文书的情况,并且由于各国法律对送达的时间规定不同,诉讼文书还需要办理公证、认证等手续,因此,涉外案件的审理期限不受第一审程序 6 个月;二审程序 3 个月以及对上诉的

---

① 《民事诉讼法》(2012 年修订)第 267 条。
② 《民事诉讼法》(2012 年修订)第 268 条。
③ 《民事诉讼法》(2012 年修订)第 269 条。

裁定的审限为 30 日的限制,由人民法院根据案件的实际情况来决定。

3. 涉外诉讼中的财产保全

涉外诉讼中的财产保全是指在涉外民事诉讼中,对于由于一方当事人的行为或其他原因,可能出现的使将来的判决不能执行或难以执行的情况,人民法院根据当事人的申请,采取对被申请人的财产进行的扣押等措施。

当事人可以在涉诉后提出申请,也可以在未涉诉的情况下向人民法院提出申请。对于涉外诉讼的财产保全,只能依当事人的申请,人民法院不得依职权为之。当事人申请财产保全不以提供担保为前提。对于未涉诉的,申请人应当在人民法院采取保全措施后 30 日内提起诉讼,逾期不起诉的,人民法院解除财产保全。

人民法院基于当事人的申请,以裁定的方式决定财产保全。保全裁定一经作出,应及时送达申请人和被申请人,并立即生效,予以执行。

财产保全是一种临时性的措施,在一定情况下,人民法院可以解除。第一,被申请人提供担保的,被申请人提供担保的,人民法院应当解除财产保全。第二,人民法院在作出保全裁定后 30 日内,未涉诉的申请人没有提起诉讼的。还有其他情况需要解除财产保全的。人民法院解除财产保全应当发布命令,由执行员执行。

人民法院在决定采取保全措施,对被申请人的财产进行查封、扣押时,应当通知有关单位进行监督。如扣押船舶的,应由港务机构进行监督。有关单位对保全的财产监督需要支出一定的费用的,由被申请人承担。

申请人如果申请错误,给被申请人造成损害的,应当承担相应的责任。即应当赔偿因为财产保全给被申请人造成的损失;同时,要承担被申请人所支付的保全监督费用。

十五、司法协助

(一)司法协助的内容

司法协助的主要内容包括两个方面:狭义上的司法协助是指一般的司法协助,主要是指代为送达司法文书;代为调查取证以及提供有关本国法律制度方面的信息。广义上的司法协助也称为特殊司法协助,还包括对外国法院生效裁判和仲裁机构仲裁裁决的承认和执行。一般的司法协助是不同国家之间司法机关之间的协作关系;特殊司法协助还包括对当事人依据生效裁判请求的协助。

（二）一般司法协助的途径

根据国际条约规定的途径进行，通过外交途径，通过本国的驻外的使、领馆送达或调查取证。①其程序主要如下：提出请求书及协助所适用的法律。

（三）对外国法院裁判的承认和执行

1. 对外国法院裁判承认和执行的前提、渠道和条件

按照《民事诉讼法》的规定，对外国法院裁判的承认和执行，必须具备如下前提：外国法院所在国与我国之间有条约关系或者存在互惠原则。②

其要求的条件是：外国法院的裁判是发生法律效力的或者是称为确定的裁判；外国法院的裁判需要在中国领域内承认和执行的。它分两种情况，一种是只需要在中国承认即可，如外国法院的解除婚姻关系的判决；另一种是既需要在我国承认，又需要执行的。

两个渠道是：一是由当事人直接向有管辖权的中级人民法院提出申请；二是有外国法院按照条约或互惠关系向我国人民法院提出申请。

2. 我国承认和执行外国裁判的原则

对外国法院裁判的承认和执行，还应符合以下原则：不违反我国法律的基本原则；不违反我国的国家主权、安全和社会公共利益的原则。

对于外国法院的裁判，符合上述条件的，人民法院在审查后，裁定承认其效力，如果判决需要执行的，人民法院在承认其效力后，按照法定的程序予以执行。

（四）对外国仲裁裁决的承认和执行

对于外国仲裁裁决的承认和执行，主要有三种情况，包括该外国仲裁机构所在国和我国共同参加了国际公约或者是订有双边条约或者是依据互惠原则。对于外国仲裁机构的仲裁裁决的承认和执行，只有一个渠道，就是由当事人向有管辖权的人民法院提出申请。③

我国在 1986 年加入了《承认与执行外国仲裁裁决的公约》（简称为《纽约公约》）。《纽约》公约从 1987 年 4 月 22 日起对我国生效。申请我国人民法院承认和执行的外国仲裁裁决，仅限于《纽约公约》对我国生效后在另一缔约方领域内作出的仲裁裁决。

---

① 《民事诉讼法》（2012 年修订）第 276 条。
② 《民事诉讼法》（2012 年修订）第 277 条。
③ 《民事诉讼法》（2012 年修订）第 278 条。

第二节 仲 裁 法

一、仲裁的概念

仲裁,亦称"公断",是指争议双方当事人在争议发生前或争议发生后达成协议,自愿将他们之间的争议提交给双方所同意的第三者进行裁决,而且裁决是终局的,当事人双方有义务执行裁决的一种解决争议的方法。仲裁作为一种解决民事经济纠纷的重要方式,具有悠久的历史,早在公元前六世纪,欧洲一些地方就采用仲裁来解决纠纷。仲裁真正成为一种解决争议的法律制度是从中世纪开始,特别是在进入 20 世纪以后得到了空前的发展,并取得了国际社会的普遍承认。

(一) 仲裁与其他争端解决方式的区别

仲裁是解决贸易争议的一种较好方式,它既不同于和解和调解,又不同于诉讼。和解和调解是自愿性,在双方同意的基础上才能进行,但和解与调解的结果是没有强制作用的,而诉讼是强制性,诉讼的提起可以单方面进行,法院的判决也可强制执行。仲裁方式既有自愿性,又有强制性。自愿性主要体现在仲裁的提起要有双方达成的协议,双方当事人可自行选定仲裁机构、仲裁规则和仲裁员;强制性则表现在仲裁裁决是终局性的,双方必须遵照执行。此外,仲裁比诉讼具有更大的灵活性,因为仲裁员是由双方当事人指定的,且仲裁员一般是熟悉国际贸易业务和法律的专家;仲裁程序较简单,处理问题比较迅速;仲裁费用也较低,有利于争议问题的解决。而采用司法诉讼,一方当事人不需要事先取得对方同意,即可向有管辖权的法院起诉,且任何一方都无权选择法官;法院判决后,另一方不服,可在规定时间内向上一级法院提出上诉;诉讼程序较复杂,费用较高,且双方关系紧张,不利于今后贸易关系的继续发展。因此,在实践中,当争议双方通过和解或调解不能解决争议时,一般都愿意通过仲裁方式裁决。

诉讼和仲裁都是裁决机构依照我国相关法律进行裁决的司法解决方式,其生效裁决均具有法律效力,如果当事人拒绝执行,另一方均可申请人民法院强制执行。

在我国,诉讼和仲裁的区别之一在于诉讼是二审终审制,即如果当事人不服一审法院的判决,可以在规定时间内提出上诉,二审法院经过审理后作出的判决才最终生效；而仲裁裁决是一裁终局，裁决送达后立即生效。另外，诉讼的管辖基本按照行政区划的属地原则，下级法院受上级法院的监督，而仲裁机构之间没有行政隶属关系，也不按照属地原则，当事人可以自由选择仲裁委员会。

从这些角度上来说，仿佛仲裁解决方式更简便易行，也更符合当事人意思自治的原则。不过，鉴于我国仲裁法实施时间不长，各地仲裁机构的水平参差不齐，某些地方保护主义势力盛行，而仲裁机构又缺乏监督，我国民事诉讼法和仲裁法规定了对于仲裁裁决的救济程序。通过向人民法院申请撤销仲裁裁决和不予执行仲裁裁决，当事人可以避免违法仲裁裁决造成的损害。但是，如果这些程序全部走完，所耗时间和精力丝毫不比诉讼程序少。

因此，如果当事人双方希望以仲裁的方式解决纠纷，最好在合同管辖条款中约定水平和威望都比较高的仲裁机构。在我国，以中国国际经济贸易仲裁委员会和北京仲裁委员会、上海仲裁委员会为首选。约定仲裁条款时，不能既约定仲裁，又约定诉讼，只能明确用仲裁方式，且仲裁委员会也只能约定一个，其名称也要具体。仲裁机构：民间性（在我国仲裁委员会可以在直辖市和省、自治区人民政府所在地的市设立，也可以根据需要在其他设区的市设立，不按行政区划层层设立；彼此独立；劳动仲裁机关除外）。

（二）仲裁的优势

仲裁在审理方式上比较宽松、时间上比较短，因为是"一裁终局制"，但很多人忽视了仲裁在管辖上的巨大优势。根据 1995 年 9 月 1 日实施的仲裁法，全国各地正式成立的约 190 家仲裁机构对国内任何地方、任何当事人之间的财产纠纷、合同纠纷或涉外的合同及财产纠纷均有权受理。只要当事人在书面的仲裁条款或仲裁合同中明确约定将未来可能发生的纠纷提交国内哪一家仲裁委员会仲裁即可。各地仲裁委仲裁员的能力、水平的参差不齐，收费和仲裁规则的不同，就为人们提供了很大的选择余地。为了得到公正、心悦诚服的裁决，当事人双方完全可以约定到业务水平高、执法环境好的地方的仲裁委解决纠纷。

在多数合同（如建筑合同、大型设备供应合同）中选择仲裁方式对施工企业更为有利。这主要是因为：

1. 避免地方保护主义对案件审理的干扰

依据《民事诉讼法》的规定，有关不动产的纠纷被列入专属管辖的范畴，即由不动产所在地的法院管辖，当事人不得选择其他法院。建筑工程合同纠纷案件在司法实践中是由工程所在地的法院管辖的。而依据《仲裁法》的规定，仲裁不实行地域管辖，即当事人在仲裁协议中可约定将争议提交工程所在地以外的仲裁机构进行仲裁。由于工程所在地通常与工程业主住所地是同一地,如果选择诉讼,很容易导致地方保护主义影响诉讼,进而对外地施工企业的合法权益的实现产生负面影响,选择仲裁则可避免这种局面的产生。

2. 缩短争议的解决时间

依据《民事诉讼法》的规定,民事诉讼实行两审终审制,民事诉讼一审普通程序的审理期限是 6 个月(自立案之日起算),有特殊情况需要延长的,由受案法院院长批准,可以延长 6 个月,还需要延长的,报请上级人民法院批准;二审案件应当在第二审立案之日起 3 个月内审结,有特殊情况需要延长的,由受案法院院长批准。另外,公告送达、司法鉴定等过程不计入审限。上述一审、二审、公告送达、司法鉴定等过程如果叠加在一起,无疑将引发一场漫长的诉讼。在实践中,一场诉讼官司打上两三年的情况也并不少见。而依据《仲裁法》的规定,仲裁实行一裁终局制。目前,很多仲裁委员会在自己的仲裁规则中明确规定在 3 至 6 个月内结案,仲裁裁决一经作出即发生法律效力,当事人可据此向法院申请执行,而法院对仲裁裁决的审查也主要是针对程序、法律适用方面进行的。由此可见,选择仲裁方式解决争议可大大地缩短争议的解决时间,减少企业在时间、精力和资金方面的投入。

3. 当事人有权选择仲裁员

依据《民事诉讼法》的规定,当事人各方有权选择一名仲裁员,再共同选择一名仲裁员组成仲裁庭。这样,当事人可以从仲裁员名库中选择一名他认为比较权威、公正的仲裁员审理案件。此外,仲裁员大多都是各行各业的专家,掌握深厚的专业知识,具有较高的业务素质,能够从专家的角度作出判断,更容易被当事人所接受。

二、仲裁的原则与范围

（一）仲裁法的基本原则

自愿原则。仲裁是双方当事人协议把特定的争议交给一定的仲裁委员会仲裁解决的方式。对于是否要仲裁、对哪些事项仲裁、提交哪个仲裁委员会、仲裁庭如何组成、仲裁的审理方式,当事人都可以协议;而且协议的形式不拘一格,以仲裁协议、仲裁条款等形式均可以,并且在交易合同签订前、后约定均可以。

独立仲裁原则。《仲裁法》第 8 条规定:"仲裁依法独立进行,不受行政机关、社会团体和个人的干涉";其第 14 条规定:"仲裁委员会独立于行政机关,与行政机关没有隶属关系。仲裁委员会之间也没有隶属关系。"

一裁终局原则。根据《仲裁法》第 9 条规定,"仲裁实行一裁终局的制度,仲裁裁决作出后即生效。"对同一案件,当事人不得向法院起诉,也不得再申请仲裁,即使向法院起诉、申请仲裁,法院和仲裁机构也不会受理。

(二)仲裁的范围

1. 可仲裁事项的范围

根据《仲裁法》规定:平等主体的公民、法人和其他组织之间发生的合同纠纷和其他财产权益纠纷,可以仲裁。①可仲裁事项有两个特点,即主体的平等性和争议事项的可处分性。

2. 不可仲裁的事项

以下事项不可仲裁:婚姻、收养、监护、扶养、继承纠纷不能仲裁,因其涉及身份;依法应当由行政机关处理的行政争议不能仲裁,因为其涉及权力的行使问题。②以上两类属于绝对不能仲裁的案件。根据《仲裁法》第 77 条的规定,劳动争议和农业承包合同可以仲裁,但不适用《仲裁法》,此两类纠纷不需仲裁协议,且当事人不服的可以向法院起诉。

三、仲裁委员会和仲裁协会

(一)仲裁委员会的设立条件

仲裁委员会是法人,其设立的条件与法人的设立条件基本相同。仲裁委员会应当具备下列条件:(1)有自己的名称、住所和章程;(2)有必要的财产;(3)有该委员会的组成人员;(4)有聘任的仲裁员。③

仲裁委员会可以在直辖市和省、自治区人民政府所在地的市设立,也可以根据需要在其他设区的市设立,不按行政区划层层设立。仲裁委员会由市人民政府组织有关部门和商会(即工商联)统一组建。④

关于仲裁委员会的组成人员,仲裁委员会由主任一人、副主任二至四人和委员七至十一人组成。仲裁委员会的主任、副主任和委员由法律、经济贸易专家和有实际工作经验的人员担任。仲裁委员会的组成人员中,法律、经济贸易专家不得少于三分之二。⑤

---

① 《仲裁法》(1995 年)第 2 条。

② 《仲裁法》(1995 年)第 3 条。

③ 《仲裁法》(1995 年)第 11 条。

④ 《仲裁法》(1995 年)第 10 条。

⑤ 《仲裁法》(1995 年)第 12 条。

（二）仲裁员的资格

《仲裁法》第13条分两个层次规定仲裁员的资格。第一，关于道德的要求，仲裁委员会应当从公道正派的人员中聘任仲裁员。第二，关于业务条件，包括五个方面，仲裁员应当符合下列条件之一：（1）从事仲裁工作满八年的；（2）从事律师工作满八年的；（3）曾任审判员满八年的（注意只有法官不得兼任仲裁员，主要考虑司法监督问题）；（4）从事法律研究、教学工作并具有高级职称的；（5）具有法律知识、从事经济贸易等专业工作并具有高级职称或者具有同等专业水平的。

四、仲裁协议

仲裁体现当事人自愿，而自愿的核心体现是仲裁协议，因此仲裁协议是仲裁制度的基础，没有了制裁协议，现代意义上的仲裁制度也就不再存在。

（一）仲裁协议的内容

仲裁协议的法定内容包括请求仲裁的意思表示、仲裁事项、选定的仲裁委员会。①

仲裁协议对仲裁事项或者仲裁委员会没有约定或者约定不明确的，当事人可以补充协议；达不成补充协议的，仲裁协议无效。②仲裁协议不仅一定要对仲裁委员会、仲裁事项作出约定，而且一定要作出明确的约定。如"本合同所产生的一切争议"或"本合同所产生的货款争议"，都属于明确的仲裁事项。

为了发挥仲裁法在现实经济发展中的作用、促进仲裁制度的完善，我国对仲裁协议效力的解释渐趋宽松，在合法合理的范围内，尽量将协议解释为有效。例如约定"本针对合同履行所产生的争议，友好协商不成的，由上海市仲裁委员会仲裁"。虽然上海确实不存在"上海市仲裁委员会"，但双方约定显然是指"上海仲裁委员会"，故应推定该约定是有效的。再如双方约定"合同履行过程中产生的争议，如协商不成，则由甲方住所地的仲裁委员会仲裁"，若甲方住所地只有唯一的一个仲裁委员会，则该约定应当有效；如有两个或以上，双方可再行协商明确其中的一个，而不能认为是无效约定。可见，解释仲裁约定时，不能只拘泥于文字，而应该根据文字中蕴涵当事人的真实意思来推定他们的选择，然后根据实际情况看是否能够找到一个明确的、确切的可执行的仲裁机构，能够找到该仲裁协议选定的仲裁委员会就视为明确。

---

① 《仲裁法》（1995年）第16条。

② 《仲裁法》（1995年）第18条。

（二）仲裁协议的法律效力

仲裁协议独立存在,合同的变更、解除、终止或者无效,不影响仲裁协议的效力。

如果双方当事人对仲裁协议的效力产生异议,按照《仲裁法》第 20 条的规定,当事人可以请求仲裁委员会作出决定或者请求人民法院作出裁定;如果一方请求仲裁委员会作出决定,另一方请求人民法院作出裁定的,则由人民法院裁定。另外,当事人对仲裁协议效力的异议应当在仲裁庭首次开庭前提出。

仲裁协议效力的具体体现:

（1）对当事人的约束效力体现为约束当事人诉权的行使。仲裁协议约束了当事人诉权的行使,但并不意味当事人丧失诉权。

（2）对法院的约束力体现为排除了法院的司法管辖权。仲裁法规定:如果当事人约定了仲裁协议,但又向法院起诉的,只要其不声明有仲裁协议,法院可以受理;但若另一方在首次开庭前提交仲裁协议的,人民法院应当驳回起诉,除非仲裁协议是无效的;若另一方在首次开庭前未对人民法院受理该案提出异议,则视为放弃仲裁协议,人民法院应当继续审理。

（3）对仲裁机构的约束效力体现为:仲裁协议对仲裁机构产生授权作用,仲裁机构作为民间机构,其能够受理案件是因为双方当事人用协议把争议的解决权授权给了仲裁机构。

同时,仲裁协议又约束仲裁机构的仲裁范围,仲裁权行使的范围一定是当事人基于仲裁协议提出的仲裁请求的范围,若没有仲裁协议,对该仲裁请求仲裁庭无权作出裁决,如果作出则该裁决无效;如果有仲裁协议,但当事人没有提出仲裁请求,则仲裁机构无权仲裁。例如双方约定合同履行中的一切争议由北京仲裁委员会仲裁,若当事人只对货款申请裁决,并未要求支付违约金,则对于违约金,仲裁机构无权仲裁,如果作出裁决,裁决无效。

（三）仲裁协议的无效和失效

1. 仲裁协议法定无效

有下列情形之一的,仲裁协议无效:(1)约定的仲裁事项超出法律规定的仲裁范围的;(2)无民事行为能力人或者限制民事行为能力人订立的仲裁协议;(3)一方采取胁迫手段,迫使对方订立仲裁协议的。

2. 仲裁协议的失效

《仲裁法》虽未作出明确的规定,但可以从仲裁协议的性质来理解其失效问题。仲裁协议虽不同于一般意义上的合同,后者对双方实体权利义务关系作出了约定,而前者是对双方争议的解决方式作出约定,但其性质是合同,故合同失效的情形也适用于仲裁协议,例如签订仲裁协议后双方放弃、有效期间届满等及其他特殊情形,例如仲裁裁决被法院撤销、被法院裁定不予执行,则原仲裁协议可视为失效。

(四)仲裁程序

1. 仲裁申请与受理

《仲裁法》第21条规定:"当事人申请仲裁应当符合下列条件:(一)有仲裁协议;(二)有具体的仲裁请求和事实、理由;(三)属于仲裁委员会的受理范围。"

当事人申请仲裁后,由仲裁委员会审查,对于符合条件的申请予以受理,受理后应在仲裁规则规定的期限内向申请人送达仲裁规则和仲裁员名册,向被申请人送达仲裁申请书副本和仲裁规则、仲裁员名册,以保障申请人和被申请人行使选择仲裁员的权利,从而保证仲裁庭的顺利组成。

2. 仲裁庭的组成

根据《仲裁法》第32条规定,双方当事人可以在仲裁规则规定的期限内约定仲裁庭的组庭方式,如果没有约定,则由仲裁委员会主任指定。

仲裁庭可以由三名仲裁员或者一名仲裁员组成。①由三名仲裁员组成的,设首席仲裁员。如果合议庭由三名仲裁员组成,则双方当事人各自选定或者各自委托仲裁委员会主任指定一名仲裁员,第三名仲裁员由当事人共同选定或者共同委托仲裁委员会主任指定,且第三名仲裁员是首席仲裁员。②

可见,三名仲裁员的合议庭的组成分两个步骤。第一,两名普通仲裁员的产生有三种方式:当事人各自选定、各自委托仲裁委员会主任指定、超期仲裁委员会主任指定。第二,首席仲裁员产生的三种方式:双方共同选定、共同委托仲裁委员会主任指定、超期仲裁委员会主任指定。

独任仲裁庭的仲裁员只有一名,其产生方式与合议庭首席仲裁员的产生方式一致。

3. 仲裁审理

(1)审理方式。仲裁应当开庭进行。当事人协议不开庭的,仲裁庭可以根据仲裁申请书、答辩书以及其他材料作出裁决。③但仲裁应不公开进行,当事人

---

① 《仲裁法》(1995年)第30条。
② 《仲裁法》(1995年)第31条。
③ 《仲裁法》(1995年)第39条。

协议公开的,可以公开进行,但涉及国家秘密的除外。①所以,仲裁以不公开审理为原则,以公开开庭、书面审理为例外,由当事人选择。即当事人没有选择时,应不公开审理;如果当事人选择公开审理,则应公开审理,应尊重当事人的选择,涉及国家秘密的除外。

(2)审理阶段。仲裁的审理阶段与民事诉讼的审理阶段一样:开庭、调查、辩论。

《仲裁法》规定,仲裁委员会应当在仲裁规则规定的期限内将开庭日期通知双方当事人。当事人有正当理由的,可以在仲裁规则规定的期限内请求延期开庭。是否延期,由仲裁庭决定。申请人经书面通知,无正当理由不到庭或者未经仲裁庭许可中途退庭的,可以视为撤回仲裁申请。被申请人经书面通知,无正当理由不到庭或者未经仲裁庭许可中途退庭的,可以缺席裁决。②

当事人应当对自己的主张提供证据,但仲裁庭认为有必要收集的证据,可以自行收集。③仲裁庭对专门性问题认为需要鉴定的,可以交由当事人约定的鉴定部门鉴定,也可以由仲裁庭指定的鉴定部门鉴定。根据当事人的请求或者仲裁庭的要求,鉴定部门应当派鉴定人参加开庭。④

当事人在仲裁过程中有权进行辩论。辩论终结时,首席仲裁员或者独任仲裁员应当征询当事人的最后意见。⑤仲裁庭应当将开庭情况记入笔录。当事人和其他仲裁参与人认为对自己陈述的记录有遗漏或者差错的,有权申请补正。如果不予补正,应当记录该申请。笔录由仲裁员、记录人员、当事人和其他仲裁参与人签名或者盖章。

当事人申请仲裁后,可以自行和解。达成和解协议的,可以请求仲裁庭根据和解协议作出裁决书,也可以撤回仲裁申请。⑥当事人达成和解协议,撤回仲裁申请后反悔的,可以根据仲裁协议申请仲裁。⑦此处所指的"仲裁协议"既包括原仲裁协议,也包括新仲裁协议。

关于调解。仲裁中,可根据当事人自愿调解,仲裁庭也可以自行调解。调解成功后,可以根据调解协议制作裁决书,也可以制作调解书,裁决书与调解书效

---

① 《仲裁法》(1995年)第40条。
② 《仲裁法》(1995年)第42条。
③ 《仲裁法》(1995年)第43条。
④ 《仲裁法》(1995年)第44条。
⑤ 《仲裁法》(1995年)第47条。
⑥ 《仲裁法》(1995年)第49条。
⑦ 《仲裁法》(1995年)第50条。

力相同。①诉讼与此不同,诉讼中,调解成功后不能制作判决书,且制作成调解书后其就生效了,而判决书还涉及上诉问题。

(3) 仲裁裁决的作出。《仲裁法》第53条规定:"裁决应当按照多数仲裁员的意见作出,少数仲裁员的不同意见可以记入笔录。仲裁庭不能形成多数意见时,裁决应当按照首席仲裁员的意见作出。"

《仲裁法》第54条对仲裁裁决书应记载的内容进行了规定。该条规定了裁决书应当写明的六项内容是:仲裁请求、争议事实、裁决理由、裁决结果、仲裁费用的负担和裁决日期。当事人协议不愿写明争议事实和裁决理由的,可以不写。裁决书由仲裁员签名,加盖仲裁委员会印章。对裁决持不同意见的仲裁员,可以签名,也可以不签名。

4. 仲裁中的保全制度

它包括证据保全和财产保全。需要注意《仲裁法》第28条和第46条规定的保全的程序。

当事人将证据保全、财产保全的申请提交给仲裁委员会,仲裁委员会再提交给相关的法院。申请财产保全的,一方当事人因另一方当事人的行为或者其他原因,可能使裁决不能执行或者难以执行的,可以申请财产保全;提交到财产所在地、被申请人住所地的人民法院;申请证据保全的,提交到证据所在地的人民法院。②关于级别:如果是国内仲裁,则都提交到基层法院;如果是涉外仲裁,则都提交到中级法院。当事人申请财产保全的,仲裁委员会应当将当事人的申请依照民事诉讼法的有关规定提交人民法院。申请有错误的,申请人应当赔偿被申请人因财产保全所遭受的损失。当事人经仲裁庭许可,可以向鉴定人提问。证据应当在开庭时出示,当事人可以质证。在证据可能灭失或者以后难以取得的情况下,当事人可以申请证据保全。当事人申请证据保全的,仲裁委员会应当将当事人的申请提交证据所在地的基层人民法院。

无论是证据保全、财产保全,还是裁决执行,只要是涉外的,则都涉及中级人民法院。

五、仲裁裁决的撤销与不予执行

(一)概述

仲裁实行一裁终局,所以仲裁裁决作出后即生效。我国通过法院进行外部

---

① 《仲裁法》(1995年)第51条。
② 《仲裁法》(1995年)第46条。

的司法监督即撤销仲裁裁决和不予执行仲裁裁决来保障仲裁裁决的公正性。当事人应当履行裁决。一方当事人不履行的,另一方当事人可以依照民事诉讼法的有关规定向人民法院申请执行。受申请的人民法院应当执行。被申请人提出证据证明裁决有《民事诉讼法》第二百一十七条第二款规定的情形之一的,经人民法院组成合议庭审查核实,裁定不予执行。一方当事人申请执行裁决,另一方当事人申请撤销裁决的,人民法院应当裁定中止执行。人民法院裁定撤销裁决的,应当裁定终结执行。撤销裁决的申请被裁定驳回的,人民法院应当裁定恢复执行。

当事人可以向仲裁委员会所在地的中级人民法院申请撤销裁决的情形参见前一节"执行程序"部分。根据《仲裁法》第 59 条规定,当事人申请撤销裁决的,应当自收到裁决书之日起六个月内提出。关于申请撤销涉外仲裁裁决的情形参见前节"涉外仲裁与涉外诉讼"部分。

申请撤销国内仲裁裁决和申请撤销涉外仲裁裁决的情形的区别:(1)申请撤销仲裁裁决的情形是否包括实体证据方面有所不同。前者中包含证据的伪造、证据的隐瞒情形,而后者不包括实体证据。(2)是否包括仲裁员道德的违反方面有所不同。前者包括,后者不包括。(3)在程序监督方面有所不同。后者比前者多一项对被申请人的保护。被申请人没有得到指定仲裁员或者进行仲裁程序的通知,或者由于其他不属于被申请人负责的原因未能陈述意见的,对于涉外仲裁裁决,当事人可以申请撤销,但对于国内仲裁裁决,当事人不可以申请撤销。另外,《仲裁法》第 58 条还规定人民法院组成合议庭进行审查后,如果"认定该裁决违背社会公共利益的,应当裁定撤销"。此种情形是法院在依申请进行审查过程中基于主动发现而可以裁定撤销的情形,即社会公益问题。

法院对撤销仲裁裁决申请的处理。法院受理了撤销仲裁裁决的申请后,组成合议庭。根据《仲裁法》第 61 条的规定,人民法院认为可以由仲裁庭重新仲裁的,通知仲裁庭在一定期限内重新仲裁(这一规定可以防止因仲裁程序被撤销而导致当事人合法权益不能实现的情形),并裁定中止撤销程序;如果仲裁庭拒绝重新仲裁的,人民法院应当裁定恢复撤销程序。如果法院认为不需要重新仲裁,或者法院通知了但被仲裁庭拒绝了,则根据《仲裁法》第 60 条的规定,人民法院在受理撤销裁决申请之日起两个月内作出撤销裁决或者驳回申请的裁定。

(二)撤销仲裁裁决制度与不予执行仲裁裁决制度的比较

两者的相同点是这两种制度都是司法监督的方式,其权力行使主体都是人民法院,且均基于申请人的申请而开始。

两者的区别如下:(1)申请主体不同。前者的申请主体是仲裁裁决的双方当事人,既可以是权利人,也可以是义务人。后者的主体只是仲裁裁决的义务人即被执行人。(2)时间不同。前者申请期限为收到裁决书后六个月内,后者申请期限为整个执行过程中。(3)管辖不同。前者由仲裁委员会所在地中级人民法院管辖,后者由负责执行的法院管辖。(4)情形不同。需要注意对国内仲裁裁决申请撤销与申请不予执行的情形不同,但对涉外仲裁裁决申请撤销与申请不予执行的情形是相同的。

对于国内仲裁裁决申请撤销与申请不予执行的情形的区别在于:(1)实体证据方面:前者侧重于证据的伪造、证据的隐瞒,后者强调认定事实的主要证据不足。(2)适用法律方面:前者不监督法律适用;后者包括适用法律错误情形,可对法律适用进行监督。(3)程序处理方面:前者有一个通知重新仲裁的程序,后者没有这一问题。

(三)裁定撤销或不予执行仲裁裁决后当事人的权利

无论是撤销仲裁裁决还是不予执行仲裁裁决,当事人的权利都并没有实际得到实现,因此,《仲裁法》第9条规定:"裁决被人民法院依法裁定撤销或者不予执行的,当事人就该纠纷可以根据双方重新达到的仲裁协议申请仲裁,也可以向人民法院起诉。"

六、《中国国际经济贸易仲裁委员会仲裁规则》

(一)受案范围

中国国际经济贸易仲裁委员会(原名中国国际贸易促进委员会对外贸易仲裁委员会,后名中国国际贸易促进委员会对外经济贸易仲裁委员会,现名中国国际经济贸易仲裁委员会,以下简称仲裁委员会)以仲裁的方式,独立、公正地解决契约性或非契约性的经济贸易等争议。上述争议包括:国际的或涉外的争议;涉及香港特别行政区、澳门特别行政区或台湾地区的争议;外商投资企业相互之间以及外商投资企业与中国其他法人、自然人及/或经济组织之间的争议;涉及中国法人、自然人及(或)其他经济组织利用外国的、国际组织的或香港特别行政区、澳门特别行政区、台湾地区的资金、技术或服务进行项目融资、招标投标、工程建筑等活动的争议;中华人民共和国法律、行政法规特别规定或特别授权由仲裁委员会受理的争议。

（二）组织机构及其规则的运用

中国国际经济贸易仲裁委员会在北京设立了一个总会,在上海和深圳各设了两家分会。如果当事人仅仅约定由中国国际经济贸易仲裁委员会仲裁,则视为当事人有选择权。仲裁委员会设在北京。仲裁委员会在深圳经济特区设有仲裁委员会深圳分会,在上海设有仲裁委员会上海分会。仲裁委员会分会是仲裁委员会的组成部分。仲裁委员会分会设秘书处,在仲裁委员会分会秘书长的领导下负责处理仲裁委员会分会的日常事务。

本仲裁规则统一适用于仲裁委员会及其分会。在分会进行仲裁时,本仲裁规则规定由仲裁委员会主任和仲裁委员会秘书局或秘书长分别履行的职责,由仲裁委员会主任授权的副主任和仲裁委员会分会秘书处或秘书长分别履行。

双方当事人可以约定将其争议提交仲裁委员会在北京进行仲裁,或者约定将其争议提交仲裁委员会深圳分会在深圳进行仲裁,或者约定将其争议提交仲裁委员会上海分会在上海进行仲裁;如无此约定,则由申请人选择,由仲裁委员会在北京进行仲裁,或者由其深圳分会在深圳进行仲裁,或者由其上海分会在上海进行仲裁;作此选择时,以首先提出选择的为准;如有争议,应由仲裁委员会作出决定。

（三）中国国际经济贸易仲裁委员会仲裁程序中的简易程序问题

与国内仲裁不同,中国国际经济贸易仲裁委员会仲裁程序中的简易程序有自己的特色。简易程序的适用。除非当事人另有约定,凡是争议金额不超过五十万元人民币的,或争议金额超过五十万元,经一方当事人书面同意并征得另一方当事人书面同意的,适用简易程序。申请人向仲裁委员会提出仲裁申请,经审查可以受理并适用简易程序的,仲裁委员会秘书局应立即向双方当事人发出仲裁通知。

除非双方当事人已从仲裁委员会仲裁员名册中共同选定了一名独任仲裁员,双方当事人应在被申请人收到仲裁通知之日起15天内在仲裁委员会仲裁员名册中共同选定或者共同委托仲裁委员会主任指定一名独任仲裁员。双方当事人逾期未能共同选定或者共同委托仲裁委员会主任指定的,仲裁委员会主任应立即指定一名独任仲裁员成立仲裁庭审理案件。

审理方式、仲裁庭的决定权(第67条、第70条)。仲裁庭可以决定开庭审理,也可以决定书面审理,其可以按照其认为适当的方式审理案件。如果决定开庭审理,只开庭一次。确有必要的,仲裁庭可以决定再次开庭。

第三节 中国自贸区多元化纠纷解决机制

自贸区,全称为自由贸易园区(Free Trade Zone,简称FTZ)是指在贸易和投资等方面比世贸组织有关规定更加优惠的贸易安排,允许在主权国家或地区的关境以外,划出特定的区域,准许外国商品豁免关税自由进出,其实质上是采取自由港政策的关税隔离区。狭义仅指提供区内加工出口所需原料等货物的进口豁免关税的地区,类似出口加工区。广义还包括自由港和转口贸易区。

2013年8月22日,国务院正式批准设立上海自贸区,同年9月29日上海自贸区正式挂牌成立,《中国(上海)自由贸易试验区条例》和《中国(上海)自由贸易试验区管理办法》已经开始实施。其后,广东、天津、福建自由贸易试验区总体方案也已经通过。中国自贸区的建立既是主动、积极适应将要形成的高标准的全球投资规则体系的先行先试,也是与中美BIT的主动对接。①

中国自由贸易试验区的设立是在新形势下进一步转变政府职能,扩大对外开放、更进一步融入国际经济的国家战略,负有形成可复制、可推广的改革经验的重要任务。在自贸区先行先试的过程中,如何为自贸区提供良好的法制环境是人民法院不可回避的问题。在先行先试所要求形成的可复制、可推广的经验中,司法的经验亦是其不可或缺的内容。

一、中国自由贸易区的多元化纠纷解决机制

多元化纠纷解决机制是指在一个社会中,多种多样的纠纷解决方式以其特定的功能和特点,相互协调地共同存在所结成的一种互补的、满足社会主体的多样需求的程序体系和动态的调整系统。②

自贸区强调加强涉自贸区案件多元化纠纷解决机制,以探索商事纠纷的便利迅捷的解决途径,加强诉讼与非诉讼纠纷解决机制的衔接。自贸区完善与强化多元化纠纷解决机制,从机制上赋予当事人在纠纷解决方面更广泛的程序选择权,从法律上保护当事人对程序或实体上权益的处分,不仅是妥善解决纠纷,

---

① 陈力:《上海自贸区投资争端解决机制的构建与创新》,《东方法学》2014年第3期,第97—105页。

② 王振清:《多元化纠纷解决机制与纠纷解决资源》,《法律适用》2005年第2期,第17—20页。

节约社会资源的需要,同时也意味着国家对公民基本自由的落重,以及对公民权利的多途径、多层次的保障。

上海自贸区形成了法院,仲裁院以及其他替代性争端解决方式为一体的多元化纠纷解决机制。福州片区借鉴国际经验,通过设立自贸区法庭、国际商事仲裁院、台胞权益保障中心法官工作室等多项措施,构建多元化纠纷解决机制,不断提升自贸试验区法治服务保障水平,完善法治化营商环境。①

二、中国自由贸易区的诉讼规则和程序

中国自由贸易区的诉讼涉及境内关外等特殊的关税和行政管理规则,其法院在设置和审理案件也区别于普通的法院。

（一）法院设置

中国(上海)自由贸易试验区自 2013 年 9 月底挂牌以来,和自贸区有直接关系的四级法院——浦东新区人民法院、上海市第一中级人民法院、上海市高级人民法院和最高人民法院均建立了相应的应对机制。经上海高院批准,2013 年 11 月 5 日,上海浦东新区人民法院自由贸易区法庭正式挂牌成立。作为浦东新区人民法院的派出法庭,自贸区法庭将集中受理、集约审理由浦东人民法院管辖的与自贸区相关联的商事、金融、知识产权和房地产案件,并根据自贸区建设和运行实际,对受案范围作相应调整。成立后的自贸区法庭判决和裁定即为浦东新区人民法院的一审判决和裁定,二审案件由上海市第一中级人民法院管辖。②

上海市第一中级人民法院制定了《关于为中国(上海)自由贸易试验区提供司法保障的方案》,设立专项合议庭,依法集中审理涉自贸区相关二审案件及重大一审案件。2014 年上海市第一中级人民法院发布《涉中国(上海)自由贸易试验区案件审判指引(试行)》,为建设中的自贸区出现各类诉讼案件的受理、审理、裁判及执行等环节提供指引性思路,并成立了跨庭的应对小组和研究小组,对涉自贸区的案件审理进行统一协调和跟踪研究,以有效应对涉自贸区的法律纠纷。上海市高级人民法院和最高人民法院也已着手调研、起草相关的指导意见。③

---

① 中国(福建)自由贸易试验区管委会:《多元化纠纷解决机制》,参见 http://www.china-fjftz.gov.cn/article/index/aid/5638.html。

② 李志强、田孝明:《中国自贸区争端解决的管辖》,《中国仲裁法学研究会 2015 年年会暨中国仲裁与司法论坛》,2015 年。

③ 黄洁:《上海自贸区争端解决机构的建立与相关国内法制度创新》,《中山大学学报》(社会科学版)2014 年第 5 期,第 176—184 页。

在借鉴上海自贸区可复制、可推广的改革创新成果的基础上,天津市高级人民法院于 2015 年 1 月 30 日出台《天津法院服务保障中国(天津)自由贸易试验区建设的意见》,共计 22 条,强调在自贸区内设立专门审判机构,而天津二中院也仿效上海法院的实践相应出台了《天津市第二中级人民法院中国(天津)自由贸易试验区案件审判指引》。

在广东自贸区,三大片区当地的管辖法院也相继出台配套措施。广东前海法院及南沙法院出台各项意见,而为突出自贸试验区粤港澳深度合作的战略定位,横琴法院将选任澳门籍陪审员等。在广东自贸区横琴片区正式挂牌的同时,还成立了横琴片区知识产权巡回法庭,负责审理与广东自贸区相关的属于珠海市中级人民法院管辖的各类知识产权纠纷案件。

2015 年,国务院发布了中国(福建)自由贸易试验区总体方案。中国(福建)自贸区厦门片区由厦门市中级人民法院正式设立自贸区知识产权巡回审判法庭,审理知识产权类型的刑事、民事和行政案件,并出台了《关于司法服务保障自贸区建设的若干意见(试行)》以更好的服务于福建自贸区的法制建设。[1]

(二)法院管辖

结合《民事诉讼法》《涉外民事关系法律适用法》等规定,自贸区法院可以对下列案件行使管辖权:被告住所地或经常居住地在自贸实验区内的;标的在上海自贸区内的;产生、变更或者消灭民事关系的法律事实发生在自贸区内的;被诉行政行为的合法性审查涉及自贸试验区相关法律规定适用的。[2]

前三者为涉及平等民事主体的横向交易法律关系。对于"涉及自贸区"的理解,对自贸区法院的管辖权至关重要。在自贸试验区法庭受理的第一案"河南益新实业有限公司诉梅特勒·托利多国际贸易(上海)有限公司买卖合同纠纷案"中,虽然该案被告的注册登记地在上海自贸区,但是该案并不适用区内的特殊法。因为该案的争议焦点是产品质量是否符合合同的规定,且双方争议发生在自贸试验区成立之前,故在实质上并不涉及自贸试验区成立之后所颁布的法律法规。

而最后一项管辖"被诉行政行为的合法性审查",则属于自贸区特有的涉及管理规章的不平等主体之间的纵向法律关系。由于自贸区"简政放权"的方针指

---

[1] 黄佳丽、林婧雯:《浅议厦门自贸区知识产权司法保护制度的构建》,《职工法律天地》2016 年第 24 期。

[2] 《上海市第一中级人民法院涉中国(上海)自由贸易试验区案件审判指引(试行)》(2014 年)第 6 条。

导,在金融服务、航运服务、商贸服务、专业服务、文化服务和社会服务等领域扩大开放,暂停或者取消投资者资质要求、股比限制、经营范围限制等准入限制措施,因而产生的一般民事主体与行政机关的行政纠纷也纳入自贸区法院的管辖范围。

（三）涉及自贸区案件的审理及法律适用

自贸区建设是对现有法律秩序的重大改变,无论是金融、投资、贸易,还是行政监管,均对现行法律规定有较大的突破。有的改革措施如公司注册资本和登记制度的改革不仅突破了现有的民商事法律,甚至突破了刑法的相关规定。而根据《全国人民代表大会常务委员会关于授权国务院在中国（上海）自由贸易试验区暂时调整有关法律规定的行政审批的决定》,全国人大暂停实施的法律只有三部外商投资法中的行政审批部分。国务院调整实施的 32 部行政法规和规范性文件涉及的内容也主要集中在行政审批和有关资质要求、股比限制、经营范围限制等准入特别管理措施方面。下面以上海自贸区为例,分析其涉自贸区案件的审理以及处理方式。

在立案上,自贸区受理的一审民商事案件,应根据原有案件分工确立案号,并在立案基本信息中勾选"是否涉自由贸易试验区"选项,立案后交自贸试验区案件专项合议庭审理。①若其他法院审判庭在审理中发现,由其审理的案件自贸区案件,不再移送自贸试验区案件专项合议庭审理。有特殊情况须予移送的,应经分管院长审批。②这是依据管辖恒定原则,维护司法的安定性。

1. 合同案件

在审理合同案件时,法院需遵守平等保护原则。自贸试验区内企业订立的合同,与自贸试验区外企业订立的合同,在法律适用上一律平等。③

在合同主体民事行为能力方面,与一般案件有些许区别。我国原来的商事登记均采用先核准、后登记的所谓"先证后照"的管理模式。但在自贸区设立后打响的改革第一枪即是商事登记制度改革,即由原来的"先证后照"改为"先照后证"。即先通过登记取得法人资格,然后再申办相关业务许可。如果企业法人在

---

① 《上海市第一中级人民法院涉中国（上海）自由贸易试验区案件审判指引（试行）》（2014 年）第 11 条。

② 《上海市第一中级人民法院涉中国（上海）自由贸易试验区案件审判指引（试行）》（2014 年）第 12 条。

③ 《上海市第一中级人民法院涉中国（上海）自由贸易试验区案件审判指引（试行）》（2014 年）第 14 条。

有照无证的情况下开展了营业活动,其效力如何认定? 依民法法理及我国公司法之规定,企业法人的民事权利能力始于注册登记,终于注销登记。在改革之前,法人的民事权利能力和行为能力是同步产生的(终止因有清算程序而未必同步),但改革之后,就产生了法人民事权利能力已经产生,但民事行为能力受限的情况。《审判指引》认为,对于未能取得相应业务许可而订立需取得许可的合同,在自贸区内不一定无效,需要区别谨慎对待,个案处理。

在合同效力的认定上,《审判指引》规定"在认定合同效力时,应根据合同交易的类型、法律、行政法规的立法目的和行为的严重程度,区分管理性强制性规定和效力性强制性规定。仅违反管理性强制性规定的,不影响合同效力。"①据《合同法》第五十二条第五项之规定,违反法律、行政法规的强制性规定的合同无效。为保护交易,防止无效合同的范围过大,在《合同法司法解释》(二)第十四条中对强制性规定作了限制解释,指出《合同法》第五十二条第(五)项规定的"强制性规定",是指效力性强制性规定。在自贸区改革中,与改革目标冲突的原有的效力性强制性规定,应依具体案件之需要进行适当的软化,将其界定为管理性强制性规定(或称取缔性规定),自贸区企业之间的行为若违反此类管理性强制性规定,虽然可导致行政处罚,但并不因此而否定其行为效力。管理性强制性规定的软化和类型化,将是自贸区法院在裁判涉自贸区案件时应当重点把握的问题。

在无名合同问题上,随着自贸区负面清单制度的建立和负面清单的按年调整,自贸区内将出现大量的新型企业经营行为。这些行为主要以新类型的无名合同出现。我国现有合同法及相关法律规定的有名合同类型无法涵盖自贸区内的所有新生交易形态。在这些无名合同的解释中,法官应广采比较法之方法,参酌商事惯例和交易习惯,对新生的无名合同妥加认定,在尊重当事人意思自治的前提下,"根据国际交易的惯例,结合当事人的约定,公平、合理地分配合同当事人的权利、义务和风险"②。在涉自贸试验区的合同纠纷中,当事人以交易习惯作为其主张权利的依据的,应对该交易习惯的存在负证明责任。③对合同约定不明事项,依照《合同法》第六十一条、第六十二条规定仍不能确定的,当事人主张

---

① 《上海市第一中级人民法院涉中国(上海)自由贸易试验区案件审判指引(试行)》(2014年)第17条。

② 《上海市第一中级人民法院涉中国(上海)自由贸易试验区案件审判指引(试行)》(2014年)第18条。

③ 《上海市第一中级人民法院涉中国(上海)自由贸易试验区案件审判指引(试行)》(2014年)第20条。

依照商业惯例或双方交易习惯履行的,应当予以支持。①

在国际商事合同纠纷上,涉外合同的法律适用和外国法的查明问题就尤为重要。自贸区设立以来,新增的企业多为内资企业,但亦有大量的外资企业。涉外合同纠纷将成为主要的诉讼类型。在涉外合同纠纷案件的审理中,法官除了应准确适用相关国际公约和国际商事惯例外,将不可避免地遇到外国法的查明和适用问题。从目前的法律实践状况来看,外国法的适用仍面临难以准确查明的情况,从而引发法院最后仍不得不适用法院地法。这种情况并不只发生在我国。国内法院适用外国法的确存在危险,诸如缺乏准确的信息,信息是否最新,个案考量与一般适用的差异,社会经济和政治环境的不同,法律的安定性,法院有无足够的时间研究外国法,对外国法律思想缺乏深入理解等。我国《涉外民事关系法律适用法》第十条规定,涉外民事关系适用的外国法律,由人民法院、仲裁机构或者行政机关查明。当事人选择适用外国法律的,应当提供该国法律。不能查明外国法律或者该国法律没有规定的,适用中华人民共和国法律。但在实践中,由于未将外国法律作为事实看待,未能充分运用当事人在外国法查明中的举证责任,同时因我国不区分事实审与法律审,法官担心因适用外国法错误而被改判,从而倾向于适用我国法律。自贸区内一些新型的业务型态具有高度的国际性,在涉及外国法的适用时应当将外国法作为事实看待,由当事人举证后由法院依证据规则做出采信与否的判断。同时,对于外国法的适用错误严格适用举证时限规则,二审不再审查新的外国法证据。唯其如此,方可解决外国法适用的困难。

2. 公司案件

自贸区改革以公司注册资本的改革为突破点,改实缴资本为认缴资本制,也不再进行设立时的验资,降低了企业的设立成本。这一改革成果也为新修订的公司法所吸收,成为体现第一波改革经验的立法。在 2013 年新修订的公司法中,除法律、行政法规以及国务院决定对公司注册资本实缴有另行规定的以外,取消了关于有限责任公司和股份有限公司股东(发起人)应自公司成立之日起两年内缴足出资,投资公司在五年内缴足出资的规定;取消了一人有限责任公司股东应一次足额缴纳出资的规定。转而采取公司股东(发起人)自主约定认缴出资额、出资方式、出资期限等,并记载于公司章程的方式。

---

① 《上海市第一中级人民法院涉中国(上海)自由贸易试验区案件审判指引(试行)》(2014 年)第 19 条。

公司具有真实义务和出资义务。自贸试验区内注册的公司如果在年度报告中进行虚假记载、误导性陈述或者存在重大遗漏、隐瞒公司真实情况等导致交易对方遭受损失的,公司及相关人员应当承担民事责任。①自贸区公司的股东未能按照公司章程的规定的时间和数额缴纳出资的,公司可以要求其在合理的期限内补缴,股东未能在合理期限内履行的,公司或者其他股东可以提起诉讼要求瑕疵出资的股东承担补足出资的责任,公司债权人可以请求未完全履行出资义务的股东在瑕疵出资本息范围内承担补充赔偿责任。②

在资产变动和公司人格否认方面,自贸区公司的资产变动必须具有法律和财务上的合理性。对于公司恶意转移资产导致公司资产减损的、损害债权人利益的,债权人可行使合同法上的撤销权,有关人员存在侵权行为的,应追究相关人员的民事赔偿责任。公司不能清偿到期债务且明显缺乏偿债能力进入破产程序的,如果公司债权人对公司资产减损产生合理怀疑的,该公司应提供相关资料对其资产的减损做出充分、合理的说明。③自贸区公司的股东实施滥用有限责任公司法人独立地位和股东有限责任的行为逃避债务,严重损害公司债权人利益的,公司债权人可以通过提起公司法人人格否认之诉,请求股东对公司债务承担连带责任。④

3. 金融案件

自贸区鼓励金融创新,在涉及自贸区金融案件时,以"尊重当事人意思自治和国际惯例,保护金融消费者的合法权益,维护金融市场安全和交易效率"⑤为原则。

在法律适用上,在审理涉自贸试验区金融案件时,除依据法律、法规、规章外,可以参照中国人民银行、中国银行业监督管理委员会、中国证券监督管理委员会、中国保险监督管理委员会等金融监管机构出台的涉及自贸试验区金融领

---

① 《上海市第一中级人民法院涉中国(上海)自由贸易试验区案件审判指引(试行)》(2014年)第23条。

② 《上海市第一中级人民法院涉中国(上海)自由贸易试验区案件审判指引(试行)》(2014年)第24条。

③ 《上海市第一中级人民法院涉中国(上海)自由贸易试验区案件审判指引(试行)》(2014年)第25条。

④ 《上海市第一中级人民法院涉中国(上海)自由贸易试验区案件审判指引(试行)》(2014年)第26条。

⑤ 《上海市第一中级人民法院涉中国(上海)自由贸易试验区案件审判指引(试行)》(2014年)第27条。

域的相关规范性文件。自贸区内的金融创新活动,虽然尚无相应的法律、法规对此作明确规定,但是属于有关主管部门关于推进自贸试验区建设的相关规范性文件所准许事项范围的,应在维护金融秩序和保障金融市场安全的前提下,充分尊重当事人之间的约定。

在法律责任方面,自贸试验区内金融机构或专业从事金融服务、贸易的法人以及相关专业中介机构,应当遵循"忠诚勤勉"的义务。应当就其所提供金融产品或金融服务的性质、特点、业绩、风险等主要信息向客户进行如实、全面的披露。违反该项义务造成客户损失的,应当承担相应的赔偿责任。①金融机构或其他法人应对投资者进行适当性评估,向客户提供明显超出其风险承受能力的产品或服务的,应就客户所遭受的损失承担相应的赔偿责任。②专业中介机构,如会计师事务所、审计师事务所、律师事务所、咨询公司等专业服务机构或专业人员提供专业意见,因该机构或人员提供意见错误,造成客户损失的,该机构或人员应当承担相应的赔偿责任。但该机构或人员有证据证明自己不存在故意和过失的除外。③自贸试验区内的金融机构或专业从事金融服务、贸易的法人故意或过失泄露客户个人信息,给客户造成损失的,应当承担相应的赔偿责任。④

4. 知识产权案件

涉自贸试验区知识产权案件的审判应充分发挥司法保护知识产权的主导作用,降低维权成本,提高侵权代价,促进知识产权的创造、运用、保护和管理。

在知识产权保护上,对于自贸区内出现的创新应合理界定权利边界,防止权利滥用,也要充分考量政策导向和个案的特殊情况,防止利益失衡。(1)在专利方面,自贸试验区金融、航运、商贸等领域改革试验带来的技术创新应合理界定专利权的保护范围;(2)在商标方面,妥善处理自贸试验区内因"贴牌加工""货物转运""平行进口"等贸易活动引发的商标侵权纠纷,既要根据商标权独立性、地域性原则等商标法基本原理,也要防止知识产权权力滥用;(3)在著作权方面,加强对自贸试验区内商贸、文化、社会等服务领域开放所涉及的文化创意、数字出

---

① 《上海市第一中级人民法院涉中国(上海)自由贸易试验区案件审判指引(试行)》(2014年)第33条。

② 《上海市第一中级人民法院涉中国(上海)自由贸易试验区案件审判指引(试行)》(2014年)第34条。

③ 《上海市第一中级人民法院涉中国(上海)自由贸易试验区案件审判指引(试行)》(2014年)第35条。

④ 《上海市第一中级人民法院涉中国(上海)自由贸易试验区案件审判指引(试行)》(2014年)第36条。

版、移动多媒体、动漫、游戏、软件、数据库等战略性新兴文化产业的著作权保护；(4)在公平竞争方面，依法加强商业秘密保护，有效制止侵犯商业秘密的行为，合理把握商业秘密认定和侵权判定的证明标准。①

5. 行政案件

自贸区纵向的行政管理关系的变革，尤其是特殊的行政法规和规章的适用，导致自贸区的行政诉讼有别于一般法院的行政诉讼。

在法律适用上，行政案件审判依据在审理涉自贸试验区行政案件时，应当适用法律和行政法规、地方性法规的规定审查被诉行政行为的合法性。上海市人民代表大会及其常务委员会根据自贸试验区的具体情况和实际需要制定的地方性法规适用于涉自贸试验区行政案件。②在审理涉自贸试验区行政案件时，参照国务院部、委根据法律和国务院的行政法规、决定、命令制定、发布的自贸试验区相关规章以及上海市人民政府根据法律和国务院的行政法规制定、发布的自贸试验区相关规章。

审理行政审批类行政案件时，可以参照上海市人民政府公布的《中国(上海)自由贸易试验区管理办法》，参考《中国(上海)自由贸易试验区境外投资开办企业备案管理办法》《中国(上海)自由贸易试验区外商投资项目备案管理办法》《中国(上海)自由贸易试验区境外投资项目备案管理办法》及自贸试验区负面清单等规范性文件，依法支持自贸试验区深化行政管理体制改革。③

审理政府信息公开类行政案件时，应当依据《政府信息公开条例》和最高人民法院《关于审理政府信息公开行政案件若干问题的规定》，参照《上海市政府信息公开规定》，依法保障公民、法人或者其他组织获取政府信息的权利。

审理工商登记类行政案件时，可以参考国家工商行政管理总局发布的《关于支持中国(上海)自由贸易试验区建设的若干意见》、上海市工商行政管理局印发的《关于中国(上海)自由贸易试验区企业登记管理的规定》等规范性文件。④

---

① 《上海市第一中级人民法院涉中国(上海)自由贸易试验区案件审判指引(试行)》(2014年)第37—41条。

② 《上海市第一中级人民法院涉中国(上海)自由贸易试验区案件审判指引(试行)》(2014年)第52条。

③ 《上海市第一中级人民法院涉中国(上海)自由贸易试验区案件审判指引(试行)》(2014年)第54条。

④ 《上海市第一中级人民法院涉中国(上海)自由贸易试验区案件审判指引(试行)》(2014年)第55条。

审理金融、保险、证券监管类行政案件时,可以参考《中国人民银行关于金融支持中国(上海)自由贸易试验区建设的意见》《中国银监会关于中国(上海)自由贸易试验区银行业监管有关问题的通知》《中国保监会支持中国(上海)自由贸易试验区建设》《资本市场支持促进中国(上海)自由贸易试验区若干政策措施》等规范性文件,支持探索相关金融制度的改革。①

审理文化监管类行政案件时,可以参考文化部《关于实施中国(上海)自由贸易试验区文化市场管理政策的通知》等规范性文件,保护自贸试验区内文化市场的健康发展。②

审理涉及城市管理、环境保护、人力资源社会保障、食品药品监管类行政案件时,应当依据城市管理、环境保护等相关法律、行政法规、地方性法规、自治条例和单行条例,并参照规章。③

6. 刑事案件

自贸试验区倡导刑法的谦抑化,更加侧重于保护经济活动参与单位与个人的权利与自由,对于一些经济案件的犯罪,《刑法》调整适用。

自贸区在虚报注册资本、抽逃出资方面实行非罪化。对自贸试验区内实行注册资本认缴登记制的公司,抽逃出资《刑法》第一百五十八条的规定不再适用。但自贸试验区内依法律、行政法规实行注册资本实缴登记制的公司,《刑法》第一百五十八条仍然适用。④

对自贸试验区内实行注册资本认缴登记制的公司,《刑法》第一百五十九条的规定不再适用。但自贸试验区内依法律、行政法规实行注册资本实缴登记制的公司,《刑法》第一百五十九条仍然适用。⑤

自贸区对于另外一些刑法犯罪上谨慎适用。行为人在自贸试验区内从事负面清单规定之外的业务,一般不能以"违反国家规定"为由,适用《刑法》第二百二

---

① 《上海市第一中级人民法院涉中国(上海)自由贸易试验区案件审判指引(试行)》(2014 年)第 56 条。

② 《上海市第一中级人民法院涉中国(上海)自由贸易试验区案件审判指引(试行)》(2014 年)第 57 条。

③ 《上海市第一中级人民法院涉中国(上海)自由贸易试验区案件审判指引(试行)》(2014 年)第 58 条。

④ 《上海市第一中级人民法院涉中国(上海)自由贸易试验区案件审判指引(试行)》(2014 年)第 60 条。

⑤ 《上海市第一中级人民法院涉中国(上海)自由贸易试验区案件审判指引(试行)》(2014 年)第 61 条。

十五条第(四)项"其他严重扰乱市场秩序的非法经营行为"之规定将其认定为非法经营罪。①自贸试验区实行特殊的外汇管理制度,对逃汇罪的适用,应区别情况审慎认定与处理。②

三、中国自由贸易区的仲裁规则和程序

商事仲裁解决方式有诸多优点,首先商事仲裁围绕双方当事人意思自治这一核心,使得双方当事人可以在仲裁开始前、仲裁程序中以及执行过程中都能最大力度地保障其合法权益。其次,与诉讼程序相比,商事仲裁更能适应快节奏的经济生活,因此更容易被纠纷双方接受,成为解决纠纷的首选。

上海自贸区"支持仲裁机构依据法律、法规和国际惯例,完善仲裁规则,提高自贸试验区商事纠纷仲裁专业水平和国际化程度"机构,中国(上海)自由贸易试验区仲裁院(以下简称自贸区仲裁院)在上海外高桥揭牌成立。2013 年 10 月 22 日,上海国际仲裁中心根据中国仲裁法律有关规定制定并发布了《中国(上海)自由贸易试验区仲裁规则》(以下简称《自贸区仲裁规则》),该仲裁规则于 5 月 1 日开始实施。上海市第二中级人民法院作为指定管辖上海国际仲裁中心所仲裁案件的司法审查单位,为积极服务上海自贸区的建设和发展,充分发挥仲裁制度在解决纠纷中的重要作用,于 2014 年 5 月 4 日发布了《对适用〈中国(上海)自由贸易试验区仲裁规则〉仲裁案件司法审查工作的若干意见》(以下简称《司法审查若干意见》),对适用《自贸区仲裁规则》的仲裁案件进行司法审查和执行提供若干指导意见。至此,上海自贸区已经构建了一个自贸区仲裁机构,一部自贸区仲裁规则,一个涉自贸区仲裁规则的司法审查意见三位一体的自贸区仲裁机制,并进行了一系列新制度和新机制的探索。

2015 年 12 月 19 日,中国国际经济贸易仲裁委员会和中国海事仲裁委员会在福建设立福建分会和福建自贸区仲裁中心,为福建省及海峡两岸企业提供独立公正高效的仲裁服务。

(一)自贸区仲裁的机制创新

上海自贸区已经建立了较为完善的仲裁制度,尤其是《自贸区仲裁规则》的制定和颁布,吸纳和完善了诸多国际商事仲裁的先进制度。下文以上海自贸区

① 《上海市第一中级人民法院涉中国(上海)自由贸易试验区案件审判指引(试行)》(2014 年)第 62 条。

② 《上海市第一中级人民法院涉中国(上海)自由贸易试验区案件审判指引(试行)》(2014 年)第 63 条。

为例重点分析。①

(1)在适用范围上,自贸区的仲裁呈现出高度的开放性,不仅适用于上海国际仲裁中心受理的"涉自贸区"仲裁案件,也可以通过当事人的约定适用于其他民商事仲裁案件。

(2)完善了"临时措施"并增设了"紧急仲裁庭"制度。临时措施制度的完善,紧密结合了2012年修订的中国《民事诉讼法》关于仲裁前财产保全、行为保全以及证据保全的内容,更有利于保障当事人特别是知识产权权利人的合法权益。作为临时措施的配套制度,紧急仲裁庭制度的设立,使《自贸区仲裁规则》具有更广泛的适应性,有利于上海国际仲裁中心在仲裁庭有权作出临时措施决定的国家开拓仲裁市场,对当事人更具吸引力。

(3)突破了当事人选定仲裁员的"名册制"限制。确立了仲裁员开放名册制确立更为开放的仲裁员选定方式,既体现了仲裁员名册制对当事人选择的参考和辅助作用,同时又不会对当事人的选择权利造成过多的限制,满足当事人更为广泛多元的选定仲裁员的需求。对于当事人选择仲裁员名册之外的人担任仲裁员,规则还设置了特定机制,确保仲裁员资格上符合中国《仲裁法》的要求。

(4)细化了"案件合并""其他协议方加入仲裁程序"及"案外人加入仲裁程序"等制度。合并仲裁制度的完善以及"其他协议方加入仲裁程序""案外人加入仲裁程序"的设立,在仲裁实践中便于有效解决关联案件,保持裁决的统一性,有利于一揽子解决当事人之间的争议,实现案结事了和减少讼累的目的。

(5)通过设立仲裁庭组成前的调解员调解程序进一步完善了"仲裁与调解相结合"的制度。在仲裁与调解相结合的制度设计中,增加了仲裁庭组成前由调解员进行调解的内容,既满足了当事人在仲裁庭审理案件前的调解需要,也可以减少调解过程对于仲裁员进行案件实体审理的不必要的影响,是仲裁与调解相结合的制度创新,可以为当事人提供更为全面的争议解决服务。

(6)增设了"小额争议程序",降低了相应的仲裁收费。设置小额争议程序,可以充分发挥仲裁高效快捷的优势,进一步加速小额案件的解决,通过降低收费减轻小额案件当事人的负担,推进了仲裁程序对高效、灵活、低成本的核心价值的追求。

---

① 《自贸区仲裁规则》,参见 http://www.shiac.org/upload_files/file/2016/20160227080619_0102.pdf。

(7) 引入了"友好仲裁"制度。明确引入了友好仲裁制度,丰富了中国仲裁实践,与国际通行做法相接轨。

(二)仲裁的司法审查

自贸区法院在涉自贸试验区仲裁案件时,对仲裁协议效力、证据规则、仲裁程序、裁决依据、撤销裁决审查标准、不予执行裁决审查标准等方面,尊重和体现仲裁制度的特有规律,最大程度地发挥仲裁制度在纠纷解决方面的作用。

1. 仲裁协议效力审查

对于仲裁协议效力审查方面,自贸试验区内注册的外商独资企业相互之间约定商事争议提交域外仲裁的,不应仅以其争议不具有涉外因素为由认定相关仲裁协议无效。①一方或者双方当事人为在自贸试验区内注册的外商投资企业,约定将商事争议提交域外仲裁,该域外仲裁裁决作出后,申请仲裁的一方当事人又以仲裁协议无效为由主张拒绝承认、认可或者执行的,法院不予支持。另一方当事人在仲裁程序中未对仲裁协议效力提出异议,该仲裁裁决作出后,又以有关争议不具有涉外因素为由主张仲裁协议无效,并以此主张拒绝承认、认可或者执行的,法院不予支持。②2015 年,上海一中院审结了全国首例涉自贸区外商独资企业间申请承认与执行外国仲裁裁决纠纷案——"西门子国际贸易(上海)有限公司诉上海黄金置地有限公司申请承认与执行外国仲裁裁决案"。该案确立了仲裁协议效力认定相关裁判规则,充分体现了上海一中院支持上海自贸区法治建设可先行先试的精神,并已被《最高人民法院关于为自由贸易试验区建设提供司法保障的意见》所采纳。③

2. 临时仲裁的审查

对于临时仲裁的审查,在自贸试验区内注册的企业相互之间约定在内地特定地点、按照特定仲裁规则、由特定人员对有关争议进行仲裁的,可以认定该仲裁协议有效。一审法院认为该仲裁协议无效的,应当报请上一级法院进行审查。④

---

① 《上海市第一中级人民法院涉中国(上海)自由贸易试验区案件审判指引(试行)》(2014 年)第 24 条。

② 《上海市第一中级人民法院涉中国(上海)自由贸易试验区案件审判指引(试行)》(2014 年)第 25 条。

③ 《上海市第一中级人民法院自贸区司法保障白皮书》,参见 http://pdxq. sh. gov. cn/shpd/news/20170517/006001_306cc1fe-69cf-46ed-8249-6116b2f0b543.htm。

④ 《上海市第一中级人民法院涉中国(上海)自由贸易试验区案件审判指引(试行)》(2014 年)第 26 条。

3. 友好仲裁的审查

对于友好仲裁的审查,仲裁庭依据仲裁规则,经仲裁当事人授权,仅依据公允善良的原则作出裁决,且该裁决不违反我国法律强制性规定和社会公共利益的,法院在司法审查时,可予以认可。①

4. 仲裁前保全

在仲裁前保全方面提供便利,加大仲裁前保全适用力度。申请人持保全申请书、书面仲裁协议(或内含有仲裁条款的书面合同)、有效担保及应当提交的其他材料,即可直接向本院申请仲裁前保全。法院经审查合乎法律规定后,即直接予以受理。②

5. 双重救济的规制

在双重救济的规制方面,当事人申请法院行使仲裁裁决监督权的,一审法院将通过法律释明等方式,引导当事人一次性提交行权理由,并择一行使"撤销仲裁裁决"或"不予执行仲裁裁决"权,救济权一经选定即不得变更,分散提交行权理由或就同一理由申请双重救济的,法院对其后续诉请将不予受理。③

四、中国自由贸易区的调解规则和程序

上海自贸区在替代性争端解决先试先行,制定出台《上海市第一中级人民法院商事多元化纠纷解决机制实施细则》(以下简称《实施细则》),在制度方面进行了诸多创新。例如,"单方承诺调解""示范判决""无争议事实的确认"等机制的确立,加强了诉讼与非诉讼纠纷解决机制的衔接,满足上海自贸区内纠纷多元化解需求发挥了重要作用。

(一)健全了诉调对接制度、完善了调解程序安排及相关工作保障

《实施细则》规定了诉调对接机构和审判管理机构,明确了相关机构职责。依照《最高人民法院关于人民法院特邀调解的规定》等相关规定,对调解组织和调解员的选任及选择流程进行了规范;对委派调解和委托调解的全流程分别作了梳理明确。完善司法确认程序,加强调解、仲裁的司法审查,引导当事人诚信

---

① 《上海市第一中级人民法院涉中国(上海)自由贸易试验区案件审判指引(试行)》(2014年)第27条。

② 《上海市第一中级人民法院涉中国(上海)自由贸易试验区案件审判指引(试行)》(2014年)第67条。

③ 《上海市第一中级人民法院涉中国(上海)自由贸易试验区案件审判指引(试行)》(2014年)第68条。

调解。细化案件管理制度与调解工作保障,对调解的期限、案件的登记管理作出了具体规定,对调解组织和调解员的培训、评估、投诉处理等均予细化规范。

(二)为有偿调解创造了空间,发挥诉讼费用杠杆作用,促进商事调解发展

国际上,商事调解组织提供有偿调解服务并不鲜见,《实施细则》对此予以认可,但以当事人自愿为前提。同时,按照最高人民法院《关于人民法院进一步深化多元化纠纷解决机制改革的意见》,通过减免诉讼费用推动调解,以经济杠杆引导案件分流。

(三)确立了诉前单方承诺调解机制、(支持诉讼)示范判决机制

根据最高人民法院、中国证券监督管理委员会《关于在全国部分地区开展证券纠纷多元化解机制试点工作的通知》精神,对实践中调解组织与证券类商事主体事先签订协议,由商事主体承诺发生纠纷即接受该调解组织调解的做法予以肯定;对涉众证券案件出现裁判预期不明无法达成调解的情形确立(支持诉讼)示范判决机制,以选择代表性案件作出示范判决的方式促进争议双方理性评估诉求,有序引导群体性证券纠纷的多元化解。

(四)探索无争议事实确认机制、发展在线调解,创新调解机制

当事人未达成调解协议的,调解员在征得各方当事人同意后,可以用书面形式记载调解过程中双方没有争议的事实,并告知当事人所记载的内容。经双方签字后,当事人无需在诉讼过程中就已记载的事实举证。[①]从而节约后续庭审时间,优化诉讼效率。创新在线纠纷解决方式,推广现代信息技术在多元化纠纷解决机制中的运用。根据"互联网＋"战略要求,充分运用大数据、人工智能等技术,推动构建纠纷解决申请、调解员确定、调解过程、调解文书生成等为一体的在线调解平台,促进多元化纠纷解决机制的信息化发展。

---

① 《上海市第一中级人民法院涉中国(上海)自由贸易试验区案件审判指引(试行)》(2014年)第85条。

参 考 文 献

一、专著

1. Bryan A. Garner, etc., *Black's Law Dictionary* (8th edition), Thomson and West, 2004.

2. Kermit L. Hall, *The Magic Mirror: Law in American History*, Oxford University Press, 1989.

3. [美]Herbert M. Bohlman 等:《商法:企业的法律、道德和国际环境》,张丹等译,清华大学出版社 2004 年版。

4. [美]杰克·普拉诺等编著:《政治学分析词典》,胡杰译,中国社会科学出版社 1986 年版。

5. [日]星野英一:《私法中的人》,王闯译,中国法制出版社 2004 年版。

6. [英]梅因:《古代法》,沈景一译,商务印书馆 1959 年版。

7. 白小平、李振宇、张维权:《劳动法理论与实务》,甘肃科学技术出版社 2007 年版。

8. 蔡守秋:《环境资源法学》,人民法院出版社 2003 年版。

9. 曹明贵:《劳动经济学》,河南大学出版社 2013 年版。

10. 曾世雄:《损害赔偿法原理》,中国政法大学出版社 2001 年版。

11. 常凯主编:《劳动关系学》,中国劳动社会保障出版社 2010 年版。

12. 陈兴良:《刑法学》(第三版),复旦大学出版社 2009 年版。

13. 陈乘程:《高手支招:初中生议论文论点论据论证大全》,北京邮电大学出版社 2012 年版。

14. 陈元刚:《社会保障学教程》,重庆大学出版社 2012 年版。

15. 成岳:《环境科学概论》,华东理工大学出版社 2012 年版。

16. 董临萍、龙丽群:《人力资源管理》,华东理工出版社 2014 年版。

17. 樊崇义:《刑事诉讼法学》(第四版),法律出版社 2009 年版。

18. 樊启荣、黎桦:《消费者权益保护法》,武汉大学出版社 2013 年版。

19. 范建、王建文：《商法总论》，法律出版社 2004 年版。

20. 范健主编：《商法》(第二版)，高等教育出版社、北京大学出版社 2002 年版。

21. 范愉：《非诉讼程序(ADR)教程》，中国人民大学出版社 2002 年版。

22. 公丕祥：《法理学》(第二版)，复旦大学出版社 2008 年版。

23. 顾功耘：《商法教程》(第二版)，上海人民出版社、北京大学出版社 2006 年版。

24. 顾建平：《汉字图解字典》，中国出版集团、东方出版中心 2008 年版。

25. 顾敏康：《WTO 反倾销法——蕴于实践的理论》，北京大学出版社 2005 年版。

26. 关怀、林嘉：《劳动与社会保障法学》，法律出版社 2011 年版。

27. 关怀主编：《劳动法学》，法律出版社 1996 年版。

28. 官欣荣主编：《商法原理》，中国检察出版社 2004 年版。

29. 郭捷：《劳动法和社会保障法》，法律出版社 2011 年版。

30. 国际公法学编写组：《国际公法学》，高等教育出版社 2016 年版。

31. 韩德培：《环境保护法教程》(第六版)，法律出版社 2012 年版。

32. 胡鸿高主编：《合同法原理与应用》，复旦大学出版社 1999 年版。

33. 胡建淼：《行政法学》(第三版)，法律出版社 2003 年版。

34. 胡志民、施延亮、龚建荣：《经济法教程》，复旦大学出版社 2012 年版。

35. 黄河、王兴运：《产品质量法律责任》，法律出版社 2013 年版。

36. 黄东黎、王振民主编：《中华人民共和国对外贸易法：条文精释及国际规则》，法律出版社 2004 年版。

37. 黄越钦：《劳动法新论》，中国政法大学出版社 2003 年版。

38. 贾登勋、任海涛：《环境与资源保护法论丛：西部环境、资源、生态法治研究》(第三辑)，兰州大学出版社 2007 年版。

39. 贾俊玲主编：《劳动法学》，中央广播电视大学出版社 2003 年版。

40. 江伟：《民事诉讼法专论》，中国人民大学出版社 2005 年版。

41. 姜宪明：《经营者的义务》，东南大学出版社 2013 年版。

42. 姜宪明：《消费者权利》，东南大学出版社 2013 年版。

43. [美]杰里·本特利等：《新全球史——公元 1000 年之前》(第五版)，魏凤莲译，北京大学出版社 2014 年版。

44. 解玉环、刘士琳：《产品质量法百问》，吉林人民出版社 2009 年版。

45. 金福海、马兰:《消费侵权与赔偿》,青岛海洋出版社2000年版。

46. 金福海:《消费者法论》,北京大学出版社2005年版。

47. 金泽良雄:《经济法概论》,甘肃人民出版社1985年版。

48. 剧宇宏:《劳动法概论》,上海交通大学出版社2012年版。

49. 俊驹、余延满:《民法原论》(下),法律出版社1998年版。

50. [德]卡尔·马克思:《马克思恩格斯文集》第八卷,人民出版社2009年版。

51. 孔祥俊:《反垄断法原理》,中国法制出版社2001年版。

52. 雷兴虎:《商法学教程》,中国政法大学出版社1999年版。

53. 李保民:《做强做优世界一流百题问答》,国务院国有资产监督委员会研究中心出版2013年版。

54. 李昌麒主编:《经济法学》,法律出版社2016年版。

55. 李国光主编:《合同法释解与适用》(上下册),新华出版社1999年版。

56. 李洁、张建军:《消费者权益保护法律制度与实务》,法律出版社2012年版。

57. 李景森、贾俊玲:《劳动法学》,北京大学出版社2001年版。

58. 李静:《产品责任论》,中国政法大学出版社2000年版。

59. 李俊、许光红:《产品质量法案例评析》,对外经济贸易大学出版社2012年版。

60. 李史峰主编:《史记》,上海辞书出版社2006年版。

61. 李勇军、周慧萍:《公共政策》,浙江大学出版社2013年版。

62. 李振华、方照明:《经济法通论》(第二版),中国政法大学出版社2014年版。

63. 李振华:《企业用工劳动的法律风险与防控》,浙江大学出版社2014年版。

64. 李挚萍:《环境法基本原则的内涵考察》,中国政法大学出版社2013年版。

65. 梁慧星:《民法学说判例与立法研究》,中国政法大学出版社1999年版。

66. 梁慧星:《民法学说与立法研究》,中国政法大学出版社1993年版。

67. 梁慧星:《民商法论丛》(第二卷),法律出版社1994年版。

68. 林刚主编:《商法学论点要览》,法律出版社2004年版。

69. 刘光显、赵康:《工业企业干部岗位职务培训系列教材企业经济法》,江西人民出版社1990年版。

70. 刘汉湖、裴宗平:《水资源评价与管理》,中国矿业大学出版社 2007 年版。

71. 刘静:《产品质量论》,中国政法大学出版社 2000 年版。

72. 刘文华主编:《新合同法条文精解与典型案例》,世界图书出版社 1999 年版。

73. 刘晓纯:《工业生产经营法教程》,天津大学出版社 2011 年版。

74. 马彩华、游奎:《环境管理的公众参与:途径与机制保障》,中国海洋大学出版社 2009 年版。

75. [德]马克思:《资本论》(第一卷),中国社会科学出版社 1983 年版。

76. 马忠法:《应对气候变化的国际技术转让法律制度研究》,法律出版社 2014 年版。

77. 蒙飞龙:《法律映照"夕阳红"——如何维护老年人的权益》,石油大学出版社 2000 年版。

78. [法]孟德斯鸠:《论法的精神》上册,严复译,上海三联书店 2009 年版。

79. 孟繁超、王炳:《经济法学》,东南大学出版社 2014 年版。

80. 孟繁超:《产品质量和产品质量法》,东南大学出版社 2014 年版。

81. 牛丽:《消费者权益保护法百问》,吉林人民出版社 2008 年版。

82. 戚道孟:《自然资源法》,中国方正出版社 2005 年版。

83. 漆多俊:《经济法学》,武汉大学出版社 2003 年版。

84. 曲广清主编:《反倾销法律问题研究》,法律出版社 2004 年版。

85. 秦天宝:《环境法制度·学说·案例》,武汉大学出版社 2013 年版。

86. 曲振涛、赵大利、王福友著:《产品质量法概论》,中国财政经济出版社 2007 年版。

87. 全国人大常会办公厅研究室编写组:《证券法应用指南》,改革出版社 1999 年版。

88. 冉瑞平:《从源头防止污染和保护生态环境对策研究:基于微观主体行为分析的视角》,中国环境科学出版社 2010 年版。

89. 沈宗灵:《现代西方法理学》,北京大学出版社 1992 年版。

90. [英]施米托夫著:《国际贸易法文选》,赵秀文译,中国大百科出版社 1993 年版。

91. 史际春等:《反垄断法理解与适用》,中国法制出版社 2007 年版。

92. 史尚宽:《劳动法原论》,台湾正大印书馆 1978 年版。

93. 陶信平著:《环境资源法学》,西安交通大学出版社 2006 年版。

94. 苏慧祥主编:《中国商事法概论》,吉林人民出版社 1996 年版。

95. 覃有土主编:《商法学》,高等教育出版社 2012 年版。

96. 谭兵、李浩:《民事诉讼法学》(第二版),法律出版社 2011 年版。

97. 汤秀莲:《反补贴规则与实践》,南开大学出版社 2006 年版。

98. 王保树主编:《商法》,北京大学出版社 2011 年版。

99. 王保树主编:《中国商事法》,人民法院出版社 1996 年版。

100. 王朝梁著:《中国酸雨污染治理法律机制研究》,中国政法大学出版社 2012 年版。

101. 王成儒等:《证券法概论》,山东人民出版社 2003 年版。

102. 王家福主编:《民法债权》,法律出版社 1991 年版。

103. 王利明:《民法学》(第二版),复旦大学出版社 2015 年版。

104. 王利明:《民法·侵权行为法》,中国人民大学出版社 1994 年版。

105. 王利明:《侵权行为法归责原则责任研究》,中国政法大学出版社 1993 年版。

106. 李响、冯凯:《侵权责任法精要》,法律出版社 2013 年版。

107. 王沫:《农药管理学》,化学工业出版社 2003 年版。

108. 王全兴主编:《劳动法学》,高等教育出版社 2004 年版。

109. 王铁崖:《国际法》,法律出版社 1995 年版。

110. 王卫国:《过错责任原则——第三次勃兴》,中国法制出版社 2003 年版。

111. 王孝通:《中国商业史》,上海书店出版社 1984 年版。

112. 王秉乾、沈四宝编著:《中国对外贸易法》,法律出版社 2006 年版。

113. 王志华:《WTO 框架下新型贸易壁垒法律问题研究》,山东人民出版社 2012 年版。

114. 温世扬:《保险法》,法律出版社 2003 年版。

115. 尚明主编:《反垄断法理论与中外案例评析》,北京大学出版社 2008 年版。

116. 尚明主编:《主要国家(地区)反垄断法律汇编》,法律出版社 2004 年版。

117. 孙晋:《反垄断法——制度与原理》,武汉大学出版社 2010 年版。

118. 徐开墅主编:《民商法辞典》,上海人民出版社 1997 年版。

119. 许明月、宋宗宇、邵海:《公民环境权的民事法律保护》,西南师范大学出版社 2005 年版。

120. 杨宇冠:《中国法律》,中国政法大学出版社 2012 年版。

121. 游劝荣：《反垄断法比较研究》，人民法院出版社 2006 年版。

122. 余劲松、吴志攀：《国际经济法》，北京大学出版社、高等教育出版社 2014 年版。

123. 余敏友、陈喜峰等：《世贸组织保障措施协定解析》，湖南科学技术出版社 2006 年版。

124. 张卫平：《民事诉讼法教程》，法律出版社 2008 年版。

125. 张文显：《法理学》（第三版），法律出版社 2008 年版。

126. 张文显主编：《法理学》，高等教育出版社、北京大学出版社 2011 年版。

127. 张艳丽：《民事诉讼法》，北京大学出版社 2013 年版。

128. 张云：《产品责任的归责原则》，经济管理出版社 2011 年版。

129. 张志京：《劳动法学》（第二版），复旦大学出版社 2014 年版。

130. 赵景联：《环境科学导论》，机械工业出版社 2005 年版。

131. 赵万一主编：《商法学》，中国法制出版社 2006 年版。

132. 赵秀梅：《民法学》（第二版），法律出版社 2012 年版。

133. 赵旭东主编：《商法学》（第三版），高等教育出版社 2015 年版。

134. 郑成良：《法理学》，清华大学出版社 2008 年版。

135. 中国社会科学院语言研究所词典编辑室：《现代汉语词典》，商务印书馆 2013 年版。

136. 周建华、夏淑梅、于来、林龙：《劳动人事政策法规》，中国劳动社会保障出版社 2001 年版。

137. 周林彬等著：《比较商法导论》，北京大学出版社 2000 年版。

138. 周永坤：《法理学——全球视野》（第四版），法律出版社 2016 年版。

139. 朱宏文、王健：《反垄断法——转变中的法律》，社会科学文献出版社 2006 年版。

140. 朱京安：《中国外贸法律制度变迁研究》，人民出版社 2008 年版。

141. 邹海林等：《商法基础理论研究的新发展》，中国社会科学出版社 2013 年版。

142. 邹瑜等主编：《法学大辞典》，中国政法大学出版社 1991 年版。

143. 左传卫著：《法学概论》（第二版），北京理工大学出版社 2012 年版。

二、论文

1.《1978—1998 年：中国备忘录（一）》，《读报参考》1998 年第 18 期。

2.《人大代表谈证券市场》,《中国证券报》1999 年 3 月 9 日一版。

3. 敖晓波:《银广厦股票盗卖案风云再现》,《京华时报》2002 年 7 月 27 日第 13 版。

4. [美]彼得·德鲁克:《彼得·德鲁克论世界新市场》,尹红义译,《世界经济科技》1992 年第 21 期,第 23—26 页。

5. 边车:《哄抢撒落货物,德不齿法难容》,《广西日报》2016 年 4 月 22 日。

6. 蔡守秋:《论环境公益诉讼的几个问题》,《昆明理工大学学报》(社会科学版)2009 年第 3 期。

7. 曹明德:《论生态法的基本原则》,《法学评论》2002 年第 6 期。

8. 陈东华:《职业经理人的两难困境:忠实于大股东还是企业?——基于国美电器控制权之争的思考》,《财会通讯》2016 年第 2 期。

9. 陈力:《上海自贸区投资争端解决机制的构建与创新》,《东方法学》2014 年第 3 期。

10. 陈静:《上海高院驳回"力拓案"上诉维持原判》,参见"中国法院网",2010 年 5 月 17 日。

11. 陈之焕:《一只虾 38 元!青岛"善德活海鲜烧烤家常菜"现"天价菜单"》,《齐鲁晚报》2015 年 10 月 6 日。

12. 程丽立:《略论民事诉讼起诉条件》,《今日湖北月刊》2011 年第 12 期。

13. 崔恒清:《哄抢事故货物敲响普法警钟》,《人民公安报》2016 年 3 月 31 日。

14. 崔丽、程刚、万兴亚:《将写入国史:宪法修正案里一个逗号的删改》,《中国青年报》2004 年 3 月 15 日。

15. 樊崇义:《从客观真实到法律真实》,《刑事法评论》1999 年第 3 期。

16. 冯建鹏:《有社会就有法律》,《人民法院报》2007 年 1 月 22 日。

17. 冯静:《商法基本原则的选择与司法运用》,《华东政法大学学报》2015 年 5 月 12 日。

18. 高闯、郭斌:《创始股东控制权威与经理人职业操守——基于社会资本的"国美电器控制权争夺"研究》,《中国工业经济》2012 年第 7 期。

19. 顾耕耘:《关于商法基础理论的几个问题》,徐学鹿主编:《商法研究》(第三辑),人民法院出版社 2001 年版。

20. 管键:《哄抢,别简单扣上"中国式"帽子》,《解放日报》2015 年 9 月 9 日。

21. 郭道晖著:《欧美国家产品质量法及其法律适用》(1985 年),《企业管理》

1985 年第 10 期。

22. 韩永：《黄光裕案背后的制度风险》，《中国新闻周刊》2009 年第 16 期。

23. 郝诚：《宁波老虎伤人动物园十年前曾发生相似事件》，《中国经营报》2017 年 1 月 29 日。

24. 怀若谷等：《湖南株洲原副市长肖文伟被举报制造"太子奶冤案"》，《京华时报》2013 年 8 月 8 日。

25. 黄佳丽、林婧雯：《浅议厦门自贸区知识产权司法保护制度的构建》，《职工法律天地》2016 年第 24 期。

26. 黄洁：《上海自贸区争端解决机构的建立与相关国内法制度创新》，《中山大学学报》（社会科学版）2014 年第 4 期。

27. 蒋海英：《论财产保全制度的完善》，《金陵法律评论》2007 年。

28. 李保朋：《欠条未注明债权人，谁拿着算谁的？》，《聊城晚报》2010 年 4 月 26 日。

29. 李丽峰：《民事诉讼程序的理想价值——实体公正与程序公正的统一》，《沈阳师范大学学报》（社会科学版）2007 年第 1 期。

30. 李诗悦：《美国苹果公司诉深圳唯冠 iPad 商标侵权案例分析》，湖南大学 2014 年硕士学位论文。

31. 李嶷，《徽商的盛衰》，《安徽经济报》2004 年 12 月 1 日。

32. 李志强、田孝明：《中国自贸区争端解决的管辖》，《中国仲裁法学研究会 2015 年年会暨中国仲裁与司法论坛》，2015 年。

33. 厉以宁：《"利好"的证券法》，《南方周末》1999 年 1 月 22 日 21 版。

34. 连英祺等著：《制度约束与道德规范：从国美之争看我国职业经理人行为的制衡机制》，《人力资源管理》2011 年第 3 期。

35. 梁慧星：《关于消法第 49 条的解释适用》，《人民法院报》2001 年 3 月 29 日第 3 版。

36. 凌雨：《无罪获释，悲情李途纯命运跌宕》，《民主与法制时报》2012 年 2 月 20 日。

37. 刘士文：《后科学社会的特征》，《学习时报》2008 年 4 月 7 日。

38. 刘振文著：《走绿色健康路——山东鲁药投资逾亿元建设"三废"工程》，《中国环境报》2002 年 7 月 3 日。

39. 马忠法：《"合同目的"的案例解析》，《法商研究》2006 年第 3 期。

40. 欧阳梦云：《三鹿：十七天转危为安》，《经济日报》2004 年 6 月 13 日第

5 版。

41. 屈丽丽：《力拓案终审定音严惩违规者却难改既有机制》，《中国经营报》2010 年 5 月 29 日。

42. 任淑霞：《存钱要付费？市民告花旗"赔我路费 34 元"》，《劳动报》2002 年 4 月 12 日。

43. 萨仁、李金锁：《谈民事审判监督程序的重新定位》，《人民司法》2002 年第 2 期。

44. 舒展、余皓：《湖北污染第一案纪实》，《楚天主人》2004 年第 6 期。

45. 宋立山、范洪雷：《民法总则草案通过后现行民法通则暂不废止》，《齐鲁晚报》2017 年 3 月 9 日。

46. 汤维建：《关于证据属性的若干思考和讨论》，《中国政法大学学报》2000 年第 6 期。

47. 王帝、王俊秀：《三鹿案件田文华二审仍判无期徒刑》，《中国青年报》2009 年 3 月 27 日。

48. 王建文：《法国商法：法典化、去法典化与再法典化》，《西部法学评论》2008 年第 2 期。

49. 王振清：《多元化纠纷解决机制与纠纷解决资源》，《法律适用》2005 年第 2 期。

50. 吴潮海：《晋徽商衰对浙商的启示》，《中华合作时报》2004 年 8 月 13 日。

51. 吴艳霞：《辛集市房管局打输"一个字"官司事》，《燕赵都市报》2004 年 8 月 25 日。

52. 新华社记者：《湖南高法详解曾成杰死刑案焦点》，《新华每日电讯》2013 年 7 月 15 日。

53. 徐学鹿：《论现代商法的基本原则》，《法学杂志》2003 年 1 月 15 日。

54. 叶泉：《天津爆炸案判决凸显一个"严"字》，《法制日报》2016 年 11 月 11 日。

55. 佚名：《"辱母杀人案"细节还原：于欢被"杵"后反击》，《中国青年报》2017 年 3 月 27 日。

56. 张同道、郑富权：《公司的力量：纪录的力量》，《电视研究》2011 年第 1 期。

57. 张杰声：《签合同粗心大意漏掉一字招致损失 39 万》，《法制日报》2002 年 5 月 11 日。

58. 张丽华、林向：《翻盘！太子奶创始人李途纯无罪获释》，《第一财经日报》2012 年 2 月 14 日。

59. 张旭：《"太子奶重组主导者原是'蛀虫'：文迪波获刑 9 年被指量刑过轻"》，《21 世纪经济报道》2013 年 5 月 16 日。

60. 张正明：《明清晋商与徽商的比较》，《山西日报》2004 年 11 月 2 日。

61. 郑晓舟：《小股东的救星"亚洲之星"严义明》，《资本周刊》2002 年 7 月 5 日。

62. 周汉民、林毅：《美国严格产品责任的发展和趋势》，《法学研究》1984 年第 6 期。

63. 朱浩然：《八达岭野生动物园老虎伤人事件的法律分析——从野生动物园安全保障义务角度》，《上海政法学院学报（法治论丛）》2016 年第 5 期。

64. 最高人民法院审判委员会：《徐工集团工程机械股份有限公司诉成都川交工贸有限责任公司等买卖合同纠纷案》，《人民法院报》2013 年 2 月 7 日。

65. 《存款少要收服务费——上海一市民告花旗银行"乱收费"》，《中国青年报》2002 年 4 月 11 日。

66. 《借钱那点事，依法理清这笔账》，《嘉定报》2013 年 12 月 10 日。

67. 《力拓案让中国损失 7 000 亿？》，《武汉晨报》2009 年 8 月 13 日。

68. 《三鹿奶粉事件的前前后后——三鹿毒奶粉事件全记录》，《北方牧业》2008 年第 18 期。

69. 《15 名省部级高官落马创纪录三分之一涉黄光裕案》，《东方早报》2010 年 1 月 8 日。

70. 《孙大午案尘埃落定》，《钱江晚报》2003 年 11 月 1 日。

71. 《王致和诉德公司恶意抢注案升级》，《北京商报》2008 年 4 月 16 日。

72. 《中央严肃处理三鹿奶粉事件责任人三鹿集团公司主要负责人涉嫌犯罪》，《新华日报》2008 年 9 月 23 日。

73. 《最高法：曾成杰案罪与害都比吴英案严重》，《新华每日电讯》2013 年 11 月 26 日。

后　记

本书写作的直接动力源于 2011 年 4 月应复旦大学管理学院为本科生开设"法律、商业与社会"课程这一契机。此前,我自 2002 年 3 月应当时负责管理学院工商管理硕士(MBA)课程"商法概论"的老师胡鸿高教授的邀请,为 MBA 学生上此门课。当时,我是上海贝尔阿尔卡特股份有限公司法律部的工作人员,负责合同方面的事宜,同时也参与公司其他方面的法律事务。将自己的实务体会与已经或将来是职业经理人的同学们进行分享,是我非常愿意做的事情。2005 年 4 月,应管理学院专业会计硕士(Master of Professional Accounting,简称 MPAcc)项目负责人娄贺统教授和黄涛老师的邀请,为 MPAcc 的同学讲授商法课程。此后,一直上到今天(其中有两年时间在国外访学停开,2015 年起,我将 MBA 商法课程的内容进行了一定的调整,名称改为"企业管理法律与实务")。

在进行 MBA 前 6 年的商法教学中,胡鸿高教授曾经提议由他和我合作完成适用于 MBA 的商法教材,我们初拟了提纲,进行了分工。我于 2006 年 6 月完成了我负责的部分(导言、公司法、证券法、保险法、票据法、海商法和争端解决法等),但由于种种原因,直至 2008 年年底,我们的计划未能兑现。从 2009 年起,我就想结合自己曾经在企业的实务,按自己的思路写一本适合 MBA 和 MPAcc 同学使用的商法教材,但由于时间及自己为了职称评定等短期目标,只得将这方面的想法一拖再拖,至 2011 年 4 月之前,都未付诸行动,始终没有动笔。2011 年 4 月 7 日,收到当时管理学院本科教务员陈怡君女士的电子邮件后,我立刻提交了该门课的教学大纲,并在 MBA 商法教学和已经准备的稿件的基础上,结合美国、加拿大等国家商科教学体系中"法律、商业与社会"教材,准备了 2012 年 9 月份的课程。当时与复旦大学法学院的李世刚副教授联合授课,并计划写出教材,我们也初步拟订了提纲并分工各自应完成的章节。后来由于 2013 年 8 月至 2014 年 8 月间,本人到美国访学,写作受到影响,一直断断续续、写写停停。等我回国后,李世刚老师又到韩国访学一年(2014 年 8 月至 2015 年 8 月),回来后他任务更重,便不再参与。于是从 2015 年 9 月开始,我按照当初的大纲,开始整理并试图将没有完成的章节写完。在写作过程中,我发现有些章节比我当初写作时想象的难度要大(如第一章"商业、社会和法律概述"等)。于是,我将先前的十六章内容减少到十三章,将票据法、银行法和海商法三章删去,原因是票据法和海商法过于专业,虽然它们是传统商法的内容,但实际上涉及这方面内容的管理人员较少,不具有普遍性;我也参考了国外的相关教材,票据法、海商法也不在它们讨论、分析的范围之中。至于银行法,传统的商法并不包含,国外的相关教材也不涉及,当时加入提纲只是我个人的想法。故虽作出这样的调整,但并不影响当初预定的主体内容。

最终本教材的内容共有导言与十三章,即商业、社会和法律概述,法律的基本功能、价值和中国主要法律部门,商法基本原理,商事主体法概述,公司法,合同法律制度,证券法律制度,保险法律制度,贸易规制法和反垄断法,政府与商业关系法(一)含消费者权益保护法与产品质量法,政府与商业关系法(二)含环境保护法,劳动法律制度和争端解决法律制度。本书的写作思路、章节设计和主要框架由我完成,也是基于我长期的商法教学、为各种各样的企业进行法律风险防范培训过程中积累而做出的。导言、第一章至第八章初稿由我完成,马明远(复旦大学法学院 2016 级国际法硕士研究生)对第一至第八章作了压缩或就相关法律的新近发展作了适当补充并最终由我审定,其中第八章"保险法"由马明远增补了较多的内容。第九章"贸易规制法和反垄断法"由赵建福(复旦大学法学院 2016 级国际法专业博士研究生、安徽师范大学法学院讲师)完成,第十、第十一章政府与商业关系法(一)、(二)和第十二章初稿由戴鹏高、程瑞瑞(复旦大学法学院 2014 级、2016 级硕士研究生),我和刘淼(复旦大学法学院 2017 级民商法硕士研究生)进行了修改和校阅。第十三章初稿由我完成,彭亚媛(复旦大学法学院 2017 级博士研究生)压缩前两节内容并增加第三节"中国自贸区多元化纠纷解决机制"内容。总之,本书是一个团队合作的产物。

本书从计划到完成前后历时十五年,本想依一己之力完成,但始终未能实现。中共十八大以来,依法治国理念和对不同教育阶段的大学同学进行法治宣传成为一项重要内容。特别是对工商管理和经济学专业的同学,了解一些法律知识,形成一定的法律思维,对自己将来的工作无疑有着重要意义,个人感觉不能再拖。于是在自己已经初步完成的稿件基础上,请赵建福等加入,共同完成了本书,希望对我们的同学能够有所帮助。在编著本书的过程中,我们参阅了很多学者和专家的教材、专著与论文,并在力所能及的范围内,在引用他们观点的地方作了注释,但有时候难免挂一漏万,如因借鉴了一些专家、学者等的观点未能注出,还望海涵。

后　记

本书的出版得到了复旦大学法学院和管理学院的大力支持,特别是管理学院设置此门课程,让我有股动力和压力来完成此书,在此向它们表示诚挚的感谢。同时,在本书定稿阶段,我们请葛淼(复旦大学法学院国际法学 2017 级博士生)、刘淼等进行了校对,在此也感谢他们的无私付出;当然本书能够出版,要特别感谢上海人民出版社和本书责任编辑徐晓明博士,出版社为我们的出版提供了机会,而徐晓明博士的督促、鼓励和仔细认真的审阅与编辑,是本书得以出版的根本保障。

此书出版定会存在诸多谬误之处,欢迎各位读者批评指正。

马忠法

2017 年 8 月于上海杨浦新江湾城复旦大学法学院

图书在版编目(CIP)数据

法律、商业与社会/马忠法等编著.—上海:上
海人民出版社,2017
ISBN 978 - 7 - 208 - 14787 - 4

Ⅰ.①法… Ⅱ.①马… Ⅲ.①商法-高等学校-教材
Ⅳ.①D913.99

中国版本图书馆 CIP 数据核字(2017)第 232095 号

责任编辑　徐晓明
特约编辑　俞文初
封面设计　小阳工作室

法律、商业与社会
马忠法　等编著

出　　版　上海人民出版社
　　　　　(200001　上海福建中路 193 号)
发　　行　上海人民出版社发行中心
印　　刷　启东市人民印刷有限公司
开　　本　720×1000　1/16
印　　张　42.75
插　　页　4
字　　数　724,000
版　　次　2017 年 10 月第 1 版
印　　次　2021 年 7 月第 2 次印刷
ISBN 978 - 7 - 208 - 14787 - 4/D・3104
定　　价　118.00 元